Lothar Schwab / Richard Weber

Theaterlexikon

Lothar Schwab / Richard Weber

THEATER-LEXIKON

Kompaktwissen für Schüler und junge Erwachsene

2., durchgesehene Auflage

Cornelsen
SCRIPTOR

Die Deutsche Bibliothek – CIP-Einheitsaufnahme

Schwab, Lothar:
Theaterlexikon: Kompaktwissen für Schüler und junge Erwachsene / Lothar Schwab; Richard Weber. –
Frankfurt am Main: Cornelsen Scriptor, 1991
ISBN 3-589-20893-7
NE: Weber, Richard:; HST

1. Auflage 1991

6. 5. 4. 3. 2.	Die letzten Ziffern bezeichnen
96 95 94 93 92	Zahl und Jahr des Drucks.

Redaktion: Gabriele Teubner-Nicolai, Frankfurt am Main
Herstellung: Ursula Biehl-Vatter, Frankfurt am Main
Umschlagentwurf: Studio Lochmann, Frankfurt am Main, unter Verwendung eines Fotos aus Samuel Avital, Mimenspiel, mit freundlicher Genehmigung des Verlages Simon & Leutner, Berlin
Gesamtherstellung: Parzeller, Fulda
Vertrieb: Cornelsen, Berlin
Printed in Germany
ISBN 3-589-20893-7
Bestellnummer 208937

Liebe Leserin, lieber Leser,

das vor Ihnen liegende **Theaterlexikon** will

- verständlich, knapp und kompetent über Fragen des Theaters informieren,
- geschichtliche Entwicklungen deutlich machen, die das Theater, wie es heute ist, erst ermöglichten,
- Auskunft geben über Fakten der Theaterarbeit, die für den Zuschauer meist im Verborgenen bleiben,
- zum eigenen Theaterspiel anregen.

Das **Theaterlexikon** richtet sich in erster Linie an Schülerinnen und Schüler, die Spaß an Theater haben, sei es aufgrund regelmäßiger Theaterbesuche oder eigener Aufführungen. Es wendet sich an Lehrer, die an ihren Schulen Theatergruppen leiten, auch wenn die Theaterpädagogik im Unterschied zu Musik und Kunst immer noch kein anerkanntes Unterrichtsfach ist. Darüber hinaus aber richtet es sich auch an all jene, die sich nicht mit der Rolle eines bloß passiven Zuschauers begnügen wollen, sondern wissen möchten, wie es eigentlich „hinter den Kulissen" aussieht.

Das **Theaterlexikon** hat das europäische und insbesondere das deutschsprachige Theater zum Schwerpunkt. Entsprechend dieser Gewichtung finden Sie ausführliche Information z.B. über Theaterstruktur, Theaterrecht und Theaterausbildung in Deutschland. Da im Augenblick die Entwicklungen in der ehemaligen DDR auch im kulturellen Bereich noch nicht absehbar sind, sei an dieser Stelle auf das Deutsche Bühnenjahrbuch verwiesen, in dem seit der Spielzeit 1990/91 auch die neuen Bundesländer aufgenommen sind und damit die aktuellen Anschriften von Theatern, Ausbildungsstätten für Theaterberufe und anderen mit dem Theater zusammenhängenden Organisationen und Institutionen.

Wir hoffen, daß Ihnen das **Theaterlexikon** hilfreich sein wird.

Lothar Schwab / Richard Weber　　　　Berlin/Köln, im Juni 1991

Auf ein Wort . . .
Hinweise zum Umgang mit dem Theaterlexikon

1. Neulich im Café

Vier Freunde um einen Tisch; darauf Tassen, Gläser, Teller.

A: Sagt mal, was ist das eigentlich, Theater?

B: Theater Theater. Das ist doch ganz einfach . . . . Äh . . . Also, wenn ich hier das ganze Geschirr mit Schwung vom Tisch fege, dann kommt garantiert die Bedienung, und dann, das sag ich dir, dann ist hier Theater. *Will den Tisch umkippen.*

C: Hör auf. Laß den Blödsinn. – Hör nicht auf den Quatsch von dem. Paß mal auf. Du kennst doch das Kaufhaus am Markt, mh, und direkt gegenüber das große Gebäude . . .

A: Klar doch. Das mit dem eckigen Turm auf dem Dach.

C: Ja genau, und das ist das Theater.

A: Mh, und was ist das?

A: Hä?

D: Schiller! Das ist wie Kino. Nur statt der Leinwand steht da' ne Bühne. Und auf der spielen fast jeden Abend echte Schauspieler vor Zuschauern Theater.

A: Wasdenn wasdenn, wenn der Tisch umkippt ist Theater, die Schauspieler machen Theater und das Haus am Markt ist auch Theater?

D: Richtig Junge, du hast's erfaßt. Alles ist Theater. Und noch mehr. Jetzt gibt's sogar 'n Buch, in dem alles über Theater drinsteht. Hier isses, 'n neues **Theaterlexikon.**

2. Wo Sie ausführliche Auskunft erwarten können: Die Blockartikel

Die Blockartikel geben ausführlich Auskunft zu einem Stichwort, das auf einen größeren Zusammenhang verweist. Hier erfahren Sie etwas über die geschichtliche Entwicklung z. B. der Bühnenformen in ihrem Zusammenhang mit der jeweiligen Gesellschaft und Theaterauffassungen oder über die wichtigsten juristischen Aspekte der gegenwärtigen Theaterarbeit (Recht).
Die Blockartikel lassen sich in zwei Gruppen teilen. Liest man eine Gruppe in der hier vorgeschlagenen Reihenfolge, ergibt sich ein Lesezusammenhang, eine Art ‚Buch im Buch'.
Die Stichworte zu den wichtigsten Stationen und Entwicklungslinien des europäischen Theaters ergeben **eine kleine Theatergeschichte**:

Antikes Theater
Mittelalterliches Theater
Commedia dell'arte
Elisabethanisches Theater
Goldenes Zeitalter
Komische Figur
Schultheater
Höfisches Theater
Tanz
Feste
Nationaltheater
Theater im 19. Jahrhundert
Arbeitertheater
Theater der russischen Revolution
Theaterkonzepte der Moderne
Theater der Weimarer Republik
Theater im Nationalsozialismus
Exiltheater

Die zweite Gruppe von Blockartikeln behandelt weniger die geschichtlichen Aspekte des Theaters, sondern sammelt alles Wichtige und Wissenswerte zu den praktischen, technischen, organisatorischen, rechtlichen Dingen des Gegenwartstheaters und zu dessen gesellschaftlichem, theater- und literaturwissenschaftlichem Umfeld. Es ergibt sich beim zusammenhängenden Lesen **ein kleines Handbuch der Theaterpraxis:**

Ausbildung für Theaterberufe
Ausstattung
Beleuchtungstechnik
Berufe im Theater
Berufsschauspieler
Bühne
Bühnenbild
Bühnenformen
Dramentheorie
Gattung
Inszenierung
Mythos
Publikum
Recht
Regie
Shakespeare-Rezeption
Spielweise
Sprechen
Theatersystem
Theatertheorie
Zensur
Zuschauerraum

3. Auskunft über Personen: Biographische Artikel

Theater wird von Menschen gemacht, von Dramatikern, Schauspielern, Regisseuren, Bühnenbildnern usw. Sie alle zu nennen, würde ein eigenes Lexikon füllen.
Daher werden nur in einigen wenigen biographischen Artikeln Personen vorgestellt, die als Theoretiker (z.B. Bertolt Brecht) für die Entwicklung des europäischen Theaters wegweisend waren oder deren praktische Arbeit stilbildend wirkte (z. B. Pina Bausch).
Schlagen Sie aber auch im Register nach, dort finden Sie viel mehr Namen von Theaterleuten.

4. Auskunft im Zusammenhang: Die Begriffsnester

Um systematische Zusammenhänge nicht zu zerreißen, in denen sich ein Begriff durch den anderen erhellt, sind hier und da „Begriffsnester" gebildet worden. Das heißt: In einem erklärenden Text zu einem Hauptstichwort wird ein weiteres Stichwort , „Nestwort" genannt, im Zusammenhang erläutert.
Nestwörter, die sich nicht im alphabetischen Ort befinden (z. B. das Nestwort „Gewandmeister" im Begriffsnest „Kostüm"), sind im Stichwortregister aufgeführt. In dem Text zum Hauptstichwort, auf das Sie das Register dann verweist, finden Sie das ursprünglich gesuchte Wort auf Anhieb wieder: Dort ist es nämlich jeweils durch **fettere Schrift** hervorgehoben.

5. Auskunft auf einen Blick: Das Stichwortverzeichnis

Nicht nur die Nestwörter sind im alphabetischen Stichwortregister aufgelistet. Sie finden dort auch Titel von Theaterstücken und Namen von Theaterleuten. Denken Sie also daran, im Stichwortverzeichnis nachzuschlagen, wenn Sie im Lexikon-Teil einen Begriff oder einen Namen nicht finden.

6. Auskunft von A – Z: die alphabetische Ordnung

ä, ö, ü	sind wie die einfachen Vokale eingeordnet, also wie a, o, u.
ß	ist wie ss eingeordnet.
Hamburgische Dramaturgie	zwei (oder mehr) Wörter sind wie ein Wort eingeordnet, also wie Hamburgischedramaturgie.

Begriffe wie **Theater in der Weimarer Republik** usw. finden Sie in der Regel unter der Kurzform (also unter **Weimarer Republik**). Sollten Sie dort nicht fündig werden, schlagen Sie bitte im Stichwortverzeichnis nach.

7. Auskunft im Überblick: Die Verweise

Leselust statt Lesefrust. Dieses Motto war für die Erarbeitung des Lexikons maßgebend. Dafür bürgen nicht nur die zahlreichen Abbildungen, dafür bürgt auch die sparsame Verwendung des Verweispfeils. Er wird nur verwandt, um auf einen größeren bzw. wichtigen Zusammenhang aufmerksam zu machen. Er wird nicht dazu genutzt, all die Begriffe zu markieren, die im Lexikon erklärt sind.
Dreizeilige Definitionen mit neun Verweisen bleiben Ihnen also erspart. Und sollte Ihnen ein Fachbegriff in einer Erläuterung unbekannt sein – schlagen Sie nach!
Gegebenenfalls hilft auch das Stichwortverzeichnis weiter.

8. Auskunft durch Kürze: Die Abkürzungen

Abk.	Abkürzung
BBC	Bristish Broadcasting Corporation (britische Rundfunkgesellschaft)
engl.	englisch
franz.	französisch
geb.	geboren
gest.	gestorben
griech.	griechisch (altgriechisch)
hebr.	hebräisch
ital.	italienisch
Jh./Jh.s	Jahrhundert/Jahrhunderts
lat.	lateinisch
Mio.	Millionen
o.ä.	oder ähnliche, -er, -es
sog.	sogenannte, -er, -es, -en
span.	spanisch
türk.	türkisch
u.a.	und andere/unter anderem
u.ä.	und ähnliche, -es, -en
u.U.	unter Umständen
v.Chr.	vor Christi Geburt
z.B.	zum Beispiel
z.T.	zum Teil

A

Abenddienst ist der künstlerisch-organisatorische Aufsichtsdienst „am Abend", also während der Vorstellung, und wird im Theaterjargon auch Stallwache genannt. Der **Abendregisseur**, meist ist es der Regieassistent, kontrolliert die Einrichtung der Bühne und den gesamten künstlerischen Ablauf der Vorstellung. Für eventuelle Ankündigungen vor dem Publikum (Erkrankung eines Schauspielers, Umbesetzung usw.) und verwaltungstechnische Entscheidungen (späteres Anfangen, Ausfall der Vorstellung usw.) ist der Disponent, ein Dramaturg oder ein anderes Mitglied der Theaterleitung zuständig.

Abonnement (franz. = Vorausbestellung), auch **Stammiete** oder **Miete**, ist das vor Beginn einer Spielzeit erworbene Anrecht auf Eintrittskarten für eine bestimmte Anzahl von Theateraufführungen. Der **Abonnent** erhält ca. 30% Ermäßigung auf den im freien Verkauf an der Tages- oder Abendkasse zu zahlenden Preis. Fast alle Theater bieten heute **Premieren-Abonnements** für alle Neuinszenierungen, **Wahl-Abonnements** mit freier Wahl der Tage, Wahl zwischen Oper und Schauspiel usw. und **Jugend-Abonnements** an. Abonnements sind gegen Vorauszahlung in den Theatern oder über Besucherorganisationen zu beziehen. Das Abonnementsystem sichert dem Theater einen festen Zuschauerstamm und eine Garantieeinnahme; es beeinflußt aber auch die Zahl der Inszenierungen in einer Spielzeit, die Spielplangestaltung und die Probezeiten.

Abstecher werden Aufführungen stehender Bühnen in Orten der Umgebung genannt. In der Regel sind Landesbühnen Abstechertheater. Sie spielen nicht nur an ihrem festen Standort, sondern haben den kulturpolitischen Auftrag, eine ganze Region mit Theater zu versorgen.

Absurdes Theater Theaterstücke vor allem der 50er Jahre stellen häufig die Absurdität, d. h. die Widersinnigkeit und Sinnentleerung der Welt dar. Gemeinsam ist dem **absurden Drama**, dies wäre der treffendere Begriff, die Erfahrung der Nachkriegszeit, in der sich traditionelle religiöse und ethische Bindungen als nicht mehr tragfähig erwiesen. Dies gilt für stilistisch so unterschiedliche Stücke wie *Parodie* (Arthur Adamov), *Endspiel* (Samuel Beckett), *Der Balkon* (Jean Genet), *Die Verspätung* (Wolfgang Hildesheimer), *Die Stühle* (Eugène Ionesco), *Die Polizei* (Slawomir Mrozek), *Der Hausmeister* (Harold Pinter), *Die Möbel* (Jean Tardieu).

Demonstriert wird die existentielle Angst des Menschen, der sein Leben als sinnlos erkannt hat. Totale Entfremdung und Sinnverlust haben ihn zerstört und unfähig gemacht, sich mit anderen zu

verständigen. Entsprechend der Weltsicht bricht das absurde Theater mit der Vorherrschaft des Literaturtheaters, dem gesprochenen Wort auf der Bühne. So sind nonverbale Aktionen und der sinnbildliche Einsatz von Requisiten bevorzugte Mittel. Auf eine durchgehende, psychologisch begründete Handlung wird verzichtet, das Geschehen setzt unvermittelt ein und führt zu keinem sinnvollen Schluß. So heißt es in Becketts *Endspiel*: „Das Ende ist der Anfang, und doch machen wir weiter." An die Stelle logisch fortschreitender Handlungen treten Betrachtungen, Gedankenspiele, zielloses Gerede oder Gesten des völligen Verstummens.
Das absurde Drama war Wegbereiter für das ▶ Experimentaltheater der 50er und 60er Jahre.

Adaptation/Adaption (lat.: adaptare = anpassen) Literarische Vorlagen, meist epische Werke, werden manchmal umgearbeitet, um sie den Erfordernissen einer anderen Gattung, einem anderen Medium oder einer anderen Zeit anzupassen. Dies kann durch den Autor selbst oder einen anderen, den **Adaptor**, geschehen. So hat z.B. Bertolt Brecht den Roman *Die Mutter* von Maxim Gorki zu einem Drama umgeschrieben, oder Rainer Werner Faßbinder hat Theodor Fontanes Erzählung *Effi Briest* verfilmt.

Ad spectatores (lat. = an die Zuschauer) Bei dieser direkt an das Publikum gerichteten Äußerung tritt eine Bühnenfigur aus der Handlungssituation heraus und zeigt eine meist andere Haltung als im Spielgeschehen. Dieses dramaturgische Mittel steht im Gegensatz zum ▶ a parte, dem Beiseitesprechen einer Figur.
Die direkte Ansprache des Publikums wird eingesetzt, um das Bühnengeschehen zu kommentieren oder das Publikum zu aktivieren. Es ist ein beliebtes Mittel der Komödie seit der Antike, wurde aber auch im mittelalterlichen und elisabethanischen Theater verwendet und spielt bis heute insbesondere in Formen des ▶ epischen Theaters eine wichtige Rolle, um die Bühnenillusion zu durchbrechen.

Agentur Private Büros vermitteln künstlerischem Personal, vor allem Schauspielern und Sängern, die nicht in einem festen ▶ Engagement stehen, „Arbeit". Der **Agent** vertritt in der Regel mehrere Künstler, schließt in deren Auftrag Verträge mit Theatern, Film, Funk und Fernsehen ab und handelt die Höhe der Gagen aus. Daran ist er prozentual beteiligt.
Unentgeltlich vermittelt die **Zentrale Bühnen-, Fernseh- und Filmvermittlung (ZBF)** der Bundesanstalt für Arbeit. Generalagentur: 6000 Frankfurt/Main, Feuerbachstr. 42.

Agieren (lat.: agere = handeln) wurde früher für „eine Rolle spielen" verwendet. Gebräuchlicher sind heute die Begriffe **darstellen**, **verkörpern** oder **spielen**. Sie bringen genauer zum Ausdruck, daß der Schauspieler auf der Bühne nicht real handelt, sondern eine Handlung im Spiel nachahmt.

Agon (griech. = Wettstreit) Im antiken Griechenland fanden sportliche Wettkämpfe wie die Olympischen Spiele, aber auch solche für Tänzer, Sänger, Dichter und Schauspieler statt. Die Agone wurden an regelmäßig wiederkehrenden Festen zu Ehren der Götter veranstaltet wie z. B. die ▶ Dionysien in Athen, waren also ursprünglich religiöse Feiern und Staatsakt zugleich.

In der antiken Komödie ist Agon auch die Bezeichnung für eine Szene, in welcher der Feind und ein Freund des Chors ein Rededuell austragen. So streiten z. B. zwei Athener in *Die Vögel* des Aristophanes darüber, ob Götter oder Vögel ursprünglich die Welt beherrschten.

Akademie ist der Name der von Platon um 385 v. Chr. gegründeten Philosphenschule in Athen, die sich nahe bei dem Heiligtum des Akademos befand. Nach diesem Vorbild entstanden im 15./16. Jh. Akademien in ganz Europa. Es waren Zusammenschlüsse von gelehrten Bürgern zur Förderung von Kunst und Wissenschaft. Sie erforschten das klassische Altertum, und besonders in den italienischen Akademien wurden Stücke der Antike in lateinischer Sprache aufgeführt. So spielten z. B. in Vicenza die Mitglieder der Accademia Olimpica in einem eigenen Theater, dem ▶ Teatro Olimpico, das der antiken römischen Bühnenform nachempfunden war. Die Mitglieder dieser Akademie waren aber noch keine ▶ Berufsschauspieler.
1753 gründete ▶ Ekhof in Schwerin die erste deutsche **Schaupieler-Akademie**, die „Akademie der Schönemannschen Gesellschaft". Zugang hatten nur Mitglieder dieser ▶ Wandertruppe. Die Gründung der Akademie sollte beispielgebend sein. So legte Ekhof in 24 Artikeln fest, wie sich die Mitglieder zu verhalten haben und welche künstlerischen Ziele verfolgt werden sollen, z. B.: „keiner von den Mitgliedern muß, entweder im geringsten betrunken, oder in einer anderen Unordnung des Verstandes erscheinen", „critische Betrachtung über die Stücke und ihre Vorstellung" oder „genaue Untersuchung der Charaktere und Rollen."
Die Akademie wollte zum einen durch die moralischen Regeln das Ansehen des Schauspielerstandes in der Gesellschaft heben. Zum anderen sollte durch Analyse der Stücke und intensives Rollenstudium die berufsmäßige Schauspielkunst gefördert werden. Dem regellosen, freien Spiel aus dem Stegreif wollte Ekhof ein Ende bereiten.
Heute werden Forschungseinrichtungen und Ausbildungsstätten für Kunst, Musik, Theater, Film und Fernsehen als Akademien bezeichnet.

Akrobat (griech. = der hoch Gehende) So hieß ursprünglich der Seiltänzer, der zur Gruppe der Gaukler gehört und einer der ältesten Schaustellerberufe ist. Heute ist es die Bezeichnung für Artisten, die ihre gymnastische Kunst als Luftakrobaten (Seil, Trapez, Schaukel) und Parterre- oder Bodenakrobaten meist im ▶ Zirkus oder ▶ Varieté zeigen. Elemente der **Akrobatik** wie z. B. Salti, Jongliernummern o. ä. finden sich als Ausdruck einer stark körperbetonten Spielweise in der ▶ Commedia dell' arte, den englischen ▶ Wandertruppen, aber auch im 20. Jh. bei ▶ Meyerhold und Freien Gruppen.

Akt (lat.: actus = Handlung) ist ein Begriff der Dramentechnik. Im deutschsprachigen Drama wird im Barock dafür auch **Abhandlung** verwendet oder seit Lessing **Aufzug**. In der Regel handelt es sich dabei um einen größeren, in sich geschlossenen, meist mehrere ▶ Szenen oder ▶ Auftritte umfassenden Abschnitt eines Dramas, der dem Handlungsablauf eine innere Gliederung gibt. Gestaltung und Einteilung der Akte geben Auskunft über Formprinzip, Stilwillen, literarische Traditionen und künstlerische Absichten des Autors. Nach der Anzahl der Akte wird unterschieden zwischen

fünfaktig gebautem Drama, z.B. das klassische Drama in Frankreich und Deutschland, Vierakter und Dreiakter. Schließlich gibt es noch ▶ Einakter.
Auf der Bühne wird die Akteinteilung meist durch Öffnen und Schließen des **Aktvorhangs** sichtbar. Die Umbauphasen zwischen Fallen und Wiederaufziehen des Vorhangs wurden früher durch **Zwischenakte**, zum Stück gehörende Auftritte vor dem Vorhang, oder ▶ Zwischenspiele zur Unterhaltung des Publikums überbrückt. Mit fortschreitender Modernisierung der Bühnentechnik, die raschere Dekorationswechsel ermöglichte und die Zeit zwischen den Akten verkürzte, entfielen die Zwischenspiele. Heute ist man bestrebt, die Pausen zwischen den Akten so kurz wie möglich zu halten, um den Handlungsablauf nicht allzu lange zu unterbrechen.
Gelegentlich wird im Schauspiel noch **Zwischenaktmusik** eingesetzt. Im Unterschied zu eigenen **Zwischenaktkompositionen** in der Oper handelt es sich dabei um musikalische Einlagen, die vor allem die beim Dekorationswechsel entstehenden Geräusche auf der Bühne übertönen sollen.

Akustik (griech. = Lehre vom Schall) Die akustische Beschaffenheit eines Theaters beeinflußt das Sprechen oder Musizieren auf der Bühne und das Hören im Zuschauerraum. Akustisch gut ist ein Raum, wenn auf allen Plätzen im Zuschauerraum die von der Bühne kommenden Töne einwandfrei und deutlich hörbar sind. In Räumen von großer Höhe oder mit schallreflektierenden Wänden entsteht **Nachhall**. Ist dieser zu lang, so verschwimmen die Tonfolgen und die Deutlichkeit nimmt ab. Man unterscheidet zwischen Räumen ohne Nachhall, z.B. Freilichttheater, solchen mit normalem Nachhall und mit langem Nachhall.
Eine gute Akustik kann durch Gliederung der Raumoberfläche oder durch Verwendung schalldämmenden Materials erzielt werden. Der Regisseur muß die jeweilige Raumakustik berücksichtigen und die Hörbarkeit der Darsteller kontrollieren, vor allem wenn diese in der Tiefe der Bühne spielen. Durch elektro-akustische Anlagen, kurz **Ela-Anlagen**, die zur technischen Ausstattung jeder heutigen Bühne gehören, läßt sich eine schlechte Raumakustik künstlich ausgleichen. Kernstück der Ela-Anlage ist die tontechnische Betriebsanlage, die Tonregie, die dem **Tonmeister** untersteht. Er ist zuständig für die Veränderung der Raumakustik, das Einspielen von Bühnenmusik und Ton-Effekten wie Kriegslärm oder Donner.

Alternieren (lat.: alternare = abwechseln) Eine Rolle wird mit zwei verschiedenen Darstellern besetzt, die sich von Aufführung zu Aufführung abwechseln. Dies war früher üblich, um Rollenneid zwischen Schauspielern mit gleichem ▶ Rollenfach zu verhindern. Durch die Auflösung fester Rollenfächer ist das Alternieren im Schauspiel selten geworden, es ist jedoch bei der ▶ Besetzung von Rollen mit Kindern durch das Jugendschutzgesetz vorgeschrieben. Weit verbreitet ist das Alternieren noch im Musiktheater, z.B. bei Serienaufführungen von Musicals, weil mit der Erkrankung eines Darstellers gerechnet werden muß. Auch in der Oper ist es bei der Verpflichtung von Gästen, die nicht immer zur Verfügung stehen, üblich.

Amateurtheater umfaßt alle Formen von Theater, an denen keine Berufsschauspieler beteiligt sind. Seine Ursprünge hat es im ▶ Liebhabertheater des Adels. Im 19. Jh. veränderte sich die Zusammensetzung der Bevölkerung, und es wuchs das Bedürfnis nach Unterhaltung. Dazu schlossen sich besonders in den Städten Leute in **Theatervereinen** zusammen, um in ihrer Freizeit Theater zu spielen.

Bis ins 20. Jh. dienen Amateurtheater ausschließlich der Geselligkeit, auf den Spielplänen stehen vor allem lustige Stücke wie z.B. der Schwank. Häufig werden auch Theateraufführungen und Tanzveranstaltungen miteinander verbunden. Da die Theatervereine selten über eigene Räume verfügen, wird meist im „großen Saal“ einer Gaststätte gespielt.

Im Gegensatz zum ▶ Laienspiel verfolgt das frühe Amateurtheater keinerlei Kunst- und Bildungsanspruch. Es hat Traditionen des ▶ Volks- und Bauerntheaters aufgesogen, sie aber sentimental und volkstümelnd gewendet. Diese Form des Amateurtheaters hat sich bis heute gehalten.

Zum Amateurtheater zählen inzwischen aber auch ▶ Studententheater, **Schülertheater**, **Lehrlingstheater**, **Seniorentheater** usw., die sich weitgehend an den Spielplänen des professionellen Theaters orientieren oder als **Zielgruppentheater** auftreten, um die besonderen Interessen z.B. von Senioren, Gefangenen, Arbeitslosen u.a. öffentlich zu machen. Rund 1.200 Theatergruppen sind dem **Bund Deutscher Amateurtheater (BDAT)** angeschlossen (Geschäftsstelle: 7920 Heidenheim, Steinheimer Str. 7/1). Dieser gibt die Zeitschrift „Spiel & Bühne“ heraus, bietet Schulungskurse für Darsteller, Spielleiter, Ausstatter und Techniker an, organisiert den internationalen Austausch von Spielgruppen und vermittelt Sonderverträge mit Bühnenverlagen.

Colosseum in Rom, vollendet um 80 n. Chr.

Amphitheater (griech.: amphi = beide, doppelt) Dieses Rundtheater der römischen Zeit ist durch die Zusammensetzung zweier halbkreisförmiger ▶ Arenabühnen entstanden, daher auch der Name. Um eine rund oder oval angelegte Arena stiegen stufenweise Sitzreihen an, der gesamte Bau war von hohen Außenmauern umgeben. Das Gebäude ähnelte einem Zirkusbau, meist wurde es für Gladiatorenkämpfe genutzt. Zur Zeit Julius Caesars wurden Amphitheater noch aus Holz gebaut und nach den Wettkämpfen wieder abgerissen. Später entstanden steinerne Bauten.

Animation (lat.: animare = beleben) In Ferienclubs ist es Aufgabe des **Animateurs**, Urlauber zu aktiver Freizeitgestaltung, zu Sport und Spielen aller Art zu ermuntern.

Das **Animationstheater** will den Zuschauer zur Eigentätigkeit anregen, zum Mitmachen. Im Unterschied zum ▶ Mitspieltheater ist der Rahmen des Spiels nicht von vorneherein festgelegt, es ist also offen, in welchen Formen die Zuschauer sich an der Handlung beteiligen. Die Möglichkeiten reichen von Zurufen, eigenen Wortbeiträgen bis zu ekstatischem Austoben und intensivem Miterleben.

Ansehrolle ist eine größere ▶ Rolle, mit der ein Darsteller seine künstlerische Vielseitigkeit zeigen kann. Nach geltendem ▶ Recht hat ein Darsteller bei einer **Nichtverlängerungs-Mitteilung**, d. h. bei Kündigung des ▶ Engagements, den Anspruch auf mindestens eine Ansehrolle. Das Theater, bei dem er in Vertrag steht, muß gewährleisten, daß die Darbietung in die Ansehzeit von Dezember bis März fällt, um dem Darsteller die Gelegenheit zu geben, seine Fähigkeiten anderen Theaterleitern vorzuführen und eventuell einen neuen Vertrag abzuschließen.

Antagonist (griech.: antagonistes = Gegenspieler) Im griechischen Theater tritt dem Hauptheldén, dem ▶ Protagonisten, ein zweiter Schauspieler in einem Konflikt gegenüber. Bis ins 19. Jh. galt die Auseinandersetzung, die sich auf zwei Figuren konzentrierte, als ein bestimmendes Merkmal des Dramas. So ist in Shakespeares *Othello* der Konflikt zwischen Jago und Othello der Mittelpunkt. In Schillers *Die Räuber* stehen sich Franz Moor und sein Bruder Karl gegenüber.

Antikes Theater Eines der wichtigsten Vorbilder für die europäische Konzeption von Drama und Theater ist in Griechenland vorgegeben, genauer im Athen der klassischen Zeit ca. 500 v. Chr. Das antike Theater entstand nach dem Untergang der Adelsherrschaft, als die Stadtstaaten sich demokratische Verfassungen gaben (wenn auch im eingeschränkten Sinn: die Sklaven z. B. hatten keinerlei Bürgerrechte). Dieser im 6. Jh. v. Chr. sich vollziehende Prozeß führte dazu, daß alle Lebensbereiche in der Polis auch ‚politisch' bestimmt waren. Das Theater war davon nicht ausgenommen. Die ersten Aufführungen, die als ▶ Theater bezeichnet werden können, also nicht nur theatrale Formen eines kultisch-religiösen Vorgangs sind, fanden auf der Agora statt, auf dem Markt, dem Ort städtischer Öffentlichkeit schlechthin, auf dem auch die Volksversammlungen, d. h. der demokratische Disput um das Wohl der Stadt abgehalten wurden. Auch das Theater beteiligte sich an dieser politischen Reflexion der besten Staatsform, der richtigen Art zu regieren. Das zeigen etwa die einzige erhaltene Tragödien-Trilogie, die *Orestie* des Aischylos (525–456 v. Chr.), aber auch andere Tragödien wie die *Antigone* oder *König Ödipus* des Sophokles (497–406 v. Chr.) und Komödien des Aristophanes (ca. 445–385 v. Chr.) wie *Der Frieden* oder *Die Vögel*. Politische Reflexion und kultisch-religiöses Denken widersprechen sich nicht in der griechischen Polis, sondern beziehen sich auf das auch von den Göttern garantierte Wohl der Stadt und der Bürger. Viele Elemente des Theaters waren in theatralen Kultformen vorgeprägt, wie ▶ Maske oder ▶ Chor und dessen chorlyrische Reflexion von ▶ Mythen.
Zur Zeit der Tyrannis (einer Regierungsform, die man als Übergangsform zwischen Adelsherrschaft und Demokratie ansehen kann) entstand in Athen Theater in unserem heutigen Sinn, und zwar in Verbindung mit der Gründung eines neuen Kults. Der Tyrann Peisistratos, der sich mit den armen attischen

Bauern in deren Kampf gegen die Großgrundbesitzer und Kaufleute verbündete, übernahm 561 v. Chr. die Macht in Athen und stiftete einen Staatskult für einen Gott, der besonders in ländlichen Gebieten beliebt war und nicht zu den schon bei Homer (8. Jh. v. Chr.) etablierten olympischen Göttern zählte: **Dionysos**, Gott der Fruchtbarkeit, der Ekstase, des Rausches, des Weins, aber auch der Verwandlung, was ihn besonders als Gott des Theaters prädestinierte. Kultische Feste mit theatralen Darbietungsformen wie ▶ Dithyrambos, andere chorische Tänze und Gesänge, Vorformen von ▶ Tragödie, ▶ Komödie, ▶ Satyrspiel faßte Peisistratos unter dem Kult des Dionysos zusammen, dem sie ursprünglich nicht alle angehörten. Um das Jahr 533 v. Chr. gründete Peisistratos die Großen ▶ Dionysien, verbunden mit dem Wettstreit, dem ▶ Agon, der Tragödiendichter. Auch der Agon war ursprünglich ein rein kultisches Prinzip, das sich hier erweiterte zu einem öffentlichen, die politischen Belange der Stadt berührenden Vergleich von Theateraufführungen. Das attische Theater hatte gerade hinsichtlich seiner umfassenden Öffentlichkeitsform und seines Anspruchs, die Probleme des Gemeinwesens zu reflektieren, seit der Renaissance in verschiedenen Ländern und Epochen Europas Modellcharakter für Theaterreformen.
Haupttermin für den Tragödienwettstreit waren seit Ende des 6. Jh.s v. Chr. die Großen Dionysien jährlich im März. An drei Tagen kamen drei **Tetralogien** (vier zusammenhängende Stücke: drei Tragödien und ein Satyrspiel) verschiedener Tragödiendichter zur Aufführung. Seit 486 v. Chr. fand vor den Tragödienagonen auch ein Wettkampf der Komödiendichter mit fünf Komödien statt. Im Jahre 440 v. Chr. wurden Komödienagone im Dezember, an den **Lenäen**, eingeführt, seit 435 v. Chr. fanden an diesem Fest auch Tragödienagone statt. Theateraufführungen gab es nicht nur in Athen und dessen Umland, sondern auch in anderen Teilen Griechenlands. In hellenistischer Zeit wurden überall dort, wohin die Eroberungszüge Alexanders d. Gr. führten, Theater gebaut.
Die Leitung der Theaterfeste in Athen unterstand höchsten Staatsbeamten, den Archonten; für die Großen Dionysien war der Archon Eponymos (eine Art Innen- und Justizminister), für die Lenäen der Archon Basileus (eine Art Kultur- und Religionsminister) zuständig. Die Tetralogien und Komödien mußten vom Dichter beim zuständigen Archon eingereicht werden. Er entschied, ob die Stücke zur Aufführung zugelassen werden konnten. Die Auswahlkriterien sind uns nicht bekannt. Daß kultisch-politische Argumente Gewicht hatten, legt das Amt des Archon nahe, vermutlich spielten aber auch ästhetische Kriterien eine Rolle. Nahm der Archon ein Stück an, teilte er dem Dichter einen **Choregen** zu, einen reichen Bürger, der den Chor und die Ausstattung (Bühnenbild, Requisiten, Kostüme, besondere technische Einrichtungen) für eine Tetralogie zu stellen hatte. Die Schauspieler bezahlte der Archon, also der Staat. Der Dichter selbst übernahm die Inszenierung: Er studierte die Dialoge ein und kümmerte sich um Ausstattungsfragen. Aischylos, Sophokles, Euripides, Aristophanes usw. waren also sowohl Stückeschrei-

Antikes griechisches Theater von Epidauros aus dem 4. Jh. v. Chr.

ber als auch Regisseure. Für die Einübung des Chors stand dem Regisseur ein **Chorodidaskalos** (Chorlehrer) zur Verfügung, der die Gesänge und Tänze nach den Entwürfen des Dichters/Regisseurs einstudierte.
Die Athener hatten zwei Verfahren für demokratische Gleichbehandlung: Wahl und Los. Die genannten Archonten z. B. waren Beamte auf Zeit, von der Vollversammlung gewählt; die Frage der Aufführungsabfolge der drei Tetralogien an den Großen Dionysien entschied man durch Los. Die Jury, die den Sieger des Wettstreits bestimmen sollte, bestand aus zehn zum Teil durch Los, zum Teil durch Wahl ermittelten Richtern. Aus diesen zehn wurde durch Losverfahren noch einmal ein engerer Kreis von fünf Richtern bestimmt, die das endgültige Entscheidungsrecht über die Reihenfolge der Sieger ausübten. Auch hier gibt es keinen Beleg, nach welchen Kriterien man vorging. Über die literarische Vorlage hinaus dürfte aber auch die in der Inszenierung und Choreographie sichtbar werdende Leistung bewertet worden sein.
Die Stücke wurden im 5. Jh. v. Chr. stets nur für den einen Wettstreit geschrieben und, wenn angenommen, auch nur zu diesem Termin aufgeführt. Erst im 4. Jh. v. Chr. begann man, die drei großen Tragödiendichter der klassischen Zeit, Aischylos, Sophokles, vor allem aber Euripides, immer wieder aufzuführen. Ein Grund dafür war wohl, daß die Bedeutung der Schauspieler größer geworden war und diese Schauspieler in den alten Stücken ‚dankbare', zur Darstellung ihres professionellen Könnens gut geeignete Rollen fanden. Die wachsende Bedeutung des Schauspielers drückte sich darin aus, daß seit der Mitte des 5. Jh.s v. Chr. zum Wettstreit um die besten Dramen und Aufführungen zugleich der Wettstreit der Schauspieler, der **Schauspieleragon**, hinzukam.

Im Hellenismus, der Zeit von Alexander d. Gr. bis Kaiser Augustus, 323–30 v. Chr., veränderte sich die soziale Struktur in den griechischen Städten enorm; dies zeigt auch die Theatergeschichte dieser Zeit, z. B. die Entwicklung der Komödie. Die **Alte Komödie** der klassischen Zeit (etwa bis 400 v. Chr.), zu der die meisten Stücke des Aristophanes gehören, suchte ihre Themen aus dem Leben der Polis, behandelte aktuelle politische Probleme und nahm prominente Bürger, Heerführer, Staatsbeamte satirisch aufs Korn. Besonders in der **Parabase**, dem Kernstück der Alten Komödie, kritisierte der Komödiendichter Mißstände, verspottete Personen, ließ seiner persönlichen Meinung freien Lauf. Dies geschah unabhängig von der Handlung der Komödie; der Chor nahm deshalb während der Parabase die Masken ab, während der Chorführer die Meinung des Dichters vortrug. Diese politische Kritik ging in der **Mittleren Komödie** (4. Jh. v. Chr.) mit dem Niedergang der demokratischen Polisstruktur stark zurück, die Parabase fiel weg, der Chor – einst in seinen Liedern und Tänzen Ausdruck der engen Verbundenheit des Theaters mit dem Kult – verlor sein dramaturgisches Gewicht. Die Tendenz zur unpolitischen Komödie setzte sich in der **Neuen Komödie** (seit ca. 320 v. Chr.), als Hauptvertreter gilt Menander (etwa 342–291 v. Chr.), noch stärker durch. Beliebte Themen waren Mythentravestien, in denen Götter oder Helden der Lächerlichkeit preisgegeben wurden, oder extreme, dramaturgisch attraktive Alltagssituationen wie Vergewaltigung oder Kindesaussetzung. Die sich schon in der Mittleren Komödie herausbildende feste Typologie von Figuren wurde vervollständigt: der schlaue Sklave, der intrigante, gefräßige Parasit usw. Formen von Massenproduktion sind erkennbar: Partien eigener oder fremder Stücke fanden mehrmals Verwendung, schon aufgeführte Stücke wurden überarbeitet. Der östliche Mittelmeerraum war nach den Eroberungen Alexanders d. Gr. und seiner Nachfolger ‚hellenisiert' und verlangte nach Komödien, aber auch nach ▶ Mimus und ▶ Pantomime, zwei Gattungen, die ihre größte Wirkung erst in der römischen Kaiserzeit erreichten.

Zur Zeit des Sophokles und des späten Aischylos entstand die perspektivische Bühnenmalerei, die ▶ Skenographie. Auf dem Dach der ▶ Skene befand sich eine kleine Spielfläche, von der aus die Götter sprachen. Für Göttererscheinungen setzte man, zunehmend seit Euripides, auch die Flugmaschine ein (▶ Deus ex machina). Ein weiteres Element szenischer Verwandlung: das ▶ Ekkyklema. Ein großer beweglicher Bronzespiegel auf dem Dach diente als Blitzmaschine, ein großes gespanntes Fell, auf das man Bleikugeln schüttete, als Donnermaschine. Im Hellenismus nahm die Zahl der Bühnenmaschinerien und verwandlungstechnischen Mittel zu: ▶ Periakten, Drehscheiben und Drehwände, Aufzüge zum Erscheinen aus der Unterbühne oder auf dem Dach.

Über Inszenierungsstil und Spielweise wissen wir kaum etwas. Alle Rollen, auch die weiblichen, z. B. die Frauen in Aristophanes' *Lysistrate*, wurden von Männern gespielt. Sie trugen bemalte, gepreßte Leinenmasken mit Haarteil (Vollmasken), in der Tragödie knöchellange Gewänder. Der Chor trat durch

Drei tragische Masken aus römischer Zeit (Ausschnitt aus einem Fußbodenmosaik)

eine der beiden **Parodoi** auf (seitliche Durchgänge zwischen Zuschauerraum und Skene) und blieb während der ganzen Aufführung in der ▶ Orchestra, während die Schauspieler – sie spielten in einem Stück mehrere Rollen – für ihre Umzüge abwechselnd durch die Skene-Türen oder Parodoi auftraten und abgingen. In hellenistischer Zeit trennte man optisch die Einzeldarsteller vom unbedeutend gewordenen Chor: Sie spielten nicht mehr in der Orchestra, sondern auf dem nun stark erhöhten ▶ Proszenium. In dieser Zeit erhöhte man auch den Stiefel, den ▶ Kothurnos, der Tragöden, die Masken erhielten große Augenlöcher, weit aufgerissene Münder und einen bogenförmig überhöhten Haaraufsatz, den **Onkos**. Diese expressive und pathetische Überhöhung der Figuren hatte vermutlich auch Konsequenzen für die Sprech- und Spielweise der Darsteller, sie entsprach aber vor allem der Notwendigkeit theatraler Vergrößerung, Fernwirkung, wie sie sich aus dem größer gewordenen Zuschauerrund und dem erhöhten Proszenium ergab.

Die Römer übernahmen viele Elemente des hellenistischen Theaters. Im republikanischen Rom begann man über die Kontakte zum hellenistischen Süditalien seit 240 v. Chr. Tragödien und Komödien nach griechischer Art aufzuführen. Man orientierte sich an dem im Hellenismus beliebten Klassiker Euripides und an der Neuen Komödie des Menander, dessen Stücke hauptsächlich Vorlagen bildeten für die Komödienproduktion des Plautus (ca. 250–184 v. Chr.) und des Terenz (ca. 190–159 v. Chr.). Zunächst wurden – in Anlehnung an die Bühnen der ▶ Phlyakenposse und der ▶ Attellane – für Aufführungen ad hoc Holzbänke und als Bühne ein Holzpodest mit Rückwand aufgestellt. 55 v. Chr. ließ Pompeius das erste steinerne Theater in Rom bauen. Die Stein-Theater der Kaiserzeit sahen folgendermaßen aus: Die im Hellenismus kreisrunde Orchestra wurde zum Halbkreis verkleinert und die Skene (**Scaena**) aufgestockt auf die Höhe der obersten Reihen des Zuschauerraumes (**Cavea**). Es entstand im Gegensatz zu den hellenistischen Bauten eine geschlossene Fassadenarchitektur und Monumentalität, die sich im Inneren wiederholte, durch die architektonisch reich gegliederte Skene-Wand und bei größeren Theatern durch Überdachung (festes Dach oder Zeltbahnen), die vor Sonne und Regen schützte.

Im Theater der römischen Republik und des römischen Kaiserreiches wirkten jedoch nicht nur hellenistische Einflüsse. Die römische Kunst entwickelte sich auch aus Traditionen der altitalischen Völker und der Etrusker. Neben dem abgeänderten Typus des hellenistischen Theaterbaus sind zwei weitere Formen des Theaterbaus in allen größeren Städten des römischen Weltreiches ausgegraben worden: ▶ Amphitheater und **Circus**. Es sind architektonische Zeugnisse einer Art zweiten Theaterkultur: staatlich finanzierte, als politisches Instrument der Massenlenkung genutzte theatrale Unterhaltungsformen für breite Schichten. Im Amphitheater fanden Gladiatorenspiele, Tierhetzen und simulierte Seeschlachten statt, im Circus Wagenrennen, Reiterspiele und ebenfalls Tierhetzen (▶ Zirkus).

A parte (ital. = beiseite) Das **Beiseitesprechen** eines Darstellers auf offener Szene ist im Unterschied zu einer ▶ ad spectatores gerichteten Äußerung meist ein kurzer Einwurf, der vom Publikum gehört wird, aber scheinbar nicht von den übrigen Personen auf der Bühne. Seit der Antike ist es eine besonders in der Komödie und im Schwank beliebte Technik, mit der eine Bühnenfigur ihre tatsächlichen, im Dialog nicht preisgegebenen Gedanken über das Bühnengeschehen oder über eine andere Bühnenfigur äußert.

Apotheose (griech. = Vergottung) Seit der Antike ist dies in der Dichtung eine literarische Form, die einen Helden zu einem überirdischen Wesen erhebt.
Im Jesuitentheater, in der Barockoper und vor allem bei Festen des Adels wurde das Schlußbild einer Aufführung häufig bühnentechnisch aufwendig und effektvoll gestaltet. Diese **Schlußapotheose**, auch **Schaubild** genannt, diente der Verherrlichung und Verklärung.

Appia, Adolphe (1862–1928) Der Schweizer Bühnenausstatter und Theaterreformer war einer der wichtigen Theoretiker des modernen Theaters. Zahlreiche Bühnenskizzen, von denen jedoch nur wenige in der Praxis realisiert wurden, sind heute noch erhalten. Appia befreite das Theater von der ▶ Kulissenbühne und den gemalten Dekorationen des 19. Jh.s, gestaltete die Szenerie nach architektonisch-plastischen Gesichtspunkten und die Bühne als einen szenisch-funktionalen Raum. Er entwickelte neue Anwendungsmöglichkeiten der Beleuchtung, insbesondere nahm er die ▶ Lichtregie theoretisch vorweg. Über die bühnenpraktischen Neuerungen hinausgehend, forderte er in seinen Reformschriften, *La mise en scène du drame Wagnérien* (1895) und *Die Musik und die Inscenierung* (dt. 1899), die Einheit und Zusammenfassung der verschiedenen Künste in der Inszenierung. Alle Beziehungen zwischen Darsteller, Bühnenraum, Dekoration und Beleuchtung sollten einem einheitlichen Ausdrucksgesetz folgen. Appia strebte eine hoch entwickelte Künstlichkeit im Theater an und wandte sich gegen jegliche Nachahmung von Natur. Seine Kritik richtete sich gegen das traditionelle ▶ Literaturtheater, denn Sprache war für ihn Ausdruck von Alltäglichkeit. Die Synthese der verschiedenen ästhetischen Medien in einer Inszenierung konnte nach Appias Ansicht nicht der Dialog, sondern allein die Musik leisten. In deren Gesetzmäßigkeiten von Rhythmus, Harmonie und Tondauer sah er die umfassenden Grundlagen für alle räumlichen und zeitlichen Abläufe auf der Bühne, d.h. für die Raumaufteilung, die Sprach- und Bewegungsgestaltung sowie für alle übrigen optischen und akkustischen Effekte. Beeinflußt von Richard Wagners Idee des ▶ Gesamtkunstwerks, plädierte Appia für ein **Wort-Tondrama**, in dem die Musik das theatrale Kunstwerk gewissermaßen ‚naturgesetzlich' organisiert. Die Vorstellungen Appias von einem zukünftigen Theater überschnitten sich zum Teil mit jenen ▶ Craigs. Beide, Appia und Craig, waren Wegbereiter des modernen europäischen Theaters.

Applaus (lat.: applaudere = klatschen) Die Zuschauer äußern ihre Zustimmung im Theater durch Klatschen, Trampeln, Pfeifen oder Bravo-Rufe. Besondere Einzelleistungen werden meist durch **Szenenapplaus** oder beim **Schlußapplaus** durch **Hervorrufen**, d.h. Rufen des Namens eines einzelnen Darstellers, honoriert. Bei sehr großer Begeisterung kann der Applaus in **Ovation**, Jubel, übergehen; im Musiktheater wird dies häufig verbunden mit Rufen nach einem **da capo**, einer Wiederholung des Vorgetragenen. Unter **Applaus schinden** versteht man die Spielweise, mit der ein Darsteller durch in der Inszenierung nicht vorgesehene Einlagen, z. B. Gags, künstlich die Aufmerksamkeit auf sich lenkt. Applaus war schon im antiken Theater üblich, zum Teil auch als käuflicher Applaus, der vor allem aber im 19. Jh. große Verbreitung fand. Bestellte und bezahlte Beifallsklatscher, **Claqueure**, sollten den Applaus anregen und damit der Aufführung zum Erfolg verhelfen. Vor allem bei Premieren gibt es auch heute noch eine **Claque**, die Gesamtheit der Claqueure, die aber unbezahlt ist und sich aus Freunden des Hauses zusammensetzt.

Applausordnung Darin sind die Form und Reihenfolge, in der die Darsteller beim Schlußapplaus vor das Publikum treten, festgelegt. In der Regel nehmen zunächst die Darsteller einzeln oder in kleinen Gruppen den Beifall entgegen, dann alle Darsteller gemeinsam und schließlich zusammen mit Regisseur, Dirigent, Bühnen- und Kostümbildner.

Arbeitertheater Im 19. Jh. entstand als besondere Form des ▶ Laientheaters in Europa und den USA das Arbeitertheater, das in engem Zusammenhang mit der organisierten Arbeiterbewegung steht. In Deutschland traten erste Arbeitertheater-Gruppen, d. h. Gruppen, in denen Theater von Arbeitern für Arbeiter gemacht wurde, Mitte des 19. Jh.s auf. Hervorgegangen waren sie aus Arbeiterbildungsvereinen, die nach der Revolution von 1848 Bürger

Agitprop-Truppe „Die Trommler", Breslau, in der Szene Krieg dem imperialistischen Kriege

ins Leben gerufen haben, um die berufliche und politische Bildung von Handwerkern und Industriearbeitern zu fördern. Anfänglich war das Arbeitertheater dem ▶ Amateurtheater sehr ähnlich. Wie dieses bevorzugte es den Schwank und das ▶ Lebende Bild.
Arbeitertheater war zunächst nichts anderes als eine Form von Freizeitbeschäftigung und diente vor allem dazu, stumpfsinnigen Arbeitsprozessen zu entfliehen. Aber bereits in den 60er Jahren entwickelte es sich zu einem agitatorischen Instrument der politischen Arbeiterbewegung. Das Arbeitertheater übernahm Parteiarbeit, indem es den Sozialismus propagierte und für die sozialen und politischen Ziele des „Allgemeinen Deutschen Arbeitervereins" Ferdinand Lassalles warb. Wie Buch und Presse galt es zunehmend als Informationsmittel. Aufgeführt wurden vor allem Einakter, die in Frage- und Antwortspielen oder in Form von Allegorien, von Darstellungen abstrakter Begriffe in sinnlich leicht faßbaren Bildern, zentrale Thesen des Sozialismus lehrten. Es handelte sich meist um **Tendenzstücke**, deren ästhetische Bedeutung zweitrangig war. Wichtiger war die Tagesaktualität wie z. B. in den Humoresken *Der Schlingel* und *Eine Gans* von Jean Baptiste Schweitzer (1833–75), die den Zuschauer in einfacher Form mit der Marxschen Mehrwerttheorie bzw. der Notwendigkeit der Frauenemanzipation vertraut machen sollten.
Als 1878 der Deutsche Reichstag das Sozialistengesetz, das Verbot der organisierten Arbeiterbewegung, erließ, mußten sich die Arbeitervereine auflösen. Damit fehlte auch dem Arbeitertheater die organisatorische Grundlage. Ersatz boten Geselligkeitsvereine mit politisch unverdächtigen Namen wie „Onkel Bräsig", „Kamel-Club" usw. Zwar war die Aufführung von Lehr- und Agitationsstücken strengstens verboten, aber dennoch gelang es, die Tradition des ▶ politischen Theaters fortzusetzen. In historischen Spielen, die als Tarnung häufig an die Reformationszeit anknüpften wie z. B. Manfred Wittichs *Ulrich von Hutten*, Friedrich Bosses (1848–1909) *Die Alten und die Neuen*, war es möglich, von Zensurbehörden unerkannt auch weiterhin Zeitkritik zu üben und sozialistische Ideen zu verbreiten.
Hatte das Arbeitertheater in der Zeit des Sozialistengesetzes für den Zusammenhalt der Arbeiterbewegung eine wichtige Rolle gespielt, so wurde es nach dessen Aufhebung 1890 von der nun legalisierten SPD bald als unbedeutend eingeschätzt. Kulturpolitisches Ziel der SPD war, Arbeiter an die bürgerliche Kultur heranzuführen und ihnen mit der Gründung der ▶ Volksbühne in Berlin den Besuch von professionellen Theateraufführungen finanziell zu ermöglichen. Das Arbeitertheater wurde dadurch ins Abseits gedrängt und glich sich mehr und mehr dem Amateurtheater an.
Die Spaltung der Arbeiterbewegung in SPD und KPD nach dem 1. Weltkrieg spaltete auch das Arbeitertheater. Während das sozialdemokratische Arbeitertheater vor allem bei Parteifesten und -feiern an die Öffentlichkeit trat und im übrigen weitgehend der Unterhaltung diente, verstand sich das kommunistische als ein politisches Kampftheater, als **proletarisch-revolutionäres Theater**.

Der gespaltene Mensch, *Sprechchor von Bruno Schönlank, Berlin 1928*

Typische Formen des sozialdemokratischen Arbeitertheaters in der Nachkriegszeit waren ▶ Massenspiel und **Sprechchor**. Bei Massenspielen, die ein pseudoreligiöses Gemeinschaftsgefühl beschworen, traten bisweilen an die tausend Arbeiter als Darsteller auf, so bei einem Gewerkschaftsfest in Leipzig 1920 oder in den von Ernst Toller (1893–1939) entworfenen Spielen *Bilder aus der Französischen Revolution, Krieg und Frieden* und *Das Erwachen*. Der von der Jugendbewegung stark geprägte Sprechchor war eine Art **Weihespiel**, in dem man Gedichte chorisch rezitierte und rhythmische Körperbewegungen darstellte, mit dem Ziel, den Zuschauer in eine weihevolle, erhabene Stimmung zu versetzen. Wichtigster Autor und Förderer der Sprechchorbewegung war Bruno Schönlank (1891–1965), der insbesondere mit der sozialdemokratischen Arbeiter-Jugend Chöre wie *Erlösung*, *Großstadt*, *Der gespaltene Mensch* aufführte. Es gab einzelne Versuche, diese Theaterform auch für das proletarisch-revolutionäre Theater nutzbar zu machen, z. B. Gustav von Wangenheim (1895–1975) mit *Chor der Arbeit* oder Berta Lask (1878–1967) mit *Der Tag des Proletariats*.

Wichtigere Impulse für das revolutionäre Arbeitertheater gingen jedoch von ▶ Piscators im Auftrag der KPD inszenierten **Roten Revuen** und dem Theater der ▶ Russischen Revolution aus, besonders von den „Blauen Blusen“, einer **Agitprop-Truppe**, also Agitations- und Propaganda-Truppe, aus Moskau. Piscators Revuen *Roter Rummel* von 1924 und *Trotz alledem!* von 1925 folgten der Nummerndramaturgie, wie sie auch im Zirkus, im Varieté oder in der bürgerlichen ▶ Revue üblich war, unterschieden sich von diesen jedoch durch den eindeutig politischen Gehalt. Satirische Kurzszenen, agitatorische Sprechchöre, Dokumentarfilme und politische Referate waren in loser Folge

aneinandergereiht. In ähnlicher Weise arbeiteten die „Blauen Blusen“, deren Tournee 1927 die Gründung zahlreicher Agitprop-Truppen in Deutschland auslöste. Zeitweise sollen es an die 600 gewesen sein, von denen Das „Rote Sprachrohr“, „Die Nieter“, „Die Roten Raketen“, „Kolonne Links“ die bekanntesten waren. Sie traten in Gaststätten, auf der Straße und in Hinterhöfen auf, spielten meist in Arbeitsanzügen von tragbaren Podesten oder LKWs herab und warben sowohl in den Städten als auch auf dem Land für die Politik der KPD. Von ▶ Brecht wurden sie als eine „Fundgrube neuartiger künstlerischer Mittel und Ausdrucksarten“ geschätzt, weil sie „vergessene großartige Elemente echt volkstümlicher Kunstepochen“ einsetzten. Das „Rote Sprachrohr“ ließ er in einer kurzen Szene seines Films *Kuhle Wampe* auftreten. Das Prinzip ihrer theatralen Wirkung aber, die gefühlsbetonte Identifikation des Zuschauers, hatte Brecht bereits in den frühen 20er Jahren bekämpft. Kritik kam gegen Ende der Weimarer Republik auch in der KPD auf, weil die Agitprop-Truppen mit der Zeit einem formalen und inhaltlichen Schematismus verfielen. Sie stellten nämlich nach einem immer gleichen Muster dem Kapitalisten, dem Sozialdemokraten, dem Gewerkschafter auf der einen Seite, den stets siegreichen Proletarier auf der anderen Seite gegenüber.
Für das proletarisch-revolutionäre Theater gewannen daher **sozialistische Schauspielerkollektive** („Truppe 1931“, „Spieltrupp Süd-West“, „Piscator-Kollektiv“ u.a.) zunehmend an Bedeutung. Ähnlich wie die Agitprop-Truppen waren auch sie mobile Theater, führten aber komplexere Stücke auf, vor allem das sogenannte kritische **Zeitstück**, wie Friedrich Wolfs (1888–1953) *Cyankali* und *Die Matrosen von Cattaro*, Gustav von Wangenheims *Die Mausefalle*, Peter Martin Lampels (1894–1965) *Revolte im Erziehungshaus*, Theodor Pliviers (1892–1952) *Des Kaisers Kuli*. Die Kollektive setzten sich aus meist arbeitslosen Berufsschauspielern zusammen und gehörten daher, strenggenommen, nicht zum Arbeitertheater, auch wenn sie ihm organisatorisch im **Deutschen Arbeiter-Theater-Bund (ATBD)** angeschlossen waren.
Mit der Machtergreifung Hitlers 1933 wurde dem Arbeitertheater, dem sozialdemokratischen wie dem kommunistischen, gewaltsam ein Ende gesetzt. Es nach 1945 wiederzubeleben, ist nicht gelungen. Das staatlich geförderte Arbeitertheater in der DDR war – und das ergibt sich aus dem politischen Selbstverständnis der DDR – Teil der Gesamtkultur. Es unterschied sich weder in der Spielplanpolitik noch in der Arbeitsweise vom Berufstheater. Ein oppositionelles Theater im Sinn des frühen Arbeitertheaters oder des proletarisch-revolutionären Theaters war es nicht. In der Bundesrepublik geriet es für lange Zeit in Vergessenheit. Versuche Ende der 60er Jahre durch Gründungen von ▶ Straßentheatern und Lehrlingstheatern an verschüttete Traditionen, insbesondere jene der Agitprop-Truppen, wieder anzuknüpfen, scheiterten nach kurzer Zeit. Es waren meist Initiativen von Studenten, die bei Arbeitern keinerlei Resonanz fanden. Solche Versuche bildeten jedoch häufig die Grundlage für das Entstehen ▶ Freier Gruppen.

Archiv (griech.: archeion = Regierungsgebäude) Nicht nur Behörden benötigen Aufbewahrungsorte für Schriftstücke und Urkunden, auch Theater archivieren Unterlagen wie Text- und Regiebücher, Programmhefte usw. Diese Materialien werden später häufig dem zuständigen Stadtarchiv überlassen.
In Bayreuth, Berlin, Düsseldorf, Hamburg, Köln, München und Wien gibt es **Theaterarchive** mit zum Teil sehr umfangreichen **Sammlungen** (Bühnenbildentwürfe, Masken, Kritiken usw.). Sie sind meist den Universitäten angeschlossen und dienen vor allem der Theaterforschung, werden aber auch von Dramaturgien genutzt. Anschriften und Öffnungszeiten in: ▶ Deutsches Bühnen-Jahrbuch.

Arenabühne ist eine aus kultischen Veranstaltungen in der ▶ Antike entstandene ▶ Bühnenform, bei der ansteigende Sitzreihen im Halb-, Dreiviertel- oder vollen Kreis um eine Spielfläche angeordnet sind. Heute Bezeichnung nicht nur für die Bühne, sondern für den gesamten in die Landschaft eingefügten, offenen Theaterbau (fälschlicherweise häufig ▶ Amphitheater genannt), dessen auffälligste architektonische Merkmale – zumindest bei den erhaltenen Steinbauten – die kreisrunde Spielfläche (▶ Orchestra) und das in der Tangente angelegte Szenengebäude (▶ Skene) sind. Wieder aufgenommen wurde die Form der Arenabühne im Theaterbau des 20. Jh.s, so z.B. im ▶ Totaltheater.

Römische Arenabühne in Orange/ Frankreich aus dem 1. Jh. n. Chr.

Argumentum (lat. = Darlegung) Einem Bühnenstück wird eine geraffte Inhaltsangabe oder Vorstellung der Personen als Einführung in das Geschehen vorangestellt, um die Aufmerksamkeit des Zuschauers zu wecken und das Verständnis zu erleichtern. Ein solches Argumentum ist in den Handschriften der antiken Komödien und Tragödien überliefert und im Drama der Renaissance im 15./16. Jh. üblich. Zu unterscheiden ist vom nur in schriftlicher Form vorkommenden Argumentum der gesprochene ▶ Prolog.
Im mittelalterlichen Theater und im deutschen Schultheater tritt häufig ein **Argumentator** auf, der den lateinisch gesprochenen Text erläutert und die Absicht der Aufführung begründet. In der Commedia dell'arte bezeichnet **Argument** den Stoff, nach dem die aus dem Stegreif gespielten Szenen entworfen werden.

Aristoteles (384–322 v. Chr.) Der griechische Philosoph verfaßte als Teil des nur fragmentarisch überlieferten Werks *Über die Dichtkunst (Poetik)* die erste grundlegende ▶ Dramentheorie, in der er sich vor allem auf die ▶ Tragödie, besonders die Werke der drei großen griechischen Tragiker Aischylos, Sophokles und Euripides bezieht. Seine Hinweise auf die Entstehung der Tragödie aus dem Satyrtanz, einem kultischen Tanz, bei dem die Mitwirkenden in Ziegenfellen auftraten, wurden bis ins 20.

Jh. für richtig gehalten, sind heute aber wissenschaftlich widerlegt. Aristoteles definiert die Tragödie als Nachahmung eines ernsten, in sich geschlossenen Geschehens, das beim Zuschauer durch Identifikation mit den handelnden Personen **Schauder und Jammer** (griech. Phobos und Eleos) im Sinne von Gänsehaut und Tränen auslöst. Übersetzt werden die beiden Begriffe in der Tradition Lessings auch heute noch mit ▶ Furcht und Mitleid; zutreffender sind jedoch Schrecken und Jammer, die nicht so eindeutig christlich geprägt sind. Als Ziel der Tragödie gibt Aristoteles die ▶ Katharsis (Reinigung) an. Die genaue Bedeutung ist umstritten, wahrscheinlich handelt es sich um eine lustbetonte Befreiung der Zuschauer von den durch die Identifikation hervorgerufenen Gefühlszuständen. In der Antike hatte die Schrift des Aristoteles keine Wirkung, sie spielt in der europäischen Dramentheorie erst seit der Renaissance eine wichtige Rolle.

Im 17. Jh. wurde aus Aristoteles' Beschreibungen bühnentechnischer Besonderheiten des antiken Theaters die Forderung nach den ▶ drei Einheiten abgeleitet, nämlich nach der Einheit des Orts, der Zeit und der Handlung, und im französischen Klassizismus (Corneille, Racine) zur dramatischen Norm erhoben. Aristoteles' Einfluß endete mit der Auflösung normativer Poetiken im 19. Jh. Der neuzeitlichen Aristoteles-Rezeption setzte ▶ Brecht das Konzept des ▶ epischen Theaters entgegen.

Aristotelisch/nichtaristotelisch ist ein Begriffspaar, das erstmals von ▶ Brecht verwendet wurde, um sein ▶ episches Theater gegen herkömmliche Dramenformen abzugrenzen. Die Bezeichnungen sind irreführend, da Brecht weniger die Dramentheorie des ▶ Aristoteles selbst, vielmehr deren neuzeitliche Rezeption als aristotelisch definiert und alle konventionellen, strenggebauten, geschlossenen Formen des Dramas, insbesondere die des ausgehenden 19. Jh.s, des Naturalismus, unter diesem Begriff zusammenfaßt. Im Gegensatz dazu fordert Brecht eine „antimetaphysische, materialistische, nichtaristotelische Dramatik", die an Stelle von ▶ Einfühlung eine kritische Haltung des Zuschauers dem Dargestellten gegenüber verlangt.

Artaud, Antonin (1896–1948) Der französische Schauspieler, Regisseur, Dichter und Dramatiker ist einer der wichtigen Theatertheoretiker der Avantgarde-Bewegung. Sein Einfluß auf die Entwicklung des Gegenwartstheaters ist von ähnlich großer Bedeutung wie derjenige Brechts. Im Gegensatz zu dessen politisch-aufklärerischem Anspruch vertritt Artaud eine kulturrevolutionäre Position, die jede Form von Darstellung und Nachahmung, damit auch das ▶ Literaturtheater, radikal ablehnt. Die Vorherrschaft der Sprache, auf der die gesamte abendländische Kultur beruht, ist für Artaud Ursache einer widernatürlichen Trennung von Geist und Körper, die er in einem neuen Theater wiederzuvereinigen sucht. Artauds Gegenentwurf, ausgeführt in der Essay-Sammlung *Das Theater und sein Double*, ist eine Art magischen Theaters, das sich weder einseitig an den Kopf des Zuschauers noch an seine Sinne richtet, sondern an dessen „totale Existenz". Artaud fordert eine von Schauspielern und Zuschauern gemeinsam vollzogene reale Handlung im Theater und damit die Überwindung des Unterschieds zwischen Spiel und Wirklichkeit. Einen möglichen Weg dorthin deutet er im **Theater der Grausamkeit** an, in dem die Kluft zwischen Bühne und Zuschauerraum aufgehoben ist, Handlungen an verschiedenen Orten im Raum gleichzeitig stattfinden und alle erdenklichen Mittel zum Einsatz kommen wie Licht, Farbe, Masken, schrille Töne, Schreie und Körpersprache. Für Artaud sind es Hilfsmittel. Von ihm angestrebt ist weder ein totales Theater noch improvisierte Ausgelassenheit, sondern eine existenzielle Grenzerfahrung, die er als Grausamkeit bezeichnet und die den Bereich der Kunst überschreitet. Artaud zufolge soll das Theater kein Schauspiel mehr sein, sondern ein Moment des Lebens selbst, wie z.B. das Fest.

Artaud beeinflußte das rituelle Theater, Nachwirkungen finden sich auch in der Körpersprache von Schauspielern, in der Dramatik von Jean Genet, Samuel Beckett, Boris Vian, Peter Weiss, Heiner Müller und in der Arbeit von Theaterleuten wie Jean Louis Barrault, Peter Brook, Jerzy Grotowski, Living Theatre. Eine direkte Anwendung der Theorien Artauds in der Theaterpraxis ist, da sie auf Aufhebung von Theater zielen, unmöglich; sie zählen zu den nicht realisierten ▶ Theaterkonzepten der Moderne. Nicht einmal Artaud selbst ist es gelungen; seine eigenen Inszenierungen waren weit davon entfernt und blieben dem Theater verhaftet.

Artist (franz. = Künstler) ist der Oberbegriff für die im Varieté oder Zirkus auftretenden Künstler (Akrobat, Dompteur, Jongleur, Clown usw.). Sie sind in der 1901 gegründeten **Internationalen Artistenloge** organisiert. Artisten zählen zum fahrenden Volk, sie sind die älteste Berufsgruppe theaterähnlicher Darstellungen.

Als **artistisch** (künstlerisch) bezeichnet man auch schauspielerische Leistungen im Theater von hoher Sprach- oder Körperperfektion.

ASSITEJ Die **Association Internationale du Théâtre pour l'Enfance et la Jeunesse** ist der internationale Verband der ▶ Kinder- und Jugendtheater. Ihm sind Theater, Theatergruppen und Verlage angeschlossen. Die ASSITEJ fördert die politische, pädagogische und ästhetische Entwicklung der Theater für Kinder und Jugendliche, finanziert Veröffentlichungen und Kongresse und sorgt für internationalen Austausch. Der deutschen Vertretung der ASSITEJ (Geschäftsstelle: 4300 Essen 1, Steinmetzstr. 11) ist ein Archiv für Kinder- und Jugendtheater angeschlossen.

Ästhetik (griech.: aisthesis = sinnliche Wahrnehmung) ist als Teil der Philosophie die Wissenschaft, die sich mit den Grundlagen der Kunst befaßt und im engeren Sinn mit Problemen des Schönen, Erhabenen, Häßlichen, Tragischen, Komischen usw. Wenn sich die Ästhetik mit Dichtkunst beschäftigt, wird sie **Poetik** genannt, **Theaterästhetik** oder **Ästhetik des Theaters** hat das Theater zum Gegenstand.

In ihrer Entwicklung ist die Theaterästhetik aufs engste verknüpft mit der Theaterpraxis. Wie diese ist auch die Theaterästhetik geschichtlichen Veränderungen unterworfen. Jede Zeit hat ihre besonderen theaterästhetischen Anschauungen und Vorlieben hervorgebracht. Man spricht deshalb z.B. von der Theaterästhetik der Aufklärung, der des Naturalismus usw. Die in einer Epoche vorherrschende Theaterästhetik kann in Theater- oder Dramentheorien formuliert sein.

Heute ist die Theaterästhetik ein Zweig der ▶ Theaterwissenschaft. Sie untersucht Entstehungsbedingungen von theatralen Ereignissen, den künstlerischen Schaffensprozeß (**Produktionsästhetik**), die Wirkung auf den Zuschauer

(**Wirkungsästhetik**) und die Struktur eines Kunstwerks. Sie forscht nach Gesetzmäßigkeiten in der Theatergeschichte und ist bestrebt, eine Definition für Theater zu finden, die auf alle theatralen Formen anwendbar ist.

Ästhetizismus Eine solche Anschauung gibt dem ästhetischen Erleben und Genießen den absoluten Vorrang. Im Theater um die Wende vom 19. zum 20. Jh. wird damit auch eine Stilrichtung beschrieben, die dem Jugendstil zuzuordnen und der L'art pour l'art-Bewegung („die Kunst um der Kunst willen") verpflichtet war. Das Theater des Ästhetizismus richtete sich gegen naturalistische Darstellungen. Es vertrat radikal die Autonomie des Theaters und verzichtete auf politische, gesellschaftliche und moralische Zweckhaftigkeit von Theater zugunsten einer Konzentration auf die Form. Vertreter des Ästhetizismus sind ▶ Craig, ▶ Appia, Jacques Copeau sowie die Theoretiker der ▶ Stilbühne, Peter Behrens und Georg Fuchs.
Als **ästhetizistisch** werden Inszenierungen bezeichnet, die, statt sich mit der Wirklichkeit auseinanderzusetzen, in eine Welt des schönen Scheins flüchten.

Atellane ist ein komisches Stück, eine bäuerliche Volksposse, benannt nach der in Kampanien bei Neapel gelegenen stadt Atella (heute: Aversa). Die unter griechischem Einfluß entstandene Atellane ist ein derb-komisches, häufig obszönes, kurzes Stegreifspiel mit vier feststehenden, in Masken auftretenden Charaktertypen: der Dümmling **Maccus**, der Vielfraß **Bucco**, der eitle Alte **Pappus** und der listige Bucklige **Dossenus**. Seit dem 3. Jh. v. Chr. war diese Posse in lateinischer Sprache auch in Rom beliebt. Sie wurde von Amateuren, aber auch von Berufsschauspielern aufgeführt, zum Teil als komisches Nachspiel, **Exodium**, zu Tragödien.
Ab 90 v. Chr. wurden Attelanen, vor allem von Pomponius und Novius, zur literarischen Form erhoben. Die Atellane beeinflußte die römische Komödie, vor allem Plautus.

Attrappe kann ein Fels, Baum oder eine Säule auf der Bühne sein. Es ist ein plastischer Gegenstand der Dekoration. Durch **Kaschierung**, (d. h. durch Formgebung), Bemalung und Beleuchtung wird Echtheit vorgetäuscht. Die Kaschierung (franz.: cacher = verbergen) wird vom **Kascheur** aus billigen Materialien und Kaschiermasse hergestellt. Als Kaschiermasse wird ein Gemisch aus Leim und Sägemehl, heute Styropor verwendet.

Aufführung ist die Darbietung eines literarisch, musikalisch oder ähnlich notierten Werks vor Publikum, von den jeweils ausführenden Künstlern meist in mehreren ▶ Vorstellungen gegeben. Nach einer Reihe von Proben unter Leitung eines Regisseurs oder Spielleiters kommt die Inszenierung eines Stücks in der Regel bei der Premiere erstmals zur Aufführung. Gelegentlich können der Premiere ▶ Voraufführungen vorangehen, um Zuschauerreaktionen in den Arbeitsprozeß einzubeziehen oder werbende Vorberichte in Presse, Fernsehen usw. zu ermöglichen. Die Aufführung eines zuvor nie gespielten Werks heißt ▶ Uraufführung (abgekürzt: U oder UA); wird ein im Original bereits aufgeführtes Werk erstmals in deutscher Übersetzung gespielt, so spricht man von **deutschsprachiger Erstaufführung** (**DE**, **DEA** oder **dEA**). ▶ Erstaufführung (E) bedeutet erstmalige Darbietung eines Werks an einem bestimmten Theater oder in einer Stadt. ▶ Wiederaufnahme

(WA) ist die Aufführung eines Werks in unveränderter Form nach längerer Pause, z. B. nach den Theaterferien, wohingegen **Neuinszenierung** die Wiederholung eines Werks am selben Theater in neuer Besetzung, Ausstattung und Regie meint. Der Aufführungsbeginn wird öffentlich bekannt gemacht (Plakat, Presse); im Theater fordert der Inspizient das Publikum durch **Einläuten**, meist mehrmaliges Klingelzeichen, auf, die Plätze einzunehmen und signalisiert so den Aufführungsbeginn.

Auftragsstück Früher waren es meistens Fürsten, die ein neues Stück für die Bühne in Auftrag gaben, häufig zu einem bestimmten Anlaß. Jean-Baptiste Molière verfaßte z. B. *Georges Dandin* für Ludwig XIV., der mit einem Hoffest die Eroberung der Franche-Comté feiern wollte.

Auch heute erteilen Theater gelegentlich Aufträge, um eines Jahrestages zu gedenken. So schrieb 1988 Thomas Bernhard im Auftrag des Wiener Burgtheaters sein Stück *Heldenplatz*. Anlaß dafür war der 50. Jahrestag des „Anschlusses“ Österreichs an das nationalsozialistische Deutschland. Auftragsstücke werden auch vergeben, um Nachwuchsautoren zu fördern oder sich eine Uraufführung zu sichern.

Auftritt und Abgang gehören zu den grundlegenden Dingen der Schauspielkunst. Sie beeinflussen die Aufmerksamkeit des Zuschauers und die Wirkung der Darstellung. Ein schlechter Auftritt zur unpassenden Zeit, an einem ungünstigen Ort oder ein verpatzter Abgang können eine noch so gute Darstellung mindern. Das war bereits in den Anfängen der berufsmäßigen Schauspielkunst bekannt und förderte die Entwicklung von geeigneten Bühnenformen und Bühnentechniken, die einen wirkungsvollen Gebrauch von Auftritt und Abgang ermöglichten.

Wie und wo ein Schauspieler auftritt, d. h. den szenischen Bühnenraum betritt, charakterisiert die von ihm dargestellte Bühnenfigur. Aufgrund der bühnentechnischen Entwicklungen sind Auftrittsmöglichkeiten im heutigen Theater nahezu unbeschränkt. Ob ein Auftritt aus einer ▶ Gasse, aus der Mitte, von oben, durch den Zuschauerraum usw. erfolgt, ist abhängig von den dramaturgischen Erfordernissen des Stücks, der Konzeption des Regisseurs und den Gegebenheiten des Bühnenbilds. Das gleiche gilt für das Verlassen der Bühne. Der Abgang kann so wirkungsvoll gestaltet sein, daß ein Darsteller damit Beifall, den Szenenapplaus, erzielt. Aus Eitelkeit bestehen deshalb manche Schauspieler darauf, sich, wie es im ▶ Jargon des Theaters heißt, einen **guten Abgang** zu verschaffen.

In der Dramentechnik ist der Auftritt seit dem 17. Jh. ein Begriff für die durch Auf- und Abtreten von Darstellern gegliederten Abschnitte eines ▶ Akts; im deutschsprachigen Drama wird seit dem 18. Jh. Auftritt mit ▶ Szene gleichgesetzt.

Ausbildung für Theaterberufe Viele Tätigkeiten im Theater, soweit sie nicht den spezifischen künstlerischen Prozeß unmittelbar beeinflussen, entsprechen in Ausbildung und Tätigkeitsmerkmalen den Berufen in anderen Wirtschaftszweigen: Verwaltungsangestellter, Schneider, Schlosser, Schreiner

usw. Aber es gibt Übergänge zur künstlerischen Mitverantwortung: z.B. haben die Schneidermeister und -meisterinnen eine Zusatzausbildung zum **Gewandmeister**, denn für die Schnitte und Stoffkunde historischer Kostüme sind besondere Kenntnisse erforderlich, die ein Schneidermeister in Industrie und Handwerk nicht hat. Auch bestimmte Verwaltungstätigkeiten prägen die künstlerische Arbeit so sehr, daß sie von einem eigenen Team durchgeführt werden: vom ▶ Intendanten und seinen Mitarbeitern, besonders dem ▶ Dramaturgen und **Disponenten**, auch **Leiter des künstlerischen Betriebsbüros** genannt. Sie schließen Verträge, entwerfen den Spielplan, machen Öffentlichkeitsarbeit. Es sind Berufe mit gemischten Tätigkeiten ohne festgelegten Ausbildungsgang. Ein Dramaturg muß neben der künstlerischen Verwaltung noch Texte für Programmheft, Hauszeitung oder Presseinformation schreiben, er muß zusammen mit dem Regisseur Inszenierungen vorbereiten, muß die Stücke lesen. In der Regel hat er Literaturwissenschaft studiert, aber es gibt auch Juristen, Journalisten, die irgendwann in die Dramaturgie überwechseln. Ein Disponent braucht Organisationstalent und genaue Kenntnisse der künstlerischen Prozesse, aber es gibt auch für ihn keine spezielle Ausbildung, er lernt in der Praxis. Oft sind die Leiter des künstlerischen Betriebsbüros, die den täglichen störungsfreien Betriebsablauf zu garantieren haben, ehemalige Dramaturgen, Regieassistenten usw. Auch für Intendanten gibt es keine spezifische Berufsausbildung außer einschlägigen praktischen Erfahrungen. In der Regel bewerben sich Regisseure, Dramaturgen oder Schauspieler um eine Intendanz.
Neben dem Gewandmeister sind noch zwei handwerklich fundierte Berufe für die künstlerischen Aspekte des Vorstellungsbetriebs von größter Wichtigkeit: **Maskenbildner** und **Requisiteur**. Die übliche (aber nicht ausschließliche) Vorbildung für Maskenbildner und Maskenbildnerinnen ist die Friseurausbildung, da Perückenmachen und Frisieren zu den Grundfertigkeiten der Maskenbildnerei gehören. In zusätzlichen Lehrgängen, veranstaltet von der ▶ Genossenschaft Deutscher Bühnen-Angehörigen, können Kenntnisse in historischen Frisuren, Schminktechniken usw. erworben werden. Auch für **Bühnen**- und **Beleuchtungsmeister** gibt es Fortbildungskurse. Wer sich für die hier genannten handwerklich fundierten Berufe am Theater interessiert, sollte sich bei dem nächstgelegenen Stadt- oder Staatstheater in der entsprechenden Abteilung erkundigen, auch die Dramaturgie oder Intendanz kann weiterhelfen.
Zu den rein künstlerischen Berufen am Theater – Sänger, Tänzer, Schauspieler, Regisseur, Bühnen- und Kostümbildner, Musiker – gibt es im deutschsprachigen Raum verwirrend unterschiedliche Ausbildungsgänge und -stätten. Während in der DDR die gesamte Berufsausbildung staatlich organisiert war, gibt es in den übrigen deutschsprachigen Ländern eine abgeschlossene staatliche Ausbildung nur für **Sänger**, **Tänzer**, **Schauspieler** an Städtischen und Staatlichen Hochschulen; in Österreich und in der Schweiz ist auch der Begriff „Konservatorium" gebräuchlich. Für die drei genannten Berufe dürfen jedoch auch Privatschulen und einzelne Privatlehrer ausbilden. Die **Bühnenreife**

(Abschluß der Berufsausbildung) wird staatlicherseits jedoch nur anerkannt, wenn eine entsprechende Prüfung vor der **Paritätischen Prüfungskommission** (bestehend aus Fachvertretern der ▶ Genossenschaft deutscher Bühnen-Angehörigen und des ▶ Deutschen Bühnenvereins) abgelegt wird.
In den staatlichen Ausbildungsstätten und auch an Fachhochschulen gibt es vereinzelt auch Regie-Klassen oder Klassen für Bühnenbild und Kostüm; an der Fachhochschule in Hamburg z. B. gibt es eine 8-semestrige Ausbildung für „Kostümdesign für Theater, Film und Fernsehen" und eine 4-semestrige Zusatzausbildung für Gewandmeister. Neuerdings werden auch Ausbildungsgänge für Dramaturgen geplant. Da sich die Ausbildungsangebote noch entwickeln können, ist es am besten, sich über den aktuellen Stand im neuesten ▶ Deutschen Bühnenjahrbuch unter der Spalte „Theater- und Musikschulen" zu informieren und die interessierenden Adressen um weiteres Informationsmaterial anzuschreiben.
Trotz der an verschiedenen Hochschulen eingerichteten Regie-, Bühnenbild- oder Kostümbild-Klassen ist im deutschsprachigen Raum bislang noch die praktische Ausbildung im Theater üblich: als Assistent
- eines ▶ Regisseurs (**Regieassistent**),
- eines ▶ Bühnenbildners (**Bühnenbildassistent**),
- eines ▶ Kostümbildners (**Kostümbildassistent**).

Bühnenbild- und Kostümbildassistenten absolvieren vor oder während ihrer Assistentenzeit ein einschlägiges künstlerisches Studium (Malerei, Plastik, auch Architektur oder Mode Design); es gibt jedoch keine obligatorische Bestimmung, ebensowenig für Regieassistenten.

Ausstattung Alles, was auf der Bühne den Schauplatz eines Stücks und eine Bühnenfigur in ihrem äußeren Erscheinen charakterisiert, zählt zur Ausstattung. Heute bezeichnet man damit sowohl die künstlerische Einheit von ▶ Bühnenbild, ▶ Kostüm, ▶ Requisit und ▶ Maske als auch den handwerklich-organisatorischen Vorgang.
Neben der ▶ Spielweise der Schauspieler ist die Ausstattung eines Stücks ausschlaggebend für den Aufführungsstil einer Inszenierung. So ist z. B. die detaillierte, naturgetreue Nachbildung von Innenräumen, Möbeln, Kostümen usw. kennzeichnend für das Theater des Naturalismus, wohingegen historistische Wiedergaben (historisch echte oder für echt gehaltene Möbel, Dekorationen, Masken usw.) typisch für das Theater des Realismus waren. Die Ausstattung kann auf der Bühne vorherrschendes Element sein, so daß die Schauspielkunst und der Gehalt eines Stücks nur zweitrangig sind, z. B. im Ausstattungsstück, in der Revue oder auf der Stilbühne; sie kann aber auch weitgehend ersetzt werden, z. B. durch Mittel der Sprache und der Gestik wie im elisabethanischen Theater. Wie ein Stück ausgestattet wird, ist abhängig vom Theaterverständnis und der allgemeinen Kunstauffassung einer Epoche sowie von den in einer Zeit vorherrschenden Moden.

Bedingt durch die ▶ Bühnenform, aber auch aufgrund der ökonomischen Situation begnügte sich das europäische Theater bis ins 17. Jh. mit äußerst einfachen Ausstattungen. Erst mit Entstehen von Oper und Ballett im Rahmen höfischer Repräsentation, gewann das Ausstattungswesen für das Theater an Bedeutung. Als vollkommenster Ausdruck barocker Theaterkultur vermochte die Oper die Verherrlichung höfischer Macht und höfischen Prunks wie kein anderes Genre zu verbinden mit der unerschöpflichen Schaulust und dem Unterhaltungsbedürfnis des adligen Publikums. Alle Möglichkeiten akustischer und optischer Wirkungen ausschöpfend, verschmolzen in ihr Musik, Wort, Tanz und Bild zu einer schwelgerischen Einheit, die den theatralen Vorgang zu einer Festlichkeit werden ließen. Es vollzog sich dadurch eine Schwerpunktverlagerung; nicht mehr der dramatische Inhalt stand im Mittelpunkt einer Aufführung, sondern der Schauwert von Dekorationen, Kostümen, Requisiten u. a. Effekten. Wollte das Schauspiel des Barock der Prachtentfaltung und dem hohen Ansehen der Oper nicht völlig unterliegen, so mußte es sich dem Ausstattungswesen anpassen.
Voraussetzung für die wirkungsvolle Ausstattung eines Bühnenstücks war die Errichtung überdachter Theatergebäude, um Dekorationen usw. vor Wettereinflüssen zu schützen, sowie die Entwicklung geeigneter Bühnenformen und einer Bühnentechnik, die räumlich-bildhafte Illusionen erzeugen konnte. Es entstanden neue Theaterberufe wie **Bühnenarchitekt**, **Bühnenmaler** und **Kostümgestalter**, die für die Ausstattung und den optischen Gesamteindruck eines Bühnenwerks zuständig waren. Diese Berufsgruppe wurde für das Theater ebenso wichtig wie die Berufsschauspieler und genoß zeitweise sogar höheres Ansehen als diese. Insbesondere die italienischen Bühnenarchitekten Battista Aleotti (gest. 1546), Nicola Sabbatini (1574–1654), Giacomo Torelli (1608–78), der Engländer Inigo Jones (1573–1652) und der Deutsche Josef Furttenbach (1591–1667) machten für die Bühne Erfindungen, die für das Theater bis zum Ende des 19. Jh.s Bestand haben sollten. So vor allem das System der **scène à l'italienne**, das mit seinen Kulissen, die einen raschen Schauplatzwechsel ermöglichten, den ▶ Soffitten, die den Bühnenraum nach oben hin abschlossen, und den perspektivisch gemalten ▶ Prospekten bühnentechnische Möglichkeiten für blendende Spektakel und erstaunliche Effekte schuf; außerdem Flugmaschinen, an denen Darsteller als Engel oder Geister durch die Luft fliegen konnten, Versenkungen, um Personen oder Gegenstände verschwinden oder aufsteigen zu lassen, Wellenapparate, die fließendes Wasser vortäuschten, u. a. mehr.
Einen weiteren Höhepunkt erreichte die Ausstattung im Theater des 19. Jh.s. Vor allem die Aufführungen der ▶ Meininger, die den Grundsatz der historischen Treue für die Bühnenausstattung im Sinne des Historismus aufstellten, schufen allgemein anerkannte Maßstäbe für die Gestaltung von Geschichtsdramen. Die mit historischer Forschung verbundene aufwendige Vorbereitung und Herstellung solcher Bühnenausstattungen war in den meisten Fällen

von den Theatern selber jedoch nicht zu leisten. Weder verfügten sie in der Regel über fähige Theatermaler noch über ausreichende eigene Malersäle und Kostümschneidereien. Es entstand daher außerhalb der Theater eine Ausstattungsindustrie; **Ausstattungsateliers** oder **Theaterateliers** wurden gegründet, die jede geforderte Ausstattung lieferten. Das Besondere der Atelierarbeit war die serienmäßige Herstellung von Bühneneinrichtungen. Nach Katalogen konnten Theater Teile, die im eigenen ▶ Fundus nicht vorrätig waren, wie Möbel, Kostüme oder Requisiten, bei den Ateliers bestellen oder auch die gesamte Ausstattung für ein Stück anfordern. Die Ausführungen waren handwerklich meist perfekt, doch die industrielle Herstellung, das Kopieren von bereits Gefertigtem und die ständige Wiederholung von Entwürfen, führte zu einer Standardisierung. Die Ausstattung einzelner Bühnenwerke sah immer gleich aus, und die Theater konnten lediglich wählen zwischen den Angeboten verschiedener, stilistisch sich unterscheidender Ateliers, so daß sich die Inszenierungen weitgehend nach der Ausstattung richten mußten und eine unverwechselbare Handschrift des Regisseurs kaum möglich war.
Mit dem wachsenden Einfluß der ▶ Regie im Theater um die Jahrhundertwende wurde es üblich, für jede Inszenierung ein neues Bühnenbild und zumindest umgearbeitete Kostüme einzusetzen. Die Bedeutung der Ausstattungsateliers wurde im 20. Jh. immer geringer, und bis auf wenige Ausnahmen stellten sie etwa ab 1925 ihre Arbeit für das Theater ganz ein. Sie übernahmen Aufträge für den Film, später dann für das Fernsehen. Sie wirkten auf das Theater dieser Zeit aber dennoch ein, wenn auch in anderer Weise; aus den Ateliers gingen führende Bühnenbildner des 20. Jh.s hervor, Svend Gade, Knut Ström, Rochus Gliese, Ludwig Sievert, Johannes Schröder u. a.
Daß die Spielsweise der Schauspieler und die Ausstattung eines Stücks eine Einheit bilden, ist im heutigen Theater eine Selbstverständlichkeit. Deshalb ist eine enge Zusammenarbeit zwischen Regisseur, Bühnenbildner und Kostümbildner üblich geworden, die während der Vorbereitungszeit einer Inszenierung, d.h. vor Beginn der ▶ Proben, in Arbeitsgesprächen sich über die Ausstattung einigen. Wie Bühnen- und Kostümbildner sich das jeweilige Werk auf der Bühne vorstellen, wird häufig in ersten, flüchtigen Ideenskizzen festgehalten, die zu einem späteren Zeitpunkt zu ▶ Bühnenbildentwürfen und ▶ Figurinen ausgearbeitet werden und den beabsichtigten räumlich-farblichen Eindruck anschaulich machen. Da künstlerische Absichten nicht ohne Berücksichtigung ihrer technischen Durchführbarkeit auf der Bühne zu verwirklichen sind, werden bei komplizierten Bühneneinrichtungen **Bühnenmodelle** – meist im Maßstab 1:20 – hergestellt, an denen sich Funktion und Wirkung des Bühnenbildes ermitteln lassen, Einzelheiten des Bühnenbildes in Stellung und Anlage kontrolliert werden können und die dem Regisseur zudem die Möglichkeit geben, mit kleinen Figuren szenische Arrangements auszuprobieren. Für die handwerkliche Anfertigung des Bühnenbilds und der Kostüme werden in Detailzeichnungen alle Einzelheiten mit Maßen festgelegt, die

Oberflächenbehandlung angegeben und die gewünschten Materialien notiert. Unter Aufsicht des **Ausstattungsleiters**, meist ist es ein Bühnenbildner, und des **technischen Direktors** wird in den Werkstätten des Theaters, der Schreinerei, der Schneiderei, dem Malersaal usw., die gesamte Ausstattung nach diesen Vorlagen hergestellt, soweit nicht einzelne Dinge im Fundus oder im ▶ Magazin, dem Lagerraum für nicht benutzte Bildteile, vorhanden oder im Handel (z. B. Schuhe) preiswerter zu erstehen sind. Bei der **Dekorationsprobe**, die dem erstmaligen Aufbau der Bühnenbildteile und der Beurteilung in der Originalbeleuchtung auf der Bühne dient, und der **Ankleideprobe** stellt sich heraus, ob die Realisation der Ausstattung den ursprünglichen Ideen von Regisseur, Bühnen- und Kostümbildner entspricht, ob technische oder farbliche Veränderungen notwendig sind, ob z. B. ein Kostüm die Bewegungsfreiheit eines Schauspielers zu sehr beeinträchtigt, ein Versatzstück, ein kleineres Ausstattungsteil, dem Zuschauer die Sicht versperrt oder die Auftrittsmöglichkeiten zu eng sind. Ist ein Stück abgespielt, d. h. finden keine Aufführungen mehr statt, werden die noch brauchbaren Dinge einer Ausstattung im Fundus oder im Magazin für spätere Inszenierungen aufbewahrt.

Ausstattungsstück Die Handlung in einem solchen Bühnenstück ist häufig unbedeutend, statt dessen wird auf die Wirkung prunkvoller ▶ Ausstattung und optischer Effekte gesetzt. Typische Beispiele für Ausstattungssucht im Theater sind die Feste des Adels mit Pferdeballett, Wasserspielen, Feuerwerk usw., aber auch die Prunkoper und das Ballett im 17./18. Jh. mit aufwendiger Bühnenmaschinerie und zahlreichen szenischen ▶ Verwandlungen. Auch die historische **Ausstattungsoper**, vor allem im Frankreich des 19. Jh.s, sowie Zauberpossen und Märchenstücke zählen dazu. Im 20. Jh. wird das Ausstattungsstück durch ▶ Revue, ▶ Musical und **Revuefilm** und schließlich durch die ▶ Show im Fernsehen verdrängt.

Autor (lat.: auctor = Schriftsteller) Der Urheber eines künstlerischen oder wissenschaftlichen Werks gilt als Autor. Komponisten, Verfasser von dramatischen Werken (▶ Theaterdichter, **Dramatiker** oder auch **Stückeschreiber**) sowie **Übersetzer** oder **Bearbeiter** von Bühnenstükken zählen zu den **Bühnenautoren**. Vermittler zwischen diesen und dem Theater ist der ▶ Bühnenvertrieb, der vom Autor die **Aufführungsrechte** an einem Werk erwirbt, mit Theatern über deren Vergabe in Form von **Nutzungsrechten** verhandelt und die Interessen des Autors wahrnimmt, wie z. B. Kontrolle darüber, ob eine Inszenierung der Vorlage und der Absicht des Autors entspricht. Der Bühnenvertrieb sorgt für die ordnungsgemäße Abrechnung der Tantiemen, dem prozentualen Anteil des Autors an den Kasseneinnahmen, die ein Theater für die Aufführung eines Werks abführen muß.
Die materiellen Ansprüche eines Autors, die aus der darüber hinausgehenden Verwertung eines Werks in Film, Fernsehen usw. erwachsen, werden durch Verwertungsgesellschaften geregelt; im musikalischen Bereich durch die **Gesellschaft für musikalische Aufführungs- und mechanische Vervielfältigungsrechte (GEMA)**, bei Schauspielen

zum Teil durch die **Verwertungsgesellschaft WORT (VG WORT)**. Meist liegt das Verwertungsrecht jedoch bei den Bühnenvertrieben.
Als „persönliche, geistige Schöpfung" genießt das Werk eines Bühnenautors den Schutz des **Urheberrechts**, das dem Autor die Teilhabe an allen finanziellen Erfolgen zusichert und ihm ermöglicht, über die Form der Veröffentlichung zu bestimmen. Es räumt ihm den Autoreneingriff ein, d. h. die Sperrung der Aufführungsrechte für ein bestimmtes Theater oder die Blokkierung einer Aufführung bei Entstellung des Werks. Das Urheberrecht erlischt 70 Jahre nach dem Tod eines Bühnenautors. Danach ist sein Werk frei, d. h. es kann ohne Einspruchsmöglichkeiten von Erben und ohne Abgabe von Tantiemen aufgeführt, bearbeitet und übersetzt werden.

Auto sacramental (span. = Fronleichnamsspiel) Das geistliche Schauspiel, auch **Auto sacramental del Corpus Christi** genannt, des spanischen Theaters im ▶ Goldenen Zeitalter ging aus Prozessionen, Mysterienspielen, Mirakeln und einaktigen geistlichen Spielen (Autos von lat. actus = Handlung) des Spätmittelalters hervor und entstand Ende des 16. Jh.s. In allegorischen Darstellungen, d. h. in sinnfälligen Bebilderungen abstrakter Begriffe, durchsetzt mit komischen Szenen und Possen, wurden die Heilsgeschichte und das Wunder des Altarsakraments, die Verwandlung von Wein und Brot, verherrlicht. Die Aufführung fand auf Straßen und öffentlichen Plätzen vor allem der großen Städte (Madrid, Toledo) auf fahrbaren Bühnen, den Carros, statt. Auto sacramentales erfreuten sich großer Beliebtheit beim Volk und wurden bis ins 18. Jh. als öffentliche Einrichtung von städtischen Behörden gefördert. Im 20. Jh. Versuch der Wiederbelebung durch R. Alberti. Die wichtigsten Autoren waren Lope de Vega, Tirso de Molina und vor allem Calderón, dessen Auto sacramental *Das große Welttheater* das bedeutendste Stück dieser Gattung ist, nachgedichtet von Hugo von Hoffmannsthal als *Das Salzburger große Welttheater.*

Avantgarde (franz. = Vorhut) Der Begriff aus der Militärsprache wird seit Ende des 19. Jh.s in einem äußerst weiten und diffusen Sinn zur Kennzeichnung von neuen, ungewohnten Stilrichtungen in der Kunst der Moderne gebraucht. Demgegenüber meint **Theater der Avantgarde** künstlerische Gruppierungen der Jahre 1910–38, die nicht neue Stilprinzipien durchsetzen wollten, sondern grundsätzlich die Funktion von Kunst innerhalb der Gesellschaft angriffen. Ihr Protest richtete sich gegen die Autonomie von Kunst. Die kulturrevolutionäre Zielsetzung der Avantgarde-Bewegung war, die gesellschaftliche Besonderheit von Kunst zu sprengen und diese in praktisches Leben zu überführen. Alles Fiktionale und Illusionäre wurde abgelehnt. Der **Dadaismus** verkörperte die reinste Form der avantgardistischen Bewegung, er erprobte am radikalsten die Zerstörung von Kunst. Berühmt sind die theatralen Aktionen der Berliner Dada-Bewegung, zu der Raoul Hausmann, Richard Huelsenbeck und Johannes Baader gehörten; ebenso die ▶ Merzbühne des Hannoveraners Kurt Schwitters, das von Francis Picabia und Marcel Duchamp entworfene und von Erik Satie komponierte Ballett *Relâche* von 1924 in Paris und das „Cabaret Voltaire" in Zürich. Der italienische **Futurismus** orientierte sich an der Technisierung der Welt; er ging später in die Propagandakunst des italienischen Faschismus über. Im ▶ Mechanischen Theater von Tommaso Marinetti, Enrico

Prampolini, F. Depèro sollte der Schauspieler durch Gegenstände und Licht usw. ersetzt werden. Die **Produktionskunst**, proklamiert vor allem von Boris Arvatov, Platon M. Kerschenzew, Wsewolod Meyerhold und Sergej Tretjakow, des Theaters der ▶ Russischen Revolution entwickelte aus dem Futurismus Projekte, die in enger Verbindung mit der politischen Umwälzung standen und bis zur Neuorganisation des Alltagslebens gingen. Der **Surrealismus**, für den das Theater nur eine untergeordnete Rolle spielte, strebte eine automatisch-unbewußte Produktionsweise an. Ihm verbunden war anfangs ▶ Artaud, dessen Theatertheorie ebenso wie die Lehrstück-Theorie ▶ Brechts der Avantgarde zuzuordnen ist, auch wenn keiner der beiden einer der genannten Gruppierungen angehörte. In der Praxis des Theaters hat sich die historische Avantgarde nicht durchgesetzt. Sie hat aber die ▶ Theaterkonzepte der Moderne wesentlich beeinflußt, hat die freie Verfügung über alle Kunstmittel im Theater ermöglicht, die traditionelle organische Einheit des Kunstwerks aufgelöst und die Montage als moderne Form der Wirklichkeitsaneignung hervorgebracht. Neoavantgardistische Positionen finden sich im ▶ Experimentaltheater und im ▶ Happening.

B

Ballad-opera Anfang des 18. Jh.s wurden in England Darstellungsweisen der ▶ Bänkelsänger, das waren Marktsänger, und die volkstümliche Tradition des englischen ▶ Singspiels aufgegriffen und fortgeführt. Die einfachen Komödienstoffe, die Mischung aus Dialogen und Songs nach bekannten Melodien, Volksliedern oder Gassenhauern machten die Balladen-Opern beliebt. Die er-

Die Bettleroper *von John Gay, uraufgeführt in London 1728. Kupferstich von T. Cook (1802) nach einem Gemälde von William Hogarth*

ste und bekannteste Ballad-opera war *Die Bettleroper* von John Gay (1685–1732), die 1728 in London uraufgeführt wurde. Sie parodierte die Darstellungsweise der italienischen Oper und die Prunkopern Händels und war scharfe Gesellschaftssatire. Vermittelt durch englische Wandertruppen beeinflußte die Ballad-opera das Singspiel in Deutschland. Später nutzte Brecht John Gays Werk als Vorlage für seine *Dreigroschenoper.*

In England setzte im 19. Jh. die **Gilbert-Sullivan-Operette** die Tradition der Ballad-opera fort, indem sie inhaltsleer gewordene Traditionen und gesellschaftliche Scheinwerte verspottete.

Bänkelsänger Erzähler und Sänger, die zum Fahrenden Volk gehörten, waren seit dem 17. Jh. bis zu Beginn des 2. Weltkrieges als Unterhaltungskünstler besonders bei der Unterschicht sehr beliebt. Die Darbietungen der **Marktsänger, Moritatensänger** oder **Moritatoren**, wie sie auch genannt wurden, galten häufig als unsittlich. Dementsprechend war ihr soziales Ansehen gering.

Die Bänkelsänger traten vor allem auf Jahrmärkten auf und berichteten von einer „Bank“, einem Podest herab, von außergewöhnlichen, meist schaurigen Begebenheiten wie Mord, Raub und Verführung. Während ihres Vortrags wiesen sie auf Bildtafeln, die einzelne Teile des Geschehens illustrierten. Ihre Vorstellung wurde meist musikalisch auf der Laute, der Violine oder der Drehorgel begleitet.

Die Form des **Bänkelsangs**, eine Mischung aus Erzählung und Gesang, wurde im 20. Jh. im Kabarett, im Chanson und von Liedermachern wie Wolf Biermann, Franz Josef Degenhardt und Dieter Süverkrüp aufgegriffen. Bereits Brecht hatte die einfache Darstellungsweise der Bänkelsänger in einige seiner Stücke eingebaut, z.B. in *Die Dreigroschenoper, Die sieben Todsünden der Kleinbürger* und *Leben des Galilei.*

Bänkelsänger (Stich nach Daniel Chodowiecki, zweite Hälfte des 18. Jh.s)

Bausch, Pina (geb. 1940) wurde an der Folkwangschule in Essen zur Tänzerin ausgebildet. Es folgten Engagements in den USA, dann die Arbeit als Solistin des Folkwang-Balletts. Seit 1973 ist sie Leiterin des **Wuppertaler Tanztheaters**, das u.a. mit Stücken wie *Blaubart* (1977), *Kontakthof* (1978), und *Bandoneon* (1980) weltberühmt wurde.
Pina Bausch hat mit den Regeln des klassischen Balletts radikal gebrochen und die Grenzen zwischen Tanz und Schauspiel aufgelöst. Statt Spitzentanz und schöner Pose setzen die Tänzer des Bausch-Ensembles ihre ganze Persönlichkeit im Ausdruckstanz ein. Ihre Körpersprache widersetzt sich bewußt den strengen Normen des Balletts, ist assoziativ und läßt Vieldeutigkeit zu. In den Aufführungen werden die Arbeitsprozesse offengelegt, absurde Bildwelten in Collagetechnik aneinandergereiht und Bruchstücke der Alltagserfahrung körperlich vergegenwärtigt.
Die von Pina Bausch entwickelten Ausdrucksformen sind heute zum Inbegriff des Tanztheaters geworden. Sie wirkten stilbildend auf das neue deutsche Ballett- und Tanztheater, das seit den 70er Jahren vor allem von Frauen geprägt wird, von Reinhild Hoffmann in Bochum, Brigitta Trommler vom Münchner „Tanzprojekt", Rosamund Gilmore von der Gruppe „Lackloon", Christine Vilardo, Heidrun Vielhauer, Sygun Schenck.
Pina Bausch wurde zum Vorbild für das ▶ feministische Theater insgesamt. Darüber hinaus hat sich ihr ▶ Theater der Bilder ausgewirkt auf die Gestaltung szenischer Arrangements und die stärkere Betonung der Körperlichkeit von Schauspielern im heutigen Sprechtheater.

Beleuchtungstechnik im Theater bezieht sich auf die Art und Anbringung (Richtung, beweglich, unbeweglich) von Beleuchtungskörpern im Verhältnis zum ‚auszuleuchtenden' Bühnenraum und den darin befindlichen Ausstattungsteilen und Darstellern. Das Dionysos-Theater in Athen liegt am Südhang der Akropolis, eine beleuchtungstechnische Maßnahme: größtmögliche Nutzung des Sonnenlichts. **Tageslicht** ist in Freilichttheatern bis heute Lichtquelle, aber auch das Bedürfnis nach **Kunstlicht**, nach Feuerschein und Fakkellicht bei festlichen Anlässen oder Theateraufführungen nach Sonnenuntergang oder in geschlossenen Räumen hat eine lange Tradition. Besonders die rituelle Verwendung von Feuer und Öl- oder Kerzenlicht, heute noch in Kirchen und Synagogen und im Totenkult gebräuchlich, läßt auf einen sehr frühen Umgang mit Kunstlicht in der Geschichte der Menschheit schließen. Kunstlicht wird schon im 16. Jh. auf der Bühne verwendet. Kein großes höfisches Fest war denkbar ohne Feuerwerk (bengalische Beleuchtung). Kunstlicht (Öl- oder Kerzenlicht) wird seit dem 16. Jh. auch für die neu konzipierte Illusionsbühne (▶ Winkelrahmen-, dann ▶ Kulissenbühne) benutzt. Um die Raumillusion zu unterstützen, nutzte man die Technik der indirekten Beleuchtung, setzte also die Lichter verdeckt, so daß der Zuschauer nur die Reflexe, nicht aber die Herkunft des Lichts wahrnimmt. Kulissenmalerei und die Gesichter der Darsteller sollten möglichst plastisch erscheinen. Wir dürfen uns

Blick in die Beleuchtungsbrücke

das jedoch nicht so vorstellen, daß die Bühne wie im Zeitalter elektrischen Stroms und der Scheinwerferbatterien konzentriertes, überhelles Licht erhielt. Im Verhältnis zu unserer heutigen Wahrnehmung war es eher düster auf der Bühne. Erst 1817 – noch immer ist die Kulissenbühne die gewohnte Form der Raumdarstellung auf der Bühne – wird die Bühne heller: durch die Einführung der Gasbeleuchtung, die noch dazu den Vorteil hatte, daß sie zentral regulierbar war. Die Öl- und Kerzenlichter konnten nur einzeln abgedunkelt werden durch übergestülpte Zylinder. 1837 folgte die Einführung des Kalklichts, 1849 des elektrischen Bogenlichts; beide Beleuchtungsarten zeichnen sich (besonders das Bogenlicht) durch punktuelle Lichtquellen aus, die gerichtetes Licht, stärkere Trennung von Licht- und Schattenzonen ermöglichten. Im Zuge der zweiten industriellen Revolution setzte sich die Elektrifizierung auch an den Theatern durch. Die Erfindung der Glühlampe und der Technik des ▶ Scheinwerfers, der Wechsel von der Holz- zur Eisen/Stahl-Konstruktion in der Bühnentechnik, schließlich die wachsende Versorgung mit elektrischer Energie ermöglichten im 20. Jh. einen äußerst differenzierten und lichtstarken Beleuchtungsapparat. Seit 1900 ist das Licht auf der Bühne ein selbständiges szenisches Element.

Beleuchtungspositionen auf der Bühne

So sehr sich die Technik seit dem 16. Jh. verändert hat: das illusionistische Prinzip des indirekten Lichts, der verdeckten Leuchtkörper gilt für beleuchtungstechnische Anlagen immer noch. Auf der Kulissenbühne gab es drei wichtige Beleuchtungspositionen bzw. Lichtrichtungen:

- ○ **Vorderlicht** spendeten die ▶ Rampe (**Rampenlicht**) und die Lampen direkt hinter dem Bühnenportal (seitlich und an der oberen Kante).
- ○ **Seitenlicht** kam von den Lampen auf der Rückseite der Kulissen (diente zugleich der Beleuchtung der Kulissen).
- ○ **Oberlicht** gaben die hinter den ▶ Soffitten versteckten Lampen, die auch die Soffitten beleuchteten.

Im Grunde gilt dieses Schema mit größerem Variantenreichtum immer noch. Hinter dem Bühnenportal befindet sich die **Portalbrücke**, auf beiden Seiten des Portals je ein **Turm**. Türme und Portalbrücken sind begehbar, so daß die Beleuchtungstechniker leicht Scheinwerfer montieren oder ‚abrichten' kön-

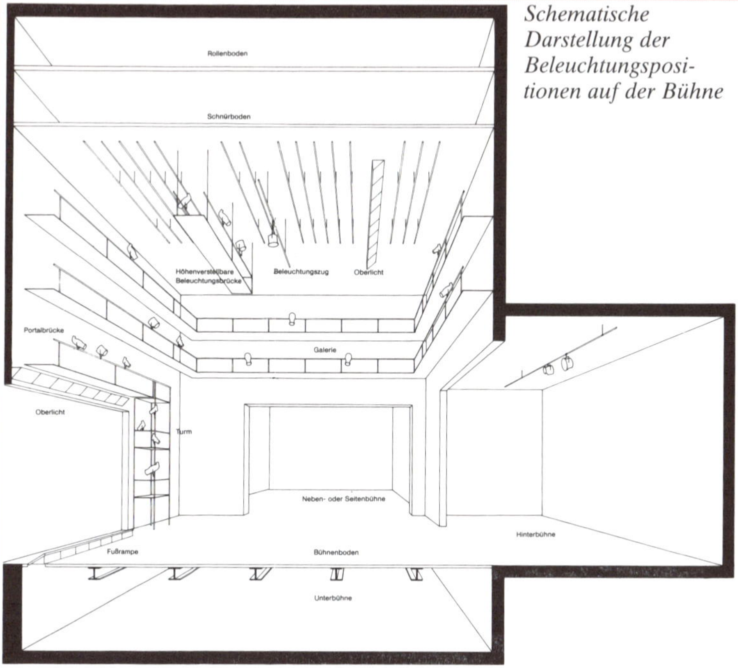

Schematische Darstellung der Beleuchtungspositionen auf der Bühne

nen. Dieses Licht von vorne wird ergänzt durch **Fußrampe** und **Oberlicht** und durch die Beleuchtungspositionen im Zuschauerraum. Seitlich gibt es oben eine auf beiden Seiten in die Tiefe der Bühne verlaufende, begehbare **Galerie** (in größeren Theatern mehrere Galerien übereinander, oft auf der hinteren Seite verbunden), so daß ein auch für die Bühnentechnik nützlicher Rundgang entsteht. Über dem Bühnenboden der Hauptbühne, integriert in das Zugsystem (▶ Zug) und daher auf- und abfahrbar, sind je nach Größe der Bühne ein oder mehrere fest mit reihenförmigem Oberlicht bestückte Beleuchtungszüge und eine oder mehrere begehbare **Beleuchtungsbrücken** installiert. Über diese festen Installationen hinaus gibt es bei weiterem Bedarf viele Anschlußmöglichkeiten für variabel einsetzbare Lichtquellen.

Beleuchtungspositionen im Zuschauerraum

Diese Installationen erlauben nicht nur die Aufhellung der Bühne durch Vorderlicht, sondern ermöglichen auch die Ausleuchtung von Spielflächen jenseits des Bühnenportals, vor allem der **Vorbühne**, oft identisch mit dem über-

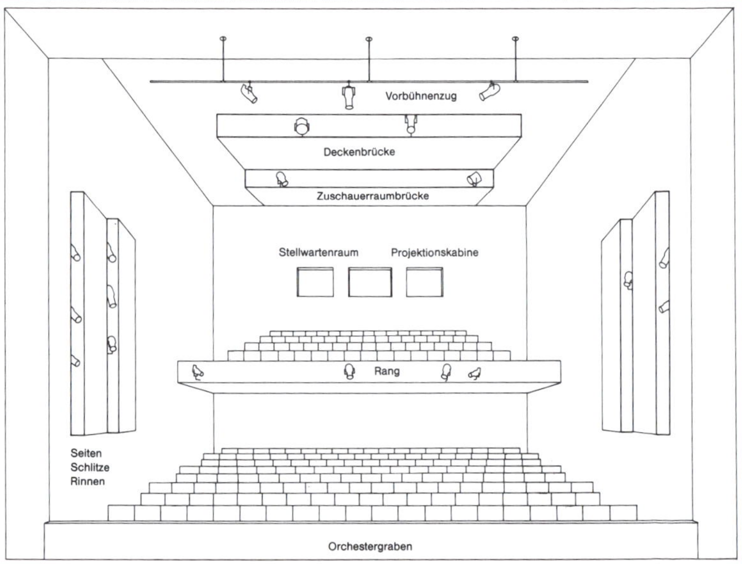

Beleuchtungspositionen in einem herkömmlichen Zuschauerraum

deckten oder – wenn hydraulisch fahrbar – hochgefahrenen ▶ Orchestergraben. Durch zusätzliche Anschlüsse im Orchestergraben kann die Fußrampe nach vorne gezogen werden. An den Seiten des Zuschauerraums ermöglichen die **Rinnen** (auch: **Schlitze**, **Seitenlichter**) ähnlich den Türmen in der Bühne eine vertikale Anordnung von Scheinwerfern. In der Decke des Zuschauerraums können eine oder mehrere Brücken eingebaut sein. Sie sind begehbar, so daß die Beleuchtungstechniker auch hier ohne Leitern oder Aufbauten arbeiten können. Auch an den Brüstungen der Ränge können Scheinwerfer aufgehängt werden. In der Rückwand des Zuschauerraums befinden sich in der Regel Arbeitsräume für die Abteilungen Beleuchtung und Ton, da von hier während der Aufführung Bühne und Vorbühne am besten einsehbar sind, wenn Toneinspielungen oder Lichtwechsel präzise auf Stichwort oder Sicht ‚gefahren' werden müssen. Zu diesen Arbeitsräumen gehört auch die **Projektionskabine**, von der aus Dias oder Filmausschnitte auf die Bühne projiziert werden können, selbstverständlich können dort auch zusätzliche Scheinwerfer postiert werden.
In diesen Arbeitsräumen befindet sich in der Regel auch das **Stellwerk**, von dem aus die gesamte Bühnenbeleuchtung geregelt wird. Die Regelung des elektrischen Stroms erfolgte anfangs mechanisch: durch Schiebe- und Drehwiderstände. Inzwischen hat auch in diesem Bereich das elektronische Zeitalter begonnen, statt vom Stellwerk sprechen daher Fachleute auch von **Stellwarte** oder **Lichtregelanlage**.

Benefizvorstellung (lat.: beneficium = Wohltat) Heute geben vor allem Popkünstler Konzerte zu einem wohltätigen Zweck, für den sie auf ihre Gage verzichten. Benefizveranstaltungen waren aber auch ein alter Bühnenbrauch bis in die 20er Jahre unseres Jh.s. Bedürftige oder aus dem Ensemble ausscheidende Darsteller (Ruhestand, Kündigung usw.) wurden mit dem Reinerlös einer einmaligen Vorstellung finanziell unterstützt.

Berliner Ensemble 1949 gründeten ▶ Brecht und seine Frau, die Schauspielerin Helene Weigel (1900–71), in Ost-Berlin eine Theatergruppe, die anfangs im „Deutschen Theater" gastierte. Ab 1954 verfügte sie über ein eigenes Haus, das **Theater am Schiffbauerdamm**. Mit diesem Berliner Ensemble hatte Brecht erstmals ein eigenes Theater, mit dem er seine Theatertheorie in der Praxis erproben konnte. Vor allem seine im Exil entstandenen Stücke wie *Mutter Courage und ihre Kinder*, *Herr Puntila und sein Knecht Matti*, *Leben des Galilei* u.a. wurden aufgeführt. Diese **Modellinszenierungen** sollten Vorbild für andere Theater sein. In **Modellbüchern** wurden von Mitarbeitern Brechts die Arbeitsprozesse und die Aufführungen dokumentiert. Diese Bücher enthalten Fotografien, mit denen die szenischen Arrangements auf der Bühne Schritt für Schritt festgehalten sind, Bemerkungen zur Rollengestaltung der einzelnen Figu-

Helene Weigel als Courage in Mutter Courage und ihre Kinder *in der Inszenierung von Erich Engel / Bertolt Brecht, Berliner Ensemble 1949*

ren sowie Anweisungen zu Dekorationen, Kostümen, Requisiten und Masken.
Das Ensemble verstand sich als ein politisches Theater. Es wollte die Welt als veränderbar zeigen und und aktiv handelnd in gesellschaftliches Geschehen eingreifen.
Neben Brechts eigenen Stücken führte man auch Klassiker auf, so z. B. *Urfaust* von Goethe, *Der Hofmeister* von Lenz sowie *Der Biberpelz* und *Roter Hahn* von Hauptmann. Bei diesen Inszenierungen versuchte Brecht, zum einen den historischen Rahmen und die geschichtliche Eingebundenheit der Stücke sichtbar zu machen und die Distanz, die wir dazu haben. Zum anderen wurden aber auch die Bezüge zu aktuellen Problemen hervorgehoben. Die Arbeitsweise der Gruppe, nämlich wissenschaftlich an ein Stück heranzugehen, es gemeinsam zu erarbeiten, eine politische Zielrichtung zu haben und das Stück realistisch darzustellen, wurden weltberühmt.
Zu Brechts Lebzeiten war das Berliner Ensemble außerdem eine Ausbildungsstätte für Schauspieler, Dramaturgen und Regisseure. **Meisterschüler** von Brecht, d. h. Regisseure, die bei ihm gelernt haben, sind z. B. Egon Monk, Benno Besson, Peter Palitzsch, Manfred Wekwerth, B.K. Tragelehn. Außerdem beeinflußten Brecht und die Arbeit des Ensembles eine ganze Reihe von Dramatikern.
Nach Brechts Tod setzten seine Schüler und der Regisseur Erich Engel die Theaterarbeit fort. Unter der Leitung von Helene Weigel erstarrte das Theater jedoch zu einem Brecht-Museum, erst unter Ruth Berghaus wurde in den Jahren 1971–77 diese Tendenz vorübergehend aufgehoben.
Beispielhafte Aufführungen des Berliner Ensembles sind in dem Band *Theaterarbeit* (1953) beschrieben.

Berufe im Theater Die öffentlich geförderten Theater in der Bundesrepublik sind heute Betriebe, in denen mehrere hundert Menschen arbeiten. An ihrer Spitze steht der ▶ Intendant; er ist für die künstlerische und wirtschaftliche Leitung verantwortlich und muß über den ihm jährlich neu zugewiesenen Etat dem Rechtsträger gegenüber Rechenschaft ablegen. Der Leiter eines Mehrspartenbetriebs, d. h. Theater mit Oper, Schauspiel und/oder Ballett, trägt häufig den Titel **Generalintendant**. Für den Leiter eines privaten Theaters hat sich die Bezeichnung **Direktor** eingebürgert.
Innerbetrieblich ist das Theater in drei Funktionsbereiche gegliedert: einen künstlerischen, technischen, administrativen. Die Verantwortung für sie tragen der ▶ Bühnenvorstand, dem der Intendant angehört, der **Technische Direktor** und der **Verwaltungsdirektor**. Bei großen Mehrspartenbetrieben steht an der Spitze jeder Sparte meist noch ein leitender Regisseur als **Oberspielleiter** oder **Schauspieldirektor** bzw. **Operndirektor**.
Den Kern des Theaters bildet das künstlerische Personal, das ein Werk auf die Bühne bringt. Dessen Aufführung vor Publikum durch **Schauspieler**, **Sänger**,

▶ Orchester oder **Tänzer** gehen Proben voran, die vom ▶ Regisseur, im Musiktheater vom Regisseur und **Dirigenten**, im Tanztheater vom **Choreographen** geleitet werden. Den Spiel- und Handlungsort auf der Bühne gestaltet in Absprache mit dem Regisseur der ▶ Bühnenbildner. Er entwirft den räumlichen Rahmen für das Spiel, das Bühnenbild und die Dekoration. Ergänzt wird der optische Reiz einer Inszenierung durch das vom Stück, von der Bühnenfigur und vom Regiekonzept vorgegebene Aussehen des Schauspielers, für das der ▶ Kostümbildner zuständig ist und nach dessen Entwürfen Kostüme, Masken, Perücken usw. angefertigt werden. Bei der Auswahl eines Stücks, dessen theoretischer Erschließung und bei der Herstellung der Spielvorlage durch Striche, Umstellungen, Bearbeitungen des Texts wird der Regisseur durch die wissenschaftliche Zuarbeit des ▶ Dramaturgen unterstützt. Überdies ist der Dramaturg an der Gestaltung des gesamten Spielplans für eine Spielzeit beteiligt, stellt die Verbindung zwischen Theater und Bühnenvertrieb her, liest neue Stücke und schlägt sie gegebenenfalls zur Aufführung vor, erstellt das Programmheft für eine Inszenierung. Größere Theater beschäftigen einen **Öffentlichkeits-Dramaturgen**, der ausschließlich Werbung für das Theater betreibt; an einzelnen Theatern sind Dramaturgen oder **Theaterpädagogen** im Schulreferat tätig. Regisseure, Bühnenbildner, Kostümbildner und Dramaturgen haben in der Regel Assistenten, die Hilfsarbeiten ausführen und durch ihre Tätigkeit sowie durch Beobachtung die Praxis erlernen.

Die vom Bühnenbildner und Kostümbildner entworfenen Spielmittel für eine Inszenierung werden in den Werkstätten eines Theaters hergestellt. Diese, wie auch die gesamten technischen Einrichtungen der Bühne, unterstehen dem Technischen Direktor, der mit einem Chefingenieur vergleichbar ist und nach einem entsprechenden Studium eine spezielle Ausbildung am „Bühnentechnischen Seminar“ in Recklinghausen erhalten hat. Zusammen mit dem Leiter der Ausstattung, meist ist es ein Bühnenbildner, trägt er dafür Sorge, daß die Ausstattung pünktlich und exakt nach den vorgegebenen Plänen von den Handwerkern des Theaters angefertigt wird. Neben Schustern, Schneidern, Schreinern, Polsterern, Tapezierern sind im Theater handwerkliche Berufe vertreten, die es nur in diesem Bereich gibt. Der **Gewandmeister**, ein gelernter Schneider mit Zusatzausbildung, steht der Kostümschneiderei vor, muß Kostüme nach Vorlage anfertigen, vorhandene verändern, sie pflegen und dafür sorgen, daß sie bei Vorstellungen den **Garderobieren** bereitgestellt werden. Der **Rüstmeister**, ein Schmied, fertigt Waffen, Bühnenrüstungen und militärische Gegenstände aller Zeiten oder muß diese beschaffen. Der **Theatermaler** ist Handwerker und Künstler, der nach den Entwürfen des Bühnenbildners im **Malersaal**, einer großen, hellen Halle, die Bühnendekoration herstellt. Er arbeitet eng zusammen mit dem **Kascheur**, einem gelernten Stukkateur, der Gegenstände wie Bäume, Felsen imitiert. Alle für eine Inszenierung benötigten Requisiten werden vom **Requisiteur** hergestellt, angeschafft und gewartet. Er verwaltet die **Requisitenkammer**, einen Lagerraum im Thea-

ter, führt das **Requisitenverzeichnis**, eine Aufzeichnung aller für die Aufführung erforderlichen Requisiten mit genauer Angabe, wann, wo und von wem sie auf der Bühne gebraucht werden, und stellt sie für jede Vorstellung bereit. Der administrative Bereich eines Theaters, dem der Verwaltungsdirektor vorsteht, meist ein Betriebswirt, ist zuständig für das gesamte Personal- und Rechnungswesen. Hier findet die Haushaltsplanung statt, werden die Kosten für einzelne Inszenierungen kalkuliert, wird die Lohn- und Gehaltsabrechnung abgewickelt und der Eintrittskarten-Verkauf abgerechnet.
Bei der Präsentation eines Bühnenwerks, d. h. bei der Aufführung vor Publikum, wirken künstlerisches, technisches und administratives Personal zusammen. Regisseur, Bühnenbildner, Theatermaler, Schreiner u. v. a. mehr haben zu diesem Zeitpunkt ihre Arbeit abgeschlossen. Neben den Darstellern werden Berufsgruppen tätig, die für das Publikum im Verborgenen bleiben, aber für den Ablauf einer Vorstellung unentbehrlich sind. Die Künstlerische Aufsicht hat der **Abendregisseur**. Es ist meist der an einer Produktion beteiligte **Regieassistent**, der den Ablauf kontrolliert und bei unvorhergesehenen Zwischenfällen (z. B. Erkrankung eines Schauspielers) kurzfristig umbesetzen oder selbst einspringen muß. Entscheidungen über späteren Beginn einer Vorstellung, über Abbruch usw. trifft ausschließlich der Abenddienst tuende Vertreter des Bühnenvorstands. Die Überwachung des bühnentechnischen Ablaufs obliegt dem **Bühnenmeister**, einem Techniker mit Zusatzausbildung am Recklinghausener Seminar. Er teilt die für die Bedienung der Züge, Versenkungen, Fahrstühle usw. zuständigen **Maschinisten** und die **Bühnenarbeiter** ein, sorgt für den reibungslosen Auf-, Um- und Abbau der Bühnendekoration und überprüft deren sichere und richtige, dem Bühnenplan entsprechende Aufstellung. Für die von Regisseur und Bühnenbildner bei der Beleuchtungsprobe festgelegte Ausleuchtung der Bühne ist der für die Bedienung und Wartung der elektrischen Anlage verantwortliche **Beleuchtungsinspektor** oder **Beleuchtungsmeister** zuständig, der vom **Stellwerk** aus die Beleuchtungsanlage bedient und seinen **Beleuchtern** über der Bühne Anweisungen für besondere Lichteffekte gibt. Geräusche, Musik und die Verstärkung von Sprache oder Gesang durch Mikrophone werden vom **Tonmeister** über die elektroakustische Anlage des Theaters gesteuert. Vor der Vorstellung werden die Schauspieler in der Garderobe von Garderobieren mit den entsprechenden Bühnenkostümen angekleidet; in der Maske werden sie von **Maskenbildnern** geschminkt, frisiert und mit Perücken versehen. Eine wichtige Aufgabe fällt dem ▶ Inspizienten zu. Er gibt dem Publikum durch Klingelzeichen den Anfang der Vorstellung bekannt, bestellt über die Rufanlage die Darsteller aus den Garderoben oder aus der Kantine auf die Bühne, gibt dem **Vorhangzieher** das Zeichen zum Öffnen und Schließen des Vorhangs und signalisiert Ton- und Beleuchtungsmeister den Einsatz von Musik oder einen Lichtwechsel bei einem bestimmten Stichwort. Der ▶ Souffleur oder die **Souffleuse** verfolgt von der Bühnenseite oder vom Souffleurkasten aus, einem kleinen Aufsatz in der

Mitte an der Rampe, während der Vorstellung konzentriert den Bühnentext und gibt für den Fall, daß ein Darsteller in seinem Text nicht weiter weiß, vom Publikum unbemerkt, Hilfestellung. Ausschließlich um das Publikum kümmern sich bei einer Vorstellung der Kassierer und verschiedene Hilfskräfte, wie Garderobenfrauen, Programmheftverkäufer und Einlasser, die in Anlehnung an alte Theaterbauten mit einzelnen Logen für die Zuschauer in manchen Theatern heute noch **Logenschließer** genannt werden.
Ist ein Stück abgespielt, d. h. findet keine weitere Vorstellung mehr statt, werden die noch verwendbaren Dekorationsteile in Magazinen aufbewahrt und von **Magazinmeistern** oder **Lagermeistern** gewartet.
Für die Dauerplanung von Aufführungen und Proben sowie für die Koordination von künstlerischem und technischem Bereich beschäftigen die Theater einen **Disponenten**, einen betriebskundigen Organisator, der häufig gleichzeitig auch Leiter des künstlerischen Betriebsbüros ist.
Meist nicht fest angestellt, sondern durch Einzelverträge mit einem Theater verbunden ist der **Theaterfotograf**, der sich auf die Herstellung von Szenenfotos und Schauspielerporträts spezialisiert hat, mit denen für eine Aufführung in Schaukästen oder über die Presse geworben wird.

Berufsschauspieler Die Darsteller des nichtprofessionellen Theaters (▶ Amateurtheater) müssen bestimmte künstlerische Standards und organisatorische Bedingungen nicht erfüllen, die sich in der Entstehungsgeschichte des Berufsschauspielertums herausgebildet haben. Die wichtigsten Merkmale für Berufsschauspieler: häufiges Spielen gegen Entgelt, Bildung von ▶ Truppen (zur Verbesserung des Zusammenspiels und der Ausbildung des Nachwuchses), später in den festen Häusern (Stadttheater, Teatro stabile) entsprechend Bildung von ▶ Ensembles. Schließlich gehört zum Berufsschauspieler großes spezialisiertes handwerkliches Können und die Reflexion und Weiterentwicklung der darstellerischen Mittel, ein Prozeß, der sich im günstigsten Fall innerhalb der Truppe bzw. des Ensembles vollzieht.
Im klassischen ▶ antiken Theater Athens waren die Schauspieler wie die Mitglieder des Chors Bürger und Laien. In der Tragödie waren die Protagonisten zunächst meist identisch mit den Stückeschreibern selbst, ebenfalls keine professionellen Schriftsteller, sondern Bürger und Laien. Der Protagonist wurde von den städtischen Beamten bestimmt, hatte also eine hervorgehobene Stellung, zumal er seine Mitspieler selbst wählte. Von Berufsschauspielern kann in dieser Zeit jedoch nicht die Rede sein.
Der Theaterhistoriker Max Herrmann (1865–1942, er starb im Konzentrationslager Theresienstadt) versuchte in seiner 1962 in der DDR veröffentlichten Untersuchung *Die Entstehung der berufsmäßigen Schauspielkunst im Altertum und in der Neuzeit* aus den überlieferten Tragödien des Aischylos den

Nachweis zu führen, daß im aischyleischen Spätwerk bereits von der psychologisch differenzierten Charakterisierung der Rollen notwendig auf eine professionelle Schauspielkunst geschlossen werden könne. Er machte die psychologische ▶ Spielweise zum entscheidenden Kriterium für Berufsschauspielertum. Das ist jedoch eine historisch nicht haltbare Bevorzugung einer erst spät in der europäischen Theatergeschichte – in Deutschland erst seit dem 18. Jh. – entwickelten Variante der Schauspielkunst. In anderen Kontinenten, z. B. in Japan und China, und in anderen Jahrhunderten (Commedia dell'arte), in denen es eine entwickelte psychologische Spielweise nicht gab, hat es durchaus – auf der Basis anderer Theaterkonzepte – Berufsschauspieler gegeben. Das schließt nicht aus, daß es im Athen der klassischen Zeit nicht hervorragende Darsteller gegeben hat. Theater war Teil des Kultes und des öffentlichen Lebens der Polis, von den geschätzten 40.000 männlichen Vollbürgern Athens dürften in ihrem Leben viele irgendwann einmal aktiv an den Dionysien oder anderen Theaterfesten mitgewirkt haben. An den Dionysien eines Jahres nahmen circa 1.000 Männer und Knaben der dithyrambischen Chöre, mehr als 200 Choristen und Einzeldarsteller an den Komödien, Tragödien und Satyrspielen teil. Das läßt vermuten, daß auch im Zuschauerraum großes ästhetisches Interesse, breite praktische Theatererfahrung und gutes Urteilsvermögen vorhanden waren. Kult und Polis verhinderten eine ausgeprägte Arbeitsteiligkeit am Theater und damit auch eine rasche Professionalisierung der Schauspielkunst.
In hellenistischer Zeit sind Anzeichen für eine solche Entwicklung zum Berufsschauspielertum erkennbar. Der alte Zusammenhang des Theaters mit Kult und Polis ging durch die politischen Veränderungen verloren. Schauspieler schlossen sich mit anderen Angehörigen des Schaugewerbes (Musiker, Tänzer) zu Berufsverbänden zusammen und bereisten als ▶ Wandertruppen den hellenistischen Machtbereich im östlichen Mittelmeerraum, wo sie in den groß angelegten Theatern ihren Lebensunterhalt verdienten.
Exemplarisch für das Entstehen von Berufsschauspielertruppen zu Beginn der Neuzeit sind die Truppen der Commedia dell'arte und des ▶ elisabethanischen Theaters; beide entstanden im 16. Jh. Zu den Vorbedingungen im elisabethanischen England gehörte eine breite, von Laiendarstellern getragene Theaterkultur, also ein großes Reservoir von erprobten Talenten, aus dem sich verhältnismäßig rasch professionelle Truppen bilden konnten. Diese zügige Entwicklung im England des 16. Jh.s hatte jedoch tiefere Ursachen. Ökonomische, soziale, politische Veränderungen warfen viele Individuen aus ihrer bisherigen Existenz und zwangen sie in größter materieller Not, das Schauspielen als professionelles Gewerbe zu betreiben. In den Truppen sammelten sich Spielerfahrene aus Aufführungen der Handwerksgilden und ehemalige – durch die Kirchenpolitik Heinrichs VIII. aus ihren Klöstern vertriebene – Mönche, die einst geistliche Spiele aufführten. Es schlossen sich auch durchs Land ziehende Akrobaten, Tänzer, Sänger an, die sich nun eine besser organi-

sierte Arbeitsform erhoffen konnten. Es kamen schließlich auch Leute aus der anwachsenden Zahl der Landlosen, Arbeitslosen dazu: Opfer der seit dem 13. Jh. forcierten Umwandlung des Ackerlandes in Weideland für Schafe zur Steigerung der Wollproduktion. Diese Kapitalisierung des Gemeindelandes machte sie zu rechtlosen Vagabunden, von den Behörden verfolgt. Auch die umherziehenden Truppen der Berufsschauspieler mußten mit Verfolgung durch die strengen Antivagabundengesetze rechnen.

Seit 1572 waren die Truppen geschützt, die als Gefolge eines Mitglieds des Hochadels auftraten und dieses Privileg durch eine königliche Erlaubnis nachweisen konnten. Die Truppen bestanden aus acht bis zwölf Schauspielern, die sich in den Betrieb einkaufen mußten. Dazu kamen drei oder vier Lehrlinge, die so weit ausgebildet waren, daß sie auftreten konnten: diese „boy actors" spielten die Frauenrollen; ▶ Frauen durften nicht spielen. Die Truppen zogen im Sommer durch die Provinz, im Winter spielten sie, wenn möglich, an den Höfen des Hochadels. Für eine der erfolgreichsten Truppen, „Lord Chamberlain's Men", später „King's Men" schrieb und spielte William Shakespeare.

Sowenig wir auch über die Entstehung der ▶ Commedia dell'arte im einzelnen wissen, steht doch außer Frage, daß auch in den Städten Norditaliens und besonders in Venedig eine breite, von Laien getragene Theaterkultur zum Umfeld der Entstehung gehört: die humanistisch-gelehrte Komödie (commedia erudita), die lange Tradition fahrender Gaukler, Spielleute und Geschichtenerzähler und schließlich der von vielen theatralen Elementen durchsetzte Karneval.

Durch ihre Definition „dell'arte" hob sich die Commedia dell'arte vom Laienspiel aller Art deutlich ab und betonte handwerkliches Können, Artistik, Professionalität. Zu diesem berufsständischen Selbstverständnis gehörte die Organisation in der festen Truppe, die erst das für die Stegreifkomödie unerläßliche Zusammenspiel garantierte. Hier konnten Berufserfahrungen ausgetauscht und an die nächste Generation weitergegeben werden (oft innerhalb der Familie, da die Truppen in der Regel aus Familien bestanden). Solche Truppen sind seit der Mitte des 16. Jh.s nachgewiesen. Sie hatten in ganz Europa große Wirkung und kamen meist auf Einladung von Höfen nach Spanien, England, Frankreich und Deutschland. Besonders der Aufenthalt italienischer Truppen in Frankreich und Paris zwischen 1572 und 1697 hatte nicht nur auf das französische Theater große Wirkung (▶ Comédie Italienne), indirekt hatte diese Epoche auch Auswirkungen auf die Spielpläne deutscher Wandertruppen, auch die ▶ komische Figur, zunächst von den Clowns der englischen Komödianten abstammend, nahm Elemente des italienischen/französischen Arlecchino/Harlequin in sich auf.

Auch in Spanien entstanden seit dem 16. Jh. professionelle Theatertruppen, Frankreich folgte im 17. Jh. In Deutschland gilt der ▶ Prinzipal Johannes Velten (1640–93) – meist Magister Velten genannt, er hatte Universitätsausbildung – als der erste Theaterleiter mit künstlerisch bemerkenswerten Ergebnissen. Er leitete seit 1687 eine eigene Truppe. Aber erst im Laufe des 18. Jh.s entstand ein breiteres Spektrum deutscher Truppen, die durch ihr Können,

ihre professionellen Ansprüche eine der Voraussetzungen für die Gründung der ▶ Nationaltheater schufen bzw. für die Übernahme deutscher Schauspieler an die ▶ Hoftheater, die bis ins letzte Drittel des 18. Jh.s meist noch italienische oder französische Komödianten und Sänger beschäftigten.
Die Ausbildung zum Schauspieler erfolgt bis ins 20. Jh. durch Eintritt in die Truppe (bei Hof- oder Stadttheatern ins Ensemble) oder durch Einzelunterricht. Letzteres ist bis heute eine mögliche Ausbildungsform. Die ersten Schauspielschulen entstanden in Angliederung an renommierte Theater und an Konservatorien und Musikhochschulen.

Besetzung Während der Vorbereitung einer Inszenierung werden von der Theaterleitung in Absprache mit dem Regisseur die ▶ Rollen des neuen Stükkes unter den Darstellern verteilt. Wie eine Rolle besetzt wird, ist eine wichtige Vorentscheidung, die abhängig vom Regiekonzept ist. So ist es für die Interpretation der Rolle wichtig, ob man z.B. Hamlet von einem jungen oder einem älteren, von einem sportlich-agilen oder eher dicklichen Darsteller spielen läßt.
Ausschlaggebend für die Besetzung sind jedoch nicht immer nur künstlerische Überlegungen. Ebenso sind der Beschäftigungsanspruch der Schauspieler und die Tatsache zu berücksichtigen, daß ein Darsteller nicht gleichzeitig zwei Stücke proben kann. Auch die Stellung eines Darstellers im Haus, ob er ein Star und Publikumsliebling ist, muß bei der Besetzung bedacht werden, ebenso wie Abneigungen bzw. Vorlieben des Regisseurs.
Die Besetzungsliste wird nach der Entscheidung so frühzeitig wie möglich am schwarzen Brett des Theaters ausgehängt, damit den Darstellern genügend Zeit bleibt, sich vor Beginn der Proben auf die Rollen einzustellen. Dennoch sind Besetzungen im voraus nicht bis ins letzte exakt zu kalkulieren. Erst während der Proben stellt sich heraus, ob die schauspielerische Qualität, der Typ und die Arbeitsmoral eines Darstellers den Vorstellungen des Regisseurs von der Rolle tatsächlich entsprechen. Wenn nicht, so hat eine ▶ Fehlbesetzung stattgefunden, die gegebenenfalls eine ▶ Umbesetzung notwendig macht.

Besson, Benno (geb. 1922) wurde am Zürcher Schauspielhaus und in Paris ausgebildet. 1949–58 arbeitete er als Assistent, Schauspieler und Regisseur am ▶ Berliner Ensemble, danach inszenierte er in Rostock, Wien, Stuttgart und am „Deutschen Theater“ in Berlin. Von 1969–74 war er künstlerischer Leiter und von 1974–78 Intendant der „Volksbühne Berlin“ in der damaligen DDR.
Besson ist ein Schüler ▶ Brechts. Er entwickelte dessen Ideen in der Praxis weiter: Er verband den Anspruch Brechts, Theater solle der Aufklärung des Publikums dienen mit großer szenischer Phantasie. Vorgänge wurden von ihm bewußt theatralisiert, um ästhetischen Genuß zu schaffen und den Zuschauer zu einem genießenden Mitschöpfer zu machen. Seine Inszenierungen, die sich durch Bilderreichtum, poetische Arrangements und häufig durch einen satirischen Zugriff auszeichneten, gewannen dem Theater neue Publikumsschichten. Besonders bekannt sind die Aufführungen von *Der Frieden* des Aristophanes

(1961), *Turandot oder der Kongreß der Weißwäscher* von Brecht (1969), *Der Arzt wider Willen* von Molière (1970) und *König Hirsch* von Gozzi (1971). Hervorzuheben sind auch seine Zusammenarbeit mit Gegenwartsautoren wie Peter Hacks und Heiner Müller und die Förderung von Nachwuchsdramatikern wie z. B. Christoph Hein.
Besson war eine Ausnahmeerscheinung im Theater der DDR. Unter seiner Leitung entwickelte sich die „Volksbühne" zu einem lebendigen Gegenpol des ▶ Berliner Ensembles, das zur Erstarrung neigte. Durch die Betonung volkstümlicher Traditionen des Theaters hat er der Brecht-Rezeption in der DDR und der Bundesrepublik neue Anregungen gegeben. Dies wird z. B. in der Theaterarbeit von Regisseuren wie Manfred Karge, Matthias Langhoff und Alexander Lang deutlich.
1978 verließ Besson die DDR, er arbeitet heute als Direktor der „Comédie" in Genf.

Black out (engl. = Verdunklung) ist ein Begriff aus der Beleuchtungstechnik. Die Bühne wird durch Abschalten sämtlicher Scheinwerfer plötzlich verdunkelt. Black out wird meist als Effekt verwendet, um eine unvermittelte Schlußpointe zu setzen.

Boal, Augusto Der 1931 in Brasilien geborene Theaterautor und -theoretiker ist auch der wichtigste Theatermacher Lateinamerikas. 1971 ging er ins Exil nach Argentinien, 1976 übersiedelte er nach Portugal, und seit 1978 lebt er in Paris. Seine bekannteste Schrift *Theater der Unterdrückten* (1979) enthält Erfahrungsberichte über die eigene Theaterarbeit und theoretische Texte, die vor allem an die Theorie des Lehrstücks von B. Brecht anknüpfen.
Im Mittelpunkt seiner Arbeit steht eine besondere Form des Volkstheaters, das **teatro popular**, das vom Volk selbst gemacht wird und die Trennung zwischen Spielenden und Zuschauenden nicht mehr kennt. Insbesondere im **Unsichtbaren Theater**, einer Art ▶ Straßentheater, wissen die Zuschauer nicht, daß sie Zuschauer sind, und handeln gleichberechtigt mit den Darstellern. Auf Straßen und öffentlichen Plätzen werden von Schauspielern scheinbar reale Vorgänge, z. B. Konflikte mit der Polizei, so inszeniert, daß Passanten das Spiel als tatsächlichen Vorgang wahrnehmen, der sie zum Eingreifen veranlassen soll. Boal will damit die politische Unterdrückung bewußt machen und mit den Mitteln des Theaters zu gesellschaftlichen Veränderungen beitragen.
In dem von Boal vor allem in Europa entwickelten **Forumtheater** ist der Zuschauer sich seiner Mitwirkung hingegen bewußt. In Form von Rollenspielen läßt Boal Konflikte von Betroffenen und deren unterschiedliche Lösungsmöglichkeiten durchspielen. Boal führte in Europa zahlreiche Workshops durch; seine Techniken wurden vor allem von Freien Gruppen aufgegriffen.

Botenbericht Im Drama müssen manchmal Ereignisse, die für den Fortgang der Handlung wichtig sind, aber nicht auf der Bühne gezeigt werden können, mitgeteilt werden. Der Botenbericht ist ein solches Mittel der Dramentechnik und ein typisches Merkmal für die geschlossene Dramenform der antiken Tragödie, der französischen Tragödie des Klassizismus und der deutschen Klassik. Der Botenbericht tritt häufig an Stelle eines bühnentechnisch schwer darstellbaren Geschehens wie Schlacht, Schiffsuntergang oder Feuersbrunst (z. B. der Bericht des Hauptmanns über den Verlauf der Schlacht und Piccolominis Tod in *Wallensteins Tod* von Friedrich

Schiller), wird aus dramaturgischen Gründen eingesetzt, um die Einheit des Ortes zu wahren (z. B. Bericht vom Tod des Vaters in *König Ödipus* von Sophokles) oder um herrschende Anstandsregeln nicht durch Darstellungen z. B. grausiger Geschehnisse zu verletzen (*Phädra* von Jean-Baptiste Racine).
Im Unterschied zur ▶Teichoskopie werden im Botenbericht bereits abgeschlossene Vorgänge mitgeteilt.

Boulevardtheater (franz.: boulevard = breite Straße) 1791 wurde in Frankreich jedem die Einrichtung eines Theaters und die Vorführung aller Gattungen erlaubt. So entstanden an den Boulevards in Paris neben Schaubuden und Panoptiken Theater als Vergnügungsstätten für die Massen. In der französischen Hauptstadt wurden vor allem am „Boulevard du Temple" Theater gebaut. Anfangs spielte man dort volkstümliche Formen des Dramas, beliebt war besonders das Kriminalstück. Die Straße erhielt daher den Beinamen „Boulevard du Crime", also „Straße des Verbrechens". Auch das ▶ Grand Guignol, eine Theaterform, die grausiges Geschehen darstellt, hatte hier seinen Ursprung.
Die Industrialisierung und der damit verbundene Aufstieg des Bürgertums sowie der Ausbau des Eisenbahnnetzes ließ die Leute aus der Provinz und dem Ausland nach Paris strömen. So veränderte sich im Laufe des 19. Jh.s die Zusammensetzung des Publikums und damit auch der Stil der Boulevardtheater. Sie wurden nun zur Unterhaltungsstätte für das mittlere und gehobene Bürgertum.
Gespielt wurde das **Boulevardstück**, die **Boulevardkomödie**, die alle Formen der Komödie wie **Lustspiel**, **Salonkomödie**, **Gesellschaftskomödie**, **Sittenkomödie**, **Kolportagestück** und **Kriminalstück** umfaßt. Das Spiel diente der Entspannung, auch wenn gelegentlich Kritik am Wohlstandsbürgertum geübt wurde. Charakteristisch für das Boulevardstück ist, daß es keinen literarischen Anspruch erhebt, ganz auf Theatereffekte ausgerichtet ist und für den schnellen Gebrauch hergestellt wird. Bei allen autorenspezifischen und entwicklungsgeschichtlichen Unterschieden ist es fest umrissenen Gesetzen unterworfen: Es muß eine gutgebaute Komödie sein **(pièce bien faite, well-made-play)** also eine große Zahl von Theatercoups ermöglichen, es muß knappe und witzige Dialoge haben sowie zu komischen Situationen führen und in ein happy end münden. Ebenso ist erforderlich, daß die Handlung in vollem Einklang mit den Erwartungen des Publikums steht und der Zuschauer sich mit den Abenteuern der Hauptfiguren identifizieren kann. Bevorzugte Themen sind Dreiecksgeschichten, Ehebruch und Seitensprung. Schauplatz ist das Empfangszimmer im bürgerlichen Milieu, der Salon.
Das Boulevardstück hatte seine Blütezeit um die Jahrhundertwende. Seine Hauptvertreter sind Eugène Scribe (1791–1861) mit *Ein Glas Wasser*, Guillaume Augier (1820–89) mit *Der Abenteurer*, Alexandre Dumas d. J. (1824–95) mit *Die Kameliendame*, Eugêne Labiche (1815–88) mit *Der Florentinerhut*, Victorien Sardou (1831–1908) mit *Lassen wir uns scheiden* und Georges Feydeau (1862–1921) mit *Floh im Ohr*.
Heute ist Boulevardtheater eine Bezeichnung für **Privattheater**, z. B. „Theater am Kurfürstendamm" in Berlin, „Theater am Dom" in Köln, „Kleine Komödie" in München, „Komödie" in Frankfurt/Main. Sie sorgen als **Unterhaltungstheater** auf kommerzieller Basis für Zerstreuung. Gespielt werden die o. g. klassischen französischen Boule-

vardstücke, aber auch deutsche von Curt Goetz *Das Haus in Montevideo*, von Axel v. Ambesser *Das Abgründige in Herrn Gerstenberg*, und englische Stükke, von Noel Coward *Duett im Zwielicht* und Alan Ayckborne *Spaß beiseite*.
Gespielt werden die Stücke ▶ en suite, also das gleiche Stück über einen längeren Zeitraum. In der Regel unterhalten die Boulevardtheater kein eigenes Ensemble, sie engagieren für jeweils eine Produktion meist zugkräftige Gäste, die sich als **Boulevardschauspieler** spezialisiert haben. Meist sind diese Schauspieler wie z.B. Harald Juhnke, Grit Böttcher, Georg Thomalla bereits durch Boulevardstücke im Fernsehen einem breiten Publikum bekannt.

Brahm, Otto (1856–1912) Der Kritiker, Theaterleiter und -reformer arbeitete nach dem Studium neben Theodor Fontane als Theaterkritiker an der „Vossischen Zeitung" in Berlin. 1889 war er Mitbegründer und Vorsitzender des Vereins **Freie Bühne**, der zu einem entscheidenden Vorläufer der ▶ Volksbühnenbewegung wurde. Von 1894–1904 leitete er das „Deutsche Theater" in Berlin, von 1905–1912 das „Lessing-Theater".
Als Theaterleiter setzte Brahm den Naturalismus auf den deutschen Bühnen durch. So wurden am „Deutschen Theater" Gerhart Hauptmanns *Vor Sonnenaufgang*, *Die Weber* und *Der Biberpelz* uraufgeführt, sowie Henrik Ibsens *Nora*, *Die Wildente*, *Hedda Gabler* und *Der Volksfeind* erstmals in Deutschland gespielt. Darüber hinaus besteht die Bedeutung Brahms darin, daß er im ▶ Dramaturgen einen gleichberechtigten Partner des Regisseurs sah, die Stellung dieses Berufs im Theater maßgeblich vorantrieb und damit Grundlagen für das ▶ Regietheater des 20. Jh.s schuf. Brahm führte nicht selber Regie im heutigen Sinne, sondern arbeitete viele Jahre mit seinem Oberregisseur Emil Lessing zusammen, dessen Inszenierungen aber die Handschrift Brahms trugen. Gegenüber dem zu seiner Zeit üblichen Star-Theater setzte er auf das Ensemble, Spielplan und Besetzung der Theaterstücke waren sehr sorgfältig durchdacht. Bei der Inszenierung setzte Brahm eine exakte dramaturgische Analyse des Stücks voraus, und seine genaue Beobachtung und Kritik hatte großen Einfluß auf die Spielweise der Schauspieler.

Brecht, Bertolt (1898–1956) hat als Schriftsteller, Regisseur und Theatertheoretiker das Theater des 20. Jh.s bis in die Gegenwart entscheidend geprägt. Seine Inszenierungen mit dem ▶ Berliner Ensemble erlangten Weltruf und wurden Vorbild für heutige Regisseure wie Peter Stein oder Giorgio Strehler.
Größeren Einfluß als seine praktische Theaterarbeit hat sein theoretisches Werk, in dessen Mittelpunkt der Begriff des ▶ epischen Theaters steht. Es wird von Brecht als das **Theater des wissenschaftlichen Zeitalters** verstanden, das eine Bewußtwerdung gesellschaftlicher Vorgänge im Publikum anstrebt. Diese Bewußtwerdung soll zu gesellschaftlichem Eingreifen, also zu Veränderungen führen. Am alten Theater kritisierte Brecht vor allem die ▶ Einfühlung, die vollkommene Verwandlung des Schauspielers in die Bühnenfigur und die dadurch hervorgerufene Identifikation des Publikums mit dem Helden und dem Geschehen auf der Bühne. Brecht verlangt stattdessen vom neuen Theater **Distanz**, also Kunst und Wirklichkeit so voneinander zu trennen, daß das, was auf der Bühne gezeigt wird, als künstlich hergestellt erkannt werden kann. Der Schauspieler soll auf der einen Seite eine Bühnenfigur verkörpern, auf der ande-

ren Seite Stellung zu ihr nehmen. Sowohl die gesellschaftliche Einstellung, die **Haltung**, der Bühnenfigur sollen deutlich werden aber auch die inneren Beweggründe einer Figur, die allerdings von den gesellschaftlichen und sozialen Bedingungen bestimmt werden.
Die Distanz zum Geschehen auf der Bühne wird durch ▶ Verfremdung erzielt, dem Zuschauer wird in Erinnerung gerufen, daß er ein Theaterstück und nicht Wirklichkeit sieht. Deshalb unterbrechen **Verfremdungseffekte** wie kommentierende Songs, Spruchbänder, Filmprojektionen und Musik immer wieder den Ablauf. Auch die Spielweise, die Ausstattung und die Beleuchtung können das Aufkommen von Stimmungen verhindern. Durch die Verfremdungseffekte hat der Zuschauer die Möglichkeit, den Vorgängen auf der Bühne auch mit seinem Verstand zu folgen und darüber nachzudenken.
Brechts theatertheoretische Überlegungen finden sich in den *Schriften zum Theater*, deren bedeutendstes Werk *Der Messingkauf* ist. Dies ist ein in Dialogform geschriebener, Fragment gebliebener Text. Der bekannteste theatertheoretische Text ist das *Kleine Organon für das Theater* von 1948. In diesem häufig zitierten Werk wird nachdrücklich erklärt, daß episches Theater nicht ausschließlich Lehrtheater sein soll, sondern gleichzeitig auch Vergnügen bereiten soll. In den *Nachträgen zum Kleinen Organon* verabschiedet Brecht den Begriff des epischen Theaters, weil er zu Mißverständnissen führte, und ersetzt ihn durch den Begriff **dialektisches Theater**. Eine Sonderstellung nehmen die ebenfalls Fragment gebliebenen Texte zur Theorie des Lehrstücks ein (*Kleine und Große Pädagogik*, 1929), in denen Brecht seine Vorstellungen von einem Theater in der zukünftigen sozialistischen Gesellschaft formuliert. Sie waren Anknüpfungspunkt für das ▶ Didaktische Theater in der ehemaligen DDR.

Broadway Die legendäre Hauptverkehrsader in New York ist der Inbegriff des kommerziellen Theaters. Bereits im 18. Jh. wurde am Broadway Theater gespielt, seine Glanzzeit erlebte er jedoch erst zwischen 1920 und 1940. Berühmt wurde er vor allem durch die Musicals, die oft über mehrere Jahre liefen und sehr viel Gewinn einspielten. Die bekanntesten Produktionen waren *Oklahoma*, *Porgy and Bess*, *My Fair Lady*, *Westside Story*. In jüngerer Zeit liefen *Hair* und *Jesus Christ Superstar*.
Abseits vom Broadway entstand Ende der 40er Jahre ein finanziell weniger aufwendiger Theaterbetrieb, das **Off-Broadway**, von dem Autoren, Komponisten und Regisseure den Sprung zum Broadway suchten. Das in den 60er Jahren entstandene Theater des **Off-Off-Broadway** verstand sich hingegen als ein alternatives, experimentelles Theater. Ihm gehörten Freie Gruppen an wie das **La Mama**, das **Open Theatre**, das **Bread and Puppet** und das ▶ Living Theatre.

Brook, Peter Der 1925 in London geborene Brook ist Theatertheoretiker und einer der bedeutendsten Regisseure der Gegenwart. Sowohl seine Inszenierungen von Peter Weiss' *Marat/Sade* von 1964 und Senecas *Ödipus* von 1968 haben das ▶ Rituelle Theater der 60er Jahre wesentlich beeinflußt, wie auch sein Buch *Der leere Raum*, das 1969 auf deutsch erschien.
Das zeitgenössische Theater töte durch Kommerz, handwerkliche Routine und ästhetisches Mittelmaß die Phantasie, und die sinnliche Erfahrung trockne aus. Diesem „tödlichen Theater" sucht er zu begegnen, indem er auf Theorien sowohl von ▶ Artaud als auch ▶ Brecht

zurückgreift. In seinem „unmittelbaren Theater“ versucht er, beide Ansätze miteinander zu verschmelzen. Artaud gilt ihm als Vertreter eines „heiligen Theaters“, in dem der Schauspieler durch extreme Körpersprache, außergewöhnlichen Einsatz der Stimme und Selbstentäußerung Ängste, Träume und ursprüngliche Kräfte des Menschen für den Zuschauer erfahrbar macht. In dieser Spielweise sieht Brook allerdings die Gefahr, daß das Theater ins Irrationale abgleitet. Ein Gegenpol ist für ihn das „derbe Theater“, das auf volkstümlichen Traditionen fußt. Dieses, in neuerer Zeit vor allem von Brecht vertretene Theater erscheint ihm jedoch als allzu rationalistisch, da es durch die Nachfolger Brechts zu einem „Klassenzimmer“ erstarrt ist. Eine Erneuerung des Theaters sieht Brook in der Verknüpfung beider Positionen; beim Zuschauer sollen sich sowohl rationale Distanz als auch gefühlsmäßiges Erleben einstellen. Modell und Vorbild dafür ist ihm das Theater Shakespeares, dessen Qualität mit heutigen ästhetischen Mitteln wieder zu erreichen sei.

In Deutschland hat vor allem ▶ Zadek diesen Weg einzuschlagen versucht.

Budenbühne Diese ▶ Bühnenform schafft mit einfachsten technischen Mitteln die Voraussetzungen, daß Schauspieler auftreten können. Sie besteht aus einem erhöhten, an jedem Ort aufschlagbaren Podest, um das sich die Zuschauer an drei Seiten scharen können. Darauf wird eine rechteckige „Bude“ aus Stangen und Vorhängen befestigt, die Hintergrund für das Spiel ist, den Darstellern Möglichkeiten für Auftritte und Abgänge bietet sowie als An- und Umkleideraum genutzt werden kann.
Die Budenbühne wurde bereits im antiken und mittelalterlichen Theater verwendet. In der Neuzeit war sie die Bühnenform der Commedia dell’arte und der englischen Wandertruppe. Beide verbreiteten sie in ganz Europa. Im 20. Jh. griffen Theaterreformer ihr Grundprinzip wieder auf. Heute wird sie vor allem von Straßentheatern genutzt; sie findet sich mit Girlanden aus bunten elektrischen Birnen geschmückt, außerdem auf den Jahrmärkten.

Bühne Neben dem ▶ Zuschauerraum charakterisiert einen Theaterbau die Bühne am meisten. Alle ▶ Bühnenformen der Theatergeschichte, so verschieden sie sein mögen,haben gemeinsam die klar begrenzte Spielfläche, bestimmt durch architektonische Merkmale wie erhöhtes Gerüst (Podium) oder angrenzende Zuschauerreihen, die aus Sichtgründen in der Regel ansteigen, wenn nicht die Spielfläche angehoben ist. Selbstverständlich ist die Begrenzung der Spielfläche auch eine unausgesprochene und doch wirksame Vereinbarung zwischen Zuschauern und Spielern, die auch dann funktioniert, wenn die architektonischen Zeichen fehlen. Im Mittelalter war die ▶ Simultanbühne vorherrschend. Das Interesse der Renaissance für die Antike führte verschiedentlich zu Versuchen, die antike **Einortbühne** (die Bühne des **Einortdramas**) nachzuahmen; im 19. Jh. gab es Reformversuche, in denen man die elisabethanische Mehrortbühne aufgriff, doch hat sich die ▶ Guckkastenbühne durchgesetzt und im Grunde bis heute gehalten, wenn auch Neubauten nach dem 2. Weltkrieg in der Regel eine gewisse Variabilität der Guckkastenform aufweisen. Das Beharren auf dem Guckkasten mag auch in einem konservativen Bedürfnis nach der Illusionsästhetik des 19. Jh.s begründet sein, es entspricht jedoch auch ganz praktischen Erfordernissen der heute hoch entwickelten **Bühnenmaschinerie**, deren Bewegungen und Geräusche die Konzentration des Zuschauers auf die eigentliche Vorführung stören würden, wäre diese Bühnenmaschinerie nicht akustisch und optisch gegen den Zuschauerraum abgedichtet. Selbst Brechts Forderung nach illusionszerstörender Verfremdung durch sichtbare technische Vorgänge (Scheinwerfer, halb verdeckte Umbauten) geht in der Praxis nicht so weit, die gesamte Bühnenmaschinerie offenzulegen. Nun ist auch für eine offene ▶ Raumbühne denkbar, daß die Maschinerie durch architektonische Kniffe mehr oder weniger versteckt werden kann. Auch aus Gründen des Spielplans herrscht heute noch das Guckkastenprinzip vor: Neben akustischen Vorteilen ist es das Opernrepertoire, das immer noch zum größten Teil aus Werken des 19. Jh.s besteht, die für die Guckkastenbühne gedacht sind.

Das für die Guckkastenbühne entscheidende Bauteil, das die technischen Vorgänge hinter der Bühne wegblendet, ist das **Bühnenportal**, auch **Portal-Rahmen** genannt. Die erwähnte Variabilität neuerer Guckkastenbühnen bezieht sich vor allem auf die Variabilität des Rahmens: Zur Milderung des Guckkastenprinzips kann er in Höhe und Breite verstellt werden, oder der Portal-Rahmen kann nach oben und nach den Seiten ganz weggefahren werden, so daß ▶ Zuschauerraum und Bühne zu einer Raumbühne verschmelzen.

In einem durchschnittlichen Bühnenhaus befinden sich alle technischen Einrichtungen zur Verwandlung der Szene hinter dem Bühnenportal, ursprünglich auch die ▶ Beleuchtungstechnik, bis auf das **Rampenlicht**, das mit der Rampe die Unterkante des Portal-Rahmens bildet. Gibt es in neueren Theatern eine **Vorbühne** (▶ Proszenium) – dazu kann auch der überbaubare oder anhebbare Orchestergraben dienen –, sind ▶ Verwandlungen nur in beschränktem Umfang möglich. Beleuchtungsmöglichkeiten bieten sich durch Vorrichtungen im Zuschauerraum an. Das Bühnenhaus selbst besteht nicht nur aus der **Hauptbühne**, auf der sich die Aufführung abspielt, sondern aus mehreren zugeordneten Räumen: im günstigsten Fall einer rechten und einer linken **Seitenbühne**, einer **Hinterbühne**, einer **Unterbühne** und dem **Schnürboden**. Diese zugeordneten Räume können teilweise als Magazine genutzt werden, denn für den Repertoire-Betrieb müssen mehrere Bühnenbilder im Bühnenbereich bereitgehalten werden. Diese Räume sind jedoch vor allem dafür gedacht, schnelle, in ihren technischen Vorbereitungen nicht sichtbare Verwandlungen zu ermöglichen: Auftritt von Personen – auch aus dem Schnürboden und aus der Unterbühne – und Wechsel von Ausstattungsteilen. Dies geschieht durch Handarbeit der **Bühnenarbeiter** oder durch die Bühnenmaschinerie: durch ▶ Zug aus dem Schnürboden, **Versenkungen** (auf- und abfahrbare Teile aus der Unterbühne), **Bühnenwagen** aus der Hinter- oder den Seitenbühnen, ▶ Drehbühne.

1
2
3
4
5
6
7
8
9
10
11
12
13
14
15
16
17

Das Personal für den Bühnenbetrieb: Die Verantwortung für den technischen Betrieb aller Sparten liegt beim **Technischen Direktor**. Ihm untersteht der **Bühnenmeister**, der für folgende Unterabteilungen verantwortlich ist:

- ○ die **Schnürmeister** und ihre Gehilfen für die Obermaschinerie (Schnürboden),
- ○ die **Maschinenmeister** (Versenkungsmeister, Obermaschinisten) und ihre Gehilfen für die Untermaschinerie (Versenkungen, Drehbühne),
- ○ die **Seitenmeister** und **Bühnenarbeiter** für den Betrieb auf der Hauptbühne (Spielfläche).

Aber noch andere Abteilungen sind für den Proben- und Aufführungsbetrieb auf der Bühne aktiv:

- ○ der **Requisitenmeister/Requisiteur**,
- ○ der **Tonmeister** und seine Gehilfen (in der Regel ist er jedoch der Beleuchtungstechnik, also dem Beleuchtungsmeister unterstellt),
- ○ der **Beleuchtungsmeister** und sein Personal,
- ○ der ▶ Inspizient.

Das Inspizientenpult (Arbeitsplatz des Inspizienten) ist immer seitlich direkt hinter dem Bühnenportal. Eine elektronische Kamera überwacht die Vorgänge auf der Vorbühne und anderen verdeckten oder verstellten Spielflächen, so daß der Inspizient über Monitor Einsicht hat.

In älteren Theaterbauten sind auch die Beleuchterkabine (mit Stellwerk) und die Tonkabine hinter dem Portal. In neueren Theaterbauten mit variablem Bühnenportal und Vorbühne befinden sich diese Anlagen aus Sichtgründen hinter der Rückwand des Zuschauerraums.

Bühnensystem eines herkömmlichen Theaters. Blick von der Hauptbühne mit Drehbühne, Unterbühne und Obermaschinerie durch das Bühnenportal in den Zuschauerraum.

1. Zweite Beleuchtungsgalerie
2. Horizontleuchten
3. Feste Beleuchtungsbrücke
4. Bewegliche Beleuchtungsbrücke
5. Erste Beleuchtungsgalerie
6. Rechter Beleuchtungsturm
7. Beleuchtungskabine
8. Stellwerk
9. Lichtregler
10. Rauchschieber
11. Spielflächenleuchten
12. Oberlicht
13. Linker Beleuchtungsturm
14. Tonmeisterkabine
15. Tonmeisterpult
16. Inspizientenpult
17. Fußrampe

Bühnenbild ist eine herkömmliche, aber irreführende Bezeichnung für den künstlerisch gestalteten Schauplatz, der auf der Bühne einem Werk den optischen Handlungsrahmen gibt. Unter Bühnenbild versteht man heute nicht nur zweidimensionale, gemalte Darstellungen wie z. B. Hintergrundprospekt, Wände oder Kulissen, sondern die gesamte raumbildende und atmosphäreschaffende optische Ausgestaltung der Bühne mit Mitteln der bildenden Kunst, der Architektur, der Technik und der Beleuchtung. Heute zutreffender, wenn auch nicht so geläufig, ist daher der Begriff **szenischer Bühnenbau**.
Erste Ansätze einer bildnerischen Ausschmückung der Bühne dürfen bereits für das antike griechische und römische Theater angenommen werden. Es handelte sich dabei vermutlich jedoch nur um eine dekorative Malerei (▶ Skenographie). Auch das mittelalterliche Theater beschränkte sich noch weitgehend auf die bloße Andeutung räumlicher Besonderheiten; fehlende Dekorationen wurden durch das beschreibende Wort der Darsteller ersetzt, und die in das Spiel einbezogene Architektur von Kirchen und Marktplätzen bildete den Aktionsraum.
Das Bühnenbild im Sinne einer raumbildenden optischen Gesamtgestaltung der Bühne taucht in der Geschichte des europäischen Theaters erst zu dem Zeitpunkt auf, als in der Renaissance, im 16. Jh., überdachte Theater errichtet und eine strikte architektonische Trennung zwischen Bühne und Zuschauerraum durch Vorhang und Rampe vorgenommen wurde. Ausgangspunkt war Italien, wo die Entdeckung der perspektivischen Malerei eine Entwicklung des Bühnenbilds einleitete, wie es in Europa bis ins 19. Jh. hinein vorherrschend bleiben sollte. Mit dem Ziel, auf einer schmalen Flächenbühne, die Illusion von Raumtiefe zu erzeugen, erarbeiteten Baldassare Peruzzi (1481–1536) und Sebastiano Serlio (1475–1554) grundlegende Prinzipien der Zentralperspektive für Bühnendekorationen. Erstmals zur Anwendung kamen die Theorien 1508 in der sogenannten ▶ Winkelrahmenbühne von Ferrara. Sie bestand aus leinwandbezogenen Holzrahmen, die beiderseits der schmalen Spielfläche sich nach hinten staffelten, meist Häuserecken darstellten und den Blick auf einen den Hintergrund abschließenden Prospekt freigaben. Die Winkelrahmenbühne kannte lediglich drei unveränderbare Grundtypen des Bühnenbilds, nämlich für Tragödie, Komödie und Satyrspiel. Eine Perfektionierung der Illusion und größere Virtuosität in der Gestaltung des Bühnenbilds brachten in der Folgezeit die Einführung drehbarer, prismenförmiger Bühnenbildteile des ▶ Telari-Systems (1589), Entwicklungen von Maschinen- und Lichteffekten durch Bernardo Buontalenti (1536–1609) und Nicola Sabbattini (1574–1654) und schließlich die von Giovan Battista Aleotti (1546–1636) erstmals 1618 in Parma verwendete ▶ Kulissenbühne, die, von Giacomo Torelli (1608–78) zur technischen Vollkommenheit entwickelt, sich in ganz Europa durchsetzte. In Deutschland führte sie Josef Furttenbach (1591–1667) ein. Die zunächst übliche zentralperspektivische Gestaltung des Bühnenbilds mit nur einem Fluchtpunkt wurde im Barock abgelöst durch die

Winkelperspektive. Wiederum waren italienische Bühnenarchitekten und -maler die Neuerer, insbesondere die weitverzweigte und in allen wichtigen Städten Europas tätige Familie Galli-Bibiena. Ferdinando Galli-Bibiena (1667–1743) führte den schräg über Eck gestellten Raum auf der Bühne ein, der von seinem Sohn Guiseppe (1696–1756) durch ein polygonales (vieleckiges) System vervollkommnet wurde, das Einblicke in Treppenhäuser, verschiedene Geschosse, Galerien usw. ermöglichte. Das perspektivisch-illusionistische Bühnenbild erlangte im 18./19. Jh. seinen Höhepunkt. Bereits im Zusammenhang mit dem Klassizismus war Kritik am barocken Illusionismus laut geworden, vor allem aber das bürgerliche Drama des 18. Jh.s verlangte nach einem wirklichkeitsnäheren Bühnenbild. Dennoch setzte sich aufgrund der langen Vorherrschaft der Oper auf den Spielplänen und eines von den adligen Höfen geprägten, vorwiegend kulinarischen Theaterverständnisses ein realistischeres Bühnenbild erst im ausgehenden 19. Jh. durch. Regisseure des Naturalismus wie Otto Brahm, Konstantin S. Stanislawski oder André Antoine verlangten ein der Wirklichkeit nachempfundenes, im Detail historisch getreues und geschlossene Räume darstellendes Bühnenbild.
Um die Jahrhundertwende begann eine neue Epoche des Bühnenbilds. Nicht nur die Entwicklung neuer Bühnentechniken (Stahlkonstruktionen, Drehbühne, Rundhorizont usw.) und der elektrischen Beleuchtung, sondern vor allem die Theorien der Reformer ▶ Appia und ▶ Craig, die in der Inszenierung ein ganzheitliches, alle Bühnenelemente zu einer Einheit zusammenführendes und eigenständiges Kunstwerk sahen, sowie die Herausbildung des Regietheaters sorgten dafür, daß sich das Bühnenbild von einem dekorativen oder illustrierenden Beiwerk zum szenisch gestalteten Raum entwickelte. Das Bühnenbild des 20. Jh.s hat eine Vielfalt von Formen und Stilrichtungen hervorgebracht, ein Nebeneinander von symbolhaften, neutralen, abstrakten, realistischen oder gar leeren Räumen. Allen gemeinsam ist die dramaturgisch funktionale Raumgestaltung, die das Spiel der Darsteller auf der Bühne unterstützt und ergänzt.
Seit Beginn des Jh.s ist das Bühnenbild nächst der Regie wichtigster Teil einer Theaterproduktion. Es gibt Auskunft darüber, an welchem Ort und zu welcher Zeit auf der Bühne etwas vorgeht, es charakterisiert das historische und soziale Umfeld der Handlung oder kommentiert diese. Alles, was auf der Bühne an Dekorationen, Möbeln, Requisiten usw. erscheint, steht in Beziehung zu dem, was der Handlungsverlauf eines Stücks vorgibt bzw. wie ein Regisseur das Stück interpretiert. Deshalb wird im heutigen Theater in der Regel für jedes Bühnenwerk ein jeweils eigenes Bühnenbild hergestellt, das in enger Zusammenarbeit mit dem Regisseur vom ▶ Bühnenbildner zunächst im ▶ Bühnenbildentwurf, dann u. U. im **Bühnenmodell** und schließlich in technischen Zeichnungen festgehalten wird, um anschließend in den Werkstätten des Theaters gefertigt zu werden. Auf der Bühne wird das Bühnenbild erstmals bei der **Dekorationsprobe** aufgebaut und auf der **Beleuchtungsprobe**

Bühnenbild von Max Kruse und Lovis Corinth zu Maxim Gorkis Nachtasyl *in der Inszenierung von Richard Vallentin, Berlin 1903*

Bühnenbild von Erich Wonder zu William Shakespeares König Lear *in der Inszenierung von Jürgen Flimm, Köln 1982*

ausgeleuchtet, d.h. die Einrichtung der Scheinwerfer festgelegt. Damit ein bei jeder Vorstellung stets gleicher Aufbau des Bühnenbilds gewährleistet ist, werden die Stellungen der einzelnen Bild- und Dekorationsteile auf der Bühne in Pläne, die sogenannten ▶ Szenarien, eingetragen.
Trotz der vielfältigen Konstruktionsmöglichkeiten und der unterschiedlichsten Materialien, die heute für Bühnenbilder verwendet werden, gibt es Bühnenbildteile, die immer wieder zur Anwendung kommen und zum Standard gehören. Dazu zählen die unterschiedlichsten Arten von ▶ Vorhängen.
Außerdem:
- **Hängeteile**: alle am Schnürboden aufgehängten Stoffteile oder festen Bildteile wie z.B. Wände;
- ▶ Prospekt: dem Bühnenbild einen Hintergrund gebende, großflächige, meist aufrollbare einfarbige oder bemalte Leinwand;
- ▶ Soffitten: Stoffteile zur Abdeckung der oberen Bühnenmaschinerie;
- ▶ Plafond: feste Decke, die einen auf der Bühne gebauten Raum nach oben hin abschließt;
- **Rundhorizont**: größtes Hängeteil im Theater, das die Bühne in Bogenlinie nach hinten und nach den Seiten abschließt;
- **Podest**: begehbares Bauteil zur Herstellung von Bodenerhebungen.

Bühnenbildentwurf Während der Vorbereitung einer Inszenierung fertigt der ▶ Bühnenbildner gezeichnete oder gemalte Vorlagen an, um die Ausstattung für das Bühnenwerk anschaulich zu machen. Er versucht damit den optischen Eindruck zu vermitteln, den die Inszenierung erreichen will. Neben der Grundidee für das ▶ Bühnenbild sind im Entwurf meist auch Gruppierungen der Figuren festgehalten, um eine Vorstellung vom Bühnenraum und den darin spielenden Menschen zu geben. Der Entwurf zeigt noch nicht die Dreidimensionalität des Bühnenbildes. Er besitzt häufig einen Eigenwert als grafisches Kunstwerk und als theatergeschichtliche Bildquelle (siehe Abb. S. 64).

Bühnenbildner Diese Berufsbezeichnung, auch **Szenograph**, **szenischer Bühnenbauer** oder **Bühnenausstatter**, wurde zu Beginn des 20. Jh.s für einen Beruf eingeführt, den es am Theater schon viel länger gab. Bis dahin waren die Bezeichnungen **Bühnenarchitekt** und **Dekorationsmaler** üblich. Bühnenbildner drückt jedoch eher aus, daß das Bühnenbild nicht nur dekorativer Rahmen auf der Bühne, sondern wesentlicher Bestandteil einer Inszenierung ist. Der Bühnenbildner entwirft nach eigenen Vorstellungen und in Absprache mit dem Regisseur die Ausstattung der Spiel- und Handlungsorte für ein Bühnenwerk. Er liefert so mit bildnerischer Darstellung eine Interpretation des

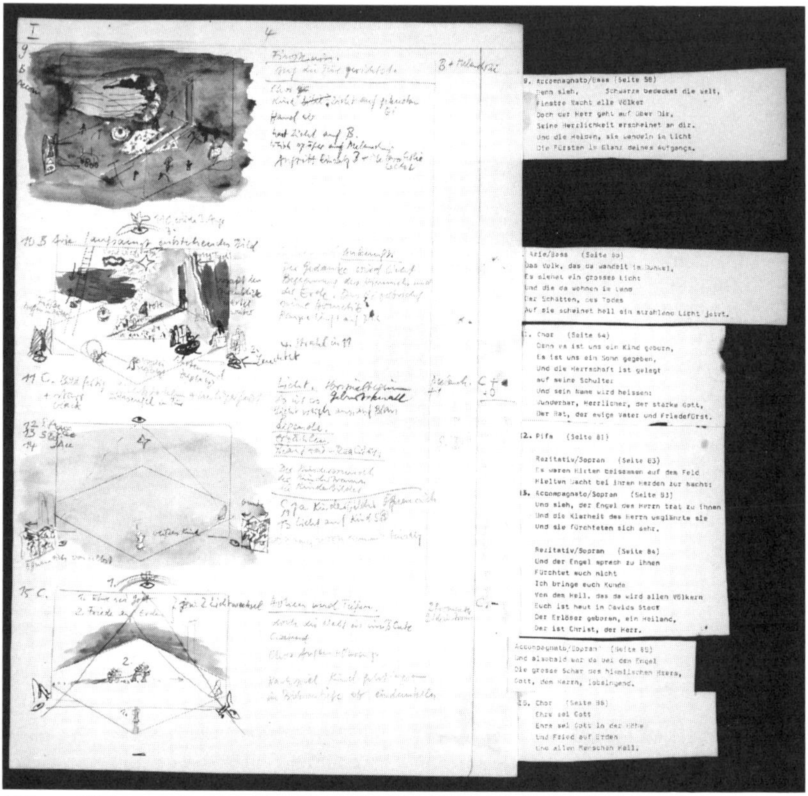

Bühnenbildentwurf von Achim Freyer für Händels Messias *an der Deutschen Oper, Berlin 1985*

Stückes. Erst die enge Zusammenarbeit zwischen ihm und dem Regisseur sorgt für eine einheitliche Gesamtwirkung der Inszenierung. Die im Entwurf festgehaltenen Vorstellungen bilden die Grundlage für maßgerechte Baupläne, nach denen das ▶ Bühnenbild in den Werkstätten des Theaters angefertigt wird. Der Bühnenbildner ist häufig für die gesamte Ausstattung eines Stückes zuständig, also auch für Kostüme, Requisiten und Masken.

Bühnenbildner werden normalerweise in einem sechs- bis achtsemestrigen Studium an Kunstakademien oder -hochschulen in **Bühnenbildklassen** ausgebildet. Danach erfolgt in der Regel die Tätigkeit als **Bühnenbildassistent** am Theater. Die wichtigsten deutschen Bühnenbildner des 20. Jh.s sind César Klein, Ernst Stern, Emil Pirchan, Ludwig Sievert, Josef Fenneker, Rochus Gliese, Caspar Neher, Theo Otto, Franz Mertz, Wilfried Minks, Erich Wonder, Karl-Ernst Herrmann.

Bühneneingang Der Personaleingang des Theaters, auch **Pforte** genannt, wird von einem Pförtner kontrolliert. Von hier aus sind die Verwaltungsräume, die Bühne mit ihren Neben- und Betriebsräumen und die Werkstätten zu erreichen. Der Zutritt ist nur den am Theater Beschäftigten gestattet.

Bühnenfall Im Theater der Renaissance im 15./16. Jh. wurde ein von der Rampe zum Hintergrund der Bühne ansteigender Boden eingeführt, um die perspektivische Wirkung der Bühnendekoration zu unterstützen. Außerdem sollte er den Zuschauern im Parkett bessere Sichtmöglichkeiten bieten, wenn das Spiel im Hintergrund der Bühne stattfand. Allerdings war der Bühnenfall manchmal so steil, daß er nur schlecht bespielt werden konnte. So wurde er im 19. Jh. aufgegeben. Wenn für die Regiekonzeption und das Bühnenbild erforderlich, wird er heute durch ein transportables Podest, die **Bühnenschräge**, oder durch ein hydraulisches Anheben des Bühnenbodens ersetzt.

Bühnenfassung Von der **Urfassung** oder der **Druckfassung** eines dramatischen Werks kann die Spielvorlage für eine bestimmte Theateraufführung abweichen. Die Bühnenfassung ist eine Anpassung an die konkreten Bedingungen eines Theaters wie Personalstand, bühnentechnische Ausstattung, Aufführungsdauer oder an das Regiekonzept durch ▶ Striche, d.h. durch Streichungen von Textstellen, oder geringfügige Veränderungen des Textes. Die weiterreichenden Eingriffe einer **Bühnenbearbeitung** durch Umstellung von Szenen, Einschübe, Zusammenziehung, Hinzufügung bis zur grundlegenden Umgestaltung sind nur mit ausdrücklicher Genehmigung des Autors zulässig, es sei denn sie unterliegen nicht mehr dem Schutz des Urheberrechts.

Neben bühnenpraktischen Gründen können Zugeständnisse an den Publikumsgeschmack sowie politische, moralische oder ästhetische Überlegungen Anlaß für eine Bühnenbearbeitung sein. Die Werke Shakespeares z.B. lernte das deutsche Publikum des 18. Jh.s nur als Bühnenbearbeitungen kennen, aber auch die Dramen Lessings, Schillers und Goethes erfuhren zahlreiche Bearbeitungen.

Bühnenbearbeitungen insbesondere von Klassikern sind im heutigen Regietheater die Regel, zumal der Bearbeiter, der Dramaturg oder der Regisseur, für eine umfassende Bearbeitung Tantiemen erhält, sofern er seine Fassung einem Bühnenvertrieb anbietet.

Bühnenfassung und Bühnenbearbeitung sind zu unterscheiden von ▶ Adaptation und ▶ Dramatisierung, den Umformungen meist epischer Vorlagen in Dialoge.

Bühnenformen Lage, Beschaffenheit und Form einer Bühne beeinflussen entscheidend sowohl die ▶ Spielweise von Darstellern als auch die Wechselbeziehung zwischen Spielenden und Zuschauenden. So verlangen beispielsweise kreisförmige Spielflächen vom Darsteller ganz andere Bewegungsabläufe als rechteckige. Im Freien, mitten unter dem Publikum errichtete Bühnen ermöglichen einen anderen Kontakt mit dem Zuschauer als jene, denen das Publikum frontal in geschlossenen, verdunkelbaren Räumen gegenübersitzt.
Ob Arena-, Buden- oder Guckkastenbühne für eine Inszenierung gewählt wird, hängt heute von der technischen Ausstattung des jeweiligen Theaters und von der vom Regisseur angestrebten Wirkung ab. Das gleichwertige Nebeneinander der Bühnenformen ist allerdings erst eine Erscheinung des 20. Jh.s, vorher hat jede wichtige Epoche des europäischen Theaters die ihr eigene Bühnenform hervorgebracht. Sie war jeweils abhängig von der Stellung des Theaters in der Gesellschaft, vom Entwicklungsstand der Schauspielkunst, von ästhetischen Vorstellungen und dem Stand der Dramentechnik.
Die älteste europäische Bühnenform ist die **Arenabühne** des antiken griechischen Theaters, die später vom römischen Theater übernommen wurde. Im wesentlichen besteht sie aus drei Teilen: der Orchestra, dem Theatron und der Skene. Der älteste und die Gesamtarchitektur prägende Teil ist die ▶ Orche-

Arenabühne: Dionysos-Theater in Athen aus dem 4. Jh. v. Chr. Halbkreisförmige Orchestra und Skene-Reste aus römischer Zeit

stra, eine ebenerdige Fläche aus Sand für die Auftritte und das Spiel des Chors und zunächst auch für die Schauspieler. Vermutlich ist sie aus dem Dionysos-Kult hervorgegangen und hat sich aus einem Platz für rituelle Handlungen und Tänze entwickelt, in dessen Mitte ursprünglich der Altar des Gottes stand. Die Orchestra ist meist an einem Berghang gelegen und wird von ansteigenden Sitzreihen, dem **Theatron**, eingeschlossen. Das Theatron, der Ort zum Schauen, schloß anfänglich zu zwei Drittel, später zur Hälfte, die Spielfläche ein. Vom Zuschauer aus betrachtet, befand sich hinter der Orchestra die ▶ Skene, eine Hütte für Auftritte, später mit erhöhter Spielfläche.
Die griechische Arenabühne war ein offener Raum, eingefügt in die sie umgebende Landschaft. Das natürliche Umfeld war bei jeder Aufführung vorhanden und vermittelte dem Zuschauer den Eindruck, in den Zusammenhang von Göttlichem, Mythos und Natur eingebunden zu sein. Demgegenüber erschien das Geschehen auf der Bühne als etwas Künstliches. Durch die besondere Form der Sitzreihen hatte der Zuschauer außerdem nicht nur die Natur und die Theaterdarstellung im Blick, sondern zugleich auch sein Gegenüber. Dadurch war das Theater einerseits kultähnliches Gemeinschaftserlebnis, andererseits förderte die Vielzahl der Blickwinkel auch einen inneren Abstand zum Dargestellten.
Für die religiös geprägten Stücke des Mittelalters, die man zunächst in Kirchen aufführte und erst nach dem Überhandnehmen weltlicher Elemente ins Freie verlegte, war fast ausschließlich die **Simultanbühne** vorherrschend. Sie wurde meist auf Marktplätzen errichtet und bestand aus mehreren nebeneinander aufgebauten schlichten Podien. Diese waren nach hinten häufig durch einen Vorhang abgeschlossen. Ein solches Podium stellte auch gleichzeitig eine bestimmte Spielstätte, **Locus**, wie z. B. „Himmel“ oder „Hölle“ dar. Teil-

Simultanbühne: Bühne für das Passionsspiel von Valenciennes/Frankreich, 1547 (Stich von Albert Cailleau)

weise bezog man auch die Häuserfronten des Marktplatzes als Bühnenbild in die Vorstellung mit ein, oder man errichtete auf den Podien **Mansiones**, aus Pfosten und einem Dach bestehende Häuschen.
Als Sonderform der Simultanbühne entstand in England die **Wagenbühne**. Dort baute man die einzelnen Stationen des Stückes auf Wagen, die an den Zuschauern vorbeigezogen wurden. Diese Form verbreitete sich sehr bald auch in den Niederlanden, in Spanien und im deutschsprachigen Raum. In Frankreich dagegen spielte man ab etwa 1400 auf fest installierten Simultanbühnen von erheblicher Länge und zum Teil in geschlossenen Räumen.
Die Simultanbühne kannte kein Auftreten und Abgehen von Darstellern. Diese befanden sich von Anfang bis Ende auf ihren jeweiligen Spielflächen und spielten zum Teil gleichzeitig, also simultan. Für jeden Zuschauer ergab sich dadurch keine einheitliche Blickrichtung, er mußte vielmehr von Station zu Station wandern, um der Handlung folgen zu können. Die Mobilität der Zuschauer verhinderte so ein andächtiges Versenken in das fromme Geschehen und gab den Aufführungen den Charakter von Volksbelustigungen. Religiöse Unterweisung und Spaß verbanden sich miteinander.
Als sich das Berufsschauspielertum der Neuzeit herausbildete, entstand die ▶ Budenbühne. Sie bestand aus einem erhöhten, an jedem Ort aufschlagbaren Podest, um das sich die Zuschauer an drei Seiten sammeln konnten. Auf der Spielfläche befand sich eine „Bude“ aus Stangen und Vorhängen. Diese gab dem Spiel einen Hintergrund und ermöglichte den Darstellern wirksame Auftritte und Abgänge sowohl nach hinten als auch über eine Leiter nach oben. Gleichzeitig konnte man die Bude als An- und Umkleideraum nutzen. Die Spielfläche der Budenbühne lenkte die Aufmerksamkeit der Zuschauer ganz auf die Fertigkeit der Darsteller, die allein mit Stimme, Gestik und Mimik die Schauplätze und die Handlung greifbar machten. Die Form der Budenbühne und ihre Nähe zu den Zuschauern war insgesamt auf eine aktive Teilnahme am Geschehen ausgerichtet. Sie ermöglichte dem Publikum Zwischenrufe und den Schauspielern aus dem Stegreif gespielte Reaktionen darauf. Auch heute geschieht dies noch gelegentlich bei Darbietungen auf Jahrmärkten oder beim Straßentheater. Anfänglich nutzte man die Budenbühne vor allem in England und Italien (Commedia dell'arte). Durch die Wandertruppen verbreitete sie sich über ganz Europa und war bis ins 18. Jh. deren bevorzugte Bühnenform.
Wesentliche Elemente der Budenbühne hat die **Shakespeare-Bühne** des elisabethanischen Theaters in England übernommen, so z.B. das 1595 erbaute Swan-Theatre oder das 1613 abgebrannte Globe-Theatre in London. Es handelte sich dabei um stehende Theater mit einer weit in den galerieumrahmten Zuschauerraum hineinragenden Vorderbühne und säulengestütztem Dach, Garderobenhaus und bespielbarer Balustrade als hinterem Abschluß.
Eine neue Epoche der Bühnenform begann, ausgehend von Italien, im 15./16. Jh. mit der Errichtung fester Saal-Bühnen in geschlossenen Räumen. In ganz Europa setzte sich die auch heute noch vorherrschende ▶ Guckkastenbühne durch. Die

Budenbühne: Ausschnitt aus dem Pieter Balten zugeschriebenen Gemälde „Dorfkirmes" (16. Jh.)

wichtigsten Merkmale dieser **Illusionsbühne** sind ungeachtet ihrer einzelnen Entwicklungsstufen wie Perspektivbühne, Telaribühne, Kulissenbühne: strikte Trennung von Bühne und Zuschauerraum durch Rampe, Bühnenportal und Vorhang, Ausstattung des Bühnenraums durch Dekorationen, Bühnenbild, Verwendung künstlichen Lichts, das Aufführungen am Abend erlaubt. Die Guckkastenbühne ist an drei Seiten geschlossen, die vierte, offene Seite ermöglicht den Einblick vom Zuschauerraum aus. Gegenüber allen vorangegangenen Formen förderte diese Bühnenform das Illusionstheater. Im Barock bewirkte vor allem die Bühnentechnik die Vortäuschung einer anderen Wirklichkeit, Ende des 19. Jh.s die Spielweise und das üblich gewordene Abdunkeln des Zuschauerraums. Beides verhinderte eine kritisch-distanzierte Haltung des Publikums gegenüber dem Bühnengeschehen. Die Dunkelheit ermöglicht dem Zuschauer sich von seinem Alltag und seiner Umwelt abzuschirmen, so daß er in eine andere Wirklichkeit abtauchen kann. Der Zuschauer kann so das Geschehen auf der Bühne gefühlsmäßig miterleben.

Guckkastenbühne: Innenansicht des Burgtheaters, Wien

Gegen dieses Ausblenden des Alltags und das emotionale Miterleben sowie gegen die Trennung von Bühne und Zuschauerraum richteten sich um die Jahrhundertwende Reformbestrebungen. So versuchte man u. a., die abgeschlossene Guckkastenbühne durch eine Vorbühne vor dem Portalrahmen zu erweitern. Auch die Schauspieler sollten wieder mehr in den Mittelpunkt gerückt werden, so z. B. durch die flache, in die breite gehende **Reliefbühne**, wie sie Georg Fuchs 1908 für das Münchner Künstlertheater entwarf. Der Architekt Walter Gropius versuchte alle bisherigen Bühnenformen zu vereinen, ein Unternehmen, das eine hoch entwickelte Theatermaschinerie vorsah. Doch dieses ▶ Totaltheater, das er für Erwin Piscator entworfen hatte, scheiterte aus finanziellen Gründen. Auf seine Vorstellungen griff zum Teil die Schaubühne am Lehniner Platz in Berlin zurück. In diesem Theater kann seit 1981 durch Hebevorrichtungen im Bühnenboden je nach Bedarf die Arena-, Buden-, Simultan- oder Guckkastenbühne errichtet werden.
Die weitestgehende Überwindung fester Bühnenformen ist schließlich die ▶ Raumbühne, wie sie sich seit den 60er Jahren herausgebildet hat. Häufig handelt es sich um ausgediente Fabrikhallen, Schlachthöfe, Filmstudios usw., in denen die Zuschauer von veränderbaren Spielflächen umgeben sind. Es ist eine Rückkehr zur offenen Bühne, wie es die Budenbühne einmal war, und damit ist wieder direkter Kontakt zwischen Spielenden und Zuschauenden möglich.

Bühnenmanuskript Der meist maschinenschriftlich vervielfältigte Text eines Theaterstückes wird vom ▶ Bühnenvertrieb hergestellt und vertrieben und ist im Buchhandel nicht erhältlich. Die häufig spätere Buchdruck-Fassung kann vom ursprünglichen Bühnenmanuskript erheblich abweichen. Es wird an Dramaturgen zur Werbung für neue Stücke versandt oder als Arbeitsunterlage für Proben und Rollenstudium verkauft, wenn ein Theater die Aufführungsrechte erworben hat. Wie das gedruckte Werk eines Autors ist auch das Bühnenmanuskript urheberrechtlich geschützt. Bis zur Uraufführung bzw. bis zur Erstaufführung einer Übersetzung gilt es als unveröffentlicht. Bis zu diesem Zeitpunkt darf es weder öffentlich besprochen noch darf daraus zitiert werden.

Bühnenmusik Im **Musiktheater** zählt dazu nur diejenige Musik, die nicht aus dem Orchestergraben kommt, sondern als unentbehrlicher Bestandteil der Handlung auf oder hinter der Bühne gespielt wird. Eine solche **Inzidenzmusik** (lat.: incidere = einfallen) sind z. B. die Tafelmusik in Mozarts *Don Giovanni* oder Fanfarenzüge, Ballszenen und Ständchen.
Im Unterschied dazu gilt im Sprechtheater jegliche musikalische Beigabe als Bühnenmusik. Es kann Inzidenzmusik sein, wie z. B. in der Jahrmarktszene in Büchners *Woyzeck*. Es kann sich aber auch um eine im Orchestergraben aufgeführte **Schauspielmusik** handeln, die Teile der Handlung untermalt wie z. B. Griegs Musik zu Ibsens *Peer Gynt* oder um eine **Zwischenaktmusik**, die die Umbauphasen füllt und nur selten eine Beziehung zur Handlung des Theaterstücks hat. Schließlich gibt es noch Bühnenmusik, die das Bühnengeschehen kommentiert und interpretiert. Bis zur Mitte des 19. Jh.s war sie bei allen Schauspielaufführungen üblich.
Für die heutige Verwendung spielt Bertolt Brecht eine große Rolle, der eng mit den Komponisten Paul Dessau (1894–1979), Kurt Weill (1900–50) und Hanns Eisler (1898–1962) zusammenarbeitete. Er setzte Bühnenmusik als **gestische Musik** ein, die die Handlung interpretierte, Figuren charakterisierte und ihre gesellschaftliche Einordnung offenlegte. Brecht betrachtete die Musik als „dramaturgischen Kontrapunkt“ zum Text, Bühnenmusik sollte nicht nur Gefühlsregungen bei den Zuschauern hervorrufen.
Im heutigen Sprechtheater kommt Bühnenmusik in der Regel als Inzidenzmusik oder in der von Brecht geforderten Form vor. Die größeren Theater beschäftigen meist einen **musikalischen Leiter**, der bei Bedarf Bühnenmusik komponiert oder vorhandenes Material arrangiert und einstudiert.

Bühnenplan In vorgedruckten **Grundrißzeichnungen** der Bühne wird genau eingetragen, wie Bühnenbildteile und Dekorationen auf der Bühne aufzustellen sind. In diesem Vordruck sind die genaue Lage von Zügen, Versenkungen usw. bereits angegeben. Dieser Bühnenplan dient als Unterlage beim wiederholten Aufbau des Bühnenbilds (siehe Abb. S. 72).

Bühnensprache Ende des 19. Jh.s wurde in Deutschland die Bühnensprache für alle Bühnen verbindlich festgelegt. Sie orientierte sich an der Schriftsprache und forderte tadellose Lautgestaltung und dialektfreie Aussprache.
Als das Berufsschauspielertum entstand, versuchte bereits Johann Christoph Gottsched (1700–66) eine Verein-

Stark verkleinerter Bühnenplan eines herkömmlichen Theaters

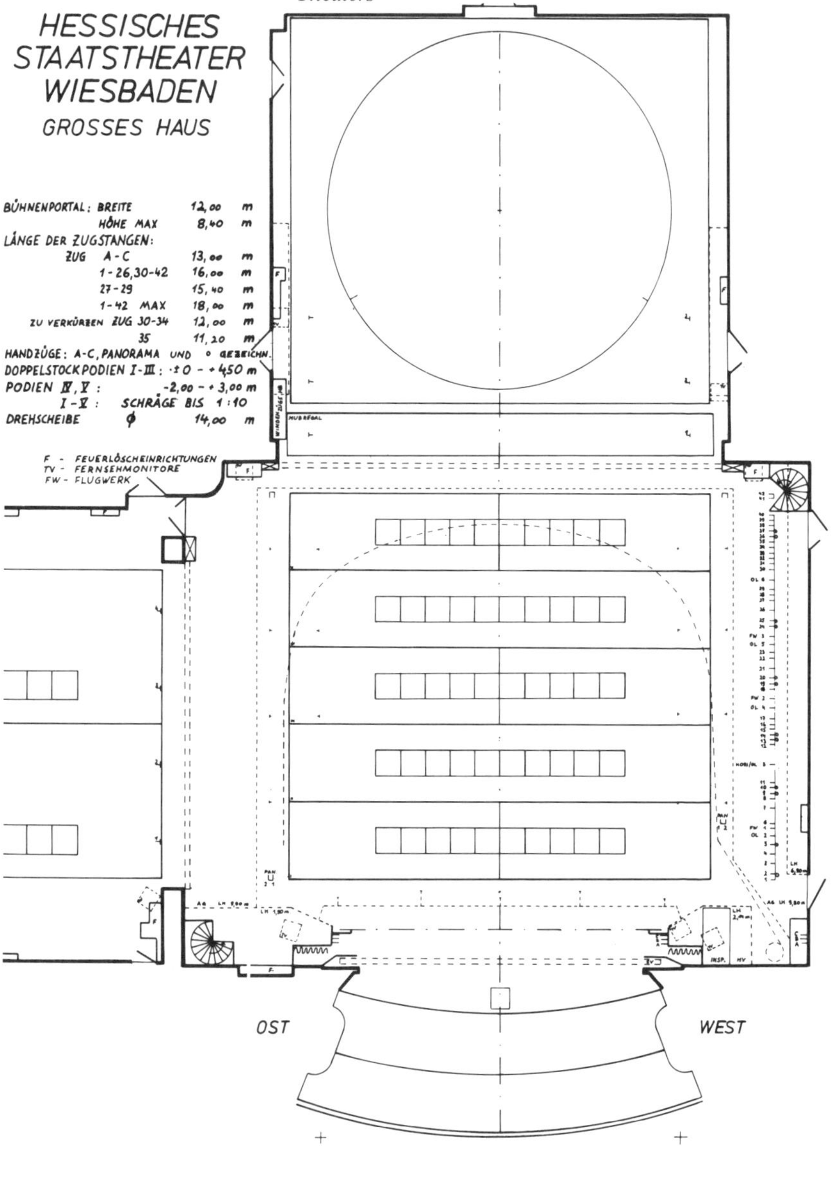

heitlichung, auch um das deutsche Theater dem französischen ebenbürtiger zu machen. Seine *Grundlegung einer Deutschen Sprachkunst* von 1748 war richtungsweisend. Eine verbindliche Regelung wurde aber erst 1897 auf einem Kongreß deutscher Theaterleute und Sprachwissenschaftler getroffen. Dieses Ergebnis legte Theodor Siebs 1898 in *Deutsche Bühnenaussprache* fest. Die an die norddeutsche Sprechweise angelehnte Bühnensprache wurde allgemein zum Vorbild für die gesprochene deutsche Hochsprache, auch an der Schule.
Heute gilt Bühnensprache häufig als steril. Besonders deutlich wird dies bei Nachrichtensprechern im Fernsehen. Dialekteinfärbungen auf der Bühne als individuelles Stilmittel von Schauspielern sind deshalb inzwischen wieder erlaubt.

Bühnenvertrieb Zwischen ▶ Autor und Theater, Film, Fernsehen und Hörfunk ist der Bühnenvertrieb als Vermittler eingeschaltet. Dies kann ein **Theaterverlag** sein, der sich auf dramatische Werke spezialisiert hat, z. B. Verlag der Autoren, Theaterverlag Nyssen & Bansemer, Drei Masken oder die **Theaterabteilung** eines großen Buchverlages wie Suhrkamp, Fischer und Rowohlt. Diese erwerben vom Autor die **Aufführungsrechte** und übernehmen damit bestimmte Pflichten: Herstellung eines ▶ Bühnenmanuskriptes, Werbung bei Theater, Film und Fernsehen für das Werk, Vertragsverhandlung mit diesen über die Aufführung, Abrechnung der bei einer Aufführung anfallenden Tantiemen. Von den ▶ Tantiemen, dem Gewinn des Autors, erhält der Bühnenvertrieb zwischen 10 bis 30% als Honorar. Davon muß er einen Beitrag an die Künstlersozialversicherung abführen, der zur Zeit auf 4,4% des Künstlerhonorars festgelegt ist.
Da der Bühnenvertrieb am Gewinn beteiligt ist, ist er auch daran interessiert, die Aufführungsrechte an einem Werk möglichst häufig zu verkaufen. Er sorgt deshalb für den bestmöglichen Start eines neuen Stückes und vergibt die Rechte für dessen Uraufführung in der Regel an ein angesehenes Theater oder einen namhaften Regisseur. Er kann **Optionen** vergeben, d. h. ein Theater oder einen Regisseur vormerken, auch wenn das Stück noch nicht fertig geschrieben ist. Der Bühnenvertrieb kann auch, wenn es im Interesse des Autors ist, einem Theater die Aufführungsrechte verweigern.
Die meisten Bühnenvertriebe haben ein festes Verlagsprogramm, sie haben sich auf bestimmte Autoren oder Bereiche spezialisiert, z. B. moderne englische Theaterstücke. Um das Verlagsprogramm regelmäßig erweitern zu können, muß u. a. mit ausländischen Bühnenvertrieben verhandelt werden, um die Übersetzungsrechte zu erwerben. Oder es werden vom Lektor oder Verlagsleiter erfolgversprechende junge Autoren besonders gefördert, indem man z. B. Kontakte zu Dramaturgen und Regisseuren vermittelt, Ratschläge zur schriftstellerischen Arbeit erteilt usw. In der Bundesrepublik gibt es etwa 80 Bühnenvertriebe, von denen die meisten dem **Verband Deutscher Bühnenverleger** angeschlossen sind.

Bühnenvorstand Unter der Gesamtleitung des ▶ Intendanten teilt sich die Verantwortlichkeit in einem Theater in drei Bereiche, die jeweils durch sogenannte **Vorstände** geleitet werden. Während der **Technische Direktor** für den gesamten technischen und der **Verwaltungsdirektor** für den administrativen Bereich zuständig ist, obliegt dem Bühnenvorstand die künstlerische Leitung. Ihm gehören in der Regel Regisseure,

Dramaturgen, Bühnenbildner und der Intendant an. Je nach Theater können im Bühnenvorstand der Leiter des künstlerischen Betriebsbüros, der Maske, der Kostümabteilung usw. vertreten sein. Der Bühnenvorstand wird vom Intendanten ernannt.

Bürgerliches Trauerspiel Im 18. und frühen 19. Jh. entstand eine dramatische ▶ Gattung, die sich von bisherigen Normen des Dramas abhob. Das entstehende Bürgertum schuf sich mit dem Trauerspiel eine Form von Öffentlichkeit, die sich gegen die Vorherrschaft des Adels richtete. Die bis dahin gültige **Ständeklausel** wurde aufgegeben, nach der nur Personen von hohem, also adligem Stand in der ▶ Tragödie als Handlungsträger auftreten durften. Das bürgerliche Trauerspiel brachte nun tragische Verwicklungen von Menschen bürgerlichen Standes auf die Bühne. Die sozialen Spannungen zwischen Adel und Bürgertum und die Probleme in der bürgerlichen Familie, also die Alltäglichkeit eines bürgerlichen Lebens sind Gegenstand der Darstellung. Durch „Mitleid", wie ▶ Lessing es nennt, hat der Zuschauer nun die Möglichkeit, seine eigene Welt auf der Bühne wiederzuerkennen. Dem inhaltlichen Wandel entspricht auch die sprachliche Form. Gegenüber der in Versform verfaßten Tragödie bevorzugt das bürgerliche Trauerspiel die lebensnähere Rede der Prosa.
Als Vorstufe des bürgerlichen Trauerspiels gilt *Cardenio und Celinde. Oder Unglücklich Verliebte* von Andreas Gryphius (1616–54). Das eigentliche bürgerliche Trauerspiel aber entstand in England, *Der Kaufmann von London oder Begebenheiten George Barnwells* von George Lillo (1693–1739) wurden zum Vorbild auf dem Kontinent. In Deutschland machte Gotthold Ephraim Lessing mit *Miß Sara Sampson*, einem bürgerlichen Trauerspiel aus der Zeit der Empfindsamkeit, die Gattung populär. Dieses Stück strebt durch Rührung eine allgemein-menschliche Besserung im Sinne der Vernunft an. Epochemachendes Werk ist jedoch *Emilia Galotti*, in dem Lessing wie kein anderer zuvor die sozialen Konflikte seiner Zeit in dem Kampf zwischen der bürgerlichen Familie Galotti und dem Prinzen und dem Kammerherrn als Vertretern des Adels darstellt.
Der sozialkritische Anspruch des bürgerlichen Trauerspiels wurde vor allem bestimmend für die Theaterstücke des **Sturm und Drangs**. Für diese Richtung stehen *Die Kindermörderin* von Heinrich Leopold Wagner, *Der Hofmeister* und *Die Soldaten* von Jakob Michael Reinhold Lenz oder *Kabale und Liebe* von Friedrich Schiller. In ihnen geht es um die Auflehnung des Individuums gegen die bestehende Gesellschaftsordnung und um Verwirklichung bzw. Scheitern bürgerlicher Ideale wie Menschlichkeit und Freiheit des Einzelnen. Als Endpunkt des bürgerlichen Trauerspiels gilt Friedrich Hebbels *Maria Magdalena*, in dem sich der Konflikt nicht mehr aus der Auseinandersetzung zwischen Adel und Bürgertum entwickelt, sondern aus den moralischen Problemen innerhalb der bürgerlichen Welt.
Das bürgerliche Trauerspiel trug wesentlich zur Festigung des bürgerlichen Theaters bei. Dieses sollte der Erziehung des Publikums dienen, Theater sollte eine „moralische Anstalt" sein, wie es Schiller in seinen theoretischen Schriften formulierte. Inhalt, Sprache und Dramaturgie des bürgerlichen Trauerspiels veränderten entscheidend die Spielweise der Schauspieler. Die sehr genaue Zeichnung von Charakteren und deren aus der Sprache sich ergebenden seelischen

Bewegungen bedurften einer realistischen, psychologisierenden Darstellungsweise. Dies stand im Kontrast zum Pathos, dem abgehobenen, übertrieben heldenhaften und hohl wirkenden Gefühlsüberschwang, und zur Rührseligkeit früherer Tragödien-Aufführungen. Die angestrebte Glaubhaftigkeit in der Darstellung erforderte auch bühnentechnische Neuerungen, da die bisherige Kulissenbühne häufige Ortswechsel nicht zuließ. Die Einbeziehung des bürgerlichen privaten Alltags machte den Bau von Innenräumen auf der Bühne notwendig. So gab es 1794 erste Versuche in Hamburg mit einer **Panoramabühne**.

Burgtheater Das traditionsreiche und bedeutendste österreichische Theater in Wien wurde 1741 von Kaiserin Maria Theresia gegründet. 1776 erklärte es ihr Sohn Joseph II. zum ▶ Nationaltheater, d. h. es war der Pflege der nationalen Kultur in besonderem Maße verpflichtet. 1888 weihte man den von Semper und Hasenauer errichteten Neubau ein, der im Zweiten Weltkrieg abbrannte. 1955 wurde das Burgtheater wiedereröffnet.

Am Burgtheater arbeiteten namhafte Theaterleiter wie Franz Brockmann (1745–1812), Joseph Schreyvogel (1768–1832), Heinrich Laube (1806–1884), Franz von Dingelstedt (1814–1881), Paul Schlenther (1854–1916) und Anton Wildgans (1881–1932). Seit 1986 leitet ▶ Peymann das Theater. Ebenso sind viele Schauspieler, die dort über Jahre tätig waren, über das Theater hinaus bekannt geworden, so z. B. Joseph Kainz, Horst Caspar, Ernst Deutsch, Werner Krauss, Curd Jürgens und Oskar Werner.

Das Burgtheater war im 19. Jh. die führende deutsche Bühne. Heute ist für die Burg der eher konservative Geschmack des Publikums bestimmend, so daß moderne Inszenierungen häufig Skandale auslösen. Als jüngstes Beispiel steht dafür die Aufführung von Thomas Bernhards Stück *Heldenplatz*.

Burleske (ital.: burla = Spaß) Das kleine, derb-komische Stück verspottet durch komische Übertreibungen Defekte oder Fehler von Personen und macht sie dadurch lächerlich. Die Burleske wurde von der Commedia dell'arte bevorzugt und von Goethe in seinem Stück *Götter, Helden und Wieland* wieder aufgegriffen. In England und Frankreich wird damit auch ein längeres, abendfüllendes Stück bezeichnet, das meist eine ernste literarische Vorlage lächerlich macht. Bekanntestes Beispiel dafür ist *Die Bettleroper* von John Gay.

C

Cabaret (franz. = Schenke; auch: mit kleinen Schüsseln versehene Salatplatte) Auf dieser Kleinkunstbühne werden Chansons, Songs, Sketche, Gedichte und Parodien in loser Abfolge, meist verbunden durch Ansagen eines ▶ Conférenciers, dargeboten. Das Cabaret ist 1881 in der Künstlerkneipe „Chat Noir" (Schwarze Katze) in Paris entstanden und verspottete satirisch-witzig in literarischer Form gesellschaftliche und kulturelle Zeiterscheinungen. Da der Liedtext eine große Rolle spielt, bildeten sich besondere Vortragskünstler heraus, der **Diseur** bzw. die **Diseuse** (franz. = Sprecher/in) wie z. B. der berühmte Aristide Bruant.
Nach französischem Vorbild entstand 1901 in Berlin das erste deutsche ▶ Kabarett. Im Unterschied zum politisch-gesellschaftskritischen Kabarett meint Cabaret heute in Deutschland meist ein Striptease-Lokal.

Chanson (franz. = Lied) Ursprünglich bezeichnete man mit Chanson alle lyrischen und epischen Dichtungen in Frankreich, wie z. B. die im 11. und 12. Jh. von französischen Spielleuten vorgetragenen Heldenlieder. Was wir heute unter Chanson verstehen, entstand in den französischen ▶ Cabarets des 19. Jh.s. Meist wird der Gesang nur von einem Musikinstrument begleitet, dafür spielt die Mimik und Gestik des Vortragenden eine große Rolle. Häufig treten Schauspieler als **Chansonnier** bzw. **Chansonette** auf, z. B. Yvette Guilbert, Maurice Chevalier, Edith Piaf, Juliette Gréco, Marlene Dietrich, Charles Aznavour, Yves Montand, Gisela May.
Im Theater hatte das Chanson vor allem in den ▶ Revuen der 20er Jahre einen wichtigen Stellenwert, während es im modernen Theater eine untergeordnete Rolle spielt. So wird eher der **Song** bevorzugt, der weniger lyrisch und poetisch ist.

Charge (franz. = Karikatur) Eine meist komische Nebenrolle, die nur in wenigen Szenen vorkommt, kann für den Aufbau eines Theaterstückes sehr wichtig sein. Die Charge verlangt vom Schauspieler eine betont zugespitzte, überscharf charakterisierende Darstellung. Beispiel dafür ist die Rolle des Riccault in Gotthold Ephraim Lessings *Minna von Barnhelm,* eines französischen Pseudo-Kavaliers, die nur die dramaturgische Funktion hat, den Helden des Stücks durch Kontrastierung hervorzuheben.
Im Theaterjargon wird auch jede übertriebene, in die Karikatur abgleitende Spielweise eines Schauspielers als **chargieren** bezeichnet.

Chor (griech.: choros = Tanzplatz; mit Gesang und Instrumentalmusik verbundener Tanz; Tanzgruppe) Eine der vermuteten Vorstufen des antiken griechischen Dramas entstand im kultischen Zusammenhang und war ursprünglich eine rituelle Darbietung von rhythmischen Tänzen, die von Chorliedern und Musik begleitet wurde. Eine direkte Entwicklung des Dramas aus dem dialogähnlichen Wechselgesang zwischen Vorsänger und Chor, wie z. B. der ▶ Dithyrambos, der bei den Dionysien vorgetragen wurde, ist nicht nachweisbar. Daß Thespis, ein griechischer Tragiker, durch die Einführung eines ersten Schauspielers, des ▶ Protagonisten, den Chor erweiterte und allein dadurch das antike Drama entstand, ist Legende.

Der Chor ist wichtiger Bestandteil des antiken Dramas. Er ist Akteur und Teil des Spiels, steht aber nicht selten außerhalb der eigentlichen Handlung, die von ihm gedeutet oder kommentiert wird. Sein Spielort ist die Orchestra. Er setzt sich zusammen aus den Chorsängern, den **Choreuten** (in der Tragödie zunächst 12, seit Sophokles 15, in der Komödie 24 Personen) und dem **Chorführer**, dem **Koryphaios**. Der Chor singt und tanzt das Einzugslied (▶ Parodos), mehrfach ein Standlied (**Stasimon**), die Totenklage (**Kommos**), das Auszugslied (**Exodos**) und ist beteiligt am Wechselgesang (**Amoibaion**). Der Chorführer hingegen kann auch als Solist durch Sprechvers in den Ablauf der Handlung eingreifen und diese vorantreiben. Die **Choreographie**, d. h. die Art, wie der Tanz des Chors vom Chorlehrer, dem **Chorodidaskalos**, eingeübt und für die Aufführung festgelegt wurde, übernahm in der Regel der Dramatiker selbst.

In der römischen Tragödie war der Chor nur noch lose mit der Handlung verbunden, die Komödie hatte ihn völlig beseitigt. Wieder aufgegriffen wurde er, vor allem in Anlehnung an Seneca, im Drama der Renaissance und des Barock sowie im Singspiel des 18. Jh.s. Friedrich Schiller versuchte in *Die Braut von Messina* ihn als festen Bestandteil des Dramas wieder einzuführen. Der Chor hat im Theater der Neuzeit keine bedeutende Rolle mehr gespielt, auch wenn er in Bearbeitungen antiker Stoffe im modernen Drama noch vorkommt, z. B. in Bertolt Brechts *Antigone,* Jean Paul Sartres *Die Fliegen,* Heiner Müllers *Ödipus.*

Comedia (span. = Schauspiel, Theater) Alle weltlichen Schauspiele des spanischen Theaters im ausgehenden 16. und im 17. Jh. werden darunter zusammengefaßt. Die Comedia verzichtet auf ein festes Versmaß, wie es zu dieser Zeit üblich war, und sie setzt sich über die Regel der drei Einheiten hinweg, d. h. über die Einheit von Handlung, Ort und Zeit. Bevorzugte Themen sind Liebe, Glaube und Ehre. Charakteristisch ist die Vielfalt der Stoffe aus Vergangenheit und Gegenwart, aus dem ländlichem und städtischem Alltagsleben, aus fernen Kulturen, aus der Bibel, aus dem Leben der Bauern oder von Königshöfen. Je nach Inhalt läßt sich die Comedia in einzelne Untergattungen unterteilen. Am beliebtesten war das Mantel- und Degenstück, eine Comedia in zeitgenössischen Kostümen. Die Comedia wurde vor allem auf der ▶ Corralbühne vor einem Publikum gespielt, das aus allen Bevölkerungsschichten kam. In dieser Hinsicht war sie eine Art Volkstheater, auch wenn die Inhalte stark am Adel ausgerichtet waren. Die Zahl der Comedias wird auf etwa 30.000 geschätzt, von denen Lope de Vega (1562–1635), Tirso de Molina (1584–1648) und Pedro Calderón (1600–81) die bekanntesten geschrieben haben.

Die Anschaulichkeit und die Lebendigkeit der Handlung, der Wechsel von Ort und Zeit ohne Beachtung der klassizistischen Dramaturgie, aber auch die Religiosität in der Comedia beeinflußte im 19. Jh. die deutschen Romantiker, z. B.

die Gebrüder Schlegel, Ludwig Tieck und Joseph von Eichendorff, und schlug sich vor allem in *Der Traum ein Leben* des österreichischen Dramatikers Franz Grillparzer nieder. Im 20. Jh. versuchte Hugo von Hofmannsthal (1874–1929) in *Das Salzburger Große Welttheater* diese Tradition wiederzubeleben.

Comédie Française Das älteste Staatstheater überhaupt entstand 1680. In diesem Jahr veranlaßte Ludwig XIV., daß sich die Schauspieler des „Hôtel de Bourgogne“ und die aus den Schauspielertruppen Molières hervorgegangenen Theater zum **Théâtre Français** zusammenschlossen. Das Nationaltheater Frankreichs war somit gegründet, das sich besonders der Pflege französischer Theaterstücke verpflichtet fühlte. Während der Französischen Revolution spaltete sich das Theater in das eher alte Traditionen bewahrende **Théâtre de la République** und in das **Théâtre de la Nation**.

1812 gab Napoleon I. dem inzwischen neu geordneten Theater Regeln, die z. T. heute noch gelten. Die Comédie ist wie eine Genossenschaft organisiert, die von einem Staatsbeamten geleitet wird. Teilhaber dieser Genossenschaft sind ein fester Stamm von Schauspielern, die **sociétaires**. Daneben gibt es vorläufige Mitglieder, die **pensionnaires**, die erst nach Ausscheiden eines sociétaires als festes Mitglied nachrücken können.

Die Comédie hat heute ein weitgehend konservatives Programm, auf dem Spielplan stehen vor allem Komödien von Molière und Marivaux und klassische französische Tragödien. Versuche, das Theater für neue Ideen und Stücke zu öffnen, waren bisher vergeblich. Heute findet das moderne Theater in Frankreich außerhalb der Comédie statt.

Comédie Italienne (franz. = italienische Komödie) In der zweiten Hälfte des 17. Jh.s paßten sich italienische Schauspielertruppen der französischen Kultur an, so daß eine Nebenform der ▶ Commedia dell’arte entstand. Vor allem die in Paris seßhaft gewordene Truppe von Domenico Locatelli, die sich später **Ancienne Troupe de la Comédie Italienne** nannte, wurde berühmt. Von 1660 bis 1697 spielte sie ständig in Paris und wechselte sich eine Zeitlang mit der Truppe Molières im Theater „Salle du Petit Bourbon“ ab. In der Comédie Italienne sind die festen Typen der Commedia dell’arte französischen Verhältnissen angepaßt worden. Der Tölpel Arlecchino wird zum pfiffigen **Arlequin**, der Rechtsgelehrte Dottore zum Arzt **Docteur Balourard**, Colombina zur koketten, raffinierten und schlagfertigen **Colombine**. Die Figur des groben Haudegens Capitano entfällt und wird durch den hinterhältigen Diener **Scaramouche** ersetzt. Neu hinzu kommt die Figur des ganz in Weiß gekleideten bäuerischen **Pierrot**, Arlequins Gegenspieler.

Wichtiger noch ist die zunehmende Literarisierung; an die Stelle des ▶ Szenariums tritt die literarisch fixierte Komödie, meist von französischen Schriftstellern geschrieben. Autoren und Schauspieler sind in der Comédie Italienne nicht mehr identisch, das ursprüngliche Stegreifspiel verliert an Bedeutung. Literarisch nicht festgelegt sind nur die **Scènes italiennes**, die Solo- und Lazzi-Szenen. Die Comédie Italienne hatte nachhaltigen Einfluß auf die Entwicklung des französischen Theaters. So übernahm Molière von ihr das betont gestische Spiel sowie die Methode, komische Wirkungen vorzubereiten und alle Vorgänge in dargestellte Handlung umzusetzen, wohingegen er die Situationskomik durch die Charakterkomik ersetzte.

Als Konkurrenz zu den Schauspielern

Abschied der Komödianten von Paris nach Schließung der Italienischen Komödie im Jahr 1697 (nach einem Gemälde von Antoine Watteau)

der 1680 gegründeten ▶ Comédie Francaise ließ Ludwig XIV. die italienischen Komödianten 1697 aus Paris vertreiben, um ein nationales französisches Theater durchzusetzen; Rückkehr nach Paris 1716. In der Folgezeit lösten sich die Strukturmuster der Commedia dell'arte endgültig auf, eingeschobene Liedeinlagen waren ein Schritt auf dem Weg zur **Opera buffa**; 1801 geht die Comédie Italienne in der **Opéra comique** (Komische Oper) auf, die im Unterschied zur **Grand Opéra** (Große Oper) neben Gesang noch gesprochene Dialoge kennt.

Comédie larmoyante (franz. = rührende Komödie) In der ersten Hälfte des 18. Jh.s entstand in Frankreich eine Komödienform, die durch starke Betonung des Gefühls im Zuschauer Erschütterung und Rührung hervorrufen und zu Demut und Tugendhaftigkeit führen soll. Dieses „weinerliche Lustspiel", wie es Gotthold Ephraim Lessing nannte, spielte in einer bürgerlichen Umwelt und grenzte sich vom sittlichen Niedergang des Adels ab. Den Verfallserscheinungen der Adelsgesellschaft wurden ein naiver Optimismus und nicht selten eine starre Moral entgegengesetzt.
Die Comédie larmoyante ist ein wichtiger Vorläufer des ▶ bürgerlichen Trauerspiels, sie beeinflußte die Dramen von Diderot und Pierre-Augustin de Beaumarchais (1732–99) und die Sittenkomödie des 19. Jh.s. Hauptvertreter der Comédie larmoyante waren Philippe Néricault Destouches (1680–1754) und Pierre Claude Nivelle de la Chaussée (1692–1754).

Commedia dell'arte (ital.: commedia = Komödie, Theater; arte = Kunst, Beruf, Zunft) Mitte des 16. Jh.s in Venedig und der Lombardei entstanden, ist die Commedia dell'arte eine der wichtigen Stationen in der Geschichte des europäischen Theaters. Sie trug entscheidend zur Entwicklung der berufsmäßigen Schauspielkunst in der Neuzeit bei und brachte Spielweisen hervor, deren Nachwirkungen bis in die Gegenwart reichen. Die Bezeichnung „dell'arte" weist darauf hin, daß die Darsteller ▶ Berufsschauspieler waren, und hebt den Gegensatz zur zeitgleichen ▶ Commedia erudita, der gelehrten Komödie, hervor, die von Dilettanten der höfischen Gesellschaft aufgeführt wurde.

Die Commedia dell'arte war im Unterschied zum ▶ Literaturtheater, wie wir es heute kennen, ein Schauspielertheater und als Wandertruppe organisiert, deren Kern häufig Familien bildeten, z. B. die Accesi, Confidenti, Desio oder Fedeli. Angewiesen auf den kommerziellen Erfolg, gab allein die Publikumswirkung den Ausschlag für die Gestaltung der Aufführungen. Die Schauspieler ordneten sich nicht einem vorgefertigten dramatischen Text oder der Idee eines Dramatikers unter, sondern legten je nach Situation den Ablauf der Handlung selber fest, sprachen die darzustellende Fabel untereinander ab und verließen sich auf das schauspielerische Handwerk des Ensembles. Da das Handwerk, die Schauspielkunst, Grundlage war und nicht die Vermittlung eines literarischen Werks, ließen die Aufführungen breiten Raum für ▶ Improvisationen, in denen der einzelne Schauspieler seine künstlerischen Fertigkeiten demonstrieren konnte. In diesem Sinn war die Commedia dell'arte ein Stegreiftheater oder improvisiertes Theater; sie wird deshalb auch als **commedia improvisa** oder **commedia all' improviso** bezeichnet. Dabei bildete sich eine ausgeprägte Gebärdensprache heraus, versetzt mit komischen Monologen und Dialogen, Tanz- und Musikeinlagen, Akrobatik- und Zauberkunststücken.

Grenzen wurden der Improvisation durch das ▶ Szenarium (auch **Szenario** oder **Canevas** genannt) gesetzt, das eine knapp zusammengefaßte Inhaltsangabe der Handlung und Anweisungen darüber enthielt, welche Personen in welcher Reihenfolge auf der Bühne auftreten sollten und was diese dort zu sprechen und zu tun hatten. Zum Teil wurden darin auch die Art der **Lazzi** festgelegt, der kleinen, meist obszönen und derb-komischen mimischen Scherze, z. B. der Witz vom ‚Pulsnehmen, Urinprüfen und Rezeptschreiben', bei dem ein als Arzt auftretender Diener dem Kranken an falscher Stelle den Puls fühlt, zur Diagnose den Urin trinkt und ein aberwitziges Rezept schreibt. Außerdem gab es sogenannte **Zibaldoni**, eine Art von Handbüchern, in denen für typische, immer wiederkehrende Spielsituationen ausgefeilte Dialogteile, Monologe und Wortspiele zusammengestellt waren. Das Szenario wurde häufig eilig auf ein Stück Papier hingeworfen, hinter der Bühne aufgehängt und vor der Aufführung vom Ensemble durchgesprochen. Scenarii und Zibaldoni waren lediglich Hilfsmittel für die Schauspieler und fanden deshalb auch keinen literarischen Niederschlag. Häufigstes Thema der Commedia dell'arte

Typen der Commedia dell'arte. Im Hintergrund Aufführung auf einer Budenbühne (Zeichnung von Jacques Callot, um 1622)

war die Geschichte zweier Liebenden, deren Zusammenkommen von den Vätern zunächst verhindert, aber schließlich doch gestattet wird. Dabei kam es weder auf psychologische Entwicklungen der Figuren noch auf Wahrscheinlichkeit der Konfliktlösung an, sondern allein auf zugespitzten Ausdruck und szenische Effekte des Bühnengeschehens.

Die Figuren der Commedia dell'arte waren nicht als individuelle Charaktere angelegt, sondern als festgelegte Typen. Im Mittelpunkt jeder Handlung standen die Verliebten, die **Innamorati** oder **Amorosi**, die im Zeitkostüm auftraten und durch ihr Geschick in der Intrigenführung, ihren Mut und ihre Beständigkeit in der Liebe Identifikationsfiguren für das Publikum waren. Ihnen gegenüber standen die maskierten und auffällig kostümierten ▶ komischen Figuren, die sogenannten **Masken**, die Bewohner bestimmter italienischer Landschaften sowie allgemeine menschliche Schwächen karikierten. Zu ihnen zählen vier Grundtypen: die Alten, die Diener, die Dienerinnen und der Aufschneider. Der geizige und stets erfolglose Schürzenjäger **Pantalone** war eine Karikatur des venezianischen Kaufmanns, dessen Tracht er trug: rotes Wams, enge Beinkleider, ein rotes Käppchen und einen weiten schwarzen Mantel. Weitere Attribute waren die erdfarbene Maske mit langer, buckliger Nase und ein grauer Bart. Der ganz in Schwarz gekleidete und schwarz maskierte **Dottore** war eine Persiflage auf den Rechtsgelehrten aus Bologna, der mit lateinischen Zitaten nur so um sich warf, diese aber völlig durcheinanderbrachte und dessen scheinbare Gelehrsamkeit sich als hohle Geschwätzigkeit entlarvte. Seele der Commedia dell'arte waren die beiden **Zanni**, die Diener, die durch ihre Lazzi das Publikum erheiterten. Beide trugen die weiße Tracht der bergamas-

Dottore, der persiflierte Rechtsgelehrte (Kupferstich von C.W. Schenke, um 1810)

kischen Bauern, waren aber grundverschieden angelegt. Der erste, **Brighella**, ausgestattet mit Dolch und leerem Geldbeutel, war ein stets auf seinen Vorteil bedachter schlauer Intrigant, dessen Bösartigkeit und Hinterlist durch eine olivfarbige Maske mit einem zottigen schwarzen, nach allen Seiten abstehenden Bart zum Ausdruck kamen. Demgegenüber repräsentierte **Arlecchino** einen naiven Bauerntölpel von komischer Hilflosigkeit, der immer wieder Prügel einstecken mußte. Als einen wahren Hasenfuß und ewigen Verlierer wiesen ihn das mit einem Hasenschwanz geschmückte Käppi und eine Maske

mit großer Beule an der Stirn aus. Neapolitanische Varianten dieser Figuren waren **Coviello** und **Pulcinella**. Die männlichen Dienstboten hatten ihre Entsprechung in den Dienerinnen, in **Fantesca** oder **Servetta** (Zofe), aus denen sehr früh die Figur der koketten **Colombina** hervorging, einer Vertrauten der Verliebten. Die Maske des aufschneiderischen Offiziers **Capitano** schließlich verwies in satirischer Weise auf die verhaßte Fremdherrschaft der Spanier in Teilen Italiens. Der aufgeblasene Prahlhans erwies sich stets als erbärmlicher Feigling, der jeden Zweikampf scheute und dessen Degen so fest in der Scheide steckte, daß es unmöglich war, ihn herauszuziehen.
Die ersten Truppen der Commedia dell'arte traten im Gebiet der Republik Venedig um 1550 auf. Ihre Entstehungsgeschichte ist bis heute noch nicht gänzlich geklärt. Der These, daß die Commedia dell'arte aus der Volkskultur hervorging, widersprechen die große Kunstfertigkeit und Wortgewandtheit der Schauspieler, die Idealisierung der dem bürgerlichen Stand angehörenden Innamorati sowie die soziale Herkunft der Schauspieler; von einzelnen wird berichtet, daß sie mehrere Sprachen beherrschten und Mitglieder von Akademien waren. Ebensowenig trifft die direkte Herleitung aus dem Karneval zu, denn das Tragen von Masken beschränkte sich insbesondere in Venedig nicht nur auf die Karnevalstage, sondern war Gebot für Patrizier, sobald ausländische Gäste die Stadt betraten. Die Entstehung der Commedia dell'arte ist nicht auf einen Ursprung zurückzuführen; es kamen in ihr ganz verschiedene Dinge zusammen, die miteinander verschmolzen: Elemente der Commedia erudita, die venezianische Karnevals- und Gesellschaftsmaske, die Akrobatik und Gebärdensprache der **Jongleure**, die auf öffentlichen Plätzen für Unterhaltung sorgten, die schlichte Form der Budenbühne, wie sie von reisenden Geschichtenerzählern benutzt wurde, und schließlich die komisch-bäuerlichen Helden, die der Dramatiker, Sänger und Schauspieler Angelo Beolco (1502–43), genannt **Ruzzante**, in seinen literarisch fixierten Komödien geschaffen hatte.
Die Commedia dell'arte war populär bei allen Schichten der Bevölkerung und verbreitete sich Ende des 16. Jh.s in ganz Europa. Italienische Wandertruppen gastierten an den Höfen Spaniens, Deutschlands, Rußlands und insbesondere Frankreichs, wo sie ihre Kunst zur ▶ Comédie Italienne weiterentwickelten. Sie beeinflußten entscheidend die europäische Komödie vom 16. bis 18. Jh. Von der Commedia dell'arte geprägt sind die Komödien Molières und Lope de Vegas; Figuren und Stilelemente finden sich in den Stücken Shakespeares ebenso wie in den Masken- und Singspielen Goethes *(Jahrmarktsfest zu Plundersweilern)* und im Wiener Volkstheater J. Nestroys. Durch ihre Gastspielreisen verlor die Commedia dell'arte im Laufe der Zeit ihre ursprüngliche Spontaneität und erstarrte in Konventionen. Ihren endgültigen Niedergang besiegelte die Theaterreform Carlo Goldonis (1707–93), der alle improvisatorischen Elemente von der Bühne verbannte und sie literarisierte. Spielweisen der Commedia dell'arte wurden im 20. Jh. wiederbelebt durch Theaterleute wie ▶ Reinhardt, ▶ Copeau, ▶ Meyerhold und vor allem ▶ Strehler. Sie gelten vielfach als Modell eines antiillusionistischen Theaters.

Commedia erudita (ital. = gelehrte Komödie) Diese Charakter- und Intrigenkomödie orientierte sich an antiken Vorbildern, insbesondere an den Vertretern der römischen Komödie, Plautus und Terenz. Im Gegensatz zur ▶ Commedia dell'arte, bei der aus dem Stegreif gespielt wurde, ist hier der Text festgelegt. Die Commedia erudita entstand meist im Auftrag von Fürsten und wurde bei höfischen Festen von Laien aufgeführt. In ihr sind Figurentypen vorgeformt, die vermutlich von den Berufsschauspielern der Commedia dell'arte aufgegriffen und weiterentwickelt wurden. Die bekanntesten Stücke sind *Der rasende Roland* von Lodovico Ariosto (1492–1533), *Der Hufschmied* von Pietro Aretino (1492–1556) und *Mandragola* von Niccolo Machiavelli (1469–1527).

Conférencier (franz. = Ansager) In ▶ Cabaret, ▶ Revuen und ▶ Varieté müssen zwischen den einzelnen Programmnummern Überleitungen geschaffen werden. Für diese Plaudereien mit dem Publikum ist der Conférencier zuständig, der häufig zur beherrschenden Figur des ganzen Programms wird. Charakteristisch für die **Conférence** ist, daß der Ansager improvisiert, also ohne festen vorgegebenen Text frei redet und aktuelle Anspielungen in seiner Ansage einflicht. Die Glanzzeit für Conférencieres waren die 20er und 30er Jahre. Er ist heute weitgehend vom **Entertainer**, dem Alleinunterhalter, und im Fernsehen durch den **Showmaster** verdrängt.

Copeau, Jacques (1897–1949) Die Theaterreformen des französischen Schauspielers und Regisseurs beeinflußten die Entwicklung des modernen Theaters in Frankreich entscheidend. Er wandte sich gegen den Akademismus, eine starre, dogmatische Kunstauffassung, und das Starwesen der Comédie Française wie auch gegen das Illusionstheater des Naturalismus. In seinen Klassikerinszenierungen am 1913 von ihm gegründeten „Théâtre du Vieux-Colombier" und in seinen Schriften trat er für eine Retheatralisierung des Theaters ein, d. h. für eine Erneuerung des Theaters durch Rückbesinnung auf das Wesentliche des Mediums, die Schauspielkunst. Darin war er ▶ Appia und ▶ Craig verwandt. Er verbannte alle aufwendigen Dekorationen von der Bühne, schuf eine Einheitsbühne (**tréteau nu** = nackte Bretter) ohne Verwandlungen mit wenigen Versatzstücken und setzte den Akzent auf ein formstrenges Zusammenspiel von Sprache, Mimik, Gestik, Raum und Licht.

Im Mittelpunkt seiner Theaterarbeit stand der Dienst an der Dichtung und die aus einer unkritischen Verehrung für klassische Bühnenstücke resultierende Ideologie der Werktreue. In der dem „Théâtre du Vieux-Colombier" angeschlossenen Schauspielschule versuchte Copeau eine umfassende Theaterausbildung zu vermitteln, die bereits in der Kindheit beginnen sollte. Er stand der Lebensreformbewegung nahe und strebte die Ausbildung des „ganzen Menschen" an, eine Erziehung zu Verzicht auf persönliche Ziele und Unterordnung unter eine Gemeinschaft. Kern der Ausbildung war ein intensives Körpertraining, bei dem Elemente des Nô-Theaters, der Pantomime und des Tanzes eine wichtige Rolle spielten.

Aus Copeaus Schule gingen u. a. die Regisseure Louis Jouvet (1887–1951) und Charles Dullin (1885–1949) hervor, die zusammen mit Georges Pitoëff (1887–1939) und Gaston Baty (1885–1952) 1926 das sogenannte **Cartel** gründeten, mit dem Ziel, den kommerziellen Theaterbetrieb sowie erstarrte Theatertraditionen zu bekämpfen. Copeau war außerdem Vorbild für Theaterleute wie Jean Vilar (1912–71) und Jean-Louis Barrault (geb. 1910).

Corralbühne Im spanischen Theater des 16. und 17. Jh.s, im ▶ Goldenen Zeitalter, herrschte diese Bühnenform vor. Sie ähnelt der ▶ Budenbühne, steht jedoch nicht frei, sondern im Inneren eines Häuserblocks, eines Corrals. Das aus Brettern gebaute Podium hatte keine Dekorationen und war nur an der Rückseite von einem Vorhang abgeschlossen. Die Fenster der umliegenden Häuser dienten als Logen, als Sitzplatz für das sozial höher gestellte Publikum. Die ärmeren Leute standen im Innenhof. Die Zuschauer im Hof waren als Buhrufer, **Mosqueteros**, gefürchtet. Ursprünglich spielten auf der Corralbühne, italienische Truppen der Commedia dell' arte, die durch Spanien zogen. Später wurde hier auch die spanische ▶ Comedia aufgeführt.

Couplet (franz. = Strophe) Ursprünglich wurde eine Liedstrophe im Minnesang des französischen Mittelalters so bezeichnet. Seit Ende des 18. Jh.s versteht man darunter ein kurzes, pointiertes, witziges Lied, das häufig zweideutig gemeint ist. Es hat mehrere Strophen, die immer mit dem gleichen Kehrreim enden. Das Couplet wurde vor allem im Vaudeville, einer Form des volkstümlichen Schauspiels mit Liedeinlagen, im Cabaret, im Singspiel, in der komischen Oper und in der Operette gesungen. Im derbkomischen Theaterstück der Lokalposse dient das Couplet als gesangliche Einlage, so z. B. in Stücken von Johann Nepomuk Nestroy (1801–62).

Rekonstruktionszeichnung einer frühen spanischen Corralbühne von Juan Comba y Garcia (1888)

Craig, Edward Gordon (1872–1966) Der englische Schauspieler, Bühnenbildner, Regisseur und Theatertheoretiker gilt neben ▶ Appia als einer der bedeutendsten Wegbereiter des modernen europäischen Theaters. Beide bestimmten die Reformen und Experimente des Theaters zwischen 1900 und 1930. Craig wirkte nicht so sehr durch seine wenigen eigenen Inszenierungen als vielmehr durch seine theoretischen Schriften. Sein Hauptwerk *Die Kunst des Theaters* von 1911, das erst 1969 auf deutsch erschien, wurde zu einer wichtigen Grundlage für die ▶Theaterkonzepte der Moderne.
Craigs Grundgedanke ist, Theater als eine von Literatur, Musik und Malerei unabhängige Kunst zu sehen. Er strebt nicht eine Zusammenfassung der verschiedenen Künste als ▶ Gesamtkunstwerk an, sondern er begreift Drama, Bühnenbild, Kostüm und Schauspielkunst lediglich als Material. Diese Teile setzt der Regisseur zu einem unverwechselbaren Kunstwerk aus Bewegung, Farbe, Licht und Klang zusammen. Für den Schauspieler bedeutet dies beispielsweise, daß es nicht mehr seine Hauptaufgabe ist, den Charakter einer Figur zu interpretieren und darzustellen, sondern er setzt durch seine Stimme und Körpersprache bestimmte Schwerpunkte in einer Inszenierung. Er hat keine herausgehobene Stellung gegenüber den anderen Mitteln der Bühne. Allein durch die Phantasie des Regisseurs wird das Theater zu einer eigenständigen Kunst, die einem Vergleich mit den übrigen Künsten standhält. Im „Theater der Zukunft" tritt an Stelle des literarischen Textes das „ungesprochene Drama", ein Schauspiel der Gegenstände, Maschinen und Kunstfiguren. Der Schauspieler wird durch die **Über-Marionette** ersetzt. Darunter ist ein Konstrukteur zu verstehen, der nicht mehr Bühnenfiguren darstellt, sondern Naturgesetze der Bewegung auf der Bühne sichtbar macht.
In den 70er und 80er Jahren wurde vor allem ▶ Wilson stark von Craigs Theorien beeinflußt.

D

Darstellende Künste Alle unmittelbaren Vorführungen vor Publikum in einem für diesen besonderen Zweck bestimmten Raum werden mit diesem Sammelbegriff zusammengefaßt. Dies umfaßt sowohl sprecherische, gesangliche oder mimische Aufführungen. Neben Schauspiel, Musiktheater, Tanz, Pantomime, Kabarett, Zirkus usw. werden heute auch Grenzbereiche der bildenden Kunst wie Performance oder neue Darbietungsformen in der Musik wie die Konzerte von John Cage dazugezählt. Auch Film und Fernsehen arbeiten zum erheblichen Teil mit Mitteln der darstellenden Künste, zählen jedoch selber nicht dazu. Sie sind technische Medien und brauchen nicht die zeitliche und räumliche Einheit von Publikum und Darstellern.

Debut (franz. = Anfang) Das erste öffentliche Auftreten eines Darstellers zu Beginn seiner Karriere oder nach dem Wechsel zu einem neuen Theater ist sein Debüt. Das Publikum lernt ihn dabei in seiner **Antrittsrolle** kennen. Im Gegensatz dazu beendet eine **Abschiedsvorstellung** die Arbeit eines Schauspielers an einem bestimmten Theater oder seine Laufbahn insgesamt.

Dekoration (lat.: decorare = schmükken) Ursprünglich bezeichnete man damit die gesamte bildhafte Ausstattung der Kulissenbühne. Ihre räumliche Wirkung wurde durch Illusion erzeugende **Dekorationsmalerei** erzielt.
Heute ist der Begriff nur noch auf Teile des Bühnenbildes anwendbar wie z.B. auf gemalte Versatzstücke. Schlußprospekt, Kulissen und Vorhänge, also die Teile, die vom Schnürboden herabgelassen werden können, nennt man **Hängedekorationen**. Während der **Dekorationsprobe** wird das in den Theaterwerkstätten gefertigte Bühnenbild erstmals auf der Bühne eingerichtet.

Deus ex machina (lat. = der Gott aus der Maschine) In der antiken Tragödie gab es Konflikte, die sich nicht aus der Handlung heraus lösen ließen. Ihre Lösung erfolgte von außen durch das überraschende Eingreifen eines Gottes, der dem Geschehen die entscheidende Wende gab. Der Gott oder die Göttin schwebten in einer kranähnlichen Flugmaschine über der Spielfläche. In späteren Dramen haben Bühnenfiguren, die eine restlos verfahrene Situation auflösen, die Aufgabe des Deus ex machina übernommen, so z.B. der reitende Bote des Königs in Brechts *Dreigroschenoper.*

Deutscher Bühnenverein (DBV) Zu dem privatrechtlichen Interessenverband der Rechtsträger bundesdeutscher Theater zählen über 100 Mitglieder, sowohl natürliche wie auch juristische Personen: die Direktoren oder Eigentümer von Privattheatern, die Subventionsträger der staatlichen und städtischen Theater (z.B. Kulturdezernent), die Zweckverbands-Vorsitzenden von Landestheatern, die Intendanten sowie außerordentliche Mitglieder, z.B. Rundfunk- und Fernsehanstalten. Der DBV vertritt vor allem die kulturpolitischen, ökonomischen und arbeitsrechtlichen Interessen der in ihm zusammengeschlossenen Theater. Er ist die Vertretung der Arbeitgeber und handelt mit den Arbeitnehmervereinigungen, der ▶ Genossenschaft Deutscher Bühnenangehörigen (GDBA), der Deutschen Orchestervereinigung usw., die für den Theaterbereich geltenden Tarifverträge aus. Neuerdings (besonders in den neuen Bundesländern) nimmt auch die **IG Medien** daran teil. Zusammen mit der GDBA unterhält der Verein das **Bühnen-Schiedsgericht**, das arbeitsrechtliche Streitfälle zwischen Bühnenunternehmen und -schaffenden beurteilen und, wenn möglich, schlichten soll, sowie die **Paritätische Prüfungskommission**, vor der Schauspielschüler neben der Eignungs- und Zwischenprüfung die **Bühnenreifeprüfung**, d.h. die Abschlußprüfung, ablegen müssen. Vertreter des DBV und der GDBA entsenden außerdem Vertreter in den Verwaltungsrat der Rentenversicherung der Bühnenkünstler in der **Versorgungsanstalt Deutscher Bühnen**, einer Anstalt des öffentlichen Rechts mit Sitz in München. Als sein kulturpolitisches Forum gibt der DBV die Monatszeitschrift **Die Deutsche Bühne** heraus und veröffentlicht alljährlich eine **Theaterstatistik** mit den Aufführungs-, Besucher-, Spielplan- und Etatdaten der jeweiligen Saison. Sitz des DBV: 5000 Köln 1, Quartermarkt 5.

Deutsches Bühnen-Jahrbuch

1889 erschien dieses Adreßbuch zum erstenmal, das von der ▶ Genossenschaft Deutscher Bühnen-Angehörigen herausgegeben wird. Es erscheint alljährlich zu Spielzeitbeginn und enthält alle Namen und Anschriften der bundesdeutschen und österreichischen Theater, der deutschsprachigen Theater in der Schweiz und im übrigen Ausland. (Die DDR hatte ein eigenes Mitgliederverzeichnis.) Von diesen Theatern sind die Namen der Theaterleitung und der sonstigen Mitglieder aufgeführt. Ferner enthält es Anschriften und Verzeichnisse von Rundfunk- und Fernsehanstalten, Sinfonie-, Rundfunk- und Kammerorchestern, Theater- und Besucherorganisationen, Theater- und Musikschulen, theaterwissenschaftlichen Instituten, Theaterarchiven und Museen, Theater- und Musikverlagen, Fachzeitschriften, Jahrbüchern und vieles mehr.

Deutsche Theatertechnische Gesellschaft (DTHG)

Diese Berufsvereinigung der Bühnentechniker (Ingenieure, Architekten, Bühnen- und Kostümbildner usw.) wurde 1957 gegründet und ist aus der **Deutschen Bühnentechnischen Gesellschaft** hervorgegangen. Ihre Ziele sind u. a. Förderung des Nachwuchses, fachliche Weiterbildung der Mitglieder, Beratung von Behörden bei Neu- und Umbauten von Theatern, praktische und wissenschaftliche Weiterentwicklung der Bühnentechnik.
Die Gesellschaft gibt die Monatszeitschrift **Bühnentechnische Rundschau** heraus und unterhält zusammen mit dem Deutschen Bühnenverein und der Genossenschaft Deutscher Bühnen-Angehörigen in Recklinghausen das **Seminar für Bühnentechnik**. Dort werden regelmäßig Fachkräfte in längeren Kursen auf die Bühnenarbeit vorbereitet.

Dialog

(griech.: dialogos = Unterredung) Im Gegensatz zum ▶ Monolog handelt es sich um das in Rede und Gegenrede geführte Gespräch zwischen zwei oder mehreren Personen; er gilt als formbestimmendes sprachliches Element des Dramas. In der antiken Tragödie bezeichnet Dialog zunächst das Wechselgespräch zwischen dem ersten Schauspieler (Protagonist) und dem Chorführer, nach Einführung des Gegenspielers (Deuteragonist) durch Aischylos (524–426) das Zwiegespräch zwischen den Schauspielern und zwischen Schauspielern und Chor. Zu einem Dreigespräch kam man erst allmählich; vollkommen gehandhabt erstmals in *König Ödipus* von Sophokles (497–406).
Im dramatischen Dialog und dessen Untertext, dem Nebensinn der Wörter, konkretisieren sich die Beziehungen zwischen den einzelnen Bühnenfiguren; er dient zur Charakterisierung der Figuren, zur Darstellung und Austragung von Konflikten, kann für Aufbau und Ablauf der Handlung bestimmend sein und gibt Hinweise auf die mimisch-gestische Gestaltung durch den Schauspieler. Ist der Dialog Ausdruck von Kommunikation, so haben gesellschaftliche Erscheinungen wie Vereinzelung, Sprachlosigkeit und Ausweglosigkeit von Menschen im modernen Drama zur Auflösung der dialogischen Struktur geführt, so z. B. im Theater des Absurden oder in den Stücken von Franz X. Kroetz, Thomas Bernhard, Botho Strauß.

Als dramatisches Grundelement scheint der Dialog heute unmöglich geworden zu sein; zeitgemäßer Ausdruck ist vielmehr das Monologisieren aneinander vorbeiredender Figuren.

Didaktisches Theater Eine Gruppe von Dramatikern (Heiner Müller, Peter Hacks) und Theaterleuten (B.K. Tragelehn, Heinar Kipphardt) in der DDR forderten in ihren ästhetischen Programmen und in Theaterexperimenten in der zweiten Hälfte der 50er Jahre eine radikale Veränderung des Theaters. Im Gegensatz zur offiziellen Kulturpolitik ging es dabei nicht um die bloße Umorientierung in den Spielplänen des herkömmlichen Theaters im Hinblick auf eine sozialistisch-realistische Dramatik, sondern um eine kulturrevolutionäre Umgestaltung der Institution Theater insgesamt, d. h. dessen Struktur und Funktion, mit dem Ziel, Grundlagen für die Theaterarbeit in einer zukünftigen sozialistischen Gesellschaft zu schaffen. Mit dem Didaktischen Theater sollte der Prozeß einer schrittweisen Sozialisierung von Theater eingeleitet werden, die aus dem Zuschauer als Konsumenten zunächst einen Koproduzenten macht, und schließlich zur Abschaffung von Kunstspezialisten, damit zur Einheit von Theater und Lebenspraxis führt. Modell für solche Überlegungen war die Lehrstück-Theorie Bertolt Brechts. Programm des Didaktischen Theaters war es, den Widerspruch zwischen angestrebter Funktion des Theaters und noch bestehender sozialer Wirklichkeit ins Publikum zu tragen, und zwar durch eine ästhetische Praxis, die eine didaktische Vermittlung erlaubt. Niederschlag hat das Programm des Didaktischen Theaters vor allem in den Stücken Heiner Müllers gefunden *(Der Lohndrükker, Der Bau, Die Korrektur)*.

Diderot, Denis (1713–84) Der französische Schriftsteller, Philosoph, Literatur- und Theatertheoretiker gab zusammen mit J. Le Rond d'Alembert die *Encyclopédie ou Dictionnaire raisonné des sciences, des arts et des métiers* (1751–80) heraus, ein Kompendium des Wissens der damaligen Zeit und programmatisches Standardwerk der französischen Aufklärung. In seinen Dramen, die als Vorläufer des bürgerlichen Trauerspiels gelten, und theatertheoretischen Schriften setzte er dem Regelzwang des Klassizismus die lebensnähere dramatische Rede in Prosa, die Darstellung des Bürgers in seinem Milieu und eine rationale Spielweise entgegen.
Seine wichtigste theatertheoretische Schrift, der Essay *Paradox über den Schauspieler* (1777/78) fordert von einer aufklärerischen Position aus, daß der Schauspieler im Augenblick des Spiels auf der Bühne sich verdoppeln, d. h. sich in die eigene und die Bühnenfigur aufspalten, zwischen seinen eigenen Gefühlen und jenen, die von der Darstellung einer Figur abverlangt werden, streng trennen muß. Diderot zufolge zeichnet einen guten Schauspieler nicht die Stärke seiner Emotionen aus, sondern das Studium von Gefühlen als Objekte der Darstellung und eine vernunftgemäße Durchdringung der Rolle. Die strikte Trennung zwischen Vernunft und Gefühl ist der Versuch Diderots, das von ihm erkannte Paradox zu lösen, nämlich den Widerspruch des Schauspielers, der im Unterschied zu anderen Künstlern aufgrund seiner körperlichen Präsenz auf der Bühne Schöpfer, zugleich aber auch Material seiner Kunst ist. Aufgegriffen wurde dieses Problem vor allem im Theater des 20. Jh.s. So knüpft z. B. Brechts antiillusionistische Theaterästhetik direkt an Diderot an.

Dionysien Die kultischen Feste zu Ehren des Fruchtbarkeitsgottes Dionysos im antiken Athen wurden seit Mitte des 6. Jh.s v. Chr. in Verbindung mit Theateraufführungen gefeiert. Das bedeutendste Fest, die **Städtischen** oder **Großen Dionysien,** dauerte mehrere Tage. Festplatz war das Hanggelände südlich der Akropolis, wo noch heute das im 4. Jh. v. Chr. fertiggestellte und in Stein errichtete **Dionysostheater** steht.
Die Großen Dionysien begannen in der Regel mit einer Opferprozession zum Heiligtum des Dionysos, wo zunächst Staatsakte, z. B. Ehrungen von Bürgern stattfanden. Am nächsten Tag wurde dann der Wettbewerb im Dithyrambos, dem Chorlied zu Ehren des Dionysos, durchgeführt. Als Höhepunkt schließlich kamen an drei aufeinanderfolgenden Tagen Tragödien verschiedener Dramatiker zur Aufführung. Seit 486 v. Chr. traten Komödienaufführungen hinzu, die insbesondere bei den **Lenäen**, den ländlichen Dionysien in Athen, den Vorrang vor den Tragödien erhielten. Organisiert als ▶ Agon, d. h. als Dichterwettstreit, stand der dramatische Text im Mittelpunkt der Aufführung, weniger dessen theatrale Realisation. Die alljährliche Ermittlung eines Dichters als Sieger des Wettstreits erlaubte in der Regel nur die einmalige Aufführung eines Stücks. Preisträger waren u. a. Aischylos, Sophokles und Euripides. Erst nach der Einführung von Schauspieleragonen (etwa Mitte des 5. Jh.s v. Chr.), setzten sich im 4. Jh. v. Chr. Wiederaufführungen durch.

Direktor Im Unterschied zum Intendanten, dem Leiter eines staatlichen oder städtischen Theaters, ist dies heute der Titel für den Leiter eines Privattheaters. Die Bezeichnung **Theaterdirektor** war in Deutschland bis ins 18. Jh. üblich. Mit der Errichtung stehender Theater an adligen Höfen und deren Beaufsichtigung durch einen Verwaltungsbeamten setzte sich der Titel ▶ Intendant durch.

Dirigierrolle Der Spielleiter der mittelalterlichen und frühneuzeitlichen Passionsspiele hatte als Arbeitsgrundlage eine Schriftrolle, in der die wichtigsten Angaben für seine Arbeit vermerkt waren. Diese Dirigierrolle enthielt Bühnenanweisungen, Bühnenplan, Anordnung der Darsteller, Darstellerverzeichnis und Textpassagen. Das bekannteste Beispiel ist die „Frankfurter Dirigierrolle“ von 1514.

Dithyrambos Ursprünglich war dies ein Beiname des griechischen Gottes Dionysos, zu dessen Verherrlichung der Dithyrambos, ein Wechselgesang zwischen Vorsänger und Chor gesungen wurde, wobei wahrscheinlich der Chor den Refrain übernahm. Nach Herodot gilt Arion von Lesbos, der um 800 v. Chr. lebte, als Schöpfer dieses Chorliedes. Dem gleichen Arion wird auch die Erfindung des kyklischen, d. h. im Kreis um den Altar stehenden, Chores zugeschrieben. Daß sich aus dem Dithyrambos das Satyrspiel und die antike Tragödie entwikkelt haben, ist nur eine vage Vermutung.

Diva (lat. = die Göttliche) war ursprünglich der Titel der römischen Kaiserinnen. Seit Anfang des 20. Jh.s bezeichnet man damit Sängerinnen und Schauspielerinnen, die im Unterschied zum Star über eine besondere Ausstrahlung verfügen. Dazu gehören Aufsehen und Skandal, eine starke erotische Anziehungskraft, die durch Make-up und Kleidung unterstrichen werden, und ein Leben, das dem „normalen“ Leben weit entrückt scheint. Die Diva ist vor allem eine Erscheinung der Filmindustrie in den 10er und 20er Jahren.

Die Ermittlung *von Peter Weiss in der Inszenierung von Erwin Piscator an der Freien Volksbühne, Berlin 1965*

Dokumentarisches Theater Erwin Piscator entwickelte in den 20er Jahren eine Theaterform, die eine größtmögliche historische Glaubwürdigkeit anstrebt. Deshalb greift das **Dokumentartheater**, wie es auch genannt wird, auf Dokumente, also historische Quellen jeglicher Art, zurück. ▶ Piscator erprobte dies erstmals in seiner Revue *Trotz alledem!* von 1925, die von Krieg und Revolution handelt. Als Spielvorlage stellte er Reden, politische Aufsätze, Zeitungsausschnitte, Flugblätter zusammen und kombinierte bei der Aufführung diese Texte mit Filmszenen und Fotografien.

In den 60er Jahren wurde dieser Ansatz in den **Dokumentarstücken** von Rolf Hochhuth, Heiner Kipphardt und Peter Weiss wieder aufgegriffen. Sie setzten historische Quellen als Beleg für Fakten ein, als unmittelbares Sprachmaterial oder als Grundlage für die literarische Verarbeitung. Meist wurden damit politisch brisante, Zündstoff enthaltende Themen auf die Bühne gebracht und durch die Dokumente in ihren Aussagen abgesichert. So beschreibt Hochhuth in *Der Stellvertreter* die Verstrickung des Papstes mit dem Nationalsozialismus, Kipphardt in *In der Sache J. Robert Oppenheimer* die „Väter" der Atombombe und Weiss in *Die Ermittlung* den Auschwitzprozeß in Frankfurt. Die Uraufführungen der genannten Stücke besorgte wiederum Erwin Piscator.

Das Dokumentartheater ist ein deutlich politisches Theater mit z.T. agitatorischen Zügen, das Partei ergreift und den Zuschauer durch die Übermacht des Dokuments zu stellen versucht. In den 60er Jahren leitete es eine Wende in der Entwicklung des bundesrepublikanischen Theaters ein. Es brachte den

Bruch mit dem unpolitischen, auf Geselligkeit ausgerichteten Theater der Adenauerära zum Audruck, machte die Auseinandersetzung mit dem Nationalsozialismus vorübergehend zu einer öffentlichen Angelegenheit und eröffnete die Diskussion über den Zusammenhang von Theater und Gesellschaft, sowohl hinsichtlich der Theaterästhetik als auch der Organisationsform von Theater.

Doppelbesetzung Aus rechtlichen Gründen müssen bei Kinderrollen zwei Darsteller zur Besetzung der Rolle zur Verfügung stehen. Doppelbesetzungen werden auch in der Oper und bei Musicals gemacht, um im Krankheitsfall eines Darstellers die Aufführung nicht ausfallen lassen zu müssen.

Doppelrolle Die Darstellung von zwei verschiedenen Bühnenfiguren durch einen Schauspieler kann unterschiedliche Gründe haben. Es kann durch das Theaterstück vorgegeben sein, so werden die Rollen des Bettlers und Konfessors in Strindbergs *Nach Damaskus* von einem Darsteller verkörpert. Aber der Regisseur kann damit auch seine besondere Auffassung von einem Stück deutlich machen, z. B. wenn er in Schillers *Maria Stuart* die Rolle der beiden Königinnen Elisabeth und Maria mit einer Schauspielerin besetzt, um deutlich zu machen, daß es beiden nur um das eine geht, nämlich um Macht. Kleinere Theater, deren Ensemble für personenreiche Stücke nicht ausreicht, übergeben auch mehrere Rollen an einen Darsteller.

Double (franz. = doppelt) Bei gefährlichen oder besondere Körperfähigkeiten erfordernden Situationen tritt eine Ersatzperson an die Stelle des Darstellers. Auf der Bühne wird das Double nicht so häufig gebraucht, gelegentlich wird dieser „Doppelgänger" eingesetzt, um einen Effekt, z. B. einen blitzschnellen Szenenwechsel, vorzutäuschen. Im Film ist der Einsatz eines **Stuntman**, wie er dort genannt wird, wesentlich häufiger.

Drama (griech. = Handlung) Neben Epik und Lyrik ist das Drama eine der drei Grundgattungen der Dichtkunst. Das Drama unterscheidet sich von den beiden anderen Grundgattungen dadurch, daß es als bloßer Lesetext ohne die Aufführung auf der Bühne unvollständig bleibt. Dies gilt selbst für das **Lesedrama**, für dessen Aufführung die technischen und ästhetischen Möglichkeiten während seiner Entstehungszeit fehlen. In der Regel wird es jedoch zu einem späteren Zeitpunkt zur Aufführung kommen. Das Drama ist die literarische Vorlage für ein szenisches Spiel, bestimmt für die ergänzende Darstellung durch Schauspieler vor Publikum. Weitere Merkmale wie z. B. Dialogform, dramatischer Konflikt sind zur Eingrenzung dieser Gattung heute fraglich geworden. Diese Merkmale galten für die klassische Dramenform, aber diese hat sich in modernen Stücken weitgehend aufgelöst und einer Formenvielfalt Platz gemacht. So bestehen manche moderne Stücke ausschließlich aus Monologen, oder sie beschränken sich gar auf Bühnenanweisungen, z. B. Samuel Becketts *Akt ohne Worte* und Heiner Müllers *Bildbeschreibung*. Selbst ein Begriff wie Handlung ist auf neuere Dramen kaum noch anwendbar. So hat sich die neutralere Bezeichnung **Stück**, **Theaterstück** oder ▶ Text heute weitgehend durchgesetzt; entsprechend heißt der Dramatiker nun Stückeschreiber oder Theaterautor.

In der Geschichte des europäischen

Theaters steht das Drama bis heute im Mittelpunkt des Theaters. Dennoch ist das Drama nicht notwendige Voraussetzung für Theater, beispielhaft dafür ist die Commedia dell'arte und vor allem die Theaterentwicklung im 20. Jh., die deutlich gemacht hat, daß Drama und Theater niemals gleichbedeutend sind, daß das Theater dem Drama gegenüber immer ein Mehr ist und daß das Theater über eigene, vom Drama völlig unabhängige Kunstformen verfügt.

Dramatisierung Literarische Texte, die nicht in Dramenform vorliegen, werden gelegentlich für eine Aufführung auf der Bühne bearbeitet, sie werden den Gesetzen der Bühne angepaßt und in Dialoge bzw. Monologe umgeformt. Im Gegensatz zur ▶ Adaptation, worunter Textumarbeitung allgemein verstanden wird, meint Dramatisierung ausschließlich die Bearbeitung für das Theater. Meist handelt es sich um Umarbeitungen von Romanen in Theaterstücke, z.B. Dramatisierung von Franz Kafkas *Der Prozeß* durch André Gide, Leo Tolstois *Krieg und Frieden* durch Alfred Neumann, Erwin Piscator und Guntram Prüfer und Fjedor Gladkows *Zement* durch Heiner Müller.

Dramatis personae (lat. = Personen des Dramas) Damit sind alle in einem Drama auftretenden Figuren gemeint. Meist sind sie dem Dramentext in einem Personenverzeichnis vorangestellt, das entweder nach der Reihenfolge der Auftritte oder nach der Bedeutung der Figuren geordnet ist.

Dramaturg (griech.: dramaturgos = Dramendichter) In der Antike war der Verfasser eines Dramas gleichzeitig auch der Spielleiter bei der Aufführung. Im heutigen Sprachgebrauch ist der Dramaturg der künstlerisch-wissenschaftliche Mitarbeiter der Theaterleitung, der in der Regel über eine literatur- oder theaterwissenschaftliche Ausbildung verfügt.
Zu seinem Aufgabenbereich gehören Lektüre, Auswahl und Vorschlag von Stücken, um den Spielplan zu erstellen, Überarbeitung und Übersetzung von Stücken, Verhandlung mit Bühnenverlagen, Zusammenarbeit mit Autoren, wissenschaftliche Zuarbeit für Regisseure und Bühnenbildner bei der Vorbereitung der Aufführung, Verantwortung für das Programmheft, Diskussionen mit dem Publikum über Inszenierungen, Vorträge in Schulen usw. Der **Produktions-Dramaturg** arbeitet nur auf eine Inszenierung bezogen und häufig auch nur mit einem bestimmten Regisseur zusammen. Er ist durch die enge Zusammenarbeit mit Regisseur, Bühnen- und Kostümbildner an der Vorbereitung einer Aufführung wesentlich beteiligt. Häufig arbeitet er freiberuflich und schließt Gastverträge mit verschiedenen Theatern ab. Für ihn entfallen so die alltäglichen Kleinarbeiten eines festangestellten Dramaturgen. An größeren Theatern ist meist auch ein **Öffentlichkeits-Dramaturg** beschäftigt, der für die Außenwerbung durch Plakate, Inserate, Schaukästen usw. zuständig ist, die Verbindung zur Presse, Funk und Fernsehen herstellt, Informationsmaterial aufbereitet, die hauseigene Theaterzeitung betreut usw.
Der Beruf des Dramaturgen in diesem Sinn ist eine Besonderheit des deutschsprachigen Theaters und erst zu Beginn des 20. Jh.s entstanden. Gotthold Ephraim Lessing verwendet zwar den Begriff schon in seiner *Hamburgischen Dramaturgie* von 1767–69, aber bis ins 19. Jh. war damit die Tätigkeit des ▶ Theaterdichters gemeint, der Stücke

schrieb und sich auf die Gestaltung des Spielplans beschränkte. So arbeitete Lessing von 1767 zwei Jahre lang für das Hamburger Nationaltheater als Theaterdichter und Kritiker, aber auch Autoren wie Ludwig Tieck (1773–1853), Karl Gutzkow (1811–78), Karl Immermann (1796–1840) und Heinrich Laube (1806–64) können als Vorläufer des heutigen Dramaturgen gelten. Während sie Vermittler zwischen Literatur und Theater waren, ist das heutige Berufsbild des Dramaturgen vielfältiger, da sich auch das Verständnis von Theater gewandelt hat. Nicht mehr ausschließlich der Dienst an der Literatur steht im Mittelpunkt, sondern die Vorstellungen des Regisseurs haben an Bedeutung gewonnen. Insbesondere die Verwissenschaftlichung der Theaterarbeit, Erwin Piscators Nachdenken über Gesellschaft und Theater als notwendiges Element des Produktionsprozesses sowie Bertolt Brechts Arbeit am Berliner Ensemble brachte den analytisch vorgehenden, auf verschiedenen Wissensgebieten – nicht nur auf dem Gebiet der Literatur – beschlagenen Dramaturgen hervor, den Produktions-Dramaturgen der 60er und 70er Jahre. Diese Funktion des Dramaturgen ist heute weitgehend eingeschränkt, da sie in die vorbereitende Tätigkeit des Regisseurs eingegangen ist. Als Interpret eines Stückes ist der Regisseur heute häufig zugleich auch sein eigener Dramaturg.

Dramaturgie (griech.: dramaturgia = dramatische Darstellung) Zum einen ist Dramaturgie die Kurzform für dramaturgisches Büro bzw. dramaturgische Abteilung am Theater, beim Fernsehen und Hörfunk, also für den Arbeitsbereich des Dramaturgen. Gleichzeitig wird der Begriff aber auch für die Mitarbeit des Dramaturgen bei einer Inszenierung in Theater, Film und Fernsehen durch wissenschaftliche Beratung, Öffentlichkeitsarbeit usw. verwendet. Drittens bezeichnet er auch die äußere Bauform und innere Struktur eines Dramas. In der Dramaturgie eines Stückes schlägt sich die ▶ Dramentheorie nieder, die für einen einzelnen Autor, für verschiedene Autoren einer ganzen Epoche oder für eine Gattung maßgeblich sind. Man spricht deshalb beispielsweise von der Dramaturgie der Stücke Georg Büchners, der Dramaturgie der Stücke des Naturalismus oder der Dramaturgie des Schwanks. Heute wird grob unterschieden zwischen **klassischer Dramaturgie,** worunter all jene Dramen zusammengefaßt werden, deren Aufbau in der Tradition der Dramentheorie des Aristoteles stehen. Zu **moderner Dramaturgie** zählen jene Stücke, die nicht einer als verbindlich anerkannten Dramentheorie folgen. Die Dramaturgie eines Stückes gibt dem Regisseur den Rahmen für die Interpretation vor. Er kann nur durchbrochen werden, wenn das Stück grundlegend umgeschrieben würde.

Dramaturgische Gesellschaft (dg) 1953 wurde diese private Vereinigung von Dramaturgen aus den Bereichen Theater, Film, Fernsehen, Hörfunk und von anderen Interessierten gegründet, die sich in Praxis und Theorie mit dramaturgischen Fragen befassen. Ihre Ziele sind u. a. Austausch von Erfahrungen, Erörterung künstlerischer Vorstellungen, Wahrung und Durchsetzung beruflicher Interessen. Die Diskussionen und Referate ihrer Jahrestagung werden in der Reihe „Jahresband der dg“ veröffentlicht, außerdem wird das Mitteilungsblatt „dRAMATURg“ herausgegeben. Die Gesellschaft hat ihren Sitz in 1000 Berlin 61, Tempelhofer Ufer 22.

Dramentheorie ist fast ebenso alt wie die Kunstgattung Drama selber. Seit der Antike hat es immer wieder Versuche von Philosophen, Kunst- und Literaturwissenschaftlern gegeben, auf einer theoretischen Ebene zu erklären, was Drama ist, verbunden mit der Absicht, Regeln aufzustellen, die für die Dramatiker der jeweiligen Epoche verbindlich sein sollten. So vielfältig die Formen des Dramas sind, so unterschiedlich sind die Auffassungen von dessen Bedeutung und Zweck. Da das Drama im Unterschied zu Epik und Lyrik nicht nur den Bereich des rein Literarischen umfaßt, sondern sich erst in der Aufführung auf einer Bühne vor Publikum vollständig realisiert, ist bis zu Beginn des 20. Jh.s. Dramentheorie meist zugleich auch ▶Theatertheorie gewesen. Eine Unterscheidung zwischen Dramentheorie einerseits und Theatertheorie bzw. ▶Theaterkonzept andererseits ergab sich erst mit der Emanzipation des Theaters von der Literatur und mit der Besinnung darauf, daß Theater nicht nur dem Drama dient, nicht nur eine sekundäre Kunst ist, sondern durchaus eine eigenständige, gleichwertige und von der dramatischen Vorlage auch unabhängige.
Als erste und zugleich historisch wirkungsmächtigste Dramentheorie gilt die *Poetik* des ▶ Aristoteles (384–322 v. Chr.). In ihr wird die Dichtkunst als **Mimesis**, als schöpferische Nachahmung von Wirklichkeit, definiert, wodurch sie der Geschichtsschreibung überlegen ist, weil sie das Allgemeine im Besonderen darzustellen vermag. Höchste Ausdrucksform der Dichtkunst ist für Aristoteles die ▶Tragödie, die **phobos** und **eleos** (Furcht und Mitleid oder besser: Schrecken und Jammer) erregt, Gemütsbewegungen, von denen der Zuschauer durch die ▶ Katharsis (Reinigung) – je nach Auslegung dieses Begriffs – schließlich wieder entlastet wird oder die ihn entlasten. Die Bedeutung dieser Begriffe ist umstritten und hat in späteren Dramentheorien immer wieder zu unterschiedlichen Interpretationen geführt. Orientiert an den Tragödien des Sophokles und des Euripides, bestimmt Aristoteles die ▶ Fabel, die Verkettung der Geschehnisse, als die „Seele der Tragödie“, die unter Ausschluß von selbständiger Nebenhandlung einer inneren Logik und der Wahrscheinlichkeit folgen müsse. Er forderte die Einheit der Handlung, stellte jedoch nicht das Gesetz der ▶ drei Einheiten auf; die Forderung nach Einheit auch von Zeit und Ort ist Hinzufügung späterer Interpreten und aus der antiken Aufführungspraxis abgeleitet. Als Grundelemente des dramatischen Aufbaus nennt Aristoteles

- **Hamartia**, tragischer Fehler, der die Peripetie auslöst, ein Fehlverhalten aufgrund von Verblendung oder Selbstüberschätzung;
- **Hybris**, Selbstüberschätzung, die das Strafgericht der Götter herausfordert;
- **Anagnorisis**, Wiedererkennen, die eine Untat entweder im letzten Moment verhüten oder eine begangene bewußt machen kann;
- ▶ Peripetie, der plötzliche Umschlag von Glück in Unglück;
- **Katastrophe**, Wendung, die am Schluß der Handlung das Schicksal des Helden zum Schlimmen bestimmt.

Wie grundlegend die Dramentheorie des Aristoteles war, zeigt sich daran, daß sie bis ins 19. Jh. wirkte und noch von Gustav Freytag (1816–95) in der *Technik des Dramas* dogmatisiert wurde. Freytags Modell erhebt den auf Fünfaktigkeit angelegten Handlungsaufbau zu einem ehernen Gesetz, demzufolge jedes Drama einen pyramidalen Bau hat, gegliedert ist in Einleitung, steigende Handlung, Höhepunkt, fallende Handlung, Lösung. Das Schema läßt sich zwar auf viele klassische Dramen anwenden, aber schon nicht mehr auf Dramen des 19. und schon gar nicht auf die des 20. Jh.s.
Völlig unbekannt blieb die aristotelische *Poetik* im Mittelalter, das jedoch auch keine eigene Dramentheorie hervorbrachte; dramentheoretische Überlegungen wurden vornehmlich in Zusammenhang mit Grammatik, teils auch mit Rhetorik abgehandelt. Eine intensive Diskussion über Dramentheorie setzte erst mit der Renaissance wieder ein. In seiner Schrift *In liber Aristotelis de arte poetica explicationes* griff Francesco Robortello (1516–67) die aristotelische Mimesislehre auf, indem er verlangte, daß Dichtung nicht das Wirklich-Faktische, sondern das Mögliche gestalten solle; außerdem berief er sich auf die Affektenlehre (phobos und eleos) und die Katharsis als Grundlage des Dramas. Lodovico Castelvetro (1506–71) deutete die beschreibende Poetik des Aristoteles zu einem Regelwerk um und forderte in seiner *Poetica d'Aristotele vulgarizzata, et sposta* erstmals die unbedingte Einhaltung der drei Einheiten (Handlung, Zeit, Ort) bei der Abfassung von Tragödien. In Auseinandersetzung mit antiken und zeitgenössischen Theoretikern hob Caesar Scaliger (1484–1538) in seinem Hauptwerk *Poetik in sieben Büchern* einen der Mimesis übergeordneten Zweck der Dichtung hervor und betrachtete den Vers als das wesentliche Merkmal. Gegen Aristoteles gewendet, ordnete er die Handlung den Charakteren unter; anstelle der Fabel sind für ihn **Sentenzen** (Meinung, Überzeugung) Grundlage der Tragödie, d. h. Feststellungen oder Aufforderungen, die über den Kontext der Handlung hinausweisen und Allgemeingültigkeit beanspruchen. Scaligers Tragödiendefinition beeinflußte besonders den französischen Klassizismus des 17. Jh.s und wirkte nach bis hin zu Lessing.
Geprägt vom frühaufklärerischen Rationalismus, dem unbedingten Vertrauen in die Herrschaft der Vernunft, ist für die Dramentheorien des französischen Klassizismus die **doctrine classique** (klassische Doktrin) verbindlich, die unumstößliche Regeln für das Drama aufstellt. Sie verlangt die strikte Einhaltung der drei Einheiten, verpflichtet zu **Dezenz**, d. h. zu Wahrung von „Moral“ und „gesundem Menschenverstand“ in der Darstellung, schreibt die Ständeklausel vor, die besagt, daß in der Tragödie nur Personen hohen Standes, in der Komödie ausschließlich Personen niederer Herkunft auftreten dürfen, und fordert Erhabenheit den Figurenzeichnung, die einer wohlerzogenen Gesellschaft zu gefallen vermag. Festgelegt sind außerdem Stoff- und Themenkomplexe. Historische und mythische Gegenstände sind der Tragödie vorbehalten, die Tugenden und vor allem den Sieg der Vernunft über Leidenschaften zu zeigen hat. In der Komödie können Charaktere und Stoffe frei erfunden sein; sie sollte jedoch nicht vorrangig beim Zuschauer Lachen hervorrufen sondern menschliche Laster und Schwä-

chen denunzieren. Grundlegend für die Herausbildung der Doktrin war die Schrift *La pratique du théâtre* des Abbé Hédelin d'Aubignac (1604–76), dessen Festschreibung der Regeln auf der Überzeugung beruhte, daß die Gesetze der Kunst einzig auf Vernunft gegründet seien. Eine definitive Form erhielt die Doktrin durch Nicolas Boileau-Despréaux (1636–1711) in dessen *Gedanken von der Dichtkunst*. Für eine Lockerung der strengen Vorschriften plädierte Pierre Corneille (1606–84) in den *Trois discours sur le poème dramatique*. Zwar forderte auch er die Regelhaftigkeit des Dramas und einen strengen Handlungsaufbau (Exposition, Entwicklung der Krise und deren Lösung), gibt dem Dramatiker hinsichtlich der drei Einheiten jedoch größtmögliche Freiheit. Der normativen Dramentheorie der Franzosen schloß sich in Deutschland Johann Christoph Gottsched (1700–66) mit dem *Versuch einer Critischen Dichtkunst* an.
Als sich im 18. Jh. das Theater zunehmend zu einer Sache des Bürgertums entwickelte, wurde das strenge Regelwerk der Doktrin in den Dramentheorien von Antoine Houdar de la Motte (1672–1781), Pierre-Mathieu-Martin de Chassiron (1704–67), Louis-Sébastian Mercier (1740–1814), Marie-Joseph de Chénier (1764–1811), ▶ Diderot und ▶ Lessing durchbrochen. Besonders die Theorie der ▶ Comédie larmoyante und des ▶ Bürgerlichen Trauerspiels hob die Ständeklausel und damit die Trennung zwischen Tragödie und Komödie auf; in den Mittelpunkt sollten Stoffe aus dem bürgerlichen Leben rücken. Die Forderung nach Naturnähe in der Darstellung richtete sich gegen das in Konventionen erstarrte Pathos und die Versform des Klassizismus. Durch Umdeutung der aristotelischen Affektenlehre machte vor allem Lessing Drama und Theater zu Instanzen bürgerlicher Empfindsamkeit, die für ihn die Grundlage bürgerlicher Tugenden war. Trotz solcher am sozialen und ökonomischen Aufstieg des Bürgertums orientierten dramentheoretischen Neuerungen war die Regelhaftigkeit des klassischen Dramas nicht völlig außer Kraft gesetzt. So bestand weiterhin die Einteilung in fünf Akte und die Handlungsführung nach vorgegebenem Schema.
Mit der Berufung auf Shakespeare als Gegenpol zu Aristoteles schlug im Sturm und Drang die Dramentheorie eine ganz neue Richtung ein. Wichtigste Schriften waren Johann Gottfried Herders (1744–1803) *Shakespeare*-Abhandlung und die *Anmerkungen übers Theater* von Jakob Michael Reinhold Lenz (1751–92). Man rückte vor allem vom Mimesisbegriff ab; das Drama wurde als genialische Neuschöpfung statt als Nachahmung von Natur verstanden, der Dramatiker damit von der Herrschaft vorgegebener Regeln befreit. Kennzeichnend ist die Betonung des Individuums; die Fabel ist zweitrangig und dient nur noch zu dessen Charakterisierung, so daß Akteinteilung und kontinuierlicher Handlungsverlauf an Bedeutung verlieren. Verlangte die klassische Dramentheorie die Einheit der Handlung, so eröffnete die des Sturm und Drangs die Möglichkeit eines assoziativen Nebeneinanders und die lockere Reihung von Szenen oder Bildern mit verschiedenen Handlungsträgern. Die Handlung kann unvermittelt einsetzen und ebenso abbrechen, ohne daß die Konflikte gelöst sind. Damit war die Auflösung einer normativen Dramentheorie gegeben und die Grundlage für eine von aller

Regelhaftigkeit befreiten Dramatik geschaffen, wie für die des Realismus (Büchner, Grabbe) und vor allem die des 20. Jh.s.
Seit Beginn des 19. Jh.s gibt es keine Dramentheorie mehr, die den Anspruch auf Allgemeingültigkeit erhebt; sie wird nicht mehr als Technik der künstlerischen Praxis verstanden, sondern ist meist Programmatik einzelner Dramatiker oder Schulen, die darin eine theoretische Untermauerung der eigenen Werke suchen. So verlangten Friedrich Schiller (1759–1805) und Johann Wolfgang Goethe (1749–1832) u. a. in dem gemeinsamen Traktat *Über epische und dramatische Dichtung* sowie in ihrem reichhaltigen Briefwechsel für die deutsche Klassik eine Wiederbelebung antiker und klassizistischer Stilmerkmale, allerdings auf der Grundlage eines bürgerlichen Humanitätsideals. Demgegenüber forderte Victor Hugo (1802–36) im *Vorwort zu Cromwell,* dem wichtigsten Manifest romantischer Dramentheorie, die radikale Abschaffung des Klassizismus und die Rückbesinnung auf das Drama Shakespeares, das das Groteske und Erhabene, das Schreckliche und Possenhafte, die Tragödie und die Komödie verschmelze und daher dem modernen Weltgefühl am ehesten entspreche. Wichtigste dramentheoretische Schrift des 20. Jh.s wurde Brechts *Kleines Organon für das Theater,* in dem er seine Überlegungen zum ▶ epischen Theater darstellt.
Nachdem die Ästhetik im 18. Jh. zu einer Disziplin der Philosophie wurde, hat diese sich über allgemeine Probleme der Poetik hinaus speziell auch mit der Theorie des Dramas befaßt. Einflußreich waren vor allem Georg Wilhelm Friedrich Hegel (1770–1831) und Friedrich Nietzsche (1844–1900). Hegel definierte das Drama in seinen *Vorlesungen über die Ästhetik* als diejenige Gattung, „welche die Objektivität des Epos mit dem subjektiven Principe der Lyrik“ in sich vereinige und daher als höchste Stufe der Kunst angesehen werden müsse. In *Die Geburt der Tragödie aus dem Geiste der Musik* deutete Nietzsche die antike Tragödie als eine Einheit von zwei sich im Widerstreit befindenden Prinzipien, als Verknüpfung des Dionysischen (durch Schrecken, Leiden, Kampf bestimmte rauschhafte Form des Daseins) und des Apollinischen (Welt der Formen und des schönen Scheins) und leitete daraus eine Erneuerung der „tragischen Weltsicht“ sowie eine erneuerte deutsche Kultur ab.
Seit dem 19. Jh. ist Dramentheorie außerdem auch Gegenstand der Literaturwissenschaft, die neben Untersuchungen einzelner Werke oder der Werke einer Epoche immer wieder Versuche unternimmt, die Gesamtheit des europäischen Dramas modellhaft zu erklären. Von nachhaltigem Einfluß ist besonders die von Volker Klotz getroffene Unterteilung des Dramas nach **geschlossener** und **offener Form**. Während die geschlossene Form sich eindeutig definieren läßt (Handlungsaufbau, Akteinteilung usw.), ist der Begriff offene Form lediglich die Negativbestimmung für all jene Dramen, die davon abweichen (Drama des Sturm und Drang, des Realismus, des Naturalismus, satirisches, absurdes, episches, dokumentarisches Drama u. a.). Da außer der Abweichung ihnen sonst nur wenig gemeinsam ist, gilt es heute für problematisch, sie alle unter der Bezeichnung ‚offene Form‘ zusammenzufassen.

Drastik (griech.: drastikos = stark, wirksam) Häufig werden in derbkomischen Aufführungen sprachliche oder gestische Darstellungsmittel verwendet, die besonders deutlich machen, was gemeint ist. In der altgriechischen Komödie und im Satyrspiel trug man einen aus Leder gefertigten großen Phallus, in den Stücken der Commedia dell'arte und in den Stücken William Shakespeares finden sich zotige Witze, oder Hans Sachs greift in seinen Schwänken auf Analkomik zurück.

Drehbühne Die Spielfläche der Drehbühne ist kreisförmig in den Bühnenboden eingelassen und läßt sich um eine Mittelachse drehen. **Ring-Drehbühnen** haben eine zusätzliche, ebenfalls drehbare ringförmige Fläche, die die innere Kreisfläche umschließt. Daneben gibt es doppelstöckige Drehbühnen, die als **Zylinderdrehbühnen** bezeichnet werden, und transportable, auf dem Bühnenboden aufgelegte Systeme, die **Drehscheiben** (siehe Abb. S. 100).
In der Regel werden auf der Drehbühne verschiedene Bühnenbilder aufgebaut, die nacheinander vor die Bühnenöffnung gezogen werden. Dadurch ist ein schneller Bühnenbildwechsel möglich, ohne daß der Vorhang geschlossen werden muß. 1896 wurde in Deutschland erstmals eine Drehbühne durch den Bühnentechniker Karl Lautenschläger eingeführt. Bekannte Inszenierungen, in denen eine solche Bühne verwendet wurde, sind der *Sommernachtstraum* 1904 von Max Reinhardt und *Mutter Courage* 1949 von Brecht.

Drei Einheiten Lange Zeit wurde die Forderung nach der Einheit von Handlung, Ort und Zeit als unumstößliches Gesetz für jedes dramatische Werk betrachtet. Es sollte also eine in sich geschlossene Haupthandlung geben, mit der jede Nebenhandlung verknüpft sein mußte, der Schauplatz der Handlung sollte gleich bleiben und die Handlungszeit sollte auf höchstens 24 Stunden, im Idealfall auf die Spielzeit, beschränkt sein. Dieses Gesetz wurde erstmals von L. Castelvetro (1505–1675) aufgestellt, der sich dabei auf die *Poetik* des Aristoteles (384–322 v. Chr.) berief. Er verkannte allerdings, daß Aristoteles lediglich die Einheit der Handlung gefordert hatte, nicht die des Ortes und der Zeit. Aristoteles legt zwar auch eine zeitliche Begrenzung der Theateraufführung fest, aber dies ist eher eine praktische Überlegung. Die Dauer einer Aufführung bestimmt den zeitlichen Rahmen, aber er fordert nicht die Übereinstimmung von Handlungs- und Aufführungszeit.
Das Gesetz von den drei Einheiten wurde im französischen Klassizismus u. a. von Corneille und Racine aufgegriffen, da man es als ein Zeichen von Vernunft und Wahrscheinlichkeit begriff. Die Einheit führte zu einer großen Formstrenge des Dramas, die lange Zeit für die europäische Dramatik als vorbildlich galt. In Deutschland wurden die drei Einheiten durch Johann Chr. Gottsched (1700–66) eingeführt, erste heftige Kritik daran übte Lessing in seiner *Hamburgischen Dramaturgie,* auch wenn er selbst in den meisten seiner Stücke dem französischen Vorbild noch folgte. Der Sturm und Drang Ende des 18. Jh.s wandte sich endgültig von der einengenden Festlegung ab und orientierte sich stattdessen an den offenen Dramenformen von Shakespeare. Später wurde zwar durchaus noch auf die drei Einheiten zurückgegriffen, so z. B. in Goethes *Iphigenie auf Tauris,* aber sie galten nicht mehr als verbindliches Gesetz. Im modernen Drama spielen sie keine Rolle mehr.

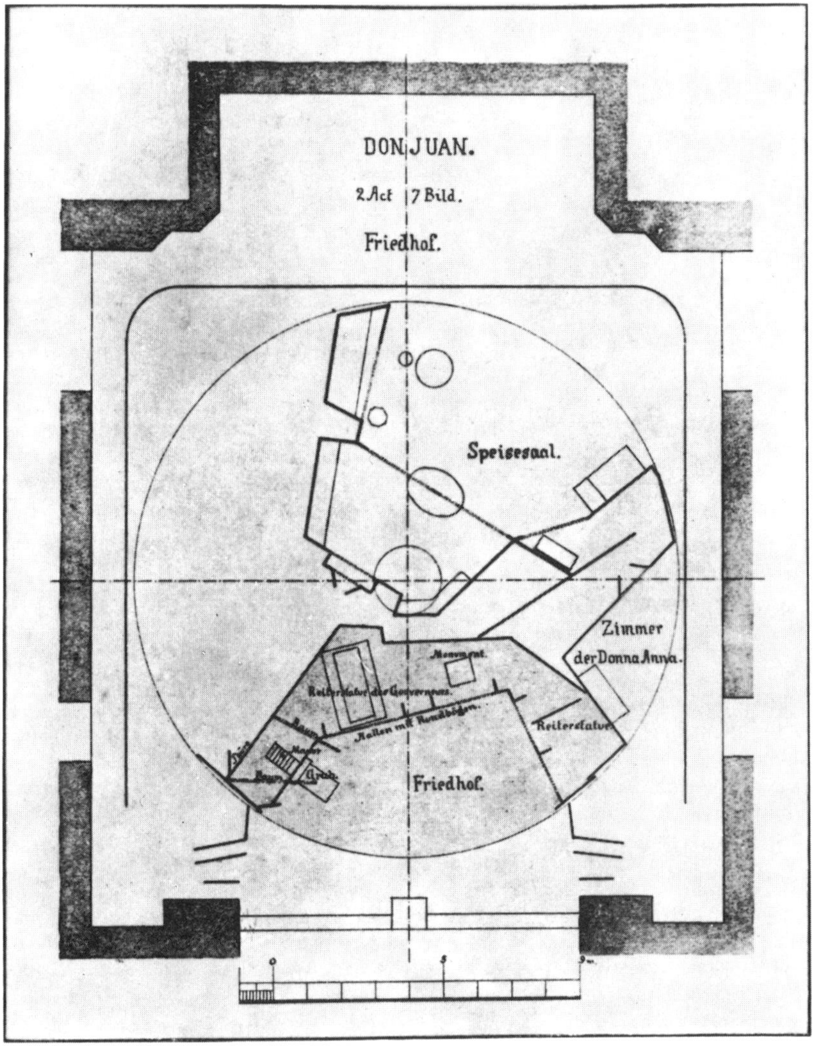

Drehbühne des Münchner Residenztheaters mit skizziertem Bühnenplan (Skizze von Karl Lautenschläger, 1896)

E

Effekte Bühnentechnische Vorgänge, die eine besondere Wirkung erzeugen, werden unter diesem Sammelbegriff gefaßt. Das können besonders aufsehenerregende Szenenwechsel sein, überraschende Auftritte aus der Versenkung usw. In der Regel sind damit aber **Spezialeffekte** gemeint, so werden mit Hilfe von Projektionen Geistererscheinungen oder Vorstellungen von fließendem Wasser erzeugt oder durch elektroakustische Anlagen Donner und Echo erzielt. **Lichteffekte** werden vor allem eingesetzt, um einzelne Figuren oder Dekorationsteile besonders hervorzuheben oder um Naturerscheinungen, z. B. einen Blitz, vorzutäuschen. Dafür gibt es spezielle **Effektscheinwerfer**. Die Nebelmaschine stellt Nebel her, aus Papierschnitzeln läßt sich Schnee machen, echter Regen kommt aus Wasserrohren mit Düsen, und die Windmaschine, ein großer Ventilator, läßt Wind entstehen. Größere Theater beschäftigen meist auch einen **Pyrotechniker**, einen speziell ausgebildeten Feuerwerker, der für die Herstellung von Explosionen und von allen Arten offenen Feuers auf der Bühne verantwortlich ist.

Einakter Ursprünglich entsprach diese Kurzform dem mehraktigen Drama, auch wenn hier die Handlung unter Verzicht auf Orts- und Zeitwechsel in einen Akt konzentriert ist. Als Beispiel dafür kann Gotthold Ephraim Lessings *Philotas* gesehen werden. Als die strengen Regeln und Gesetze des klassizistischen Dramas aufgegeben waren, entwickelte sich der Einakter zur bevorzugten Form des modernen Dramas seit Beginn des 20. Jh.s. Seither wird Einakter auch als Bezeichnung für ein kurzes Stück mit wenigen Personen verwendet, die aber nichts mehr über den Aufbau des Dramas aussagt.
Die Dramaturgie des Einakters bietet ganz unterschiedliche Möglichkeiten: Seine gedrängte Form kommt größtmöglicher Intensität des Spiels und der Wirkung der Aussage entgegen. Die unveränderliche Situation kann genutzt werden, um Figuren nicht mehr durchschaubaren Prozessen auszusetzen. Ebenso kann die Form des Einakters der schnellen und zugespitzten Lösung von politisch-aktuellen Ereignissen dienen. Um die Jahrhundertwende schrieben vor allem Anton Tschechov, August Strindberg, Arthur Schnitzler und Hugo von Hofmannsthal Einakter. Die Form griffen dann die Autoren des absurden Theaters wieder auf, z. B. Samuel Bekkett, Eugène Ionesco.

Einfühlung meint sowohl eine Schauspieltechnik als auch das, was diese Darstellungsform beim Zuschauer bewirken soll. Eine einfühlende Spielweise zeichnet sich durch das Einswerden des Schauspielers mit seiner Rolle aus, er will sie nicht nur darstellen, sondern verkörpern. Dazu versenkt er sich ganz und gar in die Gefühlswelt der Figur und lebt diese auf der Bühne nach. Die Suggestions- und Verwandlungskraft solchen Spielens läßt die Einfühlung des Zuschauers entstehen, d. h. dessen emotionale Identifikation mit Personen und Handlung. Er läßt sich von der Illusion bannen, es handle sich nicht um ein Bühnengeschehen, sondern um Realität.

Die im europäischen Theater jahrhundertelang praktizierte Technik der Einfühlung wurde zu Beginn des 20. Jh.s von dem russischen Regisseur und Theaterpädagogen ▶ Stanislawski systematisiert und zusätzlich um psychologische Techniken für den Schauspieler erweitert. Nach seiner Methode wird heute noch an fast allen Schauspielschulen ausgebildet.

Ein früher Kritiker der Einfühlung war ▶ Diderot (1713–84), der in seinem Essay *Paradox über den Schauspieler* ein bewußtes, vom Verstand kontrolliertes und kalkuliertes Spiel forderte. Dies sollte zwar auch beim Publikum Gefühle erwecken, aber nicht dadurch, daß der Schauspieler selbst solche empfindet. An Diderots Forderung knüpfte Brecht an, der die Einfühlung sowohl in der Schauspieltechnik als auch bei den Zuschauern noch radikaler bekämpfte. Als Gegensatz zur Einfühlung forderte er die **Distanz**, eine Verfahrensweise, die erkennen läßt, daß das Bühnengeschehen künstlich hergestellt ist. Durch das distanzierte Spiel soll der Zuschauer den auf der Bühne gezeigten Vorgang und zugleich dessen Künstlichkeit sehen und darüber nachdenken.

Eiserner Vorhang Seit 1889 ist in Deutschland diese Feuerschutzvorrichtung in allen öffentlichen Theatern, die ein eigenes Bühnenhaus von mehr als 150 m² Grundfläche besitzen, von der Baupolizei vorgeschrieben. Wenn er herabgelassen ist, schließt er die Bühne gegen den Zuschauerraum ab und wirkt bei einem Brand feuerhemmend. Um ein Durchglühen der Stahlkonstruktion zu verhindern, ist er meist mit einer Berieselungsanlage versehen. Seine Beweglichkeit darf nicht durch Bühnenbild und Dekorationsteile behindert werden, besonders wenn die Vorbühne in das Spiel einbezogen ist. Um Darsteller zu warnen, die sich auf der Vorbühne aufhalten, erklingt im Notfall eine Vorhangglocke, bevor der eiserne Vorhang fällt. Er muß nach Schluß jeder Vorstellung herabgelassen und darf nur geöffnet werden, wenn auf der Bühne gearbeitet wird.

Ekhof, Konrad (1720–78) Der deutsche Schauspieler und Theaterleiter spielte 1740–57 in der Wandertruppe von J.F. Schönemann, nach deren Zusammenbruch in der G.H. Kochs, ging 1764 nach Hamburg zur Ackermannschen Truppe, gehörte 1767–69 zum Hamburger Nationaltheater und übernahm 1774 die Leitung des Gothaer Hoftheaters. Zeitgenossen, z.B. Goethe und Iffland, hielten ihn für den bedeutendsten Schauspieler deutscher Sprache. Er gilt als „Vater der deutschen Schauspielkunst". 1753 wurde von ihm in Schwerin die ▶ Akademie der Schönemannschen Gesellschaft gegründet, die erste Schauspielerakademie auf deutschem Boden (1754 wieder geschlossen). Ekhofs Ziel war es, das sittliche und künstlerische Ansehen des Schauspielerstands zu fördern, aus Wanderkomödianten Künstler zu machen. Durch eine Erziehung zu bürgerlichen Tugenden wie Ehrlichkeit, Fleiß, Pünktlichkeit, Pflichttreue sollten gesellschaftliche Vorurteile gegenüber Schauspielern abgebaut und die Schauspielkunst dem bürgerlichen Berufsethos angeglichen werden. Durch Verwissenschaftlichung wollte Ekhof dem Virtuosentum und dem Zufälligen in der Schauspielkunst ein Ende setzen. So legte Ekhof für die Akademiemitglieder fest, jedes aufzuführende Stück zunächst gemeinsam zu lesen, damit alle Schauspieler Sinn und Aufbau des Stücks kennenlernten. Die Analyse von Charakteren und Rollen sollte dazu dienen, daß jeder Schauspieler seine Rolle aus dem Gesamtgefüge heraus und nicht nach eigenem Belieben gestaltete. Außerdem hielt Ekhof Vorlesungen und führte Diskussionen über theoretische Texte zur Schauspielkunst von Gotthold Ephraim Lessing, Antonio Franceso Riccoboni u. a., einerseits um Anleitungen zur Schulung von Stimme und Gestik zu vermitteln, zum anderen um den Bildungsstand der Schauspieler vor allem hinsichtlich der Theaterästhetik anzuheben.

Ekkyklema (griech.: ekkyklein = herausdrehen) Auch das antike Theater kannte bereits Theatermaschinen. Das Ekkyklema ist ein kleines, auf Rollen ruhendes Podest, ähnlich dem heutigen **Bühnenwagen**, das aus einer der Türen des hinteren Bühnenhauses auf die Spielfläche geschoben werden konnte. Es wurde genutzt, um plötzliche Ereignisse sichtbar zu machen, die auf offener Bühne nicht gespielt werden durften. So durfte sich ein Mord nur hinter der Bühne abspielen, doch für den Fortgang der Handlung war es wichtig, daß die Leiche unmittelbar danach auf der Bühne präsentiert wurde. Vermutlich gibt es das Ekkyklema bereits seit dem Ende des 6. Jh.s v. Chr.

Elisabethanisches Theater Das Theater zur Zeit der Königin Elisabeth I. von England (1533–1603) hat in Europa und besonders im deutschsprachigen Raum ähnlichen Vorbildcharakter und Wirkungsgrad erlangt wie das Theater der Antike und der Commedia dell'arte. Erst im 18. Jh. lernten die Deutschen Shakespeares Stücke im Original kennen; seitdem ist er aus den Spielplänen unserer Theater nicht mehr wegzudenken (▶ Shakespeare-Rezeption).
Unter der Herrschaft Elisabeths setzten sich in der zweiten Hälfte des 16. Jh.s die religiösen und geistigen Neuerungen der Reformation durch sowie die neuen Bildungs- und Kunstideale der aus Italien kommenden Renaissance. Diese kulturellen Veränderungen sind in diesem Ausmaß jedoch nicht denkbar ohne den gewaltigen wirtschaftlichen Aufschwung, den England zur Zeit Elisabeths erfuhr. Dies war das Ergebnis einer etwa zweihundertjährigen Entwicklung von einfacher Natural- zur Kapitalwirtschaft mit ungeheuren sozialen Umschichtungen auf dem Land und in der Stadtbevölkerung. Früher als auf dem europäischen Kontinent lösten sich die alten Zunftordnungen auf. Handel entwickelte sich im nationalen Maßstab, während in Deutschland dieser Prozeß durch die Kleinstaaterei bis weit ins 19. Jh. gehemmt war. Mit der Entdeckung Amerikas verlagerten sich internationale Seewege weg vom Mittelmeer näher an England, dessen Überseehandel nahm zu. Die politische Geschichte vom 14. bis 16. Jh. ist durch einen Prozeß staatlicher Zentralisierung auf Kosten des alten Hochadels gekennzeichnet; William Shakespeares (1564–1616) Königsdramen reflektierten diesen Aufreibungsprozeß (Rosenkriege), in dem das Königtum an Macht gewinnt und sich mit aufstrebenden sozialen Gruppen verbindet: ländlichem Kleinadel und Bürgertum. London

war nicht nur Sitz der Könige, Verwaltungszentrum, kultureller Mittelpunkt, in London trafen auch die sozialen Gegensätze der elisabethanischen Gesellschaft aufeinander. Das spürt man in den überlieferten Theaterstücken Shakespeares und seiner Zeitgenossen, in denen soziale Vielfalt und Widersprüchlichkeit Thema ist.

Das elisabethanische Theater baut auf langen Traditionen englischer Theaterkultur auf. Die Misterienspiele, bis ins 16. Jh. beliebt, dann von den Reformatoren bekämpft, gaben entscheidende Anregungen durch ihre handlungs- und abwechslungsbetonte Dramaturgie, komischen Figuren, schwankhaften Motive, drastischen Rauf-, Folter- und Hinrichtungsszenen, durch ihren Figurenreichtum, der alle sozialen Schichten berücksichtigt, tragische und komische, erhabene und groteske Elemente nebeneinander gelten läßt. Die heilsgeschichtliche und biblische Thematik der Misterienspiele war durchsetzt von sozialkritischen Anklagen und wirklichkeitsnahen Einblicken in die Welt der Zuschauer. Diese Mischung extremster Gegensätze, von Phantastik und Wirklichkeitsnähe, und diese außerordentliche Theaterlust vermitteln uns heute noch die Stücke Shakespeares. In den Moralitäten standen nicht biblische Geschichte oder Heiligenlegenden zur Debatte, sondern psychische Vorgänge im menschlichen Individuum, sittliche Entscheidungen wurden mithilfe allegorischer, bildhafter, Darstellung verhandelt. Das elisabethanische Drama und Theater übernahm diese dramatischen Höhepunkte des Seelenkampfes, der Entscheidungssituation, der Verführung und Rettung. Wie Shakespeare auf ursprünglich allegorische Figuren und Moralitäten zurückgriff, sie jedoch zu komplexen dramatischen Charakteren umformte, sieht man an Falstaff in *Heinrich IV.*, einem Abkömmling der Allegorie des verführerischen Lasters, aber auch der personifizierten Todsünden Völlerei, Trägheit, Unzucht.

Auch die Rollentypen des ▶ Miles gloriosus, des ruhmredigen Offiziers, und des Parasiten aus der lateinischen Komödie (Terenz, Plautus) standen bei der Konzeption des Shakespeareschen Falstaff Pate. Über die humanistischen Gelehrten war die Kenntnis der römischen Komödien nach England gelangt. Sie führte nicht nur zur Erweiterung der heimischen Komödienfiguren, sondern auch zur strengeren und kausal genauer begründeten Handlungsführung, überhaupt erst zur Entstehung einer geformten Gattung Komödie. Besonders von Plautus übernahm man komische Handlungsteile wie Verwechslung, Familientrennung und Wiederfinden der Kinder, von Shakespeare aufgegriffen in *Komödie der Irrungen*, *Wintermärchen*, *Cymbeline*, heimliche Liebe und Brautraub in *Kaufmann von Venedig*. Shakespeares ▶ Hosenrollen, als Männer verkleidete junge Frauen wie Rosalind in *Wie es euch gefällt*, Viola in *Was ihr wollt* u. a., haben ihr Urbild in einer Komödie des Plautus: *Casina*. Auch die typischen Figuren und Figurenkonstellationen der Commedia dell'arte, deren Truppen im 16. Jh. England erreichten, werden in der elisabethanischen Komödie nachgeahmt. Für die Gattungsentwicklung der Tragödie war das in den humanistischen Schulen ausführlich betriebene Studium der Tragödien

Das Swan Theater in London, 1596 (Zeichnung von J. de Witt)

Senecas von großer Bedeutung. 1581 erschien eine Übersetzung seiner Tragödien. Von Shakespeare wissen wir, daß er Senecas Werk kannte und besonders in seinem Frühwerk zum Vorbild nahm. Aber auch in späteren Stücken finden sich Passagen, die an Senecas aufwendige Rhetorik oder dessen Vorliebe für den Botenbericht erinnern.

Im Laufe des 16. Jh.s breitete sich in England das Berufsschauspielertum aus; es rekrutierte sich aus einem breiten Angebot an Laienspielern aus geistlichen Spielen, Handwerkeraufführungen, ländlichen Possenreißern, die zu bäuerlichen Festen aufgetreten waren, aus Schaustellern, wandernden Akrobaten, Tänzern, Musikern, schließlich aus Land- und Arbeitslosen. Etwa seit 1530 gehörten zum Gefolge von Hof und hohem Adel Schauspielertruppen. Zwar erhielten sie keine regelmäßige Entlohnung, aber Spielprivilegien und Rechtsschutz durch den jeweiligen Privilegiengeber. Dies war besonders wichtig, da ein Bettler- und Vagabunden-Statut, 1572 vom Parlament bekräftigt, das Umherziehen erschwerte oder verbot. Gerade dies war für die ersten Berufsschauspieler lebenswichtig, da sie in Wandertruppen organisiert waren. Die Truppen pflegten zu ihrem Schutz den Namen des adligen Schirmherrn zu führen. Shakespeare gehörte als Autor und Darsteller zu „Lord Chamberlain's Men", die sich später „King's Men" nennen durften. Die tanz- und theaterbegeisterte Königin Elisabeth ließ zu ihren Festlichkeiten, die vor allem im Winter, zwischen Weihnachten und Epiphanias stattfanden, die in oder um London spielenden Truppen zu Aufführungen in ihre Residenzen einladen – für die Truppen nicht nur hohe Ehre, sondern auch Einnahmensteigerung und Prestigegewinn für die magere Zeit im Sommer, wenn sie über Land zogen. Während des ganzen 16. Jh.s traten in den privaten Theatern und am Hof auch **Kindertruppen** auf, hervorgegangen aus Chorsängern der königlichen Kapelle (Children of the Chapel und Children of Windsor) und der Lateinschule der St.-Pauls-Kathedrale; sie waren gut ausgebildet in Gesang und Rhetorik und für die Erwachsenentruppen durchaus Konkurrenten. Es waren ausschließlich Knaben; vor 1660 durften in England, von Ausnahmen abgesehen, Frauen nicht auftreten, die Frauenrollen wurden, auch am Berufstheater, von Knaben oder jungen Männern gespielt.

Das elisabethanische Theatersystem war rein kommerziell organisiert; die Schauspieler kauften sich mit einer Geldsumme in eine Truppe ein und waren am Gewinn beteiligt. Als Teilhaber mußten sie das übrige Betriebspersonal einstellen: drei oder vier Knaben mit sprechtechnischen und darstellerischen Vorkenntnissen, die die Frauenrollen spielten, außerdem Personal für Kleinrollen, Statisterie und technische Abläufe. Die Spielweise der Schauspieler ist in Einzelheiten kaum noch zu rekonstruieren; möglicherweise vollzog sich im Laufe des 16. Jh.s mit wachsender Bedeutung des Berufsschauspielertums ein Wandel von eingeübten statuarischen Posen, wie sie in den Rhetorik-Lehrbüchern der Lateinschulen vorgeschrieben waren, zu einer alltäglichem Sprechen und Verhalten angenäherten, Gefühle damit glaubhafter ausdrückenden Spielweise. Darum geht es auch in Hamlets Rede an die Schauspieler (*Hamlet* III,2). Hamlet fordert gegenüber der von ihm engagierten Berufsschauspielertruppe Wirklichkeitsnähe im Spiel. An Shakespeares Werk ist abzulesen, wie von den frühen zu den späteren Stücken die psychologische Vielfalt und Widersprüchlichkeit der Figuren wächst, Sprache und Vers im Ausdruck geschmeidiger werden. In Shakespeares Werk nehmen also die Anforderungen an die Schauspieler, an ihre Fähigkeit zu differenziertem Gefühlsausdruck und lebendiger Charakterzeichnung zu. Dem widerspricht nicht die Lust an groteskeüberzogener Spielweise, wie sie etwa in den Rüpelszenen im *Sommernachts-*

Das Londoner Globe Theater, erbaut 1599 und abgebrannt 1613

traum gefordert sind; hier wird Theater auf doppelte Weise zum Thema: erstens als Theater im Theater, zweitens als berufsständische Beschäftigung von Profis, die sich über nichtprofessionelle Darsteller lustig machen.
Die Dramen der Shakespeare-Zeit sind traditionsgemäß so gebaut, daß sie auf jeder einfachen Budenbühne gespielt werden konnten. Die Wandertruppen des 16. Jh.s schlugen ihre Bretterbühnen auf Plätzen, an Straßen oder in den Höfen der Wirtshäuser, bei schlechter Witterung auch in deren großen Sälen auf. Auch in den Schlössern des Adels oder in den Palästen der Patrizier stellte man zu festlichen Gelegenheiten vorübergehend einfache Bühnen auf. Manche Wirte gaben Schauspieltruppen Unterkunft; es entwickelten sich regelrechte **Wirtshaustheater**, in denen die Zuschauer den Vorteil hatten, daß sie zur Aufführung auch mit Erfrischungen versorgt werden konnten. Der Londoner Magistrat, durch die Reformation zunehmend beeinflußt von puritanischen Bürgern, setzte die Wirtshaustheater seit 1574 immer mehr unter Druck und verbot schließlich 1576 das Theaterspiel in diesen Häusern innerhalb Londons. Neben den theaterfeindlichen Vorurteilen wie moralische Verderbnis der Jugend, Lasterhöhle für Diebe, Dirnen usw. führte man auch das durch Erfahrung erhärtete Argument ins Feld, daß die großen Ansammlungen in den Theatern die Verbreitung der Pest begünstigten.
Außerhalb der Stadtgrenzen Londons und damit außerhalb der städtischen Gerichtsbarkeit konnten einige Wirtshaustheater weiterbestehen, und dort entstanden nach 1574 auch die großen öffentlichen Theater mit bis zu 3.000 Plätzen:

- **The Theatre**, 1576 von James Burbage erbaut;
- **The Curtain**, kurz darauf entstanden, wahrscheinlich von Shakespeares Truppe 1597–99 bespielt;
- **The Globe**, 1599 erbaut, das prächtigste und berühmteste der öffentlichen Theater, seit 1608 spielten Shakespeare und seine Truppe dort, 1613 während einer Aufführung von Shakespeares *Heinrich VIII.* abgebrannt und noch prächtiger wieder aufgebaut. Das Globe war im Bezirk Bankside, einem traditionellen Freizeitzentrum mit Bärenhatz- und Stierkampfarenen, erbaut.
- **The Rose** und **The Hope**, nicht weit vom Globe entfernt, 1588 von Philip Henslowe errichtet;
- **The Swan**, ebenfalls auf der Bankside, wahrscheinlich 1595 errichtet. Es hat besondere Bedeutung für die Erforschung des elisabethanischen Theaters durch eine Zeichnung von Bühne und Zuschauerraum, die von dem niederländischen London-Touristen Johannes De Witt stammt (s. S. 105).

Herzstück dieser großen öffentlichen Theater war die **Plattformbühne**, eine an drei Seiten von Publikum umgebene Spielfläche, die engsten Kontakt der Spieler mit dem Publikum herausfordern mußte. Die große Nähe der Bühne zum Zuschauer galt sowohl für das ärmere Stehpublikum im Parterre, das nur einen Penny Eintritt zahlen mußte, als auch für die zahlungskräftigeren Zuschauer in den Galerien und die Adligen in der ersten Galerie seitlich der Bühne. Die Plattform war in Augenhöhe und damit etwa gleich hoch mit der er-

Das Blackfriars Theater in London nach dem Umbau von 1596 (Rekonstruktionszeichnung von J.H. Farrar, 1921)

sten Galerie in der Grundform einer Budenbühne aufgebaut. An der Rückseite gab es Auftritts- und Versteckmöglichkeiten (Vorhang, flaches Kabinett). Die Budenbühne benutzte man ursprünglich in England auf Straßen und Plätzen. Später verpflanzten die Truppen diesen einfachen Aufbau in die Innenhöfen von Gasthäusern, oder – das ist eine neuere Theorie – man kombinierte ihn mit den seit dem Mittelalter für Turniere, Schwertspiele, Ringkämpfe, Stierkämpfe und Bärenhatz üblichen runden oder ovalen Großarenen, in deren Innenhof die genannten Spiele stattfanden; die Zuschauer saßen in Galerien rundum. Die seit 1576 vor den Toren Londons gebauten Freilichttheater erhielten nach dem Vorbild dieser Kampfarenen ihr äußeres Aussehen und die Form des Zuschauerraums. Die Büh-

nenwand der Budenbühne stellte man vor die Galeriewand; die Logen über der Bühnenwand, im Normalfall reserviert für vornehmes Publikum, die „Lord's Rooms“, konnten auch für Auftritte genutzt werden, z. B. für die Balkonszene in Shakespeares *Romeo und Julia*. Die Spielplattform war im hinteren Teil überdacht zum Schutz vor Regen für Darsteller, Requisiten, Versatzstücke und Vorhänge der Bühnenwand; das Bühnendach hatte zugleich die Bedeutung des Himmels. Entsprechend nannte man den Raum unter der Plattform, die Unterbühne, auch Hölle. Sie war durch eine Versenkung mit der Spielfläche verbunden.
Neben den öffentlichen Rundtheatern gab es Saalbühnen, die sogenannten privaten Theater. Hier galten höhere Eintrittspreise, das Publikum war ‚exklusiver‘, aber die erhöhten Einnahmen ermöglichten auch größeren technischen Aufwand. Man spielte bei künstlichem Licht. Das bekannteste und interessanteste private Theater ist das **Blackfriars-Theater**, vermutlich schrieb Shakespeare für diesen Raum seine späten Romanzen, seit 1609 spielte seine Truppe sowohl im Globe als auch hier. Das Blackfriar war ein langgestreckter Raum in einem ehemaligen Dominikanerkloster. Der Raum gliederte sich in Parkett und umlaufende Galerien mit Logen, an der einen Schmalseite befand sich die Bühne, die nicht nach drei Seiten frei stand wie in den Rundtheatern, aber gut zahlende Zuschauer konnten seitlich auf der Bühne sitzen.
Die elisabethanische Bühne kannte keine Szenenbilder, sondern nur Embleme, Versatzstücke, Requisiten. Die leere Plattform war oft ausreichend für die Bestimmung der Szene. Informationen zum Ort, zu Ortswechsel, Tageszeit, Wetter wurden oft von einzelnen Figuren direkt oder indirekt (▶ Untertext) gegeben. Dennoch war die elisabethanische Bühne nicht karg oder armselig, sondern vermittelte reiche Schauwerte durch Schnitzwerk und Malerei an den Bauteilen. Vor allem aber sparte man nicht an den Kostümen der Darsteller. Aus den Aufzeichnungen des Theaterunternehmers Philipp Henslowe wissen wir, daß er für die Herstellung eines einzigen Kostüms manchmal mehr ausgab als für den Ankauf eines neuen Stücktextes. Stoff und Besatz mußten aus bestem Material sein, billige Nachahmungen hätte das nahe an der Spielfläche plazierte Publikum sofort bemerkt. Außerdem ‚erzählte‘ man mit den Kostümen die dramaturgische Bedeutung, die hierarchische Abstufung. Die Kostüme gaben den Beziehungen unter den Figuren und damit auch der Szene Kontur.
Die Theaterfreundlichkeit des Königshauses setzte sich nach dem Tod Elisabeths 1603 unter dem Stuart Jakob I. (1566–1625) fort. Doch in den öffentlichen Verwaltungen wuchs die Macht des puritanischen Bürgertums, das nicht nur aus religiösen Gründen dem Theater feindlich gegenüberstand. Unter Jakobs Nachfolger Karl I., auch er ein Stuart und katholischer Neigungen verdächtig, in ständigem Kampf gegen die Ansprüche des Parlaments, wuchs die puritanische Opposition. 1642 kam es zu Revolution und offenem Bürgerkrieg. Wenige Tage nach Beginn der Revolution ließ das Parlament alle Theater schließen, die Schauspieler mußten ihren Beruf wechseln. Nur in den Schulen durfte noch Theater gespielt werden. Erst 1660, mit Beginn der Restauration der Stuart-Dynastie, vergab König Karl II. wieder Theaterlizenzen.

Engagement (franz. = Verpflichtung) Das künstlerische Personal wird mit einem Vertrag für einen begrenzten Zeitraum an ein Theater gebunden. Im deutschsprachigen Raum erstreckt sich dieses Engagement in der Regel auf wenigstens eine Spielzeit. Grundlage für diesen befristeten Arbeitsvertrag zwischen Darsteller, Regisseur, Dramaturg usw. auf der einen Seite und dem Intendanten bzw. Direktor eines Privattheaters auf der anderen Seite ist der **Normalvertrag**, der zwischen dem Deutschen Bühnenverein und der Genossenschaft Deutscher Bühnenangehörigen ausgehandelt wurde. Er regelt Arbeits- und Ruhezeiten, Urlaub, Kündigung und zusätzliche Altersversorgung. Für Chor, Orchester und Tänzer sind in ihm außerdem die tariflich vereinbarten Gagen festgelegt, während der Solist bei seinem Engagement seine Gage für sich allein aushandeln muß. Neben dem längerfristigen Engagement gibt es besonders für Regisseure, aber auch für Schauspieler und Bühnenbildner **Stückverträge**, also eine vertragliche Bindung nur für eine einzige Inszenierung.

Ensemble (franz. = zusammen) Alle für eine Spielzeit an einem Theater arbeitenden Darsteller werden darunter gefaßt. Im engeren Sinn kann Ensemble aber auch eine über einen längeren Zeitraum zusammenarbeitende Schauspielgruppe meinen, die aufeinander abgestimmt ist und sich einer bestimmten künstlerischen Idee verpflichtet fühlt. Häufig arbeitet ein Ensemble unter Leitung eines bestimmten Regisseurs. Dies gilt z. B. für das Moskauer Künstlertheater unter Konstantin S. Stanislawski, das Berliner Ensemble von Berthold Brecht oder die Schaubühne am Halleschen Ufer in Berlin unter Peter Stein in den 70er Jahren.

Der Ensemble-Gedanke ist gegen Ende des 19. Jh.s entstanden, als der Regisseur eine immer größere Bedeutung im Theater gewann. Die Regisseure organisierten alle Bereiche einer Aufführung durch und ordneten sie einem Gesamteindruck unter. Der Stil eines Regisseurs prägte nun die Aufführungen. Für diesen stimmigen Gesamteindruck war Voraussetzung, daß im **Ensembletheater** die darstellerische Einzelleistung im Dienst des Ganzen gesehen wird. Im Unterschied dazu steht das Startheater, das auf einen oder wenige herausragende Schauspieler ausgerichtet ist.

En suite (franz. = ununterbrochen) Vor allem am Broadway, im Boulevardtheater und bei kommerziellen Musicals wird ein und dasselbe Stück über einen längeren Zeitraum in Folge gespielt. Man bezeichnet solche Theater deshalb auch als **Serien-Theater**, die im Unterschied zum **Repertoire-Theater** mit täglich wechselnden Aufführungsangeboten nur ein einziges Stück auf dem Spielplan haben und erst, wenn dieses **abgespielt** ist, d.h. keine Zuschauer mehr findet, mit einer neuen Inszenierung herauskommen.

Environment (engl. = Umgebung) ist ein künstlerisch gestalteter, vom Betrachter begehbarer Raum, der Assoziationsfähigkeit und Reflexionsbereitschaft im Hinblick auf die Alltagswelt unmittelbar hervorzurufen versucht. Es handelt sich dabei um eine in Amerika Ende der 50er Jahre vor allem von Allan Kaprow entwickelte ästhetische Ausdrucksform der bildenden Kunst. Diese Ideen hat Richard Schechner theoretisch und praktisch für das Theater einzusetzen versucht. Für das **Environmental Theatre** stellte er u. a. folgende Bestimmungen auf: Identität von Aktions- und

Zuschauerraum, Gleichwertigkeit von Darstellern und Dingwelt, Zweitrangigkeit des gesprochenen Worts, Aufhebung des Unterschieds zwischen Kunst und Leben.
Äußere Merkmale des Environment wurden in den 70er Jahren von Bühnenbildnern in bundesdeutsche Theater übernommen, besonders bei Inszenierungen, die nicht mehr im traditionellen Theaterraum stattfanden. Beispiele dafür sind Klaus Michael Grübers Aufführung *Die Winterreise* nach Texten von Friedrich Hölderlin im Berliner Olympia-Stadion 1977 und Peter Steins *Shakespeare Memory* in der Halle eines Filmateliers in Berlin im Jahr 1976.

Epilog (griech.: epilogos = Nachrede) Dieses Schlußwort eines Dramas wird nach dem Ende der Handlung vorgetragen. Im Epilog werden Betrachtungen über den Gehalt des Stückes, die künstlerische Darstellung, das weitere Schicksal der Figuren angestellt, Danksagungen ausgesprochen oder kritische Kommentare und Nutzanwendungen geboten. Das Gegenstück zum Epilog bildet der ▶ Prolog, er steht am Anfang eines Dramas.
Als erster hat Plautus im 3. Jh. v. Chr. die Nachrede in die römische Komödie eingeführt, sie war besonders im Drama der Renaissance und des Barock beliebt. Er findet sich u. a. in den Fastnachtspielen, den Stücken von Hans Sachs, William Shakespeare oder Friedrich Schiller, aber auch im modernen Drama, z. B. in Bertholt Brechts *Der gute Mensch von Sezuan*.

Episches Theater Von Bertolt Brecht Mitte der 20er Jahre eingeführter und in seinen Theatertheorien mehrfach definierter Begriff für ein politisches Theater, das den Realitäten des 20. Jh.s Rechnung trägt. Modellhaft ist die Theorie des epischen Theaters in der ▶ Straßenszene von Brechts *Messingkauf* entwickelt. Demzufolge ist es ein Theater des wissenschaftlichen Zeitalters, das dem Wissensstand der Zeit angepaßt ist und in seinen Verfahrensweisen wissenschaftlichen Methoden folgt. Es betont die kritisch distanzierte Beobachtung, wendet sich an die Produktivität des verändernden und veränderlichen Menschen, vermittelt dialektisches und materialistisches Denken, will die Aktivität des Zuschauers wecken und diesen zur Veränderung der Gesellschaft befähigen. Abgelehnt werden hingegen Handlungen, die eine Schicksalsbindung des Menschen zeigen, eine Dramaturgie, die das Eingreifen des Zuschauers verhindert, die Identifikation des Schauspielers mit seiner Rolle sowie die Einfühlung des Zuschauers in das Bühnengeschehen.
Das epische Theater begreift sich als ein demokratisches Theater, das den Zuschauerraum in einen Versammlungsraum und die Bühne in ein Podium verwandelt, so daß eine Kommunikationssituation gegeben ist, in der öffentliche Angelegenheiten verhandelt werden können. Sowohl im Hinblick auf die Dramaturgie als auch auf die Spielweisen knüpft das epische Theater an künstlerische Mittel des elisabethanischen und des chinesischen Theaters an, entwickelte diese weiter und erschloß eine Vielzahl neuer Techniken der Verfremdung, z. B. die Unterbrechung des Bühnengeschehens durch Songs, Chöre, einen Erzähler oder andere erzählende, ‚epische', Elemente. Während Brecht die Episierung des Theaters vor allem auf dem Gebiet der Dramatik und der Schauspieltechnik vorantrieb, entwikkelte für die Bühnentechnik ▶ Piscator neue Möglichkeiten, z. B. durch die Ein-

führung von Filmprojektionen. Nach 1945 ersetzte Brecht den Begriff episches Theater (der sich polemisch gegen die traditionelle – „aristotelische“ – Spannungsdramaturgie der ▶ Einfühlung wenden sollte, aber zu Mißverständnissen und einer unzutreffenden Gattungsdebatte über den Gegensatz episch/dramatisch geführt hatte) durch die Bezeichnung **dialektisches Theater**.

Erstaufführung (EA) ist die der Uraufführung, d. h. der ersten ▶ Aufführung eines Bühnenwerks überhaupt, folgende Aufführung in einer anderen Sprache, einem anderen Land oder einer anderen Stadt. Zur Unterscheidung spricht man beispielsweise von europäischer Erstaufführung, deutscher Erstaufführung (DEA) oder Stuttgarter Erstaufführung. Die werbewirksame Bezeichnung wird gelegentlich auch verwendet, wenn ein Dramaturg oder Regisseur eine neue Fassung von einem alten Stück angefertigt hat.

Etat (franz. = Bestand) Die Gesamtheit der Geldmittel, die einem Theater für ein Kalenderjahr zur Verfügung stehen, um sämtliche Ausgaben davon zu betreiten, bilden den Etat. Hierzu zählen Personalkosten für Künstler, Techniker, Arbeiter und Verwaltungsangestellte, aber auch Sachkosten wie z. B. allgemeine Betriebsausgaben und Unterhaltung der Theaterbauten. Auch die eigentlichen Produktionskosten wie Bühnenbild und Kostüme rechnen dazu. Personal- und Sachkosten sind feste Größen, während die Mittel, die für die Produktion der Aufführungen zur Verfügung stehen, so eingeteilt werden müssen, daß die künstlerische Qualität jeder einzelnen Inszenierung gesichert ist. In den öffentlichen Theatern der Bundesrepublik machen diese Produktionskosten nur 8% vom Gesamtetat aus. Ausschlaggebend für die Verteilung der Mittel auf die einzelnen Stücke ist der Umfang des Stückes (Einakter, großes Geschichtsdrama, Oper), der Stellenwert eines Bühnenwerks auf dem Spielplan, z. B. als Uraufführung, und das Ansehen eines Regisseurs oder Bühnenbildners. Durch den Verkauf von Karten und Programmheften werden in den öffentlichen Theatern durchschnittlich nur etwa 16% der Ausgaben eingespielt, die restlichen Mittel werden durch öffentliche Zuschüsse abgedeckt. Deshalb ist der Intendant verpflichtet, zu Beginn eines Jahres einen Etatplan aufzustellen und das **Einnahmesoll**, den Finanzierungsanteil durch Eigeneinnahmen, möglichst zu erreichen. Dieses Einnahmesoll wird vom Rechtsträger (Stadtmagistrat, Landesregierung) des Theaters festgelegt. Die Etats der bundesrepublikanischen Theater werden jährlich im Jahresheft der Zeitschrift „Theater heute“ aufgeführt.

Eurythmie (griech.: eurhythmia = guter Rhythmus, schöne Körperhaltung beim Tanz) Der Anthroposoph Rudolf Steiner (1861–1925) hat diese Bewegungs- und Ausdruckskunst 1912 begründet, die auf harmonische Entfaltung des Menschen abzielt. Der Mensch wird dabei gemäß der anthroposophischen Lehre als Einheit von Körper und Geist, als Ganzheit, gedacht. Die Eurythmie ist weder Tanz noch Gymnastik, sondern eine streng festgelegte Körper- und Gebärdensprache, die den Klang von Sprache sinnlich erlebbar zu machen versucht. So sollen Vokale inneres Erleben, Konsonanten äußere Erscheinung ausdrükken. Der Buchstabe R beispielsweise wird als rollendes Rad verstanden, das auf der Bühne durch kreisende Armbewegungen dargestellt wird. Die Bewe-

gungen werden häufig durch fließende Gewänder betont, und die Bühnenausstattung und -beleuchtung beschränkt sich auf wenige effektvolle Zeichen.
Die Eurythmie ist heute eine eigenständige, profesionell ausgeführte Bühnenkunst, außerdem wird sie an den Waldorfschulen unterrichtet. An den Eurythmieschulen der anthroposophischen Gesellschaft werden diplomierte Rhythmiklehrer ausgebildet.

Exiltheater ist die Sammelbzeichnung für Theaterunternehmungen verschiedenster Art (professionelles und Laientheater, Schauspiel, Kabarett, Singspiel, szenische Lesung usw.) von deutschen Theaterleuten in den Jahren 1933–1945 außerhalb der Grenzen des Deutschen Reichs. – Nach der Machtergreifung Hitlers 1933 verließen aufgrund des politischen Drucks und der einsetzenden Verfolgung ca. 4.000 Dramatiker, Regisseure, Schauspieler usw. Deutschland. In über 40 Asylländern versuchten die in die Emigration gezwungenen Künstler, entweder eine neue Basis für die professionelle Ausübung ihres Berufs zu finden, in Emigrantenklubs oder Internierungslagern mittels des Theaters ihre kulturelle Identität zu wahren oder Theater als Instrument im Kampf gegen den Faschismus einzusetzen. Es entstanden annähernd 500 Bühnenwerke im Exil, und es wurden mehr als 800 Inszenierungen herausgebracht, wobei es sich zum größten Teil jedoch um Liebhaberraufführungen handelte. Nur in den seltensten Fällen bot das Exiltheater die Möglichkeit, Theater als Broterwerb zu betreiben. Die Arbeits- und Verdienstmöglichkeiten waren gerade für Bühnenkünstler außerordentlich schwierig, die Abhängigkeit der künstlerischen Ausdrucksmittel des Schauspielers vom gesprochenen Wort und damit von der Muttersprache setzte enge Grenzen. Dies war ein Grund dafür, daß im Unterschied zu anderen Berufsgruppen der Anteil der Schauspieler unter den Exilanten relativ gering war. Weitere Erschwernisse für das Exiltheater waren die Asylpraktiken und die allgemeinen Rahmenbedingungen für Theater in den jeweiligen Gastländern.
Verbunden mit der Hoffnung auf eine baldige Rückkehr in ein von Nazis befreites Deutschland, konzentrierte sich das Exiltheater vor Ausbruch des Krieges vor allem auf die an Deutschland angrenzenden Länder. Hauptzentren waren die Tschechoslowakei, Frankreich, England, Holland und Skandinavien.
Asylland für die Emigranten der ersten Stunde war die **Tschechoslowakei**. Eine solidarische Zusammenarbeit zwischen den dort bestehenden deutschen Theatern und den Emigranten wurde aufgrund der politisch indifferenten oder z. T. nazitreuen Haltung der sudetendeutschen Minderheit allerdings verhindert. So schuf man unabhängig von etablierten Theatern private Theaterorganisationen, die eine liberale deutsche Theatertradition fortzusetzen versuchten. Daneben entstanden Theaterensembles, die sich weitgehend aus Amateuren zusammensetzten und in der Tradition der Agitprop-Truppen spielten, z. B. das „Studio 134" des Theaterkritikers, Schriftstellers und Schauspie-

Ankündigung der Uraufführung von Brechts Die Gewehre der Frau Carrar *in Paris, 1937*

lers Fritz Erpenbeck und der Lyrikerin Hedda Zinner, die Truppen „Echo von links" des Dramatikers Louis Fürnberg u. a.

In **Frankreich** fand bis zum Ausbruch des Krieges und der dann folgenden Internierung der Emigranten das Exiltheater vor allem in Paris statt. Die wichtigsten Ereignisse waren die Inszenierungen von Brechts *Die Gewehre der Frau Carrar* 1937 und *Furcht und Elend des Dritten Reiches* 1938 unter der Regie von Slatan Dudow mit Helene Weigel.

Wichtigste Emigranten-Vereinigung in **England** war der 1938/39 gegründete **Freie Deutsche Kulturbund (FDKB)**, zu dessen Vorstand der Regisseur Berthold Viertel, der Maler Oskar Kokoschka, der Schriftsteller Stefan Zweig

und der Theaterkritiker Alfred Kerr gehörten. Organisiert wurden von ihm u. a. Aufführungen von Brechts *Furcht und Elend des Dritten Reichs* 1939, *Die Gewehre der Frau Carrar* 1941 und Johannes R. Bechers *Winterschlacht* 1941. Das Schwergewicht des Spielplans lag aber auf Unterhaltungstheater, Kabarett und Revue. Neben den Theatergruppen des FDKB spielte im deutschsprachigen Theaterleben des Londoner Exils das „Laterndl" eine bedeutende Rolle, dessen Ensemble vorwiegend aus österreichischen Künstlern bestand und neben Kabarett vor allem Klassiker-Inszenierungen und Boulevardstücke auf dem Spielplan hatte. Die mit englischer Unterstützung 1942 gegründete und von Arthur Hellmer geleitete „Österreichische Bühne" spielte u. a. Lessings *Nathan der Weise* und Friedrich Wolfs *Professor Mamlock*.
Das Exiltheater in **Skandinavien** wurde wesentlich geprägt durch die Zusammenarbeit Brechts mit dänischen bzw. schwedischen Arbeitertheatern, die in Kopenhagen 1935 *Die Mutter* und 1936 *Die Rundköpfe und die Spitzköpfe* herausbrachten, in Stockholm 1939 *Dansen, Was kostet das Eisen* und *Das Verhör des Lukullus* uraufführten. 1943 wurde von den deutschen Regisseuren Carl Trepte und Hermann Greid in Stockholm die „Freie Bühne" gegründet, die eng mit schwedischen Volkshochschulen kooperierte und Stücke von Lessing, Goethe, Schiller, Nestroy, Zweig u. a. aufführte. Aus Mangel an zeitgenössischer antifaschistischer Dramatik wurden Passagen aus Anna Seghers Roman *Das siebte Kreuz* und aus Wolfgang Langhoffs KZ-Bericht *Die Moorsoldaten* für die Bühne szenisch eingerichtet.
Für kommunistische Emigranten war vor allem die **Sowjetunion** Zufluchtsland. Allerdings ging nur ein einziger deutscher Dramatiker von Rang, nämlich Friedrich Wolf (1888–1953), ins Moskauer Exil. Da Moskau der Sitz des „Internationalen Revolutionären Arbeitertheater-Bunds" war, wählten vor allem jene Theaterleute die Sowjetunion als Exilland, die in den deutschen Agitprop-Truppen tätig gewesen waren. Ihnen wurde die Aufgabe zugewiesen, ein sowjet-deutsches Kulturleben aufzubauen. Mit diesem Auftrag leitete z. B. die Schauspielerin Ilse Berend-Groa vom „Proletkult Kassel" im Bereich von Odessa ein Kollektivistentheater; Maxim Vallentin, ehemals Leiter des „Roten Sprachrohrs" und nach Rückkehr aus dem Exil Direktor der Theaterhochschule Weimar und Intendant des Maxim-Gorki-Theaters in Berlin, führte das „Deutsche Gebietstheater" in Dnjepropetrowsk. Nahezu geschlossen nach Moskau gekommen war das Schauspielerkollektiv „Truppe 31" von Gustav v. Wangenheim, das 1934 mit der Agitprop-Truppe „Kolonne links" fusionierte und als „Deutsches Theater Kolonne links" vor allem das Kohlerevier im Donezgebiet und die Wolgadeutsche Republik bereiste. Zum Programm gehörten Lieder der deutschen Arbeiterbewegung, satirische Kurzszenen, Einakter; gespielt wurde vor deutschen Bergarbeitern. Ehrgeizigstes und von Erwin Piscator entwickeltes Projekt war, in Engels, der Hauptstadt der Wolgadeutschen, ein großes deutsches autonomes Kulturzentrum zu errichten, eine Produktionsgemeinschaft von deutschen Schriftstellern, Theaterleuten und Filmemachern. Man baute lediglich das Theater aus, dem

u. a. die Regisseure Bernhard Reich und Vallentin angehörten. Auf dem Spielplan hatte die klassische deutsche Dramenliteratur deutliches Übergewicht; die Exildramatik wurde allein repräsentiert durch Wolfs Stücke *Das trojanische Pferd*, *Der Kampf um die Schafsquelle*, *Peter kehrt heim*. Der Hitler-Stalin-Pakt, der eine Welle von Verhaftungen unter deutschen Emigranten in der Sowjetunion auslöste, setzte dem Engels-Projekt ein jähes Ende.
Für die ca. 1.000 in die **USA** emigrierten Autoren und Theaterleute (z.B. Brecht, Toller, Werfel, Bruckner, Zuckmayer, Reinhardt, Jessner, Piscator, Kortner) waren aufgrund der völligen Andersartigkeit des amerikanischen Theatersystems und des starken Assimilationsdrucks des Gastlandes die Arbeitsbedingungen besonders schwer. In den Zentren des Exils, New York und Los Angeles, kam es zwar immer wieder zu Gründungen von Exiltheatern, die im amerikanischen Kulturbetrieb jedoch nicht Fuß fassen konnten, selbst wenn sie in englischer Sprache spielten. Ensembles wie die „Neue Theater-Gruppe" die von Wangenheims *Mausefalle* aufführte, die „Tribüne für freie deutsche Literatur und Kunst in Amerika" mit Viertels Inszenierungen von Brechts *Furcht und Elend des Dritten Reichs* und Bruckners *Die Rassen*, die „Continental Players", für die Leopold Jessner *Wilhelm Tell* inszenierte, scheiterten alle nach kurzer Zeit. Selbst Max Reinhardt, der aufgrund seiner früheren Gastspielreisen hohes Ansehen genoß, konnte nur geringen Erfolg verbuchen. Ebensowenig öffnete sich das kommerzielle amerikanische Theater der deutschen Exildramatik, wenn überhaupt, wurde sie von den Drama Departments der Universitäten aufgegriffen, so z. B. Stücke von Brecht und Toller. Großen Einfluß hingegen gewann Erwin Piscator, der 1940 in New York an der „New School for Social Research" den **Dramatic Workshop** gründete, eine Theaterschule, an der sowohl amerikanische als auch deutsche Theaterleute unterrichteten und aus der Schauspieler wie Julian Beck, Marlon Brando, Tony Curtis, Paul Newman, Walter Matthau, Rod Steiger und Dramatiker wie Tennessee Williams und Arthur Miller hervorgingen.
Zentren des Exils in Lateinamerika waren **Mexiko** und vor allem **Argentinien**, wo die „Freie Deutsche Bühne" in Buenos Aires unter der Leitung des Schauspielers und Regisseurs P. Walter Jacob (1905–77) kontinuierlich über 7 Jahre arbeitete. Sie beschäftigte 150 deutsche Bühnenkünstler und brachte die Stükke von 21 Exilautoren zur Aufführung u. a. von Stefan Zweig, Hans José Rehfisch, Georg Kaiser, Franz Werfel, Paul Zech.
Eine Sonderstellung nahm **Schanghai** (China) ein, wo vor allem deutsche Juden, darunter ca. 100 Theaterleute, Zuflucht suchten. In völliger Isolation, ohne Zugangsmöglichkeiten zur Exildramatik, entstand hier neben den von der „European Jewish Artist Society" organisierten Opern-, Operetten- und Komödienaufführungen eine schriftlich nicht überlieferte Tages- und Gebrauchsdramatik, die ausschließlich für das jüdische Publikum gedacht war, dessen Problematik sie reflektierte.
Die größten Nachwirkungen hatte die Arbeit exilierter Theaterleute am **Zürcher**

Schauspielhaus in der Schweiz, wo die Regisseure Leopold Lindtberg und Gustav Hartung, der Bühnenbildner Theo Otto, die Schauspieler Therese Giehse, Maria Becker, Leonhard Steckel, Ernst Ginsberg, Wolfgang Langhoff, Karl Paryla u. a. kontinuierlich beschäftigt waren. Pro Spielzeit kamen z. T. bis zu 35 Inszenierungen heraus, wobei Klassikeraufführungen den weitaus größten Anteil stellten. Uraufgeführt wurden hier aber auch Brechts *Mutter Courage und ihre Kinder, Der gute Mensch von Sezuan*, *Leben des Galilei*, Else Lasker-Schülers *Arthur Aronymus und seine Väter*, Georg Kaisers *Der Soldat Tanaka*, Carl Zuckmayers *Bellmann* u. a. Das Zürcher Schauspielhaus war das wichtigste freie deutschsprachige Theater während der Nazizeit. Es versuchte die theaterästhetischen Errungenschaften der 20er Jahre zu erhalten und fortzusetzen.
Nach Kriegsende gingen viele Ensemble-Mitglieder des Zürcher Schauspielhauses an Bühnen in Ost-Berlin und übernahmen z. T. leitende Positionen, wohingegen das westdeutsche Theater von ihnen kaum Notiz nahm, wie von den zurückkehrenden Theaterleuten insgesamt. Die Positionen an den westdeutschen Theatern waren besetzt von Theaterleuten aus der Nazizeit, deren ästhetische Vorstellungen das Theater der Adenauerära prägten. Für ehemalige Exilanten gab es da kaum einen Platz, für eine Vermittlung der im Exil gemachten Theatererfahrungen schon gar nicht.

Experimentaltheater Einige Theater erproben abseits vom etablierten Theaterbetrieb neue literarische oder mimisch-gestische Ausdrucksmöglichkeiten, ohne auf den herrschenden Publikumsgeschmack Rücksicht zu nehmen. Bekannteste Beispiele sind die Studios des Moskauer Künstlertheaters unter Leitung von Konstantin S. Stanislawski (1863–1938), in der Gegenwart das Theater Cricot 2 von Tadeusz Kantor (1915–90) in Krakau, das Theater-Laboratorium von Jerzy Grotowski (geb. 1933) in Wroclaw, die Theater-Safaris von Peter Brook (geb. 1925) in Afrika und Australien, das Theater der Erfahrungen Eugenio Barbas (geb. 1936).

Exposition (lat. = Darlegung) Ein Bühnenwerk braucht häufig eine Einführung in die Vorgeschichte, die Situation und die Personengruppierung des Dramas, um nicht sofort mitten in die Handlung springen zu müssen. In der antiken Tragödie hat diese Aufgabe der Prolog übenommen, später dann das Vorspiel wie in Goethes *Faust*. Im klassischen Drama der Neuzeit ist die Exposition in der Regel in die dramatische Handlung eingebaut und meist Hauptteil des ersten Akts.

Extemporieren (lat.: ex tempore = aus dem Moment) Ein Schauspieler extemporiert, wenn er auf der Bühne vom vorgegebenen Text abweicht und aus dem Stegreif neuen Text hinzufügt. Er tut dies, um eine Textstelle zu überbrükken, die er vergessen hat, um auf aktuelle Ereignisse anzuspielen oder das Publikum in das Spiel einzubeziehen. Die Commedia dell'arte hat dieses Stilmittel eingesetzt, und heute ist es noch am Kabarett verbreitet. Gelegentlich setzt es ein Schauspieler ein, um mit diesem Effekt Beifall zu schinden.

F

Fabel (lat.: fabula = Erzählung) Zum einen bezeichnet man damit eine kleine Form in der erzählerischen Dichtung, zum anderen ist es ein Begriff aus der Dramentheorie. Die Fabel ist das gedankliche Gerüst eines Dramas, das der künstlerischen Verarbeitung durch den Autor zugrunde liegt. Sie umfaßt alle Themen und Motive des Stückes, alle außerhalb der Handlung liegenden Ursachen des Geschehens und die Beziehungen der Personen untereinander.
So wie der Gesamthandlung eine Fabel zugrundeliegt, haben auch die einzelnen Figuren eines Stückes eine Fabel. Diese gibt Auskunft über ihre Vorgeschichte, das soziale Ansehen, die Haltungen anderen Figuren gegenüber, Stetigkeit und Brüche ihrer Entwicklung usw. Der Regisseur muß in der Vorbereitungszeit einer Aufführung sowohl die Fabel des Stückes als auch die der Personen herausfinden. Nur so kann er sich Klarheit darüber verschaffen, wie er eine Rolle besetzen will, wie er die Figur anlegen soll, auf welche Handlungsstränge besonderes Gewicht zu legen ist, was durch Bühnenbild und Ausstattung ergänzt werden muß.

Fahrendes Volk Gauklern, Schaustellern, Akrobaten, Spielleuten, Komödianten, Bettlern, Zigeunern usw. war gemeinsam, daß sie nichtseßhaft waren bzw. z.T. heute noch sind. Alle, die zum fahrenden Volk zählen, betreiben ihr Gewerbe ortsungebunden. Schon seit der Antike werden sie von der seßhaften Bevölkerung als soziale Randgruppe, gesellschaftliche Fremdkörper und Außenseiter diskriminiert. Noch bis ins 19. Jh. wurden auch die Schauspieler

Fahrendes Volk (Lithographie von Jean Henri Marlet, 1823)

zum fahrenden Volk gezählt. Ihnen wurde bis dahin die Beerdigung auf Friedhöfen verweigert, und über sie war das geflügelte Wort im Umlauf: „Leute, hängt die Wäsche weg, die Schauspieler kommen.“ Die Schauspieler erlangten erst mehr Ansehen, nachdem ihre Ausbildung geregelter ablief und sie fest an stehende Theater gebunden waren.

Fallhöhe Dieser dramentheoretische Begriff spielte vor allem in der Tragödie des Klassizismus und der Aufklärung im 17. und 18. Jh. eine bedeutsame Rolle. Der schicksalhafte Untergang eines Helden wirkte umso nachhaltiger und beispielhafter, je höher seine soziale Stellung war und je tiefer er also fiel. Die Fallhöhe galt als entscheidend für die moralische Wirkung auf den Zuschauer. Eng verknüpft mit diesem Begriff ist die **Ständeklausel**, nach der in der Tragödie ausschließlich Personen von hohem Rang als Helden auftreten durften. In der Komödie konnten Figuren aus niederen Ständen die Handlung bestimmen. In dem von Lessing in Deutschland begründeten bürgerlichen Trauerspiel verloren beide Begriffe ihre normative Bedeutung.

Farce (franz. = Füllsel) Ursprünglich war die Farce ein derbes volkstümliches Zwischenspiel in mittelalterlichen Misterien- und Mirakelspielen. Seit dem 19. Jh. wird Farce zum Sammelbegriff für alle derbkomischen und grotesken Formen vor allem der französischen Komödie, in denen meist menschliche Unzulänglichkeiten verspottet und die Brüchigkeit einer kleinbürgerlichen Welt bloßgelegt werden, wie z. B. in den Stükken von Eugène Labiche (1815–88), Georges Feydeau (1862–1921), Georges Courteline (1858–1929). Im deutschsprachigen Theater des 19. Jh.s hat sie im Schwank und der Posse z. B. von Johann Nestroy ihre Entsprechungen. Im 20. Jh. rückt die Farce in die Nähe der ▶ Groteske, insbesondere im Theater des Absurden wie bei Eugène Ionesco, in den Stücken Dario Fos, in Max Frischs *Die Chinesische Mauer. Eine Farce* und in *Kalldewey, Farce* von Botho Strauß.

Féerie (franz.: fée = Zauberin) Besonders im 17./18. Jh. wurden Märchen- und Zauberstücke auf englischen, französischen und italienischen Bühnen aufgeführt. Die Féerien waren eine Mischung aus Schauspiel, Tanz und Gesang mit einer prächtigen Bühnenausstattung und zauberhafter Verwandlung der Dekorationen. Die Féerien sind die Vorläufer für Ferdinand Raimunds (1790–1836) Stücke *Der Alpenkönig und der Menschenfeind* und *Das Mädchen aus der Feenwelt oder Der Bauer als Millionär*, aber auch für die Revuen des 20. Jh.s.

Fehlbesetzung Eine Rolle kann mit einem Darsteller fehlbesetzt sein, wenn seine künstlerischen Fähigkeiten ihr nicht gewachsen sind. Aber auch Alter, Aussehen und Spielweise können so aus dem Gesamtkonzept einer Inszenierung herausfallen, daß die Auffassung und Interpretation der Figur dem Zuschauer nicht einsichtig ist. Von der Fehlbesetzung zu unterscheiden ist die **Gegenbesetzung**, wenn ein Regisseur bewußt eine Rolle gegen bestehende Erwartungen besetzt. Er macht dies vor allem dann, um eingefahrene Vorstellungen z. B. von einem Helden zu durchbrechen. Stellt sich während der Proben heraus, daß ein Darsteller den Anforderungen der Rolle nicht entspricht, so nimmt der Regisseur in der Regel eine ▶ Umbesetzung vor, er beauftragt einen anderen Darsteller mit der Rolle.

Falstaff *von Verdi in der Inszenierung von Walter Felsenstein an der Komischen Oper, Berlin 1952*

Felsenstein, Walter (1901–75) Der österreichische Schauspieler, Regisseur, Theaterleiter und Theoretiker des Musiktheaters war seit 1947 Intendant der Komischen Oper in Ost-Berlin. Daneben war er als Gastregisseur an berühmten Opernhäusern in Mailand, Frankfurt, Wien und Moskau tätig, drehte Musikfilme wie *Fidelio* und verfilmte auch einige seiner eigenen Inszenierungen. Seine Theorie des Musiktheaters hat er in den *Schriften zum Musiktheater* formuliert.

Felsenstein erlangte Weltrang mit Operninszenierungen wie *Carmen* von 1949, *Die Zauberflöte* von 1954 und *Ritter Blaubart* von 1963. Damit wurde er einer der Wegbereiter der modernen Opern-Regie. Bahnbrechend war vor allem, daß er den starren, festgefahrenen Darstellungsstil von Sängern überwand und eine realistische, an der Stanislawski-Schule orientierte Spielweise einführte. Er machte nicht länger zwischen Musik- und Sprechtheater einen grundlegenden Unterschied. Für ihn war der Sänger ein singender Schauspieler und der Gesang ein Ausdruck von menschlichen Gefühlen und Aktionen in einem bestimmten „dramatischen Zustand".

Felsenstein beeinflußte zahlreiche Regisseure des Musiktheaters, für die seine Methode und seine neuartigen Interpretationen von klassischer Opernliteratur stilbildend wurden.

Feministisches Theater Mitte der 70er Jahre entstand aus der Frauenbewegung Theater, das von Frauen für Frauen gespielt wird. Kennzeichnend für das feministische Theater in der Bundesrepublik ist, daß es ausnahmslos von freien Gruppen und Amateurinnen gemacht wird und die inhaltlichen Ziele im Vordergrund stehen. Die Mittel und Formen der Darstellung unterscheiden sich meist nicht von denen anderer ▶ Freier Gruppen. Eine spezifisch weibliche Ästhetik und Spielweise ist nur schwer erkennbar und wohl eher ein Gegenstand der Theorie. Die bekanntesten deutschen Gruppen sind das „Aachener Frauenkabarett“, das von 1978–83 existierte, und das 1979 gegründete Berliner Kabarett „Die Witwen“. Der Einfluß des feministischen Theaters auf die Stadt- und Staatstheater der Bundesrepublik beschränkt sich im wesentlichen darauf, daß die Zahl der aufgeführten Stücke, die von Autorinnen geschrieben wurden, leicht angestiegen ist. Auf den Theaterbetrieb selbst hat es bislang keine Wirkung.
Im Ausland dagegen, besonders in den USA, spielt das feministische Theater sowohl was die Zahl der Gruppen als auch deren ästhetischen Standard angeht eine größere Rolle. Dort arbeiten Truppen wie „Spider Women“, „The Radical Lesbian Feminist Terrorist Theatre Group“ und „Lilith“, die neben klaren inhaltlichen Zielen auch großen Wert auf Professionalität legen. Sie entwickeln in enger Zusammenarbeit mit Autorinnen anspruchsvolle Stücke und erproben neue Darstellungsformen, die an die Avantgarde anknüpfen.

Fest Zwischen Fest und Theater hat es seit jeher eine enge Beziehung gegeben. Bereits im antiken Griechenland standen im Mittelpunkt der kultischen Feste zu Ehren des Gottes Dionysos, den Dionysien, Aufführungen von Tragödien und Komödien; auch die geistlichen und weltlichen Spiele des Mittelalters waren Teil von sakralen und profanen Festen. Mit dem Zugriff des Bürgers auf das Theater seit dem 16. Jh. löste sich dieses zwar aus dem Festzusammenhang und wurde gewissermaßen alltäglich, doch gibt es seit dieser Zeit immer wieder Versuche, Theater und Fest miteinander zu verbinden, sei es in Form der theatralen Bereicherung einer Festveranstaltung (z. B. nationale und vaterländische Feiern im 19. Jh., Kinderfeste, Stadtteilfeste), sei es in Form des ▶ Festspiels, das Theater zu einer besonderen und feierlichen Veranstaltung erhebt (z. B. Wagner-Festspiele in Bayreuth).
Eine ganz andere Variante sind Feste, die in ihrer Gesamtheit den Charakter von Theater haben, d. h. die von Anfang bis Ende als theatrales Ereignis geplant und inszeniert sind. Frühes Beispiel hierfür ist das **Höfische Fest** der Barockzeit. Häufig mehrere Tage oder gar Wochen dauernd, diente es der Verherrlichung des Herrschers und war Demonstration seiner Macht. Eingesetzt wurden alle nur erdenklichen Mittel: Wasserspiele, phantasievolle Kostüme, Tiere, Wasserszenen, Feuerwerk, Ballett, Gesang usw. Für die prunkvolle Ausstattung und die szenischen Effekte waren berühmte Maler und Architekten der Zeit verantwortlich. Im Höfischen Fest feierte sich die Hofgesellschaft selbst: Sie stellte die Akteure der Spiele und war deren Publikum zugleich.

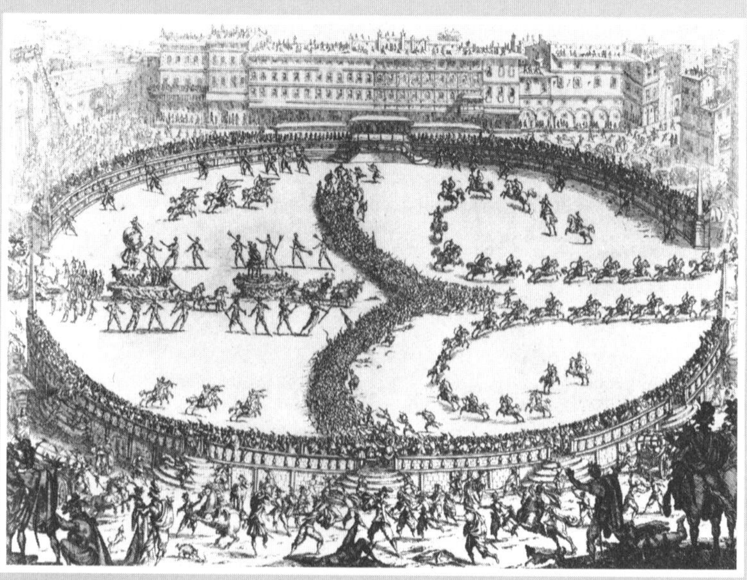

Höfisches Fest in Florenz (1616)

Eine strikte Trennung zwischen Spielen und Schauen gab es für die Beteiligten nicht, die Grenzen zwischen Darstellen und Feiern und damit zwischen Kunst und Leben waren verwischt. Allein für die Außenstehenden, die Bevölkerung hatte das höfische Fest rein theatralen Charakter.

Ein anderes Beispiel sind die Feste der Französischen Revolution, die das eigentliche Revolutions-Theater ausmachten, obwohl nebenher auch Theateraufführungen im herkömmlichen Sinn stattfanden. Die theoretischen Grundlagen dafür hatte der Philosoph Jean-Jacques Rousseau (1712–78) in dem *Brief an d'Alembert über das Schauspiel* formuliert. Darin fordert er, daß in einer Gesellschaft freier Bürger an die Stelle des Theaters, in dem der Zuschauer zum Schweigen und zur Untätigkeit verurteilt sei, das öffentliche Fest treten müsse, weil nur in ihm die Gleichheit aller zum Ausdruck käme. Denn das Fest kenne nicht den Unterschied zwischen aktiven Darstellern und einem passiv bleibenden Publikum, in ihm stellten sich alle gleichermaßen zur Schau. Aufgegriffen wurde dieser Gedanke in Revolutionsfesten (z. B. Föderationsfest, Fest der Freiheit, Fest der Vernunft, Fest des Höchsten Wesens), die zum Teil von namhaften Künstlern, u. a. von dem Maler Jacques-Louis David (1748–1825), geplant, ausgestattet und inszeniert wurden. Die Feste erinnerten die Teilnehmer daran, daß sie die Helden ihrer eigenen Revolution

Fest des Höchsten Wesens, eines der Revolutionsfeste in Paris (1794)

waren. Gemeinsame Umzüge durch die Stadt, Darstellung ▶ lebender Bilder an historisch bedeutsamen Stationen, nachgespielte Szenen wichtiger Revolutionsereignisse, von zentral gelegenen Orten aus geleitete Massenchöre waren charakteristische theatrale Mittel für den Ablauf. Sie zielten nicht auf eine Darstellung des Revolutionsgeschehens, sondern auf Selbstdarstellung der Bevölkerung; im Fest sollte allen Beteiligten der Beginn einer neuen Ära in der Menschheitsgeschichte und die Utopie einer neuen Gesellschaft erfahrbar gemacht werden. Die Feste der Französischen Revolution bewirkten trotz ursprünglich gegenteiliger Intentionen jedoch nur eine Überhöhung und Ästhetisierung des Politischen.

Im 20. Jh. gewann die Auflösung der bisherigen Strukturen von Theater und dessen Überführung ins Fest erneut Aktualität in einer Reihe von ▶ Theaterkonzepten der Moderne, die allerdings meist theoretische Entwürfe blieben und in der Praxis nicht realisiert wurden. Solche Bestrebungen gab es vor allem im Theater der ▶ Russischen Revolution. So forderte z. B. der Theatertheoretiker Platon M. Kerschenzew (1881–1940) in seiner Schrift *Das schöpferische Theater*, daß in der proletarischen Kultur Theater nicht mehr nur von Spezialisten ausgeübt und keine Besonderheit mehr sein dürfe, sondern Ausdruck der Selbsttätigkeit der Massen und Bestandteil ganzheitlicher, schöpferisch produzierender Lebenspraxis sein müsse. Die von ihm angestrebte Auflösung der Trennung zwischen Zuschauenden und Spielenden und die Verwandlung aller in Akteure sah er in der Form des Fests gewährleistet, das wie keine andere politisch-ästhetische Manifestation des kollektiven Schaffens sei. Von gänzlich anderen Voraussetzungen ausgehend, gibt es auch im „Theater der Grausamkeit“ von ▶ Artaud keinen Zuschauer und kein Schauspiel mehr, sondern löst sich Theater in Fest auf. Das Ideal des öffentlichen Fests ist für Artaud ein Modell einer vollkommen präsenten Gesellschaft; in ihm werden weder auf der Bühne durch Darsteller Rollen repräsentiert, noch kennt es Wiederholungen, wie sie für das herkömmliche Theater typisch sind. Artaud zufolge ist die Herstellung von Präsenz ein politisch- revolutionärer Akt, das Fest daher eine revolutionäre Handlung, zu der Theater wieder werden müsse.

Festspiel Häufig finden aus besonderen Anlässen wie Gedenktagen, Werkschau eines Autors o. ä. mehrtägige Veranstaltungen mit Sondervorstellungen statt. Der Gedanke, Festspiele oder Festivals zu organisieren, entstand im 19. Jh., als Theateraufführungen in den großen Städten regelmäßig und täglich stattfanden und somit nichts Außergewöhnliches mehr waren. Das bürgerliche Theater hatte sich etabliert und gehörte zum Alltag. Gleichzeitig bestand jedoch der Wunsch, Kunst als etwas Einmaliges und Besonderes zu sehen und deshalb einen Rahmen zu schaffen, in dem künstlerisch Herausragendes geboten werden konnte. Als Vorbild dienten die Theateraufführungen im antiken Griechenland, die fast alle im Zusammenhang mit jährlich stattfindenden Festen wie z. B. den Dionysien zu Ehren des Gottes Dionysos standen und als Wettkämpfe ausgetragen wurden.
Richard Wagner (1813–83) griff den Gedanken des Festspiels auf und gründete 1876 die **Bayreuther Festspiele**, die ausschließlich seine Werke aufführten. Max Reinhardt rief 1920 die **Salzburger Festspiele** ins Leben, die mit Hugo von Hofmannsthals *Jedermann* eröffnet wurden. 1948 wurden für die Arbeiter des Ruhrgebiets die **Ruhrfestspiele Recklinghausen** gegründet. Dieses Festspiel will klassische und moderne Stücke einem breiteren Publikum nahebringen. Seit 1964 findet als Leistungsschau des deutschen Theaters das **Theatertreffen** in Berlin statt.
International wichtige Theaterfestspiele werden in Avignon und Edinburgh veranstaltet, ebenso zählen die Passionsspiele in Oberammergau und das seit 1879 in Shakespeares Geburtsort Stratford-upon-Avon durchgeführte **Shakespeare-Festival** dazu. Seit 1949 findet das vom Internationalen Theater-Institut gegründete **Theater der Nationen** in wechselnden Hauptstädten statt. Mittlerweile ist die Zahl der nationalen und internationalen Theaterfestspiele kaum mehr zu überblicken.

Festspielhaus Eigens für die Durchführung von Theaterfestspielen gebautes Theater, das nicht regelmäßig, sondern nur während der Festtage oder -wochen bespielt wird. In Deutschland sind es das von Richard Wagner in Bayreuth errichtete Theater, das Passionsspielhaus in Oberammergau und das vom Deutschen Gewerkschaftsbund und der Stadt Recklinghausen getragene Haus der Ruhrfestspiele (seit 1981 regelmäßiger Spielbetrieb durch eigenes Ensemble).

Feuerwerkstheater in Paris (1628) zur Feier der Eroberung von La Rochelle

Feuerwerkstheater Die Feste des Adels zwischen Mitte des 16. und 18. Jh.s wurden meist mit einem Feuerwerk als Höhepunkt beendet. Dies waren schauspielähnliche, technische und künstlerisch hochentwickelte Veranstaltungen, in denen mit Hilfe von Feuerwerkskörpern Geschichten, z.B. zweistündige Seeschlachten, vorgeführt wurden. Die Manöver der Schiffe und die Bewegungen des Wasser wurden so täuschend echt dargestellt, daß sie Wirklichkeit zu sein schienen.

An diese Tradition knüpft in der Gegenwart André Heller an. Auch er versucht mit Hilfe des Feuerwerks, Geschichten zu erzählen und unterscheidet sich damit von den auch sonst üblichen Feuerwerken an Silvester oder ähnlichen Feiertagen. Hellers Feuerwerkstheater ist allerdings nicht Höhe- und Endpunkt eines Festes, sondern hat Eigenwert.

Figur (lat.: figura = Gestalt) Im Unterschied zu Held und Charakter ist dies eine neutrale Bezeichnung für jede in einem dramatischen Werk vorkommende Person. Mit ▶ Held ist meist die Hauptperson eines Stückes gemeint, und **Charakter** verweist auf vielschichtige individuelle Züge einer Gestalt. Der Begriff Figur meint eher die Aufgabe und den Stellenwert einer Gestalt im Stück. Er ist zu einem festen Terminus geworden, seit in der Dramatik des 20. Jh.s eindeutige Helden und Charaktere als Identifikationsmuster nur noch selten dargestellt werden. Eine große Rolle spielt auch, daß sich das ▶ epische Theater mehr an den Aufgaben und dem Stellenwert einer dramatischen Gestalt im Gesamtzusammenhang des Stückes orientiert. Diese **Figurenkonstellation** verweist auf die dramaturgische Funktion einzelner dramatischer Personen in

einer bestimmten Situation bzw. innerhalb des Stückganzen.
Im Theater meint Figur eine vom Schauspieler dargestellte fiktive Person, der er auf der Bühne Körper, Stimme, Gestik, Mimik und Gefühle verleiht, ohne jedoch sie je selber zu sein. Die Figur ist die künstlerisch gestaltete und auf der Bühne vorgeführte Rolle, die durch den Dramentext oder eine andere Notation vorgegeben ist. Einer Rolle Gestalt geben, sie auf der Bühne darstellen, heißt deshalb auch **figurieren**. Der Darsteller einer stummen Nebenrolle bzw. der Statist hieß früher **Figurant**.

Figurine (ital.: figurina = kleine Figur) Der Kostümbildner zeichnet oder malt einen Entwurf, der dem **Gewandmeister**, dem Leiter der Kostümabteilung, als Vorlage dient, um das Bühnenkostüm anzufertigen. In der Figurine sind in der Regel Schnitt, Farbigkeit, Material und Accessoires wie Schmuck und Gürtel festgelegt.

Figurine mit Stoffmuster von Wanda Richter-Forgách zu Wagners Lohengrin, *Städtische Bühnen Hagen 1986*

Film im Theater Filmausschnitte im Theater wurden in Deutschland erstmals in den 20er Jahren von ▶ Piscator benutzt. Bekannt sind dafür seine Aufführungen von Paquets *Sturmflut*, Welks *Gewitter über Gotland*, Tollers *Hoppla, wir leben!* und Tolstois *Rasputin, die Romanows, der Krieg und das Volk, das gegen sie aufstand*. Piscator setzte vor allem dokumentarisches Filmmaterial ein, um politische Zusammenhänge deutlich zu machen, die durch das Geschehen auf der Bühne und das Spiel der Schauspieler allein nicht darstellbar waren. Durch die Filmeinblendungen wurde das „Theater elektrifiziert", wie Brecht es ausdrückte, und eine der Voraussetzungen für sein Verständnis von epischem Theater geschaffen.
Die Nutzbarmachung des Films für das Theater erschloß der Bühnentechnik und der Ausstattung neue Möglichkeiten. Filmprojektionen können Kulissen und Dekorationen ersetzen, aber auch die durch die Bauweise festgelegten Grenzen der Bühne aufheben. Als dramaturgisches Mittel kann der Film sowohl den Illusionscharakter von Theater verstärken, also eine nicht vorhandene Wirklichkeit vortäuschen, als auch Distanz zum Bühnengeschehen ermöglichen, wenn der Film nämlich den Handlungsablauf unterbricht und z. B. eine zusätzliche Sichtweise ins Spiel bringt.

Flugmaschine ist eine bühnentechnische Einrichtung, die das Hin- und Her- bzw. Auf- und Abbewegen von hängenden Gegenständen und Personen ermöglicht. Vor allem im Theater des Barock als spektakulärer Bühneneffekt bei

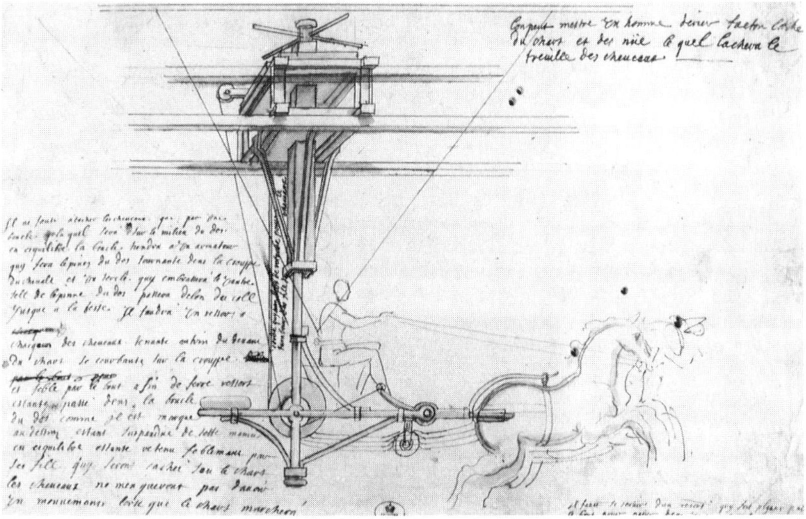

Entwurf einer Flugmaschine für Lulys Der Sturz des Phaëton *(Federzeichnung von Jean Berain, 1752)*

Engels- und Geistererscheinungen sowie der Schlußapotheose, dem Schlußbild, verwendet.

Fo, Dario Der 1926 geborene Schauspieler, Regisseur, Theaterleiter und Dramatiker begann 1952 mit Theater- und Filmarbeit. 1959 gründete er zusammen mit seiner Frau, **Franca Rame**, die Theatertruppe „La Compagnia Dario Fo – Franca Rame" in Mailand. Ab 1968 leitete er zwei Jahre lang die Gruppe „La Nuova Scena", die für die kommunistische Partei Italiens arbeitete und mit Stücken von Fo in Fabriken, Vorstädten und Gefängnissen auftrat. Sie führte u. a. *Große Pantomime mit Fahnen und kleinen und mittleren Hampelmännern* und *Mistero buffo* auf. 1970 gründete Fo wieder mit seiner Frau zusammen das Kollektiv „La Comune", das nach vier Jahren mit der „Palazzina Liberty" ein festes Haus in Mailand erhielt.

Fo wurde vor allem durch seine gesellschaftskritischen Komödien wie *Zufälliger Tod eines Anarchisten*, *Bezahlt wird nicht!*, *Mama hat den besten Shit*, *Nur Kinder, Küche, Kirche* und *Hohn der Angst* bekannt. Diese Komödien richteten sich in Form von Farcen, Satiren oder Grotesken mit scharfer Kritik, aber auch voll Witz und Ironie gegen gesellschaftliche Mißstände. Auf den Bühnen der etablierten Theater sind Fos Stücke jedoch häufig zu harmlosen Klamotten geschrumpft. Dennoch hat er dem politischen ▶ Volkstheater wichtige Anstöße gegeben, seine Spielweise hat besonders die ▶ Freien Gruppen nachhaltig beeinflußt. Kennzeichnend für seine Spielweise sind seine Solo-Auftritte, bei denen er mit großer Körper- und Sprachkomik mehrere Rollen gleichzeitig spielt, diese ständig durch Dialoge mit dem Publikum durchbricht und durch ironische Kommentare wieder in Frage stellt. Er greift bei seiner Darstellung häufig auf volkstümliche Traditionen zurück, z. B. auf die der Spielleute und Geschichtenerzähler.

Foyer (franz. = Herd, Mittelpunkt) Der Wandel- und Aufenthaltsraum für das Publikum während der Pause oder vor der Aufführung liegt im Zuschauerbereich des Theaters. Ein Foyer wurde zum ersten Mal 1753 im Opernhaus des französischen Königshofes in Versailles eingerichtet, im 19. Jh. ist es beherrschender Teil der Theaterarchitektur. In der Gestaltung des Foyers spiegelte sich das Verhältnis der Gesellschaft dieser Zeit zum Theater. Die prunkvolle Ausstattung bot den Rahmen für die Selbstdarstellung des Theaterpublikums. Die Aufführung auf der Bühne verkam zum Anlaß für ein gesellschaftliches Ereignis, dessen eigentliche Bühne und Mittelpunkt das Foyer war.

Foyer im Burgtheater, Wien

Frauen auf der Bühne In den antiken Tragödien und Komödien spielten Männer die Frauenrollen. Im römischen Mimus, einer volkstümlichen Unterhaltungsform, traten Schauspielerinnen auf. Zu ihren Aufgaben gehörten Entkleidungsszenen. In den geistlichen Spielen des Mittelalters war es mit wenigen Ausnahmen von der Kirche nicht gestattet, daß Frauen Theater spielten. Erst in der Commedia dell'arte und im spanischen Theater des 16. Jh.s gehörten Frauen zum Stand der Berufsschauspieler, während in den Truppen des elisabethanischen Theaters und im Jesuitentheater Knaben und Männer die Frauenrollen spielten.
Als sich im 17. Jh. das Berufsschauspielertum in Europa durchsetzte, festigte sich auch der Beruf der Schauspielerin. Bis ins 19. Jh. waren Schauspieler in der Gesellschaft wenig geachtet, Schauspielerinnen mußten noch mehr als ihre männlichen Kollegen um Ansehen kämpfen. So sehr sie auf der Bühne gefeiert und als Künstlerinnen verehrt worden sein mögen, im Alltag unterstellte man ihnen leichten Lebenswandel.
Ein weiterer Nachteil bis heute: Die europäische Theaterliteratur sieht sehr viel weniger Frauen- als Männerrollen vor, entsprechend weniger Frauen sind an den Theatern engagiert, im Durchschnitt ein Drittel Frauen, zwei Drittel Männer. Vor allem große Rollen für ältere Frauen sind rar, viele Schauspielerinnen gehen daher vorzeitig von der Bühne ab.

Freie Gruppen Im deutschen Sprachraum bezeichnet man damit alle Theatergruppen, die außerhalb der traditionellen Institutionen arbeiten. Das einzige Merkmal, das sie heute noch verbindet, ist der allen gemeinsame Verzicht auf einen aufwendigen Theaterapparat. Ansonsten sind die künstlerischen Mittel und Produktionsweisen, die Organisationsformen, der politische Standort und die auf das Publikum gerichteten Absichten so vielfältig wie es Freie Gruppen gibt: Kinder- und Jugendtheater, Seniorentheater, Arbeitslosentheater, Clownstheater, akrobatisches Theater, Bildertheater, Tanztheater, Puppentheater, Straßentheater, Ein-Mann-Theater. Die Übergänge zwischen Amateurtheater und professionellem Privattheater sind fließend und ebenso unscharf wie die eindeutige Zuordnung der Freien Gruppen zur Alternativkultur.

Hervorgegangen sind die Freien Gruppen Mitte der 60er Jahre aus dem Studenten- und Straßentheater. In der Anfangszeit verstanden sie sich als politisch und künstlerisch oppositionelles, von herkömmlichen Theaterzwängen freies Theater. Neue Spielweisen zu erproben und unmittelbar auf politische Ereignisse reagieren zu können, war ihnen wichtiger als die Aufführung vorgefertigter Dramenliteratur. Wesentlich beeinflußt wurden die Gruppen zum einen durch Gastspiele von amerikanischen Theatergruppen wie „Living Theatre“, „Bread and Puppet“, „San Francisco Mime Troup“ und „Teatro Campesino“, zum anderen durch die Theatertheorien von ▶ Grotowski, ▶ Artaud und ▶ Brook.

Eine der ersten Freien Gruppen war das „antitheater“ in München, 1968 u. a. von Rainer Werner Faßbinder, Peer Raben und Hanna Schygulla gegründet. Alle drei waren später auch im Film sehr erfolgreich. Weiterhin sind zu nennen „Hoffmanns Comic Teater“ in Berlin bzw. später in Unna, „Zan Pollo Theater“ in Berlin, „Die 3 Tornados“, der von dem Schauspieler Martin Lüttge gegründete „Theaterhof Priesenthal“, die „Theaterwehr Brandheide“ und das Kinder- und Jugendtheater „Rote Grütze“. Die meisten Freien Gruppen sind nur kurzlebige Erscheinungen, bisher haben es nur zwei Gruppen geschafft, über viele Jahre ohne Unterbrechung zu arbeiten: das Kinder- und Jugendtheater „Grips“ und die „Theatermanufaktur“, beide in Berlin.

Freilichttheater Die Bühnen der Antike und des Mittelalters waren zwar nicht oder nur zum Teil überdacht, Freilichttheater meint aber eine Form des Theaterspielens unter freiem Himmel, die im 19. Jh. entstand. Zu Beginn des 20. Jh.s sind die Freilichttheater in Deutschland vor allem Teil eines bewahrenden, konservativen Heimatverständnisses und betonen die Naturstimmungen. Sie richten sich gegen die Kultur der Städte, die als dekadent, sittlich, moralisch und kulturell verfallen empfunden wird.

Die Theaterbauten zeichnen sich in der Regel durch amphitheatralisch ansteigende Sitzplatzreihen aus. Nach dem jeweils in die Architektur einbezogenen Hintergrund unterscheidet man zwischen **Naturtheater**, das einen See, Wald oder eine Bergschlucht einbezieht, und **Architekturtheater**, das eine Burgruine, Schloßanlage oder Kirchentreppe einschließt.

1933 wurden die Freilichttheater im „Reichsbund der Freilicht- und Volksschauspiele“ zusammengefaßt. Auf den Spielplänen standen vorwiegend ▶ Thing-Spiele, Propagandastücke der nationalsozialistischen Blut-und-Boden-Ideologie. Nach 1945 findet Freilichttheater meist im Rahmen von Sommerfestspielen statt, z. B. die Lui-

Freilichttheater der Karl-May-Festspiele in Bad Segeberg

senburg-Festspiele in Wunsiedel, die Karl-May-Festspiele in Bad Segeberg und die Festspiele in der Stiftsruine von Bad Hersfeld. Neben Heimatspielen werden heute auch Klassiker der Weltliteratur, Opern und Operetten aufgeführt.

Fronttheater Seit Beginn dieses Jh.s setzt man zur Truppenbetreuung professionelle Schauspieler ein. Sie werden von der Armeeführung an die Kriegsfront geschickt, um die Soldaten zu unterhalten, ihnen ein Stück Heimat zu vermitteln und die Moral der kämpfenden Truppe zu erhalten.

Im 1. Weltkrieg wurde seichte Unterhaltungsware wie *Hans Huckebein*, *Die spanische Fliege* oder *Charleys Tante* aufgeführt, die Soldaten- und Tourneebühnen des NS-Staates gaukelten mit ihren Veranstaltungen eine heile Welt vor. Bei ihnen standen Stücke wie *Weibertausch*, *Der verkaufte Großvater* und *Liebe macht blind* auf dem Programm. Während des Korea-Krieges Anfang der 50er Jahre unterhielt u. a. Marilyn Monroe mit ihren erotisierenden Auftritten die Soldaten, und im Vietnam-Krieg unterstützte vor allem Bob Hope mit seinen Kalauern die Truppe.

Neben dem Fronttheater spielte seit dem 2. Weltkrieg auch der Rundfunk eine große Rolle bei der moralischen Aufrüstung der Soldaten. Berühmt dafür ist das Lied *Lili Marleen*, das z. B. an Weihnachtsfesten die deutschen Soldaten an allen Fronten mit der Heimat verbinden sollte.

Blick in einen Kostümfundus

Fundus (lat. = Grund, Boden) Der Gesamtbestand eines Theaters an Kostümen, Dekorationsteilen, Möbeln, Requisiten, Perücken, Rüstungen usw. wird in unterschiedlichen Aufbewahrungsräumen, den Magazinen, gelagert. Bis Ende des 19. Jh.s wurden Inszenierungen in der Regel aus diesem Gesamtbestand, dem Fundus, ausgestattet. Heute wird die Ausstattung für jede Aufführung meist neu entworfen, und der Fundus lediglich als Rohmaterial genutzt.

Furcht und Mitleid Gotthold Ephraim Lessing übersetzte in seiner *Hamburgischen Dramaturgie* das Begriffspaar **Phobos** und **Eleos** von Aristoteles mit Furcht und Mitleid. Aristoteles beschreibt damit in seiner *Poetik* die Gefühle, die im Zuschauer beim Betrachten einer Tragödie ausgelöst werden. Zutreffender wäre eine Übersetzung mit **Schrecken und Jammer**, denn Aristoteles meinte eher den Erregungszustand des Zuschauers. Dieser empfindet Schrecken und Jammer, wenn er dem Untergang eines Menschen auf dem Theater beiwohnt und erkennen muß, daß das Leiden des Helden unverdient ist.
Die von Lessing gewählten Begriffe Furcht und Mitleid sind dagegen von der christlichen Tradition geprägt und stehen im Zusammenhang mit seiner Vorstellung vom ▶ Bürgerlichen Trauerspiel. Dieses wollte die Gefühle des Zuschauers in positive Regungen umwandeln und Mitleidsbereitschaft im Sinne der Menschenliebe erzeugen. Im Unterschied zu Aristoteles, der beide Begriffe gleichrangig verwendet, hat deshalb Mitleid auch bei Lessing den Vorrang, Furcht ist als notwendiger Bestandteil untergeordnet.

G

Gag (engl. = Schwindel, alter Witz) Im deutschen Wortgebrauch ein sichtbarer Effekt szenischer oder mimisch-gestischer Art, der dem Wort-Witz entspricht. Der Gag wird eingesetzt, um eine überraschende komische Wirkung zu erzielen, Beispiele dafür sind häufig zu finden in Filmen von Charlie Chaplin und Buster Keaton oder auch im Kabarett. Wiederholt sich ein Gag mehrfach, so spricht man vom **running gag**.

Gage (franz. = Lohn) Die Bezahlung von Künstlern entspricht dem Gehalt oder Lohn. Im deutschsprachigen Berufstheater ist heute die Monatsgage die Regel. Bei Tourneetheatern, Freien Gruppen, Kabaretts werden häufig vom Einspielergebnis abhängige Tages- oder Wochengagen gezahlt. Gastierende Spitzenkünstler vereinbaren meist eine **Abendgage** für jede einzelne Vorstellung.

Galavorstellung (ital.: gala = Festkleidung) Diese Theatervorstellung findet in einem festlichen Rahmen und aus einem besonderen Anlaß, z.B. einem Staatsbesuch, statt. Das Publikum ist meist eigens ausgesucht, zumal in jedem Fall die Eintrittspreise über den sonst üblichen liegen.

Gang Auf der Bühne muß der Darsteller häufig seinen Standort wechseln oder auch längere Wege zurücklegen. Der Gang ist ein wesentliches Element des szenischen Arrangements und dient nicht nur der Raumaufteilung. Er kann sich auch direkt und notwendig aus dem Handlungsablauf ergeben, die Haltung einer Figur genauer bestimmen, die Beziehungen der Figuren zueinander verdeutlichen usw. Die einzelnen Gänge der Darsteller werden während der Proben festgelegt, meist im Regiebuch als Skizze festgehalten und dürfen bei den Aufführungen nicht willkürlich verändert werden.

Garderobe (franz. = Kleidervorrat, Kleiderschrank) Im Ankleideraum des Theaters wechseln die Darsteller ihre Kleidung und legen die Bühnenkostüme an. Bereitgestellt werden die Kostüme von der **Garderobiere** oder dem **Garderobier**, die notfalls auch beim An- und Umkleiden behilflich sind. Die Garderobe ist meist auch mit einem Schminktisch ausgestattet. Durch eine Rufanlage ist sie mit dem Inspizienten verbunden, der die Darsteller rechtzeitig vor ihrem Auftritt aus der Garderobe auf die Bühne ruft.

Garten- und Heckentheater Bei den höfischen Festen des Adels im 17. und 18. Jh. wurden auch die Schloßgärten zur Aufführung von Balletten und Opern genutzt. Diese Gärten waren meist streng gegliedert, die Bepflanzungen kunstvoll beschnitten und die Hekken wie Kulissen gestaffelt, so z.B. Schloß Herrenhausen bei Hannover. In späterer Zeit ergänzte man das Gartentheater gelegentlich durch Steinbauten

Garten- und Heckentheater in Hannover-Herrenhausen (Zustand von 1937)

mit fester Spielfläche und Bühnenrahmen, z. B. Schloß Hellbrunn bei Salzburg oder die Boboli-Gärten in Florenz.

Gasse Wenn man auf der linken und rechten Seite der Bühne parallel zur Rampe hintereinander Kulissen aufstellt oder Vorhänge hängt, sind die dadurch entstandenen Zwischenräume als Gassen nutzbar. Sie dienen den Darstellern für den Auftritt, hier können aber auch für die Zuschauer unsichtbar Scheinwerfer aufgestellt werden.

Gast Schauspieler, Sänger, Regisseure usw. werden manchmal an einem Theater nur für eine bestimmte Inszenierung oder für einzelne Vorstellungen verpflichtet. Diese Gäste können ein Ensemblemitglied, das durch längere Krankheit ausfällt, ersetzen, den zu geringen Personalbestand aufstocken oder das Theater attraktiver machen, wenn es sich um Spitzenkünstler handelt. Auf dem Theaterzettel findet sich dann meist die Abkürzung a. G. = als Gast.

Gastspiel Ensembles oder einzelne Künstler treten häufig auch in anderen Theatern außerhalb ihres festen Standortes auf. So wird in Mittelstädten, die kein eigenes Ensemble finanziell unterhalten können, das Theaterangebot ausschließlich von Gastspielen der Landes- oder Tourneetheater abgedeckt. In Städten mit festen Theatern sind sie eher als Bereicherung des Spielplans und als

Entlastung des eigenen Spielbetriebs zu sehen.
Gastspiele finden häufig auch im Rahmen von Kulturabkommen statt, um Einblick in die Theaterarbeit anderer Länder zu geben. Auch besondere Inszenierungen werden so dem Publikum anderer Theater zugänglich gemacht, ebenso erhalten Ensembles ohne eigenes Theater eine Spielmöglichkeit. Kleineren Theatern können Gastspiele zu zusätzlichen Einnahmen verhelfen.

Gattung Die Diskussion in der Literaturwissenschaft über die Problematik einer historischen und systematischen Ordnung der literarischen Gattungen lassen wir beiseite, obwohl sie auch das Literaturtheater betrifft. Zunächst gibt es ganz theaterpraktische Aspekte: Gattungsbezeichnungen können Verständigungsmarken sein, die dem Zuschauer bereits bei Ankündigung einer Vorstellung Hinweise geben, was ihn am Theaterabend an Spannung, Belehrung, Unterhaltung, Emotion erwartet. Auch theaterintern können Gattungsbezeichnungen konventionelle Erkennungszeichen sein, aus denen Regisseure, Dramaturgen, Schauspieler schließen, wie sie die in der Gattungsbezeichnung vorgeprägten Erwartungen des Publikums erfüllen können – oder verweigern.
Goethe spricht in den *Noten und Abhandlungen zu besserem Verständnis des West-östlichen Divans* (1816/18) von „drei echten Naturformen der Poesie“: Epik, Lyrik, Dramatik. Er bezieht sich also nicht auf Theater, sondern auf die literarischen Gattungen. Dies seien literarische Wahrnehmungsformen des Menschen, die alle historischen Veränderungen zwischen literarischer Frühzeit und Jetztzeit überdauert hätten. Diesen drei „Naturformen“ seien die verschiedenen Dichtungsarten untergeordnet, die wir im engeren Sinn Gattungen nennen: Reihen von Texten bzw. Aufführungen, in denen die gleichen Merkmale in Fabel, Figurenkonstellation, Konfliktbehandlung, Sprachform, Spielweise wiederkehren. Abweichungen sind meist durch historische Entwicklungen bedingt: ▶Tragödien sind in der Antike und noch in der französischen Klassik in Versen verfaßt und der Ständeklausel unterworfen, d. h. nur hohe Standespersonen wie Könige und Fürsten sind ‚tragödienfähig‘. Das ▶ Bürgerliche Trauerspiel steht in der Tradition der Tragödie, ändert jedoch Stil – Prosa statt Vers – und Stoff, bürgerliche Charaktere wie Emilia Galotti werden ‚tragödienfähig‘.
Auf Tragödie und ▶ Komödie als klassisch-antike ‚Urformen‘ beruft man sich jahrhundertelang in Europa, als seien diese Gattungen stabil. Sie ändern sich jedoch nach gesellschaftlichen Bedürfnissen von Epoche zu Epoche. Für Misch-, Sonder- und Unterformen sind keine Grenzen gesetzt; daher kann es keine eindeutige – von historischen Entwicklungen losgelöste – Systematik der Gattungen geben. Unterteilungen der Tragödie in Bürgerliches Trauerspiel, historisches Ideendrama (nach Schiller), soziales Drama und Schauspiel, und ebenso Unterteilungen der Komödie in Charakter-, Intrigen-, Situationskomödie, dramatische Satire, Groteske, schließlich Unterteilungen des

Lustspiels in Weinerliches (Comédie larmoyante), Unterhaltungs-, Romantisches, Konversations-Lustspiel, Dramatischen Schwank enthalten unvereinbare Kategorien. Sie sind teilweise zufällig oder durch Literatur- und Theatergeschichtsschreibung nachträglich entstanden, in jedem Fall einer gewissen Willkür unterworfen. Zahlreiche Bezeichnungen heben einzelne Aspekte des Dramas bzw. der Aufführungsbedingungen hervor: Die Bezeichnung Bürgerliches Trauerspiel nennt die soziale Gruppe, aus der sich die Autoren und das interessierte Publikum für diese Gattung bilden; ähnliches gilt für Jesuitendrama und Ordensdrama. Die beabsichtigte Wirkung wird akzentuiert, wenn Brecht vom Lehrstück spricht; ähnlich verhält es sich mit Weinerlichem Lustspiel, Rührstück, Lyrischem Drama. Eine besondere Zielgruppe verbinden wir mit Schuldrama, Kinderstück, einen besonderen Inhalt mit Märtyrer-, historischem- und Schicksalsdrama, Dokumentar-, und absurdem Theater, Zeit-, und Detektivstück. Unter theaterhistorischen – geschichtlich sich verändernden bühnenpraktischen – Gesichtspunkten sind die Textsorten des literarischen Dramas nur ein Teil des vergangenen und gegenwärtigen Aufführungsmaterials. Manche vorliterarischen Aufführungsformen sind uns erst in später literarisierter Form bekannt geworden. Das gilt vermutlich auch für die attische Tragödie und Komödie; es gilt sicher für nicht-literarische Gattungen wie Mimus und Phlyakenposse oder die Typenkomödie der Commedia dell'arte, aber auch für Varieté, Revue, Ballett und Tanztheater und Feste oder festliche Umzüge, wie sie heute noch regional als folkloristische Ereignisse stattfinden.

Gattung und ▶ Bühnenform bedingen einander. Die Tragödien eines Corneille oder Racine sind schon deswegen nicht identisch mit den antiken Vorbildern des Sophokles oder Euripides, weil die mehrfach verwandelbare Kulissenbühne mit ihren gestaffelten Auftrittsgassen eine veränderte Auftrittsdramaturgie und veränderte räumliche Beziehungen der Figuren erforderte und ermöglichte. Die mittelalterlichen Vielort- oder Simultanbühnen entsprachen der Dramaturgie des **Stationendramas**, Shakespeares Tragödien, Historien und Komödien mit wechselnden Zeiten, Orten, sozialen Gruppierungen sind den Möglichkeiten der elisabethanischen Bühne angepaßt.

Die Gattungen des **Musiktheaters** (▶ Oper, **Operette**, **Musical**, **Ballett**) sind sowohl durch Musik (Kompositionsstile, Instrumentierung/Orchesterform, dramaturgische Bedeutung der Singstimme) als auch durch literarische Gattungskonventionen (das Libretto einer Oper des 19. Jh.s steht der Tragödie und ihren Untergattungen nahe) oder durch allgemeine Bühnenkonventionen strukturiert. Für das von Opern des 18. und 19. Jh.s dominierte heutige Repertoire ist die Guckkastenbühne erforderlich. Ende des 19. Jh.s rüttelte ▶ Wagner an bestimmten Konventionen: Er versenkte das Orchester und ließ den Zuschauerraum abdunkeln, um die Konzentration auf das Bühnengeschehen, auf die Einheit von Musik und Text im Sinne seiner Konzeption des **Musikdramas** – Endpunkt einer seit der Romantik sich entwickelnden Gattung – zu erhöhen.

Gaukler Ursprünglich war der Gaukler ein Taschenspieler, der an Zauberei grenzende Kunststücke vorführte. Später wurden darunter Jahrmarktskünstler und umherziehende Artisten wie Jongleure, Seiltänzer und Feuerschlucker zusammengefaßt. Der Begriff Gaukler erinnert an volkstümliche Traditionen und meint Komödianten, Clowns, Pantomimen und Straßensänger, die außerhalb der Institution auf Straßen und Plätzen auftreten.
Der Gaukler ist auf der einen Seite ein Vorläufer des Berufsschauspielers, auf der anderen Seite nahm er neben dem Theater eine eigene Entwicklung, und noch heute zählt er zum Fahrenden Volk. Er trat bereits im frühen Mittelalter in ganz Europa als professioneller Alleinunterhalter bei Konzilen, Messen, Wallfahrten, religiösen und weltlichen Festen auf, also immer dann, wenn in den Städten viele Menschen zusammenkamen. Die Gaukler führten ihre Kunst aber auch an den Höfen des Adels vor, die Grenzen zwischen Gaukler und **Narr** waren dort fließend.

Genossenschaft Deutscher Bühnen-Angehöriger (GDBA)
Die gewerkschaftliche Vereinigung der Arbeitnehmer im Theater wurde 1871 zunächst als Interessenverband für Schauspieler und Sänger gegründet. Später traten dann auch die Bühnentechniker und Verwaltungsangestellten bei. Die wichtigste Leistung der GDBA ist der 1919 mit dem ▶ Deutschen Bühnenverein (DBV), der Arbeitgebervertretung, geschlossene **Normalvertrag**. Dieses Abkommen ist mit einigen Änderungen heute noch gültig und es regelt Arbeits- und Ruhezeiten, Urlaub, Kündigungsfristen, Beschäftigungsanspruch usw. Die GDBA vertritt, wie neuerdings auch die **IG Medien**, bei Tarifverhandlungen, bei Rechtsstreitigkeiten und im Rahmen der gesetzlichen Mitbestimmung die Interessen ihrer Mitglieder. Sie unterhält Rechtsschutzstellen sowie eine eigene Unfallversicherung und Sterbekasse.
Die GDBA-Mitglieder eines Theaters wählen aus ihren Reihen den **Bühnenobmann** als Bindeglied zwischen dem jeweiligen Theater und dem Landesverband. Zusammen mit dem DBV wird das **Bühnenschiedsgericht** unterhalten, das arbeitsrechtliche Streitfälle beurteilen und schlichten soll. GDBA und DBV zusammen bilden auch die **paritätischen Prüfungskommissionen**, vor denen Schauspielschüler die **Bühnenreifeprüfung** ablegen müssen. Vor dieser Kommission müssen auch Tanzpädagogen, Theatermaler und -plastiker und Maskenbildner ihre Befähigung nachweisen. Beide Organisationen stellen auch den Verwaltungsrat in der **Versorgungsanstalt Deutscher Bühnen**, der zusätzlichen Rentenversicherung für Bühnenkünstler. Die GDBA gibt die Monatszeitschrift „Die Bühnengenossenschaft" und zu Beginn der neuen Spielzeit das ▶ Deutsche Bühnen-Jahrbuch heraus. Die Hauptgeschäftsstelle der GDBA befindet sich in 2000 Hamburg 13, Feldbrunnenstr. 74.

Gesamtkunstwerk In der deutschen Romantik formulierte vor allem Friedrich Schlegel (1772–1829) ein Kunstkonzept, das die multimediale Verbindung aller Künste in einem Kunstwerk und tendenziell die Auflösung der Grenzen zwischen Kunst und Leben fordert. Daran anknüpfend, jedoch verbunden mit dem revolutionären Gedankengut des deutschen Vormärz, entwickelte ▶ Wagner in seinen theoretischen Schriften *(Kunst und Revolution, Das Kunstwerk der Zukunft)* Die Vorstel-

lung, daß die durch Arbeitsteilung bewirkte Deformation des Menschen durch das Gesamtkunstwerk zu überwinden sei. In diesem Sinn strebte er die Wiedervereinigung aller Künste – Dichtung, Musik, Tanz, Architektur, Bildhauerei, Malerei – an, die seines Erachtens ursprünglich in der Antike eine Einheit waren, sich seither aber getrennt entwickelt haben. Durch das Gesamtkunstwerk sollte der „Egoist Kommunist, der Eine Alle, der Mensch Gott, die Kunstarten Kunst“ und das Theater als Bühnenfestspiel zu einem unmittelbaren Lebensakt, zu einem „Werk des Lebens selbst“ werden. Verstanden als ein der Antike nachempfundener Kult, ist das Gesamtkunstwerk für Wagner „die lebendig dargestellte Religion“ des Volks und somit die Wirklichkeit selbst. Verwirklicht sind diese Ideen in Wagners **Musikdramen** wie *Der Ring des Nibelungen* allerdings nicht, da er der Musik die führende Rolle einräumt, wenn auch im Unterschied zum traditionellen Libretto der Text zur selbständigen dramatischen Dichtung aufgewertet ist.
Der Begriff Gesamtkunstwerk wird heute vielfach in einer sehr diffusen Weise verwendet. Weder die bloße Synthese verschiedener Künste im Theater, z. B. im Tanztheater der Pina Bausch mit der Verbindung von Tanz, Musik und Sprache, noch das Nebeneinander von Kunstarten in Happening und Performance, die seriellen Charakter haben, entsprechen den politisch-ästhetischen Intentionen Wagners und lassen sich allenfalls unter einem veränderten, unspezifischen Gesamtkunstwerk-Begriff fassen.

Geschlossene Vorstellung Für manche Theateraufführungen gibt es im freien Verkauf keine Eintrittskarten. Zu diesen geschlossenen Vorstellungen haben dann nur bestimmte Besucher Zugang, z. B. die Mitglieder einer Besucherorganisation.

Geste (lat.: gestus = Gebärde) Die Körper- und insbesondere die Arm- und Handbewegungen eines Darstellers sind grundlegende Ausdrucksmittel der Schauspielkunst. Gesten sind teilweise angeboren und gehören zu den biologischen Anlagen des Menschen wie z. B. das Fallenlassen des Kopfes bei Müdigkeit. Sie werden aber auch als bewußte Mittel der Verständigung und im Theater als künstlerisches Ausdrucksmittel eingesetzt. In diesem Fall sind sie vom jeweiligen kulturellen Umfeld abhängig und von dessen historischen und sozialen Entwicklungen geprägt. So verstehen wir Verbeugen als Grußbewegung oder Gebetshaltung, während dies für einen anderen Kulturkreis möglicherweise unverständlich ist. Wir verstehen die Bedeutung, weil Übereinkunft über diese Verhaltensform besteht, weil Gesten auf Konvention beruhen.
Gesten dienen sowohl im Alltag als auch auf der Bühne zur Veranschaulichung der Rede oder sogar als Ersatz für Sprache, wenn eine sprachliche Verständigung erschwert, unmöglich oder nicht gewollt ist. Im Alltag ist die Geste meist eine spontane, unkontrollierte Äußerung, zur besseren Unterscheidung von der künstlerischen Geste des Schauspielers bezeichnet man solche Bewegungen als **Gestikulieren**. Auf der Bühne wird die Geste vom Darsteller bewußt eingesetzt und mit einer von Aufführung zu Aufführung wiederholbaren Genauigkeit ausgeführt. Wenn diese Anforderung nicht erfüllt wird, handelt es sich auch hier um bloßes Gestikulieren. Stattdessen greift der Darsteller auf die **Gestik** zurück, die Gesamtheit aller Ge-

sten, über die er verfügt oder die er bei der Darstellung einer Rolle einsetzt. Um diese Gestik zu beherrschen und gezielt anzuwenden, gehören Körpertraining, Gymnastik, Tanz aber auch psychologische Techniken zur Ausbildung des Schauspielers.
Auf der Bühne kann die Geste den inneren, psychischen Zustand einer Figur zum Ausdruck bringen, meist im Zusammenspiel mit der entsprechenden ▶ Mimik. In diesem Fall wird die Bezeichnung **Gebärde** gewählt. Weiterhin kann eine Geste die soziale Stellung oder das gesellschaftliche Verhalten verdeutlichen, sie kann einen Gegenstand herstellen oder zerstören, sie kann eine beabsichtigte Handlung umsetzen. Sie kann der Wirklichkeit nachgeahmt sein oder Fremdheit bewirken, wenn sie überhöht, umgeformt oder zusammengesetzt ist. In jedem Fall aber ist die Geste im Theater eine künstliche, bewußt vollzogene Bewegung und entscheidendes Element der ▶ Spielweise des Darstellers.

Gestus (lat. = Gebärde) Bertolt Brecht hat diesen Begriff in die Theatertheorie und Praxis des Schauspielers eingeführt. Im Unterschied zur ▶ Geste werden damit Äußerungen eines Schauspielers bezeichnet, die die gesellschaftlichen Beziehungen zwischen Menschen deutlich machen. Gestus umfaßt daher mehr als körperliche Bewegung. Er schließt Gestik, Mimik und sprachliche Aussagen ein, die in situations- und partnerbezogenem Handeln die gesellschaftlichen Beziehungen der Bühnenfiguren zueinander bloßlegen. Im Gestus einer Figur wird deren „Inneres", deren Geist, Gefühle usw. über das Gesellschaftliche zugänglich und verständlich gemacht. Ihre **Haltung** wird also nicht psychologisierend dargestellt. Der persönliche, subjektive Ausdruck wird dadurch keineswegs ausgeschlossen, jedoch darauf zurückgeführt, daß alles menschliche Handeln, Denken, Fühlen und Wünschen gesellschaftlich begründet ist. Im Gestus einer Bühnenfigur soll Brecht zufolge jedoch auch gleichzeitig der **Standpunkt** des Schauspielers gegenüber der von ihm dargestellten Figur sichtbar werden. Der Gestus verlangt deshalb ein **kommentierendes Spiel**.
Die Bezeichnung Gestus wird noch in einem weiteren Sinn verwendet. Gemeint ist die Beziehung eines Stücks oder einer Inszenierung zu seinen möglichen Zuschauern und welche Haltung der betreffende Stückeschreiber in seiner künstlerischen Tätigkeit dem Publikum gegenüber einnimmt.

Goethe, Johann Wolfgang (1749–1832) Er war nicht nur Dichter, Dramatiker, Kunsttheoretiker und Philosoph, sondern leitete von 1791–1817 auch das Weimarer Hoftheater. Anfangs wurden dort überwiegend Opern und Singspiele sowie zugkräftige Lustspiele von August v. Kotzebue, August Wilhelm Iffland und Friedrich Ludwig Schröder aufgeführt. Anspruchsvollere Stücke waren – mit Ausnahme einiger Stücke von Shakespeare und Schiller – selten und wurden dilletantisch auf die Bühne gebracht. Entscheidende Anregungen erhielt Goethe durch die Gastspiele des Schauspielers und Theaterleiters Iffland (1759–1814), dessen gemessene, zurückhaltende Schauspielweise Goethe zu neuen Erkenntnissen in der Schauspieltheorie führte. Iffland hat viel zu dem sich später herausbildenden „Weimarer Stil" beigetragen.
Ähnlich wie ▶ Ekhof stellte auch Goethe Regeln für die Schauspieler auf, in denen er sich gegen überzogene, zur Schau gestellte Meisterschaft und die

Festlegung des Schauspielers auf erstarrte Rollenfächer wandte. Im Gegensatz zu Ekhof strebte Goethe jedoch nicht nach Wahrheit und Natürlichkeit des Spiels, sondern nach Schönheit der Komposition und klassischer Strenge. Bei den professionellen Theaterleuten seiner Zeit hatte dies den zweifelhaften Ruf monotoner und pathetischer Deklamation. Goethe wollte Versdramen spielen und strebte eine über die Natürlichkeit hinausgehende Sprech- und Spielweise an. Er richtete deshalb für seine Schauspieler eine Theaterschule ein, in der nach den von ihm aufgestellten Regeln unterrichtet werden sollte, wobei es genaue Anweisungen selbst für Kleinigkeiten gab wie Gebrauch des Schnupftuchs oder des Spazierstocks.

Für die Entwicklung der Schauspielkunst blieb das Weimarer Hoftheater ohne große Bedeutung. Künstlerisch weitaus wichtiger hingegen war die Zusammenarbeit von Goethe und Schiller am Theater. Sie setzte 1798/9 mit der Aufführung der *Wallenstein*-Trilogie von Schiller ein, und mit Ausnahme der *Jungfrau von Orléans* kamen alle folgenden Dramen Schillers in Weimar unter Goethes Leitung zur Aufführung.

Goldenes Zeitalter (span. = Siglo de Oro) bezeichnet eine zeitlich nicht exakt eingrenzbare Epoche der spanischen Kultur, die ihren Anfang im 16. Jh. hat und deren Ende meist mit dem Tod von Pedro Calderón de la Barca (1600–81) angegeben wird. Es ist die Blütezeit des spanischen Theaters, das für die Gesamtentwicklung des europäischen Theaters von ähnlich großer Bedeutung war wie das zeitgleiche elisabethanische und das italienische Theater der Commedia dell'arte.

Als Initiator einer eigenständigen spanischen Dramenliteratur gilt Bartolome de Torres Naharro (1480/90–1524), der als Geistlicher in Rom lebte, eine ganze Reihe von Dramen veröffentlichte und mit dem *Proemio*, der ältesten Dramentheorie des spanischen Theaters, entscheidende theoretische Grundlagen schuf. Seine von der aristotelischen Poetik abweichende Konzeption, insbesondere die Einteilung des Dramas in **Jornados** (= Tagesreisen; im Sinn von Stationen gebraucht) sowie seine Gedanken zu Stoffen, Personenzahl, Dramenausgängen, Repertoire bestimmten für mehr als zwei Jahrhunderte die Eigenart der spanischen ▶ Comedia, die alle weltlichen Versdramen umfaßt.

Ein weiterer Impuls kam von den frühen spanischen Wandertruppen, die noch ganz unter dem Einfluß der italienischen Commedia dell'arte standen, quer durchs Land zogen und mit einfachen Kostümen und Requisiten auf schlichten Budenbühnen meist **Eklogen** (griech.: ekloge = Auswahl; hier im Sinn von Hirtengedicht oder -lied) aufführten. Sie brachten die stehende Figur des **Bobo**, des Tölpels, hervor, den Vorläufer des späteren **Gracioso**, die typisch spanische Ausprägung der komischen Figur, die meistens als Diener auftrat. Wichtigste Wandertruppe dieser Zeit war die des Lope de Rueda (ca. 1505–65), der ab 1550 volkstümliche Komödien zu schreiben begann, in

denen zugunsten witziger Dialoge und improvisatorischen Spiels der dramaturgische Aufbau der Handlung noch weitgehend eine untergeordnete Rolle spielte.
Die große Beliebtheit der Wandertruppen bei der Bevölkerung machten sich geistliche Bruderschaften zunutze, die um diese Zeit die ersten stehenden Theater, die ▶ Corralbühnen, errichteten und an Truppen vermieteten, um mit einem Teil der Einnahmen karitative Unternehmungen zu unterstützen. Es waren nicht-überdachte Theater mit einer im Innenhof (corral) eines Häusergevierts aufgeschlagenen Spielplattform, die an drei Seiten von Hauswänden begrenzt war; davor Bankreihen für Zuschauer und Stehplätze für die berüchtigten **Mosqueteros**, Zuschauer niederen Stands, die bei Aufführungen ihren Beifall bzw. ihr Mißfallen lautstark durch Zwischenrufe, Kommentare, Pfiffe kundtaten. Fenster und Balkons der anliegenden Häuser waren als Logen für Zuschauer höheren Stands reserviert. Das Theaterpublikum setzte sich aus allen Schichten zusammen, keine hatte einen dominierenden Anteil. In dieser Hinsicht waren die Corralbühnen ein ‚Volkstheater', das im ganzen Land äußerst beliebt und selbst in kleinen Orten eine feste Einrichtung war und sehr bald zur Nationalbühne wurde. Die bedeutendsten Spielhöfe befanden sich in Madrid, nämlich der Corral de la Cruz (1597) und der Corral del Principe (1583).

Titelblatt der Komödie Seluagia *von Alonso de Villegas (1554)*

Bespielt wurde die Corralbühne seit Ende des 16. Jh.s mit der Comedia, wie Lope Felix de Vega Carpio, kurz: Lope de Vega (1562–1635) sie schuf. Durch ihn erfuhr das blühende Theaterleben seine dichterische Rechtfertigung, so daß er zu Recht als Gründer des spanischen Nationaltheaters gilt. Von den 1500 Stücken (Komödien, Tragödien, Tragikkomödien, historische Dramen, Volksstücke), die er verfaßte, sind 470 Texte überliefert, z. B. *Die Sklavin ihres Glücks*, *Der Ritter vom Mirakel*, *Das brennende Dorf*. In ihnen kommt die ganze Welt auf die leere Corralbühne: Stoffe der in- und ausländischen Geschichte, biblische Allegorien, antike Mythen und Legenden; Personen aller Stände: Adlige, Geistliche, Bürger, Soldaten, Bauern und Gauner; vermischt

Rekonstruktionszeichnung von der Aufführung eines Auto sacramental

sind Hohes und Niederes, Ernst und Komik. Das Leben erscheint als ein Maskentanz, als ständige Verkleidung, Verwandlung und Verwechslung, wobei drei Grundthemen immer wieder aufs Neue variiert werden: Liebe, Ehre, Sieg des Guten über das Böse. Lope führte die Figur des Gracioso ein, die nur noch entfernt an den burlesken Tölpel Bobo erinnert und dessen Funktion es ist, die Liebes- und Ehrenhändel zu parodieren oder Wunder und Schicksalhaftes herunterzuspielen. Die Prinzipien seiner Dramatik, von Lope in der Schrift *Die neue Kunst der Komödiendichtung* (1609) formuliert, waren Vorbild für das Drama des 17. Jh.s, vor allem die Freiheit in der Behandlung der drei Einheiten von Ort, Zeit und Handlung, Vorrang der Handlung vor psychologisierender Charakterdarstellung, eine dem jeweiligen Inhalt angepaßte metrische Form, voll ausgeführte Nebenrollen.
Ähnlich produktiv wie Lope waren die Dramatiker, die seiner Schule zugerechnet werden: Tirso de Molina (ca. 1584–1648), der 300 bis 400 Stücke verfaßte (u. a. *Don Juan*, *Don Gil von den grünen Hosen*), Guillen de Castro y Bellvis (1589–1631), dessen bekanntestes Stück *Der Cid* ist, oder Juan Ruiz de Alarcon y Mendoza (ca. 1581–1639).

Hatten Lope und seine Schule durch ihre Dichtung das Volkstheater der dekorationsarmen, neutralen Corralbühne geadelt, so fand das Theater des Goldenen Zeitalters seinen sinnlichen und bildhaften Reichtum im höfischen Fest und den Stücken Calderóns. 1635 zum Leiter der höfischen Palastbühne im Schloß Buen Retiro berufen, an der hochdotierte italienische Bühnendekorateure arbeiteten und die Bühne mit raffinierten Perspektivmalereien und einer aufwendigen Theatermaschinerie in eine üppige Bilderwelt verzauberten, war Calderón Mythologe und Festspieldichter des barocken Illusionstheaters. In seinen rund 110 weltlichen Dramen, darunter u. a. *Dame Kobold*, *Der Richter von Zalamea*, *Das Leben ein Traum*, *Das große Welttheater*, führte er die von Lope und Tirso de Molina entwickelte Form des Mantel- und Degenstücks weiter, siedelte jedoch die dramatischen Personen in der höfischen Sphäre an, perfektionierte die Verwicklungstechniken und rückte philosophische Themen in den Vordergrund. In einer Zeit des politischen Niedergangs Spaniens stellte Calderón mit großen Metaphern die Scheinhaftigkeit des Lebens auf dem Theater dar. Das Leben als einen Traum, die Welt als ein Schauspiel auffassend, krönte er sein Werk mit *Das große Welttheater*, einem allegorischen Spiel, in dem das ganze barocke Illusionstheater zur Geltung kommt, zugleich aber auch Illusionen zerstört werden. Denn wo die Bühne die Welt ist, ist die Welt nur Bühne.

Neben dem Theater der Corralbühnen und der Palastbühnen bestand eine Tradition der geistlichen Schauspiele, die durch die Gegenreformation Auftrieb erhielt und für die die großen spanischen Autoren, die meist zugleich auch Kleriker waren – Tirso war Mitglied eines Ordens, Lope und Calderón waren Priester –, eine Fülle von einaktigen ▶ Autos sacramentales schrieben. Es handelt sich dabei um allegorische Stücke, häufig Varianten der Comedias, in denen die christliche Erlösung im Mittelpunkt steht. Aufgeführt wurden die autos sacramentales auf **Carros**, auf von Ochsen gezogenen Wagen mit einer mehrstöckigen Dekorationsmaschinerie, die rasche Szenenverwandlung ermöglichte. Durch prächtige Ausstattung vergegenwärtigte dieses Theater das Bild einer jenseitigen Welt.

Der Reichtum und die Vielfalt der dramatischen Produktion, das Nebeneinander von Volks- und Hoftheater, die Gleichzeitigkeit von neutraler und Illusionsbühne und nicht zuletzt die Theaterbesessenheit des Publikums im Goldenen Zeitalter waren Grund für das große Interesse, das man dem spanischen Theater in ganz Europa in späterer Zeit entgegenbrachte. Für das deutschsprachige Theater entdeckte es im 18. Jh. Gotthold Ephraim Lessing, vor allem wurde es aber von den deutschen Romantikern Schlegel, Tieck, Eichendorff verehrt. Auch Franz Grillparzer (1791–1872) bezog sich darauf in seinem Märchendrama *Der Traum ein Leben*. Im 20. Jh. versuchte Hugo v. Hofmannsthal (1874–1929) die Tradition des Theaters des Goldenen Zeitalters wiederzubeleben, vor allem mit seinem *Salzburger großen Welttheater*.

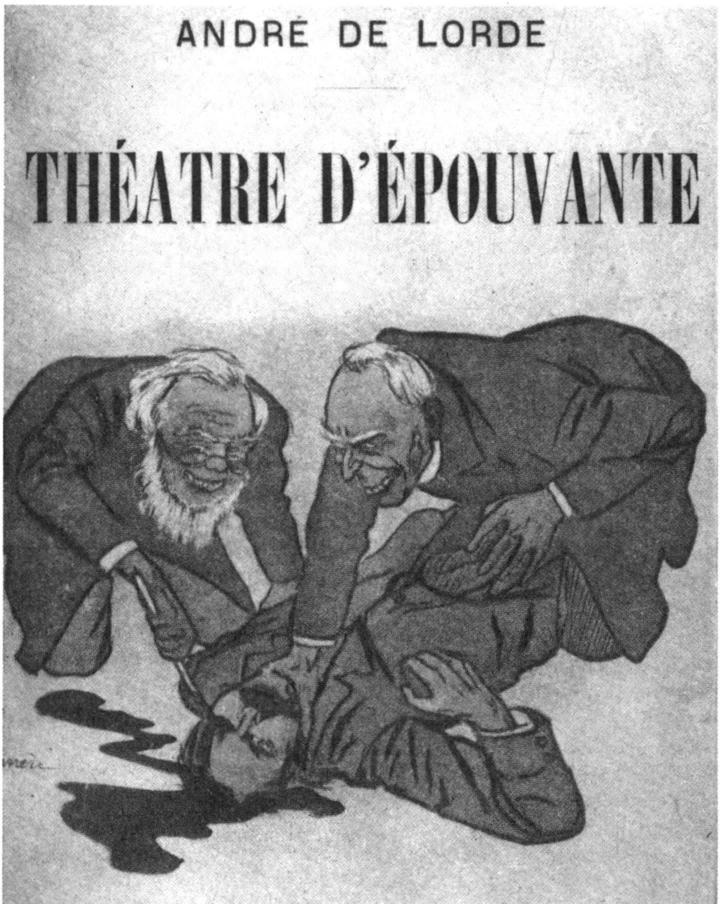

Darstellung einer Szene des Grand Guignol auf einem Titelblatt

Grand Guignol (franz. = großes Kasperle) 1898 eröffnete in Paris das Grand Guignol, ein Theater des Lachens und Entsetzens, dessen besonderes Merkmal das Spiel mit der Angst des Publikums war. Es hielt sich über vier Jahrzehnte als eine Bühne für volkstümliche Unterhaltungskultur. Markenzeichen waren Aufführungen von Gruselstücken, die um Wahnsinn, Gewalt und Tod kreisten, sowie eine vom Kasperletheater herkommende naive Spielweise, die jedoch durch Abgeschmacktheiten, Plattheiten und Rohheit so extrem zugespitzt wurde, daß sie alles andere als kindlich oder kindisch war. Die Gründer, Autoren, Darsteller und Stücke des Grand Guignol sind in Vergessenheit geraten. Dennoch beeinflußte es auf verschiedenste Weise das moderne Drama und Theater, u. a. *König Ubu* von Albert Jarry, *Marat/Sade* von Peter Weiss und die Stücke von Fernando Arrabal, das Theater des Absurden, Antonin Artauds Theater der Grausamkeit, die Theaterarbeit des Living Theatre und Peter Brooks. Als **grandguignolesque** werden heute Spielweisen bezeichnet, die bewußt platt, abgeschmackt und blutrünstig sind, zugleich aber den Charakter des Naiven haben.

Groteske (ital.: grotta = Grotte) Das Wort geht wahrscheinlich auf die Grotten des Titus-Palastes in Rom zurück, wo seltsam verschnörkelte Wandmalereien gefunden wurden. Es war zunächst eine Bezeichnung für Wandmalereien aus der Zeit des Manierismus im 17. Jh., später wurde es zum Begriff für Formen des extrem Komischen.
In der Dramatik und in der Spielweise des Theaters bezeichnet Groteske die Nähe von Lächerlichem und Grausigem, die beim Zuschauer Lachen und Entsetzen zugleich erzeugt. Ein Beispiel dafür ist die Figur der Claire Zachanassian in Friedrich Dürrenmatts Komödie *Der Besuch der alten Dame*, deren ganze Aufmachung, Dienerschaft und Lebensstil Lachen hervorruft, das sich jedoch mit Entsetzen über die Handlungen der Gestalt mischt. Mit Mitteln des Skurrilen, Phantastischen, Rätselhaften und scheinbar ohne Logik wird in der Groteske die Wirklichkeit komisch überzeichnet. Damit soll die Unvereinbarkeit zwischen einem überkommenen Weltbild und einer veränderten Wirklichkeit gezeigt werden. Die Groteske ist vor allem in Zeiten politisch-gesellschaftlichen Umbruchs ein Ausdruck für die Spannung zwischen Altem und Neuem. So findet sich die Groteske bereits in der Antike bei Aristophanes und Plautus, aber wir finden sie auch im Sturm und Drang und in der Romantik. Im 20. Jh. häufen sich die Beispiele. Dürrenmatt beschrieb die Groteske in *Theaterprobleme* als einzig angemessenes Darstellungsmittel in einer chaotischen Welt. Zu verweisen ist auf *Die Kleinbürgerhochzeit* von Bertolt Brecht, *Die Physiker* von Friedrich Dürrenmatt, *Biedermann und die Brandstifter* von Max Frisch und *Überlebensgroß Herr Krott* von Martin Walser.

Grotowski, Jerzy (geb. 1933) Der polnische Schauspieler, Regisseur, Theaterleiter und Theatertheoretiker gründete 1959 das „Theaterlaboratorium der 13 Reihen" (Zuschauerreihen) in Opole, das zusammen mit dem ihm angeschlossenen „Institut zur Erforschung der Schauspielkunst" 1965 nach Wroclaw verlegt wurde. Es folgten zahlreiche Auslandstourneen, seit 1975 Abkehr vom Theater im Sinne von Aufführungen, statt dessen Durchführung von

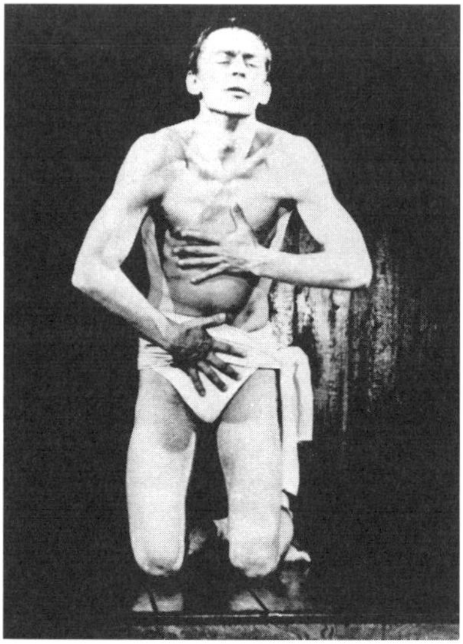

Ryszard Cieslak in Jerzy Grotowskis Inszenierung von Calderóns Der standhafte Prinz, *Wroclaw 1966*

Selbsterfahrungspraktika. 1984 löste Grotowski das Theaterlaboratorium endgültig auf und verlagerte seine Tätigkeit auf Erforschung und Erprobung von Ritualen und spirituellen Techniken. Zahlreiche Veröffentlichungen zur Schauspielkunst folgten, deren bekannteste *Das arme Theater* (1968, dt. 1970) ist.

Im Zentrum seiner Theaterkonzeption steht die Forderung nach einem **armen Theater**, in dem der Schauspieler durch seine Ausdrucksmittel alle übrigen Elemente des Theaters, wie Bühnenbild, Ausstattung, Theatermaschinerie usw. ersetzen und durch seinen Körper entstehen lassen soll. Das arme Theater versteht Grotowski als einen Ort existenzieller Erfahrungen für Zuschauer und Schauspieler. Er verlangt deshalb nicht Darstellung von Rollen auf der Bühne, sondern ein Sich-Überschreiten, d.h. Selbsterkenntnis, Selbstoffenbarung und Selbstbefreiung des Schauspielers im Spiel. Die Fähigkeiten dazu erlangt der Darsteller durch ein hartes Körpertraining und durch Psychotechniken. In Form von Exerzitien soll der Körper von allen Widerständen befreit werden mit dem Ziel, durch exzessive Selbstentblößung ein „Sühneopfer" zu vollziehen; der Schauspieler soll sich dadurch der „Heiligkeit" nähern. Der pseudo-religiösen Funktion des armen Theaters, das auf Magie und Rituale zurückgreift, entsprechen die Arbeitsformen: freiwilliger Verzicht des Ensembles auf alle materiellen Güter, sektenartiges Zusammenleben, absolute Unterwerfung unter die Regeln des Kollektivs. Die Schauspielmethode Grotowskis beeinflußte viele Theatergruppen in Europa und den USA, so z.B. das Living Theatre, das La Mama Theatre, das Odin Teatret Eugenio Barbas.

Gründgens, Gustaf (1899–1963)

Bekannt ist Gründgens vor allem als Schauspieler und Regisseur, aber er war auch Theaterleiter. Unter seiner Leitung von 1933–44 machte er das Staatstheater Berlin zur führenden Bühne des nationalsozialistischen Staates. 1947 wurde er für zwei Jahre Generalintendant der Städtischen Bühnen in Düsseldorf, bis 1955 Intendant des dortigen Schauspielhauses. Von 1955–62 leitete er das Deutsche Schauspielhaus in Hamburg, wo er mit seiner, auch verfilmten, Inszenierung von Goethes *Faust I* Weltruhm erlangte. Goethes Drama hat in Gründgens Leben eine besondere Bedeutung, seit 1919 spielte er immer wieder den Mephisto, es war die wichtigste Rolle seines Lebens.

Als Schauspieler glänzte Gründgens durch präzise Gestik, Mimik, große Kör-

Gustaf Gründgens als Mephisto mit Elisabeth Flickenschildt als Marthe in Faust I, *Hamburg 1957*

perbeherrschung und eine unverwechselbare Gestaltung des Worts. Den Regisseur Gründgens zeichnete aus: Vorrangstellung des Schauspielers in seinen Inszenierungen, sichere Schauspielerführung, Leichtigkeit der Spielweise, ökonomischer Einsatz der Mittel in szenischen Arrangements, Klarheit in der Herausarbeitung der dramaturgischen Strukturen eines Stückes.

Seine Doppelbegabung als Schauspieler und Regisseur, verbunden mit Organisationstalent und umsichtiger Menschenführung als Intendant, machten ihn zur beherrschenden Persönlichkeit des deutschsprachigen Theaters im Nationalsozialismus und im Nachkriegsdeutschland. Während der NS-Zeit versuchte Gründgens durch seinen Darstellungstil und die Ausrichtung des Spielplans auf die Klassiker zu verhindern, daß das Theater für die nationalsozialistische Ideologie und Propaganda vereinnahmt wurde. Seinen klassizistischen Aufführungsstil setzte er bruchlos in den 50er Jahren fort und wurde damit beispielgebend für das deutsche Theater der Nachkriegszeit. Es war ein eher apolitisches Theater, ein Theater der großen und kleinen Stars, ein Theater des geselligen Ereignisses.

Gründgens war sicherlich einer der widersprüchlichsten Erscheinungen in der Geschichte des deutschen Theaters. Klaus Mann hat sich in seinem Roman *Mephisto* mit ihm auseinandergesetzt, der Roman wurde mit Klaus Maria Brandauer in der Hauptrolle verfilmt.

Guckkastenbühne Sie ist heute die vorherrschende ▶ Bühnenform in überdachten Theaterbauten. Die Guckkastenbühne ist ein nach drei Seiten und nach oben abgeschlossener Bühnenraum, der durch die Rampe, die vordere Begrenzung der Spielfläche, und durch das Portal, den Bühnenrahmen, deutlich vom Zuschauerraum abgehoben ist. Portal und Rampe bilden die ▶ vierte Wand, durch die dem Zuschauer Einblick gewährt wird. Ähnlich waren auch die Guckkästen auf Jahrmärkten und Schaubuden aufgebaut, bei denen ein Bild oder ein Panorama, das sich in einem Kasten befand, durch optische Linsen betrachtet werden konnte.

Die Guckkastenbühne ist aus der Kulissenbühne des 17. Jh.s hervorgegangen. Ihr Siegeszug begann um 1800, als das Bürgertum allmählich zur herrschenden gesellschaftlichen Schicht aufstieg. Die Darstellung seiner Lebenswelt machte auf der Bühne geschlossene Zimmerdekorationen erforderlich. Wie keine andere Bühnenform fördert die Guckkastenbühne das Illusionstheater, die Vortäuschung einer nicht vorhandenen Wirklichkeit. Ebenso verstärkt die Guckkastenbühne wie keine andere Bühnenform die passive Konsumentenhaltung der Zuschauer. Gerade dies hat Theaterreformer im 20. Jh. immer wieder veranlaßt, nach neuen architektonischen, dramaturgischen und spielerischen Mitteln zu suchen, um die trennende Rampe zwischen Schauspielern und Publikum zu überwinden.

H

Gastspiel des Habima-Theaters in Berlin (1927) mit An-Skis Der Dybbuk

Habima (hebr. = Bühne) Dieses erste hebräischsprachige Theater wurde 1917 in Moskau gegründet. Sein Ziel war, das jüdische Selbstgefühl und die hebräische Sprache zu fördern. Man grenzte sich bewußt vom ▶ jiddischen Theater ab, das als folkloristisch angesehen wurde. Der Anspruch, Kenntnisse der hebräischen Sprache zu vermitteln, stand im engen Zusammenhang mit der zionistischen Bewegung, mit dem Bestreben, das zerstreute jüdische Volk in Palästina anzusiedeln. Nach Gastspielreisen durch Europa und die USA ließ sich das Theater nach einem längeren Aufenthalt in Palästina dort 1932 endgültig nieder. Seit 1945 verfügt die Habima in Tel Aviv über ein eigenes Theater mit 1 100 Sitzplätzen. 1958 wurde sie Nationaltheater des Staates Israel. Heute stehen Stücke des Welttheaters auf dem Spielplan.

Stilprägend für die Habima war die Aufführung von Scholom An-Skis Dramatisierung der ostjüdischen Legende *Der Dybbuk* im Jahre 1922 in der Inszenierung von ▶ Wachtangow dem bedeutendsten Schüler von Stanislawski. Die Aufführung des *Dybbuk* begründete den Ruhm der Habima. Das Stück wurde über tausendmal gespielt und steht immer noch auf dem Spielplan des Habima-Theaters.

Hamburgische Dramaturgie Dieses theatertheoretische Hauptwerk Gotthold Ephraim Lessings (1729–81) besteht aus einer Sammlung theaterkritischer und dramentheoretischer Beiträge. Sie erschienen in den Jahren 1767–69 in wöchentlicher Folge, veranlaßt durch die Aufführungen des Deutschen Nationaltheaters in Hamburg, an dem Lessing Dramaturg war. Ursprünglich beabsichtigte er, die konkrete Theaterarbeit durch Aufführungskritiken zu fördern, indem jeder Schritt begleitet werden sollte, „den die Kunst, sowohl des Dichters, als des Schauspielers, hier tun wird." Nach dem 24. Stück der *Dramaturgie* gab Lessing die aktuelle Theaterberichterstattung auf, weil er Streit mit Schauspielern hatte, die eine Auseinandersetzung mit ihren künstlerischen Leistungen aus Eitelkeit nicht zulassen wollten. Ins Zentrum rückten nun, nur noch äußerlich an den laufenden Spielplan gebunden, grundsätzliche Probleme der Dramaturgie und des Theaters.
Die Hamburgische Dramaturgie wurde allmählich zu einer Kampfschrift gegen den Führungsanspruch von Pierre Corneille, Voltaire und Jean Baptiste Racine, den Vertretern des klassizistischen französischen Dramas. Dieser Anspruch war seit mehr als einem Jahrhundert nicht bestritten worden, nun aber behinderte das starre Festhalten an der Regel der drei Einheiten von Zeit, Ort und Handlung die Entwicklung des europäischen Theaters. Shakespeares Dramen dienten Lessing als Gegenbild. Lessing wies den französischen Autoren anhand ihrer eigenen Dramen und theoretischen Schriften nach, daß sie die *Poetik* des Aristoteles fehlinterpretiert und verfälscht hätten. Er lieferte eine Neuinterpretation und schuf damit die theoretischen Voraussetzungen für das ▶ Bürgerliche Trauerspiel in Deutschland. Die *Hamburgische Dramaturgie* gilt als Entwurf für ein deutsches Nationaltheater, das sein Publikum im Sinne des aufgeklärten Bürgertums erziehen sollte, d. h. im Sinne der Vernunft, der Kritik und der Suche nach Wahrheit. Lessing selbst erschien dies – nach seinen Erfahrungen in Hamburg – so lange nicht verwirklichbar, als „wir Deutsche noch keine Nation sind."

Hänger Neben den aufstellbaren Dekorationen gibt es auch Bühnenbildteile, die an Zügen aufgehängt sind und in den Schnürboden der Bühne hochgezogen werden können. Ein solcher Hänger kann ein Vorhang oder ein bemalter Prospekt sein. Ein Hänger meint im Theaterjargon auch das Steckenbleiben eines Schauspielers im Text. Er „hängt": er hat einen „Hänger".

Hanswurst Diese ▶ komische Figur des deutschsprachigen Volkstheaters und der Wandertruppen wird häufig als dickwanstiger bäuerlicher Narr dargestellt. Die Figur ist aus einer Vermischung heimischer Figuren und der komischen Figur des **Pickelhering** hervorgegangen, die von englischen Komödianten im 16. und 17. Jh. in Deutschland populär gemacht wurde. Der Hanswurst trat erstmals in Improvisationen zwischen Szenen von Haupt- und Staatsaktionen auf und war besonders in Fastnachtsspielen und Stegreifspielen vertreten. Solche **Hanswurstiaden** waren bis ins 18. Jh. auf deutschen Bühnen beliebt. Als der bedeutendste Darsteller des Hanswust gilt der Schauspieler und Begründert des Wiener Volkstheaters Joseph Stranitzky (1676–1726).
Johann Chr. Gottsched (1700–66) und die Schauspielerin Caroline Neuber (1697–1760), die sich für die strenge

Joseph Anton Stranitzky als Hanswurst

Form des französischen Theaters auf deutschen Bühnen einsetzten, bekämpften das Stegreifspiel der Hanswurstiaden und verbannten 1737 den Hanswurst in einem allegorischen Spiel von der Bühne. Trotz der Versuche Lessings, Herders und auch des jungen Goethe, die Figur wiederzubeleben, starb der Hanswurst auf den Bühnen des norddeutschen Raums aus. Er findet sich heute als Kasperl nur noch im Handpuppenspiel.

Happening (engl. = Ereignis) In dieser Veranstaltung von bildenden Künstlern wird die Grenze zwischen bildender Kunst und Theater aufgehoben. Das Happening ist ein improvisiertes, meist multimediales Geschehen. Zuschauer und Künstler nehmen gleichermaßen aktiv daran teil. Happenings werden nicht geprobt und in der Regel nur ein einziges Mal durchgeführt. Es gibt zwar eine vom Künstler vorher festgelegte Situation, aber keine fortlaufende Handlung; spontane Reaktionen sind jederzeit möglich.
Anders als im Theater findet das Happening nicht auf einer Bühne vor Publikum statt, sondern in einem ▶ Environment. In diesem besonders gestalteten Raum können sich die Teilnehmer frei und ungehindert bewegen. Charakteristisch für die Umgebung, das Environment, ist die Verwendung von vorgefertigten Materialien, die man normalerweise nicht der Kunst zurechnen würde. Ebenso kennzeichnend ist, daß Gegenstände, Farben, Töne, Personen usw. unvermittelt nebeneinander stehen und gleichrangig sind. Im Happening gibt es keine Schauspieler, sondern nur Ausführende. Das Happening will vor allem dagegen protestieren, daß man Kunst nur mit Museum in Verbindung bringt, also als abgehoben vom Leben betrachtet. Das Happening wendet sich dagegen, daß der Künstler Dinge herzustellen habe, die gehegt und gepflegt werden. Stattdessen sollen die Grenzen zwischen Kunst und Leben, zwischen Abbild und Wirklichkeit durchlässig gemacht werden. Absicht ist, die Erlebnisfähigkeit der Teilnehmer durch Veränderung gewohnter Lebensumstände zu sensibilisieren, sie empfänglicher für neue Wahrnehmungen zu machen. So ging z. B. 1965 das *24-Stunden-Happening* in Wuppertal bis an die Grenzen der Belastbarkeit.
Zu den wichtigsten Vertretern des Happenings gehören der 1927 geborene Maler Allan Kaprow in den USA, der 1959 das erste Happening veranstaltete. In Frankreich spielen Jean-Jacques Lebel und in Deutschland Wolf Vostell eine große Rolle. Vor allem das experimentelle Theater in den USA wurde durch die Happenings stark beeinflußt, das ist z. B. in der Theaterarbeit von Michael

Kirby und Richard Schechner deutlich sichtbar. Elemente des Happenings finden sich im deutschen Theater der 70er Jahre z.B. in Hansgünther Heymes Inszenierung von Shakespeares *Hamlet*.

Happy end (engl. = glückliches Ende) in Drama, Film und Roman glücklicher Ausgang der Handlung; häufig unerwartet und nach Überwindung vieler Widrigkeiten und Schicksalsschläge.

Haupt- und Staatsaktion Johann Christoph Gottsched (1700–66) stritt vehement für ein deutsches Drama, das sich an der französischen Klassik und ihren Regeln orientieren sollte. Er bekämpfte das Repertoire der englischen und deutschen ▶ Wandertruppen seiner Zeit, deren Programm er als Haupt- und Staatsaktion bezeichnete. Den Hauptteil, daher „Hauptaktion", ihrer Aufführungen bildeten ernste Stükke, die durch possenhafte Zwischen- und Nachspiele publikumswirksam aufbereitet waren. Zugrunde lagen den Stücken – meist auf virtuoses Rollenspiel und vordergründige Effekte zugeschnittene Bearbeitungen älterer Dramen oder Opern – historische Stoffe aus dem höfischen Leben, daher „Staatsaktionen".
Die Haupt- und Staatsaktionen boten dem nichtadligen Publikum, Bürgern und einfachen Leuten, einen vermeintlichen Einblick in die höfische Welt. Als Kontrastfigur diente der ▶ Hanswurst, bei den englischen Komödianten der **Pickelhering**, der durch seine komischen Einlagen diese Welt in platter Weise verulkte. Teilweise ließ sich jedoch überhaupt keine inhaltliche Verbindung zwischen Hanswurst oder Pickelhering und den anderen Szenen herstellen. Beherrschend für die Aufführungen war eine Mischung aus Grausigem, Rührendem, Wunderbarem und Derb-Komischem.
Die Texte der ernsten höfischen Szenen lagen schriftlich vor, während die komischen Passagen improvisiert wurden. Der Darstellungsstil war bestimmt von ausgeprägtem Gefühls- und Gebärdenspiel, häufigem Verkleiden und Demaskieren, üppigen Kostümen und Bühnenausstattungen wie z.B. Festgelagen und Krönungsszenen.

Held Die Hauptperson, der Held eines Stückes, muß nicht notwendigerweise „heldenhafte" Eigenschaften haben. Im Drama des Barock des 16./17. Jh.s war der Held noch gekennzeichnet durch hohe soziale Stellung, Willenskraft und vorbildhaftes, heroisches Auftreten, Bestimmungen die in späterer Zeit wegfallen. Auch eine „unheldisch" auftretende Hauptfigur wird seither als Held bezeichnet. Gänzlich sinnlos wird der traditionelle Heldenbegriff durch den Typ des **Antihelden**, wie er z.B. in Georg Büchners *Leonce und Lena* auftritt. Die Hauptperson, der Prinz Leonce, verharrt im Gegensatz zum aktiven Helden aus Langeweile und Weltekel in Untätigkeit.
Im Theater bezeichnete Held noch bis zur Mitte unseres Jahrhunderts ein ▶ Rollenfach, wobei grundsätzlich unterschieden wird zwischen **Charakterheld**, z.B. die Figuren des Götz, Tell und Wallenstein, und **jugendlichem Helden** wie Max Piccolomini und Karl Moor.

Heroine (griech.: heros = Held) Ursprünglich wurde eine Darstellerin großer tragischer Rollen wie z.B. Antigone, Medea, Phädra, Iphigenie so genannt. Später war Heroine ein ▶ Rollenfach, nämlich das der weiblichen Hauptfigur, der Heldin. Im 20. Jh. änderte sich jedoch die Bedeutung und wird heute eher spöttisch abwertend für eine übertrieben pathetisch spielende und korpulente Schauspielerin verwendet.

Hintersetzer Wenn in Teilen des Bühnenbildes Fenster oder Türen geöffnet sind, wird hinter der Öffnung ein weiteres Bühnenbildteil, der Hintersetzer, sichtbar, um den Hintergrund abzuschließen. Der Hintersetzer wird auch **Fond** genannt.

Höfisches Theater Alle Theaterformen der europäischen Fürstenhöfe von der Renaissance, vom 16. Jh., bis ins 18. Jh. werden unter dieser Bezeichnung zusammengefaßt. Das höfische Theater entwickelte sich zuerst im Italien des beginnenden 16. Jh.s, als an den Höfen ▶ Liebhabertheater entstanden. Unter aktiver Teilnahme der höfischen Gesellschaft fanden in kleinem Kreis Laienaufführungen sowohl von antiken Komödien des Plautus oder Terenz als auch von zeitgenössischen Stücken statt. So wurde z. B. von Ludovico Ariosto *Der rasende Roland* oder von Il Bibbiena *Calandria* aufgeführt. Die Adligen waren Darsteller und zugleich Zuschauer. Wie groß die Begeisterung für solche vorwiegend der Zerstreuung dienenden Laienaufführungen war, zeigte sich noch im 18. Jh. Das Hoftheater in Weimar, das Goethe leitete, war anfangs eine reine Liebhaberbühne.

Eine ganz andere Aufgabe hatten dagegen die höfischen ▶ Feste, die im Zeitalter des Barock, im 16./17. Jh., ihren Höhepunkt erreichten. Sie dienten dazu, Macht zu demonstrieren und den Fürsten zu verherrlichen. Sie wurden z. B. bei Hochzeiten, Thronbesteigungen und Taufen veranstaltet und dauerten meist mehrere Tage oder Wochen. In der Regel eröffnete sie der ▶ Trionfo, der Einzug der Gäste und die Huldigung an den Fürsten. Darauf folgten unterschiedliche Darbietungen, an denen der Hof zum Teil selber teilnahm: Jagden, Turniere, Wasserspiele, Roßballette, Schauspiel, Tanz und Musik. Den Abschluß des höfischen Festes bildete meist ein mehrstündiges Feuerwerk. Das höfische Fest war ein Theater der Allegorie, z. B. trat der Herrscher selbst auf und verkörperte Personen aus der griechischen Götterwelt, die seine eigene Stellung verdeutlichen sollten. So stellt die Figur des Mars die militärische Macht, Herkules die zivile Macht und Apollon die kulturelle Macht dar. Für die prunkvolle Ausstattung, die szenischen Effekte engagierte man berühmte Maler und Architekten der Zeit. Höfische Feste waren in ganz Europa verbreitet; die glänzendsten fanden aber in Italien, in Mailand, Ferrara, Mantua, Modena und Padua, statt.

Aus den italienischen Hoffesten entwickelte sich das **dramma per musica**, die Oper. Sie beherrschte die europäische Hofkunst bis Ende des 18. Jh.s. Die italienische Oper war international, sie wurde ebenso an den Höfen Englands, Polens, Frankreichs wie in den deutschen Residenzen gespielt.

Höfisches Fest in den Uffizien von Florenz (1616)

Eine eigene Entwicklung nahm das höfische Theater in Frankreich. Hier wurde das **Ballett** verfeinert und vervollkommnet, seine Formen verbreiteten sich über das höfische Europa und finden sich schließlich auch auf der bürgerlichen Bühne.
Das höfische Theater war international. Sänger, Tänzer, Bühnenmaler und -architekten aus den verschiedensten Ländern reisten von Hof zu Hof und versuchten dort, ihre Künste immer weiter zu vervollkommnen, indem sie auf nationale Eigenheiten immer mehr verzichteten. Gleichzeitig wurden dadurch Entwicklungen nationaler Theaterkulturen gehemmt.

Hofschauspieler Dieser Ehrentitel wurde an Schauspieler verliehen, die lange Zeit an einem Hoftheater gearbeitet hatten. Der Titel war häufig verbunden mit einer Pension. In Österreich wird noch heute der Titel **Staatsschauspieler** verliehen, eine Entsprechung zum Hofschauspieler.

Hoftheater In der zweiten Hälfte des 18. Jh.s gründeten und finanzierten Fürsten Theater, die Hoftheater oder **Hofbühnen**, wie sie auch genannt werden. Sie dienten der höfischen Repräsentation, dem Zurschaustellen des adligen Lebens, aber auch dazu, die Verdienste des Fürsten um die Kunst, sein Mäzenatentum, öffentlich zu zeigen. Lange Zeit waren die Hoftheater die einzige Möglichkeit, Dramen zur Aufführung zu bringen. So wurden z. B. im Hoftheater von Weimar unter der Leitung von Goethe die meisten Dramen von Friedrich Schiller uraufgeführt.
Die Hofbühne wurde von einem Intendanten geleitet, einem Beamten des Hofes, der dem höheren Adel angehörte und sich meist militärische Verdienste erworben hatte. Er war verantwortlich für den Etat, hatte häufig aber auch erheblichen Einfluß auf künstlerische Fragen. Die wichtigsten Hoftheater waren an den Fürstenresidenzen in Gotha, Berlin, Weimar, Mannheim und Wien. Die letzten beiden wurden 1776 und 1777 zu Nationaltheatern erhoben. Seit Beginn des 19. Jh.s wurde das System der Hoftheater von den Theaterleuten immer heftiger kritisiert. Sie empfanden sowohl die Spielweise als auch die Auswahl der Stücke als erstarrt, sie wehrten sich gegen die Einflußnahme des Hofes und wollten insgesamt mehr künstlerische Freiheit. Das erstarkende Bürgertum wollte auch in diesem Bereich mehr Einfluß gewinnen und die Bühne für die eigene Selbstdarstellung und als eigene Öffentlichkeit nutzen. Nach dem 1. Weltkrieg, als der Adel in Deutschland entmachtet war, wurden die meisten der noch bestehenden 30 Hoftheater in Staats- oder Stadttheater umgewandelt.

Horizont Es gibt auf der Bühne immer wieder Szenen, die in freien Gegenden spielen. Die dazu notwendige unendlich weit erscheinende Himmelsfläche kann durch den Horizont oder **Bühnenhimmel** vorgetäuscht werden, der den Bühnenraum nach hinten abschließt. Früher war dieser Bühnenhimmel, auch **Cyclorama** genannt, aus Leinwand gefertigt und hellblau bemalt. Heute ist der Hori-

zont meist weiß, da es mittlerweile spezielle **Horizont-Laternen** für wechselnde Lichtfarben gibt. Weiß ist gleichzeitig auch eine neutralere Farbe für den Bühnenabschluß, und die Fläche kann so bei Bedarf auch für Filmprojektionen genutzt werden.
Eine Weiterentwicklung des Bühnenhimmels ist der **Rundhorizont**, der den Bühnenraum halbzylindrisch abschließt. Er besteht entweder aus hängenden Leinwänden, die hochgezogen oder fallengelassen werden können oder aus fest verspanntem Material. Der feste Rundhorizont hat den Vorteil, daß er faltenfrei ist und daher besonders gut das Licht reflektiert und unendliche Weite vortäuscht.

Hosenrolle Es gibt Männer- oder Knabenrollen, die von einer Darstellerin gespielt werden, weil die Verkleidung ein wesentliches Element der Handlung ist. So tritt z. B. Viola in William Shakespeares *Was ihr wollt* als junger Mann auf, um beim Herzog Orsino, in den sie verliebt ist, in Dienst treten zu können. Im Musiktheater kann eine Hosenrolle für die Besetzung notwendig sein, wenn eine bestimmte Rolle in Sopran gesungen werden soll. So wird z. B. in Mozarts Oper *Figaros Hochzeit* die Rolle des Cherubino mit einer Frau besetzt.

Hypothesis (griech. = Grundlage) Antike Philologen verfaßten Einleitungen zu den Dramen, die sie herausgaben. Diese Hypothesis enthält meist eine knappe Inhaltsangabe, Informationen über die Geschichte des Stoffes und Informationen zu den **Didaskalien**. Das waren Urkunden über Aufführungen mit Angabe des Datums, Namensverzeichnissen von Schauspielern und Chorführern, Auflistungen der errungenen Preise und vieles mehr.

I

Identifikation (lat.: idem = dasselbe, facere = machen) Der Begriff kann sich sowohl auf den Schauspieler als auch auf das Publikum beziehen. Der Darsteller versucht einszuwerden mit seiner Rolle, indem er die Gefühle und das Handeln der Figur auf der Bühne nachzuleben sucht. Eine solche Identifikation im Theater kann immer nur annäherungsweise erreicht werden, sie stößt an natürliche Grenzen, spätestens dann, wenn die Bühnenfigur stirbt. Ihre höchste theoretische und praktische Entfaltung fand die schauspielerische Identifikation durch den russischen Regisseur und Theaterpädagogen Konstantin S. Stanislawski (1863–1938).
Der Darsteller, der mit der Bühnenfigur verschmilzt und sich mit ihr identifiziert, kann auch beim Zuschauer bewirken, daß dieser sich in Bühnenfiguren und deren Gefühle hineinversetzt.

Im Theater des 20. Jh.s wandten sich vor allem Edward Gordon Craig, Wsewolod Meyerhold und Bertolt Brecht gegen die Identifikation. Sie betonen dagegen die Künstlichkeit des Spiels auf der Bühne.

Iffland, August Wilhelm (1759–1814) Er galt als größter Schauspieler seiner Zeit, war auch Dramatiker und Theaterleiter. Seine Schauspielerlaufbahn begann er am Hoftheater in Gotha unter Konrad Ekhof, dessen Auffassung von einer realistischen Spielweise auch für ihn Maßstab war. Seinen größten Erfolg errang Iffland mit der Rolle des Franz Moor, in Schillers *Die Räuber*, am Mannheimer Nationaltheater uraufgeführt. Während einer Gastspielreise durch Deutschland lernte er Goethe am Weimarer Hof kennen. 1796 wurde Iffland zum Direktor des Königlichen Nationaltheaters Berlin berufen, das sich unter seiner Leitung zur führenden deutschsprachigen Bühne entwickelte. Das Berliner Kulturleben prägte er in vielfältiger Weise. So setzte Iffland den 1802 eröffneten Neubau des Theaters am Gendarmenmarkt durch und übernahm 1811 als Generaldirektor die Königlichen Schauspiele einschließlich der Oper.

Iffland leitete nicht nur das Theater, er überwachte auch selbst die dramaturgische Einrichtung der Stücke, leitete Proben und kontrollierte selbst die Herstellung aufwendiger Dekorationen. Er setzte zugkräftige, publikumswirksame zeitgenössische Stücke auf den Spielplan, aber auch die Dramen von Friedrich Schiller.

Ifflands Namen trägt ein Ring, der als hohe Auszeichnung für deutsche Schauspieler gilt und von dem letzten Besitzer jeweils testamentarisch weitergegeben wird. Es ist allerdings eine Legende, daß der **Iffland-Ring** von ihm selbst getragen und weiterverliehen wurde. Wahrscheinlich hat ihn der Schauspieler Theodor Döring (1803–78) gekauft und mit der erfundenen Herkunftsgeschichte an Friedrich Haase (1825–1911) weitergegeben. Von Haase wanderte der Ring zu Albert Bassermann (1867–1952), von dort zu Werner Krauss (1884–1959). Der letzte Inhaber, Josef Meinrad, ist vor kurzem gestorben; der Nachfolger ist noch nicht bekannt.

August Wilhelm Iffland als Franz Moor in Schillers Die Räuber *(Radierung von Mono Haas, 1806)*

Illusionstheater (lat.: illudere = täuschen) Die naturgetreue Ausstattung täuscht dem Zuschauer Handlung, Ort und Zeit der Aufführung als unmittelbar erlebte Wirklichkeit vor. Das Illusionstheater bildete sich mit der Entstehung der ▶ Guckkastenbühne heraus und erreichte seine höchste Vollendung in der Zeit zwischen 1880 und 1900 im Theater des Naturalismus. Im Gegensatz dazu

betont das **antiillusionistische Theater** den Schein- und Spielcharakter von Theater.
Aber auch ein Theater, das durch raffinierte bühnentechnische Effekte ans Zauberhafte grenzende Erscheinungen vortäuscht, wird als Illusionstheater verstanden. Beispiele für das plötzliche Verschwinden von Personen, Flüge durch die Luft mit unsichtbaren Flugmaschinen oder das Auftreten einer Figur aus einer lodernden Flamme finden sich im Theater des Barock, im Alt-Wiener Volksstück, dem komischen Stegreifspiel, das aus dem Barockdrama hervorging, und in der Revue.

Imitation (lat.: imitatio = Nachahmung) Neben dem umgangssprachlichen Gebrauch wird der Begriff im Theaterbereich noch in einem spezielleren Sinn verwendet. Zum einen ist Imitation eine abwertende Bezeichnung für eine allzu platte schauspielerische Nachbildung der Wirklichkeit, der naturgetreuen Darstellung einer Person in Gang, Haltung, Geste und Sprechweise. Kabarettisten stellen häufig Politiker oder andere bekannte Personen so dar. Zum anderen meint Imitation die möglichst naturgetreue Nachahmung von wertvollem Material in der Bühnenausstattung. Schmuck, Requisiten oder Kostüme werden dann mit billigem und leicht zu bearbeitendem Material hergestellt.

Impresario (ital. = Unternehmer) Im 18. Jh. ist es die Bezeichnung für den Leiter eines Opernensembles. Mitte des 19. Jh.s trat ein Bedeutungswandel ein: Der Impresario wird zum Geschäftsführer reisender Künstler. Heute ist es ein veralteter Begriff für einen Theater- oder Konzertagenten, der Gastspielreisen für einzelne Künstler oder Truppen organisiert oder Verträge schließt.

Inspizient (lat.: inspicere = beaufsichtigen) Er ist während der Vorstellung für den reibungslosen technisch-organisatorischen Ablauf verantwortlich. Vor der Vorstellung überzeugt er sich davon, ob alle Darsteller anwesend sind, ober ob der Aufbau der Dekorationen den Anga-

Inspizientenpult

ben des Bühnenbildners entspricht und ob die Requisiten vollständig bereit liegen. Sein **Inspizientenpult** steht seitlich vorn am Bühnenportal. Von dort überwacht er die gesamte Aufführung. Er läutet die Vorstellung ein, gibt das Zeichen für das Ziehen des Vorhangs, signalisiert Wechsel in der Beleuchtung oder den Einsatz von Toneffekten. Ebenso ruft er per Sprechanlage die Darsteller aus den Garderoben zu ihren Auftritten und schickt sie auf das Stichwort zum Auftritt. Er entscheidet auch, ob bei einer Panne die Vorstellung vorübergehend unterbrochen wird und der Vorhang fallen soll.

Inszenierung (griech.: skene = Hütte, Bühne) umfaßt zum einen die Einrichtung und Einstudierung eines Bühnenwerkes während einer bestimmten Probenzeit, zum anderen das Endprodukt dieses Prozesses. Inszenierung sind dann alle Mittel, die zur Interpretation eines Stückes eingesetzt werden und die vor dem Publikum zur Aufführung kommen.

Während der Probenzeit wird die literarische oder musikalische Vorlage in szenische Vorgänge übertragen. Diese Gestaltung des Textes oder der Partitur, das Umdenken von Geschriebenem in Darstellung, ist immer Interpretation. Unmittelbar beteiligt an diesem Vorgang sind neben den Schauspielern der Dramaturg, der Bühnen- und Kostümbildner und im Musiktheater die Sänger und Musiker. Deren verschiedene Sichtweisen und Tätigkeiten werden vom ▶ Regisseur, der früher auch **Inszenator** hieß, koordiniert und unter seiner Leitung zu einer Einheit zusammengefügt. Er ist es, der ein Stück **inszeniert**. Seine Lesart eines Stückes und seine Regiekonzeption versucht er mit Hilfe der mitarbeitenden Künstler in der Inszenierung zu verwirklichen. Zur Vorbereitung einer Inszenierung müssen sich die Beteiligten – hier sind die Schauspieler meist nicht dabei – über die Besetzung eines Stückes verständigen und einen Kostenvoranschlag erstellen. In diesem werden die voraussichtlichen Aufwendungen für Material von Dekorationen, Kostüme, Requisiten, Gagen für zusätzliches künstlerisches Personal aufgelistet. Der Regisseur ist verpflichtet, sich möglichst an diese errechnete Summe zu halten.

Intendant (franz.: intendance = Verwaltung) Ursprünglich war dies ein Titel für den Leiter der Heeresfinanzen, einen Verwaltungsfachmann, dem im 17./18. Jh. auch die Hoftheater unterstanden. Die Theaterleitung war zunächst nur eine Nebentätigkeit, wurde aber dann zu einem selbständigen Amt, das mit Adligen besetzt wurde, die sich militärisch verdient gemacht hatten. Diese Hof-Intendanten zogen neben der Verwaltungstätigkeit zunehmend auch künstlerische Aufgaben an sich. Seither hat sich der Begriff des Intendanten im deutschen Theaterwesen eingebürgert. Intendant meint heute den Leiter eines Staats-, Stadt- oder Landestheaters und den Leiter von Rundfunk- und Fernseh-

anstalten. Der Leiter eines Privattheaters heißt Direktor.
Der Intendant wird vom öffentlichen Träger des entsprechenden Theaters für eine vertraglich festgesetzte Zeit, meist 5 Jahre, gewählt. Er vertritt das Theater nach außen und ist für dessen künstlerische, wirtschaftliche und administrative Leitung verantwortlich. Dem Rechtsträger gegenüber ist er zur Haushaltsdisziplin verpflichtet, d.h., er muß den jährlich neu festgelegten Haushaltsplan einhalten und Aus- und Einnahmen nachweisen können. In der Regel wird er dabei vom Verwaltungsdirektor unterstützt. Innerhalb des Theaters hat er die zentrale Machtposition: Ihm sind sämtliche Bühnenmitglieder und meist auch das Personal von Technik und Verwaltung unterstellt, er entscheidet über Einstellungen und Entlassungen, über die Gestaltung des Spielplans und die Verteilung von Regieaufträgen. Entscheidungen im künstlerischen Bereich werden in der Regel mit den jeweiligen künstlerischen ▶ Bühnenvorständen abgesprochen. In den meisten Fällen ist der Intendant heute zugleich auch Regisseur. Wenn der Intendant für mehrere Sparten eines Theaters, z. B. Schauspiel und Oper, zuständig ist oder mehrere Theater leitet, wird er **Generalintendant** genannt.

Internationales Theaterinstitut (ITI) Diese Unterorganisation der UNESCO wurde 1948 zur Förderung internationaler Theaterkontakte und des Informationsaustauschs gegründet. Das Institut veranstaltet regelmäßig Kongresse, Konferenzen und Seminare und organisiert seit 1957 alljährlich das Theaterfestival „Theater der Nationen“. Zunächst fand dieses Festival nur in Paris statt, ab 1972 jeweils in einem anderen Land. Die im ITI zusammengeschlossenen Mitgliedstaaten unterhalten nationale Zentren, der Präsident des deutschen Zentrums ist August Everding. Der Sitz des Generalsekretariats ist Paris.

Intimes Theater Um die Jahrhundertwende entstand eine Theaterform, die in Architektur, Dramaturgie und Spielweise neu war. Besonderen Einfluß hatte der schwedische Dramatiker August Strindberg (1849–1912), der 1907 in Stockholm sein „Intimes Theater“ gründete. Das Theater verfügte nur über wenige Sitzplätze und sollte so einen direkten Kontakt zwischen Bühne und Publikum ermöglichen. Es war ein Theater für kleine dramatische Formen mit geringer Besetzung und ohne bühnentechnischen Aufwand. Das intime Theater sollte eine Spielweise fördern, die ohne Effekte und Virtuosentum direkt und eindringlich wirkt. Dem intimen Theater entsprechen heute die ▶ Kammerspiele.

Intrige (franz.: intrigue = Ränkespiel) Die Handlung eines Dramas kann durch eine hinterlistig eingefädelte Verschwörung vorangetrieben werden. Der **Intrigant** legt dieses Komplott an, um seine Ziele gegen andere Figuren durchzusetzen. Vor allem die spanischen Mantel- und Degen-Stücke gelten als **Intrigendramen**. In der Tragödie wird mit der Intrige häufig der Untergang des Helden beabsichtigt, so z.B. in Shakespeares *Othello* durch die Machenschaften Jagos. Im Gegensatz dazu bewirken die Verwicklungen, die der Intrigant in der **Intrigenkomödie** auslöst, nicht den Untergang des Helden, sondern sind Grundlage der Komik, z.B. Figaros Komplott in Pierre-Auguste de Beaumarchais' *Der tolle Tag oder Figaros Hochzeit*.

J

Jargon (franz. = Kauderwelsch) Wie in vielen anderen Berufssparten gibt es auch im Theater eine besondere Form der Verständigung, eine berufsspezifische Alltagssprache, die für den Außenstehenden häufig unverständlich bleibt. Einige Beispiele:

- **Anspielen**: Kontakt zum Partner auf der Bühne herstellen, um ein intensives Zusammenspiel zu erreichen.
- **Auftragen**: negativ gebraucht für überbetontes Spielen.
- **Ausbruch**: höchste Steigerung des schauspielerischen Ausdrucks.
- **Bau**: Bezeichnung für das gesamte Theatergebäude und den Betrieb.
- **Intensität**: mit Kraft und voller Konzentration eine Rolle spielen.
- **Kantinengerücht**: die Kantine ist im Theater zentraler Umschlagplatz für Informationen, meistens aber für Klatsch und Tratsch.
- **Nudelbrett**: kleine Bühne ohne große technische Ausstattung; Bezeichnung auch für Kabarettbühnen.
- **Schwimmen**: Textunsicherheit des Darstellers.
- **Stallwache**: Aufsichtsdienst von Dramaturgen, Regieassistenten, Regisseuren während der Aufführung am Abend; gleichbedeutend mit Abenddienst.
- **Striese**: Figur im Schwank *Der Raub der Sabinerinnen* und Bezeichnung für einen Schmierenkomödianten.
- **Tingeln**: das Auftreten eines Darstellers außerhalb eines festen Engagements auf kleinen Bühnen, bei Vereinsveranstaltungen, Festen mit Rezitationen u. ä.
- **Vorhänge schinden**: Vermehrung der Auftritte beim Schlußapplaus durch zögerliches oder schnelles Öffnen und Schließen des Vorhangs oder Anbiedern der Darsteller. Die Zahl der Vorhänge wird häufig als Gradmesser für Zustimmung bzw. Ablehnung gesehen.

Jeßner, Leopold (1878–1945) Der Regisseur und Theaterleiter war nach Max Reinhardt einer der wichtigsten Begründer des modernen Regietheaters. Er begann seine Karriere als Schauspieler, wechselte 1904–15 als Regisseur ans Thalia Theater in Hamburg, leitete dann bis 1919 als Direktor das Schauspielhaus in Königsberg. Von 1919–30 war er Intendant des Berliner Staatstheaters und dort bis 1933 auch als Regisseur tätig. Mit Beginn der Naziherrschaft emigrierte er über Holland, England, Palästina in die USA. Dort arbeitete er als Lektor in Hollywood und zog sich völlig aus dem Theaterleben zurück. Er war jedoch politisch-organisatorisch für den „German-Jewish-Club" als dessen Präsident tätig.

Jeßner gilt als der Vertreter des Theaters der Weimarer Republik. Als überzeugter Sozialdemokrat bemühte er sich um ein politisch-republikanisches Theater. In

Bühnenmodell von Emil Pirchan an Jeßners Inszenierung von Richard III., *Berlin 1920*

seiner Theaterarbeit bevorzugte er Dramatiker, deren Werke sich mit Problemen der Zeit auseinandersetzen. So brachte er Werke von Ernst Barlach, Hans Henny Jahnn, Paul Kornfeld, Else Lasker-Schüler und Hans J. Rehfisch zur Aufführung und er förderte junge, kritische Talente wie Arnolt Bronnen und Bertolt Brecht. Er setzte sich für eine Erneuerung der Aufführungstradition klassischer Werke ein durch deren Aktualisierung. So wurde seine Aufführung von Schillers *Wilhelm Tell* 1919 zu einem Theaterskandal, weil er das Stück eindeutig antinationalistisch und revolutionär interpretierte und aufführte. Shakespeares *Hamlet* ließ er 1926 als aggressive antimonarchistische Parodie auf die Militär- und Hofwelt des untergegangenen deutschen Kaiserreichs darstellen. Jeßner forderte keine naturalistische Spielweise, sondern einen überhöhten Stil und eine starke Rhythmisierung von Text und Szenenablauf. Seine Grundidee war es, die „Idee der Fabel", also das Grundgerüst eines Stückes mit seinen Handlungssträngen, besonders herauszustellen. Dementsprechend wurden Szenen vereinfacht und klare räumliche Gliederungen vorgenommen. Dieser Gliederung diente die legendär gewordene **Jeßner-Treppe**, eine gestufte Bühne ohne jegliche Dekorationen, die zu seiner Zeit verspottet und angefeindet wurde. Heute ist sie ein selbstverständliches dramaturgisches und räumliches Ausdrucksmittel des Theaters.

Jesuitentheater Der katholische Orden der Jesuiten pflegte an seinen Schulen im 16. und 17. Jh. eine besondere Form des ▶ Schultheaters. Die in lateinischer Sprache geschriebenen Stücke dienten ursprünglich der Übung der Schüler in Rhetorik und Latein. Während der Gegenreformation setzten die Jesuiten das Theater jedoch zur Stärkung und Festigung des katholischen Glaubens ein. Die Dramen wurden meist von geistlichen Lehrern nach klassischen Vorbildern in Latein abgefaßt. Die Stoffe stammten aus der Bibel, der Kirchengeschichte oder aus Heiligen- und Märtyrerlegenden. Im letzten Drittel des 16. Jh.s entwickelte sich eine eigene Dramatik, häufig jeweils in der Landessprache geschrieben. Hauptvertreter des Jesuitentheaters waren Nikolaus Avancini (1611–86) und vor allem Jakob Bidermann (1577–1639), der u. a. *Cenodoxus, der Doctor von Parifs* verfaßte.

Da bei öffentlichen Aufführungen der lateinische Text für die meisten Zuschauer nicht verständlich war, lag der Schwerpunkt der Aufführung auf prunkvoller szenischer Gestaltung. Die Jesuiten nutzten alle Möglichkeiten der Theatertechnik: Simultan- und Kulissenbühne, Flugmaschinen, Versenkung und Feuerwerk. Häufig war ein Heer von Statisten an den Aufführungen beteiligt, bei großen Aufführungen kamen Chöre und Musikbegleitung dazu. Das Jesuitentheater bestand bis zur Auflösung des Ordens im Jahr 1772, es hatte aber durch die Entstehung des Berufstheaters bereits im Laufe des 17. Jh.s an Bedeutung verloren.

Jiddisches Theater Jiddisch war die Umgangssprache der osteuropäischen Juden, es ist eine dem Deutschen verwandte Sprache, die mit slawischen und hebräischen Elementen durchsetzt ist. Das erste jiddische Theater wurde 1867 im rumänischen Jassy von dem Schauspieler, Regisseur und Autor Abraham Goldfaden (1840–1908) gegründet, der u. a. die Stücke *Die Hexe* und *Sulamith* schrieb und spielte. Seine Erfolge führten zur Gründung zahlreicher anderer Gruppen. Doch die Ermordung des russischen Zaren Alexander II. 1883 setzte der Entwicklung ein vorläufiges Ende. Den Tod des Zaren nahm der Staat zum Anlaß, die jüdische Minderheit aus religiösen Gründen zu verfolgen. In diesem Zusammenhang wurden auch alle jiddischen Theatergruppen mit Aufführungsverbot belegt. Eine Vielzahl von Theaterleuten emigrierte nach New York, wo sich eine große jüdische Gemeinde aus ausgewanderten Juden Osteuropas gebildet hatte. Zunächst führte man dort Stücke in ostjüdischer Tradition auf, allmählich kamen aber auch Stücke auf den Spielplan, die sich mit den sozialen Problemen der Juden in Amerika beschäftigten, z.B. *Der jüdische Lear* und *Gott, Mensch und Teufel* von Jacob Gordin (1853–1909).

In Rußland erhielt das jiddische Theater nach Aufhebung des Spielverbots vor allem durch ▶ Stanislawski neue Anregungen. Seine Theaterarbeit am Moskauer Künstlertheater beeinflußte nachhaltig die zahlreichen Neugründungen. Berühmt wurde vor allem die 1916 entstandene „Wilna-Gruppe“, die ihre größten Erfolge mit der Uraufführung der jiddischen Fassung von Scholom Anskis *Der Dybbuk* erzielte. Mit dem gleichen Stück, allerdings in hebräischer Sprache, machte sich auch das Theater ▶ Habima einen Namen.

Die fast völlige Vernichtung der osteuropäischen Juden in den deutschen Konzentrationslagern hat dem jiddischen Theater sein Publikum geraubt. Heute gibt es noch jiddische Theater in Warschau und Bukarest. In den USA wird die Tradition von einigen Amateurgruppen aufrechtzuerhalten versucht. 1975 wurde in Israel mit staatlicher Förderung ein „Jiddisches Künstlertheater" gegründet, das aber kulturell eine untergeordnete Rolle spielt, zumal jiddisch immer weniger verstanden und gesprochen wird.

Jokulator (lat.: ioculari = scherzen) Der **Jongleur**, wie er im Französischen heißt, zählte als Spaßmacher zum fahrenden Volk. Er trat vermutlich seit dem 11. Jh. bis zum Ende des Mittelalters in den Städten ganz Europas auf. Das Betätigungsfeld des **Spielmanns** war der Marktplatz. Er trat in der Regel in grellbunter Jacke und mit federgeschmücktem Hut auf, hielt von einem Faß oder von einer Kiste aus eine kurze, lustige Ansprache an das Publikum und führte dann seine Künste vor. Die einfachste Form war die Akrobatik, als anspruchsvollere Arten galten das zur Gitarre gesungene Lied oder die Erzählung einer Novelle. Die Commedia dell 'arte hat im Jokulator eine ihrer Wurzeln.

K

Kabarett (franz.: cabaret = Schenke) Die deutsche Spielart des im 19. Jh. in Frankreich entstandenen ▶ Cabarets wird heute vor allem politisch-satirisch verstanden. Das erste deutsche Kabarett war das von Ernst von Wolzogen 1901 in Berlin gegründete „Überbrettl". Sowohl das „Überbrettl" wie auch das Münchner Kabarett „Elf Scharfrichter" wurden in ihrem literarischen Anspruch und ihrer antibürgerlichen Satire stark durch Frank Wedekind (1864–1918) geprägt. Sie fanden vor dem 1. Weltkrieg zahlreiche Nachahmungen.
Seinen Höhepunkt hatte das Kabarett in der Krisenzeit der 20er und 30er Jahre, und auch nach dem 2. Weltkrieg war es kurzfristig wieder eine beliebte Kunstform. Seit den 70er Jahren erlebt das Kabarett erneut eine Blütezeit, heute sind die bekanntesten Kabaretts „Münchner Lach- und Schießgesellschaft", „Die Drei Tornados" und „Das Kom(m)ödchen".

Kabinett Für Bühnenaufführungen wie Vortrag, Rezitation, Varieté oder Kabarett wird nicht viel Platz gebraucht. Auf der Bühne wird dafür ein rechteckiger Raum, das Kabinett, durch gestellte Wände oder Vorhänge abgeteilt.

Kabuki Die klassische japanische Theaterform entstand um 1600. Im Unterschied zu der aristokratischen Form des ▶ No entwickelte das Kabuki mit dem Aufstieg des frühen städtischen Bürgertums eine volkstümliche Schau-

Szene aus einer Aufführung des Kabuki-Theaters

kunst. Das Kabuki verknüpft Schau-, Sing- und Tanzspiel miteinander und ist reich an Artistik und Effekten. Alle Rollen werden von Männern gespielt, die geschminkte Masken tragen, deren symbolische Farben genau festgelegt sind. Die Spielweise ist durch eine strenge Stilisierung gekennzeichnet und auf wenige sehr künstlich wirkende Bewegungen beschränkt. In den Kabuki-Stücken stehen nicht durchgehende Handlung und psychologische Zeichnung der Figuren im Vordergrund. Stattdessen dient die Handlung nur als Vorwand für die Darstellung menschlicher Grundsituationen und -empfindungen wie Liebe, Haß, Eifersucht, Angst, Freude, Trauer und Zorn.

Der letzte große Dramatiker des Kabuki war Kawatake Mouami (1816–93), der etwa 400 Stücke verfaßte. Das Kabuki-Theater ist auch heute noch in Japan sehr beliebt, es gibt noch ca. 360 Spieler, die die Darstellungsweise beherrschen. Kabuki gilt heute in Japan als hohes Kulturgut, mit dessen Pflege man vergangene kulturelle und gesellschaftliche Wertvorstellungen erhalten will.

Kammerschauspieler Früher wurde dieser Ehrentitel für hervorragende Schauspieler meist von Fürsten bzw. deren Verwaltung, der Kammer, verliehen. Heute wird der Titel von staatlichen oder städtischen Behörden nur noch selten vergeben.

Kammerspiele Das „kleine Haus" dient an großen Theatern häufig als zweite Spielstätte für Inszenierungen mit geringem Aufwand oder für Experimente. Das Kammerspiel, auch ▶ Studio genannt, kann aber auch allgemein ein kleines Schauspieltheater sein, das über wenige hundert Plätze verfügt.

Kammerspiel ist außerdem die Bezeichnung für eine Dramenform mit kleiner Rollenbesetzung. Sie kam nach der Jahrhundertwende auf und strebte eine genaue psychologisierende Darstellung der Figuren an. Vor allem August Strindberg, der selbst mit seinem ▶ Intimen Theater über ein solches Theater verfügte, Henrik Ibsen und Anton Tschechow schrieben solche Theaterstücke.

Karagöz (türk. = Schwarzauge) Die Figur ist unserem ▶ Kasper vergleichbar und tritt im türkischen Schattentheater auf, das die gleiche Bezeichnung trägt. Karagöz ist kahl, trägt einen langen Bart und eine ausgeprägte linke Hand, mit der er Ohrfeigen verteilt. Bei uns ist diese Figur durch *Karagöz in Alamania* von Emine Sevgi Özdamar bekannt geworden.

Kasper Ursprünglich war der Kasper, auch **Kasperl**, **Kasperle**, ein Typ der Altwiener Volkskomödie, eine Form des volkstümlichen Lokalstücks, das aus dem Barockdrama hervorging und als komisches Stegreifspiel an die Commedia dell'arte anknüpfte. Mit seinem Kasperl schuf der Schauspieler Johann-La Roche (1745–1806) eine Figur, die in diesen Stücken als Spaßmacher die Nachfolge des ▶ Hanswurst antrat.
Im 19. Jh. bezeichnete **Kasperletheater** die Form des ▶ Puppentheaters. Das Kasperle verkörpert darin die witzige, prügelnde und stets dem Guten zum Sieg verhelfende Hauptfigur. Daneben treten die Prinzessin und die Hexe, der König, der Teufel, der Zauberer und der Drache auf. Es sind Figuren, die eine ähnliche Bedeutung wie im Märchen haben und für eine bestimmte Ordnung stehen. Noch bis Mitte des 20. Jh.s war das Kasperletheater eine Attraktion für Kinder auf den Jahrmärkten. Heute wird es häufig zu pädagogischen Zwekken an Schulen und in Kindergärten eingesetzt.

Aufführung eines Kasperletheaters

Katharsis (griech. = Reinigung) ist der zentrale Begriff der Tragödientheorie des Aristoteles. Seiner *Poetik* zufolge ist die Katharsis eine reinigende Befreiung von den durch die theatrale Darstellung beim Zuschauer entstandenen seelischen Erregungen ▶ Furcht und Mitleid. Sie dient nicht, wie seit Gotthold Ephraim Lessing immer wieder behauptet, der moralischen Läuterung und Besserung des Zuschauers, sondern ist nach neuerem Forschungsstand im kultisch-medizinischen Sinn zu verstehen, nämlich als erleichternde Ausscheidung der im Verlauf der Aufführung entstandenen Gefühle. Sie hat demnach Entlastungscharakter, stellt das psychische Gleichgewicht des Zuschauers wieder her und ist mit dem Gefühl der Erleichterung verbunden, was nach Aristoteles das Vergnügen an der Tragödie ausmacht.

Kinder- und Jugendtheater Im 19. Jh. entstand eine Form des Unterhaltungstheaters für Kinder und Jugendliche mit starker Tendenz zur Verniedlichung. Insbesondere das in dieser Tradition stehende **Weihnachtsmärchen** hat heute noch auf dem Spielplan vieler Theater seinen festen Platz. Als Gegenbewegung dazu hat sich in der Bundesrepublik seit Ende der 60er Jahre eine vor allem von Freien Gruppen praktizierte neue Form herausgebildet, in der die jugendlichen Zuschauer angeregt werden sollen, sich der eigenen Probleme bewußt zu werden. Anknüpfungspunkt für das anfänglich der antiautoritären Bewegung verbundene Kinder- und Jugendtheater waren die Theorien sozialistischer Kindererziehung und sozialistischen Kindertheaters vornehmlich der 20er Jahre (Asja Lacis, Walter Benjamin, Natalia Saz). Die entscheidenden Anstöße für die Gründung von Truppen und die ästhetische Weiterentwicklung erhielt es aber vor allem durch die theaterpraktische Arbeit der Berliner Gruppen „Grips“ und „Rote Grütze“. Halbautonome, den öffentlichen Theatern angeschlossene Kinder- und Jugendtheater gibt es u. a. in Dortmund, München und Mannheim. Die wichtigsten Erscheinungsformen des Kinder- und Jugendtheaters sind heute das reine ‚Vorführ‘-Theater, das ‚Mitspiel‘-Theater (partielle Einbeziehung der Zuschauer) und das ‚Mitmach‘-Theater (Anregung der Zuschauer zum Selbermachen).

Klassiker Im engeren Sinn wird ein Drama aus Epochen des klassischen Theaters, d. h. der Antike, der französischen im 17./18. Jh. und der deutschen Klassik um 1800 damit bezeichnet. Im Theater werden unter dem Begriff Klassiker heute im allgemeinen alle vor 1900 entstandenen Stücke verstanden, die zum Standardrepertoire zählen, also sowohl Stücke von Shakespeare oder Lessing als auch von Calderón oder Kleist. Häufig gespielte Stücke von Brecht, Dürrenmatt, Frisch oder Beckett gelten als **Klassiker der Moderne**.

Kleindarsteller spielen meist eine stumme Nebenrolle, sie sind ▶ Statisten, die wie das lateinische Ursprungswort „stare“ besagt, nur auf der Bühnen „stehen“. Im Film ist für diese Nebenrollen auch die Bezeichnung **Komparse** gebräuchlich. Oft handelt es sich um Laiendarsteller, die gegen Stundenlohn von Fall zu Fall engagiert werden und meist in Massenszenen mitspielen. Häufig übernehmen auch Dramaturgen oder Regieassistenten die Rolle von Kleindarstellern, vor allem wenn sie steuerlich vorteilhafte Verträge mit Spielverpflichtung abgeschlossen haben.

Komik (griech.: komos = fröhlicher Umzug) Eine übertreibende Darstellung, die auf einem Mißverhältnis von Sein und Schein, Ideal und Wirklichkeit, Aufwand und Ergebnis, Zweck und Mittel beruht, löst beim Zuschauer Lachen aus. Der komische Widerspruch weckt Heiterkeit. Die Komik ist der **Tragik** entgegengesetzt, ihr aber dennoch eng verwandt, da sie wie diese aus dem Konflikt sich widersprechender Grundsätze entsteht. Die Komik ist nach Inhalt, Form und Wirkung vielfältig, sie steht im Mittelpunkt der ▶ Komödie, ist aber auch ein wesentliches Element anderer Theaterformen wie Satire, Groteske, Parodie, Travestie und Farce. Man kann zwischen Situations- und Charakterkomik unterscheiden, zwischen freiwilliger und unfreiwilliger Komik, zwischen drastischer und grotesker Komik.
Komik auf der Bühne kann auf ganz verschiedene Weise entstehen: Durch Handlung, Dialog, Wortwitz, Wortverdrehung, Mißverstehen, aber auch

durch das Aussehen eines Darstellers, sein Auftreten, seine Gesten und Mimik. Ebenso können Kostüm und Masken, szenische Arrangements und Dekorationen wie z. B. riesige, überdimensionierte Möbel, zur Komik beitragen.

Komiker Manche Schauspieler spezialisieren sich auf die Darstellung komischer Rollen, da sie durch ihre besondere Begabung und Spielweise beim Publikum Heiterkeit hervorrufen. Der Komiker ist nicht zu verwechseln mit einer ▶ komischen Figur, die durch Kostüm, Maske, Auftreten, aber auch durch die literarische Vorlage auf diesen Typ festgelegt ist. Komiker treten häufig als Alleinunterhalter in Varietés oder Fernsehshows auf.

Komische Figur In sehr unterschiedlichen Theaterkulturen der Welt kehren ähnliche Muster komischer Situationen und Figuren wieder. Dies gilt auch für verschiedene Epochen der europäischen Theatergeschichte. In der antiken Komödie z. B. lassen sich grundsätzlich zwei komische Typen unterscheiden: der gefräßige Tölpel und Prügelknabe und der schlaue Sklave, der die Intrigen spinnt. Diese beiden Grundmuster kehren bis zu den Slapstick-Filmen des 20. Jh.s in verschiedenen Mischungen und Gewichtungen wieder.
Es gibt eine Theorie, daß sich Figuren der Antike durch die Tradition der ▶ Gaukler des Mittelalters bis zur Renaissance, der Entstehungszeit der ▶ Commedia dell'arte erhalten haben: Der kahlköpfige Greis des griechischen ▶ Mimus entspräche demnach in den ▶ Attelanen der Figur des **Pappus**, in der Commedia dell'arte dem heiratslustigen Greis **Pantalone**. In ähnlicher Weise wäre für die beiden Dienerfiguren der Commedia dell'arte ein ‚Stammbaum' zu rekonstruieren: **Arlecchino** als Nachfahre des gefräßigen Tölpels und Prügelknaben, **Brighella** als Nachfahre des pfiffigen Sklaven. Doch zwischen dem Theater der Spätantike und dem Zeitalter der Renaissance liegen etwa tausend Jahre Theatergeschichte mit nur spärlichen Quellen. Diese ‚Stammbäume' sind nicht belegbar.
Es bleibt die Beobachtung, daß über Jahrhunderte hinweg und quer durch die verschiedenen Kulturen vergleichbare Muster komischer Figuren erkennbar sind. Die Gründe sind eher anthropologischer Art. Bestimmte menschliche Verhaltensweisen und deren lustvolle Wahrnehmung als widersprüchliche komische Vorgänge müssen sich nicht wesentlich geändert haben seit den Atellanen: Damals agierten **Bucco** (Vielfraß) und **Maccus** (Dümmling) als komische Figuren, im Kino der 30er und 40er Jahre dieses Jahrhunderts erfreute sich das Publikum an dem komisch-kontrastierenden Film-Paar „Dick und Doof" (Laurel and Hardy).
Der **Narr** hat nicht nur die Funktion des Spaßmachers, Possenreißers, sondern definiert sich in dieser Funktion auch als Außenseiter der Gesellschaft, durchbricht soziale Normen, verhält sich anarchisch, obszön und unangepaßt an die herrschenden Verhältnisse. Aus diesem Widerspruch zur gewohnten Wahrnehmung entsteht ▶ Komik, sie entsteht auch durch den Blickwinkel, aus dem

Links: Der Dümmling Maccus, Schauspieler mit der Maske dieser Figur aus dem 1. Jh. v. Chr.
Rechts: Arlecchino, Joseph Ferdinand Miller in der Rolle der bekanntesten Commedia dell'arte-Figur (1730)

soziale Verhältnisse dargestellt werden: Der tölpelhafte Sklave Xanthias, Begleiter des Dionysos in *Die Frösche* des Aristophanes, diente ursprünglich der Belustigung eines sklavenhaltenden Publikums. An der erniedrigenden Entlarvung des großmäuligen **Capitano** der Commedia dell'arte, eines ‚Nachfahren' des ▶ Miles gloriosus in der gleichnamigen Komödie des Plautus, ergötzten sich früher die Bewohner der Teile Italiens, die von Spanien besetzt waren. Narren gab es schon in vorchristlicher Zeit, in heidnischen Kulten. Einige Narrenattribute mit vermutlich ursprünglich ritueller Funktion haben sich bis in die christliche Zeit erhalten: z. B. das Flickwerk am Kleid **Arlecchinos** (später beim französischen **Harlequin** zu einem gleichmäßigen, rhombischen Muster stilisiert), das Kalbsfell des Narren im englischen „Mummer's Play" und die Attribute des im Mittelalter als Teufel dämonisierter Narren: Hörner und andere Tierelemente. Im Mittelalter war der Teufel Widersacher Gottes, er stellte die göttliche Ordnung in Frage, übernahm die Außenseiterrolle; der Teufel als diabolischer und obszöner Spaßmacher wird zur komischen Figur.
Die heidnischen Kultfiguren wurden von der christlichen Kirche des Mittelal-

ters ‚verteufelt' und ‚verhext', andererseits durch das Attribut der Lächerlichkeit verharmlost. Beide Seiten zeigt die mittelalterliche Teufelsdarstellung: gefallener Engel, dämonischer Antichrist, andererseits Schwankfigur, geprellter Tölpel oder lüsterner Tiermensch, Bocksgestalt (wiederum vorgeprägt im griechischen **Satyrspiel**: der Satyr in der Gestalt des Ziegenbocks).
Die komischen Figuren des elisabethanischen Theaters sind bis heute auf unseren Bühnen gegenwärtig durch Shakespeare, der sich die traditionellen und volkstümlichen Figuren seinen literarischen Interessen entsprechend aneignete und umformte. Seine **Clowns** verbinden in sich viele Traditionen englischer Narrenfiguren: Hofnarren, Teufel des Misterienspiels, ländliche Tölpel, die auf bäuerlichen Festen auftraten. Der Clown ist kein einheitlicher Typ, wie man an den unterschiedlichsten Charakteren der Shakespeare-Narren beobachten kann: Routiniertes Wortwitzeln zwischen Nonsens und Tiefsinn etwa bei den Totengräbern in *Hamlet*; in *Wie es euch gefällt* gibt es den melancholischen Philosophen Jacques, den Bauerntölpel William, den routinierten Spaßmacher Touchstone (Probstein).
Shakespeare nutzte noch eine andere Tradition komischer Figuren: die des **Vice**; wie der Name sagt, ursprünglich Personifizierung des „Lasters" in den Moralitäten, intriganter Versucher der Tugend. Im 16. Jh. wurde das Vice zum populärsten Spaßmacher des elisabethanischen Theaters, nachdem es, vom ursprünglichen Kontext befreit, in anderen Gattungen auftrat. Es blieb der Intrigant, Heuchler, Schurke, der sich über den Schaden, den er anderen zufügt, belustigt. Entscheidend ist jedoch seine Anbiederung an das Publikum, mit dem er sich ständig ‚verbündet' gegen andere Figuren im Spiel, diese abfällig kommentiert oder das Publikum in geplante Intrigen oder Bösartigkeiten gegen diese ‚einweiht'. Er macht die Zuschauer also zu ‚Mitwissern', Mittätern im Spiel. Gloster in *Richard III.*, Jago in *Othello* und Falstaff enthalten Merkmale dieser Figur. Dieses dramaturgische Konstrukt des ‚Rampenspiels', des **Bündnisses mit dem Publikum** ist in der Vice-Figur besonders ausgeprägt, aber auch viele andere komische Figuren wie Arlecchino und seine Verwandten, ▶ Hanswurst oder Kasper („Seid ihr alle da?") spielen mit der Rampe, stellen sich außerhalb der Szene, sind ‚Anarchisten', Zerstörer theatraler Vereinbarungen zwischen Spielern und Zuschauern.
Shakespeares Narren sind der Teufelsmaske entwachsen, während für Arlecchinos schwarze Ledermaske einige Theaterhistoriker meinen, die Beule oder Warze an der Stirn deute auf das Horn der einstigen Teufelsmaske hin, so wie vermutet wird, der Name Arlecchino, französisch Harlequin, sei etymologisch und mythengeschichtlich abzuleiten von altfranzösisch „Herlekin", dem Herrn des wilden Totenheeres. Diesen Namen Herlekin trug 1362 im *Spiel von der Blätterlaube* des Adam de la Halle ein struppiger Teufel, eine komische Figur.
Die populärste Figur der Commedia dell'arte, Arlecchino, wurde zum Vorbild vieler komischer Figuren, auch im deutschsprachigen Raum, seitdem Commedia dell'arte und ▶ Comédie Italienne in diesen Raum wirkten; nicht nur Shake-

Die Filmkomiker Stan Laurel und Oliver Hardy, bekannt als „Dick und Doof"

speare und Molière, auch Lessing und Goethe ließen sich von der Commedia dell'arte und ihren Figuren beeinflussen, vor allem auch die Wandertruppen, die für ihre Haupt- und Staatsaktion einen Spaßmacher benötigten. Den hatten schon die englischen Wanderkomödianten eingeführt: den elisabethanischen Clown. In Deutschland hieß er **Pickelhering** oder Hanswurst. Hanswurst tritt in lokal unterschiedlichen Akzentuierungen auf, auch beeinflußt von der Commedia dell'arte, von Arlecchino.
Im 18. Jh., dem Zeitalter der Aufklärung, geriet Hanswurst, der in den Haupt- und Staatsaktionen das erhabene Reden und Gebaren der Fürsten und Könige mit seinen Possen und Zoten durchmischte, in Gefahr. Man wollte die Reinheit der Gattungen, die Trennung von Tragödie/Trauerspiel und Komödie, und das erstarkende aufgeklärte Bürgertum lehnte die Zoten, die Anal- und Sexualwitze ab, die einst das bäuerliche und unterschichtige Publikum der Städte amüsierten. Das sind die Hintergründe der nicht gelungenen Verbannung des Hanswurst durch die Prinzipalin Friederike Caroline Neuber (1697–1760) in Leipzig 1737. Nicht gelungen, weil die komische Figur sich sozialen Entwicklungen offensichtlich anpassen kann. In Wien verfeinerte der Schauspieler Gottfried Prehauser (1699–1769) den bäuerlichen Hanswurst des Joseph Anton Stranitzky (um 1676–1726) in eine städtisch-bürgerliche Figur, die Artistisches, Gesang und Tanz betonte. Der Schauspieler Johann

Ernie und Bert aus der Fernsehserie Sesamstraße

LaRoche (1745–1806) schuf die bis heute bei Kindern beliebte Figur des ▶ Kasper. Sein **Kasperl Larifari** ist ein Abkömmling des Hanswurst, der gerne aus dem Stegreif spielt, aber anders als sein Vorgänger Zoten verschmäht. Er produziert Komik, indem er phantasievoll verfremdend die Sprache abklopft: falsches Wörtlichnehmen, witzige Verdrehungen usw. Diese ‚Reinigung' und Literarisierung der Komik im Sinne eines bürgerlichen Theater- und Komik-Verständnisses strebte auch der Italiener Carlo Goldoni (1707–93) an, dessen Komödie *Der Diener zweier Herren*, eine vorsichtige literarische Fixierung von Figuren und Szenarien der Commedia dell'arte, noch heute auf unseren Bühnen gespielt wird. In Deutschland ging Gotthold Ephraim Lessing (1729–81) einen vergleichbaren Weg: Er kritisierte nicht einfach die radikale Verbannung des Hanswurst durch Caroline Neuber, sondern entwickelte aus dieser und anderen Traditionen in seinem Lustspiel *Minna von Barnhelm* neue komische Figuren, denen nichts Typisierendes mehr anhaftet, die ganz als Charaktere durchgebildet sind. Sie entsprechen dem psychologischen Interesse der bürgerlichen Theatergänger, die ihre ‚inneren' Konflikte entdecken und auf dem Theater wiedererkennen wollen. Dennoch scheinen in Lessings psychologisierender Komik die alten Muster durch: Der Diener Just hat noch et-

was von Harlequin, der Wirt vom durchtriebenen Brighella und Paul Werner vom Miles gloriosus/Capitano.
Die volkstümlichen Figuren der Spaßmacher und Narren haben sich bis heute in den Medien der darstellenden Künste lebendig erhalten. Für die theatralen Massenunterhaltungsformen des 19. Jh.s war der Spaßmacher unverzichtbar, und man konnte ja inzwischen auf reich erprobte Traditionen zurückgreifen. Die populärste Figur bis heute ist der Zirkusclown (▶ Zirkus). Aber auch in ▶ Varieté und ▶ Music Hall waren die Spaßmacher zu Hause, und von da begannen sie eine Art Medienwanderung durch Film, Fernsehen, Video und Comic-Strip. Charly Chaplins Figuren wie seine musikalischen Nummern verweisen deutlich auf ihre Herkunft aus der englischen Music Hall. In der **Slapstick-Comedy** sind die ‚Helden' die Narren, sozial Benachteiligte, die im ständigen Kampf mit Polizisten, Muskelpaketen, tückischen Objekten, Pechsträhnen auf der Verliererstraße wandern. In der Fernseh-Kinderserie *Sesamstraße* gibt es ein Komiker-Paar, Ernie und Bert, die ständig ihre gegenseitige Beziehung abtasten und hilflos in Frage stellen. Sie hängen aneinander, aber ihre Beziehung mißlingt ständig, so wie die zwischen Laurel und Hardy. Das Scheitern, die Unfähigkeit, sich mit den psychischen, sozialen, machtpolitischen Gegebenheiten abzufinden, gehört zu den Grundmustern der komischen Figur.

Komödiant So wie Komödie seit der Neuzeit bis ins 18. Jh. gleichbedeutend mit Theater verstanden wurde, bezeichnete Komödiant ursprünglich den Berufsschauspieler, der in Wandertruppen auftrat. Heute wird Komödiant als Bezeichnung für Schauspieler eher abwertend gebraucht, außer man meint einen Schauspieler, der seine Fertigkeiten effektvoll einzusetzen weiß und ganz in seinem Beruf aufgeht.

Komödie (griech.: komodia = Gesang bei einem fröhlichen Umzug) Dieses literarische Bühnenwerk mit meist komischen Wirkungen und in der Regel glücklichem Ausgang ist neben der ▶ Tragödie die wichtigste Gattung des europäischen Dramas. Häufig ist in der Komödie ein Konflikt gestaltet, der vermeintliche Werte entlarvt oder menschliche Schwächen bloßlegt, und dessen Lösung Lachen hervorruft. Aufgrund ihres Formenreichtums, der Verschiedenartigkeit von Motiven, Typen, Effekten und Bauformen sowie ihrer nationalen und epochalen Eigenarten ist es jedoch schwer, die Komödie eindeutig zu definieren. Als Hauptmerkmal hat selbst das Komische nur bedingte Gültigkeit, da zur Komödie auch grenzüberschreitende Kombinationen mit ernsten oder absurden Gattungen, **Tragikomödie** oder ▶ Groteske, zählen.
Auf die Form bezogen unterscheidet man zwischen der **Charakterkomödie**, in der eine einzelne Person im Vordergrund steht, der **Typenkomödie**, die durch einen Stamm fester, anhand von Masken, Gestik oder Kostümen stets wiedererkennbarer Rollentypen charakterisiert ist, und der **Situationskomödie**. Beispiel für eine Charakterkomödie ist *Der Geizige* von Jean-Baptiste Molière. Für die Typenkomödie steht beispielhaft die Commedia dell'arte und für die Si-

tuationskomödie Heinrich von Kleists *Der zerbrochne Krug*.
Nach Inhalten werden u. a. folgende Unterscheidungen getroffen: die **Intrigenkomödie** wie *Die lustigen Weiber von Windsor* von William Shakespeare und die **satirisch-gesellschaftskritische Komödie** wie *Die Hose* von Carl Sternheim, die **Grotesk-Komödie** (*Der Besuch der alten Dame* von Friedrich Dürrenmatt) und die **Boulevardkomödie** (*Das Haus in Montevideo* von Curt Goetz). Als niedere, derbe Formen der Komödie gelten Burleske, Farce, Schwank und Posse. Die Grenzen zwischen verschiedenen Erscheinungsformen sind allerdings häufig fließend.
Die deutsche Übersetzung des Wortes „Komodia" mit **Lustspiel** tauchte erstmals im Titel eines anonymen Stücks des 16. Jh.s auf, wurde dann im 17. Jh. u. a. von Andreas Gryphius aufgegriffen und seit dem 18. Jh. synonym mit Komödie verwendet. Bis ins 18. Jh. wurde Komödie, oft mit abfälligem Unterton, auch als synonymer Begriff für Theater generell gebraucht.

Konversationsstück Diese Untergattung der Komödie spielt in höheren Gesellschaftskreisen und lebt von der Konversation, der geistreichen Unterhaltung. Gegenüber der meist simplen Fabel und einer oberflächlichen Charakterzeichnung der Figuren haben witzige, pointierte Dialoge den Vorrang. Wichtigste Autoren dieser Gattung sind die Franzosen Eugène Scribe (1791–1861), Victorien Sardou (1831–1908), Sacha Guitry (1885–1957); Nachwirkungen bis zu Hugo von Hofmannsthal (1874–1929), z.B. in dem Stück *Der Schwierige*; Einfluß auch auf die englische Tradition, z.B. *Bunbury* von Oscar Wilde (1856–1900) oder Stücke von George Bernard Shaw (1863–1950).

Konversationszimmer Nahe der Bühne gelegener Raum, in dem sich die Darsteller zwischen ihren Auftritten aufhalten können.

Körpersprache die Gesamtheit von Gestik, Mimik, Bewegung, Körperhaltung und äußerer Erscheinung. Sie ist Grundlage der gesamten darstellenden Kunst und tritt je nach Gattung mehr oder weniger in den Vordergrund. So ist die Körpersprache für den Tänzer und den Pantomimen das einzige Ausdrucksmittel, wohingegen beim Schauspieler und Sänger Sprache bzw. Gesang als zusätzliche Gestaltungsmöglichkeiten hinzutreten. Allein durch Körpersprache kann ein Darsteller bereits beim ersten Auftreten soziale Stellung, Haltung gegenüber den anderen Figuren, Absichten, Charakter einer von ihm gespielten Bühnenfigur deutlich machen. Mit ihr lassen sich Emotionen und Verhaltensweisen ausdrücken, sie kann das, was mit Worten nicht zu sagen ist, vermitteln, und sie kann verraten, ob das mit Worten Gesprochene als Wahrheit oder Lüge zu verstehen ist.
Zu unterscheiden ist zwischen natürlicher Körpersprache, die von der Anatomie und dem Alltagsverhalten des Darstellers geprägt ist, und einer künstlichen, die bewußt und kontrolliert für die künstlerische Gestaltung der Rolle eingesetzt wird. Um das zu beherrschen, bedarf es eines speziellen Körpertrainings während der schauspielerischen Ausbildung. Die natürliche Körpersprache ist allerdings nicht völlig zu ersetzen. Einem korpulenten Schauspieler wird es in der Regel beispielsweise schwerfallen, bei noch so großen schauspielerischen Fertigkeiten die Rolle eines ausgezehrten Verhungernden überzeugend darzustellen, wenn nicht von vornherein eine komische Wirkung beabsichtigt ist.

Kortner, Fritz (1892–1970) Der aus Österreich stammende Schauspieler und Regisseur arbeitete hauptsächlich in Deutschland. Seinen ersten Engagements in Wien und Hamburg folgte 1919 in Berlin der Durchbruch mit der Hauptrolle in Ernst Tollers *Die Wandlung*. Mit seiner die Gefühle einer Figur stark betonenden Darstellungsweise und besonders mit seiner ausdrucksstarken Stimme schuf Kortner einen neuen Schauspielstil, nicht nur für die Dramatik des Expressionismus. Er setzte diese Mittel auch in Klassikerinszenierungen ein, z. B. in der Rolle als Geßler in Schillers *Wilhelm Tell* 1919 oder als Richard III. 1920 in Shakespeares gleichnamigen Drama. Seine berühmteste Leistung war 1927 der Shylock in Shakespeares *Der Kaufmann von Venedig*.
1933 mußte Kortner vor den Nationalsozialisten fliehen und emigrierte über die Schweiz, Dänemark, Österreich und England in die USA, wo er kleinere Filmrollen spielte, Stücke und Drehbücher schrieb und politische Beratertätigkeit übernahm. Nach seiner Rückkehr nach Deutschland 1949 übernahm er nur noch wenige Rollen, stattdessen arbeitete er als Regisseur und entwickelte sich in den 50er und 60er Jahren zur stärksten Gegenkraft gegen den klassizistischen Inszenierungsstil von ▶ Gründgens. Als Regisseur verfolgte Kortner einen gesellschaftskritischen Realismus und war um eine aktuelle Deutung der Klassiker bemüht. Er beanspruchte für seine gesten- und detailreichen Inszenierungen außergewöhnlich lange Probezeiten, was häufig an die Grenzen des bestehenden Theaterbetriebs stieß. Seine Arbeitsweise richtete sich gegen Routine und zeichnete sich durch ständiges Ausprobieren, Überprüfen, Verwerfen und Neubeginnen aus. Nicht selten blieben seine Inszenierungen unfertig. Sie waren weder perfekt und glatt, noch entsprachen sie bestehenden Konventionen und Vereinbarungen. Er enttäuschte häufig die Erwartung des Publikums, es kam zu wütenden Ablehnungen, z. B. seiner Inszenierung von Schillers *Don Carlos* 1950, den er aktualisierte und als gegen totalitäre Tendenzen gerichtet interpretierte. Gerade aber solche Interpretationen und Inszenierungen wirkten stilbildend für eine Generation jüngerer Regisseure in der Bundesrepublik wie ▶ Zadek, ▶ Stein und Jürgen Flimm.

Kostüm Die Kleidung, die auf der Bühne getragen wird, erfüllt verschiedene Aufgaben. Sie soll das Spiel des Darstellers unterstützen, der Charakterisierung der Bühnenfigur dienen, ein Teil der optischen Gesamtwirkung der Inszenierung sein und die Interpretation des Regisseurs deutlich machen. Das Kostüm wird heute in der Regel nach Absprache mit dem Regisseur und dem Bühnenbildner vom ▶ Kostümbildner entworfen und für jede Neuinszenierung eigens angefertigt. Für die Herstellung, Aufbewahrung, Bereitstellung und Pflege der Kostüme ist der **Gewandmeister** verantwortlich, der auch den **Kostümfundus**, das Kleiderlager, verwaltet.
Die Verwendung von Kostümen auf der Bühne ist älter als die von Dekorationen, so kamen beispielsweise das elisabethanische Theater oder die Commedia dell'arte zwar ohne Bühnenbild, nicht aber ohne Kostüme aus. Im antiken und mittelalterlichen Theater herrschten Kostüme vor, die von der Alltagskleidung nur dadurch abwichen, daß sie besondere Merkmale hervorhoben, so daß sie ihren Träger sofort als einer bestimmten Schicht zugehörig oder mit bestimmten Eigenschaften ausgestattet kenntlich machten. In der Renaissance und vor allem im Barock orientierte sich

das Kostüm an der Kleidung des Hofes, wurde aber durch reichere Ausstattung, prunkvollere Verzierung und zum Teil phantastische Effekte zu großer Prachtentfaltung übersteigert.
Im 18. Jh. bemühten sich in Deutschland Johann Chr. Gottsched und die Schauspieltruppe von Caroline Neuber, in Frankreich vor allem Voltaire, historisch getreue Kostüme für die Bühne zu schaffen. Das von der Kleidung der jeweiligen Zeit deutlich abgesetzte und dem Stück entsprechende Bühnenkostüm setzte sich aber erst mit dem Theater des Herzogs Georg II. von Meiningen (1826–1914) durch. Dieser entwarf die Kostüme nach genauen historischen Studien. In der folgenden Zeit wurden **Kostümbücher** mit Abbildungen von Alltagskleidung und Bühnenkostümen aus allen Zeiten zu einem wichtigen Hilfsmittel des Theaters.
Seit Herausbildung des Regietheaters Ende des 19. Jh.s ist in der Gestaltung von Kostümen eine sehr große Vielfalt möglich. Gerade bei älteren Stücken ist heute je nach Interpretation des Stückes und der Wirkung, die der Regisseur beabsichtigt, eine Unzahl von Möglichkeiten offen. Möglich ist die Ausstattung mit Kostümen der Zeit, in der das Stück spielt, mit Kostümen aus der Entstehungszeit des Stücks, mit stilisierten oder unhistorischen Kostümen bis hin zu gegenwärtiger Alltagskleidung.

Kostümbildner ist der künstlerische Gestalter von Bühnenkostümen. In Absprache mit Bühnenbildner und Regisseur, in deren Gesamtkonzept für eine Inszenierung er sich einordnet, entwirft der Kostümbildner die gesamten Kleidungsstücke für die Darsteller und das entsprechende Zubehör, wie Gürtel, Schmuck, Perücken, Hüte usw., fertigt Skizzen, die ▶ Figurinen, mit Angaben zu Schnitt, Farbe, Material an und überwacht die Herstellung in den Schneiderwerkstätten des Theaters. Bei der Anfertigung wird er unterstützt vom Gewandmeister, dem Leiter des Kostümwesens. Da Bühnenbild und Kostüm möglichst eine optische Einheit ergeben sollen, wird die Tätigkeit des Kostümbildners in vielen Fällen vom Bühnenbildner wahrgenommen. Die Ausbildung zum Kostümbildner erfolgt an den Kunsthochschulen; in der Regel schließt sich eine praktische Tätigkeit als Kostümbildassistent an.

Kothurn (griech.: kothornos = Jagdstiefel) ist ein hochgeschnürter Halbstiefel mit ursprünglich flacher Sohle. Im antiken Theater trugen ihn Schauspieler bei der Aufführung von Tragödien. Seit hellenistischer Zeit wurde es üblich, die Sohlen immer mächtiger zu gestalten. In römischer Zeit erlangte der Kothurn eine Höhe von ca. 20 cm.

Kulisse (franz.: coulisse = Nut, Führung) Dieses Bühnenbildteil wurde in der frühen ▶ Kulissenbühne auf Rollen montiert und ruhte in Führungsschlitzen. In diesen Schlitzen konnten die Kulissen bei einem Szenenwechsel auf die Bühne geschoben werden und wieder heraus. Die Kulisse ist eine flache Wand und besteht in der Regel aus einem Holzrahmen, der mit Leinwand, Nessel oder Papier bespannt und bemalt ist. Sie wird heute meist für Innenräume auf der Bühne verwendet.

Kulissenbühne (franz.: coulisse = Nut, Führung) Die erste Kulissenbühne baute der italienische Baumeister und Bühnenarchitekt Giovanni Battista Aleotti (1546–1636) für das Teatro Farnese in Parma. Die neue Form löste das System der ▶ Telari ab. Die Wände, die ▶

Kulissenbühne des Schloßtheaters in Česky Krumlov/CSFR

Kulissen, sind auf der linken und rechten Seite paarweise angeordnet und hintereinander gestaffelt. Nach hinten, zur Rückseite der Bühne hin, werden sie kleiner. Die mit Rollen versehenen Kulissen ruhen in Führungsschlitzen, die im Bühnenboden eingelassen sind und in ihnen hin- und hergefahren werden können. Den rückwärtigen Abschluß der Kulissenbühne bildet der ▶ Prospekt. Als Abschluß nach oben sind die Kulissen durch schmale, waagerechte Hängedekorationen, die ▶ Soffitten, miteinander verbunden.

Die gesamte Anordnung macht den Eindruck eines Guckkastens, der vom Zuschauerbereich streng getrennt ist. Die Kulissenbühne ermöglichte schnelle Verwandlungen der Szene und eine vielfältige Beleuchtung mit Kerzen oder Öllichtern, die in den Freiräumen zwischen den Kulissen, den Gassen, aufgestellt werden können. Durch die ▶ Gassen entstand für die Darsteller eine Vielzahl von Auftrittsmöglichkeiten. Die perspektivische Anordnung der Kulissen, ihre entsprechende Bemalung und der ansteigende Bühnenboden, der ▶ Bühnenfall, vermittelten die Illusion großer Räumlichkeit. Die sich nach hinten verjüngende, schmaler werdende Kulissenbühne ließ ein Spiel in der Tiefe jedoch nur bis zu einem bestimmten Punkt zu, da sonst der Maßstab von Darstellern und Dekorationen nicht mehr stimmte und der optische Eindruck gestört wurde. Außerdem konnte sich die Illusion des weiten Raumes nur für jene Zuschauer voll entfalten, die in der zentralen Mittelachse und nicht zu hoch über der Bühne saßen. In der Regel war dies die fürstliche Familie. Für alle ande-

ren Zuschauer gab es nur verzerrte Einblicke.
Die Kulissenbühne verbreitete sich in ganz Europa als vorherrschende Bühnenform und wurde durch die Architektenfamilie Galli-Bibiena zur künstlerischen Vollendung gebracht. In Deutschland war sie bis Ende des 19. Jh.s das beherrschende Bühnensystem. Sie wird auch als **Klassisches System** bezeichnet. Eine vollständig erhaltene Kulissenbühne mit allen noch funktionierenden technischen Einrichtungen ist heute z. B. noch im Drottningholmer Schloßtheater in der Nähe Stockholms zu besichtigen.

Kulissenschieber Bühnenarbeiter und -techniker werden umgangssprachlich so bezeichnet, weil bei der ▶ Kulissenbühne die Szene durch Schieben der Kulissen verwandelt wurde.

Kulturausschuß Der kulturpolitische Ausschuß einer Kommune, der sich aus Vertretern der im Stadtrat vertretenen Parteien zusammensetzt, hat die parlamentarische Aufsicht über alle öffentlich geförderten kulturellen Einrichtungen seiner Stadt, also auch über das Theater. Der Ausschuß ist für die Verteilung des gesamten städtischen Kulturetats zuständig. Er kann aber auch die politische und künstlerische Richtung eines Theaters nachhaltig beeinflussen, da er den Intendanten, den Theaterleiter, auswählt und beruft. Dabei können durchaus politische Gründe eine Rolle spielen, es wird also nicht immer unbedingt der künstlerisch Qualifizierteste ausgesucht.
Eine weitere Einflußmöglichkeit auf das Theater hat der Kulturausschuß dadurch, daß er über die Vertragsverlängerung des Intendanten entscheidet und den jährlichen Haushalt festlegt. Obwohl im Grundgesetz die künstlerische Freiheit gesetzlich verankert ist, ergeben sich in der Praxis weitere Abhängigkeiten des Intendanten vom Kulturausschuß durch den jeweiligen Vertrag oder auch spezielle Dienstanweisungen. Diese können von der Verpflichtung, vor Beginn einer neuen Spielzeit den Spielplan vorzulegen, über die Festlegung auf „Ausgewogenheit" bis zum Verbot von Veranstaltungen mit eindeutig politischem Charakter reichen.

Künstlerisches Betriebsbüro ist eine Einrichtung der Theateradministration und dient zur Koordination der technischen und künstlerischen Vorgänge sowie der Einsatzmöglichkeiten des künstlerischen Personals. Zur Aufgabe zählen u. a. das Führen von Urlaubs- und Krankenlisten, die Erstellung von Dienst- und Arbeitsplänen unter Berücksichtigung der gesetzlich vorgeschriebenen Ruhepausen für Darsteller sowie die längerfristige Planung von Proben und Aufführungen der auf dem Spielplan stehenden Inszenierungen.

Künstlername Den vom Geburtsnamen abweichenden Namen, legt sich ein Künstler selber zu, z. B. Viktor de Kowa, eigentlich Kowalcyk. Der Künstlername ist wie der bürgerliche Name rechtsgültig, wenn er behördlich registriert ist.

L

Laienspiel ist eine Form des nichtprofessionellen Theaters. Es entstand zu Beginn des 20. Jh.s in engem Zusammenhang mit der Jugendbewegung und der Reformpädagogik im deutschsprachigen Raum. Laienspiel ist im Unterschied zu ▶ Amateurtheater kein Sammelbegriff und grenzt sich von ▶ Liebhabertheater dadurch ab, daß es deutlich pädagogische, ethische oder ideologische Ziele verfolgt. In den Anfängen wurde es als Teil der musischen Erziehung an Schulen verstanden (Hauptvertreter: Martin Luserke) und sollte den durch den 1. Weltkrieg verlorengegangenen Gemeinschaftssinn erneuern. In bewußter Abgrenzung von der Industriegesellschaft strebte die Laienspielbewegung ein einfaches, naturverbundenes, an bäuerlicher Kultur orientiertes Leben in sozialer Gerechtigkeit an und propagierte dementsprechend altes Volksgut und Brauchtum wie Volkstanz und -lied, Märchen, Legende usw. Man verzichtete weitgehend auf bühnen- und darstellungstechnische Mittel des Berufstheaters. Stattdessen forderte man Einfachheit in der Ausstattung und eine eigene, dem Spielvermögen der Laien angepaßte Darstellungsweise. Auch diese sollte eine gemeinschaftliche Verbundenheit von Spielenden und Zuschauenden fördern.
Die frühe Laienspielbewegung, insbesondere deren Selbstverständnis, „Laienspiel ist Gruppenspiel“, hatte wesentlichen Einfluß auf das Theater der sozialdemokratischen Arbeiterjugend. Die Herausbildung des **proletarischen Laienspiels** orientierte sich formal an den jugendbewegten Theaterspielen. Spielweisen und auch die Dramaturgien von Sprechchor und Massenspielen wurden übernommen. Ein Unterschied bestand allein in der politisch-inhaltlichen Zielrichtung. Das Laienspiel der Jugendbewegung war stark völkisch-national ausgerichtet und mündete zum Teil reibungslos in die **NS-Spielscharen,** ein Progagandainstrument des Nationalsozialismus, das Kinder und Jugendliche politisch indoktrinieren sollte. Das Laienspiel – häufig wurde sogar der Ausdruck Spielschar noch benutzt – war bis in die 60er Jahre in der Bundesrepublik bevorzugtes Mittel der Jugendarbeit, vor allem in Schulen und kirchlichen Organisationen.

Lampenfieber bezeichnet die Aufgeregtheit eines Darstellers vor seinem Auftritt. Man nannte das Auftreten auf der Bühne früher auch „vor die Lampe treten“ und meinte damit das Spiel direkt an der Bühnenrampe, die, bestückt mit Fußleuchten, dem sogenannten Rampenlicht, die hellste Zone der Bühne war. Dies änderte sich Ende des 19. Jh.s. durch die größere Lichtkapazität der elektrischen Bühnenbeleuchtung.

Larifari Das Wort setzt sich aus den Tonbezeichnungen La, Re, Fa, Re des italienischen Tonleitersystems (Do, Re, Mi, Fa, Sol, La, Si) zusammen. Ursprünglich war es ein trällernder Gesang mit einem nur aus Silben bestehenden Text. Davon abgeleitet bekommt Larifari im Wien des 18. Jh.s die Bedeutung von „leerem Geschwätz" und wird zum Beinamen des geschwätzigen und trällernd auf die Bühne kommenden ▶ Hanswurst.

Laterna magica (lat. = Zauberlaterne) Der Vorläufer des Dia-Projektors wurde bereits im 17. Jh. auf der Bühne zur Darstellung von Geistererscheinungen benutzt. Auch zur Volksbelustigung auf Jahrmärkten und in reichen Kinderstuben war die Laterna magica beliebt. Laterna magica ist auch der Name eines Theaters in Prag, dessen Aufführungen eine Mischung aus Schauspiel, Ballett, Pantomime und Schattenspiel sind; mit Hilfe von Projektionen und Beleuchtungseffekten sind sie vorrangig auf überraschende Wirkungen ausgerichtet.

Lebendes Bild Lebende, sich nicht bewegende Personen stellen ein Bild aus Mythologie, Bibel, Geschichte oder Kunst nach. Dies war bereits in der Antike und im mittelalterlichen Passionsspiel ein beliebtes Darstellungsmittel und gewann im 18. Jh. erneute Popularität als höfische Unterhaltungsform. So finden sich z. B. Beschreibungen lebender Bilder am Weimarer Hof in Goethes *Wahlverwandtschaften*. Im 19. Jh. waren lebende Bilder vor allem bei nationalen Feierlichkeiten und vaterländischen Veranstaltungen beliebt, wurden aber auch von sozialdemokratischen Theatervereinen als politisches Propagandamittel benutzt. Heute kommen sie meist nur noch als Schlußbild in Revuen vor.

Lessing, Gotthold Ephraim (1729–81) Der Dichter, Kunst- und Theatertheoretiker der Aufklärung und Wegbereiter der deutschen Klassik schuf nach einer Reihe von Versuchen im Stil der Schule J.C. Gottscheds mit *Miß Sara Sampson* das erste ▶ Bürgerliche Trauerspiel. Nach der ▶ Comédie larmoyante, dem weinerlichen Lustspiel, bot damit erstmals in Deutschland auch die Tragödie dem Bürger die Möglichkeit, sich mit den Figuren auf der Bühne zu identifizieren. Mit Lessings Dramen beginnt der Einzug der bürgerlichen Welt in die Tragödie. Sie sind beispielhafte Verwirklichungen der theoretischen Schriften Lessings, die einerseits auf seiner Neudeutung der *Poetik* des Aristoteles

Hamburgische Dramaturgie.

Erster Band.

Hamburg.
In Commission bey J. H. Cramer, in Bremen.

Hamburgische Dramaturgie: *Titelseite der Erstausgabe*

fußen, zum anderen der Entwicklung des Bürgertums im 18. Jh. Rechnung tragen. Im Unterschied zu dem lange vorherrschenden Verständnis, daß die Tragödie belehren müsse, forderte Lessing, daß sie beim Zuschauer durch einen Prozeß der Identifizierung und der emotionalen Anteilnahme Gefühle der Humanität wecken und ihn veredeln müsse, um ihm den Weg zum anderen Menschen zu zeigen. Mit seinen Angriffen auf das Drama der französischen Klassik bekämpfte er dessen normative Ästhetik und ebnete damit dem bürgerlichen realistischen Theater den Weg.
Für die Entwicklung des deutschen Theaters ist Lessing nicht nur als Dramatiker, Dramen- und Theatertheoretiker, sondern auch als Theaterpraktiker von großer Bedeutung. Er gilt als erster ▶ Dramaturg des deutschen Theaters, wenn er diese Tätigkeit auch nur für kurze Zeit in den Jahren 1767–69 am Hamburger Nationaltheater ausgeübt hat. In dieser Zeit entstand die ▶ Hamburgische Dramaturgie, die als eine die Aufführungen kritisch begleitende Schrift zur Vervollkommnung der Schauspielkunst geplant war, nach Differenzen mit den Schauspielern sich aber zu einer grundlegenden Auseinandersetzung mit Dramen- und Theatertheorie ausweitete.

Libretto (ital. = kleines Buch) Zum einen ist damit der Text von Opern, Operetten, Singspielen, Kantaten, Oratorien und Musicals gemeint. Sämtliche Instrumental- und Vokalstimmen sind dagegen in der **Partitur** festgelegt. Zum anderen versteht man darunter den schriftlich fixierten, gerafften Handlungsablauf für ein Ballett oder eine Pantomime, wohingegen die endgültige Szenenaufteilung und alle Bewegungen in der **Minutage** notiert werden.

Lichtregie stimmt in Farbe, Helligkeit und Lichtverteilung die Bühnenbeleuchtung auf eine Inszenierung ab. In Übereinstimmung mit dem Inszenierungskonzept können durch Lichtregie bestimmte dramaturgische und/oder räumlich-optische Akzente gesetzt werden. In der Regel legen auf der Beleuchtungsprobe Regisseur, Bühnenbildner und Beleuchtungsmeister die Lichtregie für eine Inszenierung zusammen fest. Für große und aufwendige Theaterproduktionen, vor allem bei Oper, Musical und Revue, vereinzelt auch bei Schauspielen, werden heute zum Teil Spezialisten herangezogen, **Lichtgestalter** oder **Lighting Designer,** die nicht nur die heute hochentwickelte Lichttechnik beherrschen, sondern in einer besonderen künstlerischen Weise mit dem Licht arbeiten.

Liebhabertheater Eine solche Form des nichtprofessionellen Theaters kennt nur private, nichtöffentliche Vorführungen. Das Liebhaber- oder **Dilettantentheater** entstand im 18. Jh. als Zeitvertreib von Adeligen an den Höfen, die zum eigenen Amüsement selbst Theater spielten. Aufgeführt wurden Maskenspiele, lebende Bilder, aber auch Ballette und Opern. Beliebt war vor allem das **Schäferspiel,** ein Gesellschaftsspiel, das meist als Kostümfest auf ländlichen Schlössern stattfand und das einfache Hirtenleben pries, ohne daß jedoch eine Rückkehr zum einfachen Leben tatsächlich angestrebt wurde. Bekanntestes Beispiel ist das von Goethe am Weimarer Hof 1776 eingerichtete Liebhabertheater.
Im 19. Jh. übernahm das städtische Bürgertum die Form des Liebhabertheaters zur Unterhaltung im Familienkreis. Man spielte kurze dramatische Szenen, Schwänke und Lustspiele. Mit dem

Übergang zu öffentlichen Aufführungen entwickelte sich Ende des 19. Jh.s aus dem Liebhabertheater das ▶ Amateurtheater.

Literaturtheater Die Bezeichnung umfaßt alle Formen des Sprechtheaters, die ein literarisch fixiertes Werk zur Grundlage haben, dieses auf der Bühne darstellen und dem Publikum durch das Spiel vermitteln. Das europäische Theater hat seine Prägung wesentlich durch die literarisch fixierte Dramatik erhalten und ist seit seinen Anfängen vorwiegend ein Literaturtheater. Zu den wenigen Ausnahmen zählen das von einer literarischen Vorlage unabhängige Stegreifspiel der Commedia dell'arte und die höfischen Feste des Barock. Seit Beginn des 20. Jh.s hat es immer wieder Versuche gegeben, das Literaturtheater zu überwinden und Theater aus den Fesseln der Literatur zu befreien, um es als eine eigenständige, nicht nur reproduzierende Kunst zu legitimieren. Als Beispiel kann die programmatische Schrift *Das entfesselte Theater* (dt. 1923) von Alexander Tairow genannt werden. Ähnliche Ziele verfolgen die Konzepte eines Körpertheaters von Antonin Artaud, Jerzy Grotowski, vom Living Theatre oder Eugenio Barba.
Die Experimente der italienischen Futuristen Tommaso Marinetti und Enrico Prampolini setzten zu Beginn des 20. Jh.s an die Stelle der literarischen Vorlage die Verherrlichung der Tat und des Kampfes mit Mitteln „aggressiver Bewegung". Fast gleichzeitig drückten in Deutschland die Dadaisten ihren Protest gegen die bürgerliche Ordnung und alle bisherigen Kunst- und Theaterformen mit direkten Aktionen aus. Ebenfalls gegen die Vorherrschaft der Literatur im Theater richteten sich das Mechanische Theater, die Bauhausbühne in Weimar unter Oskar Schlemmer, Laszlo Moholy-Nagy und Farkas Molnár sowie das Theater der Gegenstände und des Lichts des französischen Malers Fernand Léger. In neuerer Zeit sind das ▶ Theater der Bilder vor allem von Robert Wilson und Pina Bausch Beispiel für nichtliterarisches Theater.
Längerfristig durchgesetzt haben sich solche theoretischen Entwürfe und Experimente auf den europäischen Bühnen nicht. Sie haben aber dazu beigetragen, daß das heute immer noch vorherrschende Literaturtheater nicht mehr als bloßer Dienst an der Literatur verstanden wird, sondern der freie Umgang mit der literarischen Vorlage auf der Bühne zur Selbstverständlichkeit geworden ist. Raum, Licht, Technik und Körpersprache sind heute als gleichwertige und nicht der Literatur untergeordnete Elemente der Bühnensprache anerkannt.

Living Theatre Das bedeutendste Theater des Off-Off-Broadway wurde von den Schauspielern Julian Beck (1926–85) und Judith Malina (geb. 1926) 1951 in New York gegründet. Es bestand zunächst bis 1985. Beide Schauspieler hatten ihre Ausbildung am Dramatic Workshop von ▶ Piscator erhalten. Das Living Theatre war die einflußreichste alternative Theatergruppe der 60er Jahre in Amerika und Europa. Seine politischen Inhalte und Ziele, die Attacken gegen Krieg und Gewalt, die Aufforderungen zur Veränderung des Bestehenden und die Absage an jegliche staatliche Autorität waren geprägt vom Theater Brechts und Piscators. Aufführungen von Stücken wie *The Brig, Mysteries and Smaller Pieces, Frankenstein, Paradise Now* führten häufig zu Konflikten mit lokalen Behörden, zu Geld- und Gefängnisstrafen.

Das Ensemble des Living Theatre in einer Aufführung von Paradise Now, *Gastspiel in Berlin 1969*

Die darstellerischen Mittel, insbesondere die exzessiven körperlichen und stimmlichen Ausdrucksweisen, sowie das intensive Körpertraining und die kollektiven Meditationsübungen orientierten sich am „Theater der Grausamkeit" ▶ Artauds. Das Living Theatre versuchte, die Kluft zwischen Kunst und Leben zu überwinden. So sollte das Zusammenleben der Truppe in einer Kommune die Trennung zwischen privater und künstlerischer Existenz aufheben. Die Aufführungen zielten auf Beseitigung der Schranken zwischen Spielenden und Zuschauenden, indem Schauspieler die Rampe überschritten, das Publikum direkt ansprachen, Zuschauer körperlich berührten und zum Mitspielen aufforderten. Das stark körperbetonte Spiel sowie die Lebens- und Arbeitsweise des Living Theatre sind vielfach nachgeahmt worden und wirkten künstlerisch vor allem auf andere Off-Off-Theater, z.B. das „Bread and Puppet Theatre", und das Theater der ▶ Freien Gruppen.

M

Magazin In diesem Aufbewahrungsraum lagern alle nicht benutzten Dekorationsteile und gegenständlichen Spielmittel wie Kostüme, Requisiten, Perücken usw. Aus Platzgründen sind Magazine häufig außerhalb des Bühnenhauses in gesonderten Gebäuden untergebracht; verwaltet werden sie vom **Magazinmeister**. Die Gesamtheit der im Magazin gelagerten Gegenstände bilden den ▶ Fundus eines Theaters.

Manege (franz. = Reitbahn) Spielfläche im Zirkus, die meist rund und der Orchestra der antiken Arenabühne vergleichbar ist.

Mantel- und Degenstück ist die deutsche Bezeichnung für die spanische „commedia en capa y espada". Die dem Sittenstück verwandte Dramengattung der spanischen ▶ Comedia des 17. Jh.s bekam ihren Namen nach der Kostümierung (Mantel und Degen) der in ihr auftretenden männlichen Akteure. Die komische, oft satirische Wirkung dieser Stücke beruht vor allem auf Verkleidungen, Verwechslungen und Mißverständnissen. Hauptvertreter sind Pedro Calderón de la Barca (1600–81), Tirso de Molina (1583–1648), Lope de Vega (1562–1635).

Märchenvorstellung Meist in der Weihnachtszeit finden diese Theateraufführungen für Kinder statt, die oft zusätzlich zum laufenden Spielplan am Nachmittag gespielt werden. Obwohl sich das ▶ Kinder- und Jugendtheater seit den 60er Jahren gewandelt hat, werden an vielen Theatern auch heute noch Märchenvorstellungen traditioneller Art gegeben.

Markieren kann im Theater drei unterschiedliche Bedeutungen haben. Erstens wird andeutendes Spiel einer Rolle, um z. B. auf Bühnenproben einen fließenden Übergang in die eigentlich zu probende Szene zu finden oder die Stimme des Darstellers zu schonen, damit bezeichnet. Eine zweite Bedeutung ist die Andeutung des Bühnenbildes durch provisorische, aber maßstabsgerechte Dekorationsteile für die Proben. Markierung heißt drittens die Kennzeichnung festgelegter Orte auf dem Bühnenboden mit Klebeband oder Leuchtfarbe, um sicherzustellen, daß Dekorationsteile bei jeder Aufführung an derselben Stelle aufgebaut werden.

Maschinenkomödie Im 18. Jh. entstand aus der Tradition der Commedia dell'arte und des Barocktheaters eine Form des Wiener Volkstheaters, für die eine Mischung aus Schauspiel, Pantomime, Tanz sowie phantastische Dekorationen kennzeichnend war. Der vielfältige Einsatz von Flugmaschinen, Versenkungen, Feuerwerk und anderen technischen Effekten gab der Maschinenkomödie den Namen. Als literarische Vorlagen dienten neben klassischen französischen Tragödien, italienischen

Komödien und Barockopern vor allem **Zauberstücke**, in denen Geister, Dämonen, Feen maßgeblich in die Handlung eingriffen. Wichtigste Autoren der Maschinenkomödie waren Joseph von Kurz-Bernardon (1717–84) und Johann Emanuel Schikaneder (1751–1812).

Maske (ital.-franz.; vermutlich von arab.: mashara = lächerlich, drollig) Man unterscheidet im Theater zwischen **Schminkmasken**, die direkt auf das Gesicht eines Darstellers aufgetragen werden, und abnehmbaren **Hohlformmasken** aus Stoff, Leder, Holz, Pappe, Metall in Form von **Ganzmasken** oder **Halbmasken** (auch: **Gesichtslarven**). Während die Schminkmaske, d.h. die Veränderung des Gesichts durch Farbe, Bart, Perücke, das mimische Spiel des Darstellers unterstützt, verdeckt die Hohlformmaske ganz oder teilweise dessen Gesicht und dient vor allem der Stilisierung oder Typisierung einer Bühnenfigur. Jede Veränderung des Gesichts eines Schauspielers durch Schminke, selbst die bloße Auffrischung der natürlichen Hautfarbe, heißt im Theater **Maske machen**.
Das Tragen von Masken, eine weltweite Erscheinung, stand ursprünglich in religiösem oder kultischem Zusammenhang, z.B. Dämonenaustreibung, und ist heute noch bei volkstümlichen Bräuchen wie Karneval und Fastnacht üblich. Im europäischen Theater ist die Verwendung von Masken vor allem aus der Antike und der commedia dell'arte bekannt. Die Ganz-Masken der griechischen Tragödie und Komödie waren vermutlich bemalt, trugen in der Tragödie ernste, gefühlsbetonte Züge oder waren in der Komödie grotesk stilisiert. Die Maske im antiken griechischen Theater übernahm die Aufgabe, das dargestellte mythische Geschehen zu überhöhen, und gab den ausschließlich männlichen Schauspielern die Möglichkeit, auch Frauenfiguren glaubwürdig darzustellen. In der Commedia dell'arte spielten zur Verdeutlichung der feststehenden Typen, z.B. Arlecchino, Dottore, die auch

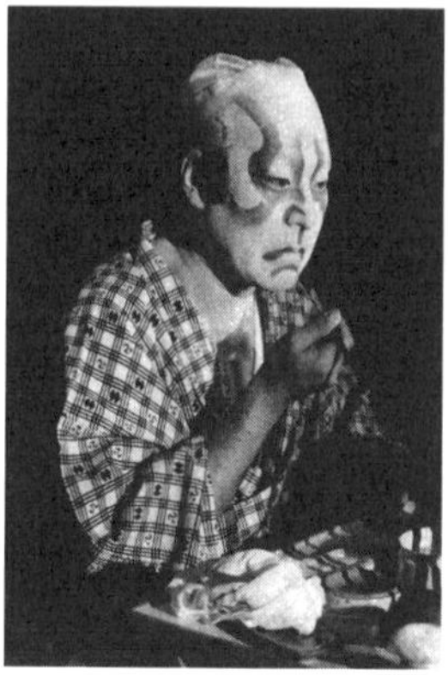
Schminkmaske

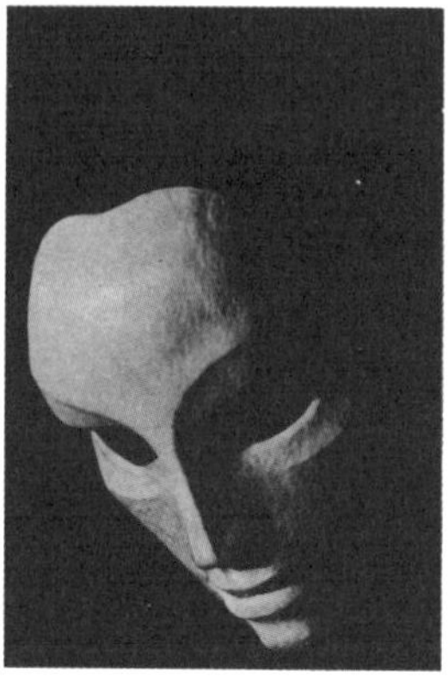
Vollmaske

Halbmaske

Masken genannt werden, lederne Halbmasken eine wesentliche Rolle. Farbe und Formgebung verweisen auf typische Eigenschaften der Figuren und auf deren soziale Stellung. Von der Schminkmaske für lange Zeit verdrängt, wird die Hohlformmaske im zeitgenössischen deutschsprachigen Theater heute wieder in Inszenierungen antiker Dramen oder als Verfremdungseffekt häufiger verwendet.

Maskenbildner Der handwerklich-künstlerische Beruf am Theater, aber auch bei Film und Fernsehen hat keine genau festgelegte Ausbildung. Meist ist die beste Voraussetzung eine abgeschlossene Friseurlehre. Mit Schminke, plastischem Material, selbst hergestellten Bärten und Perücken erhalten die Darsteller in der ‚Maske' das vom Regisseur für die jeweilige Bühnenfigur festgelegte Aussehen.

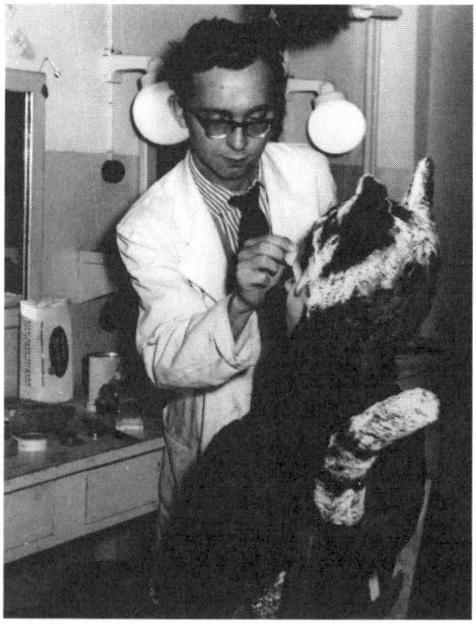

Maskenbildner bei der Arbeit vor Beginn der Vorstellung

Massenregie Die Sonderform der Regie im Theater, besonders aber im Film, setzt zur Darstellung von Volks- oder Schlachtszenen eine Vielzahl von Statisten ein. Berühmte Beispiele für Massenregie im Theater sind die Inszenierungen von *Julius Caesar* und *Wilhelm Tell* durch die ▶ Meininger, ▶ Reinhardts *König Ödipus* von Sophokles, 1910, sowie *Danton* von Romain Rolland, 1919, an denen Hunderte von Statisten mitwirkten. Massenregie erfordert die besondere Fähigkeit, die Bewegungsabläufe einer großen Zahl von Darstellern so zu koordinieren, daß weder ein heilloses Durcheinander noch eintönige Gruppenbilder entstehen. Es werden deshalb gelegentlich auch Choreographen herangezogen, die die Arbeit des Regisseurs bei der Einrichtung von Massenszenen unterstützen, da sie durch ihre Arbeit am Ballett Erfahrung in der Leitung von größeren Gruppen haben. Bei großen Filmproduktionen gibt es häufig im Regieteam einen Spezialisten, der ausschließlich für Massenregie zuständig ist.

Massenspiel Theateraufführungen mit zum Teil Tausenden von Darstellern waren ursprünglich eine besondere Form des Arbeitertheaters des 20. Jh.s. Bekannteste Beispiele dafür sind das Nachstellen der Ereignisse der Oktoberrevolution in *Die Erstürmung des Winterpalais* unter Leitung von Nikolai Jewreinow (1879–1953) mit 8.000 Statisten und die Massenspiele der Gewerkschaft in Leipzig zwischen 1920 und 1925. Dort wurden *Spartakus, Der arme Konrad* und *Bilder aus der Französischen Revolution* nach einem Szenarium von Ernst Toller aufgeführt. Formale Elemente wie rhythmische Bewegung, chorisches Sprechen, Arrangements aus Menschenblöcken sowie Musik- und

Lichteffekte wurden von den Nationalsozialisten für ihre Massenveranstaltungen vereinnahmt.

Matinée (franz. = Vormittag) Im deutschsprachigen Bereich ist dies die Bezeichnung für eine meist am Sonntagvormittag stattfindende Sonderveranstaltung des Theaters, z.B. Vortrag, szenische Lesung, Publikumsdiskussion über ein Stück. Gelegentlich werden auch außerhalb des Spielplans stattfindende Gastspiele als Matinée-Veranstaltung angeboten.

Mechanisches Theater Diese Form des Puppentheaters kam mit der Erfindung von Automaten auf und hatte im 18./19. Jh. ihre Blütezeit. Im 20. Jh. wurde Mechanisches Theater zum Sammelbegriff für Theaterexperimente vor allem der ersten beiden Jahrzehnte, in denen der Mensch als Darsteller auf der Bühne durch mechanisch angetriebene Kunstobjekte ersetzt wurde oder durch entsprechende Kostüme und Körperbewegungen solche nachahmte. Beispiele hierfür sind die mechanischen Ballette der Futuristen, Kurt Schwitters' Projekt der Merzbühne, Fernand Légers Entwurf einer den Schaufensterdekorationen ähnelnden „Schau-Bühne" oder die Bühnenexperimente mit Form, Licht, Farbe, Bewegung und Ton am Bauhaus in Weimar, später in Dessau unter der Leitung von Oskar Schlemmer und Laszlo Moholy-Nagy. Berühmt wurde vor allem Schlemmers *Triadisches Ballett*. Vielfach war das Mechanische Theater Vorstufe und Übergang zu Formen des abstrakten Films.

Meininger Das Schauspielerensemble des Hoftheaters von Meiningen im heutigen Thüringen beeinflußte durch seine Gastspielreisen in den Jahren 1874 bis 1890 die Entwicklung des europäischen Theaters nachhaltig. Unter Leitung von Herzog Georg II. und dessen Mitarbeiter, dem Schauspieler Ludwig Chronegk (1837–91), begann mit den Meiningern das, was man heute im Theater als ▶ Regie bezeichnet. Kennzeichnend waren die außergewöhnlich sorgfältige Vorbereitung der Inszenierungen und das Bemühen um historisch möglichst getreue Dekorationen und Kostüme. Die Ausstattung sollte nicht nur schmückendes Beiwerk sein, sondern dem betreffenden Stück in Zeit und Art vollständig entsprechen. Außerdem strebte Georg II. die Unterordnung aller Darsteller unter ein konzeptionelles Ganzes an. Das Ensemblespiel sollte die Schauspielkunst heben, es richtete sich gegen die Vorherrschaft des Virtuosentums und zielte auf eine perfekte, harmonische Gesamtwirkung des theatralen Kunstwerks. Hauptdarsteller mußten, wenn es erforderlich schien, auch Nebenrollen übernehmen, weil alle Rollen als gleichwertig angesehen wurden. Für jede einzelne Bühnenfigur entwarf Georg II. spezielle Arrangements. Dies galt auch für die Vielzahl von Statisten, die er für die Darstellung von **Massenszenen**, z.B. in Shakespeares *Julius Caesar*, Schillers *Räuber* und *Wilhelm Tell*, fest engagierte. Die unkritische Nachahmung des Meininger Stils führte sehr bald zu der **Meiningerei**, einer noch heute gelegentlich verwendeten Bezeichnung für Historismus, d.h. für vermeintlich historisch exakte Darstellung auf der Bühne und Detailverliebtheit in der Ausstattung. Das schmälert jedoch nicht die Gesamtleistung der Meininger, denn sie schufen hinsichtlich der Bühnengestaltung und der Massenregie entscheidende Voraussetzungen für das naturalistische Theater, insbesondere für das Theater ▶ Stanislawskis.

Meistersang Die formal und inhaltlich am mittelalterlichen Minnesang angelehnte Liedkunst ohne instrumentale Begleitung wurde im 15./16. Jh. von städtischen Handwerkern im süddeutschen Raum gepflegt. Die Kompositionen von Text und Melodie unterlagen strengen, in der **Tabulatur** (lat.: tabula = Tafel) festgelegten Regeln, überwacht von den sogenannten **Merkern**, die an der Spitze der hierarchisch organisierten Zunft der Meistersinger standen.
Die Gesangsvorträge mit religiösen oder ernsten weltlichen Inhalten fanden in der Regel in Kirchen statt, an kirchlichen Feiertagen oder als Wettsingen zwischen verschiedenen Meistersinger-Schulen. Vermutlich traten die Meistersinger auf einfachen Podien auf; ob es eine besondere Bühnenform, die „Meistersingerbühne“ gab, ist umstritten. Zentrum des Meistersangs war Nürnberg mit dem wohl bekanntesten Meistersinger und Verfasser zahlreicher Schwänke, ▶ Sachs (1494–1576). Stofflich verarbeitet wurde der Meistersang im 19. Jh. von Richard Wagner in der Oper *Die Meistersinger von Nürnberg.*

Melodrama (griech.: melos = Lied, drama = Handlung) Zum einen handelt es sich dabei um eine im 18. Jh. entstandene Mischgattung, in der einzelne Monologe oder ganze Szenen eines Schauspiels von Musik begleitet werden. Im Unterschied zur Oper werden die Texte nicht gesungen, sondern rezitiert. Als erstes Beispiel dieser Gattung gilt *Pygmalion* von Jean-Jacques Rousseau (1712–78). Zum anderen war besonders in der Romantik eine Dramenform populär, in der die Glaubwürdigkeit der Handlung zugunsten einer übertriebenen Darstellung von Leidenschaften und rührenden oder schaurigen Effekten in den Hintergrund trat.
Im 20. Jh. hat der Film die Form des gefühlsbetonten Melodramas übernommen. Im Theater werden kaum noch Melodramen gespielt.

Melodramatisch Eine übertriebene Darstellung von Leidenschaften in Texten für Bühne, Film und Fernsehen aber auch im Spiel der Schauspieler wird mit dieser Bezeichnung abgewertet.

Melpomene (griech. = die Singende) Nach der griechischen Mythologie ist Melpomene eine der neun Musen, der Schutzgöttinnen der Künste und Wissenschaften. Melpomene als die Muse der antiken Tragödie stellte man dar mit tragischer Maske in der Hand oder auf dem Scheitel und mit Efeu- oder Weinlaubkranz, häufig auch mit Heldenattributen wie Keule oder Schwert.

Merzbühne Der dadaistische Maler und Dichter Kurt Schwitters (1887–1948) hat 1919 dieses Theaterprojekt entworfen, jedoch nicht realisiert. In ihm sollten Vorgänge und Gegenstände aus dem Alltagsleben zu einem radikalen Nebeneinander von Wort, Bild, Licht und Bewegung zusammengebracht werden. Vorgesehen war, die von Schwitters als ‚Merz‘ (von Commerz) bezeichnete Technik seiner aus Abfallprodukten der Zivilisation collagierten Materialbilder auf das Theater zu übertragen. Das Programm der Merzbühne kann als Vorläufer des ▶ Happenings der 50er und 60er Jahre gelten.

Meyerhold, Wsewolod E. (1874–1940) Der russische Schauspieler, Regisseur, Theaterleiter und -theoretiker gehörte nach Jura-Studium und Ausbildung zum Schauspieler ab 1898 für drei Jahre zum Ensemble von ▶ Stanislawski. 1905 gründete er eine eigene Schau-

Von Wsewolod Meyerhold entwickelte biomechanische Übungen für den Schauspieler. Training an der Staatlichen Theaterhochschule Moskau (1922)

spieltruppe und baute ein Studio an Stanislawskis ▶Moskauer Künstler-Theater auf. Nach Differenzen mit Stanislawski Theaterarbeit in Tiflis, dann 1908–18 Regisseur an den Kaiserlichen Bühnen in Petersburg, dort neben Schauspiel- auch Opern-Regie. Nach dem Ausbruch der Oktoberrevolution wurde er Mitglied der Kommunistischen Partei und ab 1918 Politkommissar der Roten Armee. 1921 als Leiter der Theaterabteilung im Volkskommissariat für Bildung rief er zum ▶Theateroktober, der revolutionären Umgestaltung des russischen Theaterwesens unter Einbeziehung der Theater in Agitation und Propaganda auf. Daneben arbeitete Meyerhold als Regisseur am „Theater der Revolution" in Moskau und am Studio, das seit 1923 seinen Namen trug und das er bis zur Schließung 1938 leitete. 1939 unter Stalin verhaftet, starb Meyerhold ein Jahr später im Gefängnis.

Meyerhold zählt zu den bedeutendsten Theaterreformern des 20. Jh.s und ist einer der Begründer des modernen Regietheaters. Seine Inszenierungen und seine theoretischen Schriften gaben der Entwicklung des europäischen Theaters wichtige Impulse, angeregt durch seine Theaterarbeit wurden Erwin Piscator und Bertolt Brecht. Im dramatischen Werk sah er eine bloße Spielvorlage, ein Material, mit dem der Regisseur frei umgehen kann und das dieser für die Inszenierung bearbeiten muß. Nicht die Literatur, sondern die Schauspielkunst stand im Mittelpunkt seines Theaterverständnisses, die er auf eine wissenschaftliche Grundlage zu stellen versuchte. Meyerhold verlangte vom Schauspieler die Beherrschung aller darstellerischen Mittel

(Artistik, Pantomime, Tanz, Gesang, Elemente des Nô-Spiels, des Kabuki und der Commedia dell'arte) und entwickelte hierfür ein spezielles System des Schauspielertrainings, die **Biomechanik**. Auf Erkenntnissen der Ergonomie, der Wissenschaft von den Bewegungsabläufen und den körperlichen Leistungsmöglichkeiten des Menschen, beruhend, sollte die Biomechanik den Schauspieler befähigen, alle Bewegungen und Handlungen bewußt auszuführen, die Ausdruckmittel so ökonomisch wie möglich einzusetzen und den eigenen Körper so zu beherrschen, daß der Regisseur präzise Gesten und Bewegungsabläufe jederzeit nur abzurufen braucht. Für jeden psychischen Zustand sollte, Meyerhold zufolge, eine körperlich-gestische Entsprechung gefunden werden; ähnlich wie ▶ Craig strebte auch Meyerhold eine Mechanisierung der Schauspielkunst an. Eng damit verbunden war eine Entfesselung der Bühnentechnik: Auf meist nackten Bühnen ließ Meyerhold fahrbare Spielflächen, Schwungräder, Drehscheiben, Projektionsflächen, Gerüste errichten, die die Dynamik des Bühnengeschehens unterstützten.
Die von Technikfaszination und Fortschrittsoptimismus geprägten Theaterkonzepte Meyerholds sind heute überholt, seine Vorstellungen von einem Volkstheater jedoch, in dem Mittel wie Akrobatik, Groteske und Clownerie zum Einsatz kommen, sind von Regisseuren der Gegenwart wieder aufgegriffen worden, u. a. von Ariane Mnouchkine, Dario Fo, Manfred Karge oder Alexander Lang.

Miles gloriosus (lat. = prahlerischer Soldat) Titel einer Komödie des Plautus (250–184 v. Chr.), in der die zentrale komische Figur ein Maulheld ist, der viel von seinen glorreichen Taten erzählt. In Wirklichkeit zieht er sich aber immer voller Ängstlichkeit feige zurück.
Miles gloriosus ist heute ein Sammelbegriff für ähnliche Figuren, z. B. für den Capitano der Commedia dell'arte, Horribilicribrifax des gleichnamigen Scherzspiels von Andreas Gryphius und späteren Soldatenstücken.

Mime (griech.: mimos = Schauspieler) Ursprünglich nannte man so einen Darsteller im ▶ Mimus, einer volkstümlichen Unterhaltungsform des antiken Theaters. Seit dem 18. Jh. ist Mime im deutschsprachigen Raum die Bezeichnung für Schauspieler allgemein. Heute wird Mime jedoch nur noch im abwertenden Sinn auf Schauspieler angewendet, die sprachlich und mimisch-gestisch übertrieben auf der Bühne auftreten. Ein Darsteller mit geringen schauspielerischen Fertigkeiten, der sich statt dessen durch aufgesetztes Gehabe in den Vordergrund spielt, heißt abfällig **Knattermime**.

Mimesis (griech. = Nachahmung) Der zentrale Begriff der antiken Kunst- und insbesondere Dramentheorie, der meist einengend mit „Nachahmung“ übersetzt wird, hatte ursprünglich auch die Bedeutung von „Ausdruck“, „Darstellung“. In diesem Sinn, nämlich als Aktion handelnder Personen, bezeichnen Platon und Aristoteles in gleicher Weise die dramatische Dichtung als mimetisch. Ganz unterschiedlich hingegen ist die Wertung von Mimesis im Sinne von Nachahmung, die beide vornehmen. So versteht Platon Drama, Theater und Kunst allgemein als eine Nachahmung dritten Ranges und daher, gemessen an der Philosophie, als etwas Negatives, weil Kunst nur eine Wirklichkeit nachahmt, die ihrerseits die Nach-

ahmung einer Ideenwelt ist, also nur Abbild eines Abbildes, das „Schattenbild" der eigentlichen Wirklichkeit ist.
Dem gegenüber definiert Aristoteles Mimesis als Grundprinzip aller Künste und als Oberbegriff für die dramatische Dichtung, der den besonderen Wirklichkeitsbezug bezeichnet. Mimesis wird von ihm jedoch nicht als bloße Kopie von Wirklichkeit verstanden, sondern als Neuschöpfung von Vorgängen und Personen mit künstlerischen Mitteln. Kunst wird damit eine eigene Qualität zugewiesen und nicht nur als Schattenbild der eigentlichen Wirklichkeit betrachtet.
Über Jahrhunderte bewegte sich die Diskussion über die ästhetische Theorie zwischen diesen beiden entgegengesetzten Positionen. An Bedeutung gewann der Mimesis-Begriff vor allem in der Renaissance, der Aufklärung und der Klassik. Mit der Herausbildung von Theorien und künstlerischen Praktiken, die das Kunstwerk als ein autonomes Gebilde und nicht mehr nur als Abbild von Wirklichkeit auffassen, hat seit dem 19. Jh. der Mimesis-Begriff seinen zentralen Stellenwert in Drama und Theater verloren.

Mimik (griech.: mimikos = nach Art der Schauspieler) Neben Sprache und ▶ Gestik ist die Mimik das Grundelement der Schauspielkunst. Sie bringt durch Muskelbewegungen des Gesichts Gefühle, Gedanken und Haltungen einer Bühnenfigur zum Ausdruck. Wesentlicher Bestandteil der Mimik ist das **Augenspiel**, die Bewegung der Augen. Das kann ein offener oder heimlicher **Blickkontakt** sein, eine Verständigung mit einem Mitspieler, oder eine nur für den Zuschauer sichtbare Reaktion auf einen Mitspieler, z. B. durch einen kommentierenden Blick in den Zuschauerraum.

Mimus (lat., von griech.: mimos = das Dargestellte) Die volkstümliche Unterhaltungsform des antiken Theaters war ursprünglich ein derb-komisches Stegreifspiel, in dem in einer Mischung aus Gesang, Tanz, Clownerie und Akrobatik Szenen aus dem Alltagsleben mit meist obszönem Charakter dargestellt wurden. Im Unterschied zu Tragödie und Komödie kam der Mimus ohne Masken und Theaterkostüme aus; schlichte Podeste dienten als Bühne. Mimus-Aufführungen sind bereits für das 5. Jh. v. Chr. belegt. Um 430 v. Chr. wurden die Improvisationen durch literarisch gestaltete Texte ersetzt und Ende des 3. Jh.s v. Chr. schließlich verdrängten die Komödie und Berufsschauspieler den Mimus in Griechenland.
In Rom entwickelte er sich zu einer eigenständigen Kunstform neben der Komödie. Er unterschied sich von ihr aber schon äußerlich dadurch, daß auch Frauen auftraten, die sich nach Schluß der Vorstellung dem Publikum nackt zeigten. Seinen Höhepunkt erlangte der römische Mimus während der Kaiserzeit, verlor dann im Zuge der Christianisierung aber zusehends an Ansehen und wurde schließlich wegen sittlichen Verstößen um 300 n. Chr. verboten.

Misterienspiel (lat.: ministerium = Gottesdienst oder mysterium = Geheimnis) ist eine Form des geistlichen Spiels im Mittelalter, das auf der Darstellung biblischer Stoffe fußt und Elemente kirchlicher Liturgie enthält. Das Misterienspiel oder auch **Mysterienspiel** entwickelte sich besonders in England und Frankreich durch Herstellung aktueller Zeitbezüge, das Eindringen von Volkssprache und einer derb-realistischen Spielweise zu einer Form des Volkstheaters. Dramaturgisches Prinzip war die Simultanität. Gespielt wurde unter freiem Himmel, häufig auf Karren in Form einer Prozession. Darsteller waren in Zünften organisierte Handwerker. In England wurden Elemente des Misterienspiels im ▶ Elisabethanischen Theater, u.a. von Shakespeare, verarbeitet.

Mitspieltheater Die im 20. Jh. entwickelte Form des Theaters läßt dem Publikum Raum, sich am Spielgeschehen aktiv zu beteiligen. In der Regel sind Ausgangssituation, Handlungsgerüst und Bühnenfiguren fixiert, während der Ablauf des Geschehens durch das Eingreifen der Zuschauer beeinflußt wird. Das können Zwischenrufe, Dialoge zwischen Zuschauern und Darstellern, gemeinsame Beratungen über den Fortgang oder auch das Mitmachen von Zuschauern auf der Bühne sein. Die Form des Mitspieltheaters findet sich vor allem im Kinder- und Jugendtheater, wo die Grenzen zum ▶ Rollenspiel gelegentlich fließend sind. Für das Erwachsenentheater hat Paul Pörtner (1922–1984) z.B. das Stück *Scherenschnitte* geschrieben, das dem Zuschauer Entscheidungsmöglichkeiten über den Ausgang der Handlung anbietet.

Mittelalterliches Theater Die genauen Grenzdaten für Anfang und Ende des europäischen Mittelalters festzulegen, ist aufgrund der beträchtlichen Unterschiede in der Entwicklung einzelner Länder äußerst schwierig. Als Mittelalter wird heute gemeinhin der Zeitraum zwischen dem 4. bis 6. Jh. und dem 15. Jh. bezeichnet. Während in der politischen Geschichte der Übergang zwischen Antike und dem Mittelalter fließend ist, liegt zwischen dem Niedergang des antiken Theaters im 3. Jh. n. Chr. und dem ersten Auftauchen von Theaterformen im Mittelalter um 950 ein Zeitraum von rund 700 Jahren, in dem es keine Belege für Theaterspiel gibt. Man muß deshalb davon ausgehen, daß in der europäischen Geschichte das Theater mindestens zweimal unabhängig voneinander entstanden ist, einmal in der Antike und ein weiteres Mal im Mittelalter.
Da das antike Theater nachweislich aus religiösen Ritualen des Dionysoskults hervorgegangen ist, wird entsprechend dazu häufig angenommen, daß auch das mittelalterliche Theater seinen Ursprung in religiösen Handlungen hat, nämlich in der christlichen Liturgie. Dabei wird übersehen, daß zu dem Zeitpunkt, in dem das, was wir Theater nennen, auffällig in Erscheinung tritt, bereits etwas Selbständiges ist. Die Entstehung des mittelalterlichen Theaters läßt sich deshalb nicht eindeutig zurückführen auf Liturgie, wenngleich es zunächst vorwiegend in solcher Präsentationsform zu finden war. Zu seiner Herausbildung hat vielmehr das Zusammenkommen ganz verschiedener Faktoren beigetragen. Neben der Liturgie haben in gleicher Weise Turnier und Karneval auch eine wichtige Rolle gespielt. Insbesondere hat aber die Organisationsform der Stadt Theater erst möglich gemacht. Da das geregelte Zusammenleben in ihr nicht erlaubte, daß Affekte sich im offenen Kampf entluden, entstand ein Bedürfnis nach Frei- und Spielräumen, um Aggressionen

Rekonstruiertes Modell des Luzerner Osterspiels von 1583

in gemäßigter Weise ausleben zu können, und damit ein Bedürfnis nach Schau-Spielen aller Art, nach sportlichen Wettkämpfen, Festen, Umzügen, Theater.

Hauptform des mittelalterlichen Theaters waren die **geistlichen Spiele**, die unlösbar mit den Glaubenserfahrungen des Mittelalters verbunden sind und bis ins 13. Jh. an hohen Festtagen ausschließlich in Kirchen stattfanden. Dargestellt wurden biblische Stoffe, die zunächst Kleriker in lateinischer Sprache und in Form liturgischer Wechselgesänge vortrugen. Im Laufe der Zeit begnügten sich die Spieler nicht mehr nur mit den symbolischen Bedeutungen ihrer Rollen, bezogen Elemente der Vagantendichtung, Spiel-, Trink- und Tanzlieder des Fahrenden Volkes in die Texte ein und ließen Possenreißereien einfließen. Diese Verweltlichungstendenz führte im 13. Jh. dazu, daß auf Befehl der Kirche die Spiele ins Freie verlegt werden mußten. An die Stelle der geistlichen Spieler traten in zunehmendem Maße Spieler aus dem Stadtbürgertum, die als **Bruderschaften** die Oberhoheit über die Aufführungen übernahmen. Dadurch flossen volkssprachliche Elemente in die lateinischen Texte ein, die den Übergang dafür schufen, daß die geistlichen Spiele schließlich

nur noch in der jeweiligen Landessprache aufgeführt wurden. Eine auch räumliche Trennung von der Kirche erfolgte im 14./15. Jh. Die Spielstätte verlagerte sich vom Kirchenvorplatz auf den Marktplatz, wo das geistliche Spiel sich mit Formen des weltlichen Fastnachsspiels mischte.
Die älteste Form des geistlichen Spiels ist das **Osterspiel**, das am Ostersonntag aufgeführt wurde und biblische Szenen darstellte wie die Begegnung Christi mit den Marien, Auferstehung, Gang nach Emmaus und Himmelfahrt. Überliefert sind u. a. die Osterspiele von Muri/Schweiz aus dem 13. Jh., von Innsbruck aus dem 14. Jh., von Lübeck aus dem Jahre 1464 und von Mainz aus den 15. Jh. Aus dem Osterspiel ging das weit aufwendigere **Passionsspiel** hervor, das, mit komischen, volkstümlichen Parallelen versetzt, die gesamte Leidensgeschichte Christi erzählte und dessen Aufführungen sich häufig über mehrere Tage erstreckten. Es war das beliebteste geistliche Spiel des Mittelalters, an dem alle Bevölkerungsschichten als Spielende wie auch als Zuschauer teilnahmen. Als Texte erhalten sind das *Frankfurter Passionsspiel* von 1493, das *Alsfelder* von 1501, das *Bozener* von 1514 und das *Luzerner* von 1543. Das **Oberammergauer Passionsspiel**, in einem Rhythmus von zehn Jahren noch heute regelmäßig gespielt, wurde erstmals 1634 aufgeführt. Es geht auf einen Text des 15. Jh.s zurück, der bis heute mehrfach modernisiert wurde.
Ähnlich wie das Osterspiel stellte auch das **Weihnachtsspiel** die in der Bibel bezeugten Geschehnisse um Geburt, Tod und Auferstehung Christi szenisch dar. Den Kern bildete das **Krippenspiel** um Maria, Josef und das Christuskind. Im 11. Jh. traten das **Hirtenspiel** und das **Dreikönigsspiel** hinzu, die den Kindermord zu Bethlehem, die Flucht nach Ägypten und die Klage der Mütter zum Inhalt hatten. Seit dem 13. Jh. ging dem Weihnachtsspiel das **Prophetenspiel** voraus, wie es noch im *Benediktbeurer* und *St. Gallener Weihnachtsspiel* überliefert ist.
Aus den Prozessionen des Fronleichnamsfestes entstand das **Fronleichnamsspiel**, in dem die biblische Geschichte von der Schöpfung bis zum Jüngsten Gericht dargestellt ist. Verbreitet war es vor allem in England, Deutschland und Spanien, wo es im ▶ Auto sacramental seine höchste künstlerische Blüte erreichte. Neben den geistlichen Spielen, deren Aufführung an hohe kirchliche Festtage gebunden war, gab es außerdem noch eine Vielzahl von **Mirakel**-Aufführungen (lat.: miraculum = Wunder) mit Stoffen aus Heiligen- und Märtyrerlegenden. Eine besondere Stellung nahmen das **Weltgerichtsspiel** von 1360 in der Schweiz und das **Antichristpiel** ein, dessen bekannteste Überlieferung das Tegernseer *Ludus de Antichristo* von 1160 ist. Sie führten dem Zuschauer die Vergänglichkeit irdischen Lebens vor Augen, das Weltende und den Zusammenbruch weltlicher Herrschaft.
Zu einer eigenständigen Form des geistlichen Spiels entfaltete sich im Spätmittelalter das Misterienspiel und die Moralität. Das ▶ Misterienspiel/Mysterienspiel (engl.: mystery play oder mystery; frz.: mystère) war besonders in England und Frankreich weit verbreitet. Es fußte auf der Darstellung bibli-

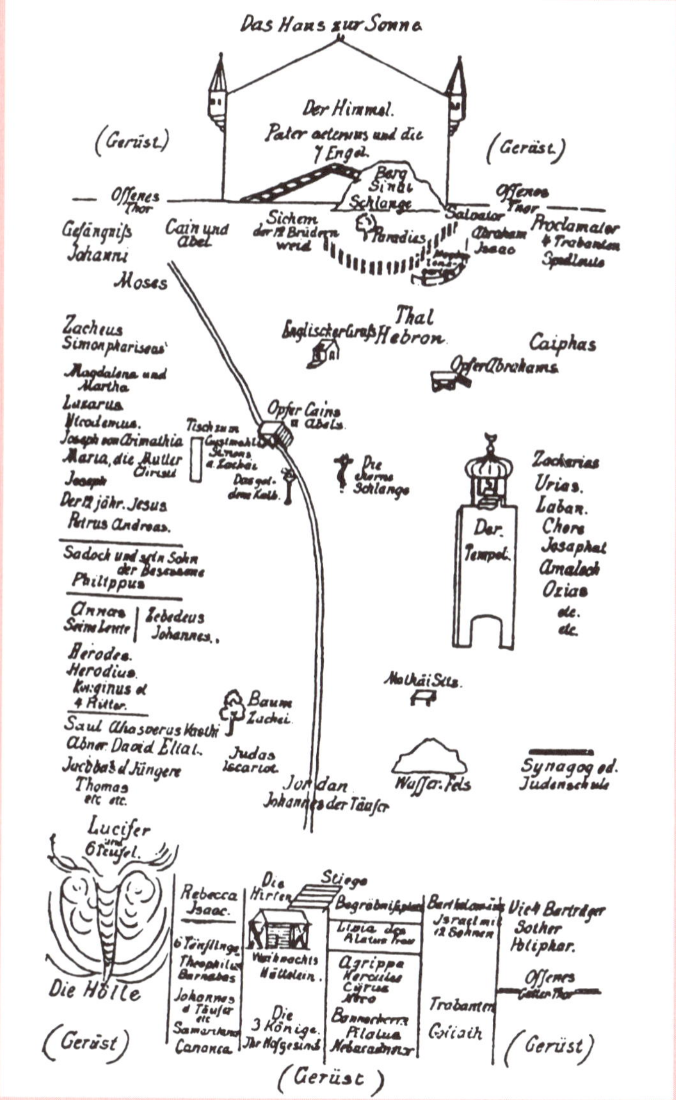

Lageplan der Spielorte des Luzerner Osterspiels. Vereinfachte Nachzeichnung und modernisierte Umschrift des Originals von 1583

scher Stoffe, stellte zugleich aber auch aktuelle Zeitbezüge her, in denen sich ein Ausbruch aus religiöser Frömmigkeit manifestierte. Dramaturgie und Spielweise des Misterienspiels waren publikumsorientiert, d. h. auf wirkungsvolle Effekte bedacht, die vor allem durch burleske, groteske und derb realistische Mittel erzielt wurden. Aufgrund der naiv-lebensnahen Spielauffassung und der großen Beliebtheit beim Publikum gilt das Misterienspiel als eine ausgeprägte Form mittelalterlicher Volkskultur. Die Aufführungen fanden unter freiem Himmel statt und wurden in der Regel in prozessioneller Form von Laiendarstellern auf fahrbaren Bühnen dargeboten. In England gab man Misterienspiele in großen, bis über 40 Stück umfassenden und mehrere Tage dauernden Zyklen, die ihren Namen nach dem jeweiligen Spielort erhielten (z. B. York-Zyklus, Coventry-Zyklus). Im Unterschied dazu wurde die ▶ Moralität als Einzelstück vornehmlich von Berufsschauspielern gegeben: Sie war ein allegorisches Spiel, das mittels Personifizierung abstrakte Begriffe und im Widerstreit stehende Eigenschaften wie Liebe und Haß darstellte. Die bekanntesten Moralitäten waren *Mankind* (1471) und *Everyman* (1529), Muster aller späteren *Jedermann*-Dramen bis hin zu Hugo von Hofmannsthals *Jedermann* von 1911. In England sind die Moralitäten als Tudor-Dramatik in die Geschichte eingegangen, die direkt zum volkstümlichen Theater Shakespeares führt.
Grundprinzip aller geistlichen Spiele war die Simultanität, d. h. die Gleichzeitigkeit von Handlungen an verschiedenen Spielorten. Entsprechend war das vorherrschende mittelalterliche Bühnensystem die ▶ Simultanbühne, die aus einfachen Podesten bestand. Diese konnten, entlang der Häuserfronten um einen Marktplatz herum gruppiert, in gerader Linie zu einem langen Bühnenstreifen zusammengezogen oder, auf Räder gesetzt, als voneinander unabhängige Karren durch die Straßen gezogen werden. In jedem Fall erforderte die Simultanbühne ein mobiles Publikum, das sich das Bühnengeschehen aktiv aneignete und aufgrund seiner Mobilität gleichsam Teil des Spiels war, so daß die Aufführungen als umfassende theatrale Aktionen von Spielenden und Zuschauern gelten können.
Einen volkstümlichen Gegenpol zu den geistlichen Spielen bildete das **Fastnachtsspiel**, das seit Anfang des 15. Jh.s insbesondere im deutschsprachigen Raum populär wurde. Seine literarische Fixierung ist die erste selbständige, nicht an religiöse Stoffe und kirchliche Aufführungsorte gebundene Form des Dramas in Deutschland. Aus Stegreifreden und extemporierten, d. h. spontan aus der Situation entstandenen Schwänken hervorgegangen, die ähnlich wie noch heute bei Karnevalsveranstaltungen oder Zusammenkünften der Fastnachsgesellschaften, zunächst revueartig, d. h. in willkürlich aneinandergereihter Form, dargeboten wurden und später in geschlossene Handlungsspiele übergingen, folgen die Fastnachtsspiele einem schlichten dramaturgischen Aufbau. Sie behandeln meist Vorgänge aus dem alltäglichen Leben wie Ehestreit oder Gerichtsverhandlungen und beziehen ihre Stoffe aus Schwanksammlungen, Märchen- und Sagenwelt sowie Volksbüchern. Charakteristisch sind die derb-komischen, häufig obszönen, in Knittel-

versen verfaßten Dialoge. Sie richteten sich als Ausdruck des Selbstbewußtseins und des Überlegenheitsgefühls des Städters gegen Bauern und Raubritter. In der Verspottung von Frauen und Juden spiegelte sich der Geist der Zünfte, die Moral reiner Männerbünde und straff organisierter Handwerkervereinigungen. Aufgeführt von Handwerker-Zünften, sind die Fastnachtsspiele vor allem aus Zentren überliefert, in denen es entwickelte bürgerlich-handwerkliche Kultur gab. Wichtigste Orte waren Lübeck, Eger und insbesondere Nürnberg, wo es von den Handwerkern, die den ▶ Meistersang ausübten, gepflegt wurde. Als ältestes Fastnachtsspiel gilt das *Neidhartsspiel* von St. Paul in Kärnten aus dem 14. Jh. Bekannteste Autoren sind die Nürnberger Hans Folz und Hans Rosenplüt. Seinen künstlerischen Höhepunkt erreichte das Fastnachtsspiel im 16. Jh. mit ▶ Sachs, von dem über 85 Stücke überliefert sind, u. a. *Der farende Schüler im Paradeiß* und *Das Kelberbrüten.*

Mixed Media ist eine Sammelbezeichnung für eine theaterähnliche, dem ▶ Happening verwandte Kunstaktion, für die das Nebeneinander von Musik, Film, Tanz, Licht, Ton und Video kennzeichnend ist. **Multi-Media**-Veranstaltungen, wie sie auch genannt werden, waren besonders in den 60er Jahren beliebt und wurden hauptsächlich von bildenden Künstlern organisiert. Die speziell entwickelten Licht- und Toneffekte sind von der Theatertechnik übernommen worden. Elemente von Mixed Media finden sich heute vor allem in Discotheken.

Mnouchkine, Ariane Die 1939 geborene französische Schauspielerin, Regisseurin und Theaterleiterin gründete 1964 das **Théâtre du Soleil**, ein Ensemble aus Berufs- und Amateurschauspielern, das seine feste Spielstätte auf dem Gelände einer ehemaligen Munitionsfabrik (Cartoucherie) in Vincennes bei Paris hat. Internationale Anerkennung erlangte das Théâtre du Soleil mit Inszenierungen wie *1793, L'Age d'or, Mephisto* nach dem Roman von Klaus Mann, Shakespeares *Richard II., Was ihr wollt* und *Heinrich IV.* sowie durch die Filme *Molière* und *1789.*

Das Théâtre du Soleil gilt als ein politisch aktives Kollektiv, das ein Massenpublikum zu erreichen sucht, indem es an Traditionen des Volkstheaters und des Massentheaters anknüpft. In höchst kunstvoller Weise verbindet Mnouchkine immer wieder aufs Neue ganz unterschiedliche Spielweisen, z. B. Techniken der Commedia dell'arte, des japanischen oder des indischen Theaters, mit Elementen der Akrobatik, des Zirkus und des Jahrmarkts. Häufig münden die Aufführungen in ein gemeinsames Fest von Darstellern und Zuschauern. Die einzelnen Produktionen werden in monatelanger Arbeit von Mnouchkine zusammen mit dem Ensemble intensiv vorbereitet, z. T. werden Spielvorlagen vom Kollektiv selber entwickelt. Bestandteil der Vorbereitung sind aber vor allem regelmäßiges Körpertraining und Improvisationen, die den Darstellern ermöglichen sollen, neue Ausdrucksformen zu finden.

Modellaufführung Die von Brecht eingeführte Bezeichnung für Aufführungen des ▶ Berliner Ensembles sollten beispielgebend für andere Regisseure sein und wurden in **Modellbüchern** ausführlich dokumentiert. Enthalten sind darin u. a. dramaturgische Erörterungen über Fabel und Grundgestus des jeweiligen Stücks, Anmerkungen zu Dekorationen, Kostümen, Masken und Requisiten, Erfahrungsberichte über die Proben- und Schauspielerarbeit, insbesondere über Figurengestaltung und szenische Arrangements, sowie zahlreiche Fotos der Aufführungen. Brecht ließ generell die Aufführungen durchfotografieren, d.h. Schritt für Schritt fotografisch festhalten. Angefertigt wurden solche Modellbücher von seinen Mitarbeitern vor allem zu Aufführungen seiner eigenen Stücke, z.B. *Herr Puntila und sein Knecht Matti, Die Mutter* und *Mutter Courage und ihre Kinder;* Auszüge finden sich in dem vom Berliner Ensemble herausgegebenen Band *Theaterarbeit* (1952).

Mit den Modellaufführungen und -büchern versuchte Brecht, seine Theaterästhetik und sein Verständnis von Theaterarbeit unter Theaterleuten bekannt zu machen und anschauliche Grundlagen für eine Erneuerung der Schauspielkunst zu schaffen. Er wandte sich, zumindest in seinen Absichtserklärungen, strikt gegen eine bloß sklavische Anwendung der Modelle, die er lediglich als Basis für eine kritische Auseinandersetzung verstand. Dennoch haben gerade die Modellaufführungen und -bücher zu einer gewissen Sterilität in der Theaterarbeit der DDR geführt, zumal Brecht und seine Erben in der Praxis den Nachvollzug der Modelle forderten und kontrollierten.

Monodrama (griech.: monos = allein) Das Theaterstück für nur einen Darsteller erlangte unter Betonung lyrischer und sentimentaler Momente im 18. Jh. seinen ersten Höhepunkt mit Johann Wolfgang Goethes *Proserpina* und Jean-Jacques Rousseaus *Pygmalion.* Im 20. Jh. ist es vielfach Ausdruck gestörter Kommunikation und gesellschaftlicher Isolation des Menschen, so z.B. in Samuel Becketts *Das letzte Band* und Thomas Bernhards *Minetti.* Wie kaum eine andere Dramenform gibt das Monodrama dem Darsteller die Möglichkeit, seine schauspielerische Virtuosität zu entfalten.

Monolog (griech.: monologos = allein, mit sich selbst redend) Im Gegensatz zum ▶ Dialog, dem Wechselgespräch, ist der Monolog die dramatische Rede einer Bühnenfigur, die sich alleine auf der Bühne befindet, die glaubt, alleine zu sein, oder sich von anwesenden Figuren separiert. Die monologische Rede wendet sich weder an andere Figuren auf der Bühne noch direkt an das Publikum, sondern ist eine Art Selbstgespräch, das keine Gegenrede hervorruft. Strenggenommen sind daher Anreden an das Publikum (▶ ad spectatores), die Ähnlichkeiten mit dem Monolog aufweisen, nicht als solcher zu bezeichnen, da in ihnen der Sprechende mit dem Zuschauer in Kommunikation tritt, wohingegen im Monolog das Publikum lediglich zum Mitwisser wird.

Der Monolog kann im Drama und auf der Bühne ganz unterschiedliche Aufgaben übernehmen. Er kann durch Rückschau oder Enthüllung von Absichten Akte miteinander verbinden und Einschnitte im Handlungsverlauf markieren, als ▶ Exposition die Vorgeschichte der Handlung bekannt machen oder der Selbstcharakterisierung einer Figur dienen. Im Monolog kann eine Figur sich aus dem konkreten Handlungszusammenhang lösen und allgemeine Überlegungen anstellen oder das Für und Wider

einer Entscheidung erwägen, um zu einem Entschluß zu kommen. Von **dialogischen Monologen** spricht man, wenn eine Figur im Selbstgespräch Fragen formuliert und diese selber beantwortet. Demgegenüber liegt ein **monologischer Dialog** vor, wenn Bühnenfiguren in einer Gesprächssituation ohne Rücksicht auf den Partner einem eigenen Kontext folgen, d. h. aneinander vorbeireden.
Der Monolog ist seit der Antike wichtiges Gestaltungsmittel des Dramas und gibt Darstellern die Möglichkeit zu großen Auftritten. Die Vertreter des Naturalismus lehnten ihn als unnatürlich ab. Im Drama des 20. Jh.s kommt ihm als Ausdruck gestörter Kommunikation und entfremdeten Lebens erneut große Bedeutung zu.

Montage (franz. = Zusammensetzung) Der aus der Filmsprache übernommene Begriff bezeichnet eine künstlerische Technik, die ganz unterschiedliche stilistische oder inhaltliche Teile zusammenfügt, um Kontraste, Parallelen oder gleichzeitig ablaufende Ereignisse zu verdeutlichen, um Assoziationen entstehen zu lassen oder um das Publikum zu provozieren. Die Montage findet sich in allen literarischen Gattungen, in der bildenden Kunst und im Theater des 20. Jh.s. Im modernen Drama, z. B. in *Die Verfolgung und Ermordung Jean Paul Marats* von Peter Weiss, ist sie ein Mittel, den Spannungsbogen einer Handlung zu unterbrechen, auf die außertheatrale Realität zu verweisen und eine rein passive Betrachtungshaltung des Zuschauers zu verhindern. Im Theater war sie vor allem in der ersten Hälfte des 20. Jh.s eine Verfahrensweise von Regisseuren wie Wsewolod Meyerhold, der verschiedene Spielweisen nebeneinander ablaufen ließ, von Erwin Piscator, der Dokumentarfilme in seine Aufführungen einbezog, und der Dadaisten, die gegen die vermeintliche Vernunft der bürgerlichen Ordnung ein chaotisches, aus ganz unterschiedlichen Realitätspartikeln montiertes Wirklichkeitsbild setzten.

Moralität ist eine Form des spätmittelalterlichen geistlichen Spiels mit betont lehrhaftem Charakter. Mittels Personifizierung und Allegorisierung, d. h. mit einer sinnfälligen Bildersprache, werden abstrakte Begriffe und im Widerstreit stehende, um die menschliche Seele kämpfende Eigenschaften wie Liebe, Haß, Versuchung, Erlösung dargestellt. Bereits 1378 erwähnt, hatte die Moralität im 15. Jh. in England, Frankreich und Holland ihren Höhepunkt, war aber auch noch im Zeitalter der Reformation hoch angesehen. Von besonderer Bedeutung ist die englische **morality**. Als Tudor-Dramatik (15./16. Jh.) bekannt geworden, von Berufsschauspielern aufgeführt, unterlag sie zunehmend einer Säkularisierung, so daß sie sich zu einer volkstümlichen Unterhaltungsform entwickelte, an der dann in der Renaissance das elisabethanische Theater und Shakespeare direkt anknüpfen konnten. Die bekanntesten moralities: *The Castle of Perseverance, The Pride of Life, Mankind, Everyman.*

Moritat Moritatensänger oder ▶ Bänkelsänger trugen auf Jahrmärkten und öffentlichen Plätzen Lieder nach bekannten Melodien vor, die schaurige oder rührselige Geschichten erzählten oder von sensationellen Begebenheiten berichteten. Die Moritat als eine Form der Berichterstattung hatte im 19. Jh. ihre größte Popularität, starb dann aber mit der Entwicklung moderner Nachrichtentechnik als eigenständige Kunstform aus und ist als Formelement in das moderne Drama eingegangen. Bekanntestes Beispiel ist die *Moritat von Makkie Messer* in Brechts *Dreigroschenoper.*

Moskauer Künstlertheater Das von dem Schauspieler und Regisseur ▶ Stanislawski und dem Theaterpädagogen W.I. Nemirowitsch-Dantschenko (1858–1943) 1898 in Moskau gegründete Theater ist noch heute eine der führenden Bühnen in der Sowjetunion. Weltruhm erlangte es durch die künstlerische Harmonie des Ensembles, einen ausgeprägten naturalistischen Spiel- und Inszenierungsstil sowie durch die ihm angeschlossene Schauspielschule, an der nach dem sogenannten Stanislawski-System ausgebildet wird. Unter der Leitung Stanislawskis wurden am Künstlertheater fast alle Stücke Anton Tschechows (1860–1904) uraufgeführt; seit der Uraufführung der *Möwe* ist eine stilisierte Möwe Signet des Theaters und ziert den Vorhang. Neben bedeutenden Neuinszenierungen finden sich heute noch Stücke auf dem Spielplan, die so aufgeführt werden, wie Stanislawski sie inszeniert hatte.

Musical Um die Jahrhundertwende entstand in den USA, besonders am Broadway in New York, eine Form des Musiktheaters, die Schauspiel, Pop-Song und Tanz sowie Elemente der Operette und der Revue miteinander verbindet. Musicals wie *My Fair Lady* oder *Cabaret* finden sich heute vielfach auch auf den Spielplänen bundesdeutscher Repertoire-Theater. Im Unterschied dazu sind in den USA Musicals aufwendige, kommerzielle Produktionen, die en suite gespielt werden, also solange, wie Zuschauer kommen. Diese Präsentationsform scheint sich neuerdings auch im deutschsprachigen Raum durchzusetzen, weil Musicals wie *Starlight-Express, Cats, Phantom der Oper* einerseits beim Publikum außerordentlich beliebt sind, andererseits jedoch sehr viel Geld kosten und von Stadt- und Staatstheatern nicht finanziert werden können.

Music hall Mitte des 19. Jh.s in England als Unterhaltungsstätte der Unterschicht entstandenes Gebäude, in dem Gasthaus, Bordell und Theater vereint waren. Die theatralen Darbietungen, eine Mischung aus traditioneller Wirtshausunterhaltung und kontinentalem Varieté, bestanden aus einer losen Abfolge einzelner Nummern (Sketche, Tiernummern, Akrobatik). Hauptattraktion: von populären, herumreisenden Entertainern vorgetragene witzige, satirische oder sentimentale Songs, nach Erfindung des Kinos filmische Einlagen. Die Music halls brachten eine Reihe volkstümlicher Stars hervor, u.a. begann Charly Chaplin dort seine Karriere. Mit der technischen Weiterentwicklung der Massenmedien (Film, Radio) nach dem 1. Weltkrieg setzte der Niedergang der Music halls ein. Trotz zahlreicher Versuche in neuerer Zeit ist es nicht gelungen, die theatralen Formen dieser Volkskultur wiederzubeleben. Elemente finden sich jedoch noch in englischen Fernsehshows und in der Dramatik, besonders der irischen, z.B. in der von Brendan Behan oder Sean O'Casey.

Mythos (griech. = Erzählung) Geschichten aus der Vorzeit, besonders von der Entstehung der Welt, von Göttern und Helden, Gründung von Städten, großen kriegerischen Auseinandersetzungen sind Gegenstand der Mythen. Diese mit phantastischen Elementen durchsetzten Erzählungen werden in der griechischen Geschichtsschreibung sowie der philosophischen und politischen Reflexion als wirkliche Ereignisse der Geschichte und daher als beispielhaft mit unbezweifelbarem Wahrheitsanspruch begriffen. Die Mythen enthalten sinnlich-bildhafte Vorstellungen, frühe, noch unentwickelte Reflexionen von Natur und Gesellschaft. In den Kulthandlungen der Griechen spielten mythische Erzählungen vom jeweils verehrten Gott oder Helden (Heros) eine zentrale Rolle. Gemäß der Herkunft des Theaters aus dem Kult und seiner kultischen Bedeutung noch in klassischer Zeit, im Athen des 5. Jh.s v. Chr., war der Mythos als Gerüst der Handlung und als Anlaß religiöser Reflexion in ▶Tragödie, ▶ Komödie und **Satyrspiel** bestimmend. Die wiederholte Rückbesinnung auf die Antike seit der Renaissance führte dazu, daß manche mythischen Stoffe, die durch Aischylos, Sophokles und Euripides überliefert sind, immer wieder neu dramatisiert wurden:

○ **Antigone** (Sophokles, Anouilh, Brecht nach der Übersetzung von Hölderlin),
○ **Elektra** (Aischylos' *Orestie 2. Teil,* Sophokles, Euripides, O'Neills *Trauer muß Elektra tragen,* Giraudoux, Sartres *Die Fliegen,* G. Hauptmann),
○ **Herakles** (Sophokles' *Trachinierinnen,* Euripides, Senecas *Hercules furens* und *Hercules Oetaeus,* Wedekind, Dürrenmatts *Herakles und der Stall des Augias,* H. Langes *Der Hundsprozeß/Herakles,* H. Müllers *Herakles 5,* Hacks' *Omphale*),
○ **Iphigenie** (*Iphigenie in Aulis* von Euripides, Racine, G. Hauptmann; *Iphigenie auf Tauris* von Euripides, Goethe, G. Hauptmann, B. Berg),
○ **Medea** (Euripides, Seneca, Corneille, Grillparzers *Das goldene Vließ,* H.H. Jahnn, H. Müllers *Medeamaterial Landschaft mit Argonauten* – insgesamt ca. 200 Bearbeitungen seit Euripides!),

Satyrspiel, u. a. mit Dionysos, Schauspieler, Chor, Flötenspieler, Pronomos und Dichter Demetrius (Vasenbild aus dem Museum Neapel)

Szene aus Goethes Iphigenie, *Zeichnung von Angelica Kauffmann (1741–1807)*

- ○ **Ödipus** (Sophokles, Seneca, Hans Sachs' *Die unglückhaftige Königin Jocasta,* Corneille, Voltaire, Hofmannsthals *Ödipus und die Sphinx,* H. Müllers *Ödipus Tyrann*),
- ○ **Orest** (Aischylos' *Orestie 3. Teil,* Euripides, Voltaire, Hofmannsthal, Sartres *Die Fliegen*),
- ○ **Phädra** (Euripides' *Hippolytos,* Seneca, Racine, d'Annunzio),
- ○ **Philoktet** (Sophokles, H. Müller),
- ○ **Prometheus** (Aischylos' *Der gefesselte Prometheus*, Calderón, Goethes *Prometheus-Fragment* und *Pandora,* H. Müller, Handke).

Die meisten griechischen Dramen erhielten ihren Stoff vor allem von zwei großen Sagenkreisen: dem trojanischen, der den Kampf um Troja sowie die Begleitumstände erzählt, wie die Griechen nach Troja gelangten und nach zehnjährigem Kampf wieder heimkehrten. Hierzu gehören *Iphigenie in Aulis, Philoktet* oder das einzige ganz erhaltene Satyrspiel *Der Kyklop* von Euripides, das eine Episode während der Irrfahrten des Odysseus behandelt. Der andere große Mythenkomplex, der thebanische Sagenkreis, handelt von der

Stadtgeschichte Thebens, vor allem von der Familiengeschichte des Königs Ödipus, der seinen Vater Laios unwissentlich erschlägt, ebenso unwissentlich seine Mutter Iokaste heiratet und durch diese Blutschuld die Stadt ins Unglück stürzt: Apoll schickt die Pest, von der Theben erst befreit wird, als Ödipus durch qualvolle Untersuchungen und Zeugenaussagen sich selbst als Übeltäter entlarvt und bestraft, indem er sich die Augen aussticht (*König Ödipus* des Sophokles). Die Söhne Eteokles und Polyneikes erhalten vom Vater gleichberechtigt die Herrschaft, geraten in Streit, Polyneikes zieht mit sechs anderen Heerführern gegen die Stadt, die Brüder töten sich gegenseitig (*Sieben gegen Theben* des Aischylos; *Die Phönizierinnen* des Euripides). Der neue Herrscher Kreon, Bruder der lokaste, also ein Verwandter, will Eteokles in allen Ehren begraben, den Angreifer Polyneikes jedoch unbestattet lassen. Dies widerspricht den ungeschriebenen, uralten Gesetzen des Totenkults und wird von Antigone, der Schwester der toten Brüder, nicht hingenommen. Kreon bestraft sie dafür mit dem Tod und merkt zu spät, daß er damit göttliche Gesetze übertritt (*Antigone* des Sophokles, am Rande wird dieser Konflikt auch behandelt in *Sieben gegen Theben*).
Im 19. Jh. entdeckte man auch die germanischen Götter- und Heldenmythen als Stoffe für Dramen. Insbesondere das mittelhochdeutsche Nibelungen-Epos galt seit seiner Entdeckung ende des 18. Jh.s als repräsentative Dichtung des deutschen Nationalcharakters und wurde entsprechend dem wachsenden Nationalismus immer aufs Neue rezipiert und verarbeitet. Von den Dramatisierungen des 19. Jh.s sind heute noch zwei Werke in unseren Spielplänen: ▶Wagners *Der Ring des Nibelungen*, ein Bühnenfestspiel in vier Teilen; Friedrich Hebbels Trilogie *Die Nibelungen*. Auch Heiner Müller, der sich wie andere DDR-Autoren mit der griechischen Mythologie auseinandergesetzt hat, verarbeitet in seinem dramatischen Werk den Nibelungenstoff, den er als ganz gegenwärtigen Mythos deutscher Autoritäts- und Militärgläubigkeit in *Germania Tod in Berlin* auf den geschichtsträchtigsten Ort des Zweiten Weltkriegs bezieht: auf Stalingrad. Auch die Auseinandersetzung von DDR-Autoren (P. Hacks, H. Lange, H. Müller) mit dem Herakles-Stoff enthält politische Metaphorik: An den Taten und Untaten des Herakles wird die historische Rolle Stalins und des Stalinismus diskutiert.

N

Nachspiel Das kurze, meist einaktige Stück schließt an ein großes, ‚abendfüllendes' Stück an. Im antiken Theater folgte auf die **Tragödientrilogie** (drei thematisch verbundene, denselben Mythos behandelnde Tragödien) ein denselben Mythos behandelndes **Satyrspiel** als heiter kontrastierendes Nachspiel, das die vorher dargestellten Tragödienhelden komisch entstellte. Meistens stand das Nachspiel in der Theatergeschichte jedoch in keinem näheren Bezug zum Hauptstück, sondern wurde als komischer Abschluß dem ernsten Stück angehängt, z. B. die **Hanswurstiaden** nach den Haupt- und Staatsaktionen der Wanderbühnen des 17. und 18. Jh.s.

Theater im **Nationalsozialismus** Das System der deutschen Staats-, Stadt- und Landestheater war 1930 wirtschaftlich am Ende. Aufgrund der allgemeinen ökonomischen Krise blieb das Publikum weg, die Einnahmen sanken auf etwa die Hälfte, die Zuschüsse der öffentlichen Haushalte mußten gekürzt oder konnten trotz steigender Ausgaben nicht erhöht werden. Viele Privattheater mußten schließen, viele öffentliche Theater die Spielzeit verkürzen, die teuren Sparten Oper oder Ballett aufgeben, oder sie mußten mit einem anderen Theater fusionieren. Kurz vor der ‚Machtergreifung' durch die Nationalsozialisten am 30. 1. 1933 waren zwei Drittel aller Bühnenangehörigen ohne Engagement. Es ist deshalb nicht verwunderlich, daß die Kulturpolitik der Nationalsozialisten auf viele Künstler, auch die politisch abstinenten, anziehend wirkte. Verschloß man vor den terroristischen Begleiterscheinungen die Augen – wie es die Mehrheit tat – und nahm man die Abschaffung demokratischer Strukturen als notwendiges Übel in Kauf, so traten Vorteile der neuen Politik ins Bewußtsein: geregelte Gagen, verbesserte Altersversorgung, Aufwertung des Theaterlebens in der Öffentlichkeit. Aber diese Verbesserungen verdeckten die propagandistischen Ziele der nationalsozialistischen Theaterpolitik.
Nach der Machtergreifung und den Kommunalwahlen im März 1933 wurden zahlreiche Intendanten, Regisseure, Dramaturgen entlassen und durch regimetreue, fachlich nicht immer qualifizierte Personen ersetzt. Am 13. März 1933 richtete die neue Regierung das **Reichsministerium für Volksaufklärung und Propaganda** ein, das erste seiner Art in Deutschland. Es stand unter der

Leitung von Joseph Goebbels, der seit 1929 Reichspropagandaleiter der NSDAP war und diese Funktion auch weiterhin innehatte.
Am 22. September 1933 wurde per Gesetz die **Reichskulturkammer** gegründet. Ihr Präsident wurde der Reichspropagandaminister Goebbels. Er hatte damit die absolute Befehlsgewalt über alle Bereiche der deutschen Kultur. Zur Reichskulturkammer gehörten die Fachkammern für Film, „Schrifttum" (Literatur), Presse, Rundfunk, Musik, bildende Künste und die **Reichstheaterkammer**. Diese war, wie die anderen Kammern in ihrem Bereich, berufsständische Organisation aller Theaterschaffenden. Das heißt: Jede Art von Interessenvertretung wie in der Weimarer Republik und jeder anderen Demokratie war abgeschafft. In § 1 der „Satzung der vorläufigen Reichstheaterkammer" vom 1. August 1933 wird zur Vorbereitung der Reichstheaterkammer die „Zusammenfassung aller Theaterschaffenden unter Führung des Reichs", d. h. die Abschaffung demokratischer Interessenvertretung befohlen. Folgende Interessenverbände mußten sich – und das geschah nicht ohne Widerstände – zusammenschließen:

- Deutscher Bühnenverein (der Arbeitgeberverband)
- Genossenschaft Deutscher Bühnen-Angehörigen
- Vereinigung künstlerischer Bühnenvorstände
- Deutscher Chorsängerverband und Tänzerverband
- Vereinigung der Bühnenverleger
- Verband deutscher Bühnenschriftsteller und Bühnenkomponisten
- Einheitsbund deutscher Berufsmusiker.

Selbstverständlich mußten auch die im Bereich von Puppentheater, Varieté, Zirkus und Schaustellergewerbe Tätigen Mitglieder der Reichtheaterkammer sein, wenn sie ihren Beruf ausüben wollten. Es bestand Zwangsmitgliedschaft, aber nicht jeder durfte Mitglied werden. Die Anstellung von Bühnenvorständen bedurfte der Bestätigung durch den zuständigen Minister Goebbels. Er konnte ihnen die „weitere Ausübung ihrer Tätigkeit untersagen, wenn Tatsachen auftreten, aus denen sich der Mangel ihrer Zuverlässigkeit oder Eignung ergibt." (Theatergesetz vom 15. Mai 1934. § 4) Aber auch einfache Schauspieler, Tänzer, Sänger, Choristen, Orchestermitglieder ohne besondere Führungsfunktion konnten nicht Mitglieder werden, wenn sie nicht den Kriterien der nationalsozialistischen Kulturverwaltung entsprachen. Nach dem 15. Dezember 1933 durfte im Zuständigkeitsbereich der Reichstheaterkammer (und der Reichskulturkammer insgesamt) seinen Beruf nur ausüben, wer einen persönlichen Antrag auf Mitgliedschaft gestellt und dessen Antrag genehmigt wurde. Nichtzulassung oder Ausstoß aus der Reichstheaterkammer oder einer anderen Kammer hieß Berufsverbot, Verlust der Kranken- und Rentenversicherung, Verlust der wirtschaftlichen Existenz. Hinter so dehnbaren Formulierungen wie „Zuverlässigkeit oder Eignung" verbarg sich die juristische Möglichkeit, willkürlich alle aus der Kulturpraxis auszuschließen, die im nationalistischen und totalitären Sinn als ‚ungeeignet' oder ‚unzuver-

Der Weg ins Reich, *Thingspiel in Heidelberg 1934*

lässig' galten: Ausländer, ‚Nichtarier' (deutsche Juden), Kommunisten, Sozialdemokraten und andere, die nicht bereit waren, sich der herrschenden Ideologie anzupassen.
Der kommunistische Schauspieler Hans Otto, 1933 von der SA verhaftet und gefoltert, kam unter ungeklärten Umständen ums Leben. Der Reichstagsbrand am 27. Februar 1933 war für Brecht das Zeichen, die Koffer zu packen und mit seiner Frau, der Schauspielerin Helene Weigel, ins Ausland zu fliehen. Ebenso hatten viele andere ‚rassisch' oder politisch Verfolgte die terroristischen Zeichen der Zeit verstanden und waren ins Exil gegangen (▶ Exiltheater), noch bevor sie von den Maßnahmen der Reichskulturkammer und ihren Gliederungen erfaßt werden konnten: Regisseure wie Erwin Piscator, Max Reinhardt, Schauspieler wie Albert Bassermann, der aus Solidarität mit seiner jüdischen Frau ins Exil ging, Curt Bois, Schauspielerinnen wie Therese Giehse oder Elisabeth Bergner. Viele gingen ins Ausland ohne Chance, je eine Arbeit als deutschsprachige Schauspieler zu finden. Einige konnten in den Zentren der Filmindustrie, London, Paris, Hollywood in Filmen mitspielen, eine kleine Gruppe sammelte sich am **Zürcher Schauspielhaus** und entwickelte dort zusammen mit dem Intendanten Oskar Wälterlin und dem Dramaturgen Kurt Hirschfeld das interessanteste und literarisch bedeutendste deutschsprachige Theater der 30er und 40er Jahre. Das Zürcher Schauspielhaus wirkte auch für die Nachkriegsjahre in Deutschland vorbildlich, da es nicht nur Klassiker spielte, sondern in deutscher Sprache auch die zeitgenössische inter-

nationale Dramatik, die in Nazi-Deutschland verboten war: Brecht, Zuckmayer, Claudel, Giraudoux, Sartre, Eliot, O'Casey, Garcia Lorca, O'Neill, Steinbeck, Wilder.
Viele jüdische Künstler blieben in Deutschland. Sie hatten bis 1941 innerhalb des **Jüdischen Kulturbundes**, der unter strenger Aufsicht des Propagandaministeriums stand, eingeschränkte Möglichkeiten, in nicht-öffentlichen Aufführungen aufzutreten.
Die Reichstheaterkammer und die anderen Kammern hatten nicht nur Verfügungsgewalt bei personellen Entscheidungen, sondern nahmen auch Einfluß auf den täglichen Betrieb. Sie verboten Aufführungen, erließen Anordnungen zur Spielplangestaltung für besondere Anlässe und kontrollierten die künstlerische Ausbildung. Jeder Lehrende war meldepflichtig, auch private Schauspiellehrer. Sie machten Auflagen im Vertragswesen, Parteimitglieder waren bei Vertragsabschlüssen bevorzugt zu behandeln. Sie entschieden über Öffnung oder Schließung von Theatern oder deren ‚Arisierung', d. h. gewaltsame, entschädigungslose Enteignung jüdischer Unternehmen zugunsten nationalsozialistisch gesinnter Theaterunternehmer.
Am 21. September 1933 beschloß die Reichstheaterkammer, einen **Reichsdramaturgen** einzusetzen. Goebbels ernannte Rainer Schlösser; er war seit 1931 kulturpolitischer Schriftleiter des „Völkischen Beobachters", des Parteiblatts der NSDAP. Der Reichsdramaturg hatte die Aufgabe, wie Goebbels es formulierte, „die Anwendung der nationalsozialistischen kulturellen Grundsätze in der deutschen Theaterwelt durchzuführen" und die Theaterbetriebe „von der in dieser Hinsicht immer noch dann und wann auftretenden Unsicherheit zu befreien". In der Praxis hieß das: Schlösser und seine Mitarbeiter kontrollierten zentral alle Spielpläne im Reich und zensierten ihre Bühnenmanuskripte, die von den Autoren vor Veröffentlichung eingereicht werden mußten. Der Reichsdramaturg war der Reichstheaterkammer übergeordnet und dem Progagandaminister unterstellt. Schlösser bekleidete seit 1935 auch weitere Ämter im Propagandaministerium, er garantierte also die Durchsetzung der zentralen Propagandapolitik im Theaterbereich.
Wie dünn die ‚Personaldecke' im Reich durch die Vertreibung vieler Künstler geworden war, machte eine ungewöhnliche Entscheidung Hermann Görings in seiner Eigenschaft als Preußischer Ministerpräsident deutlich. Für das renommierteste und bestausgestattete Theater im ganzen Reich, das Preußische Staatstheater am Gendarmenmarkt, ernannte er einen 35jährigen Schauspieler 1934 zum Intendanten: ▶ Gründgens. Gründgens hatte bei Max Reinhardt gespielt, war als Operettendarsteller, Komödienregisseur, aber auch als Charakterspieler bekannt geworden. Am Staatstheater inszenierte und spielte er vornehmlich Klassiker und entzog sich weitgehend den Forderungen nach aktueller politischer, d. h. dem Regime genehmer Dramatik. Bei den klassischen Werken betonte er die schauspielerische Arbeit an der Sprache, und seine Inszenierungen besaßen eine vermeintlich politikferne ‚Werktreue'.

Werner Krauss als Gloster in Shakespeares Richard III., *inszeniert von Jürgen Fehling, Berlin 1937*

Neben Gründgens wirkte als Regisseur Jürgen Fehling (1885–1968), der seit den 20er Jahren in Berlin inszenierte. Er hatte 1933/34 zunächst dem Regime genehme Gegenwartsdramatik inszeniert, unter Gründgens wandte er sich aber vor allem der deutschen Klassik zu. Auch Fehling war ein ‚Wortregisseur', aber auch ein Meister der szenischen Rhythmik, der Stimmungen und großen Emotionen, auch der heroischen Haltungen. Der Theaterkritiker und Schriftsteller Paul Fechter beschrieb Fehlings berühmt gewordene Inszenierung von Shakespeares *Richard III.* (mit Werner Krauss in der Titelrolle und Traugott Müller als Bühnenbildner, der vor 1933 bei Piscator gearbeitet hatte) als „fast ins Endlose" stoßenden riesigen Raum, in dem die Schauspieler „klein und winzig gegenüber dieser Riesenleere" wirkten und die Zuschauer das Schicksal der Figuren als besonders unentrinnbar und verloren empfinden mußten.
Auch Heinz Hilpert (1890–1967), 1934 von Goebbels zum Direktor des Deutschen Theaters und der Kammerspiele in Berlin ernannt, versuchte trotz des Drucks, dem er vom Propagandaministerium her ausgesetzt war, die literarischen und bildungsbürgerlichen Traditionen des Theaters hochzuhalten. Er fühlte sich seinen großen Regie-Vorgängern Otto Brahm und Max Reinhardt verpflichtet. Hilpert spielte nur wenige regimetreue Stücke, auch in seinen Spielplänen hatten Shakespeare und die Klassik Vorrang.
Zwei theaterpolitische Entwicklungen verliefen nach anfänglichem Enthu-

siasmus nicht im ursprünglich gedachten Sinne: Weder die offiziell geführte Kampagne für das völkisch-heroische ▶ Thingspiel noch die vom Reichsdramaturgen staatlich geförderte zeitgenössische Dramatik nationalistischen Inhalts stießen auf größere Gegenliebe des Publikums. Es waren nicht die ideologischen Zumutungen, sondern die heute ausnahmslos vergessenen Autoren hatten keine schriftstellerische, dramatische Kraft, die Stücke waren langweilig. In der Filmpolitik ging man ganz anders vor: Nach Filmen mit nationalsozialistischen Uniformen, Emblemen und Themen wie *SA-Mann Brand, Hans Westmar* und *Hitlerjunge Quex* ordnete das Propagandaministerium Formen breiter Filmunterhaltung durch Musik, Revue, Komödie und Melodram an. Diese Richtung ist, je näher der Krieg rückte, etwa seit 1936/37, auch in den Theaterspielplänen erkennbar. Klassik und Unterhaltung, Operette und traditionelle Oper waren die bevorzugten Gattungen, sie garantierten wie auch der Regiestil vieler Regisseure Politikferne, Freiraum, Traumwelt. In dieser Funktion waren Theater und Film während des Krieges schon aus psychologischen Gründen kriegswichtige Massenunterhaltungsformen. 1944 ließ das Propagandaministerium alle Theater schließen; viele Theater waren schon zerstört und der Spielbetrieb zumindest in den größeren Städten wegen der Bombenangriffe der Alliierten nicht aufrechtzuerhalten. Am Ende waren von den 262 Theatergebäuden innerhalb der Grenzen von 1937 fast 100 völlig zerstört.

Nationaltheater Ein solches Theater ist der Selbstdarstellung einer Nation als staatlich-politische oder kulturelle Einheit verpflichtet und hat in diesem Sinn die Pflege der nationalen Dramatik und Schauspielkunst zum Ziel. Meist ist es das Repräsentationstheater und die führende Bühne eines Landes, aus Zentralmitteln des Staates finanziert.
Der Nationaltheater-Gedanke entstand im 18. Jh. und ging einher mit der Herausbildung von Nationalstaaten in Europa. Bereits 1680 ließ Ludwig XIV. in Frankreich die erste Nationalbühne Europas, die ▶ Comédie Française (auch Théâtre Français), errichten. 1748 folgte die Gründung des dänischen Nationaltheaters in Kopenhagen unter der Direktion des Dramatikers Ludwig Holberg (1684–1764), 1783 eröffnete das tschechische Nationaltheater in Prag und 1799 das Teatr Narodowy in Warschau. Erneut aufgegriffen wurde der Nationaltheater-Gedanke im 19. Jh. von politischen Befreiungsbewegungen insbesondere in Ost- und Südost-Europa sowie durch den aufkommenden Nationalismus. Nationaltheater entstanden u.a. in Belgrad, Budapest, Zagreb und Oslo. Erst viel später kam es zur Gründung einer englischen Nationalbühne, des National Theatre, das 1962 von dem Schauspieler Sir Lawrence Olivier als Gegengewicht zum kommerziellen britischen Theaterbetrieb mit staatlicher Unterstützung aufgebaut wurde.

Während all diese Gründungen Ausdruck eines nationalen Selbstbewußtseins und politischer Souveränität waren, sie daher auch als Staatstheater zu bezeichnen sind, blieb das Nationaltheater der Deutschen weitgehend ein Traum, der wie in keinem anderen Land eine Fülle von theoretischen Schriften hervorbrachte. Die Geschichte des Nationaltheaters und der Nationaltheater-Idee in Deutschland ist eine Geschichte des permanenten Scheiterns, das zusammenhängt mit den Besonderheiten der politischen Konstellation.
Als die Nationaltheater-Idee Mitte des 18. Jh.s auch in Deutschland aufkam, bestand im Unterschied beispielsweise zu Frankreich kein einheitliches deutsches Staatsgebiet, sondern nur eine Vielzahl von Königreichen, Herzog- und Kleinfürstentümern, so daß der Nationaltheater-Gedanke von vornherein nicht auf die Gründung eines Theaters zielen konnte, in dem der Staat sich repräsentiert. Das Nationaltheater in Deutschland war ein Projekt des wirtschaftlich aufstrebenden, politisch aber ohnmächtigen Bürgertums, ein Theater, das nicht mehr – wie bis dahin das Hoftheater – nur der adligen Gesellschaft dienen, sondern die politischen, wirtschaftlichen und ethischen Interessen des Bürgertums verhandeln sollte. Verstanden als eine Institution bürgerlicher Öffentlichkeit, sollte es die Aufklärungsideale und eine spezifisch bürgerliche Dramatik befördern, die im Begriff stand, sich von der Vorherrschaft der ästhetischen Normen des französischen Theaters zu emanzipieren und nationale Eigenarten zu entwickeln.
Die Forderung nach einem deutschen Nationaltheater formulierte erstmals der Dramatiker und Dramentheoretiker Johann Elias Schlegel (1719–49). In seiner Abhandlung *Gedanken zur Aufnahme des dänischen Theaters* (1746) gibt er Hinweise auf die Organisation des Theaters und bestimmt dieses als nicht nur moralische Bildungs- und Erbauungsstätte eines gelehrten Publikums, sondern auch als Vergnügungsstätte des „gemeinen Mannes“. Außerdem entwickelte er darin seine ästhetischen und dramentheoretischen Auffassungen, die sich gegen die klassizistischen Regel- und Stilvorstellungen wendeten. Sich auf die Dramen von Sophokles und Shakespeare als Vorbilder berufend, sind die Darstellung individueller Charaktere und die Bearbeitung nationalgeschichtlicher Stoffe die Hauptfaktoren seiner Theorie. Damit schuf er entscheidende theoretische Grundlagen für die Entstehung des ersten Nationaltheaters in Deutschland, das 1767 in Hamburg eröffnete. Schlegels Dramentheorie wies den Weg zu Lessings realistischem bürgerlichen Drama, dem ▶ Bürgerlichen Trauerspiel, mit dem er in Theorie und Praxis einer dramatischen Gattung zum Durchbruch verhalf, die sich endgültig von französischen Vorbildern gelöst hatte und angemessener Ausdruck der Interessen des Bürgertums war. Schlegel gab auch einer Reform der Schauspielkunst wichtige Impulse, die vor allem Konrad Ekhof (1720–78) einleitete.
Ekhof versuchte als Schauspieler, eine bewußt natürliche Spielweise durchzusetzen, die ihm der sich entwickelnden bürgerlichen Dramatik angemessener erschien als die stilisierende Gestaltung und pathetische Deklamation nach französischem Vorbild. In der von ihm gegründeten ▶ Theaterakademie sollte die Schauspielkunst wissenschaftlich und seinen ästhetischen Vorstellungen

Das Hamburger Nationaltheater von 1767 (Bleistiftzeichnung von 1827)

entsprechend gefördert, dem Schauspieler Bildung und Erkenntnisse vermittelt und er zu bürgerlicher Arbeitsmoral erzogen werden. In der Aufwertung der Schauspielkunst zu einem bürgerlichen Beruf, in der Heranbildung eines Ensembles und der Entwicklung einer realistischen Spielweise sah Ekhof den Kern für die Schaffung eines Nationaltheaters.

Eine weitere Voraussetzung für die Verwirklichung war die Errichtung von **stehenden Bühnen**. Das Theaterwesen in Deutschland prägten, von wenigen Ausnahmen abgesehen, im 18. Jh. die ▶Wandertruppen, die als Kleingewerbetreibende von Ort zu Ort zogen und ein virtuoses, improvisierendes Spiel pflegten. Ein gehobenes und regelmäßiges Schauspiel, wie es die bürgerliche Dramatik verlangte und worauf die Ekhofschen Reformen zielten, war nur möglich, wenn die Wandertruppen als seßhafte Ensembles in festen Theatern spielten. Einen wichtigen Beitrag dazu leistete Konrad Ernst Ackermann (1712–71). Er debütierte als Schauspieler in der Schönemannschen Gesellschaft unter Ekhof und gründete 1753 eine eigene Wandertruppe. Als erster Schauspieler im 18. Jh. erwarb er 1764 in Hamburg das Bürgerrecht einer Stadt und erbaute dort ein festes, ortsgebundenes Theater für sein Ensemble, eine der ersten stehenden Bühnen.

Erst das Zusammenkommen aller drei Faktoren, die Herausbildung einer bürgerlichen Dramatik, die Entwicklung einer realistischen Schauspielkunst und die Errichtung stehender Bühnen machte es möglich, daß 1767 das erste Nationaltheater in Deutschland, die **Hamburger Entreprise**, auf Initiative dreier Kaufleute gegründet werden konnte, die sich zu diesem Zweck zu einer Aktiengesellschaft zusammengeschlossen hatten. Ackermann pachtete das Schauspielhaus samt Dekoration und Kostümen. Einer der Aktionäre, Abel Seyler (1730–1800), übernahm die kaufmännische Leitung des Unternehmens, der Schriftsteller und ehemalige Mitarbeiter der Schönemannschen Gesellschaft Johann Friedrich Löwen (1727–71) die künstlerische Direktion, und als Theaterdichter und Dramaturgen berief man Lessing. Das Ensemble setzte sich aus Teilen der Ackermannschen, der Schönemannschen und Kochschen Gesellschaft zusammen; u. a. gehörte ihm auch Ekhof an. Lessings *Minna von Barnhelm* wurde an der Entreprise uraufgeführt. Eine Pflegestätte nationaler Dramatik konnte das Nationaltheater allerdings nicht werden, ebensowenig eine Bühne für die Reformbestrebungen Ekhofs. Die Eitelkeit von Schauspielern, finanzielle Probleme und nicht zuletzt das Ausbleiben eines interessierten Publikums führten bereits 1769 wieder zur Schließung.
Ein Jahrzehnt später, 1779, rief Karl Theodor Kurfürst von der Pfalz erneut ein Nationaltheater ins Leben, und zwar diesmal in Mannheim. Die Leitung des **Mannheimer Nationaltheaters** hatte der badische Staatsminister und Schriftsteller Wolfgang Heribert Reichsfreiherr von Dalberg (1758–1806), der durch gezielte Engagements ein hervorragendes Ensemble heranbildete. Nach Art der Ekhofschen Theaterakademie erörterte er mit den Schauspielern Stücke, Aufführungen und allgemeine Kunstfragen und strebte eine bürgerlich-realistische Spielweise an. Er brachte die Uraufführungen deutschsprachiger Bühnenwerke heraus, insbesondere die Dramen Schillers, der 1783–84 in Mannheim als Theaterdichter angestellt war. So wurden *Die Räuber, Die Verschwörung des Fiesco zu Genua* und *Kabale und Liebe* hier uraufgeführt. Obwohl keine Gründung des Bürgertums, entwickelte sich das Mannheimer Nationaltheater durchaus in dessen Sinn und war unter Dalberg die führende deutschsprachige Schauspielbühne. Als Dalberg sich 1803 aus der Leitung zurückzog, verfiel das Theater jedoch rapide und ging als Stadttheater schließlich in die Verwaltung der Stadt Mannheim über. Es behielt zwar bis heute die Bezeichnung „Nationaltheater", hatte aber inhaltlich und organisatorisch mit der Nationaltheater-Idee nichts mehr gemein, genauso wenig wie das Burgtheater in Wien und das Berliner Hoftheater, die 1779 bzw. 1786 zu Nationaltheatern erklärt worden waren. Es handelte sich dabei um bloße Namensänderungen.
Aktuell wurde der Nationaltheater-Gedanke erst wieder im Zusammenhang mit der bürgerlichen Revolution von 1848/49. Insbesondere der Sänger, Schauspieler, Regisseur und Schriftsteller Eduard Devrient (1801–77), der Journalist, Dramaturg und Theaterleiter Heinrich Laube (1806–84) und der Komponist Richard Wagner (1813–83) setzten sich in zahlreichen Publikationen für die Gründung eines Nationaltheaters in Deutschland ein, mußten mit

dem Scheitern der Revolution jedoch ihre Pläne wieder aufgeben. Zwar rief Wagner das von ihm 1876 in Bayreuth gegründete Festspielhaus zum Nationaltheater aus, meinte damit aber wohl eher – im Sinne des seit der Reichsgründung 1871 erstarkten deutschen Nationalismus – ein vaterländisches Theater. Zudem blieb Bayreuth von Anbeginn für die Aufführungen ausschließlich Wagners eigener Werke reserviert.
Nach Gründung der Weimarer Republik benannte man 1919 das Weimarer Hoftheater in **Deutsches Nationaltheater** um. Das Weimarer Theater war eine historische Stätte von besonderer Bedeutung. Es war das Theater, das einst Goethe unter zeitweiliger Mitwirkung von Schiller geleitet und zur führenden Bühne der deutschen Klassik gemacht hatte, und es war der Ort, an dem 1919 die Nationalversammlung getagt und die Weimarer Verfassung verabschiedet hatte. Die Umbenennung gerade dieses Theaters in Nationaltheater sollte ein deutliches Zeichen sein, daß das erste bürgerlich-demokratische Staatswesen auf deutschem Boden sich nicht nur als politische Einheit definierte, sondern auch als eine Kulturnation, die an die Tradition der deutschen Klassik anknüpfte. Aufgrund der Dominanz der Theatermetropole Berlin konnte das Weimarer Theater allerdings zu keinem Zeitpunkt die Aufgabe eines Nationaltheaters erfüllen, weder als repräsentatives Staatstheater noch als Institution einer bürgerlich-republikanischen Öffentlichkeit.
Als die Nationalsozialisten in Deutschland die Macht ergriffen, rückte der Begriff „Nationaltheater" noch ein letztes Mal in den Mittelpunkt der Diskussion. Er war Kern der faschistischen Theaterprogrammatik: Alle deutschsprachigen Bühnen sollten Nationaltheater sein. Eine demagogische Formel, die den aufklärerischen Charakter der Nationaltheater-Idee nahezu ins Gegenteil verkehrte, denn die Nationalsozialisten verstanden darunter die politische Instrumentalisierung des Theaters für faschistische Propaganda und Agitation.

Nebentext Diesen Begriff verwendet man heute anstelle von Regie- oder Szenenanweisung als Bezeichnung für jene Passagen eines Dramentextes, die vom Autor für nonverbale Darstellungen auf der Bühne vorgesehen sind.

Neuber, Friederike Caroline (1697–1760) Die deutsche Schauspielerin und Prinzipalin einer Wandertruppe, die auch heute noch unter dem Namen „die Neuberin" bekannt ist, schloß sich 1717 der Spiegelbergschen Schauspielertruppe, dann der Haak-Hoffmannschen Gesellschaft an, deren Leitung sie 1727 übernahm. Fester Standort der Neuberschen Truppe war bis 1737 Leipzig; in dieser Zeit führten Gastspiele auch nach Dresden, Hamburg, Hannover, Braunschweig und Nürnberg. Danach folgten Gastspiele in Rußland, Wien und ganz Deutschland bis zur Auflösung der Truppe im Jahr 1750.
Die Neuberin gilt als Wegbereiterin eines literarischen Theaters im deutschsprachigen Raum. Dem unkontrollierten Stegreifspiel und der künstlerischen Formlosigkeit von Haupt- und Staatsaktionen auf den Bühnen der Wandertruppen setzte sie in enger Zusammenarbeit mit dem Dramatiker und Dramentheoretiker Johann

Christoph Gottsched (1700–66) Aufführungen von Stücken entgegen, die nach dem Vorbild der französischen Klassik der Anhebung des Publikumsgeschmacks und der gesellschaftlichen Aufwertung des Schauspielerstandes dienen sollten. In diesem Sinne verbannte sie in einem allegorischen Spiel 1737 die volkstümliche Figur des Hanswurst von der Bühne. Stattdessen führte die Neubersche Truppe Stükke auf, die Gottsched aus dem Französischen übersetzt hatte, aber auch solche von Gellert, Weise, Schlegel sowie 1748 Lessings *Der junge Gelehrte.* Ihre Theaterreformen zielten auf Unterordnung der Schauspielkunst unter die Dramatik und auf Erziehung der Schauspieler zu gründlichem Rollenstudium und gehobener Deklamation. Sie schuf damit entscheidende Grundlagen für die Verbürgerlichung des Theaters, d. h. für die Herausbildung einer deutschsprachigen bürgerlichen Dramatik, wie auch für die Disziplinierung der Schauspielkunst im Sinne bürgerlicher Lebensweise und Arbeitsmoral.

Schauspieler in einer heutigen Nô-Aufführung

Nô (japan. = Fähigkeit, Talent) Die im 14. Jh. neben dem Kabuki entstandene Form des japanischen Theaters ging aus kultischen Aufführungen der adligen Samurai hervor und bildete eine Einheit aus Wort, Tanz, Musik, darstellendem Spiel und mystischer Erfahrung. Feststehende Gesten und Bewegungsabläufe, Masken, Kostüme und Requisiten sowie die nach drei Seiten hin offene und in den Zuschauerraum vorspringende Bühne, im 16. Jh. standardisiert, prägen noch heute unverändert die Gestalt des Nô-Theaters. Alle Rollen sind typisiert, in ihrer Rangordnung festgelegt und werden traditionell nur von Männern dargestellt. Zum Personal gehören der Protagonist, die Nebendarsteller, Gefolgsleute sowie der Chor, der allerdings nicht in das Geschehen eingreift, sondern in gequetschten Stimmlagen die Handlung kommentiert.

Typisch für die Spielweise ist, daß seelische Stimmungen stilisiert und zelebriert werden. Alle Gesten und Schritte sind festgelegt und werden mit zeremonieller Langsamkeit ausgeführt. Zur festen Programmabfolge einer Aufführung zählen heute noch Götter- und Kriegsstücke, Stücke über das Schicksal einer verzweifelten Frau und Legendenerzählungen. Dramaturgie und Schauspielstil des Nô, besonders die distanzierte und betont künstlische Spielweise, haben das europäische Theater des 20. Jh.s als ein Modell für antiillusionistisches Theater stark beeinflußt, z. B. Brecht, Meyerhold oder Mnouchkine.

O

Oper (ital.: opera = Werk) Im 17. Jh. entstand in Italien eine Theaterform, die einen der Aufführung zu Grunde liegenden Text mit musikalischen Mitteln, d. h. mit Gesang und Orchesterbegleitung, auf der Bühne darstellte. Heute versteht man unter Oper in der Regel die musikalische und literarische Vorlage, d. h. die Gesamtheit von **Partitur** und ▶ Libretto, wohingegen für deren theatrale Umsetzung auf der Bühne der Begriff **Musiktheater** zutreffender ist. So wird deutlich, daß die Aufführung einer Oper nicht nur ein musikales Ereignis ist, sondern in gleicher Weise auch ein theatrales. Das **Opernhaus**, das Gebäude, in dem Musiktheater gegeben wird, nennt man auch kurz Oper.

Orchester umfaßt im Theater die Gesamtheit der Musiker, die für Aufführungen von Opern, Operetten, Musicals benötigt werden. Opernhäuser und größere Mehrsparten-Theater unterhalten in der Regel ein eigenes Orchester, in vielen Fällen bestehen aber auch Kooperationen mit städtischen, staatlichen oder Rundfunk-Orchestern.

Orchestergraben In dieser Vertiefung zwischen Bühne und Zuschauerraum hat bei einer Aufführung das Orchester seinen Platz. Der Orchestergraben ist so angelegt, daß von der Bühne aus die Darsteller den Dirigenten stets im Blick haben, den Zuschauern die Sicht auf die Bühne aber nicht ver-

Blick auf Bühne und davorliegenden Orchestergraben

stellt ist. Wird das Orchester nicht benötigt, kann der Orchestergraben abgedeckt und so die **Vorbühne** vergrößert werden.

Orchestra (griech. = Tanzplatz) Ursprünglich war dies eine um den Altar des griechischen Gottes Dionysos angelegte Fläche für kultische Tänze und Gesänge; im klassischen griechischen Theater wurde die Orchestra dann bestimmendes architektonisches Element der charakteristischen ▶ Bühnenform und Spielfläche für Chor und Schauspieler. Seit dem 4. Jh. v. Chr. verlor sie ihre zentrale Funktion.

Outrieren (franz. = Übertreiben) nennt man eine übertriebene Spiel- oder Sprechweise eines Darstellers, die der dargestellten Situation oder der Figur nicht angemessen ist. Das Outrieren kann schauspielerisches Unvermögen sein, es kann auch als künstlerisches Mittel bewußt eingesetzt werden, um z. B. komische Wirkung zu erzielen.

P

Panorama (griech. = Allschau) Darunter versteht man bemalte Dekorationsteile, die die Bühne nach hinten und zu den Seiten hin ringsum abschließen. Im Unterschied zu dem aus einem Stück bestehenden **Rundhorizont**, setzt sich das Panorama aus Einzelteilen zusammen. Es wird benutzt z. B. für Landschaftsdarstellungen.

Pantomime (griech.: pantomimos = alles nachahmend) ist eine Form des szenischen Spiels, verzichtet auf Sprache und beruht allein auf mimisch-gestischer Gestaltung. Mit dem Begriff bezeichnet man auch den Darsteller selbst, der sich auf solches Spiel spezialisiert hat. Der Pantomime tritt meist in einer Schminkmaske auf und kommt in der Regel ohne Bühnenbild und Requisiten aus. Räume und Gegenstände wie auch die Handlung werden allein durch Gebärdensprache angedeutet und ausgedrückt.
Als Einlage zwischen den Akten von Tragödie und Komödie ist die Pantomime seit der römischen Antike bekannt; im Mittelalter und in der Neuzeit finden sich pantomimische Elemente vor allem in volkstümlichen Theaterformen, in Passionsspielen, Moralitäten, im Theater der Wandertruppen und auf Jahrmärkten. Eine bedeutende Rolle spielte die Pantomime in der Commedia dell' arte, zu einer eigenständigen Kunstform wurde sie aber erst im 20. Jh. durch den Schauspieler Etienne Decroux (1898–1990), der erstmals eine Systematik und eine Grammatik der Körpersprache erstellte, um die Bedeutungsinhalte einzelner mimisch-gestischer Zeichen festzulegen. Die Pantomime der Gegenwart hat wichtige Impulse erhalten durch

Der Pantomine Marcel Marceau als Bip

Darsteller wie Jean-Louis Barrault, Marcel Marceau und Samy Molcho.

Papiertheater Bei dieser Nachbildung von Bühnenraum, Dekorationen und Bühnenfiguren historischer Aufführungen in verkleinertem Maßstab aus Papier oder Pappe lassen sich einzelne Bühnenbildteile und die Figuren an Stäben bewegen. Papiertheater kamen im 19. Jh. auf; von der Industrie häufig als Ausschneidebögen zum Eigenbau angeboten, dienten sie der Unterhaltung im Familienkreis. Heute sind sie Sammelobjekte. Ihr theatergeschichtlicher Quellenwert ist nur gering.

Paraskenion (griech. = seitlich der skene) Das Architekturelement des antiken griechischen Theaters ist ein rechtwinklig hervorspringender Seitenflügel am rechten und linken Ende des Bühnenhauses, der Skene. Gesichert nachgewiesen sind Paraskenien erst seit ca. 340 v. Chr. Ob sie in das Spiel einbezogen wurden und von ihnen aus Auftritte erfolgten, ist ungesichert.

Parodie (griech.: parodia = Nebengesang) Auf dem Theater kann ein ernsthaftes Bühnenwerk, das als bekannt vorausgesetzt wird, scherzhaft, polemisch oder satirisch nachgeahmt werden, gleichzeitig wird der Inhalt unter Beibehaltung der formalen Merkmale jedoch ins Gegenteil verkehrt. Die dabei entstehende Komik beruht auf dem Kontrast zwischen dem formalen Rahmen des vorgegebenen Originals und der Verspottung dessen Aussageanspruchs. Parodien können sowohl anspruchslose Veralberungen als auch eigenständige literarische Kunstwerke sein. Sie können durch bloß komische Abwandlung des Stoffes dem puren Amüsement dienen, aber auch der Aufdeckung von Schwächen und Unzulänglichkeiten eines Werks oder zeitkritisch in kulturelle und soziale Auseinandersetzungen eingreifen. Parodien entstanden in allen Zeiten; Beispiele sind die Komödien Johann Nepomuk Nestroys, Wagner- und Hebbel-Parodien, Theodor Vischers *Faust. Der Tragödie dritter Theil,* eine Parodie auf Goethes *Faust.*

Parodos (griech. = seitlicher Auftritt) Zwischen dem Zuschauerbereich und dem Bühnenhaus, der Skene, lag ein seitlicher Zugang zur Orchestra, durch den der Chor, teilweise auch Schauspieler, im antiken Theater auftraten oder abgingen. Parodos meint auch das Auftrittslied des Chors in der griechischen Tragödie, das während des Auftretens gesungen und getanzt wurde.

Pause Eine Theateraufführung kann nach Ende eines Akts, einer Szene oder eines Bilds unterbrochen werden. Zu unterscheiden ist zwischen **großer Pause** und **Umbaupause**. Die große Pause gibt dem Theaterbesucher die Gelegenheit, den Zuschauerraum zu verlassen, sich im Foyer die Beine zu vertreten, sich zu unterhalten, zu essen oder zu trinken. Sie unterbricht den Handlungsablauf nicht willkürlich, sondern ist in der Regel an einer dramaturgisch sinnvollen Stelle angesetzt. Angezeigt wird sie im Programmheft (z. B.: Pause nach dem 3. Akt), durch das **Pausenlicht**, die volle Beleuchtung des Zuschauerraums. Durch dreimaliges Klingelzeichen mit der sogenannten **Pausenglocke** läutet der Inspizient das Publikum zum Wiederbeginn ein.
Bei der wesentlich kürzeren Umbaupause, die der Verwandlung der Dekoration oder dem Kostümwechsel dient, wird der Zuschauerraum nur mit dämmrigem Licht erhellt; dabei bleibt das Publikum auf seinen Plätzen. Gelegentlich wird dieser Einschnitt mit **Pausenmusik** gefüllt.

Pekingoper Die Besonderheit dieses chinesischen Musiktheaters liegt in der Verbindung von Gesang, Deklamation, Pantomime, Tanz, Akrobatik und Kampfsport. Kennzeichnend sind außerdem prächtige Kostüme, aufwendige Schminkmasken mit symbolischer Bedeutung, feststehende Rollentypen und sparsame Dekorationen. Gesangseinlagen werden von Saiteninstrumenten begleitet, Schlaginstrumente untermalen und akzentuieren Bewegungsabläufe. Die Stoffe der Pekingoper stammen aus Geschichte, Mythologie, und Volksliteratur; sie sind dem Publikum meist bekannt, spielen in der Aufführung aber eine untergeordnete Rolle. Das Zuschauerinteresse gilt weniger den Inhalten, mehr der Ausführung, d. h. der artistisch perfekten Darstellung, die eine lange, bereits in der Kindheit beginnende Ausbildungszeit erfordert. Entstanden ist die Pekingoper im ausgehenden 18. Jh.; seither wurden die Techniken ständig verfeinert, ohne die Konventionen zu verändern. Noch heute beherrscht das traditionelle Repertoire die Bühnen der Pekingoper.

Performance (engl. = Aufführung, Ausführung) Ende der 50er Jahre prägte man in den USA einen Begriff für theaterähnliche Formen der Aktionskunst, die nicht auf Erstellung einzelner Kunstobjekte zielte, sondern den Prozeß der Produktion von Kunst in den Mittelpunkt stellte. Die frühen Performances richteten sich polemisch gegen jegliche Form von Darstellung, verstanden sich als Ausführungen realer Handlungen, mit und ohne Publikum, wobei es galt, sowohl die Grenzen zwischen den Einzelkünsten zu überschreiten als auch das zu komponierende Material durch Einbeziehung von Alltagsgegenständen und -tönen zu erweitern. In der Performance werden Situationen konstruiert, deren Ausgang durch die Teilnahme des Publikums oder durch die Reaktionsweise des Materials unbestimmt ist. Die Performance war ursprünglich ein Ausdruck von Anti-Kunst, d. h. einer Bestrebung, Kunst und Leben miteinander zu versöhnen.
Heute wird Performance meist als unscharfer Sammelbegriff für ganz unterschiedliche Arten von Aktions- und intermedialer Kunst verwendet. Im Theater hat die Performance vor allem das Musiktheater von John Cage (geb. 1912) und Mauricio Kagel (geb. 1931) beeinflußt, aber auch das Tanztheater von Pina Bausch (geb. 1940) und Mere-

dith Monk (geb. 1942) sowie das Theater der Bilder von Robert Wilson (geb. 1941).

Periakten (griech.: periaktos = um sich drehbar) nennt man dreiseitig bemalte, prismenförmige Säulen, die als drehbare Dekorationsteile des antiken römischen Theaters rechts und links die Bühne begrenzten. Das Prinzip der Periakten wurde im 16. Jh. durch die ▶Telari-Bühne wieder aufgegriffen.

Peripetie (griech.: peripeteia = Umschlag) Der Begriff stammt aus der *Poetik* des Aristoteles und bezeichnet ein plötzlich eintretendes Umschlagen der dramatischen Handlung. Von da an treibt die Tragödie notwendig der Katastrophe zu. Im streng gebauten fünfaktiken Drama tritt sie meist Ende des dritten Aktes ein.

Person (lat.: persona = Maske, Rolle) Neben ▶ Figur oder Charakter wird diese Bezeichnung für eine im Drama auftretende Gestalt verwendet.

Perspektivbühne Diese Bühnenform entstand in der Renaissance und war ab 1530 in ganz Italien verbreitet. Erstmals eingeführt wurde sie 1508 in

Perspektivische Dekoration für eine Tragödie, entwickelt von Sebastiano Serlio (1545)

Ferrara für die Uraufführung der *Cassaria* von Ariost (1474–1533) und in den folgenden Jahren von den Baumeistern und Theaterarchitekten Sebastiano Serlio (1475–1554), Baldassare Peruzzi (1481–1536) und Andrea Palladio (1508–80) weiterentwickelt.
Mit der Perspektivbühne beginnt eine neue Entwicklung in der Geschichte des europäischen Theaters, sie ist die erste feste Bühne in einem geschlossenen Raum, die ausschließlich für Theateraufführungen genutzt wird. Bespielbar war nur die breite, jedoch wenig tiefe Vorderbühne, auf der steil ansteigenden Hinterbühne befand sich ein Szenenaufbau, der bloße Schauarchitektur war und durch den Gebrauch perspektivischer Gesetze Tiefe vortäuschte. Aufgrund des flächigen Charakters wird die Perspektivbühne auch als **Bildbühne** bezeichnet. Anfänglich plastisch gestaltet, wurde der Hintergrund im Laufe der Entwicklung durch einen gemalten Prospekt ersetzt, davor stellte man Dekorationen aus jeweils zwei mit Leinwand bezogenen Holzrahmen. Das Szenenbild der Perspektivbühne war eine Einheitsdekoration, die sich während einer Aufführung nicht verändern ließ und nicht das szenische Spiel unterstützte, sondern lediglich als festliche Dekoration diente. Aus der Perspektivbühne ging die ▶ Winkelrahmenbühne und später die ▶ Kulissenbühne hervor.

Peymann, Claus (geb. 1937) Der deutsche Regisseur und Theaterleiter blieb nach seinem Beginn am Studententheater zunächst außerhalb des etablier-

Heinrich von Kleists Die Hermannsschlacht *in der Inszenierung von Claus Peymann, Bochum 1982*

ten Theaterbetriebs. Er arbeitete am Theater am Turm (TAT) in Frankfurt am Main, wo er u.a. Peter Handkes *Das Mündel will Vormund sein* und *Kaspar* zur Uraufführung brachte. Danach war er für kurze Zeit Mitglied der Schaubühne am Halleschen Ufer in Berlin und gab dann Gastinszenierungen in Wuppertal, am Deutschen Schauspielhaus Hamburg, in Salzburg und am Burgtheater Wien. Von 1974–79 leitete er als Direktor das Württembergische Staatstheater Stuttgart, wechselte 1979 für sieben Jahre als Leiter zum Schauspiel Bochum und ist seit 1986 Theaterdirektor des Burgtheaters in Wien.
Seine dramaturgisch präzisen und szenisch einfallsreichen Klassikerinszenierungen, z.B. Goethes *Torquato Tasso,* Lessings *Nathan der Weise,* Kleists *Hermannsschlacht*, sowie die Uraufführungen fast aller Stücke von Thomas Bernhard, mit dem er bis zu dessen Tod eng zusammen arbeitete, haben Peymanns Ruf als Regisseur von internationalem Rang begründet. Als Theaterleiter hat er seit seiner Stuttgarter Zeit wie kaum ein anderer eine konsequente Ensemble- und Spielplanpolitik betrieben; mehrfach wurde sein homogenes Ensemble von Theaterkritikern als das beste des Jahres hervorgehoben. In Zusammenarbeit mit seinem langjährigen Dramaturgen Hermann Beil fördert Peymann im Unterschied zu vielen seiner Kollegen intensiv die deutschsprachige Gegenwartsdramatik. Unter seiner Leitung wurden Stücke von Thomas Brasch, Herbert Achternbusch, Manfred Karge, Heiner Müller, Gerlind Reinshagen, Peter Sattmann, George Tabori, Peter-Paul Zahl uraufgeführt.

Phlyakenposse (griech.: phlyax = Possenspiel, Possenreißer) Die griechische Volksposse der Antike ist in den

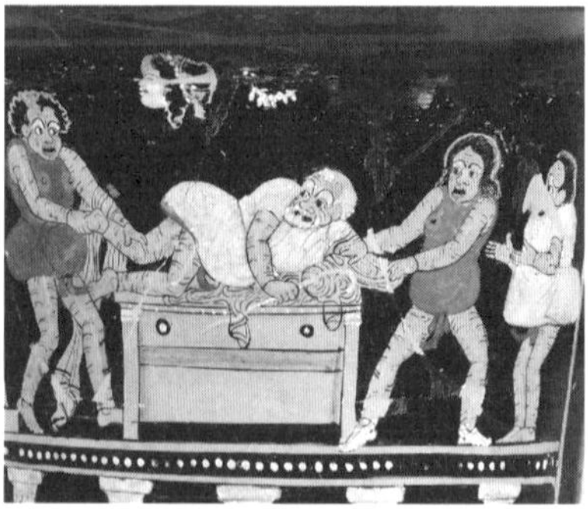

Darstellung einer Szene aus einer Phlyakenposse (Ausschnitt aus einem Kelchbild, um 350 v. Chr.)

griechischen Kolonien Unteritaliens im 4. und 3. Jh. v. Chr. bezeugt. Auf transportabler Bühne spielten die Schauspieler, die **Phlyaken**, mit grotesken Kostümen und Masken komische Alltagsszenen, Parodien auf Tragödien, Mythen-Travestien. Den ursprünglich stegreifhaften Possen gab der Dichter Rhinthon von Syrakus (um 300 v. Chr.) als erster literarische Form.

Piccolo teatro Das führende italienische Sprechtheater gründeten die Regisseure ▶ Strehler und Paolo Grassi (geb. 1919) als erstes ▶ Teatro stabile in Italien, d.h. als Theater mit einem eigenen Haus und einem festen Ensemble, 1947 in Mailand. Seit 1972 leitete es Strehler als alleiniger Direktor. Das bis heute kaum veränderte Programm der Gründer ist noch immer die Schaffung eines Volkstheaters und dessen Einbindung in proletarische Kultur. Bevorzugt gespielt werden Stücke von Shakespeare, Goldoni, Tschechow und Brecht. Das Piccolo teatro ist das am höchsten subventionierte Theater Italiens und durch zahlreiche Gastspielreisen weit über die Landesgrenzen hinaus bekannt.

Piscator, Erwin (1893–1966) Der deutsche Regisseur und Theaterleiter begann seine Karriere 1914 als Schauspieler am Hoftheater München. Er wurde zum Kriegsdienst einberufen und entwickelte sich aufgrund seiner Fronterfahrungen zum überzeugten Pazifisten und Sozialisten. 1919/20 übernahm er die Theaterleitung in Königsberg am „Tribunal", 1920/21 gründete und leitete er das erste Proletarische Theater in Berlin, und 1923/24 arbeitete er als Direktor des dortigen Zentraltheaters. Daneben inszenierte Piscator im Auftrag der KPD die politischen Revuen *Revue Roter Rummel* und *Trotz alledem!* Von 1924 bis 1927 war er Oberregisseur an der Volksbühne Berlin. Seine Inszenierungen von Alfons Paquets *Sturmflut,* Maxim Gorkis *Nachtasyl* und Friedrich Schillers *Die Räuber* (mit Spiegelberg in Trotzki-Maske als eigentlicher Revolutionär des Stücks) erregten Aufsehen, so daß es schließlich wegen seiner eindeutigen Agitation für den Kommunismus zum Zerwürfnis mit der Volksbühnenleitung kam. 1927 kam es zur Gründung der Piscator-Bühne am Nollendorfplatz, wo Stücke mit großem technischen Aufwand aufgeführt wurden, z. B. Ernst Tollers *Hoppla, wir leben noch* mit Etagenbühne, Filmprojektionen, Alexej Tolstois *Rasputin* mit riesigem, drehbarem Globus und aufklappbaren Segmenten als Spielfläche, Jaroslav Haseks *Die Abenteuer des braven Soldaten Schwejk,* wo man einen Trickfilm mit Zeichnungen von George Grosz und ein laufendes Band einsetzte, auf dem Schwejks Marsch dargestellt wurde. 1928 meldete das Theater Konkurs an, doch bereits 1929 wurde die 2. Piscator-Bühne am gleichen Ort gegründet, die noch im selben Jahr zusammenbrach. Im folgenden Jahr schlossen sich junge Schauspieler zu einer freien Theatergruppe, dem Piscator-Kollektiv, zusammen. Piscator verließ 1931 Deutschland, ging in die Sowjetunion, um den Film *Der Aufstand der Fischer von St. Barbara* nach der gleichnamigen Novelle von Anna Seghers zu drehen. Er lebte dort bis 1936 im Exil, ging dann nach Paris, floh schließlich 1939 in die USA. Zunächst als Lehrer an der New School for Social Research in New York tätig, gründete er noch im Jahr seiner Einreise zusammen mit seiner Frau Maria Ley-Piscator dort den Dramatic Workshop, an dem namhafte Dramatiker wie Arthur Miller und Tennessee Williams und die Schauspieler Harry Belafonte, Marlon Brando, Tony Curtis, Rod Steiger sowie die späteren Initiatoren des Living Theatre Julian Beck und Judith Malina studierten. In die Bundesrepublik zurückgekehrt, inszenierte Piscator ab 1951 hauptsächlich in der Provinz; Marburg, Tübingen, Mannheim, Bochum, Essen sowie München und Frankfurt waren die Stationen, bis er 1962 die Freie Volksbühne in Berlin erhielt, die er bis zu seinem Tod leitete und wo er dem dokumentarischen Drama mit den Uraufführungen von Rolf Hochhuths *Der Stellvertreter,* Heinar Kipphardts *In der Sache J. Robert Oppenheimer,* Peter Weiss' *Die Ermittlung* zum Durchbruch verhalf.

Piscator war einer der wichtigsten Regisseure des 20. Jh.s und der bedeutendste Vertreter des ▶ politischen Theaters. Er versuchte, mit seiner Theaterarbeit unmittelbar in das politische Geschehen seiner Zeit einzugreifen, den Zuschauer zu agitieren, zu direkter Aktion zu bewegen, wobei er weitgehend auf jede unterhaltende Funktion von Theater verzichtete. Dementsprechend stand für ihn der Stoff eines Stücks im Vordergrund, die ästhetische Struktur interessierte ihn kaum. Piscator betrachtete das Drama lediglich als Material, mit dem er häufig

Sturmflut *von Alfons Paquet in der Inszenierung von Erwin Piscator, Berlin 1926. Szene mit Filmprojektion*

rigoros umging oder das er durch aktuelle Dokumente (politische Reden, Zeitungsberichte, Filme) erweiterte, um den Lehrwert seines Theaters zu erhöhen. Zur Steigerung der emotionalen Wirkung seiner Inszenierungen setzte er eine aufwendige technische Maschinerie (Projektionen, Etagenbühne, Globusbühne, laufendes Band) und suggestive szenische Mittel, z.B. Massenszenen, ein. Mit der Technisierung der Bühne schuf Piscator zugleich aber auch wichtige Voraussetzungen für das epische Theater Brechts, der zeitweise dramaturgischer Mitarbeiter war. Piscator überwand den Illusionscharakter von Bühnenräumen, hielt aber im Unterschied zu Brechts Theaterkonzeption an der ▶ Einfühlung der Darsteller und Zuschauer fest.

Die Theaterarbeit der 20er Jahre dokumentierte Piscator in seinem 1929 erschienenen und seither mehrfach neu aufgelegten Buch *Das politische Theater.* Er beeinflußte vorübergehend die Arbeit einer Reihe von jungen deutschen Regisseuren in den 60er Jahren, vor allem aber die seines ehemaligen Regieassistenten Hansgünther Heyme.

Plafond (franz. = Decke) ist ein Bühnenbildelement, das aus einem mit bemalter Leinwand bezogenen Lattenrahmen besteht und als Zimmerdecke an der Obermaschinerie der Bühne aufgehängt wird. Die Einführung des Plafonds in der ersten Hälfte des 19. Jh.s hat die perfekte Gestaltung geschlossener Innenräume ermöglicht und den Illusionscharakter der Guckkastenbühne vollkommen gemacht.

Plot (engl. = Plan) bezeichnet den Kern der Handlung eines Dramas, insbesondere die kausale Verknüpfung der Konflikte und den logischen Fortgang. Im Unterschied zum Begriff ▶ Fabel, wie er im Deutschen verwendet wird, beschreibt der Plot nur die technische Seite der Handlungsführung.

Politisches Theater Der Begriff geht auf das 1929 erschienene Buch *Das politische Theater* von ▶ Piscator zurück, der so eine eindeutige Parteinahme des Theaters in der politischen Auseinandersetzung seiner Zeit bezeichnete. Es ist ein unscharfer Begriff, da das europäische Theater als eine Institution der Öffentlichkeit seit jeher im weitesten Sinn politische Funktion hat, sei es in Form der Auseinandersetzung mit Geschichte, mit Machtstrukturen, mit Rechtsnormen oder auch ‚nur' mit dem Zusammenleben von Mann und Frau. Politisches Theater im Sinne Piscators ist dagegen eng verknüpft mit der Geschichte der Arbeiterbewegung. Er meint ein Theater, das unmißverständlich für eine bestimmte Partei oder politische Richtung wirbt und ist eigentlich nur anwendbar auf das frühe deutsche Arbeitertheater des 19. Jh.s, das Theater der Russischen Revolution, die Agitprop-Truppen der Weimarer Republik, das Piscator-Theater, Brechts Lehrstücke, das Straßentheater der Studentenbewegung in den 60er Jahren u. ä. Meist wird der Begriff gleichbedeutend mit politisch links orientiert gebraucht. Trotz der Indienstnahme des deutschen Theatersystems als Propagandainstrument durch die NSDAP bezeichnet man deshalb das Theater des ▶ Nationalsozialismus nicht als politisches Theater, obwohl es eindeutig politische Funktion hatte.

Praktikabel Bespielbare Podestsysteme, die leicht zu transportieren sind, weil sie zerlegt oder zusammengeklappt werden können, werden so bezeichnet.

Preise Neben zahlreichen Kunst- und Literaturpreisen gibt es in der Bundesrepublik spezielle Preise für Dramatiker und Theaterleute. Seit 1976 wird zur Förderung der deutschsprachigen Dramatik alljährlich der **Mülheimer Dramatikerpreis** vergeben, mit dem das beste im jeweiligen Jahr uraufgeführte Stück ausgezeichnet wird. Zur Förderung junger Dramatiker verleiht die Freie Volksbühne Berlin alle zwei Jahre seit 1953 den **Gerhart-Hauptmann-Preis**. Die Zeitschrift „Theater heute" und der Verleger Erhard Friedrich stifteten 1987 den **Kortner-Preis**, mit dem seither jedes Jahr ein herausragender Theaterkünstler ausgezeichnet wird. Für Kinder-, Puppen- und Jugendtheater vergibt das Land Berlin seit 1961 den **Brüder-Grimm-Preis**; bedeutendster Preis für Kabarettisten und sogenannte Kleinkünstler ist der seit 1972 alljährlich in Mainz vergebene **Deutsche Kleinkunstpreis**. Außerdem gibt es für Schauspieler, Sänger und Tänzer eine Reihe von Auszeichnungen in Form von Plaketten, Gedenkmünzen, Anstecknadeln oder Schmuckstücken, die zum Teil weitergereicht werden, z. B. Iffland-Ring, Roswita-Ring, Hermine-Körner-Ring, Tilla-Durieux-Schmuck, Otto-Brahm-Medaille.

Premiere (franz.: première = die erste) Die erste öffentliche Aufführung einer Inszenierung an einem Theater findet traditionell vor geladenen Gästen (Theaterkritikern, Honoratioren, Prominenten) und einem besonderen **Premierenpublikum** statt, das die Premiere als ein gesellschaftliches Ereignis ansieht und daher bereit ist, höhere Eintrittspreise als sonst üblich zu bezahlen. Der Erfolg der Premiere, insbesondere die Resonanz seitens der Theaterkritik, ist häufig ausschlaggebend für die Besucherzahl und die Laufzeit einer Inszenierung. Als Abschluß einer mehrwöchigen gemeinsamen Arbeit von Regisseur, Bühnenbildner, Ensemble, Technikern usw. finden sich alle an einer Inszenierung Beteiligten im Anschluß an die Premiere meist zu einer **Premierenfeier** zusammen. Gelegentlich gehen der Premiere heute öffentliche ▶Voraufführungen voraus, um die Inszenierung vor Zuschauern zu testen. Der Eintritt für solche Voraufführungen ist meist kostenlos; eine Berichterstattung darüber ist jedoch nicht gestattet.

Prinzipal (franz.: principale = Direktor) Im deutschen Theaterwesen des 17. und 18. Jh. nannte sich so der Leiter einer ▶ Wandertruppe. Er war der Eigentümer des Kostüm- und Dekorationsfundus sowie der Rollenbücher, Inhaber der nötigen Privilegien, also der verbrieften Rechte für Aufführungen, Organisator des Spielbetriebs, Geschäftsführer und meist zugleich auch der erste Schauspieler. Zu den wichtigen Prinzipalen zählen Caroline Neuber, Konrad Ernst Ackermann, Johann Friedrich Schönemann und Gottfried Heinrich Koch. Die Schauspielertruppen trugen den Namen ihres Prinzipals, z.B. „Schönemannsche Truppe".

Probe Unter Leitung des Regisseurs wird ein Bühnenwerk vorbereitet und eingeübt. Je nach Kapazität des Theaters und Umfang des Stücks dauern Proben im deutschsprachigen Theater heute zwischen drei Wochen und einem Vierteljahr. Dem Probenprozeß voran gehen die organistorischen Vorarbeiten wie Erwerb der Aufführungsrechte und Terminplanung sowie die Konzeptionsphase mit dramaturgischer Bearbeitung des Stücks, Festlegung von Strichen, d.h. Kürzungen und Änderungen des Texts, Besprechungen mit Bühnen- und Kostümbildner, Besetzung der Rollen.
Ist das abgeschlossen, findet die erste Probe, die **Leseprobe**, statt, auf der der Text entsprechend der Besetzung in verteilten Rollen gelesen wird und in der Regel der Regisseur seine Leseart des Stücks sowie seine Regiekonzeption erläutert. Nach der Besprechung zur Konzeption des Bühnenbilds werden auf der **Bauprobe** von Bühnentechnikern unter Anleitung des Bühnenbildners mit provisorischen Dekorationsteilen die Raumverhältnisse überprüft, um exakte Daten für die technischen Zeichnungen zu erhalten. Auf der markierten Bühne oder Probebühne folgen die **Stückproben**, auf denen die Inszenierung detailliert, d.h. Szene für Szene, erarbeitet wird: szenische Arrangements, Auftritte und Abgänge, sprachliche und mimisch-gestische Mittel werden festgelegt und – soweit möglich – vom Regieassistenten im Regiebuch notiert. Da der Regisseur nicht mit allen an einer Inszenierung beteiligten Darstellern gleichzeitig proben kann, diese ihm außerdem nicht jederzeit zur Verfügung stehen, weil die bühnenrechtlich festgelegten Ruhezeiten eingehalten werden müssen, wenn ein Darsteller am Abend Vorstellung hat, wird jede Woche in Absprache mit dem Besetzungsbüro ein **Probenplan**

ausgehängt, aus dem hervorgeht, wann welche Szene mit welchen Darstellern geprobt wird.
Ist die Arbeit an den einzelnen Szenen soweit fortgeschritten, daß alle Einzelheiten weitgehend feststehen, wird ein erster **Durchlauf** versucht, d.h. das Stück wird von Anfang bis Ende gespielt, um den Gesamteindruck zu überprüfen. Weitere Durchläufe dienen dazu, das richtige timing, d.h. den gewünschten Rhythmus der Inszenierung, zu finden und das Spiel der Darsteller zu perfektionieren. In der Schlußphase kommen die **Kostümprobe**, bei der die in den Werkstätten gefertigten Kostüme den Darstellern angepaßt werden, die **Dekorationsprobe** und die **Beleuchtungsprobe** hinzu. Auf der Dekorationsprobe wird das fertige Bühnenbild erstmals auf der Bühne aufgebaut, die genaue Plazierung einzelner Dekorationsteile festgelegt und der Auf-, Um- und Abbau von den Bühnentechnikern probiert. Gemeinsam mit dem Beleuchtungsmeister legen Regisseur und Bühnenbildner bei der Beleuchtungsprobe die Ausleuchtung (Helligkeit, Farbe, Stimmung usw.) jeder einzelnen Szene fest. Erstmals kommen Bühnenbild, Beleuchtung, eventuell Ton und das Spiel in Kostümen bei der **1. Hauptprobe** zusammen, die in ihrem Ablauf vom Regisseur noch häufig unterbrochen wird, um Korrekturen vorzunehmen. Es folgt die 2. Hauptprobe. Die letzte Probe vor der Premiere, die **Generalprobe**, findet dann unter Aufführungsbedingungen statt; der Ablauf darf nicht mehr gestört werden, selbst wenn Fehler unterlaufen sollten.
Steht ein Bühnenwerk für längere Zeit auf dem Spielplan, so finden nach Unterbrechungen, z.B. durch Theaterferien und bei Übernahme in eine neue Spielzeit in der Regel **Wiederaufnahmeproben** statt. **Umbesetzungsproben** oder **Verständigungsproben**, die meist vom Regieassistenten durchgeführt werden, sind notwendig, wenn z.B. ein Darsteller durch Krankheit ausfällt und seine Rolle durch einen anderen besetzt werden muß oder ein Gast diese kurzfristig übernimmt.

Probebühne Der behelfsmäßige Raum oder Saal dient als Ausweichort für Theaterproben, wenn die Hauptbühne belegt ist. Bühnentechnisch ist die Probebühne meist nur unzureichend ausgestattet. Sie wird hauptsächlich in den ersten Probewochen genutzt. In der Schlußphase der Proben erfolgt der Wechsel auf die Hauptbühne.

Produktion Der dem anglo-amerikanischen Theatersystem entlehnte Begriff für ▶ Inszenierung wird heute häufig verwendet.

Professionalität drückt sich im Berufstheater nicht nur in der Beherrschung des künstlerischen Handwerks aus und läßt sich nicht allein durch eine fundierte Ausbildung erreichen. Zur Professionalität gehört im Sinne des theaterinternen Jargons auch die Einstellung zur Arbeit, Disziplin, die Fähigkeit, persönliche Eitelkeiten, Abneigungen und Konflikte so zu regulieren, daß das künstlerische Gesamtprodukt nicht beeinträchtigt wird.

Programmheft Die von der Theaterleitung zu einer Inszenierung herausgegebene Broschüre wird von der Dramaturgie oder dem Produktionsdramaturgen zusammengestellt und als Information für die Theaterbesucher vor jeder Aufführung verkauft. Große Theater geben zum Teil **Programmbücher** heraus mit umfangreichen Materialien zum

Stück, Notaten, d.h. Anmerkungen zur Inszenierung, Essays und Probenfotos. Kleinere Theater beschränken sich in der Regel auf knappe Angaben zu Stück und Autor. Meist lose eingelegt ist der **Besetzungszettel**. Er enthält Stücktitel, Name des Autors, Premierendatum, Dauer der Aufführung, Zeitpunkt der Pause und alle an einer Inszenierung Beteiligten.
Programmhefte wurden im deutschen Theater um die Jahrhundertwende eingeführt und lösten den seit dem 18. Jh. üblichen **Theaterzettel** ab, der etwa dem entspricht, was heute Besetzungszettel genannt wird. Seither ist das Programmheft nicht nur ein Informationsangebot für Zuschauer, sondern auch Werbeträger, mit dem das Theater in Form von Theaternachrichten, Spielplanvorschauen zum einen für sich selbst wirbt und sich zum andern durch den Abdruck von Inseraten zusätzliche Einnahmen verschafft.

Prolog (griech.: prologos = Vorrede) Im Unterschied zur ▶ Exposition gehört die dem Drama vorangestellte Einführung nicht zur eigentlichen Handlung. Sie dient als Begrüßung des Publikums, Ankündigung des folgenden Schauspiels, Information über den Inhalt und die Personen oder als Rechtfertigung des Spiels. Der Prolog stellt einen eigenständigen, in sich geschlossenen Teil dar. Er kann von einem Sprecher, einer Person der Handlung, dem Chor, aber auch in dialogischer Form vorgetragen werden. Bekanntestes Beispiel des klassischen deutschen Dramas ist der „Prolog im Himmel“ aus Goethes *Faust I.*

Prospekt (lat.: prospectus = Aussicht) Der bemalte, meist aufrollbare und hochziehbare Teil eines Bühnenbildes schließt die Szene im Hintergrund. Da er durch perspektivische Malerei große Raumtiefe vortäuscht, war er das wichtigste Gestaltungselement vor allem der ▶ Kulissenbühne. Heute wird er in den meist plastischen Bühnenbauten nur noch selten verwendet.

Proszenium (griech.: proskenion = das vor der Skene) Im antiken griechischen Theater war diese Spielfläche dem Bühnenhaus, der ▶ Skene, vorgelagert. Seit dem Theater des Barock ist mit Proszenium die Einfassung des Portals, der Bühnenöffnung, gemeint. Es war zeitweilig außerordentlich prunkvoll gestaltet und zum Teil mit Proszeniumslogen für Zuschauer versehen. Im modernen Theater hat das Proszenium fast ausschließlich technische Funktion; in ihm sind Teile der Beleuchtungsanlagen untergebracht. Türen oder Öffnungen ermöglichen Auftritte auf die **Vorbühne**.

Protagonist (griech.: protagonistes = erster Wettkämpfer) Im antiken griechischen Theater war dies der erste Schauspieler, d.h. derjenige, der die Hauptrolle spielte, um Unterschied zum zweiten und dritten Schauspieler, **Deuteragonist** und **Tritagonist**. Heute spricht man nur noch vom Protagonisten und meint damit allgemein den Darsteller einer großen Rolle, ohne eine Rangfolge damit festzulegen.

Provinztheater Ursprünglich war damit ein Theater außerhalb der Hauptstadt oder einer Metropole gemeint. Heute wird Provinztheater aber meist im abwertenden Sinn gebraucht für Theater oder auch einzelne Inszenierungen mit nur geringer künstlerischer Qualität. Entsprechend ist die Bezeichnung **Provinzschauspieler** zu verstehen.

Publikum (lat.: publicus = öffentlich) umfaßt die Gesamtheit der Zuschauer einer Aufführung, im weiteren Sinn eines Theaters oder Theatersystems. Erst durch Zuschauer entsteht die das Theaterereignis begründende Kommunikation zwischen Spielenden und Zuschauenden. Wie die lateinische Herkunft des Wortes sagt, stellt das Publikum auch den Öffentlichkeitscharakter von Theateraufführungen her. Dieses Interesse an Öffentlichkeit ist in den verschiedenen Kulturen und Epochen sehr unterschiedlich zu beschreiben, steht jedoch immer im Zusammenhang mit der jeweiligen sozialen Schichtung der Zuschauer und deren politischem und kulturellem Selbstverständnis. Im Athen um 500 v. Chr. bestand das Publikum der Dionysien, den Festen zu Ehren des Gottes Dionysos, aus den männlichen Vollbürgern, Männer ohne volles Bürgerrecht, Frauen und Sklaven hatten keinen Zutritt. Das Theater des klassischen Athens war wie die Volksversammlung eine Form politischer – und das hieß zugleich: kultisch-religiöser – Öffentlichkeit.

Das Publikum (Karikatur von Honoré Daumier, 1847)

Ganz anders im elisabethanischen England: Die Stücke Shakespeares und seiner Zeitgenossen handeln von allen damaligen sozialen Schichten – vom König bis zum Bettler, und dieser soziale Kosmos der elisabethanischen Epoche wiederholte sich im Zuschauerraum, Adel, Bürger, Plebejer – Theater für das ganze Volk. Ähnlich war das Publikum im Spanien des Goldenen Zeitalters zusammengesetzt.

Gegen das bürgerliche Repräsentationstheater im Deutschland des ausgehenden 19. Jh.s, für das Proletariat zu teuer und thematisch uninteressant, gründeten 1890 in Berlin Literaten und Intellektuelle, die der Arbeiterbewegung bzw. der Sozialdemokratie nahestanden, die **Freie Volksbühne**. Damit versuchten sie, eine völlig neue Publikumsschicht für das Theater zu gewinnen. Zunächst vergab man an bestehende Berliner Bühnen Auftragsproduktionen, später kaufte man für das sozialdemokratische Publikum auf, was die aktuellen Spielpläne an naturalistischen und klassischen Stücken anboten. Dieses sozialdemokratische Konzept der Arbeiterbildung enthielt den Widerspruch, daß ein neues und schichtenspezifisch anderes Publikum (das entgegen den Erwartungen der Funktionäre weniger aus Proletariern als aus Handwerkern und Handlungsgehilfen bestand) als kulturelle Gegenöffentlichkeit zum bisherigen bürgerlichen Publikum aufgebaut werden sollte, aber dieser Gegenöffentlichkeit kein eigenes stützendes Theatersystem zur Verfügung stand. Die Volksbühnenbewegung entwickelte kein alternatives Theatersystem, sondern sie blieb das, was sie von Anfang an war: eine **Besucherorganisation**; sie ist heute die größte der Bundesrepublik Deutschland. 1920 fusionierten die Freie Volksbühne und die **Neue Freie Volksbühne** – letztere hatte sich 1892 abgespalten, seit 1913 arbeiteten aber beide Vereine wieder zusammen – zum **Verband der deutschen Volksbühnen-Vereine**. Fast in allen Theaterstädten Deutschlands entstanden nun lokale Vereine. 1933 schaltete die nationalsozialistische Kulturpolitik die Vereine gleich, nach 1945 gab es zunächst nur lokale Neugründungen. 1947 Gründung des **Bundes Deutscher Volksbühnen** in der damaligen sowjetischen Besatzungszone, der späteren DDR, 1953 Auflösung des Bundes Deutscher Volksbühnen. Stattdessen übernimmt der FDGB (Freier Deutscher Gewerkschaftsbund) die Organisation des Theaterbesuches. 1948 erfolgt in den Westzonen die Neugründung des Verbandes der deutschen Volksbühnen-Vereine, der seit Gründung der Bundesrepublik **Bundesverband der deutschen Volksbühnen-Vereine e.V.** heißt. Der Bundesverband gliedert sich in Landesverbände entsprechend den Bundesländern, die Landesverbände in einzelne Vereine, die es seit Anfang der 50er Jahre auch in theaterlosen Städten gibt. Die ursprüngliche Zielsetzung, durch verbilligte Eintrittskarten auch die weniger Bemittelten am Bildungsauftrag der öffentlichen Theater teilhaben zu lassen, wurde 1969 revidiert und erweitert: Jetzt sollte auch die leichtere Muse der Unterhaltung zum Volksbühnenprogramm gehören. Es war eine Antwort auf die allgemeine Publikumskrise im Theater der 60er Jahre; auch die Volksbühnenvereine mußten Publikumsverluste hin-

nehmen. Die Ursachen lagen in einer umfassenden Umschichtung der Arbeitszeit-Freizeit-Verhältnisse und der zunehmenden Erweiterung der Freizeitangebote: Fernsehen, Motorisierung, Tourismus u. a.
Auch der **Bund der Theatergemeinden e.V.** gliedert sich in Landesverbände, diese in lokale Theatergemeinden. Der Bund wurde 1951 gegründet als Zusammenschluß der nach 1945 entstandenen Theatergemeinden, die ihren Mitgliedern „Theater aus christlichem Geist" bieten wollten. Sie stehen in der durch die Nazis unterbrochenen Tradition des 1919 als christliches Gegengewicht zu den sozialdemokratisch ausgerichteten Volksbühnenvereinen entstandenen **Bühnenvolksbundes**. Die Mitglieder setzten sich zunächst aus Angehörigen des Mittelstandes, d.h. den Besserverdienenden zusammen, doch diese Basis war zu schmal. So wandte sich der Bühnenvolksbund, wie heute die Theatergemeinden auch, an alle Bevölkerungsschichten, um „das Verständnis für alle Bereiche des künstlerischen und musischen Lebens zu fördern, insbesondere den Gedanken einer christlichen Theaterbewegung."
Beide Verbände, Volksbühnenverband und christliche Theatergemeinden, sind auf das Angebot ihres örtlichen oder nächstgelegenen Theaters angewiesen; umgekehrt haben die Theater den Vorteil eines relativ fest planbaren Zuschauerkontingents, damit auch relativ sicher zu erwartende Einnahmen; Mitglieder der Besucherorganisationen erhalten bis zu 50% Rabatt pro Vorstellung. Etwa ein Viertel aller Zuschauer in Stadt- und Staatstheatern gehören zu einer der Besucherorganisationen.
Neben den genannten Verbänden gibt es noch lokale Besucherorganisationen, meist von geringerem Gewicht. Die sicherste Form der Publikumsorganisation ist für ein Theater das ▶ Abonnement. Abonnenten bestellen und bezahlen im voraus eine Anzahl von Aufführungen, dafür erhalten sie Ermäßigung bis zu 30%. Fast ein Drittel aller Karten der öffentlichen Theater werden von Abonnenten bezogen. Das stabile Element der Abonnements besteht für die Theater darin, daß sie für eine Spielzeit – dann kann gekündigt und muß vom Theater neu geworben werden – mit einem Besucherminimum und damit Einnahmenminimum, auch für schwierigere Stoffe und Inszenierungen, z. B. zeitgenössische Stücke eines unbekannten Autors, rechnen können. Umgekehrt ist die Versuchung für die Spielplanmacher in den Theatern nicht gering, die Spielplanüberlegungen – und dazu gehören auch Engagements von Regisseuren und Schauspielern, die entscheiden, wie die Spielweisen aussehen – an den oft konventionellen Vorstellungen und Erwartungshaltungen des durchschnittlichen Abonnenten auszurichten.

Puppentheater Alle Formen des Theaters, bei denen an Stelle von Menschen Puppen oder andere mechanische Figuren agieren, die auf eigens dafür eingerichteten Bühnen von Spielern bewegt werden und denen menschliche Stimmen unterlegt sind, können unter Puppentheater oder **Puppenspiel** zusammengefaßt werden. Nach Art der Figuren unterscheidet man zwischen dem

Spiel mit plastischen und dem Spiel mit zweidimensionalen Figuren. Zu den plastischen Figuren zählen **Marionetten**, **Handpuppen** und **Stock-** oder **Stabpuppen**. Marionetten sind bewegliche Gliederpuppen, die, an Fäden hängend, an einem Führungskreuz befestigt sind und von oben geführt werden. Handpuppen bestehen nur aus Kopf, Armen und einem Gewand; sie werden von unten geführt, indem der Spieler mit der Hand in sie hineinschlüpft. Auch die Stockpuppen werden von unten geführt. Sie sind zwischen Rumpf und Beinen an einem Stab befestigt, ihre Arme lassen sich mittels zwei weiterer Stäbe bewegen. Zweidimensionale Figuren, auch **Flachpuppen** genannt, werden vor allem im asiatischen **Schatten-** oder **Silhouettentheater** verwendet. Sie bestehen meist aus einem lichtundurchlässigen Material und werden hinter einer erleuchteten Leinwand von unten oder von der Seite geführt. Sind sie aus transparent-farbigem Material, werden sie vor der Leinwand geführt. Beim ▶ Papiertheater lassen sich die in sich starren Flachpuppen von den Seiten aus mit Stäben verschieben.

Die Entstehung des europäischen Puppentheaters liegt im dunkeln. Zwar gibt es vereinzelte Belege, daß bereits in der griechischen Antike Puppenspiele stattfanden, doch populär wurden sie vermutlich erst auf den Jahrmärkten des Mittelalters. Feste Puppentheater, die mit dem Personentheater ernsthaft konkurrierten, entstanden erstmals Ende des 16. Jh.s in England, dann im 17. Jh. in Frankreich und schließlich zu Beginn des 19. Jh.s auch in Deutschland, z.B. das heute noch bestehende, 1802 in Köln gegründete „Hänneschen-Theater". Das Puppentheater war von Anfang an eine Unterhaltungsform für Erwachsene, auch wenn es heute eher als Spielform für Kinder eingeschätzt wird. Über lange Zeit hinweg imitierte es das Personentheater, dessen Stoffe und Dialoge meist vereinfachend; bekanntestes Beispiel hierfür sind die Puppenspiel-Versionen des *Faust*. Feste, meist lustige und nicht selten der Commedia dell'arte entlehnte Figuren haben sich erst im Laufe der Jahre herausgebildet; in Deutschland ist es besonders der ▶ Kasper.

Neuerdings wird das Puppentheater als Teil der Vorschul- und Schulerziehung auch für pädagogische Zwecke eingesetzt, zumal es durch das Medium Fernsehen neue Popularität und erweiterte technische Möglichkeiten gewonnen hat, z.B. die *Muppets-Show*. National sind die Puppenspieler organisiert im „Deutschen Bund für Puppenspiele"; er ist der **UNIMA** (Union Internationale des Marionettes) angeschlossen, einer Mitgliederorganisation des ▶ Internationalen Theater-Instituts (ITI). Kulturelle und sozialpädagogische Aufgaben hat sich der Verband „Deutsche Puppentheater e.V." zum Ziel gesetzt, ein Zusammenschluß der deutschen Puppenbühnen. Eine spezielle Forschungseinrichtung ist das 1949 in Bochum gegründete „Deutsche Institut für Puppenspiel", zu dem seit 1977 das Figurentheater-Kolleg gehört, eine weiterbildende Schule für Puppenspieler.

Pyrotechnik (griech. = Feuerkunst) Bereits im antiken Theater war die Feuerwerkerei bekannt, vor allem aber im höfischen Theater der Barockzeit entwickelte sie sich zu hoher Perfektion. Heute bezeichnet Pyrotechnik alle Feuer-, Licht- und Knalleffekte im Theater, die durch Abbrennen leicht entzündlicher chemischer Substanzen entstehen. Wegen der damit verbundenen großen Brandgefahr gelten für das Theater besonders strenge feuerpolizeiliche Bestimmungen.

R

Rampe nennt man die Vorderkante der Bühne. Die dort befindliche Beleuchtungseinrichtung heißt **Rampenlicht** oder auch **Fußlicht**. Bis zur Entwicklung der Gas- und später der elektrischen Beleuchtung bevorzugten die Darsteller das Spiel an der Rampe, weil das Rampenlicht häufig die einzige Bühnenbeleuchtung war.

Raumbühne Diese Bühnenform des 20. Jh.s hat Ähnlichkeiten mit der antiken Arena-Bühne, befindet sich aber in einem geschlossenen Theatergebäude. Die Spielfläche der Raumbühne wird von mehreren Seiten vom Zuschauerraum umgeben oder ganz eingeschlossen; hat sie einen kreisförmigen Grundriß, so spricht man von einem **Rundtheater**. Die Raumbühne ist eine antiillusionistische Bühnenform, die die eigene Realität des Theaters stets vergegenwärtigt. Denn dadurch, daß der Zuschauer die Darsteller und das anwesende Publikum gleichzeitig sieht, wird er auf den Unterschied zwischen Spiel und Wirklichkeit verwiesen.

Recht Die rechtlichen Regelungen im und um das Theater sind von sehr vielen und unterschiedlichen Gesetzeswerken bestimmt. Zur künstlerischen Freiheit, zu Fragen der ▶ Zensur macht das Grundgesetz Aussagen. Für die ▶ Sicherheitsvorschriften wiederum sind Polizeiverordnung und Unfallverhütungsvorschriften wirksam. Urheberrecht, Tarifrecht, spezielles Theater-Vertragsrecht sind weitere wichtige Gesetzeswerke, die das Arbeiten am Theater bestimmen.

1. **Rechtsträgerschaft**
Die gemeinnützigen Bühnen der öffentlichen Hand können zwar auch – wie die Privatbühnen – privatrechtlich organisiert sein, wie z. B. das Düsseldorfer Schauspielhaus als GmbH, meist jedoch haben sie öffentlich-rechtlichen Status, d. h. eine Stadt (Stadttheater), ein Bundesland (Staatstheater) oder ein Landkreis, eine Region oder ein Verbund von Gemeinden und ensemblelosen Städten (Landestheater) sind die Rechtsträger. Die übliche, aber nicht ausschließliche Rechtsform dieser öffentlichen Theaterunternehmen ist die des **Regiebetriebs**. Der Begriff „Regie" entstammt der französischen Verwaltungssprache des 17./18. Jh.s und hat mit dem jüngeren Begriff ▶ Regie im Sinne der künstlerischen Verantwortung für eine Inszenierung nicht viel gemeinsam. Etat-Planung und Abrechnung sind eng an den Haushalt des Rechtsträgers, also z. B. einer Stadt gebunden (▶ Theatersystem).

2. **Vertragsrecht**
Die nicht-künstlerischen Berufe am Theater wie Verwaltungsangestellte oder -beamte, Werkstättenpersonal, Bühnentechniker (Arbeiter, Angestellte) werden vertraglich nach den allgemeinen arbeitsrechtlichen Bedingungen beschäftigt, wie sie für Beamte, Angestellte und Arbeiter gelten; für sie gelten uneingeschränkt die Gesetze für Kündigungsschutz, Lohnfortzahlung bei Krankheit, Urlaub, Sozialversicherung. Bühnen-Künstler schließen dagegen in der Regel nur Zeitverträge ab, entweder einen Gastvertrag (Dauer: kürzer als eine Spielzeit, oft nur wenige Tage oder Wochen) oder den sogenannten **Normalvertrag Solo**, der seit 1924 zwischen dem Deutschen Bühnenverein und der Genossenschaft deutscher Bühnen-Angehörigen ausgehandelt ist und in Abständen neu ausgehandelt wird. Der Vertrag läuft über eine, meist zwei Spielzeiten, seltener auch länger. Daneben gibt es für die Kollektive Opernchor und Ballett-Ensemble den **Normalvertrag Chor** bzw. **Normalvertrag Tanz**. Im Normalvertrag Solo werden Vertragsdauer, Urlaubsregelung, Regelung für Nebentätigkeit, Festlegung der zwischen ▶ Intendant und Solo-Künstlern frei ausgehandelten Gage, maximale Dauer der täglichen Theaterarbeit geregelt. Der Anspruch auf Ruhezeit beträgt 4 Stunden zwischen morgendlicher Probe und Abendvorstellung und 10 Stunden nach Ende der Vorstellung. Festgelegt wird auch der **Beschäftigungs-Anspruch** des Künstlers, also die Angabe eines bestimmten Rollengebietes, in dem er in angemessenem Umfang – mindestens zwei große Rollen pro Spielzeit – zu beschäftigen ist. Die Bühnenleitung muß eine beabsichtigte Nicht-Verlängerung eines Normalvertrags Solo frühzeitig schriftlich mitteilen. Diese **Mitteilungspflicht** hat den Sinn, daß nicht-verlängerte Künstler sich rechtzeitig an anderen Theatern bewerben können. Für die frühzeitige Mitteilung der Nichtverlängerung sind im Tarifvertrag Fristen festgesetzt: spätestens bis Ende Oktober der laufenden Spielzeit, bei über achtjähriger Betriebszugehörigkeit drei Monate früher. Nach fünfzehnjähriger Mitgliedschaft an einer Bühne kann eine Nichtverlängerung (das Wort „Kündigung" wird in diesem Vertragsdeutsch vermieden) nicht mehr ausgesprochen werden.

3. **Bühnenschiedsgericht**
Am Theater haben sich viele Bräuche mit gewohnheitsrechtlichem Charakter erhalten. Dazu gehört eine eigene Gerichtsbarkeit in arbeitsvertraglichen Streitfällen. In der Bundesrepublik gibt es in fünf Städten Bühnenschiedsgerichte und in Köln das Bühnenoberschiedsgericht. In Auseinandersetzungen um Dienstverträge haben diese Gerichte verbindliche rechtsprechende Gewalt. Erst wenn beide genannten Instanzen zu keinem für beide Seiten befriedigenden Ergebnis kommen, können die Arbeitsgerichte angerufen werden. Die Bühnenschiedsgerichte bestehen aus Berufsrichtern und Sachverständigen des Deutschen Bühnenvereins und der Genossenschaft.

4. **Urheberrecht**
Das Recht des Autors, Komponisten usw. an seinem geistigen Eigentum gilt bis 70 Jahre nach seinem Tod auch für die Erben des Urhebers. Nach einer Absprache zwischen Deutschem Bühnenverein und dem Bühnenverleger-Verband erhielt der Autor vom Theater, das sein Werk aufführte, jahrzehntelang etwa 10 Prozent der sogenannten Roheinnahmen. In der Praxis hieß das, daß der Autor bei ermäßigten Eintrittskarten, die er nicht zu verantworten hat, geringere Abgaben erhielt. Seit 1976 gilt als Empfehlung, nicht als vertragliche Vereinbarung, die **Urheberrechts-Abgabe**. Sie wird pauschal auf jede verkaufte Eintrittskarte, ob ermäßigt oder nicht, erhoben, in der Höhe gestaffelt nach der Größe des Theaters, d. h. nach der Höhe seines Etats. Die Tantieme für den Autor soll dabei 12 Prozent der Gesamteinnahmen einer Vorstellung nicht unter- und 18 Prozent nicht überschreiten.
Bei der Weiterverwertung von Aufführungen in anderen Medien (Film, Fernsehen, Video, Hörfunk) entsteht auch die Frage, wie die anderen Urheber einer Aufführung, vor allem Regisseur und Schauspieler, rechtlich geschützt und finanziell an Einnahmen beteiligt werden. Im Urheberrechtsschutz-Gesetz wird diese künstlerische Urheberschaft jedoch nicht genannt. Statt des Urheberrechts gelten für Schauspieler daher die weniger klaren **Leistungsschutz-Rechte**. Besonders umstritten ist allerdings, wie die Leistung von Regisseuren einzustufen sei, sie sind denn auch diejenige Berufsgruppe, die besonders häufig die Bühnenschiedsgerichte bemüht. Die Rechtsunsicherheit beruht vor allem darauf, daß der im Bühnenmanuskript schriftlich fixierte Text urheberrechtlich geschützt ist, aber die Anteile des Autors und des Regisseurs an der fertigen Aufführung – je nach Konzeption – nicht verläßlich aufzuschlüsseln sind.

Rechts und links auf der Bühne orientiert sich immer an der Blickrichtung des Zuschauers.

Rederijkers Die den deutschen Meistersingern ähnliche Vereinigung von Handwerkern in den Niederlanden widmete sich seit dem 15. Jh. dem Theaterspiel und richtete alljährlich mehrtägige Wettbewerbe aus. Zum Programm gehörten Festzüge, lebende Bilder, volkstümliche Possen und Schwänke, die **Kluchten**, und an mittelalterliche Moralitäten anknüpfende moralisch-religiöse Sinnspiele. Ihre Blütezeit hatten die Rederijkers im 16. Jh.; ihr bedeutendster Dramatiker war Joost van den Vondel (1587–1679), dessen religiöses Festspiel *Gijsbreght van Aemstel* noch heute alljährlich am Neujahrstag in Amsterdam aufgeführt wird. Ihre allgemeine Beliebtheit verblasste im 17. Jh., als englische Wandertruppen den europäischen Kontinent bereisten und auch in den Niederlanden die Entstehung einer berufsmäßigen Schauspielkunst anregten.

Rederijkers-Bühne, Antwerpen 1582

Regenanlage Die Sicherheitseinrichtung ist im Theater feuerpolizeilich vorgeschrieben, um Bühne, Zuschauerraum, Dekorations- und Kostümlager bei einem Theaterbrand zu schützen. In den meisten Theatern sind heute automatische Löschvorrichtungen, **Sprinkleranlagen**, eingebaut, die bei Rauchentwicklung selbsttätig Wasserregen auslösen. Teil der Regenanlage ist die über dem ▶ eisernen Vorhang, der Zuschauerraum und Bühne trennt, angebrachte **Berieselungsanlage**, die diesen bei einem Brand vor Druchglühen schützt.

Regie (franz.: régie = Verwaltung, Leitung) ist die künstlerisch eigenständige, ordnende und interpretierend-koordinierende Instanz in Theater, Film, Fernsehen und Rundfunk, die für die Gesamtleitung, die Einrichtung und Einübung einer ▶ Inszenierung verantwortlich ist. Sie ist das Tätigkeitsfeld des ▶ Regisseurs und umfaßt im heutigen Theater die Interpretation eines dramatischen Werks oder einer Spielvorlage unter Beteiligung des Dramaturgen, die Festlegung von Bühnenbild, Kostümen und Requisiten in Zusammenarbeit mit Bühnen- und Kostümbildner, die Leitung der Probenarbeit mit den Schauspielern, im Musiktheater die Kooperation mit Chorleiter und Dirigenten sowie den Einsatz der Bühnentechnik (Licht, Geräusche, Musik usw.). Kennzeichnend für Regie ist, daß sie alle an einer Inszenierung beteiligten Einzelkünste (Literatur, Musik, Schauspielkunst, Tanz, bildende Kunst) und die gesamte im Bühnenraum wirkende szenische Technik unter einer übergreifenden Konzeption miteinander verbindet. Sie bestimmt den Prozeß und das Resultat einer Inszenierung, an deren Ende die ▶ Aufführung eines eigenständigen theatralen Kunstwerks vor Publikum steht. Die Regie ist im heutigen Theater die zentrale und beherrschende Kunst, was sich schon allein darin ausdrückt, daß der Regisseur nächst dem Intendanten einer der höchstbezahlten Theaterberufe ist.
Der Begriff Regie, im deutschsprachigen Theater des 17./18. Jh.s eingeführt, hatte zunächst eine ganz andere Bedeutung als heute. Aus dem Französischen übernommen, bezeichnete er ursprünglich eine indirekte Steuer des merkantilistischen Wirtschaftssystems; entsprechend war Regisseur der Titel für einen Verwalter im Steuerbereich. Auf das Theaterwesen übertrug man den Begriff, als an den zahlreichen Fürstenhöfen in Deutschland nach französischem Vorbild Hoftheater zu Repräsentationszwecken entstanden, die aus den fürstlichen Privatschatullen finanziert und damit dem höfischen Finanzwesen unterstellt waren. Regie im Theater meinte demzufolge finanzielle Verwaltung und Kontrolle durch einen Hofkavalier im Rahmen der allgemeinen höfischen Finanzaufsicht und bezog sich nicht auf den künstlerischen Prozeß. In diesem Sinn ist heute noch die Bezeichnung **Regiebetrieb** gebräuchlich, die die Rechtsform der Theater der öffentlichen Hand (Staats-, Stadt- und Landestheater) zum Ausdruck bringt. Sie macht deren juristische Unselbständigkeit, deren Zugehörigkeit zum öffentlichen Eigentum einer Kommune oder eines Bundeslandes und insbesondere deren eng an die öffentlichen Haushalte gekoppelte Etatplanung und Abrechnung deutlich.
Von Regie in der Bedeutung von maßgeblicher Bühnenarbeit und künstlerischer Gesamtleitung sowie von dem spezifischen Beruf des Regisseurs spricht man erst seit dem ausgehenden 19. Jh. Eine Leitung von Theaterspiel findet sich in der Geschichte des europäischen Theaters zwar zu allen Zeiten, doch Regie, so wie sie heute praktiziert wird, hat erst eine verhältnismäßig junge Tradition. Im antiken Theater war für die Einrichtung eines Bühnenwerks meist der Autor selbst zuständig. Sein Interesse galt allerdings weniger dem Spiel der

Darsteller als der Übermittlung des Textes, denn zumindest in Griechenland prämierte man bei den alljährlich stattfindenden Festspielen nicht die Aufführungen, sondern die Stücke. Außerdem trug er nicht die Gesamtverantwortung für eine Aufführung, sondern teilte die Leitung mit den **Choregen**, mit ausgewählten Privatleuten, die für die finanzielle und materielle Ausstattung der Chöre sorgten, auf deren künstlerische Gestaltung jedoch keinerlei Einfluß nahmen.
Im mittelalterlichen Theater gab es den **Spielordner**, dessen Aufgaben zunächst von Geistlichen, später im Jesusitentheater von Pädagogen wahrgenommen wurden. Er überwachte den Szenenablauf, sorgte dafür, daß die Darsteller zur rechten Zeit am rechten Ort auftraten, gab diesen gelegentlich Anregungen zu Sprechgestaltung und Gebärdenspiel, überließ aber im großen und ganzen die Darstellung einem freien Spiel, zumal durch Mitwirkung des Publikums dieses nicht in allen Einzelheiten planbar war. Eine ähnliche Aufgabe hatte der **Spielleiter** im Barocktheater, dessen Position mit der des heutigen ▶Inspizienten vergleichbar ist. Er hatte vor allem den reibungslosen Ablauf der hochentwickelten Bühnenmaschinerie zu gewährleisten. So war er häufig Bühnenarchitekt oder -maler und legte das Schwergewicht auf die effektvolle optische Wirkung einer Aufführung, wohingegen ein Einwirken auf die Spielweisen der Darsteller außerhalb seiner Kompetenz lag.
War die Spielleitung bis ins 16./17. Jh. weitgehend eine Angelegenheit von Autoren, Geistlichen, Pädagogen, Bühnenarchitekten, von Personen also, die sich nur mittelbar mit Theater befaßten, so übernahmen mit dem Aufkommen von ▶ Wandertruppen und mit der Herausbildung der berufsmäßigen Schauspielkunst die Bühnenkünstler selbst die Theaterleitung, ohne daß sich dadurch bereits so etwas wie Regie abzeichnete. Denn dem ▶ Prinzipal, dem ersten Schauspieler der Truppe, der in der Regel Eigentümer des Dekorations- und Kostümfundus sowie der Rollenbücher war und über die erforderlichen Spiellizenzen verfügte, oblagen vorrangig organisatorische Aufgaben. Die künstlerische Leitung beschränkte sich meist auf Stückwahl und eine grobe szenische Anordnung des Spiels; auf die extemporierende, d.h. vom Text abweichende, und improvisierende Spielweise der Darsteller nahm er wenig Einfluß. Ihre wesentliche Aufgabe sahen die Prinzipale in der Hebung von Moral, Disziplin und Bildungsniveau der Schauspieler.
Erste Ansätze, Theateraufführungen eine gewisse formale Einheit zu verleihen, zeigten sich Ende des 18., Anfang des 19. Jh.s. Die Einführung intensiverer Probenarbeit, die Umstellung auf eine einheitliche Spielführung und der Umgang mit der literarischen Vorlage im Sinne von Werktreue waren erste Versuche, der künstlerischen Konzeption einer Aufführung größere Bedeutung als bislang beizumessen. Allerdings standen der dramaturgische Aspekt und damit das literarische Interesse noch ganz im Vordergrund.
Eine wichtige Rolle für diese Entwicklung spielten **Theaterleiter**, die meist zugleich auch Dichter oder Literaten waren, z.B. Johann Wolfgang v. Goethe

(1749–1832) am Weimarer Hoftheater, Ludwig Tieck (1773–1853) am Dresdner und Berliner Hoftheater, Joseph Schreyvogel (1768–1832) und Heinrich Laube (1806–84) am Wiener Burgtheater, Ernst August Klingemann (1777–1877) am Stadttheater Düsseldorf, Eduard Devrient (1801–77) am Hoftheater Karlsruhe und Franz von Dingelstedt (1814–81) an den Hoftheatern Stuttgart, München, Weimar und Wien.
Gegen Ende des 19. Jh.s bildete sich mit den Aufführungen der ▶ Meininger das heraus, was wir heute als Regie bezeichnen. Als erster Regisseur, der von der Bearbeitung des Stücks über die Dekorationen bis zur schauspielerischen Gestaltung alle Einzelheiten einer Inszenierung bestimmte, die gesamte Probenarbeit unter einer künstlerischen Gesamtkonzeption leitete und zudem die Herausbildung von festen ▶ Ensembles vorantrieb, gilt Herzog Georg II. von Meiningen (1826–1914). Nach seinem Vorbild setzte sich Regie im Theater zunehmend durch; entscheidende Anregungen von ihm erhielten in Frankreich André Antoine (1856–1943), der Gründer des ▶ Théâtre libre, und in Rußland ▶ Stanislawski. In Deutschland schaffte die Regie den endgültigen Durchbruch mit ▶ Brahm, der zwar selbst nicht inszenierte, die Schauspieler durch Beratung und Kritik jedoch entscheidend beeinflußte. Mit der Einführung des Regisseurs als Theaterberuf stieg die künstlerische Qualität von Aufführungen im Sinne der Geschlossenheit des Kunstwerks. Zugleich war die Voraussetzung für das Regietheater gegeben, das durch Regisseure wie Max Reinhardt (1873–1943), Wsewolod Meyerhold (1874–1942), Alexander Tairow (1885–1950), Erwin Piscator (1893–1966), Peter Zadek (geb. 1926), Peter Stein (geb. 1937) und Klaus Michael Grüber (geb. 1942) für das europäische Theater des 20. Jh.s prägend wurde, besonders im deutschsprachigen Raum. Im Unterschied zum ▶ Literaturtheater versteht das Regietheater, für das ▶ Appia und ▶ Craig um die Jahrhundertwende entscheidende theoretische Grundlagen schufen, Theater nicht mehr nur als Dienst am Drama, sondern als eine eigenständige, gleichwertige Kunst; und im Unterschied zum **Schauspielertheater**, wie das der Wandertruppen, ist in ihm der Regisseur die dominierende schöpferische Kraft. Dieser, nicht der Dramatiker und nicht der Schauspieler, ist im Regietheater gewissermaßen der Autor einer Theateraufführung.
Regie ist heute nicht nur Interpretation von klassischen und zeitgenössischen Stücken mit Hilfe darstellerischer und szenischer Mittel, nicht bloß theatergemäße Umsetzung von Vorgefundenem. Häufig ist sie auch zugleich Erprobung neuer Erkenntnis- und Darstellungsmöglichkeiten, was zum Teil zu einem äußerst freien Umgang mit Stücken und zu deren Umfunktionierung auf dem Theater geführt und als Reaktion darauf die Diskussion um ▶ Werktreue ausgelöst hat.
Wie man Regie führt, d. h. wie ein Stück bühnengerecht umzusetzen ist, wie mit den Schauspielern zu arbeiten ist, wie szenische Arrangements, eine Stellung, ein Gang, eine Geste einzurichten sind, wie **Sprachregie** (Lautstärke, Betonung, Rhythmus usw.) anzulegen ist u. ä., dafür gibt es weder ein Rezept-

buch noch eine verbindliche Ausbildung. Je nach Zielvorstellung und Wirkungsabsicht kann der Regisseur aktualisierend, historisierend usw. an ein Stück herangehen, und er kann nach einem strikt festgelegten Konzept mit den Schauspielern arbeiten oder diesen auf den Proben großen Spielraum für improvisierende Übungen lassen. Entscheidend bleibt am Ende, ob in der Aufführung die Übereinstimmung aller ästhetischen Mittel erreicht wurde. Die Aufwertung der Regie und die dominierende Stellung des Regisseurs löste in den 60er und frühen 70er Jahren im deutschsprachigen Theater eine vehement geführte Debatte um **Mitbestimmung** aus, die sich gegen die Alleinherrschaft des Regisseurs richtete und eine stärkere Einbeziehung der Schauspieler in die künstlerischen Entscheidungsprozesse anstrebte. Für wenige Jahre an nur einigen Theatern praktiziert, ist die Mitbestimmung aber offenbar keine Organisationsform gewesen, um die Reste feudaler Strukturen abzubauen, die sich in der Theaterregie wie in kaum einem anderen gesellschaftlichen Bereich bis heute erhalten haben.

Regieanweisung In diesem Teil eines dramatischen Werks, der heute häufig auch als ▶ Nebentext bezeichnet wird, macht der Autor über den Dialog hinaus Angaben zu Ort und Zeit der Handlung. Er teilt seine Vorstellungen von Kostümen, Dekorationen, Licht mit oder beschreibt das Verhalten von Personen, deren Gesten, Sprechweisen und Gänge. **Szenenanweisung** oder **Bühnenanweisung**, wie die Regieanweisung auch genannt wird, sind Angebote für das Theater, manchmal auch Vorschläge zur Deutung, an die der Regisseur jedoch nicht gebunden ist. Der Gebrauch von Regieanweisungen ist in der Geschichte des Dramas ganz unterschiedlich; so fehlen sie beispielsweise im Drama des elisabethanischen Zeitalters gänzlich, wohingegen sie im naturalistischen Drama breiten Raum einnehmen und detailreich Schauplätze und Figuren schildern.

Regiebuch Das Text- und Arbeitsbuch des Regisseurs ist die verbindliche Grundlage für eine Inszenierung. Es enthält alle Striche, Textbearbeitungen, -umstellungen, Bühnenbildskizzen und gelegentlich Interpretationshinweise. Im Regiebuch folgt jeder bedruckten Seite in der Regel eine Leerseite für Anmerkungen. Meist wird es vom Regieassistenten geführt, der alle vom Regisseur auf einer Probe festgelegten Gänge, Positionen, sprachlichen Zäsuren, Akzentuierungen, Lichteffekte schriftlich fixiert, um im Bedarfsfall auf das einmal Erarbeitete zurückgreifen zu können, z.B. in einem späteren Probenstadium, bei Umbesetzungs- oder Wiederaufnahmeproben. Das Regiebuch ist für Theaterhistoriker eine wichtige Quelle für die Rekonstruktion von Inszenierungen (siehe Abb. S. 240).

Regiekonzept Der gedankliche Plan eines Regisseurs und seines Teams ist die einer Inszenierung zu Grunde liegende Interpretation und Leseart eines Stücks. Ein Regiekonzept ist nicht nachlesbar, sondern teilt sich nur durch die Aufführ-

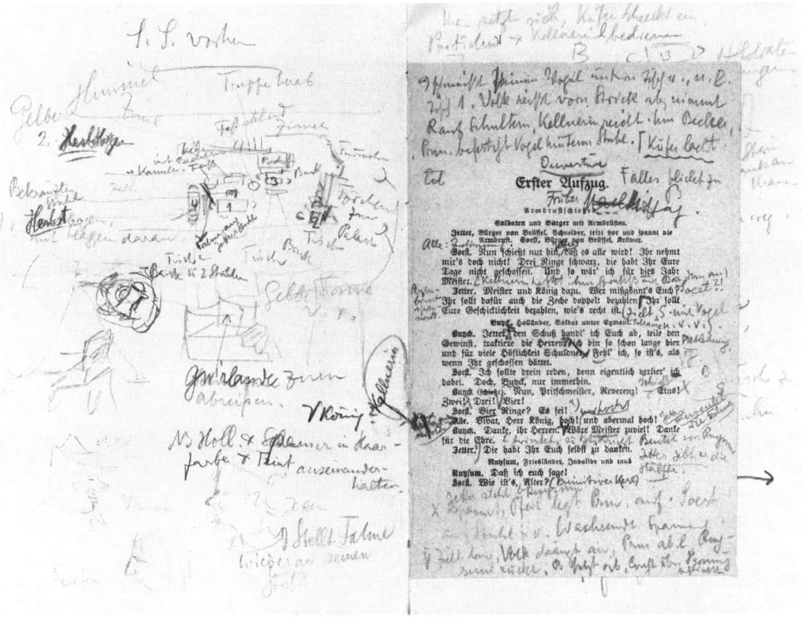

Doppelseite aus dem Regiebuch von Walther O. Stahl zu Goethes Egmont *(um 1920)*

rung mit, in der sich erweisen muß, ob es schlüssig, für das Publikum nachvollziehbar, auf der Bühne theatergemäß umgesetzt ist und ob die ästhetischen Mittel adäquat sind. Ein Regiekonzept muß nicht notwendig vor Probenbeginn feststehen, es kann auch in der gemeinsamen Arbeit mit den Darstellern im Laufe des Probenprozesses entwickelt werden.

Regiepult Der transportable Arbeitstisch wird für den Regisseur auf Bühnenproben zwischen den ersten Zuschauerreihen aufgestellt. In der Regel ist er mit einem Mikrophon ausgestattet, über das Sprechverbindung mit dem technischen Personal auf, hinter und über der Bühne hergestellt werden kann.

Regisseur (franz. = Verwalter) Der organisatorische und künstlerische Leiter einer Inszenierung in Theater, Film, Fernsehen und Rundfunk bringt unter seiner Verantwortung eine Spielvorlage oder einen vom Autor vorgegebenen literarischen Text als ein eigenständiges Kunstwerk zur Aufführung. In der Vorbereitungsphase einer Inszenierung gehören im Theater zu den Aufgaben des Regisseurs Lektüre und Auswahl des Stücks, dessen Analyse und Bearbeitung, wobei er in der Regel vom ▶ Dramaturgen unterstützt wird. Es folgen Konzeptionsgespräche mit Bühnen- und Kostümbildner und technischem Leiter über die Ausstattung, in Absprache mit dem Intendanten und dem Besetzungsbüro die Besetzung der einzelnen Rol-

len mit Schauspielern des Ensembles oder zu engagierenden Gästen.
Sind die organisatorischen, technischen und konzeptionellen Vorbereitungen abgeschlossen, beginnt die Probenzeit, d. h. die Arbeit des Regisseurs mit den Schauspielern auf der Bühne, um die Rollen und szenischen Arrangements zu entwickeln. Nach seinen Anweisungen und unter seiner Aufsicht finden in der Endphase der Proben die technischen Einrichtungen (Licht, Ton, Projektionen usw.) auf der Bühne statt. Abgeschlossen ist die Arbeit des Regisseurs am Tag der Premiere. Die künstlerische Überwachung der dann folgenden Aufführungen obliegt in der Regel dem **Regieassistenten**, der während des gesamten Inszenierungsprozesses dem Regisseur zur Hand geht.
Die Berufsbezeichnung aus dem französischen Finanzwesen übernahm das Theater erst im 18. Jh. Noch bis Ende des 19. Jh.s umschrieb die Bezeichnung lediglich eine verwaltende und dem heutigen ▶ Inspizienten verwandte Tätigkeit. Der Beruf des Regisseurs im heutigen Sinn bildete sich erst heraus, als es am Theater üblich wurde, Aufführungen einheitlich zu konzipieren und ▶ Regie zu führen, d. h. Text, Spielweise, Dekorationen, Licht aufeinander abzustimmen. Als Wegbereiter dieses speziellen Theaterberufs gilt im deutschsprachigen Theater Herzog Georg II. von Meiningen (1826–1914).
Eine verbindliche Ausbildung für den Beruf des Regisseurs gibt es in Deutschland nicht. Zwar haben seit einiger Zeit Kunst- und Schauspielakademien sogenannte Regieklassen eingerichtet, aber in den meisten Fällen führt der Weg zum Regisseur nach wie vor über die Tätigkeit des Regieassistenten. Vereinzelt wechseln auch Schauspieler, Dramaturgen oder Bühnenbildner nach mehrjähriger Theatererfahrung zur Regie über.

Reinhardt, Max (1873–1943) Der österreichische Schauspieler, Regisseur und Theaterleiter debütierte 1893 als Schauspieler in Salzburg. 1894–1902 folgte ein Engagement bei Otto Brahm am Deutschen Theater in Berlin, 1898 gründete er die Sezessionsbühne, 1901 das Kabarett „Schall und Rauch" und 1902 ein eigenes Theater, die „Kleine Bühne". Nach der Lösung von Brahm und dem Erwerb des „Neuen Theaters" wandte sich Max Reinhardt endgültig der Regie zu. 1905 gelang ihm der Durchbruch als Regisseur mit seiner ersten Inszenierung von Shakespeares *Sommernachtstraum,* den er insgesamt zwölfmal inszenierte und 1935 verfilmte; im gleichen Jahr übernahm er das Deutsche Theater durch Kauf. 1906 wurden die Kammerspiele des Deutschen Theater mit Ibsens *Gespenster* eröffnet. In den nächsten Jahren folgten weitere Theatergründungen, Ausweitung der Spielstätten für Arenaspiele (z. B. Ausstellungshalle München, Zirkus Renz in Wien, Zirkus Schumann in Berlin) und Übernahme von Theaterleitungen, u. a. der Volksbühne Berlin (1915–18). Reinhardts Theaterunternehmungen, der sogenannte Reinhardt-Konzern, waren private Geschäftstheater. Zeitweilig gehörten zu dem Unternehmen sechs Bühnen in Berlin sowie Theater in Wien und Salzburg. Zusammen mit Hugo von Hofmannsthal und Richard Strauß initiierte er 1920 die Salzburger Festspiele, die er mit einer Inszenierung von Hofmannsthals *Jedermann* eröffnete. 1929 gründete er das **Max-Reinhardt-Seminar** in Wien, eine heute noch sehr angesehene Schauspielschule. 1933 mußte er emigrieren, zunächst nach Österreich, 1938 siedelte er nach Hollywood über. Er gründete dort eine Schauspielschule und brachte unter großen Schwierigkeiten nur noch weni-

Shakespeares Ein Sommernachtstraum *in der Inszenierung von Max Reinhardt, Berlin 1905*

ige Inszenierungen in Los Angeles und New York heraus.

Reinhardt ist eine der bedeutendsten Persönlichkeiten des deutschsprachigen und europäischen Theaters. Kennzeichnend für sein kaum zu überschauendes Lebenswerk ist, daß er Theater für alle sozialen Schichten zu machen versuchte und zu diesem Zweck den neuesten Stand der Bühnentechnik (Drehbühne, Beleuchtung usw.), Spielräume aller Größenordnungen sowie alle erdenklichen Spielorte (Theater, Plätze, Gärten, Schlösser, Kirchen) nutzte und die besten Schauspieler seiner Zeit engagierte. Er faßte Theater als großes Fest auf. Spiel war für ihn gleichbedeutend mit absoluter Phantasietätigkeit der Darsteller und der Zuschauer, die er als mitspielende Partner des Schauspielers sah. Alleiniger Zweck seiner Inszenierungen war der ästhetische Genuß, soziale oder politische Botschaften zu vermitteln, lag ihm völlig fern. Die theatergeschichtliche Bedeutung Reinhardts liegt darin, daß er das Regietheater endgültig durchsetzte. Beispielhaft ist, wie exakt er alle Einzelheiten seiner Inszenierungen vorbereitete, diese mit außergewöhnlicher Sorgfalt in seinen Regiebüchern festhielt und dennoch der Individualität des Schauspielers Raum ließ, den er als Idealbild des schöpferischen Menschen betrachtete und zu Höchstleistungen anregte.

Reißklappe Diese kleine, mit einer Luke verschlossene Öffnung befindet sich im Bühnenboden. Durch sie kann man Gegenstände schnell und vom Zuschauer unbemerkt von der Bühne in die Unterbühne verschwinden lassen.

Repertoire (franz. = Spielplan) Alle Inszenierungen, die in einer Spielzeit auf dem Spielplan eines Theaters stehen, faßt man unter Repertoire zusammen. **Repertoire-Theater** heißen jene Theater, die abwechselnd verschiedene Stücke

spielen und damit dem Publikum ein breites Angebot machen. Es setzt ein großes, für längere Zeit fest engagiertes Ensemble voraus und ist deshalb auf Subventionen angewiesen. Im Gegensatz dazu nennt man Theater, die allabendlich ein und dasselbe Stück geben und mit einer neuen Inszenierung erst herauskommen, wenn keine Publikumsnachfrage mehr besteht, **Serien-** oder **En-suite-Theater**.
Unter Repertoire versteht man auch alle Rollen, die ein Darsteller einstudiert hat.

Replik (franz.: réplique = Antwort) Dramentechnisch wird eine einzelne, nicht unterbrochene Äußerung einer Bühnenfigur auf die vorangegangene Rede einer anderen so bezeichnet. Die Replik ist ein wichtiges dramaturgisches Mittel zur Erzeugung von Spannung innerhalb eines Dialogs.

Requisit (lat.: requisitum = erforderliches Ding) Meist handelt es sich um einen kleineren Gebrauchsgegenstand, der für Ausstattung oder Spiel benötigt wird. Requisitenspiel kann im Dramentext vorgeschrieben und für Fabel oder Figuren charakterisierend sein. Die Verlobungsringe in Lessings *Minna von Barnhelm* erzählen nicht nur ihre eigene Geschichte, sondern kennzeichnen vor allem die Gefühle und Beziehungen ihrer Besitzer, Minna und Tellheim. Schauspieler erfinden sich zur Charakterisierung ihrer Figuren oft auch ein eigenes Requisit hinzu.
Für Beschaffung, Kontrolle und Bereitstellung ist der **Requisiteur** verantwortlich, der vor einer Aufführung alle Gegenstände in der **Requisite**, dem Lagerraum für Requisiten, zusammenstellt.

Revue (franz. = Rundschau, Übersicht) In dieser Theaterform reiht man thematisch meist nur lose zusammenhängende Nummern (Sketche, Couplets, Tänze, akrobatische Einlagen) aneinan-

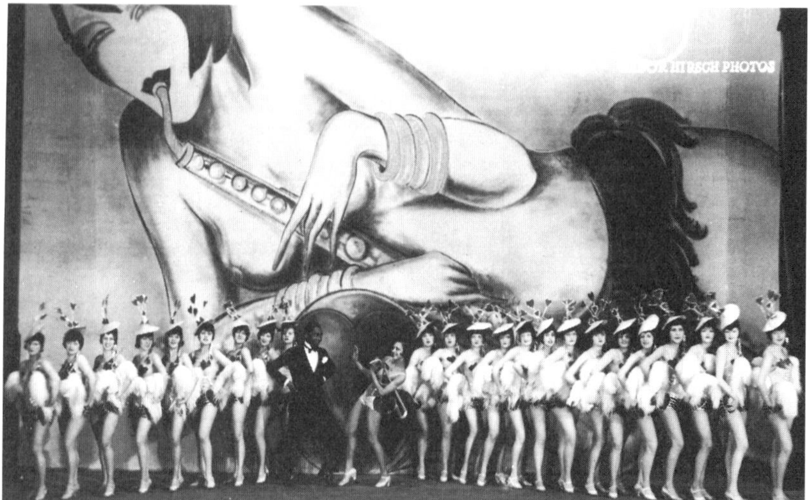

Tanznummer aus der Revue Wann und Wo *von Hermann Haller, Berlin 1927*

der und verbindet sie durch die Ansage eines ▶ Conférenciers. Die Abfolge der einzelnen Darbietungen bezeichnet man als **Nummerndramaturgie**.
Das Wort Revue wurde erstmals 1830 in Frankreich für kabarettähnliche Veranstaltungen verwendet, die politische Ereignisse karikierten. In der zweiten Hälfte des 19. Jh.s entwickelte sich daraus die **Ausstattungsrevue**, ein großes Spektakel, das nicht nur durch die punktvollen Bühnendekorationen und Kostüme und die Auftritte von Stars wie Mistinguette oder Maurice Chevalier, sondern vor allem durch die Tanznummern der Showgirl-Truppen ein bürgerliches Massenpublikum anzog. In Deutschland hatte die Revue ihre Blütezeit in den 20er und 30er Jahren; die populärsten Stars waren Claire Waldoff, Rosa Valetti, Trude Hesterberg, Fritzi Massary, deren ▶ Couplets, freche, häufig zweideutige Lieder, vor allem Viktor Holländer und Paul Linke komponierten. Trotz einzelner Versuche ist eine Wiederbelebung der Revue nach dem 2. Weltkrieg bisher nicht gelungen.

Riccoboni, Ludovico (1676–1753)

Der italienische Theatertheoretiker und Schauspieler wurde unter seinem Rollennamen **Lelio** bekannt. Seit 1699 war er Theaterdirektor in Oberitalien und leitete ab 1716 die Comédie Italienne in Paris. Von 1720 bis 1731 war er Haus- und Hofmeister des Herzogs von Parma und kehrte 1733 nach Paris zurück, ohne die Bühne je wieder zu betreten.
Lelio-Riccoboni strebte eine Reform des italienischen Theaters an und versuchte insbesondere das ausgeartete Stegreifspiel der ▶ Commedia dell'arte durch Bearbeitungen französischer Theaterstücke und eigene Szenarien dem regelmäßigen französischen Theater anzupassen. Mehrere seiner dramatischen Entwürfe hat Lessing in der *Theatralischen Bibliothek* mitgeteilt. Außerdem veröffentlichte Riccoboni theoretische Schriften, eine *Geschichte des italienischen Theaters* (1728–31) und *Gedanken über die Schauspielkunst* (1738), die sich mit der Aussprache und den Gebärden des Schauspielers sowie dessen Betragen befassen. Sein Sohn **Antonio Francesco Riccoboni** (1707–72), ebenfalls Schauspieler und Verfasser von Komödien, veröffentlichte 1750 die theoretische Schrift *Die Kunst des Theaters,* die Lessing noch im gleichen Jahr in seinen *Beyträgen zur Historie und Aufnahme des Theaters* ins Deutsche übersetzte. Es handelt sich um eine Auseinandersetzung mit der Schauspielkunst, mit Gestik und Mimik des Schauspielers, und ist ein Plädoyer für eine wohlüberlegte, natürliche Darstellungsweise. Riccoboni forderte, daß der Schauspieler auf der Grundlage genauer Lebensbeobachtungen jede Gemütsbewegung einer Bühnenfigur für den Zuschauer gut wahrnehmbar und glaubhaft darstellen müsse, davon selbst aber nicht ergriffen sein dürfe. Sowohl diese Schrift als auch seine Gedanken über die Schauspielkunst waren wichtige theoretische Grundlagen für ▶ Ekhofs Konzept der Schauspielererziehung.

Ritual

(lat.: ritualis = dem religiösen Brauch zugehörig) ist die in Regeln festgelegte Ordnung einer kultischen oder religiösen Feier. Die Annahme, daß das antike und das mittelalterliche Theater aus dem Ritual des Dionysos-Kultes bzw. aus der christlichen Liturgie entstanden seien, ist eine bloße Konstruktion, die sich in älteren Theatergeschichtsschreibungen allerdings häufig findet. Historisch gesicherte Nachweise dafür gibt es nicht. Der Versuch, die Entstehung von Theater aus Ritualen zu erklären, folgt einem Denkmodell, das Entwicklungen in der Geschichte auf jeweils eindeutige Ursprünge zurückführt.

Rituelles Theater dient als Sammelbezeichnung für experimentelle Theaterformen vor allem der 60er Jahre. Ausgehend von den theatertheoretischen Schriften ▶ Artauds versuchte man, zu den – vom Zivilisationsprozeß noch nicht deformierten – vermeintlichen Ursprüngen des Theaters zurückzukehren. Das rituelle Theater leitet die Entstehung von Theater aus gottesdienstartigen Ritualen her und versteht sich dementsprechend als eine sakrale Handlung, in der Zuschauende und Spielende zu einer Gemeinde verschmelzen und der Unterschied zwischen Spiel- und Lebensrealität überwunden wird. In den Aufführungen sollen insbesondere Verdrängungen, Überschreitungen von Tabus und existenzielle Grundsituationen des Menschen für alle Teilnehmer erfahrbar und nicht nur rational bewußt werden. Dabei beabsichtigt der Spieler, hauptsächlich für sich und nicht für andere zu spielen, er führt Daseinsmöglichkeiten seiner selbst vor und zelebriert körperliche und emotionale Selbsterfahrungen, indem er z.B. Schmerz oder Ekstase nicht nur mit Hilfe schauspielerischer Mittel markiert, sondern real durchlebt.
Das rituelle Theater grenzt sich deutlich vom Literaturtheater ab; das Wort und vor allem das von einem Autor fixierte Drama treten zugunsten der Körperlichkeit in den Hintergrund. Für die Bühnenvorgänge wurden zum Teil spezielle, religiösen Exerzitien verwandte Trainingsmethoden entwickelt sowie Ausdrucks- und Spielformen von Naturvölkern entliehen. Als Gegenpol zur Kultur der Industriegesellschaften hat sich das rituelle Theater zwar nicht durchsetzen können, es hat aber wesentlich zur Erweiterung der Spielweisen und der körpersprachlichen Mittel des Theaters beigetragen. Wichtigste Repräsentanten neben Artaud sind ▶ Brook, ▶ Grotowski und das ▶ Living Theatre.

Rolle (lat.: rotula = Rädchen, Schriftrolle) Sowohl die von einem Schauspieler oder Sänger auf der Bühne dargestellte Figur wie auch der Text dieser Figur werden so bezeichnet. Eingeführt wurde der Begriff im Theater Ende des 16. Jh.s, als man dazu überging, die Partien eines Darstellers mit den vorangehenden und anschließenden ▶ Stichworten aus dem Textbuch auf handlichen Papierrollen herauszuschreiben. Heute erhält dem gegenüber jeder Darsteller ein vollständiges Textbuch. Nach der Bedeutung der Rollen in einem Stück unterscheidet man zwischen **Hauptrolle** und **Nebenrolle**. Sind Titel des Stücks und der Name der Hauptfigur identisch, so spricht man von **Titelrolle** („Antigone", „Emilia Galotti", „Maria Stuart").

Rollenfach Ein Schauspieler kann aufgrund seines Äußeren und seiner darstellerischen Fertigkeiten auf einen speziellen Typus festgelegt sein oder sich selber festlegen. Hervorgegangen aus den feststehenden Typen der Commedia dell'arte, war die Einteilung in Rollenfächer im europäischen Theater besonders im 18. und 19. Jh. gebräuchlich, an mittleren und kleineren Theatern sogar noch im 20. Jh. So kannte beispielsweise das 19. Jh. die Einteilung der männlichen Darsteller in erste Rolle, Held, Bonvivant, Chevalier, Geck, Intrigant, Bösewicht, Verräter, Mantelrolle, Vertrauter, pfiffiger Bedienter. Die weiblichen Darsteller teilte man ein in Heldenmutter, erste Heldin, Liebhaberin, Soubrette

oder Kammermädchen, komische Alte, zweite und dritte Liebhaberin. Die in einem Ensemble vertretenen Rollenfächer bestimmten die Auswahl und Besetzung eines Stücks, legten die Hierarchie der Schauspieler innerhalb des Theaters fest und regulierten die Gagen.
Im heutigen Theater wird nicht mehr nach Rollenfächern, sondern nach der Individualität der Schauspieler besetzt. Künstlerisch macht die Einteilung in Rollenfächer deshalb keinen Sinn mehr. Lediglich im Musiktheater hat die Einteilung in **Kunstfächer**, z. B. Helden-Tenor, Wagnerbaß, aufgrund der Stimmlagen Berechtigung.

Rollenspiel Der Begriff stammt aus der Spiel- und Sozialpädagogik und Psychotherapie. Im Rollenspiel wird eine reale Lebenssituation vorgegeben, meist ein Alltagskonflikt, den eine Gruppe oder ein einzelner im theatralen Spiel zu lösen versucht, um daraus Strategien für die Lebenspraxis zu gewinnen. Im Spiel erproben die Beteiligten Verhaltensmöglichkeiten sozialer Rollen mit dem Ziel, sich der eigenen Situation bewußt zu werden und Alternativen zu lernen.

Roscius (ca. 125–62 v. Chr.) Der als Sklave geborene Quintus Roscius Gallus war ein vom Publikum gefeierter legendärer römischer Schauspieler, der durch seine großen künstlerischen Leistungen die Freiheit und beträchtliches Vermögen erwarb. Geschätzt als Gesellschafter des römischen Adels, war er befreundet u. a. mit Cicero. Sein Name stand noch bis ins 19. Jh. für überragende Darstellungskunst eines Schauspielers, so nannte man Konrad Ekhof zu seiner Zeit den „Roscius der deutschen Schauspielkunst“.

Theater der **Russischen Revolution** Die ersten Jahre nach dem Oktoberumsturz von 1917 bezeichnet man häufig als die „heroische Periode“ der Russischen Revolution, in der radikale Umwälzungen nicht nur in politischen und wirtschaftlichen Bereichen stattfanden, sondern ebenso im Alltagsleben und der Kultur. Was das Theater der Russischen Revolution an neuen dramatischen Formen, szenischen Mitteln und Spielweisen hervorbrachte, beeinflußte nachhaltig die Entwicklung des gesamten europäischen Theaters, in Deutschland vor allem das ▶ Arbeitertheater und die Theaterarbeit von ▶ Piscator und ▶ Brecht.
Noch bevor die Bolschewiki die Macht übernahmen, hatten sich in Rußland unabhängig von der Partei proletarische Organisationen herausgebildet, die eine kulturelle Revolution anstrebten: die kulturelle Front und die Proletkult-Bewegung. Die **kulturelle Front** war ein Zusammenschluß von unzähligen autonom arbeitenden Gruppen, Zirkeln, Komitees, eine selbständige Organisation der Arbeiter, die ihren Ursprung in den gewerkschaftlichen und betrieblichen Arbeiterklubs hatte und überall dort auf den Plan trat, wo es galt, die Revolution ideologisch durchzusetzen und zu verteidigen. Die Basis ihrer Theaterarbeit bildeten die **selbsttätigen Theater** der Arbeiter, Bauern und Soldaten. ‚Selbsttätig‘ bezeichnete weniger eine bestimmte Theaterform als ein

dem professionellen Theater entgegengesetztes Prinzip. Die selbsttätigen Theater setzten sich aus Laien zusammen, die im Unterschied zu Amateurbühnen Theater nicht als Freizeitbeschäftigung, sondern als eine Form der politischen Propaganda am Arbeitsplatz ausübten. Den schnell wechselnden Tagesereignissen und dem kulturellen Stand ihres Publikums Rechnung tragend, entwickelten sie neue, für sie typische Spielformen: Die **Lebende Zeitung** informierte in unterhaltsamer Weise und mit Mitteln der chorischen Rezitation, Pantomime, Akrobatik, des Tanzes u. ä. ein meist leseunkundiges Publikum über Tagesaktualitäten. **Gerichtsspiele** stellten meist Konflikte zwischen Bourgeoisie und Proletariat nach, wobei die Zuschauer aktiv ins Spielgeschehen eingriffen. Es waren gewissermaßen Lehrstücke für bewußtes politisches und soziales Handeln, das im theatralen Handeln trainiert werden sollte. In **Massenfesten** schlossen sich mehrere Theaterzirkel, Künstler, Musiker, Sänger und politische Redner zusammen und machten oft eine ganze Stadt zur Bühne, um politische, soziale, ökonomische Erfolge gemeinsam mit der Bevölkerung zu feiern.
Während das Theater der kulturellen Front sich als politisch-aufklärerisch verstand, verfolgte der vorwiegend von Intellektuellen getragene **Proletkult** (Zusammenziehung aus russ.: proletarskaja kul'tura = proletarische Kultur) das Ziel, die kulturell-schöpferischen Fähigkeiten der Arbeiter zu fördern. Der wichtigste Theoretiker war Platon M. Kerschenzew (1881–1940); sein Buch *Das schöpferische Theater* erschien 1924 auch in deutscher Sprache. Das Theater des Proletkults strebte die künstlerische Selbsttätigkeit der Arbeiter an, die in einer Übergangsphase auf Laienbühnen verschiedenster Art (Bauern-, Fabrik-, Nachbarntheater usw.) ihre theatralen Fertigkeiten entwickeln sollten, um schließlich die Kommunikationsform Theater gänzlich aufzulösen. Das Konzept ging davon aus, daß Theaterspiel eine Tätigkeit wie jede andere Arbeit sei, es zu den grundlegenden Ausdrucksformen aller Menschen gehöre und deshalb nicht von Spezialisten auf der Bühne vor Zuschauern ausgeübt werden dürfe. Theater sollte vielmehr in alltägliche Lebenspraxis überführt werden, d. h. als Gestaltungsweise von Arbeit in der allgemeinen materiellen Produktion aufgehen.
Das Theaterkonzept des Proletkults ist weitgehend Theorie geblieben, mit der die Praxis des proletarischen Theaters nur wenig gemein hatte. Wie die propagierte „Theatralisierung des Lebens" in der Theaterpraxis aussah, zeigte sich insbesondere im **Massentheater**, das heute vielfach für die typischste Form des russischen Revolutionstheaters gehalten wird. Es erreichte 1920 seinen Höhepunkt und fand in dem Regisseur Nikolai Nikolajewitsch Jewreinow (1879–1953) seinen bedeutendsten Repräsentanten. Berühmt wurde Jewreinows *Erstürmung des Winterpalais* in Petrograd, einer Monumental-Inszenierung, in der er die Revolutionsereignisse von 10.000 Statisten in der gesamten Stadt nachspielen ließ. Daß dadurch die Revolution zu einem bloßen Theaterspektakel geriet, stand im krassen Widerspruch zu den Grundideen des Proletkults.

Das Massenspiel Die Erstürmung des Winterpalais *in der Inszenierung von Nikolai Jewreinow, Petrograd 1920*

Nur noch wenig Gemeinsamkeit mit den theoretischen Entwürfen hatte auch das 1920 in Moskau gegründete 1. Arbeitertheater des Proletkults. Die Hauptdifferenz lag in der dominierenden Rolle künstlerischer Persönlichkeiten, die in traditioneller Weise eine individuelle künstlerische Arbeit verfolgten, so der Regisseur Sergej Eisenstein (1898–1946). In seinem **Theater der Attraktionen** wurde die Beziehung zwischen Theater und Lebenssituation institutionalisiert und nur noch fiktiv hergestellt; nicht Arbeiter übten aktiv Theater aus, sondern stellvertretend für sie griffen als Zuschauer verkleidete Schauspieler in das Bühnengeschehen ein. Die Attraktion bestand darin, daß sinnlich stark wirkende Elemente des Grand Guignol, des Zirkus und des Sports (z. B. Boxkampf im Ring inmitten der Zuschauer) benutzt und so montiert wurden, daß sie beim Zuschauer emotionale Reaktionen auslösten. In extremer Weise verwirklichte dieses Prinzip Eisenstein gemeinsam mit dem Schriftsteller Sergej

Agitprop-Truppe „Die Blauen Blusen"

Tretjakow (1892–1939) in der Inszenierung von Alexander Ostrowskis *Eine Dummheit macht auch der Gescheiteste*, 1923.
Beiden ging es um die agitatorische Wirkung von Theater. Für Eisenstein resultierte diese einzig aus einem vollendeten Stil, dessen Vervollkommnung er ab 1924 nicht mehr im Medium Theater, sondern im Film suchte, mit dem er Weltruhm erlangte (z. B. *Panzerkreuzer Potemkin*). Demgegenüber bemaß Tretjakow die agitatorische Wirkung allein am politischen Nutzen. Auch er verließ das Proletkult-Theater und wandte sich den **Blauen Blusen** zu, einer Organisation von über 5.000 Agitprop-Truppen proletarischer Laienkünstler, deren erste 1923 in Moskau auftrat. Tretjakow beteiligte sich an der ständigen Veränderung der Konzeptionen und lieferte Texte für die Aufführungen, die Ähnlichkeit mit den Spielformen der selbsttätigen Theater hatten. Ein Gastspiel der Blauen Blusen löste 1926 in Deutschland die Gründung zahlreicher Agitprop-Truppen nach dem gleichen Muster aus.

Das Schwitzbad *von Wladimir Majakowski in der Inszenierung von Wsewolod Meyerhold, Moskau 1930*

Neben den nicht-professionellen proletarischen Theatern, die als markanteste Ausprägung des russischen Revolutionstheaters gelten, bestanden auch weiterhin die ehemals bürgerlichen, professionellen Theater, freilich in veränderter Form. Sie unterstanden alle der Theaterabteilung des Volkskommissariats für Bildung, deren Leiter, der Regisseur ▶ Meyerhold, 1920 den ▶ Theateroktober ausrief. Hauptziele waren Politisierung der Theaterprogramme, Nutzbarmachung der Spielformen des proletarischen für das professionelle Theater und Herausbildung einer revolutionären Theaterästhetik, die sich gegen Naturalismus und Psychologisierung auf der Bühne wandte.
Programmatisch waren Meyerholds Inszenierungen von Erich Verhaerens sozialutopischem Drama *Die Morgenröte* (1920) und Wladimir Majakowskis *Mysterium buffo* (1921) am „1. Theater der Russischen Sowjetrepublik“ in Moskau. Er setzte damit den Konstruktivismus auf der Bühne durch, d.h. eine Mechanisierung der Szenerie mittels beweglicher Spielgerüste und eine Stilisierung der Spielweise unter Anwendung der von ihm entwickelten Biomechanik, einer Schauspieltechnik, die auf genauer Kenntnis der Mechanik des Körpers beruht. Er kompensierte die von ihm angestrebte nüchterne und theaterfremde Verwissenschaftlichung des Spiels durch zirzensische Mittel und Elemente der Commedia dell'arte.
Außer Meyerhold, der seit 1923 zusätzlich das „Theater der Revolution“ in Moskau leitete und außerdem das „Meyerhold Theater“ gründete, beteiligten sich am Theateroktober vor allem die Regisseure ▶ Tairow, ▶ Wachtangow, Nikolai P. Ochlopkow (1900–67) und Alexej D. Popow (1892–1961). Bei allen stilistischen Unterschieden war die Politisierung des Theaters das Verbindende. Klassische Dramen dienten häufig nur als Anregung, wurden politisch umfunktioniert und im Sinne der Revolution aktualisiert. Zugleich schuf der Theateroktober aber auch organisatorische und ästhetische Voraussetzungen für eine neue, spezifisch sozialistische Dramatik. Bedeutendster Repräsentant: Wladimir Majakowski (1893–1930) *(Mysterium buffo, Das Schwitzbad, Die Wanze)*. Weitere wichtige Vertreter des zeitgenössischen sowjetischen Dramas: Wladimir N. Bill-Belozerkowski (1885–1970; *Der Sturm, Mond von links*), Isaak Babel (1894–1941; *Sonnenuntergang, Maria*), Wsewolod Wischnewski (1900–51; *Die optimistische Tragödie*), Nikolai Erdmann (1902–70; *Das Mandat*), Sergej Tretjakow (1892–1939; *Höre Moskau!, Brülle China!, Ich will ein Kind haben*).
Vom Theateroktober und den damit verbundenen kulturrevolutionären Veränderungen nicht erfaßt wurden die ehemaligen Staatstheater in Petrograd und in Moskau, vor allem das **Bolschoi-Theater**, die Spielstätte der weltbekannten Ballett-Compagnie in Moskau, und das von ▶ Stanislawski gegründete Moskauer Künstlertheater. Man stellte sie gewissermaßen unter Denkmalschutz. Seit Mitte der 20er Jahre spielte das Revolutionstheater im sowjetischen Theaterleben eine immer geringer werdende Rolle und stagnierte vollends unter der Herrschaft Stalins.

Blick in eine Rüstkammer

Rüstkammer In diesem Lagerraum des Theaters bewahrt man Rüstungen und Waffen aller Art auf. Verwaltet wird er vom **Rüstmeister**, der meistens durch eine entsprechende handwerkliche Ausbildung, z. B. als Schmied oder Schlosser, auch in der Lage ist, selbst Bühnenrüstungen und -waffen anzufertigen.

S

Sachs, Hans (1494–1576) Der Nürnberger Lyriker, Prosaist und Dramatiker ging nach dem Besuch der Lateinschule bei einem Schuhmacher in die Lehre und widmete sich dem Studium des ▶ Meistersangs. Seit 1520 war er Meister. Als Voraussetzung dafür galt allgemein die Erfindung eines Meistersangs mit neuer Versform und neuer Melodie. Sachs lebte als angesehener und wohlhabender Zunftbürger in Nürnberg und war zugleich Oberhaupt der Nürnberger Meistersingerschule.
Neben Meisterliedern und Spruch-

gedichten schuf er eine große Zahl dramatischer Werke: Fastnachtsspiele, „Tragedien" und „Comedien", die man allerdings mit unserem heutigen Gattungsverständnis nicht gleichsetzen kann. Vorbilder fand er in den Dialogen Lukians, in den Komödien des Plautus und Terenz, wobei es sich oft um dialogisierte Erzählungen ohne große dramaturgische Feinheit handelte. Über die Aufführungsform seiner dramatischen Werke wissen wir wenig. Hans Sachs' Dichtungen waren weit verbreitet und bis zum Dreißigjährigen Krieg von großer Wirkung. Er popularisierte zu seiner Zeit neue, von den Humanisten erst erschlossene Stoffe der Antike, verwendete auch die Bibel, deutsche Sagen und zeitgenössische Literatur wie Boccaccios *Decamerone* und das deutsche Volksbuch vom *Eulenspiegel*. Das Fastnachtsspiel, das sich aus derben Fastnachtsumzügen entwickelt hatte, reinigte er von unzüchtigen Anspielungen und ordnete es seinen von Luthers Reformation geprägten moralischen Ansichten unter. Der junge Goethe und andere Dichter des Sturm und Drang schätzten an der Sprache Luthers und Hans Sachs' die ungeschminkte Direktheit. Goethe erneuerte den von Hans Sachs verwendeten **Knittelvers**, z. B. in *Faust I*. Auch Schiller nutzte diesen Ton des einfachen Volkes in *Wallensteins Lager*. In der Romantik galt Sachs als Symbol altdeutschen Stadtbürgertums. ▶ Wagner verewigte ihn 1867 in den *Meistersingern*.

Schattentheater In dieser Form des ▶ Puppentheaters stellt man dramatische Szenen und Szenenfolgen durch flache Figuren mit beweglichen, an Stäben geführten Körperteilen dar. Die Figuren werden hinter einer beleuchteten wei-

Javanisches Schattentheater. Blick hinter die Leinwand auf den Spieler und seine Figuren

ßen Leinwand bewegt. Das Schattentheater ist hauptsächlich im Fernen und Nahen Osten beheimatet und durch eine lange, mehr als tausendjährige Geschichte geprägt. Man unterscheidet schwarz-weiße Schattenfiguren und transparent-farbige Schemenfiguren. In Europa ist das Schattenspiel seit dem 17. Jh. bekannt, konnte sich aber gegenüber den heimischen Formen des Puppenspiels nie durchsetzen.

Schaubühne Bis Anfang des 19. Jh.s war Schaubühne die Bezeichnung für Schauspielbühne und Sprechtheater. Außerdem steht der Begriff als Kurzform für ein 1962 in Berlin gegründetes Privattheater ohne festes Ensemble: die **Schaubühne am Halleschen Ufer**, die sich um einen politisch profilierten Spielplan bemühte. 1970 trat ▶ Stein als künstlerischer Leiter in die Direktion ein und gründete ein Ensemble. Die Schaubühne am Halleschen Ufer, nach dem Umzug 1981 **Schaubühne am Lehniner Platz** genannt, wird seit 1970 nach einem Mitbestimmungsmodell geleitet, das alle Gruppen (Direktion, Ensemble, Technik, Verwaltung) umfaßt.

Schauspiel Dieser Begriff hat mehrere Bedeutungen: 1. Spartenbezeichnung für Sprechtheater im Dreispartenbetrieb des Stadttheaters im deutschsprachigen Raum; 2. Aufführung eines Stücks des Sprechtheaters vor Publikum; 3. Oberbegriff für alle ▶ Gattungen oder Untergattungen des ▶ Dramas; 4. Bezeichnung für ein ernstes Stück, das in der Fabelführung, besonders am Schluß, sich weder der Tragödie oder dem Trauerspiel noch der Komödie nähert, wie Lessings *Nathan der Weise* – von Lessing selbst „ein dramatisches Gedicht" genannt – oder Kleists *Prinz Friedrich von Homburg*.

Schausteller Sammelbezeichnung für Kleingewerbetreibende, die zumeist im Familienbetrieb auf Volksfesten ihrem Gewerbe nachgehen. Im Unterschied zu ihren historischen Vorgängern, dem ▶ Fahrenden Volk, haben Schausteller in der Regel einen festen Wohnort und reisen nur während der Saison, von Frühjahr bis Herbst. Die heutigen Formen des Gewerbes werden grob unterteilt in Fahrgeschäft (Riesenrad, Achterbahn u. ä.), Schaugeschäft (artistische Darbietungen, Panorama) und Belustigungsgeschäft (Geisterbahn, Schießstand, Büchsenwerfen). Ältere Schaubudensensationen wie Akrobatik, Abnormitäten haben an Bedeutung verloren; sie wurden Ende des 19. Jh.s zu Nummern des ▶ Zirkus oder ▶ Varietés.

Scheinwerfer Sowohl auf der Bühne als auch in Film- und Fernsehstudios ist der Scheinwerfer der wichtigste Beleuchtungskörper. Es handelt sich um eine technische Vorrichtung, die das nach allen Seiten abstrahlende Licht einer Lampe in eine bestimmte Richtung lenkt und auf eine mehr oder weniger kleine Auffallfläche begrenzt. Die einfachste Ausführung ist aus den Fußballstadien bekannt: der **Flutlichtstrahler**, bestehend aus Glühlampe und Reflektor, meist zusammengefaßt zu Reihen oder Flächen. Hierbei strahlt das Licht sehr breit ab, während andere Scheinwerfer das Licht sehr viel stärker richten und begrenzen.
Der **Linsenscheinwerfer** besteht im Prinzip aus einem Kugelspiegel, der das Licht nach hinten abfängt und reflektiert, aus einer Linse und aus der Lampe, die in ihrem Abstand zur Linse in der optischen Achse so verändert werden kann, daß sich der Lichtkreis, der Abstrahlwinkel bzw. die Auffallfläche,

Stufenlinsenscheinwerfer

variieren läßt. Eine andere technische Lösung stellt der **Parabolspiegelscheinwerfer** dar, der ohne Linse arbeitet und mit einer Niedervoltlampe im Brennpunkt eines Parabolspiegels ein sehr eng gebündeltes, paralleles Licht erzeugen kann. Er wird daher auch als Verfolgungsscheinwerfer (kurz: **Verfolger**) eingesetzt. Einzelne Figuren können mit kleinem Lichtkegel aus dem Dunkel herausgeleuchtet oder im Gesamtlicht aufgehellt und in ihren Bewegungen mit Hilfe einer drehbaren Aufhängung ‚verfolgt' werden.

Vielseitig verwendbar und überall, besonders auch auf kleinen Bühnen und im Schul- und Amateurtheater einsetzbar und relativ preiswert ist jedoch der genannte Linsenscheinwerfer sowie dessen Variante, der **Stufenlinsenscheinwerfer**.

Schiller, Friedrich (1759–1805) Der Lyriker, Erzähler, Dramatiker, Kunsttheoretiker, Arzt und Historiker besuchte nach der Lateinschule 1773 auf Geheiß seines Herzogs Karl Eugen (1728–93) die Militärpflanzschule, später „Hohe Karlsschule" genannt. Er studierte Medizin und wurde 1780 Regimentsmedicus in Stuttgart. Seit 1777 schrieb er an seinem ersten Drama, *Die Räuber*, das ihn nach der Uraufführung am 13. Januar 1782 in Mannheim sogleich bekannt machte als talentierten Dramatiker und als Fürstenhasser. Karl Eugen verbot ihm, ins Ausland zu reisen, was in der deutschen Kleinstaaterei bedeutete, daß er nicht einmal nach Mannheim durfte. Schließlich untersagte der Herzog ihm das Stückeschreiben. Doch Schiller, der Berufsschriftsteller werden wollte, floh 1782 nach Mannheim. 1783/84 erhielt er dort am Nationaltheater eine Anstellung als ▶ Theaterdichter, allerdings nur für begrenzte Zeit. Schiller hatte inzwischen ein bürgerliches Trauerspiel, *Luise Millerin*, geschrieben, das 1784 unter dem Titel *Kabale und Liebe* uraufgeführt und wie *Die Räuber* ein großer Erfolg wurde. 1787 fand die Uraufführung von *Don Carlos* durch Friedrich Ludwig Schröder in Hamburg statt.

Zwei Jahre später traf Schiller zum ersten Mal mit Goethe zusammen, der ihm eine unbesoldete Professur für Geschichte in Jena verschaffte. 1794 begann die engere Zusammenarbeit zwischen Goethe in Weimar und Schiller in Jena, die sich auf ihre literarische Arbeit auswirkte, aber auch auf den Spielplan des Weimarer Theaters. In den folgenden Jahren beendete Schiller die *Wallenstein*-Trilogie, *Maria Stuart*, *Die Jungfrau von Orléans*, *Die Braut von Messina*, *Wilhelm Tell*. 1789 und 1799 wurde die *Wallenstein*-Trilogie im Weimarer Theater unter Anleitung des Theaterdi-

rektors Goethe uraufgeführt. Die Proben zu *Maria Stuart*, 1800 uraufgeführt, leitete Schiller selbst.
Schiller, zeitweise der meistgespielte deutsche Klassiker, erreichte damals wie heute seine dramatische Wirkung durch zugespitzte, kolportagehafte Situationen, in denen er komplexe geschichtliche Prozesse melodramatisch aus den Gefühlen und persönlichen Interessen einzelner historischer Figuren begründet. Sein Pathos, sein Hang zu effektvollen dramaturgischen Lösungen stehen nicht im Widerspruch zu seinen idealisierenden kunsttheoretischen Anschauungen. 1784 hielt er einen Vortrag zum Thema *Was kann eine gut stehende Schaubühne eigentlich wirken?*, gedruckt unter dem, für die damalige Theaterauffassung des Bürgertums und insbesondere für Schillers Konzeption programmatischen Titel *Die Schaubühne als eine moralische Anstalt betrachtet*. Hierin schließt er sich dem Kunstverständnis der Aufklärung an, indem er die Bühne zu einem nützlichen pädagogischen Instrument erklärt, das „Irrtümer der Erziehung" korrigieren und Konflikte zwischen absolutistischer Herrschaft („Oberhäupter und Vormünder des Staates") und bürgerlichen Interessen („Nation") harmonisieren kann. Später rückte Schiller von der Bestimmung des Theaters und der Kunst allgemein als moralischer Institution ab. Intensive Studien der Philosophie Immanuel Kants (1724–1804) und die blutige Realität der Französischen Revolution trieben Schiller in noch entschiedenere idealistische Anschauungen. In den Schriften *Über Anmut und Würde*, 1793, und *Über die ästhetische Erziehung des Menschen*, 1795, wird Kunst für ihn zum idealen Reich der Freiheit, zur selbstbestimmten Vorwegnahme bürgerlicher Freiheiten mitten in Unfreiheit und Elend, das er als freier Autor am eigenen Leib erfahren mußte.

Schmiere Im Theaterjargon ist der Ausdruck seit der Mitte des 19. Jh.s für materiell schlecht ausgestattete Bühnen bezeugt. Es waren oft Wanderbühnen im Familienbetrieb, die mit künstlerisch und finanziell hochstehenden Hof- und Stadttheatern nicht mithalten konnten. Heute wird der Ausdruck für künstlerisch zweifelhafte, auf billige Publikumswirkung bedachte Theater angewendet. Die Spielweise, die man als eine künstlerisch unwahrhaftige, nach Effekten heischende Art brandmarken will, nennt man im Jargon **Schmierentheater**, den entsprechenden Darsteller auch **Schmierenkomödiant**.

Schminke Farbstoffe zur Bemalung des Gesichts und des Körpers der Darsteller sind neben Bühnenbild, Kostüm und Spielweise das wichtigste Element im Theater. Man unterscheidet Fett- und Wasserschminken, die beim Auftragen auf die Haut, beim Mischen von verschiedenen Farben und in der Farbwirkung verschiedene Eigenschaften zeigen. **Fettschminke** ist weniger dekkend, aber leichter zu mischen und zu verteilen. **Wasserschminke** ist weniger geschmeidig, aber deckt besser. Die Entscheidung, welche Schminkart man bevorzugt, ist von verschiedenen Faktoren abhängig wie Hauttyp, Umgebungsfarben, Entfernung zum Zuschauer, vor allem aber vom Licht. Schminken dient der Aufhellung und deutlicheren Konturierung von Gesichtszügen – um eine Wirkung auf größere Entfernung zu erzielen – und der Veränderung der individuellen Gesichtszüge, um Typisierung, Älterschminken, Jüngerschminken zu erreichen oder Clownsmasken, Tiermasken, Phantasiemasken aufzutragen. Die handelsüblichen Schminken tragen Farbbezeichnungen und Buchstaben, sie sind erhältlich in darauf spezialisierten

Drogerien, Hobby- und Scherzartikelläden.
Das wichtigste Schminkmaterial in Kürze: Es empfiehlt sich, von beiden Schminksorten (Fett- und Wasserschminke) ein Sortiment natürlicher Grundfarben, d.h. hellere, dunklere, rötere und gelbere Hauttöne, vorrätig zu haben. Für Phantasiemasken in leuchtenden, knalligen Farben empfiehlt sich Wasserschminke, für das plastische Herausarbeiten von Gesichtsformen aus oben genannten Gründen Fettschminke; hierzu benötigt man neben den Grundfarben (Hauttönen) zusätzlich eine Palette von Farbtönen die es ermöglichen, den Hautton aufzuhellen oder dunklere Töne aufzutragen. Ähnlich wie in der klassischen Malerei treten aufgehellte Teile des Gesichts in ihrer optischen Wirkung nach vorne, wirken erhöht, während abschattierte Partien zurücktreten, in der optischen Wirkung tiefer liegen. Zum Grundbestand eines Schminktisches oder Schminkkoffers gehören auch Konturenstifte in verschiedenen Farben wie schwarz, braun, blau, grün, altrot (= dunkleres rot), hellrot. Mit einem solchen **Dermatographen** kann man scharfe Linien ziehen oder die Linien verwischen, so daß sie weicher wirken, oder den Farbauftrag zu kleinen Flächen (rote Bäckchen, eingefallene Wangen usw.) ausarbeiten. Außerdem benötigt man, um Fettschminke auf der Haut haltbar zu machen, Puder und zum Entfernen von Fettschminke sogenannte **Abschminke** (eine Art Vaseline). Zur Herstellung von Warzen, Wunden, Veränderung der Nase oder des Kinns usw. dient **Nasenkitt** (eine hautfarbene, knetbare Wachsmischung) oder **Latex** (flüssiges Formgummi). Bärte, buschige Augenbrauen lassen sich mit Wollcrêpe, das ist ein fester, geflochtener Strang Wolle, der nach Bedarf ausgezupft und gekämmt und mit dem Klebemittel **Mastix** befestigt wird, herstellen, Zahnlücken mit schwarzem Zahnlack.
Das wichtigste Arbeitsmaterial in Kürze: Schminkschwamm zum Auftragen des Grundteints, Schminkpinsel (aus Marderhaar) in unterschiedlichen Stärken für Falten- und Flächenabschattierung, Puderquasten zum Auftragen und Entfernen überflüssigen Puders, Spezialspitzer für die weichen Dermatographen, Stoppelschwamm (groß strukturierter Schwamm) zum Imitieren von Bartstoppeln oder feinen Äderchen.

Schultheater An den geistlichen und weltlichen Spielen des Mittelalters beteiligten sich auch die in öffentlicher Rede geschulten Zöglinge der Klosterschulen. Rhetorik – die Kunst des öffentlichen Redens und Argumentierens – gehörte in Antike und Mittelalter zu den Sieben Freien Künsten, war also umfangreiches Pflichtfach. Das blieb auch bei der Neuentdeckung der Antike durch die Humanisten im 15. Jh. so, doch machten sie im Zusammenhang mit dem Rhetorik-Unterricht Drama und Theater selbst zu einem Unterrichtsschwerpunkt. In Nachahmung von Plautus, Terenz, Seneca schrieben sie Dramen in lateinischer Sprache, die sie mit ihren Schülern in der Schule aufführten. Schule wurde zum Zentrum eigener Theatertätigkeit von Lehrern und Schülern. Das **Drama der Humanisten** als Textgrundlage der Aufführungen

Aus Johannes Rassers Christliches Spiel von der Kinderzucht, *Ensisheim 1573*

hat freilich noch keine entwickelte dramatische Struktur im modernen Sinn, sondern Drama und Theater dienen der moralischen und humanistischen Erziehung und der Sicherheit in lateinischer Konversation, öffentlichem Auftreten, juristischer und theologischer Argumentation. Über die Spielweise geben uns die von den Humanisten neu geschriebenen Rhetoriken indirekt Auskunft, da nun im Gegensatz zu früheren Lehrbüchern der Kunst des Vortrags größte Aufmerksamkeit geschenkt wurde. Im *Liber de pronunciatione rhetorica* von Jodocus Willich (erschienen 1540, es folgten noch mehrere Auflagen) wird das Mienen- und Gebärdenspiel für den Vortrag vom Kopf bis zu den Füßen eingehend beschrieben. So formalisiert dieser rhetorische Darstellungsstil gewesen sein mochte, verlangte er doch ein gewisses Maß an Körperbewußtsein und Phantasie der Darstellung. Die Stoffe der Humanistendramen sind nicht nur der antiken Mythologie und Geschichte entnommen, sondern auch biblische Erzählungen wie *Susanna*, *Esther*, *Tobias*, *Jakob* auch das aus der Tradition der Moralitäten stammende Spiel von *Jedermann* sind mehrmals bearbeitet worden. Eines der frühesten Stücke ist die Komödie *Stylpho* (1494) des Elsässers Jakob Wimpheling. Johann Reuchlin führte seinen *Henno* 1497 mit Heidelberger Studenten auf: fünf Akte im Versmaß des jambischen Trimeters, dem Sprechvers der antiken Komödien und Tragödien, mit Prolog und Chören. Szenische Verwandlung wird durch den Abgang aller Figuren und Auftritt für die nächste Szene angedeutet. Die Terenzbühne, die als Einortbühne keiner Verwandlung bedurfte, setzte sich im Humanistendrama erst später durch.

Die Übergänge zum **protestantischen Schuldrama**, das nach der Reformation rasch aufblühte, sind fließend. Martin Luther unterstützte das Schuldrama, ebenso wie der humanistische Gelehrte Philipp Melanchthon, der sich auch um die Wiederaufführung antiker Dramen bemühte. 1525 führte er in seiner Privatakademie mit seinen Schülern die *Hecuba* des Euripides, den *Thyestes* des Seneca, den *Miles gloriosus* des Plautus und Terenz-Komödien auf. Neben den allgemein-erzieherischen Zielen wie im Humanistendrama, in dessen Dialogen durchaus schon theologische Auseinandersetzungen dokumentiert sind, verstand sich das protestantische Schuldrama vor allem als kämpferisches Forum konfessioneller Auseinandersetzung. Es verbreitete sich, ausgehend von Sachsen, vor allem im nord- und mitteldeutschen Raum. Die Bühnenform ist wie im Humanistendrama nicht einheitlich. Neben der ▶ Terenzbühne werden auch in Vorder- und Hinterbühne zweigeteilte Räume oder örtliche Gegebenheiten genutzt. Am Straßburger Gymnasium schlug man die Bühne zunächst in einem der Schulräume auf, seit 1565 stand auf dem Schulhof als fest installiertes „theatrum" ein Gerüst, zunächst ein langes schmales Podium, gegen Ende des 16. Jh.s gab es neben der Hauptspielfläche noch einen verschließbaren Innenraum und einen Balkon. Die erhaltene Farbskizze des von Stephan Broelman verfaßten Kölner *Laurentiusspiels* von 1581 zeigt dreizehn Spielorte, durch Torbögen und andere Versatzstücke angedeutet. Die gesamte Bühne ist auf drei Seiten von grünen Stoffbahnen begrenzt, die Torbögen sind vor Vorhangschlitzen als Auftrittsmöglichkeit errichtet. Die gesamte Bühne ruht auf Fässern, zwei Bäume des Innenhofes sind in die provisorische Simultanbühne einbezogen.

Es war im pädagogischen Konzept des konfessionell gebundenen, überwiegend protestantischen lateinischen Schuldramas und -theaters angelegt, daß eine breitere Öffentlichkeit über den Schulbetrieb hinaus an den Aufführungen interessiert war. Dafür mußte allerdings von einem der ursprünglichen Lernziele Abstand genommen werden – vom Latein. Zunächst halfen dem lateinunkundigen Teil des Publikums Inhaltsangaben, Prologe, Zwischenspiele in deutscher Sprache, schließlich übersetzte man die lateinischen Stücke in deutsche Knittelverse. Manchmal wurde nach der schulinternen Aufführung in Latein die deutsche Version auf dem Marktplatz oder an anderer öffentlicher Stelle dargeboten. Volkssprache und Marktplatz veränderten zwangsläufig das ursprüngliche Konzept: Volkstümliche Theatertraditionen, städtisches Handwerkertheater wurden als Unterhaltungselemente für das breite Publikum hinzugefügt.

Seit etwa Mitte des 16. Jh.s beginnen auch katholische Orden Theater als pädagogisches Mittel in ihren Schulen und in der Öffentlichkeit einzusetzen. Besonders das ▶ Jesuitentheater entwickelte sich zu einer wirkungsvollen Waffe der Gegenreformation. Außer den Jesuiten betrieben die Benediktiner, Zisterzienser und Piaristen **Ordenstheater**. Die seit 1540 bestehende Societas Jesu sah in ihren gymnasialen Lehrplänen Theateraufführungen als festen Be-

Bühne zur Aufführung des Laurentius *von Broelmann in Köln (1581)*

standteil vor. Die Aufführungen fanden vor allem am Ende des Schuljahres öffentlich statt, auch aus Anlaß kirchlicher oder weltlicher Feste oder der Anwesenheit eines hohen Würdenträgers. Ursprung und Trägerschaft des Jesuitentheaters lagen zwar bei den Schulen der Jesuiten, doch verlagerte sich dessen Funktion in öffentliche Bereiche jenseits der Schule. Jesuitentheater war als Medium der Glaubenspropaganda gedacht, es entstanden z. B. zahlreiche Heiligen-, Eremiten- und Märtyrerdramen. Das Jesuitentheater wandte sich aber auch weltlichen Themen zu und nutzte die barocke Theatermaschinerie zur Befriedigung der Schaulust breiter Volksschichten. Jesuitentheater war in die gegenreformatorische Politik der katholischen Höfe von Polen bis Spanien und Italien (im deutschsprachigen Bereich: Niederrhein, Bayern, Österreich) eingebunden. Das ursprünglich lateinsprachige Drama der Jesuiten wandelte sich konsequenterweise zum volkstümlichen üppigen Spektakel mit reicher Ausstattung und Musik. Neben dem Sprechtheater führte man auch große allegorische Ballette und sogar Opern auf. Nach anfänglichem Gebrauch der Simultanbühne ging man zur Guckkastenbühne mit Telari, Kulissen, Versenkungs- und Flugmaschinen über. Obwohl Jesuitentheater von Schülern gemacht wurde, hatte es an manchen Orten die Bedeutung eines Berufstheaters oder trat sogar zu den Wanderbühnen in Konkurrenz. Als das Berufstheater sich etablierte, wurde das Jesuitentheater zwar zurückgedrängt, bestand aber bis zur Auflösung des Ordens 1773. Auch wenn das Jesuitendrama ohne literarische Bedeutung war, hat es doch das deutsche Barock-Drama von Anton

Ulrich von Braunschweig, Andreas Gryphius, Daniel Caspar von Lohenstein u.a. beinflußt. Manche Dramatiker gingen auch aus Jesuitenschulen hervor und erhielten dort ihre Theaterkenntnisse: Cervantes, Goldoni, Corneille, Molière, Voltaire, wahrscheinlich auch Lope de Vega.
Verschiedene Gründe führten zum allmählichen Verschwinden des Schuldramas und Schultheaters. Entscheidend war die Konkurrenz anderer mächtig werdender Theaterformen. Dazu gehörte in den katholischen Gegenden auch das Jesuitentheater mit seinem theatralen Reichtum, aber auch andere opulente Formen wie Opern und Ballette in den Residenzstädten. Auch die Haupt- und Staatsaktionen der Wandertruppen zogen das Interesse des Publikums auf sich. Das schlesische Kunstdrama von Andreas Gryphius (1616–64) und Daniel Caspar v. Lohenstein (1635–83), die dem protestantischen Schuldrama hervorragende Stücke lieferten, steht schon am Ende der Gesamtentwicklung. Das gilt auch für die Dramen des Zittauer Schulrektors Christian Weise (1642–1708), der mit etwa 70 selbstgeschriebenen Stücken die Schuljugend theaterpädagogisch und mit moralischen Appellen auf rhetorische Kenntnisse und bürgerliche Lebenspraxis vorbereitete. Es war ein Nachklang, denn in Preußen und Sachsen und anderen norddeutschen Gebieten nahm der theaterfeindliche Pietismus, der eine nach innen gekehrte Frömmigkeit predigte, im 18. Jh. zunehmend Einfluß auf Pädagogik und Pädagogen. 1718 ließ König Friedrich Wilhelm I. von Preußen das Schultheater verbieten. Er ließ eine Kosten-Nutzen-Rechnung aufstellen, die zu dem Schluß kam, daß das Schultheater nur Kosten verursache, aber keine erzieherisch nützliche Wirkung auf die Gemüter der Schüler habe. 1773 hob Papst Clemens XIV. den Jesuitenorden auf, damit endete auch das Jesuitentheater.
Anstelle des Schultheaters blühten Liebhaber- und Familienbühnen auf. Ohne große Öffentlichkeit vergewisserten sich hier bürgerliche Freundeskreise und Familien durch belehrendes Spiel ihrer eigenen sittlichen und lebenspraktischen Grundsätze. Schultheater gab es auch im 18. und 19. Jh., aber ohne bindenden curricularen Zusammenhang wie im 16. und 17. Jh. Im Rahmen des Literaturunterrichts führte man klassische Dramen, lebende Bilder zum Todestag eines Dichters, Deklamationen zum Geburtstag des Landesfürsten usw. auf. Reformpädagogik und Jugendbewegung entdeckten um die Wende zum 20. Jh. Spiel und Theater als Ausdrucksmöglichkeit zwischenmenschlicher Beziehungen neu. Aus diesen Kräften entstand die breite Bewegung des ▶ Laienspiels, die wiederum nach dem 1. Weltkrieg die Basis für engagierte Theaterpädagogen war, über die herkömmlichen Aufführungen klassischer Dramen hinaus die verschiedensten Formen des Schulspiels zu entwickeln: völkisches Weihespiel, chorisches Sprechen und Spielen ohne besondere Hervorhebung einzelner Spieler, als Symbolik von Gemeinschaft und Innerlichkeit, eine Richtung, die Rudolf Mirbt vertrat; Martin Luserke bezog Sprache, Bewegung und Musik gleichermaßen in das musikalische Bewegungsspiel ein, auch Brechts Lehrstücke gehören zur Vielfalt des Schulspiels der 20er Jahre. Allen

diesen und vielen anderen Versuchen ist gemeinsam, daß sie unter Jugend- und Schultheater nicht die auch damals durchaus übliche Darbietung vorgegebener Sprachkunstwerke verstanden, sondern die Frage nach den spiel- und theaterpädagogisch richtigen Darstellungsformen stellten, Konzepte der räumlichen Beziehung zwischen Spielern und Zuschauern untersuchten, die Schüler und Jugendlichen zum Selberschreiben ihrer Spielvorlagen anregten.
Die Schulpolitik des Nationalsozialismus förderte das Schulspiel, aber in ihrem Sinne: Brechts Lehrstücke oder andere Konzepte demokratischen Inhalts, die dem Führerprinzip widersprachen oder den Ideen der Arbeiterbewegung nahestanden, verbot man.
Nach dem 2. Weltkrieg nahm das Interesse an Theater und Literatur allgemein zu, es gab großen Hunger nach ausländischen Stücken und Theaterkonzepten, die man mehr als ein Jahrzehnt lang nicht kennenlernen konnte. Auch in den Schulen sind Zeichen des Aufbruchs erkennbar: Thornton Wilders Stücke, die Stücke des französischen absurden Theaters und Brechts werden in den Schulen aufgeführt, das musikalische Schulspiel von Schulmusikern, die sich an Carl Orff orientieren, gepflegt; im Rahmen der Kunsterziehung werden Experimente mit Puppen, Marionetten, Schattenspiel, Masken, vor allem aber auch mit der in den 50er Jahren Mode gewordenen Pantomime gemacht. Unterstützt von den Kultusministerien der Länder wurden Schulspiel-Tagungen abgehalten, dadurch entstanden in der Bundesrepublik vielfältige Kontakte unter Schülern und Schulspielpädagogen, Zeitschriften wurden gegründet. 1967 gab es eine wohlwollende Empfehlung der Ständigen Konferenz der Kultusminister (KMK), das Darstellende Spiel in den Schulen stärker ins Curriculum zu integrieren, nachdem es bisher – anders als die musischen Fächer Kunst- und Musikerziehung – in freiwilligen Arbeitsgemeinschaften außerhalb des geregelten Unterrichts stattfinden mußte. Die Empfehlung der KMK schien die Mühe vieler engagierter Lehrer und Schüler zu belohnen, doch fand sie in den anstehenden Schulreformen der 70er Jahre keine Berücksichtigung. Bis heute ist Schultheater nicht als reguläres Fach in den Schulen der Bundesrepublik eingeführt. Viele Hindernisse sind bis zu diesem Ziel noch zu überwinden: Das Kurssystem der Sekundarstufe II läßt zu wenig Freiraum für Theaterspiel; die Lehrerausbildung berücksichtigt es nicht; es gibt keine einheitliche Politik zu dieser Frage in den einzelnen Kultusministerien. Weiterhin betreiben interessierte und engagierte Lehrer mit ganz unterschiedlichen Kenntnissen und theoretischen Konzepten am Rande des Curriculums in freiwilligen Arbeitsgemeinschaften Schultheater. Es gibt keine staatlich sanktionierte Ausbildung, aber die Möglichkeiten der Fortbildung, der Anregung in Workshops sind zumindest in den Großstädten zahlreich. Es geht nicht mehr nur um szenische Interpretation von literarischen Vorlagen, sondern um spielerisches Verhaltenstraining, um das Erlernen menschlichen Zusammenlebens, um die Erfahrung sozialer und kreativer Prozesse in der Gruppe (▶ Spielpädagogik, ▶ Theaterpädagogik).
Parallel zur Theaterarbeit in den einzelnen Schulen gab es schon in den 20er

Jahren Tagungen der am Schultheater interessierten Lehrer. In den 50er Jahren organisierte man den Erfahrungsaustausch von Laienspiel und Schulspiel in „Musischen Wochen", „Schulspiel-Tagen", zum Teil mit überregionalem Anspruch wie die „Internationale Laienspielwoche Korbach", die von 1948 bis 1973 jährlich stattfand. Gegenwärtig werden **Schultheaterwochen**, Schülertheater-Treffen usw. auf allen Ebenen organisiert: In vielen Städten kooperieren Schulen und Stadttheater, das Theater stellt Räume und technische Einrichtungen zur Verfügung, Theaterangehörige bieten Workshops an usw. Auch auf Länderebene treffen sich die Theatergruppen zum gegenseitigen Erfahrungsaustausch. Diese Schultheaterfestivals werden meist von der jeweiligen „Landesarbeitsgemeinschaft für Darstellendes Spiel" (oder ähnliche Bezeichnungen) organisiert. Seit 1980 findet in Berlin ein bundesweites Schülertheatertreffen statt, das seit 1985 „Theatertreffen der Jugend" heißt. Der „Bundeswettbewerb – Schüler machen Theater" wird von der Berliner Festspiele GmbH veranstaltet.

Schwarzes Theater Diese Technik der theatralen Darstellung verwendete man seit Ende des 19. Jh.s zunächst als Varieté-Nummer. Seit 1961 wurde sie vom Schwarzen Theater Prag jedoch als eigenständige Spielform weiterentwickelt. Vor schwarzem, Licht schluckendem Hintergrund bewegen schwarz gekleidete Darsteller helle Gegenstände oder Puppen. Da diese nur bei Licht reflektieren, scheinen sie frei im Raum zu schweben oder sich – unterstützt durch optische Tricks – zu verwandeln.

Shakespeare-Rezeption Seit etwa 1700 wurde William Shakespeare (1564–1616) in Deutschland bekannt. 1741 übersetzte ein literarischer Außenseiter, Caspar Wilhelm von Borck, zum erstenmal ein Shakespeare-Stück ins Deutsche: *Julius Caesar.* Johann Chr. Gottsched nahm dies zum Anlaß, Shakespeares Dramaturgie zu schelten, indem er sie mit dem von ihm propagierten französischen Klassizismus verglich. Dabei schnitt Shakespeare schlecht ab. Gottsched bemängelte die fehlende Reinheit der Gattung, die Mischung verschiedener sozialer Schichten, von „Pöbel" und „Helden", den Verstoß gegen die Regel der drei Einheiten, unwahrscheinliche Handlungsführung und jeder vernünftigen Wahrnehmung widersprechende Geistererscheinungen. Gottscheds Ablehnung enthält indirekt das Lob für die Vorzüge der ▶ elisabethanischen Theaterkonzeption, für die offene Form der Shakespeareschen Stücke. Das erkannte man auch im Umkreis Gottscheds, aber erst Lessing empfahl den deutschen Literaten Shakespeare als Vorbild, da seine Denkweise den Deutschen näher stehe als die der Franzosen. Shakespeare wird zum großen Dramatiker der Deutschen. Eine Ursache dafür ist auch die mangelnde literarische Tradition in Deutschland. Lessing erhoffte sich im 17. Literatur-

brief unter Shakespeares Einfluß das Aufblühen einer nationalen Dramatik.
In der folgenden Generation, im „Sturm und Drang", machten die Literaten aus Shakespeare eine Art Kult-Figur, und es entstand nicht nur eine shakespearisierende Dramaturgie in den Dramen des jungen Goethe *(Ur-Faust, Ur-Goetz)* oder des Jakob Michael Reinhold Lenz *(Der Hofmeister, Die Soldaten)*, sondern man spielte nun Shakespeare auch auf der Bühne. Friedrich Ludwig Schroeder, Schauspieler und Theaterleiter in Hamburg, bearbeitete und inszenierte 1776 auf der Basis der Prosaübersetzung von Christoph Martin Wieland und Johann Jakob Eschenburg *Hamlet* und *Othello*, 1778 *Der Kaufmann von Venedig*, *Maß für Maß*, *König Lear*, 1783 *Macbeth* in einer Übersetzung von Gottfried August Bürger.
Auch in den folgenden Jahrzehnten blieben Dramatiker unter Shakespeares Einfluß: Schillers *Die Räuber*, Kleists *Die Familie Schroffenstein*, *Robert Guiscard*, Grabbes *Herzog Theodor von Gothland*, *Marius und Sulla*, Büchners *Dantons Tod*, Grillparzers *König Ottokars Glück und Ende*. August Wilhelm Schlegel begann in den 90er Jahren eine Gesamtausgabe in deutschen Blankversen, die den poetischen Aspekt des Originals betont und Mehrdeutigkeit, Derbheit, Direktheit der Shakespeareschen Sprache zurückdrängt. Ludwig Tieck setzte Schlegels unvollendetes Übersetzungswerk fort, schließlich Graf Baudissin. 1833 erschien die Gesamtausgabe dieser bis heute meistgespielten Übersetzung. 1840 ließ der Theaterreformer Karl Immermann für *Was ihr wollt* von Rudolf Wiegmann eine spezielle Shakespeare-Bühne bauen: eine dekorationslose Einheitsbühne, die auf die visuellen Verwandlungen der damals üblichen Kulissenbühne verzichtete. Das Beispiel zeigt, daß die Auseinandersetzung mit Shakespeares Stücken auch die Theaterpraxis bewegte, denn die elisabethanische Dramaturgie mit ihren Wechseln des Ortes und des sozialen Milieus waren durch die standardisierten und numerisch begrenzten Verwandlungen der Kulissenbühne nicht adäquat zu bewältigen. Das änderte sich, als sich um die Jahrhundertwende plastisches Bühnenbild, Dreh- und Raumbühne als Alternativen des Regietheaters zur Kulissenbühne entwickelten. Max Reinhardt inszenierte 1905 die Komödie *Der Kaufmann von Venedig* auf der Drehbühne, auf deren Kreissegmenten neben den notwendigen Innenräumen eine venezianische Außenansicht mit Kanal, Gondel und darüberführender Brücke vollständig ausgearbeitet als plastisches Bühnenbild zu sehen war; im selben Jahr *Sommernachtstraum*, ebenfalls auf der Drehbühne mit plastisch ausgearbeiteten Spielorten, z.B. einem Wald mit tief gestaffelten Baumstämmen. Den *Sommernachtstraum* inszenierte Reinhardt insgesamt zwölfmal, zuletzt als Film im Exil in Hollywood (1935). Shakespeares Dramen waren neben den Dramen der deutschen Klassik Schwerpunkt seiner Spielpläne und seiner eigenen Regiearbeit; 1913/14 brachte er einen Zyklus von Shakespeare-Inszenierungen im Deutschen Theater in Berlin auf die Bühne; da Shakespeares dramatische Welt reich an sozialen Repräsentanten unterschiedlicher Schichten und Klassen und somit auch reich an Charakteren ist, boten diese Stücke dem ganz auf die Persönlichkeit der Schauspieler eingestellten Regisseur große Möglichkeiten der Regiearbeit.

Im 20. Jh. wird Shakespeare im deutschsprachigen Raum meistgespielter Autor. Keiner der bekannteren Regisseure geht an ihm vorbei: 1920 bringt Leopold Jessner *Richard III.* auf die symbolisierende Stufenbühne, aktualisiert 1926 *Hamlet* als Auseinandersetzung mit der wilhelminischen Gesellschaft vor dem 1. Weltkrieg, Jürgen Fehling inszeniert 1927 mit Fritz Kortner als Shylock den *Kaufmann von Venedig*.
Auch während des Nationalsozialismus blieb Shakespeare ein wichtiger, oft gespielter Autor in den deutschen Stadttheatern; in Berlin beschäftigten sich mit ihm die Regisseure Erich Engel und Jürgen Fehling. Fehling inszenierte 1937 *Richard III.* in einem riesigen Raum, der die Kleinheit, die Schicksalhaftigkeit menschlichen Handelns betonte; im Kontrast zu Fehlings dämonisierender Tendenz strebte Engel in *Maß für Maß* 1935, *Coriolan* 1936, *Der Sturm* 1937, *Othello* 1939 nach durchschaubarer Darstellung menschlicher Handlungsweisen in all ihren bei Shakespeare meisterhaft gezeichneten sozialen und individuellen Widersprüchen.
Fritz Kortner war in den 50er und 60er Jahren neben Brecht und seiner Schule die wichtigste Alternative zu einem damals in den Theatern vorherrschenden Verständnis der Klassiker als zeitlos gültigen Dichtungen, deren usprüngliche Kraft, soziale Realität zu reflektieren und lebensnahe Konflikte aufzugreifen, verdrängt wurde. Kortner untersuchte als Regisseur mit intensiver Probierlust und größter Detailgenauigkeit die klassischen Dramen auf ihre noch gegenwärtige und heute nachvollziehbare Wirklichkeitsnähe hin. Er wurde zum Vorbild einer jungen Generation von Regisseuren wie Peter Zadek und Peter Stein. Kortner selbst hatte 1920 in Jessners *Richard III.* die Titelfigur gespielt; zwischen 1955 und 1968 inszenierte er in München, Berlin und Wien acht Stücke Shakespeares.
Gegen eine Rezeption Shakespeares als nicht hinterfragbaren Klassiker stehen auch die Inszenierungen Peter Zadeks. Die Bremer Aufführung von *Maß für Maß* (1967) fand auf leerer Bühne und ohne besondere Masken, in Alltagskleidung statt. Zadek ließ junge Schauspieler in heutiger Gestik gegen herkömmliche Inszenierungstradition spielen: Die sonst als edel und keusch dargestellte Weigerung Isabellas, sich zur Rettung des Bruders dem Statthalter Angelo hinzugeben, wird als bigott und sexuell überdreht dargestellt. Zadeks Shakespeare-Inszenierungen in Deutschland seit 1960, als er zum ersten Mal in Ulm *Maß für Maß* inszenierte, entbehren oft jeden Respekts vor gewohnten Publikumserwartungen.
Die Übersetzungen von Schlegel-Tieck werden immer noch auf deutschen Bühnen gespielt, meist sprachlich bearbeitet, um von der romantisch-poetisierenden zu einer der Shakespeareschen Vielschichtigkeit und Vieldeutigkeit näheren Textfassung zu kommen. Weitere zahlreiche Übersetzungen und Bearbeitungen sind auf dem Markt. Häufiger gespielt werden gegenwärtig die Übersetzungen von Erich Fried und Thomas Brasch: Ihre Sprache ist direkter als die Schlegel-Tiecksche, entspricht heutigem Sprachgefühl. Brasch arbeitet besonders die obszöne Bedeutungsebene des Shakespeareschen Originals heraus.

Gotthold Ephraim Lessing, Briefe, Die neueste Literatur betreffend. 17. Brief. 16. Februar 1769

Niemand [. . .] wird leugnen, daß die deutsche Schaubühne einen großen Theil ihrer ersten Verbesserung, dem Herrn Professor Gottsched zu danken habe.

Ich bin dieser Niemand; ich leugne es gerade zu. Es wäre zu wünschen, daß sich Herr Gottsched niemals mit dem Theater vermengt hätte. Seine vermeinten Verbesserungen betreffen entweder entbehrliche Kleinigkeiten, oder sind wahre Verschlimmerungen.

Als die Neuberin blühte, und so mancher den Beruf fühlte, sich um sie und die Bühne verdient zu machen, sahe es freylich mit unserer dramatischen Poesie sehr elend aus. Man kannte keine Regeln; man bekümmerte sich um keine Muster. Unsre Staats- und Helden-Actionen waren voller Unsinn, Bombast, Schmutz und Pöbelwitz. Unsre Lustspiele bestanden in Verkleidungen und Zaubereyen; und Prügel waren die witzigsten Einfälle derselben. Dieses Verderbniß einzusehen, brauchte man eben nicht der feinste und gröste Geist zu seyn. Auch war Herr Gottsched nicht der erste, der es einsahe; er war nur der erste, der sich Kräfte genug zutraute, ihm abzuhelfen. Und wie ging er damit zu Werke? Er verstand ein wenig Französisch und fing an zu übersetzen; er ermunterte alles, was reimen und ‚Qui Monsieur' verstehen konnte, gleichfalls zu übersetzen; er verfertigte, wie ein Schweitzerischer Kunstrichter sagt, mit Kleister und Scheere seinen *Cato*; [. . .] er legte seinen Fluch auf das extemporiren; er ließ den Harlequin feyerlich vom Theater vertreiben, welches selbst die größte Harlequinade war, die jemals gespielt worden; kurz, er wollte nicht sowohl unser altes Theater verbessern, als der Schöpfer eines ganz neuen seyn. Und was für eines neuen? Eines Französirenden; ohne zu untersuchen, ob dieses französirende Theater der deutschen Denkungsart angemessen sey, oder nicht.

Er hätte aus unsern alten dramatischen Stücken, welche er vertrieb, hinlänglich abmerken können, daß wir mehr in den Geschmack der Engländer, als der Franzosen einschlagen; daß wir in unsern Trauerspielen mehr sehen und denken wollen, als uns das furchtsame französische Trauerspiel zu sehen und zu denken giebt; daß das Grosse, das Schreckliche, das Melancholische, besser auf uns wirkt als das Artige, das Zärtliche, das Verliebte; daß uns die zu grosse Einfalt mehr ermüde, als die zu grosse Verwickelung ec. Er hätte also auf dieser Spur bleiben sollen, und sie würde ihn geraden Weges auf das englische Theater geführet haben. [. . .]

Wenn man die Meisterstücke des Shakespear, mit einigen bescheidenen Veränderungen, unsern Deutschen übersetzt hätte, ich weiß gewiß, es würde von bessern Folgen gewesen seyn, als daß man sie mit dem Corneille und Racine so bekannt gemacht hat. Erstlich würde das Volk an jenem weit mehr Geschmack gefunden haben, als es an diesen nicht finden kann;

und zweytens würde jener ganz andere Köpfe unter uns erweckt haben, als man von diesen zu rühmen weiß. Denn ein Genie kann nur von einem Genie entzündet werden; und am leichtesten von so einem, das alles bloß der Natur zu danken zu haben scheinet, und durch die mühsamen Vollkommenheiten der Kunst nicht abschrecket.

JOHANN WOLFGANG GOETHE, ZUM SHAKESPEARES-TAG

Die erste Seite, die ich in ihm las, machte mich auf zeitlebens ihm eigen, und wie ich mit dem ersten Stücke fertig war, stund ich wie ein Blindgeborner, dem eine Wunderhand das Gesicht in einem Augenblicke schenkt. Ich erkannte, ich fühlte aufs lebhafteste meine Existenz um eine Unendlichkeit erweitert, alles war mir neu, unbekannt, und das ungewohnte Licht machte mir Augenschmerzen. Nach und nach lernt' ich sehen, und, Dank sei meinem erkenntlichen Genius, ich fühle noch immer lebhaft, was ich gewonnen habe.

Ich zweifelte keinen Augenblick, dem regelmäßigen Theater zu entsagen. Es schien mir die Einheit des Orts so kerkermäßig ängstlich, die Einheiten der Handlung und der Zeit lästige Fesseln unsrer Einbildungskraft. Ich sprang in die freie Luft und fühlte erst, daß ich Hände und Füße hatte. Und jetzo, da ich sahe, wie viel Unrecht mir die Herrn der Regeln in ihrem Loch angetan haben, wie viel freie Seelen noch drinne sich krümmen, so wäre mir mein Herz geborsten, wenn ich ihnen nicht Fehde angekündigt hätte und nicht täglich suchte, ihre Türne zusammenzuschlagen.

Das griechische Theater, das die Franzosen zum Muster nahmen, war nach innrer und äußerer Beschaffenheit so, daß eher ein Marquis den Alcibiades nachahmen könnte, als es Corneillen dem Sophokles zu folgen möglich wär'. [. . .]

Shakespeares Theater ist ein schöner Raritätenkasten, in dem die Geschichte der Welt vor unsern Augen an dem unsichtbaren Faden der Zeit vorbeiwallt. Seine Plane sind, nach dem gemeinen Stil zu reden, keine Plane, aber seine Stücke drehen sich alle um den geheimen Punkt (den noch kein Philosoph gesehen und bestimmt hat), in dem das Eigentümliche unsres Ichs, die prätendierte Freiheit unsres Wollens, mit dem notwendigen Gang des Ganzen zusammenstößt. Unser verdorbner Geschmack aber umnebelt dergestalt unsere Augen, daß wir fast eine neue Schöpfung nötig haben, uns aus dieser Finsternis zu entwickeln.

Alle Franzosen und angesteckte Deutsche, sogar Wieland haben sich bei dieser Gelegenheit wie bei mehreren wenig Ehre gemacht. Voltaire, der von jeher Profession machte, alle Majestäten zu lästern, hat sich auch hier als ein echter Thersit bewiesen. Wäre ich Ulysses, er sollte seinen Rücken unter meinem Szepter verzerren.

Die meisten von diesen Herren stoßen auch besonders an seinen Charakteren an.

Und ich rufe: Natur! Natur! nichts so Natur als Shakespeares Menschen.

Show (engl. = Schau) Das theatrale Unterhaltungsprogramm mit Musik und Tanz arbeitet besonders mit prunkvoller oder exotischer Ausstattung und starken Beleuchtungseffekten. Im deutschsprachigen Raum wird Show vor allem für ‚leichte' Theaterformen verwendet, also synonym für ▶ Revue und ▶ Musical. In den angelsächsischen Ländern ist Show Oberbegriff für alle Formen der darstellenden Künste: Film, Unterhaltungsprogramm im Fernsehen, Schauspiel, Musical, Oper.

Showboat Auf den großen Flüssen des Südwestens der USA, insbesondere auf dem Mississippi und dem Ohio gab es im 19. Jh. schwimmende Theater. Das früheste Zeugnis stammt aus dem Jahr 1817. Der Spielplan bestand hauptsächlich aus Melodramen und Märchenstükken. In der Regel waren die Theater als Familienbetrieb, ähnlich den Wandertruppen organisiert. Das Publikum setzte sich aus Pionieren und Siedlern zusammen, die an den Flüssen siedelten. Mit dem Ausbruch des Bürgerkriegs begann jedoch der Niedergang der Showboats.

Sicherheitsvorschriften und Sicherheitsanlagen in Theatern und anderen öffentlichen Versammlungsräumen dienen der Verhütung von Unfällen, dem Schutz vor Feuer und vor Panik. Regelungen sind durch eine entsprechende **Polizeiverordnung** (zuerst in Preußen, 1889) und die **Unfallverhütungsvorschriften** gesetzlich vorgegeben. Besonders in früheren Zeiten, als man für die Bühnenanlagen noch Holz verwendete und die Beleuchtungsgeräte mit Öl, dann mit Gas betrieben wurden, gab es zahlreiche **Theaterbrände**, Panik im Zuschauerraum, Hunderte von Toten und Verletzten. Der Brand des Ringtheaters in Wien, 1881, mit 386 Toten gab zu vielerlei Reformen im Theaterbau Anlaß. Von da an verwendete man Eisenkonstruktionen für den Bau der Bühnenmaschinerie. Mit der genannten Polizeiverordnung von 1889 wurde der ▶ Eiserne Vorhang obligatorisch. Elektrisches Licht und Installationen selbsttätiger Melde- und Löschanlagen haben inzwischen die Gefahren verringert. Dennoch bleiben Dekorationsteile und Kostüme leicht entflammbare Gegenstände, auch wenn sie vorschriftsmäßig entzündungshemmend imprägniert werden. Während der Vorstellung ist daher eine Brandwache vorgeschrieben. Sie wird in der Regel von der örtlichen Feuerwehr gestellt: Ein **Feuerwehrmann** sitzt vorne seitlich am Bühnenportal, von wo er die ganze Szene überblicken kann, notfalls muß in die Dekoration ein Guckloch geschnitten werden. Von hier kann er auch die Auslösungen für Eisernen Vorhang, Sprinkleranlage (künstlicher Regen zum flächendeckenden Löschen), Feuermelde- und Alarmanlage rasch bedienen.

Simultanbühne Für das Drama des Mittelalters ist die vorherrschende ▶ Bühnenform die Simultanbühne. Die Spielorte der christlichen Heilsgeschichte wurden auf einem Platz neben- oder übereinander aufgebaut, die Mitspieler waren ständig anwesend. Es gab keine Auftritte oder Abgänge, sondern die Spieler befanden sich in **Mansiones**, kleinen Häuschen, die Himmel, Paradies, Jerusalem, Jünstes Gericht, Hölle bedeuteten. Zwar wurden die Stationen des Misterien-, Passions- oder Legendenspiels zeitlich nacheinander erzählt, aber das räumliche Nebeneinander und die ständige Anwesenheit der Spieler vermittelten den Eindruck eines in allen Teilen gleichzeitig, simultan, gegenwär-

tigen Weltganzen. So erschienen auch Vorgänge wie Adams Sündenfall oder Christi Versuchung durch den Teufel eingeordnet in den gesamten heilsgeschichtlichen Kosmos.
Seit im Theater des 20. Jh.s Guckkastenbühne und Illusionstheater problematisiert werden, gewinnt das Prinzip der Simultanbühne wieder an Bedeutung: In Ferdinand Bruckners *Die Verbrecher* oder in Elias Canettis *Hochzeit* wird ein Haus im Querschnitt gezeigt. In der Traumspiel-Dramaturgie August Strindbergs und seiner Nachfolger durchdringen sich räumlich und zeitlich unvereinbare Schauplätze. ▶ Piscator parallelisiert politisch sich gegenseitig kommentierende Vorgänge: Theaterszene, Film, Spruchband, Conference usw.

Singspiel Musikalisches Bühnenwerk, in dem der gesprochene Dialog gegenüber den musikalischen Passagen gleichen Anteil hat oder sogar überwiegt. Die Musikeinlagen zwischen den Dialogen sind meist schlicht gehalten, aufwendigere Formen dienen allenfalls der Akzentuierung von Aktschlüssen. Das Singspiel des deutschsprachigen Raums bevorzugt Themen aus dem ländlich-bäuerlichen und bürgerlichen Milieu und ist darin der heiteren italienischen **Opera buffa** ähnlich, die auf volkstümliche Theatertraditionen Italiens, vor allem auf die Commedia dell'arte zurückgeht. Von größerem Einfluß war jedoch die französische **Opéra comique**. In ihr sind bereits die Rezitative durch gesprochene Dialoge ersetzt. Auch das ▶ Vaudeville, die leichte französische Musik-Komödie mit ihren volkstümlichen Spottliedern, ist Vorbild des deutschen Singspiels. Alle genannten Gattungen, auch das Singspiel, stehen in Opposition zur Oper großen Stils, vor allem zu der im 18. Jh. üblichen **Opera seria**, der ernsten, ‚seriösen' Oper. Diese knüpft an die klassische französische Tragödie an und hat die griechische Mythologie, heroische Gestalten und historische Persönlichkeiten zum Thema.
Das Singspiel war im 18. Jh. im deutschsprachigen Raum weit verbreitet und beeinflußte die deutsche klassische Oper. In Norddeutschland ist eine stärkere Abhängigkeit von der englischen ▶ Ballad opera zu beobachten, im süddeutsch-österreichischen Raum überwiegt der Einfluß des Wiener ▶ Volkstheaters und der italienischen Opera buffa. Die entscheidenden Beiträge des Singspiels zu einer deutschen Nationaloper erbrachten Komponisten wie Karl Ditters von Dittersdorf (1739–99), Christoph Willibald Gluck (1714–87), Joseph Haydn (1732–1809) und Wolfgang Amadeus Mozart (1756–91).

Skandal (griech.: skandalon = Ärgernis) Zur Theatergeschichte besonders seit dem Naturalismus gehört der Theaterskandal als Ausdruck des Widerspruchs zwischen der Theaterauffassung der Theaterschaffenden, insbesondere der Regisseure und Autoren, und der von Konventionen bestimmten Erwartungshaltung des Publikums. Die bewußte Aufkündigung des Konsenses, die Provokation des Publikums und dessen in Kauf genommene oder erwünschte heftige Gegenreaktion (Pfeifen, Schreien, den Saal verlassen, Werfen von Gegenständen auf die Bühne – bis zum Tumult, der zum Abbruch der Aufführung zwingt oder zwingen soll) haben ihre Ursache in Neuerungen auf der Bühne. Im Naturalismus ist die milieugerechte Darstellung sozialen Elends das Ärgernis, die bürgerliche Avantgarde seit 1900, die Futuristen und Dadaisten ritualisieren den Skandal, um das Publikum zu aktivieren. In den 20er

Schlagzeilen zum Theaterskandal um die geplante Aufführung von Rainer Werner Faßbinders Der Müll, die Stadt und der Tod *in Frankfurt am Main (1985)*

Jahren (Piscator u. a.) und in der zweiten Hälfte der 60er Jahre (Zadek u. a.) verblüfft und erzürnt die Neudeutung der Klassiker das traditionsbewußte Publikum.
Der Tumult im Zuschauerraum kann zum ‚Medienereignis' werden. Die Uraufführung von Rolf Hochhuths *Der Stellvertreter* 1963 löste eine in Presse und Fernsehen der Bundesrepublik breit geführte Debatte um die Rolle des Papstes und der katholischen Kirche im Nationalsozialismus aus. Andererseits kann die öffentliche Diskussion im Vorfeld einer Premiere eine Aufführung verhindern. Rainer Werner Faßbinders Stück *Der Müll, die Stadt und der Tod* wurde als antisemitisch beurteilt und die Premiere in Frankfurt am Main 1985 verhindert.

Skene (griech. = Zelt, Hütte) Im ▶ antiken Theater Griechenlands muß die Orchestra, der Tanzplatz des Chors, als der älteste Bestandteil des Theaters angesehen werden. Um die Orchestra stand oder saß das Publikum am Berghang. Später erst höhlte man den Berghang aus, so daß die architektonische Form des Zuschauerraums (Theatron) entstand, wie wir sie aus den Steinbauten kennen, die erst im 4. Jh. v. Chr. entstanden. In klassischer Zeit waren die Zuschauerbänke aus Holz gebaut. Erst als der bzw. die Einzeldarsteller (▶ Protagonist) dem Chor gegenübertraten und mit ihm eine dramaturgisch verwikkelte Handlung mit komplizierten Zeit-Raum-Beziehungen darstellten, entstand das Bedürfnis nach verdeckten Auftritten und Abgängen: Die Schauspieler hatten Zeitsprünge zu überbrükken, mußten Maske, Kostüm, Requisit wechseln, ohne daß der Zuschauer sie sah, zumal die Schauspieler mehrere Rollen spielten. Diesem Bedürfnis diente die Skene, zunächst eine zum jeweiligen Anlaß am Rand der Orchestra errichtete Hütte aus Holz, zur Zeit des Aischylos ein fester Holzbau mit einem zentralen Eingang. Aischylos bezog die Skene auch als Spielhintergrund ein. Die Skene mit Auftrittstür bedeutete einen bestimmten Handlungsort, seit ca. 460 v. Chr. verdeutlicht durch Kulissen mit perspektivischer Architekturmalerei, der ▶ Skenographie. Der schmale Raum zwischen Orchestra und Skene, das **Proskenion**, wurde zum Platz der Schauspieler, zunächst ebenerdig, zur Zeit der Komödien des Aristophanes um einige Stufen gegenüber der Orchestra angehoben. Die Orchestra blieb jedoch zunächst auch Aktionsfeld der Einzeldarsteller. Gegen Ende des 5. Jh.s v. Chr. war die Skene mit drei Türen ausgestattet, hatte zwei Stockwerke, auf dem oberen eine Plattform für Göttererscheinungen. Vermutlich war die Skene-Fassade zu dieser Zeit schon um die beiden auf Säulen gebauten Seitenflügel ergänzt, wie wir sie aus späteren Steinbauten kennen. Diese ▶ Paraskenien begrenzten seitlich das inzwischen erhöhte Proskenion, die ‚Bühne'. Größere Änderungen erfuhr der Theaterbau, insbesondere die Skene, in hellenistischer Zeit. Im Dionysos-Theater Athens (als Steinbau um die Wende vom 5. zum 4. Jh. v. Chr. begonnen, in der zweiten Hälfte des 4. Jh.s fertiggestellt) erfolgten die entscheidenden Umbauten um 200 v. Chr. Vor der Skene-Fassade wurde das Proskenion deutlich erhöht (drei bis vier Meter über der Orchestra) und mit der gleichen Säulenarchitektur versehen wie die Skene-Fassade. Deren oberes Stockwerk bildete jetzt den Spielhintergrund mit drei breiten Öffnungen für große Bildtafeln und eventuell bespielbaren Türen.
Die Erhöhung der ‚Bühne' verweist auf grundlegende Änderungen in der räum-

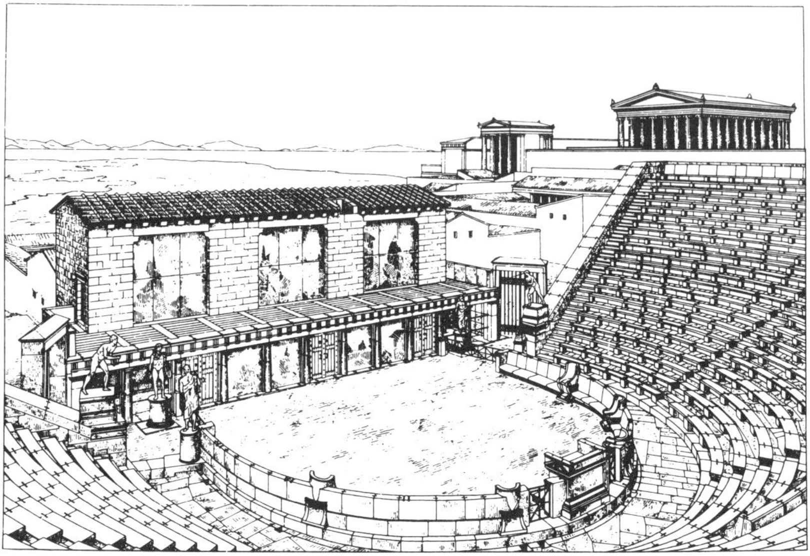

Rekonstruktionszeichnung des antiken Theaters von Priene mit Skene-Gebäude

lichen Beziehung der Zuschauer und Darsteller. Ursprünglich umgaben die Zuschauer den Ort der Vorführung, die Orchestra, und bildeten eine rituelle Einheit mit Chor und Darstellern. Jetzt sitzt der größere Teil des Publikums frontal zur Vorführung, es entsteht ein Gegenüber von Zuschauern und Spielenden, die Konzentration richtet sich auf den Schauspieler und seine immer virtuoser werdende Einzelleistung, Chor und ritueller Zusammenhang verschwinden.

Am Beispiel des Dionysos-Theaters in Athen lassen sich auch die entscheidenden Veränderungen der Skene in römischer Zeit dokumentieren: 16 n. Chr. entstand eine völlig neue Skene-Fassade (Scaenae frons), reich gegliedert durch Vollsäulen, hinter denen sich die Auftrittstüren befanden – eine szenisch neutrale Fassadenarchitektur, die auf Bühnenbilder (Skenographie) verzichtet. Das Rund der Orchestra wird, um Platz für die ausladende Skene-Fassade und das Proskenion zu schaffen, auf einen Halbkreis beschnitten.

Skenographie (griech. = Bühnenmalerei) In der griechischen Antike des 5. und 4. Jh.s v. Chr. verkleidete man die ▶ Skene, das einfache Bühnenhaus, das noch nicht wie im Hellenismus und in der Römerzeit eine architektonisch stark gegliederte Fassade hatte, mit perspektivisch gemalten Kulissen, die je nach Spielort architektonische Fassaden von Tempeln, Palästen usw. andeuteten. Sophokles soll, so berichtet Aristoteles, die Skenographie eingeführt haben. Auch Aischylos hat, laut Vitruv, Kulissen malen lassen. Wie detailliert diese Illustrationen gewesen sind, ist nicht bekannt. Es mag sich aber mehr um An-

deutungen als um illusionistische Malerei gehandelt haben.
In hellenistischer Zeit, als das Proskenion, die Spielfläche der Schauspieler, erhöht wurde, brachte man zwischen den Säulen des Proskenions bemalte Holztafeln an. Auch an der Fassade der Skene, dem Hintergrund der Spielfläche, befestigte man in den bis zu vier Meter breiten Öffnungen große und nun auch aufwendig gemalte Prospekte. Für Auftritte müssen in diesen Prospekten benutzbare Türen integriert gewesen sein. In späthellenistischer Zeit erfand man die ▶ Periakten zum Zweck des schnelleren Szenenwechsels.

Sketch (engl. = Skizze) Eine kurze Szene oder Szenenfolge, die sich zu einer prägnanten, komischen Schlußpointe zuspitzt. Figuren und Handlung sind nicht differenziert ausgearbeitet, Requisiten und Ausstattung nur angedeutet. Der Sketch ist eine beliebte Form im Kabarett, wird aber auch zu agitatorischen Zwecken im Arbeiter- oder Straßentheater verwendet.

Soffitte (ital.: soffitto = Decke) Schmale Stoffbahnen, die an Zügen in der ganzen Bühnenbreite über die Spielfläche hängen und den Einblick in die Obermaschinerie verdecken. Ursprünglich in der Kulissenbühne entsprechend den seitlichen Kulissen bemalt, vervollständigten sie die Raumillusion.

Souffleur (franz. = Einbläser, Einflüsterer) Während der Proben und Aufführungen flüstert der Souffleur den Darstellern den Text zu – im Theaterjargon: „einsagen". Arbeitsgrundlage des Souffleurs bzw. der **Souffleuse** ist das **Soufflierbuch**, das in der Regel die verläßlichste **Strichfassung** mit allen ▶ Strichen und Textveränderungen darstellt und insofern auch großen theatergeschichtlichen Quellenwert hat. Souffleur oder Souffleuse sind besonders wichtig in der Anfangsphase der Probenzeit, wenn die Schauspieler ihren Text noch nicht voll beherrschen, und während der Aufführungen zur psychischen Sicherheit der Schauspieler.

Souffleurkasten Der auf der Kulissenbühne meist muschelförmige, später kastenförmige Aufbau an der Mitte der ▶ Rampe beherbergt den halb in der **Unterbühne** sitzenden und für den Zuschauer verdeckten ▶ Souffleur bzw. die Souffleuse. Um die optische Dominanz des Souffleurkastens zu vermeiden, verzichtet man heute meistens auf ihn und verlegt den Arbeitsplatz des Souffleurs seitlich hinter das Bühnenportal.

Der Souffleurkasten (Karikatur von Honoré Daumier, 1837)

Spiel „Der Mensch ist nur da ganz Mensch, wo er spielt“ (Friedrich Schiller). Spiel ist geistige und körperliche Tätigkeit ohne unmittelbaren praktischen Zweck, aus Freude an der Tätigkeit selbst. In den pädagogischen und psychologischen Theorien zum Spiel wird diese Zweckfreiheit zwar als grundlegend anerkannt, zugleich aber nach einem mittelbaren, dem Spielenden meist unbewußten, von Natur oder Gesellschaft vorgegebenen Grund oder Sinn des Spielens gesucht: Kinderspiel gilt als Training der körperlichen und geistigen Anlagen, als Einübung von Sozialverhalten zur Vorbereitung auf die Realität der Erwachsenenwelt. Wie jede menschliche Tätigkeit hat auch das Spiel Bezug zur Wirklichkeit, auch wenn er nicht immer offensichtlich ist. Denn im Spiel geht es immer um Vorgänge, die im Spiel wie im Alltag affektauslösend wirken: Kampf, Wettstreit, Konflikt, Risiko, Gewinnen und Verlieren, Glück oder Pech.

Im Unterschied etwa zu Brettspielen oder sportlichen Wettkämpfen ist beim Rollenspiel – gleichgültig ob ein dreijähriges Kind Erwachsene imitiert oder Berufsschauspieler auf der Bühne einen weltgeschichtlich bedeutsamen Konflikt abhandeln – der interpretierende reflektierende Umgang mit Realität offensichtlich. Spiel als Bewältigung von Wirklichkeit gelingt nur in Abgrenzung gegen Wirklichkeit. Die dem Spiel zugesprochene Zweckfreiheit verneint jedoch allzu starr die mögliche Funktion von Spiel: Spiel grenzt sich von Wirklichkeit ab, indem es fiktive Ereignisse schafft, Spiel hat Als-ob-Charakter, es schafft die Illusion einer eigenen Welt, in der härteste Konflikte der wirklichen Welt ‚durchgespielt‘ werden können, ohne daß es Tote oder Verletzte gibt. Erst der fiktive Charakter des Spiels also ist Voraussetzung eines möglichen Sinns: spielerische Bewältigung der Wirklichkeit.

Dem fiktiven Charakter mischt sich bei jedem Spiel eine strenge Verfahrensweise bei: Spielregeln, die von allen Teilnehmern anerkannt werden, sonst entsteht kein Spiel. Bezogen auf das Theater, betrifft das nicht nur die Rollenspieler untereinander, die sich auf den Proben „verabreden“, wie es in der Theatersprache heißt, die sich also jeweils für eine Inszenierung ihre Spielregeln ausdrücklich erfinden. **Verabredung** besteht auch zwischen Schauspielern und Zuschauern, die nach den Spielregeln des Theaters Mitspielende in dieser Phantasiewelt sind, selbst wenn Rampe und Guckkastenbühne oder die Spielweise der vierten Wand tendenziell die Inaktivität des Zuschauers behaupten. Der Zuschauer, hält er sich nicht an die – zumeist unausgesprochene – Verabredung, kann das Spiel stören oder zerstören. Aber auch das kann zur Verabredung, zur Spielregel werden. (▶ Skandal).

Spiel im Spiel Es gibt Stücke, in denen während der Aufführung eine Aufführung, also Theater im Theater stattfindet. Berühmtes Beispiel ist die sogenannte „Mausefalle“ in Shakespeares *Hamlet*: Hamlet läßt von einer Schauspieltruppe ein Spiel vorführen, das den Mörder seines Vaters unter den auf der Bühne befindlichen Zuschauern überführt. Schon Aristophanes hatte in den *Fröschen*, die ja innerhalb eines Agon aufgeführt wurden, einen Agon, einen Wettstreit zwischen den Tragikern Aischylos und Euripides eingearbeitet. Strukturmerkmal dieses dramaturgischen Verfahrens ist, daß durch die Doppelung des Mediums dieses umso deutlicher ins Bewußtsein tritt. Das Medium diskutiert sich quasi selbst.

Die von Hamlet engagierte Schauspielertruppe spielt in Shakespeares Hamlet *vor der Hofgesellschaft das Stück ‚Die Mausefalle' (Stich von Daniel Chodowiecki zur Aufführung der Döbbelinschen Truppe, Berlin 1778)*

In der deutschen Romantik wird dieses Verfahren zur ironischen Brechung der Illusion, zum Spiel zwischen Theaterrealität und Realitätsabbildung im Theater verwendet, z. B. in Ludwig Tiecks *Der gestiefelte Kater.* Hier deutet sich an, was in der künstlerischen ▶ Avantgarde des 20. Jh.s zu einem Prinzip ästhetischer Verfahrensweisen wird: Die **Mediendiskussion**, in der sich der künstlerische Prozeß seine Verfahrensweisen zum Thema macht. Peter Weiss schachtelt in *Marat/Sade* mehrere Spielebenen ineinander; es sind auch verschiedene Zeitebenen, so daß das Publikum historische Ereignisse als gegenwärtige erfahren kann und ihm zugleich auch alle Vorgänge als Bühnenvorgänge bewußt werden.

Spielmacher In der klassischen, geschlossenen Form des Dramas plant die Figur des Spielmachers einen Teil oder die ganze Handlung voraus und treibt sie aktiv voran. Meist sind dabei Intrigen im Spiel, neue Figurenkonstellationen werden eingeleitet, neue Situationen geschaffen. In Lessings *Emilia Galotti* treibt durchgehend der höfische Intrigant Marinelli die Handlung weiter, in *Minna von Barnhelm* greift Minna zur List, um Tellheim von seinem allzu starren Ehrbegriff abzubringen.

Spielpädagogik In den deutschsprachigen Ländern hat sich die noch relativ neue Disziplin an Universitäten und in anderen Lehr- und Lernbereichen wie Schule, Erwachsenenbildung und Freizeitpädagogik noch kaum durchgesetzt. Die Spielpädagogik untersucht und lehrt das menschliche ▶ Spiel in all seinen Formen des Material-, Körper-,

Rhetorik-, Interaktions- und Rollenspiels. Dazu gehören auch alle Formen des theatralen Spiels wie Puppentheater, Lehrstück, Schul- und Amateurtheater. Ziel der spielpädagogischen Ausbildung: Spielpädagogen (**Spielleiter**), die Spielen im Sinne sozialen Lernens vermitteln können, die also in der Lage sind, gruppenspezifische Spielprogramme zu planen und vergleichbar dem Projektunterricht mit allen begleitenden sprachlichen Vermittlungsformen durchzuführen.
Spielpädagogik ist Lehr- und Prüfungsfach an der Hochschule der Künste Berlin. An anderen Hochschulen werden ähnliche oder Teilbereiche erfassende Studiengänge angeboten: an Fachhochschulen „Spiel und Arbeit", an der Sporthochschule Köln „Spiel/Musik/ Tanz", ▶ Theaterpädagogik an der Universität Hildesheim (im Diplomstudiengang Kulturpädagogik) und an der Schauspiel-Akademie Zürich. Aus- und Fortbildungskurse für Spielleiter gibt es auch an der Akademie Remscheidt und an der Bundesakademie für kulturelle Bildung Wolfenbüttel.

Spielplan Die Theaterleitung plant nach bestimmten Kriterien, welche Stücke als Neuinszenierungen und Übernahmen aus vergangenen Spielzeiten in einer oder mehreren ▶ Spielzeiten aufgeführt werden sollen. Planungskriterien sind u. a. künstlerische Interessen einzelner Regisseure, Dramaturgen oder des Intendanten, aber auch Rücksichtnahmen auf lokal oder schichtenspezifisch bedingte Publikumsinteressen, vor allem jedoch Besetzungsmöglichkeiten innerhalb des Ensembles.

Spielstätten In größeren Städten haben Oper und Schauspiel eigene ‚Häuser'. Damit ist nicht nur das Bauwerk gemeint, sondern alles, was sich um den Spielbetrieb und das künstlerische Personal bewegt: Werkstätten, Verwaltung usw. Da für das Opernrepertoire eine Ballettgruppe unverzichtbar ist, steht ihr das Opernhaus in der Regel auch für eigene Tanzabende zur Verfügung. Im Dreispartenbetrieb ist es ähnlich: Es gibt zwei größere Zuschauerräume je für Oper und Schauspiel, während das Ballett oder Tanztheater jeweils in einem oder beiden Räumen seine Tanztheaterabende veranstaltet. Wenn es zusätzlich zu den beiden großen Häusern noch ein ▶ Studio oder ▶ Kammerspiel gibt, steht dieser kleine Experimentierraum grundsätzlich allen drei Sparten offen, wird aber meistens vom Sprechtheater genutzt.
Ende der 60er, Anfang der 70er Jahre entstand in unseren Sprechtheatern die Tendenz, für spezielle Projekte den gewohnten Bühnenraum zu verlassen, sich eigens für Stück und Konzeption eine ▶ Raumbühne zu schaffen: im Foyer, im Malersaal, vor allem aber außerhalb des Theaterbaus in leerstehenden Fabrikhallen, Messehallen, Filmstudios usw. Welche neuen ästhetischen Möglichkeiten damit auch immer gewonnen sind: Es bleibt die geringe bühnentechnische Ausstattung solcher Räume, die auch mit finanziellem Mehraufwand nicht auszugleichen ist. Mit dem Problem mangelhafter Bühnentechnik haben Landesbühnen auf ihren Abstechern ständig zu kämpfen. Dies und die zum Teil äußerst unterschiedlichen Bühnenmaße und Bühnen-Zuschauer-Relationen erfordern von Bühnenbild, Regie und Ensemble immer wieder Kompromisse, die den erreichbaren ästhetischen Standard drücken.
Spielorte der Landesbühnen sind Theater ohne eigenes Ensemble, Mehrzweckhallen, die auch für Modenschauen,

Kongresse, Feste genutzt werden, aber auch Kongreßzentren, Schulaulen, Gasthaussäle. Freie Gruppen verzichten programmatisch auf aufwendige Technik, haben jedoch die Schwierigkeit, Spielorte und ihr Publikum zu organisieren. In größeren und mittleren Städten werden zunehmend durch Kulturverwaltung oder private Zusammenschlüsse feste Räume für Freie Gruppen bereitgehalten. An solchen Plätzen kann ein alternativer Spielplan zum Stadttheater entstehen.

Spielweise Die Art, wie Schauspieler mit den Mitteln ihres Körpers und ihrer Stimme interpretieren. Spielweise ist nicht immer ein bewußter, künstlerischer Vorgang. Im Grunde erfordert aber jede Inszenierung und Inszenierungskonzeption ihre besondere Spielweise, die abhängt von äußeren theatralen Mitteln wie Maske, Kostüm, räumlicher Beziehung zwischen Darstellern und Zuschauern (Bühnenform), Gattung (Komik, Ernst) und Textform (Prosa, Vers). Auch historische Entwicklungen und Traditionen der ▶ Berufsschauspieler haben Spielweisen beeinflußt. Gottsched und die Neuberin nahmen sich das Pathos und die deklamatorische Sprechweise der französischen Theatertradition zum Vorbild, um die Spielweise des deutschen Berufstheaters zu reformieren. Dagegen wandte sich die nächste Generation, vertreten z. B. durch Ekhof oder Lessing. Die höfische Künstlichkeit der französischen Spielweise erschien ihnen nicht glaubwürdig zur Darstellung bürgerlichen Alltags, sie suchten im Spielen und Sprechen die Nähe zum Alltag, zur ‚Natürlichkeit'. Zwischen diesen beiden Positionen bewegte sich die Spielweisendiskussion bis weit ins 19. Jh.
Für das 20. Jh. sind zwei sich widersprechende Theaterauffassungen grundlegend: Der Naturalismus radikalisiert die Forderung nach glaubwürdiger Alltagsnähe, nicht nur in milieugerechten, ‚lebensechten' Requisiten, Kostümen und

Aus Franciscus Langs „Dissertatio de actione scenica", einer Abhandlung von 1727, die Anleitungen für Gesten und Körperhaltungen auf der Bühne gibt

szenischen Räumen, sondern auch in der psychischen Wahrhaftigkeit des schauspielerischen Tuns. Diese Spielweise des psychologischen Einfühlens, von Stanislawski in seiner ersten Arbeitsphase bis ca. 1905/06 entwickelt, stellte vor allem Meyerhold in Frage. Er betonte die körperliche Ausdruckssprache, die äußeren Mittel, wie sie in den Traditionen des komödiantischen volkstümlichen Theaters üblich sind. Statt für illusionistische Einfühlung entschied er sich für die Ästhetik des Jahrmarkt-Theaters, die dem Zuschauer immer auch mitteilt, daß es sich um Theater handelt, dem Zuschauer damit die Distanz läßt, sich zum Spiel zu verhalten.
Eine Spielweise, die den Theatervorgang und die eingesetzten Mittel bewußt macht, interessierte auch Brecht, dessen Konzeption eines politischen Theaters von der sowjetischen Avantgarde stark beeinflußt ist. Brecht hat sich in seinen Schriften und seiner Theaterarbeit ausführlich mit Fragen der Spielweise auseinandergesetzt. Für ihn war entscheidend, daß der Schauspieler sich zu dem, was er spielt, zugleich verhält, es von einem gesellschaftlich interessierenden Standpunkt aus kommentiert. Brecht nahm sich auch die uralten Techniken der Komödie und der komischen Figuren zum Vorbild: Was als erhaben oder groß gilt, wird durch einen anderen Blickwinkel niedrig oder klein. Brecht schlug vor, daß die Schauspieler nicht nur eine Variante ihrer Figur oder einer Situation darstellen, sondern in ihrem Spiel ahnen lassen, daß das Gezeigte auch anders dargestellt werden kann, d. h. veränderbar ist. Brechts Versuche in Deutschland endeten 1933, als der Nationalsozialismus die deutschen Stadttheater gleichschaltete. In der Weimarer Republik hatten viele Regisseure und Schauspieler die klassische Dramenliteratur nach ihrem kritischen Potential befragt und die Konflikte in den Stücken von Sophokles, Shakespeare, Schiller usw. als Abbildungen historischer und zugleich gegenwärtiger Prozesse begriffen. Dies auf der Bühne zu realisieren, erforderte eine intensive Spielweisen-Diskussion, die 1933 ein abruptes Ende fand. Jetzt galt wieder das alte bildungsbürgerliche Ideal, die Klassiker zu ‚zelebrieren' und sie damit ihres politischen Konfliktpotentials zu berauben. Auch nach 1945 bleib es zunächst bei der feierlich-idealisierenden Sprech- und Spielweise. Erst durch die Brecht-Rezeption und die Rückkehr von Regisseuren wie Fritz Kortner und Peter Zadek und Schauspielern wie Curt Bois aus dem Exil kamen die Ansätze der 20er Jahre wieder in die Diskussion und beeinflußten die Theaterarbeit seit den 60er Jahren.
Im Schul- und Amateurtheater wird der Frage einer spezifischen, dem jeweiligen Stück entsprechenden Spielweise oft wenig Aufmerksamkeit geschenkt. Es geht selbstverständlich nicht darum, daß dem einzelnen Darsteller etwas aufgezwungen werden soll, was er nicht leisten kann. Auch die großen Regisseure seit Stanislawski und Reinhardt haben darauf geachtet, die Individualität der Darsteller zu entfalten und zugleich das Partner- und Ensemblespiel zu fördern. Daraus läßt sich für theaterpädagogische Projekte lernen. Spezielle Spielweisen erfordern die intellektuelle Analyse des Stücks und des Aufführungsmaterials. Auf diese Analyse sollten sich Trainingsprogramme und Improvisationsübungen für die Weiterentwicklung der konzeptionellen Überlegungen zu Maske, Kostüm, Aufführungsraum und Spielweise beziehen.

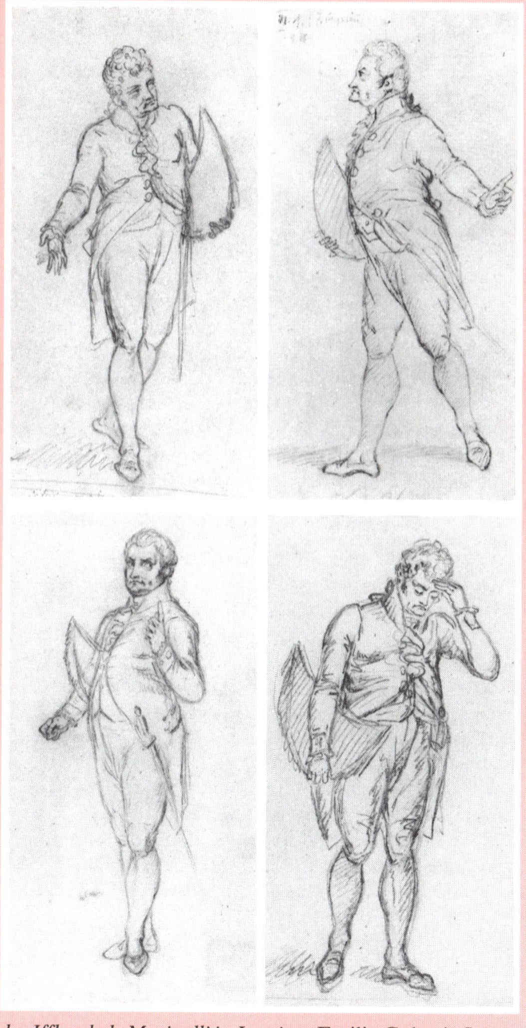

August Wilhelm Iffland als Marinelli in Lessings Emilia Galotti. *Seine aus vielen Nuancen zusammengesetzte Spielweise wurde von Wilhelm Henschel ab 1808 in Bleistiftzeichnungen systematisch während der Vorstellungen festgehalten.*

Hamlets Rede an die Schauspieler

WILLIAM SHAKESPEARE, HAMLET, III. 2

Ein Saal im Schlosse.

(Hamlet und zwei oder drei Schauspieler treten auf.)

Hamlet. Seid so gut und haltet die Rede, wie ich sie euch vorsagte, leicht von der Zunge weg; aber wenn ihr den Mund so voll nehmt, wie viele unsrer Schauspieler, so möchte ich meine Verse ebensogern von dem Ausrufer hören. Sägt auch nicht zu viel mit den Händen durch die Luft, so – sondern behandelt alles gelinde. Denn mitten in dem Strom, Sturm und, wie ich sagen mag, Wirbelwind eurer Leidenschaft müßt ihr euch eine Mäßigung zu eigen machen, die ihr Geschmeidigkeit gibt. O es ärgert mich in der Seele, wenn solch ein handfester, haarbuschiger Geselle eine Leidenschaft in Fetzen, in rechte Lumpen zerreißt, um den Gründlingen im Parterr' in die Ohren zu donnern, die meistens von nichts wissen als verworrnen, stummen Pantomimen und Lärm. Ich möchte solch einen Kerl für sein Bramarbasieren prügeln lassen; es übertyrannt den Tyrannen. Ich bitte euch, vermeidet das.

Erster Schauspieler. Eure Hoheit kann sich darauf verlassen.

Hamlet. Seid auch nicht allzu zahm, sondern laßt euer eignes Urteil euren Meister sein: paßt die Gebärde dem Wort, das Wort der Gebärde an; wobei ihr sonderlich darauf achten müßt, niemals die Bescheidenheit der Natur zu überschreiten. Denn alles, was so übertrieben wird, ist dem Vorhaben des Schauspieles entgegen, dessen Zweck sowohl anfangs als jetzt, war und ist, der Natur gleichsam den Spiegel vorzuhalten: der Tugend ihre eignen Züge, der Schmach ihr eignes Bild und dem Jahrhundert und Körper der Zeit den Abdruck seiner Gestalt zu zeigen. Wird dies nun übertrieben oder zu schwach vorgestellt, so kann es zwar den Unwissenden zum Lachen bringen, aber den Einsichtsvollen muß es verdrießen; und der Tadel von einem solchen muß in eurer Schätzung ein ganzes Schauspielhaus voll von andern überwiegen. O es gibt Schauspieler, die ich habe spielen sehn und von andern preisen hören, und das höchlich, die, gelinde zu sprechen, weder den Ton noch den Gang von Christen, Heiden oder Menschen hatten und so stolzierten und blökten, daß ich glaubte, irgendein Handlanger der Natur hätte Menschen gemacht, und sie wären ihm nicht geraten; so abscheulich ahmten sie die Menschheit nach.

Erster Schauspieler. Ich hoffe, wir haben das bei uns so ziemlich abgestellt.

Hamlet. O stellt es ganz und gar ab! Und die bei euch den Narren spielen, laßt sie nicht mehr sagen, als in ihrer Rolle steht: denn es gibt ihrer, die selbst lachen, um einen Haufen alberne Zuschauer zum Lachen zu bringen, wenn auch zu derselben Zeit irgendein notwendiger Punkt des Stückes zu erwägen ist. Das ist schändlich und beweist einen jämmerlichen Ehrgeiz an dem Narren, der es tut. Geht, macht euch fertig.

(Schauspieler ab.)

Spielzeit ist die Zeit des laufenden Spielbetriebs, in der möglichst jeden Tag oder Abend Vorstellungen stattfinden. Im deutschsprachigen Theater beginnt die **Saison**, wie die Spielzeit auch genannt wird, in der Regel im August/September und endet im Juni/Juli. Dazwischen liegt die **Spielpause**, auch **Theaterferien** genannt. Diese ganzjährige Spielzeit war bis ins 19. Jh. nicht üblich. Die Truppen spielten zwei bis drei Monate jeweils im Herbst und im Frühjahr, in günstigen Fällen auch im Sommer in Badeorten.

Sprechen auf der Bühne hat einen ästhetischen Aspekt: Es setzt eine durch die szenische Situation und die dargestellte Figur bestimmte Sprechhaltung voraus. Sprachliche Kommunikation auf der Bühne hat auch körpertechnische Voraussetzungen, die im Bereich des Schul- und Amateurtheaters meist vernachlässigt werden. **Atemtechnik** und **Stimmbildung** sind für die professionelle Schauspielkunst jedoch grundlegend und müssen in der Ausbildung erarbeitet und während des Berufslebens des Schauspielers bewahrt oder weiterentwickelt werden. Die Sprache der Bühne ist mit der Alltagssprache niemals identisch. Die Kunst, bühnengemäß sprechen zu können, besteht nicht nur in technischer Perfektion, in der Kunstfertigkeit, klangvoller, deutlicher, müheloser sprechen zu können als der Amateur, sondern in der Aneignung fremder, literarisch geformter Texte, die eigenen Gesetzen der Sinnvermittlung folgen. Der Sprecher/Darsteller hat die Aufgabe, mit seinen individuell geprägten Möglichkeiten den Gestus des fremden Textes, d.h. Gefühle, Haltungen, soziale Bedingungen der dargestellten Figur ausdrucksvoll darzubieten. **Sprecherziehung** an den Schauspielschulen lehrt die bewußte Verfügbarkeit von **Atem**, **Stimme**, **Artikulation** als handwerkliches Rüstzeug für schauspielerischen Ausdruck nicht nur im Sprechen; denn richtige Atemtechnik und Mühelosigkeit des Sprechens bestimmen auch den gesamten körperlichen Ausdruck.

Zu den sprecherischen Grundfertigkeiten gehört die **kombinierte Atmung**. Sie verknüpft Zwerchfellbewegung, Bauch- und Zwischenrippenmuskulatur. Bei normaler Ruheatmung regelt sich die Atmung reflektorisch, d.h. von selbst. Die kombinierte Atmung steuert den schauspielerischen Ausdruck entsprechend den Textanforderungen und der angestrebten ▶ Spielweise. Die Steuerung geschieht durch das **Stützen**, das Atmungsdauer und -druck mit Hilfe von Zwerchfell und Bauchdeckenmuskulatur in Abhängigkeit von der geforderten Sprechleistung reguliert.

Neben dem Atem ist die Stimme wichtig: Um verschiedene Emotionen in der Stimme ausdrücken zu können und der Dauerbelastung eines Berufssprechers gewachsen zu sein, muß er Sprechstimmumfang, Stimmstärke und Stimmklang beherrschen. Eine richtig ausgebildete Stimme wirkt mühelos, tragfähig, paßt sich wechselnden räumlichen Bedingungen an und ist zu differenziertem emotionalen Ausdruck fähig.

Schließlich gehört zum professionellen Sprechen die Artikulationsschulung. Die Lautbildung folgt der normierten Aussprache des Bühnendeutschen, wenn nötig wird die Aussprache einzelner Laute (besonders des S-, Sch-, Ch-Lautes) und mundartlicher Besonderheiten korrigiert.
Warnung: Atemtechnik, Stimmbildung und Artikulationsfähigkeit können nur unter Kontrolle von ausgebildeten Fachkräften (Sprecherziehern) entwikkelt werden. Eigenversuche oder Lernen unter unsachgemäßer Anleitung sind unnütz, ja sogar medizinisch gefährlich. In den gebräuchlichen Anleitungen für Schul- und Amateurtheater werden, wenn überhaupt, einfache Lockerungsübungen für Atmung, Stimme und Körperhaltung vorgeschlagen. Sie sind nützlich, besonders wenn im Zusammenhang mit literarischen Dramentexten die sprecherzieherische Arbeit hinzukommt, d. h. der gedankliche und emotionale Ausdruck eines Textes erarbeitet wird.

Staffage (altfranz.: estoffer = verzieren) Ausschmückung, meist in verächtlichem Sinn: sinnentleerter Ausstattungsaufwand im ▶ Bühnenbild, aufgesetzter Schmuck am ▶ Kostüm. Staffage kann auch im Sinn einer unwirklichen Vergrößerung gebraucht werden: **staffierter**, d.h. ausgestopfter Bauch. Schließlich bezeichnet man auch als Staffage das stumme und unbewegte Aufstellen von ▶ Statisten, die mit ihrer Anwesenheit den Hintergrund einer Szene ‚füllen' sollen.

Stanislawski, Konstantin Sergejewitsch (1863–1938) arbeitete als Schauspieler, Theaterleiter, Schauspielpädagoge und Theoretiker der Schauspielkunst. Nach einer Kaufmannslehre nahm er Schauspiel- und Gesangsunterricht und lernte 1897 den Schriftsteller Wladimir Iwanowitsch Nemirowitsch-Dantschenko kennen. Zusammen mit ihm gründete er 1898 das Moskauer Künstlertheater. Sie teilten sich die Geschäftsleitung: Nemirowitsch-Dantschenko war für die literarisch-dramaturgischen und für organisatorische Angelegenheiten zuständig, Stanislawski führte Regie und entwickelte mit seinem Ensemble ein besonderes Theaterkonzept und entsprechende schauspielerische Mittel. Ersten großen Erfolg und allgemeine Anerkennung seiner Theaterarbeit fand er bereits 1898 mit der Inszenierung von Anton Tschechows *Die Möwe*.
Stanislawski versuchte in dieser ersten Arbeitsphase auf allen Gebieten des Theaters die Ziele des **Naturalismus** in einer systematischen und wissenschaftsbetonten Gründlichkeit zu verwirklichen, wie sie auf dem Gebiet der darstellenden Kunst bis dahin unbekannt war. Anregungen für seine Theaterauffassung gaben ihm das Gastspiel der ▶ Meininger 1890 in Moskau, das ▶ Théâtre libre in Paris und die Berliner ▶ Freie Bühne, d.h. der französische und deutsche Naturalismus auf dem Theater.
Stanislawski strebte nicht nur nach Detailtreue und ‚Lebensechtheit' von Büh-

nenraum und Kostümen, also nach vollkommener Illusion in der Bildwirkung der Szene, sondern nach vollkommener Illusion dargestellter Gefühle und Beziehungen. Er strebte atmosphärische und psychologische Genauigkeit des Spiels durch ▶ Einfühlung des Schauspielers in seine Rolle und dementsprechend des Zuschauers in die Figur an. Um dies zu erreichen, muß der Schauspieler – im Gegensatz zu anderen Künstlern – über eine abrufbare ‚kreative Stimmung', über bewußt und kontrolliert herbeigeführte Inspiration, gleichsam über ein persönliches Archiv einmal erlebter und wieder erinnerbarer Gefühle verfügen. Zu diesem Zweck entwikkelte Stanislawski psychotechnische Methoden, Improvisationen und Konzentrationsübungen, von seinen Schülern zum Stanislawski-System zusammengefaßt und ausgebaut. Diese Methode ist heute nicht nur in den sozialistischen Ländern, sondern auch in West-Europa und den angelsächsischen Ländern ein wichtiges Element der Schauspielerausbildung, z. B. bei ▶ Strasberg. Stanislawskis Prinzipien psychologischer Darstellungskunst kamen auch den spezifischen Anforderungen von Filmschauspielern zugute.

1904 begann eine Zeit der Krisen. Stagnation und Wiederholung, Routine drohten die Arbeit des Künstlertheaters zu ersticken. ▶ Meyerhold, ein Schüler Stanislawskis trennte sich von ihm, da er immer mehr in Gegensatz zu dessen Prinzipien geriet. Die Februar-Revolution 1905 mag Stanislawskis Krisen-Bewußtsein gesteigert haben. Er begann nach neuen Ansätzen zu suchen, wandte sich für kurze Zeit der künstlerischen Gegenbewegung des Naturalismus, dem **Symbolismus** zu und inszenierte 1908 *Der blaue Vogel* von Maurice Maeterlinck. Im gleichen Jahr lud er ▶ Craig ein, den *Hamlet* zu inszenieren; die Inszenierung kam 1911 unter großen Schwierigkeiten zustande. Zwischen 1912 und 1922 gründete Stanislawski vier Studios zur Ausbildung und Erprobung neuer Spieltechniken. Das 1920 gegründete 3. Studio leitete Stanislawskis Schüler ▶ Wachtangow, 1926 in Wachtangow-Theater umbenannt. Das 1922 gegründete 4. Studio übernahm die 1917 entstandene jüdische Truppe ▶ Habima.

Stanislawski ging mit seinem Ensemble 1922 und 1924 – nach den kulturpolitischen Veränderungen aufgrund der Oktoberrevolution – mit Unterstützung Lenins auf Auslandstournee (Deutschland, Frankreich, USA, Tschechoslowakei, Jugoslawien), nicht zuletzt, um für die Kulturpolitik der jungen Sowjetunion zu werben. Danach wandte er sich als Regisseur hauptsächlich Operninszenierungen zu und versuchte, als Theoretiker und Schauspielpädagoge sein System weiterzuentwickeln. Während er in der Frühphase die seelisch-geistigen Prozesse von der Körperlichkeit des Schauspielers allzu sehr abkoppelte und die Wahrhaftigkeit der schauspielerischen Gefühle als Grundlage einer ernsthaften Darstellungskunst ansah, wurde ihm in den späten Jahren, als er kaum noch inszenierte, sondern pädagogisch arbeitete, bewußt, daß seelische und körperliche Vorgänge einander bedingen, daß schauspielerisches Erleben und Verkörpern zwei Seiten ein und desselben Ausdrucksverhaltens sind. Die Lehre von den „physischen Handlungen", d. h. von der präzisen körperlichen Arbeit auf der Szene als Ausdruck der sinnlichen wie geistigen Lebensprozesse, rückte in den Mittelpunkt seiner späten Theorie ebenso die Lehre von der „Überaufgabe", d. h. vom Gesamtzusammenhang eines Stücks, von der Idee des Autors, die der Darsteller zu beachten und in seine Arbeit mit aufzunehmen habe, um sich nicht in Details, Einzelhandlungen und ausschließlich den Aspekten seiner eigenen Rolle zu verlieren.

Star (engl. = Stern) Ein Hauptdarsteller kann durch seine eigene Wirkung, aber auch mit Hilfe eigens darauf abgestellter Werbung soviel Interesse und Gunst des Publikums erregen, daß man seinetwegen ins Theater geht und nicht wegen des Stücks, der Inszenierung, der Mitspieler oder der Rolle des Stars im Stück. Im Gegensatz dazu wird im deutschsprachigen Stadttheatersystem in der Regel das ▶ Ensemblespiel gepflegt. Seinen hohen Bekanntheitsgrad erringt der Star heutzutage meist bei Film und Fernsehen. Tournee- und Boulevardtheater besetzen meist die Hauptrolle mit einem Star, dessen Bekanntheit und Beliebtheit beim Publikum wiederum die wirksamste Werbung ist.

Statist (lat.: stare = stehen) Zunächst war der Statist ein stummer Darsteller, der zusammen mit anderen als Gruppe im Hintergrund der Szene stand und Volk, Soldaten oder andere Personen niederen Standes darstellte. Seit den ▶ Meiningern und der Entwicklung der ▶ Massenregie verlor die **Statisterie** den Charakter der stummen ▶ Staffage. Die Statisten erhalten Text, der oft chorisch gesprochen wird, und werden auf der Bühne choreographisch bewegt, z.B. bei Max Reinhardt in Anlehnung an die Funktion des Chors im antiken Drama. Heute ist für Statist auch die Bezeichnung ▶ Kleindarsteller gebräuchlich.

Stegreifspiel Form des Theaterspiels auf der Basis von **Improvisation**. Stegreifspiel findet sich in allen Theaterepochen und ist Bestandteil komischen Spiels. Seine bekannteste Form, die ▶ Commedia dell'arte, kennt Stegreif nur bei den komischen Figuren, die Liebhaberszenen dagegen sind textlich festgelegt. Aber auch das Stegreifspiel braucht zur Improvisation festgelegte Strukturen. In einem solchen Rahmen kann der Komiker frei gestalten, aktuelle Anspielungen einflechten usw.
Mit zunehmender Literarisierung des Theaters im 18. Jh. geriet das Stegreifspiel in Verruf, Improvisation galt als Verrat am dichterischen Text. Die Verbannung des ▶ Hanswurst durch ▶ Neuber 1737 stand am Anfang dieser Entwicklung.
Der Psychoanalytiker Jacob L. Moreno gründete 1921 in Wien ein Stegreiftheater und entwickelte Stegreifspiel zu einer Form der Gruppentherapie: dem **Psychodrama**.

Stein, Peter (geb. 1937) Regisseur, Theaterleiter; Regieassistent an den Münchner Kammerspieler bei Fritz Kortner. Dort hatte er auch 1967 seine erste Inszenierung: Edward Bonds *Gerettet*, die ihn sogleich als talentierten Nachwuchsregisseur bekanntmachte. Kortners szenische Genauigkeit und gestische Prägnanz macht sich auch Stein zu eigen und verbindet diese ästhetischen Mittel mit einem politischen Theaterverständnis. Dies bezieht Stückwahl, Analyse der literarischen Vorlage, Inszenierung und den gesamten Produktionsapparat, besonders die schauspielerischen Mittel, also die ▶ Spielweise, und die räumliche Beziehung zwischen Szene und Zuschauern ein. In den Münchner Kammerspielen provozierte er durch die Inszenierung von Peter Weiss' *Viet Nam Diskurs* (1968) einen Eklat mit Publikum und Intendant. Stein hatte als Bestandteil der Inszenierung zu einer Geldsammlung im Zuschauerraum für

Szene aus Ibsens Peer Gynt *in der Inszenierung von Peter Stein, Berlin 1971*

den Vietcong – die vietnamesische Befreiungsbewegung – aufgefordert. Dies wurde als unzulässige Vermischung von Kunst und politischer Aktion untersagt. Stein und einige seiner Schauspieler mußten die Kammerspiele verlassen. Er ging nach Bremen, wo er 1968 Goethes *Torquato Tasso* inszenierte. Hier setzte er die historischen Vorgänge, die Zwänge und Demütigungen des Hofdichters Tasso am Hofe des Herzogs von Ferrara, in ein sehr genau ausgearbeitetes und sinnfälliges Verhältnis zur Gegenwart der Theatermacher im Stadttheaterbetrieb. Nach Zwischenstationen begann Stein 1970 seine Arbeit an der **Schaubühne am Halleschen Ufer**, einem 1962 gegründeten Privattheater ohne festes Ensemble. Er übernahm die künstlerische Leitung und gründete mit den Schauspielern, die schon länger mit ihm zusammenarbeiteten, darunter Edith Clever, Jutta Lampe, Bruno Ganz, ein festes Ensemble. Mit großzügiger finanzieller Unterstützung des (West-)Berliner Senats baute Stein ein Theater auf, das in entscheidenden Fragen auf der Mitbestimmung aller am Theater Tätigen (Ensemble, technisches Personal, Verwaltung und Direktorium) beruhte. Es ist auch heute das einzige Theater in der Bundesrepublik, das statt einer Intendanz- eine Kollektivverfassung hat.

Folgenreicher für Regisseure und Schauspieler des deutschsprachigen Theaters waren jedoch die neuen Maßstäbe, die Stein, seine Mitarbeiter und Ensemblemitglieder für die Vorbereitung von Inszenierungen setzten: materialreiche Information über das literarische und sozialhistorische Umfeld eines Stückes, Protokolle der Ensemblediskussionen, so daß der Vorbereitungs- und Probenprozeß dokumentiert und damit überprüfbar wurde. Aber auch ungewöhnlich lange Probenzeiten, vor allem aber die Überprüfung der Spielweisen und räumlichen Beziehungen zwischen Spielern und Zuschauern entsprechend der jeweiligen Inszenierungskonzeption charakterisieren Steins Arbeitsweise. Das Bedürfnis nach variablen Spielräumen führte zu dem Wunsch, die Schaubühne am Halleschen Ufer mit ihren beschränkten technischen Möglichkeiten gegen großzügigere räumliche und technische Gegebenheiten zu tauschen. Stein und **Klaus Michael Grüber** (geb. 1942), ein anderer wichtiger Regisseur am Halleschen Ufer, suchten sich verschiedentlich für ihre Inszenierungen ▶ Spielstätten außerhalb. Stein zog 1974 für das *Antikenprojekt* in die Messehalle am Funkturm. Er erarbeitete mit dem Ensemble und mit dem für die Ästhetik der Schaubühne in den 70er Jahren bestimmenden Bühnenbildner **Karl-Ernst Herrmann** den ersten Teil des *Antikenprojekts: Übungen für Schauspieler*, ein Versuch, sich den Anforderungen der griechischen Tragödie, rituellem Spiel und Körpersprache zu nähern. Den zweiten Teil, die *Bakchen* des Euripides, inszenierte Grüber im selben Raum. 1976/77 wählte man wieder eine Spielstätte außerhalb des Theaters, ein Filmatelier in Spandau, für *Shakespeare's Memory I + II* (eine Improvisation des Ensembles, die sich Welt und Werk Shakespeares zu nähern suchte) und *Wie es euch gefällt*. Grüber wählte das geschichtsträchtige Berliner Olympiastadion (erbaut für die Olympischen Spiele 1936) für seine Inszenierung *Winterreise*, eine Textkollage aus Hölderlins *Hyperion*. Erst 1981 hatte die Suche nach größeren räumlichen Möglichkeiten ein Ende, denn der Senat stellte das in den 20er Jahren von dem Architekten Erich Mendelsohn erbaute Kino am Lehniner Platz zur Verfügung. Die Truppe heißt jetzt **Schaubühne am Lehniner Platz**. Das alte Kino war vollständig ‚entkernt' und mit der neuesten Bühnentechnik (▶ Bühnenformen) ausgestattet worden.

Trotz der erweiterten technischen Möglichkeiten erhielten Stein und die Schaubühne nicht mehr die Zustimmung und Unterstützung durch die Theaterkritik und die Öffentlichkeit wie zu Anfang der 70er Jahre. Damals hatte man den Ensemblegeist, die Reflektiertheit der Theaterarbeit und vor allem die Ergebnisse auf der Bühne als beispielhaft empfunden und als Ausgangspunkt genommen, um die Ermattung und Routine im Intendantentheater zu überwinden. Statt dessen häuften sich die Vorwürfe, Steins Theater sei trotz des Status eines Privattheaters zu dem geworden, was es anfangs nicht werden sollte: ein vom Berliner Senat hoch subventioniertes ‚Staatstheater', das in seinen Inszenierungsergebnissen keine über das herkömmliche Subventionstheater hinausgehenden entscheidende Impulse gebe. 1985 trennte sich Stein von der Schaubühne am Lehniner Platz als Leitungsmitglied. Er inszeniert nun Opern und Schauspiele im Ausland, kehrt aber regelmäßig an die Schaubühne als Regisseur zurück.

Stichwort Das von allen Beteiligten vereinbarte Wort im Text einer Aufführung löst Veränderungen aus: Auftritt eines Schauspielers, Texteinsatz eines Partners, Lichtwechsel, Verwandlung, Einsatz von Musik oder Geräuschen usw. In größeren Theatern gibt der ▶ Inspizient per Licht, Ton oder Hand ein Signal an die entsprechende Person oder Abteilung. In kleineren Theatern muß der Beleuchter, Tontechniker oder Schauspieler selbst auf das während der Proben vereinbarte Stichwort achten.

Stilbühne als Gegenbewegung zum Naturalismus um die Jahrhundertwende entstandene Bühnenästhetik, die statt detailgenauer Milieuabbildung die **Einortbühne** mit stilisierten Versatzstücken aus der jeweiligen Zeit, in der das Stück spielt, bevorzugte. Maßgeblichen Einfluß auf die Entstehung der Stilbühne hatte in Deutschland das Münchner Künstlertheater. Charakteristisch für die Stilbühne ist die Priorität des literarischen Textes, das gesprochene Wort des Schauspielers.

Strasberg, Lee (1901–82) Der amerikanische Regisseur, Schauspieler und Schauspiel-Pädagoge lernte in den 20er Jahren Schauspieler des Moskauer Künstlertheaters kennen, die von einem Gastspiel in den USA nicht in die Sowjetunion zurückgekehrt waren. Sie machten ihn mit ▶ Stanislawskis Ideen bekannt. 1931 gründete er zusammen mit anderen das erste Kollektiv-Theater in den USA, das Group Theatre, dessen wichtigster Regisseur er war. 1947 wurde Strasberg Leiter des im gleichen Jahr gegründeten **Actor's Studio**, aus dem viele erfolgreiche amerikanische Schauspieler hervorgingen, u.a. Marlon Brando, James Dean, Paul Newman, Marilyn Monroe, Karl Malden.
Strasberg beschäftigte sich auch weiterhin mit Stanislawskis Lehre. Er reiste in den 30er Jahren nach Moskau und lernte Stanislawski-Inszenierungen des Moskauer Künstlertheaters kennen. In den USA begann er dann die Erfahrungen und Lehren Stanislawskis mit Schauspielern in ▶ Workshops und an Schauspielschulen in die Praxis umzusetzen. Seine eigene Methode, genannt **the method**, zielt auf die Vervollkommnung des Schauspielers zu wahrhaftigem, glaubhaftem Spiel. Seine Methode basiert hauptsächlich auf Übungen, die bei Stanislawski unter dem Stichwort „Psychotechnik" zusammengefaßt sind, und auf der Entfaltung der schauspielerischen Kreativität durch die Aktivierung des bei Stanislawski sogenannten „emotionalen Gedächtnisses". Es befähigt den Schauspieler, eine Figur ‚auf Abruf' mit eigenem Leben, d.h. Erleben zu füllen. Strasbergs Methode wird heute an vielen westlichen Schauspielschulen gelehrt.

Straßenszene In seinem Aufsatz *Die Straßenszene. Grundmodell einer Szene des epischen Theaters* beschreibt ▶ Brecht 1940 ein sehr vereinfachtes Grundmodell für episches Theater. Ausgangspunkt ist die Abgrenzung seiner Theaterkonzeption vom Illusions- und Einfühlungstheater, dessen suggestiver ▶ Spielweise er eine neue mit deutlich referierendem, beschreibendem und kommentierendem Charakter sowie eine neue Art des prüfenden und nachfragenden Zuschauens entgegensetzt. Er vergleicht sein Theater mit einer Szene an einer Straßenecke, an der ein Augenzeuge nach einem Unfall Neugierigen das Geschehene demonstriert: „Die Umstehenden können den Vorgang nicht gesehen haben oder nur nicht seiner (des Augenzeugen) Meinung sein, ihn ‚anders sehen' – die Hauptsache ist, daß der Demonstrierende das Verhalten des Fahrers oder des Überfahrenen oder

beider in einer solchen Weise vormacht, daß die Umstehenden sich über den Unfall ein Urteil bilden können." An diesem Beispiel der Straßenecke erläutert Brecht Elemente des epischen Theaters wie Verfremdungseffekt, Vermittlung eines Standpunktes des Schauspielers während des Spiels, d. h. unvermittelter Übergang von der Darstellung zum Kommentar, Ableitung der Charaktere aus ihren Handlungen, nicht – wie im Einfühlungstheater – Begründung der Handlung aus den Charakteren.
Brechts unvermittelte Gleichsetzung von Alltagskommunikation und einer ästhetischen Vermittlungsform wie Theater ist problematisch. Er unterstellt damit, daß seine Theaterkonzeption direkte gesellschaftliche Wirkung habe. In anderen theoretischen Äußerungen (z. B. *Radiotheorie*, *Der Dreigroschenprozeß*, *Der Messingkauf*) unterscheidet Brecht diese beiden Ebenen deutlich.

Straßentheater Während der Protestaktionen der außerparlamentarischen Opposition 1967/68 entstanden unter Studenten und Theatermachern spontan Gruppen, die mit szenischen Sketchen, Sprechchören und anderen theatralen Mitteln auf Straßen und öffentlichen Plätzen politische Aufklärung über die Ziele des Protests vermitteln wollten. Sie verstanden sich als politisch wirksame Alternative zu den Institutionen, also auch den Stadttheatern, und kümmerten sich nicht um ästhetische

Das „Bread and Puppet Theatre" auf dem Hauptbahnhof in Frankfurt am Main

Probleme, sondern glaubten an die unmittelbare Wirkung ihrer politischen Haltung. Sie knüpften an das revolutionäre ▶ Arbeitertheater der Weimarer Republik (Agitprop) und an Vorbilder US-amerikanischer Gruppen wie **Bread and Puppet** an. Die Straßentheaterbewegung verlor in den 70er Jahren ihren politischen Zusammenhang. Neue Gruppen und Konzepte des Straßentheaters entstanden mit professionellen Ansätzen der Spielpädagogik: Maskenspiele, Straßenfeste, Umzüge (▶ Freie Gruppen).

Strehler, Giorgio (geb. 1921) Der italienische Schauspieler, Regisseur und Theaterleiter, zeitweilig auch Theaterkritiker, arbeitete nach seiner Schauspielerausbildung als Regisseur. 1947 Mitbegründer (mit Paolo Grassi) und künstlerischer Leiter des ▶ Piccolo teatro in Mailand. Zu Strehlers ersten Inszenierungen im neuen Haus gehörte Goldonis *Der Diener zweier Herren*, die, später von Strehler mehrfach neu einstudiert, ihn und das Piccolo teatro weltberühmt machte. Zugleich war diese Inszenierung eine Art ästhetisches Programm: Strehler griff auf die in Italien als volkstümliche Form noch lebendige ▶ Commedia dell'arte zurück. Er bevorzugte in seinem Spielplan Autoren wie Goldoni, Shakespeare und Brecht, die selbst wiederum Formen des Volkstheaters in ihren Dramen verarbeitet haben.
Strehler gehört heute zu den bedeutendsten Vertretern des Regietheaters in Europa. Seit den 60er Jahren inszeniert er auch Opern. Stark geprägt von ▶ Brechts Praxis und Theorie, führte er am Piccolo teatro wissenschaftliche Arbeitsmethoden in die Theaterarbeit ein: Studien zu Geschichte, Epoche, Autor des Stücks, Entwicklung einer Regiekonzeption, Einbeziehung der Schauspieler in diese Reflexionen. Die Arbeit mit dem ▶ Ensemble, die Entfaltung schauspielerischer Individualität hat bei Strehler hohen Stellenwert.

Striche nennt man in der Theatersprache gestrichene Passagen im Text eines Stückes. Streichungen dienen der bühnenwirksamen Einrichtung von literarischen Vorlagen. Das meist erst zu Ende der Probenzeit fertig eingestrichene Textbuch heißt **Strichfassung**.
Die Gründe für Striche können einerseits bloß theaterpraktischer Art sein, z.B. können bei personellen Engpässen eines kleinen Ensembles Nebenfiguren ganz gestrichen oder die Texte von zwei oder mehr Nebenfiguren zu einer Figur zusammengefaßt werden. Andererseits sind Striche nötig, um eine dem Alter nach nicht stimmige Besetzung durch Wegstreichen der Hinweise auf die Abweichung glaubhaft erscheinen zu lassen. (Siehe Abb. S. 290). Eine Strichfassung kann jedoch auch das Ergebnis einer Konzeption sein, um bestimmte Themen und Bedeutungsebenen für die Inszenierung deutlicher herauszuarbeiten, z.B. bei Klassikerinszenierungen die Aktualität eines alten Textes zu betonen.

Studententheater im weiteren Sinn war schon das ▶ Schultheater des 15. bis 17. Jh.s. Im heutigen Sinn entwickelte sich das Studententheater erst im 20. Jh. an den Universitäten, wenn auch in ganz unterschiedlichen Funktionen. Zum ersten ist Theater ein praktischer Bestandteil der Ausbildung innerhalb der ▶ Theaterwissenschaft. Zum zweiten entstanden nach dem 2. Weltkrieg an vielen europäischen Universitäten vom Fach Theaterwissenschaft unabhängige Studententheater mit zum Teil experimen-

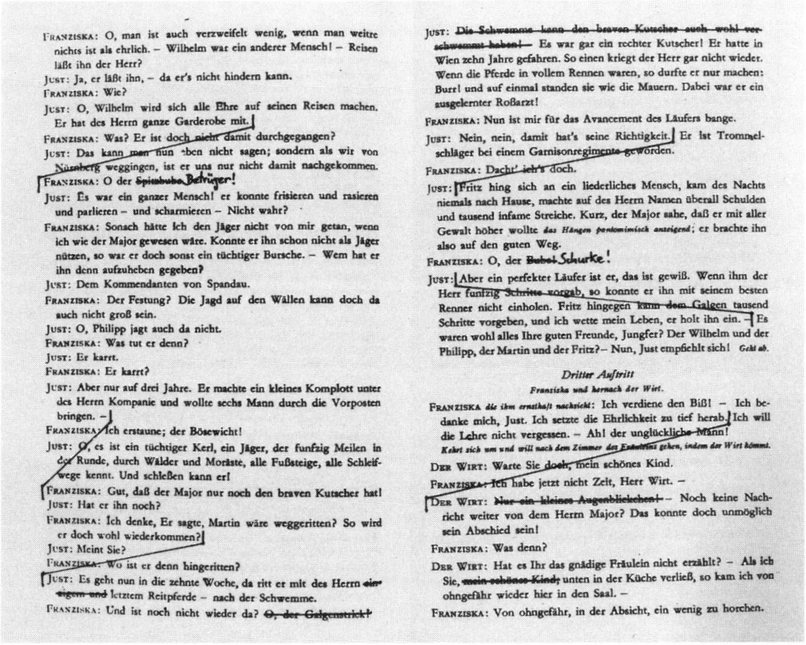
FRANZISKA: O, man ist auch verzweifelt wenig, wenn man weitre nichts ist als ehrlich. – Wilhelm war ein anderer Mensch! – Reisen läßt ihn der Herr?

JUST: Ja, er läßt ihn, – da er's nicht hindern kann.

FRANZISKA: Wie?

JUST: O, Wilhelm wird sich alle Ehre auf seinen Reisen machen. Er hat des Herrn ganze Garderobe mit.

FRANZISKA: Was? Er ist doch nicht damit durchgegangen?

JUST: Das kann man nun eben nicht sagen; sondern als wir von Nürnberg weggingen, ist er uns nur nicht damit nachgekommen.

FRANZISKA: O der Spitzbube Betrüger!

JUST: Es war ein ganzer Mensch! er konnte frisieren und rasieren und parlieren – und scharmieren – Nicht wahr?

FRANZISKA: Sonach hätte ich den Jäger nicht von mir getan, wenn ich wie der Major gewesen wäre. Konnte er ihn schon nicht als Jäger nützen, so war er doch sonst ein tüchtiger Bursche. – Wem hat er ihn denn aufzuheben gegeben?

JUST: Dem Kommendanten von Spandau.

FRANZISKA: Der Festung? Die Jagd auf den Wällen kann doch da auch nicht groß sein.

JUST: O, Philipp jagt auch da nicht.

FRANZISKA: Was tut er denn?

JUST: Er karrt.

FRANZISKA: Er karrt?

JUST: Aber nur auf drei Jahre. Er machte ein kleines Komplott unter des Herrn Kompanie und wollte sechs Mann durch die Vorposten bringen. –

FRANZISKA: Ich erstaune; der Bösewicht!

JUST: O, es ist ein tüchtiger Kerl, ein Jäger, der funfzig Meilen in der Runde, durch Wälder und Moräste, alle Fußsteige, alle Schleifwege kennt. Und schießen kann er!

FRANZISKA: Gut, daß der Major nur noch den braven Kutscher hat!

JUST: Hat er ihn noch?

FRANZISKA: Ich denke, Er sagte, Martin wäre weggeritten? So wird er doch wohl wiederkommen?

JUST: Meint Sie?

FRANZISKA: Wo ist er denn hingeritten?

JUST: Es geht nun in die zehnte Woche, da ritt er mit des Herrn einzigem und letztem Reitpferde – nach der Schwemme.

FRANZISKA: Und ist noch nicht wieder da? O, der Galgenstrick!

JUST: Die Schwemme kann den braven Kutscher auch wohl verschwemmt haben! – Es war gar ein rechter Kutscher! Er hatte in Wien zehn Jahre gefahren. So einen kriegt der Herr gar nicht wieder. Wenn die Pferde in vollem Rennen waren, so durfte er nur machen: Burr! und auf einmal standen sie wie die Mauern. Dabei war er ein ausgelernter Roßarzt!

FRANZISKA: Nun ist mir für das Avancement des Läufers bange.

JUST: Nein, nein, damit hat's seine Richtigkeit. Er ist Trommelschläger bei einem Garnisonregimente geworden.

FRANZISKA: Dacht' ich's doch.

JUST: Fritz hing sich an ein liederliches Mensch, kam des Nachts niemals nach Hause, machte auf des Herrn Namen überall Schulden und tausend infame Streiche. Kurz, der Major sahe, daß er mit aller Gewalt höher wollte *das Hängen pantomimisch anzeigend*; er brachte ihn also auf den guten Weg.

FRANZISKA: O, der Bube Schurke!

JUST: Aber ein perfekter Läufer ist er, das ist gewiß. Wenn ihm der Herr funfzig Schritte vorgab, so konnte er ihn mit seinem besten Renner nicht einholen. Fritz hingegen kann dem Galgen tausend Schritte vorgeben, und ich wette mein Leben, er holt ihn ein. – Es waren wohl alles Ihre guten Freunde, Jungfer? Der Wilhelm und der Philipp, der Martin und der Fritz? – Nun, Just empfiehlt sich! *Geht ab.*

Dritter Auftritt

Franziska und hernach der Wirt.

FRANZISKA *die ihm ernsthaft nachsieht*: Ich verdiene den Biß! – Ich bedanke mich, Just. Ich setzte die Ehrlichkeit zu tief herab. Ich will die Lehre nicht vergessen. – Ah! der unglückliche Mann!

Kehrt sich um und will nach dem Zimmer des Fräuleins gehen, indem der Wirt kömmt.

DER WIRT: Warte Sie doch, mein schönes Kind.

FRANZISKA: Ich habe jetzt nicht Zeit, Herr Wirt. –

DER WIRT: Nur ein kleines Augenblickchen! – Noch keine Nachricht weiter von dem Herrn Major? Das konnte doch unmöglich sein Abschied sein!

FRANZISKA: Was denn?

DER WIRT: Hat es Ihr das gnädige Fräulein nicht erzählt? – Als ich Sie, mein schönes Kind, unten in der Küche verließ, so kam ich von ohngefähr wieder hier in den Saal. –

FRANZISKA: Von ohngefähr, in der Absicht, ein wenig zu horchen.

Strichfassung einer Passage aus Lessings Minna von Barnhelm *für die Inszenierung von Hansgünther Heyme, Stuttgart 1980*

tellem Charakter. Im deutschsprachigen Raum entwickelte man vom Stadttheater abweichende Programme und spielte noch nicht oder nicht mehr gespielte Stücke. Auch hinsichtlich der ▶ Spielweisen und der politisch-gesellschaftlichen Funktion von Theater suchte man nach Alternativen zum professionellen Theater. Zwischen den europäischen Studententheatern gab es Kontakte und Austauschgastspiele, außerdem jährliche Festspiele in Wroclaw, Parma, Zagreb und Erlangen. In den 50er Jahren, während des Kalten Krieges versuchten Studenten, auf diesen Festivals Theater aus beiden Machtblöcken zusammenzubringen. Seit Ende der 60er Jahre hat die Bedeutung des Studententheaters nachgelassen. Ihre experimentelle Funktion übernahmen ▶ Freie Gruppen, die sich zum Teil aus ehemaligen Mitgliedern von Studententheatern bildeten.

Drittens erfüllen in den angelsächsischen Ländern, in denen es kein subventioniertes Theater in unserem Sinne gibt, die Studententheater oft einen professionellen Anspruch und fungieren in der jeweiligen Stadt als Theater- und Kulturzentrum. Dies gilt besonders, wenn sie wie z. B. in den USA zu einem **Drama Department**, einem Universitäts- oder College-Institut mit praktischer und theoretischer Ausbildung für Theaterberufe – gehören und somit finanziell gut ausgestattet sind.

Studio (ital. = Arbeitszimmer, Atelier) Erstmals richtete ▶ Stanislawski am Moskauer Künstlertheater Versuchsbühnen ein, die er Studios nannte. Hier sollten seine theoretischen Erkenntnisse und neuen Spielweisen überprüft und erprobt werden. Nach dem 2. Weltkrieg wurde Studio eine übliche Bezeichnung im Stadttheater für eine kleine Bühne, auch ▶ Kammerspiel genannt. Dort bietet man zusätzlich und unabhängig vom Abonnement neben der großen Bühne unbekannte oder neue Werke, Liederabende und Sonderformen des Theaters an.

Stummes Spiel ist ein Spiel ohne gesprochenen Text, aber mit mimisch-gestischem Ausdruck je nach Individualität des Darstellers im Gegensatz zur ▶ Pantomime, die für ihr Spiel ohne Worte eine eigene Körpersprache mit festgelegten Zeichen entwickelt hat.

Sturmbühne Von Herwarth Walden (1878–1941) und Lothar Schreyer (1886–1966) 1917 in Berlin gegründete expressionistische Bühne. Es blieb bei einer einzigen Aufführung: August Stramms *Sancta Susanna*, 1918. Das Theaterkonzept der Sturmbühne strebte die Einheit von Wort, Bewegung, Farbe, Rhythmus und pathetischer Verkündigung des expressionistischen Ideals des ‚neuen Menschen' an.

Szenarium (ital.: szenario) In der ▶ Commedia dell'arte fertigte man eine Skizze des Handlungsablaufs, der vor der Aufführung innerhalb der Truppe vereinbart wurde. Aufgrund dieser Handlungsskizze, für die auch die Bezeichnungen ital. **Canevaccio** und franz. **Canevas** geläufig waren, konnten die Darsteller Dialog und Spieldetails stegreifartig frei entwickeln. Viele dieser Szenarien aus dem 16. bis 18. Jh. sind erhalten und stellen wichtige schriftliche Quellen für die Geschichte der Commedia dell'arte dar, zumal das Szenario auch einen Plan für benötigte Requisiten, Masken usw. enthielt. Von daher verengte sich die Bedeutung im 18. Jh.: Szenarium bezeichnete nun einen Plan der technischen Bühnenvorgänge. Die heutige Bedeutung: Literarische Bühnenvorlage, die keine Dialoge, keine Aufteilung in Bühnenfiguren und keine sonstige dramatische Struktur enthält, sondern eine literarisch fixierte allgemeine Verlaufsform (z.B. Samuel Beckett *Atem*, Heiner Müller *Bildbeschreibung*).

Szene (griech.: skene = Hütte, Zelt) hat zum einen die gleiche Bedeutung wie Bühne, Schauplatz der dramatischen Handlung; mit Szene bezeichnet man aber auch den Abschnitt eines Theaterstücks, der kleiner als der Akt oder das Bild ist. Der Umfang einer Szene wird entweder durch den Wechsel des Schauplatzes (Szenenwechsel) oder durch das Auftreten und am Ende der Szene wieder Abgehen von Darstellern bestimmt. Die Szene kann in diesem Fall auch ▶ Auftritt heißen.

Szenische Lesung Lesung eines Dramas oder einzelner Szenen vor Publikum mit sparsamen oder angedeuteten inszenatorischen Mitteln, um die Szenen über den gelesenen Text hinaus zu verdeutlichen. Die gelesenen Rollen sind nach Alter und Geschlecht möglichst genau besetzt, der Raum ist angedeutet, z. B. durch Tisch, Stuhl, Tür. Die szenischen Situationen werden durch Auftritt, Gang, Geste der lesenden Darsteller – mit dem **Bühnenmanuskript** in der Hand – andeutungsweise gespielt. Szenische Lesungen können durchaus von großer Wirkung sein. Sie werden oft als ▶ Matinée veranstaltet zu Ehren eines Autors oder um ein neues oder unbekanntes Stück ohne großen Aufwand bekannt zu machen.

T

Tableau (franz. = Tafel, Gemälde) In der Theatersprache ein von Schauspielern oder Tänzern dargestelltes Bild in erstarrtem Zustand. Als eigene Theaterform: ▶ lebendes Bild (franz.: **tableau vivant**). Im weiteren Sinn: jede szenische Anordnung von Darstellern, die eine statuarische Bildhaftigkeit anstrebt, z. B. das **Schlußtableau** in klassischen Komödien.

Tairow, Alexander Jakowlewitsch (1885–1950) Der Schauspieler, Regisseur und Theaterleiter studierte zunächst Jura und ließ sich für kurze Zeit in Moskau als Anwalt nieder, aber bereits während des Studiums in Kiew begann er, Theater zu spielen. 1906 lernte er in Petersburg, dem heutigen Leningrad, ▶ Meyerhold kennen und wirkte in zwei seiner Inszenierungen als Schauspieler mit. 1914 gründete er das Moskauer Kammertheater, das er bis 1934 leitete.
Tairow ist einer der großen Theaterreformer des 20. Jh.s. Ihn beeinflußte die Bühnenbildnerin Alexandra Alexandrowna Exter, mit der er zwischen 1916 und 1921 zusammenarbeitete und die zu kubistischen, den Theaterraum in Podien, Gerüste und Farbfelder gliedernden Bühnenbildern neigte. Auch Konstantin Alexandrowitsch Mardschanow, mit dem er in den Jahren 1913/14 zusammenarbeitete, wirkte auf ihn. Mardschanow vertrat das Konzept eines „synthetischen Theaters“: Alle Theatersparten (Oper, Operette, Tanz, Sprechtheater usw.) sollten in ihren Mitteln zusammengefaßt, die Spezialisierung der Tänzer, Sänger, Schauspieler aufgehoben werden. Tairow setzte dieses Konzept fort: Spieltechniken der Pantomime, Clownerie und der ▶ Commedia dell'arte kamen in seinen Inszenierungen ebenso zur Geltung wie Elemente der Revue. Ähnlich wie bei Mardschanow war sein Hauptimpuls für die Suche nach einem neuen Verständnis des Theaters die Ablehnung der nun schon krisenhaften Reformversuche des Naturalismus und der Stilbühne. Im Naturalismus sah er den Schauspieler allzusehr der literarischen Vorlage unterworfen, auf der Stilbühne zum dekorativen Element der stilisierten Ausstattung erniedrigt.
In diesem Protest gegen Reformversuche des 19. Jh.s und in der Zusammenarbeit mit Exter wird der Einfluß der Avantgarde, insbesondere des Futurismus erkennbar. Tairow suchte das Konzept für ein Theater, das sich ganz auf seine eigenen Mittel besinnt. Er forderte die Vorherrschaft des Schauspielers, Bühnen- und Kostümbildners und des Regisseurs gegenüber Autor und literarischer Vorlage. In diesem Sinn ist auch der Titel seines 1923 erschienenen Buches *Das entfesselte Theater* zu verstehen: die Entfesselung des Theaters von der Literatur, die Autonomie des Theaters. Dieser Gedanke führte zwangsläufig zur Vorliebe für das Spektakel, das Stegreiftheater der Commedia dell'arte und zur Forderung nach „synthetischem“, „theatralisiertem“ Theater, das

auf der artistischen Körperbeherrschung des Schauspielers beruht. Emotionen auf dem Theater sollten nicht, wie im Naturalismus, durch Nähe zum wirklichen Leben, zur privaten Erlebniswelt des Schauspielers hervorgerufen werden, sondern durch physische Ausdrucksmittel. Der Ausdruck von Empfindung sollte eine theaterspezifische Form durch Körperausdruck erhalten.
1923, 1925 und 1930 gastierte Tairow mit seinen Inszenierungen in ganz Europa und erregte großes Aufsehen. 1930 wegen „formalistischer" Tendenzen und seinem Desinteresse an der zeitgenössischen Sowjet-Dramatik von der stalinistischen Kulturpolitik gemaßregelt, konnte er aber bis zu seinem Tod als Regisseur am Moskauer Kammertheater arbeiten.

Tantieme (franz. = Anteil am Gewinn) Nach den urheberrechtlichen Bestimmungen (▶ Recht) erhält ein Theaterautor (oder seine Erben bis zum 70. Jahr nach dem Tod des Urhebers) bei der Aufführung eines abendfüllenden Stücks eine Tantieme von 12 bis 18% der Gesamteinnahmen.

Tanz (ital.: danza) ist ganz allgemein eine elementare Lebensäußerung des Menschen, Lust an Körperbewegung, rhythmisierter Körperausdruck – meist in der Gruppe, begleitet von Musik und Gesang – für seelisches Empfinden, Freude, Trauer oder aus einem institutionellen (von Religion, Kultur, Gesellschaft gesetzten) Anlaß. In den frühen Kulturen und bei heute noch lebenden sogenannten Naturvölkern ist Tanz – wie andere theatrale Mittel auch – stark eingebunden in magisch-rituelle Vorstellungen. Tanz ist in diesem Zusammenhang entweder Mittel zu Ekstase, um sich mit der Gottheit zu vereinigen, oder symbolisch-erzählender, abbildender Vorgang, z.B. Jagdtänze, in denen das Beutetier durch Nachahmung (Maske, Kostüm, Pantomime) gebannt werden soll. Diese beiden Möglichkeiten der bildhaft-erzählenden Darstellung und des bilderlosen Körperspiels sind auch in den neueren Formen des Tanzes – ob Volks-, Gesellschafts- oder Bühnentanz – die beiden möglichen Prinzipien, die auch verschiedene Mischformen einschließen.
Aus dem höfisch-aristokratischen Gesellschaftstanz entwickelt sich etwa seit dem 15. Jh. in Italien und Frankreich der künstlerische Bühnentanz: das **Ballett** (ital.: balletto, Verkleinerungsform von ballo = Tanz, ‚Ball'). Ballette nannte man ursprünglich pantomimische Maskentänze bei höfischen Festen und Aufzügen. Ballette hießen auch die Tanzeinlagen bei Festessen an italienischen Fürstenhöfen des 15. Jh.s. Ähnliche Unterhaltungsstücke verwendete man bald auch als ▶ Zwischenspiele zwischen den Akten in Opernaufführungen. Diese allegorischen und mythologischen Tänze waren von Instumentalmusik, Gesang und Deklamation begleitet, die Tänzer setzten sich aus Mitgliedern der Hofgesellschaft zusammen. Der Violinist, Komponist und Choreograph Balthasar Beaujoyeux (gest. 1587) schuf 1581 das erste abendfüllende Ballett, das *Ballet comique de la Reine*, aufgeführt in Versailles anläßlich einer königlichen Verlobung. Diese Aufführung, bestehend aus 40 geometrischen

Figuren, von der gesamten Hofgesellschaft getanzt, kostete die Staatskasse 3,6 Mio. Francs. Auch diese enormen Ausgaben waren wegweisend für die Entwicklung der höfischen Ballette im Zeitalter des Barock, etwa Ende des 16. Jh.s bis zum ersten Drittel des 18. Jh.s. Nicht nur am Versailler Hof, auch an den Höfen in Florenz, Wien, Dresden und Stuttgart wurde diese Aufführung Vorbild. Man wetteiferte um die prächtigsten Ballette mit größtem Aufwand an Dekorationen, Kostümen, Maschinen, Wasserspielen, Feuerwerken, Menschen und Tieren (Militär- und Roßballetten), um mit dieser Prachtentfaltung die politische Macht des absolutistischen Herrschers zu illustrieren. Zugleich waren das Ballett de cour am Versailler Hof und die Hofballette anderer Höfe Abbild der hierarchischen höfischen Gesellschaft; Ludwig XIV., der Sonnenkönig, trat 1653 im *Ballett de la nuit* in verschiedenen allegorischen Rollen auf: als Stunde, als Irrlicht, als Morgenstern, vor allem aber als die königliche Sonne, um die die übrigen Höflinge als Planeten kreisen.
Ludwigs Hofballette sind Versuche, in der regelhaften Choreographie die hierarchisch geordnete Einheit der höfischen und der Gesellschaft im Absolutismus überhaupt zu symbolisieren. Aber in seine Regentschaft fällt auch die Gründung der Pariser Tanzakademie – „L'Académie Royale de Danse" – im Jahre 1661. Ihre Aufgabe bestand darin, verbindliche Maßstäbe zur Vervollkommnung der Tanzkunst festzulegen und jede öffentliche oder private Ausübung einer Tanzlehrertätigkeit diesen Maßstäben durch Ausbildung und Prüfung anzugleichen. Eines der Mitglieder der Akademie, der Tänzer und Choreograph Raoul-Auger Feuillet (ca. 1675–1710) erfand ein System von ▶Tanznotationen, das er 1701 veröffentlichte. Neben diesem ausgearbeiteten Tanzschriftsystem arbeitete Feuillet in dieser Schrift die Grundbegriffe und Prinzipien des akademischen Tanzes vollständig aus: die fünf Grundstellungen (Positionen), das Prinzip der Auswärtsdrehung von Füßen, Beinen, Knien und Körper, Führung der Arme, Sprungtechnik. Bühnentanz wurde zum Beruf, zunächst nur für Männer, 1681 stand zum ersten Mal eine Tänzerin auf einer öffentlichen Bühne. Die französische Tänzerin spanischer Abstammung Marie Ann de Cupis de Camargo (1710–70) wurde 1730 Solotänzerin in der Pariser Opéra. Sie eignete sich viele Schritte an, die bis dahin nur den männlichen Tänzern eigen waren, sie verkürzte die Rocklänge und schaffte die Absätze an den Tanzschuhen ab; das ermöglichte raschere Bewegungen und größere Sprungfreiheit. Berufstänzerinnen und -tänze wurden vor allem für die Balletteinlagen in den Opernaufführungen gebraucht, aber auch für eine Gattung, die sich Ende des 17. und bis Mitte des 18. Jh.s entwickelte und in Paris großer Beliebtheit erfreute, das **Opéra-Ballet**, eine prunkvolle musikalische Theaterform, in der Gesang und Tanz vorherrschten: In breit angelegte tänzerische Teile sind Arien und Chöre eingefügt, das Moment der dramatischen Handlung ist dagegen zurückgedrängt, während in der **Tragédie lyrique** die Opernhandlung mit in sich abgeschlossenen Szenen bestimmend ist, die Szenen voneinander abgegrenzt werden durch Duette, Chöre oder Ballette.

Huldigungsspiel von Voltaire, Musik J.Ph. Rameau. Radierung von Charles-Nicolas Cochin zur Aufführung von 1745 in Versailles

Die Arbeit der Pariser Tanzakademie hatte im Laufe der Zeit zu einer gewissen Erstarrung des tänzerischen Normenkodex geführt. Jean-Georges Noverre (1727–1810) versuchte die traditionellen Formen barocker Prachtentfaltung und symbolischer oder allegorischer Raumaufteilung zu überwinden, der tänzerischen Körpersprache größere Lebensnähe und seelischen Ausdruck zu geben. Ähnliche Ziele verfolgte der italienische Tänzer, Choreograph und Komponist Gasparo Angiolini (1731–1803). Noverre hat als Choreograph, vor allem aber als in seiner Zeit sehr einflußreicher Theoretiker die Konzeption des **Handlungs-Balletts** entwickelt. Er nahm damit dem Bühnentanz den Charakter des unterhaltenden Zwischenspiels und verhalf ihm zu einer eigenständigen dramatischen Gattung mit großem Handlungsbogen, Figurenentwicklung und szenischem Aufbau. Noverre ist als der große Reformer des Balletts in die Geschichte eingegangen. Sein theoretisches Hauptwerk *Briefe über den Tanz* von 1759 beschäftigte Lessing, der auch eine Übertragung ins Deutsche geplant und begonnen hat.
Carlo Blasis (1795–1878) führte die Reformideen Noverres weiter. 1820 erschien seine *Grundlegende Abhandlung über Theorie und Praxis der Tanzkunst*; in dieser und anderen Schriften widmete er sich vor allem Fragen der exakten Beschreibung einer streng geregelten Tanztechnik. In dieser Epoche der Romantik begeisterte die Tänzerin Marie Taglioni (1804–84) das Publikum in den Hauptstädten Europas, sie gab dem Spitzentanz eine bis dahin nicht gekannte Eleganz und Leichtigkeit. Auch Fanny Elßner (1810–84) riß ihre Zeitgenossen durch ihr tänzerisches Temperament und ihre Rollengestaltung zu Beifallsstürmen hin. Beide Tänzerinnen waren in der ersten Hälfte des 19. Jh.s die bedeutendsten Ballerinen, beide tanzten die Titelrolle in dem romantischen Handlungsballett *Giselle* nach einer Erzählung von Heinrich Heine und der Musik von Adolphe Charles Adam. *Giselle* ist noch heute im Repertoire der großen Ensembles zu finden, da die Titelrolle alle denkbaren Anforderungen an eine Primaballerina stellt.
In der zweiten Hälfte des 19. Jh.s entwickelte sich das Interesse an Ballett rückläufig, andere Theatergattungen wie z.B. das Ausstattungsstück eroberten die Spielpläne; das Ballett verlor an künstlerischer Qualität, von Ausnahmen abgesehen, wie dem Kopenhagener Königlichen Theater unter dem Tänzer und Choreographen August Bournonville (1805–79) oder dem Petersburger Kaiserlichen Theater unter dem Ballettmeister Marius Petipa (1818–1910). Aus den Ballett-Compagnien der beiden Kaiserlichen Theater in Petersburg und Moskau stellte Serge Pawlowitsch Diaghilew (1872–1929) die Truppe seines Pariser Gastspiels 1909 zusammen. Daraus gingen die **Ballets Russes** hervor, die durch ihre Verarbeitung zeitgenössischer Kunstströmungen wie Kubismus, Futurismus, Konstruktivismus und auch durch europäische Gastspieltätigkeit zur künstlerischen Erneuerung des westeuropäischen Balletts erheblich beitrugen. Nach dem Tod Diaghilews (1929) lösten sich die Balletts Russes auf; auf seinem Stil bauten vor allem das Ballett Russe de Monte

Carlo und das Londoner Sadler's Wells Ballett (seit 1957 The Royal Ballett) auf. Ehemalige Mitglieder der Diaghilewschen Truppe arbeiteten an ersten Häusern weiter. An der Pariser Opéra tanzte und choreographierte Serge Lifar (geb. 1905), George Balanchine (1904–83) arbeitete vor allem am New York City Ballett. Beide Choreographen repräsentieren eine neoklassizistische Stilrichtung, die dem traditionellen akademischen Tanz verpflichtet bleibt.
Eine ganz andere Richtung von Reformbestrebungen im Bühnentanz seit 1900 wird unter der Bezeichnung **Freier** oder **Moderner Tanz** zusammengefaßt. Am Anfang des modernen Tanzes steht die Rückbesinnung auf die vermeintlich freie Körperbewegung der Griechen und die Ablehnung formaler Übungen und des akademischen Tanzes, des Balletts. Allgemeinere Zeitströmungen um 1900 wie Jugendbewegung, Freikörperkultur, Lebensreform-Bewegungen wirkten auch auf die Avantgarde des modernen Tanzes und der modernen Kunstkonzepte überhaupt. Isadora Duncan (1878–1927) trat um 1900 statt im üblichen Trikot in Anlehnung an antike Gewänder mit einer losen Tunika bekleidet und barfuß auf. Ihre Tänze folgten keinem System, zeigten gefühlvoll-expressiven Körperausdruck. Auch der Begründer der **rhythmischen Gymnastik**, Emile Jaques-Dalcroze (1865–1950), glaubte sich in der Nachfolge der Griechen durch sein System der Verfeinerung rhythmischer Sensibilität, der Übersetzung von Klängen und Rhythmen in Körperbewegung. Rudolf von Laban (1879–1958) verzichtete in seinen Choreographien meist auf Ausstattung und Musik, begnügte sich mit Schlagzeug-Begleitung. Er setzte sich für die Unabhängigkeit des Tanzes von anderen Künsten ein, erarbeitete das erste umfassende System der Tanzkunst, das den Tanzenden in seinen Beziehungsmöglichkeiten zum dreidimensionalen Raum beschreibt. Laban ist als Tanztheoretiker bis heute von großer Bedeutung, zumindest für die Formen des amerikanischen Modern Dance. Die bedeutendste Schülerin von Jaques-Dalcroze und Laban war Mary Wigman (1886–1973), die seit 1919 Solotanzabende gab. 1920 eröffnete sie in Dresden eine eigene Tanzschule, die rasch ein großer Anziehungspunkt für den **deutschen Ausdruckstanz** wurde. Wie ihre Vorgänger und Lehrer wandte sie sich gegen die Vorherrschaft der Musik und die Traditionen des klassisch-akademischen Tanzes. Wigman tanzte überwiegend zu Schlagzeug-Begleitung oder ohne Musik und verzichtete auch auf Ausstattung. Ihre Solotänze sowie die von ihr einstudierten Gruppentänze entsprachen in ihrer Verbindung von Innerlichkeit und Körperausdruck der Stilrichtung des deutschen Expressionismus. 1930 trat sie in den USA auf. Eine ihrer Mitarbeiterinnen, Hanya Holm, eröffnete in New York eine Tanzschule und lehrte den **German Dance**, wie der moderne deutsche Ausdruckstanz in den USA genannt wurde. Während sich dort der **Modern Dance**, d.h. alle Varianten des modernen künstlerischen Bühnentanzes, die sich vom klassisch-akademischen Tanz absetzen, in vielen Spielarten entwickelte, brach mit Beginn der nationalsozialistischen Herrschaft die vielfältige deutsche Szene des Ausdruckstanzes zusammen. Viele Künstler mußten aus

Die sieben Todsünden *von Brecht/Weill in der Choreographie von Pina Bausch, Wuppertal 1976*

‚rassischen' Gründen ins Exil gehen oder waren durch die nationalsozialistische Kulturpolitik in ihren Möglichkeiten eingeschränkt.

Nach dem 2. Weltkrieg waren die ästhetischen Entwicklungen aus der Zeit der Weimarer Republik vollständig abgebrochen. Im restaurativen Kulturverständnis der Adenauerzeit kam zwar das klassische Ballett zu hohen Ehren, zumal für die traditionell ausgerichteten Opernspielpläne sowieso eine Ballettruppe erforderlich war. Aber das klassische Ballett hatte in diesem Kulturverständnis auch die nötige Politikferne, vermittelte ein konservatives Ideal der Vollkommenheit, Schönheit, Disziplin und Ordnung.

Dagegen waren die Themen des Ausdruckstanzes zur Zeit der Weimarer Republik Reflexe auf den 1. Weltkrieg, Inflation und Wirtschaftskrise. Kurt Jooss (1901–79), der 1933 ins Exil gehen mußte, erlangte internationalen Ruhm mit seinem 1932 in Paris uraufgeführten Werk *Der grüne Tisch. Ein Totentanz in 8 Bildern*: An einem Verhandlungstisch diskutieren bürgerliche Politiker miteinander, auf dem Höhepunkt ihrer Auseinandersetzungen schießen sie in die Luft, der Krieg beginnt, der Tod hält Ernte. Am Schluß sitzen die Herren wieder am grünen Tisch und verhandeln.

Nach 1945 blieben Mary Wigman, Kurt Jooss und viele andere Protagonisten des Ausdruckstanzes zunächst ohne Wirkung auf den Bühnentanz. Wigman eröffnete in Berlin (West) eine private Tanzschule, Jooss kehrte an die Essener Folkwang-Schule zurück, die er in den 20er Jahren mit aufgebaut hatte. Als Lehrende haben sie indirekt durch ihre Schüler auf die Tanzszene der Bundesrepublik seit den 60er Jahren Einfluß genommen. In Köln hatte sich ein Zentrum für neue Tanzformen gebildet, nachdem 1961 die **Internationale Sommerakademie des Tanzes** von Krefeld nach Köln verlegt worden war. Sie hatte sich seit ihrer Gründung 1955 das Ziel gesetzt, in Vorträgen, Arbeitskreisen und Tagungen, Aufführungen des künstlerischen Tanzes zu fördern. Gründer und Veranstalter dieser Sommerakademie war die Gesellschaft zur Förderung des künstlerischen Tanzes, die auch 1965 das Ballett-Studio Köln organisierte, das im Kölner Schauspielhaus zunächst Gastspiele experimenteller Gruppen zeigte, aber auch bald Solotänzer der Ballett-Compagnie der Kölner Bühnen zu eigenen choreographischen Arbeiten anregte. Sie konnten ihre Arbeiten in der Reihe „Junge Choreographen" des Kölner Ballett-Studios zeigen: Helmut Baumann (geb. 1938), Jochen Ulrich (geb. 1944), Gray Veredon (geb. 1943) und die bedeutendsten Vertreter des heutigen bundesrepublikanischen Tanztheaters, nämlich Gerhard Bohner (geb. 1936), Hans Kresnik (geb. 1939), Reinhild Hoffmann (geb. 1943), Susanne Linke (geb. 1944) und ▶ Bausch.

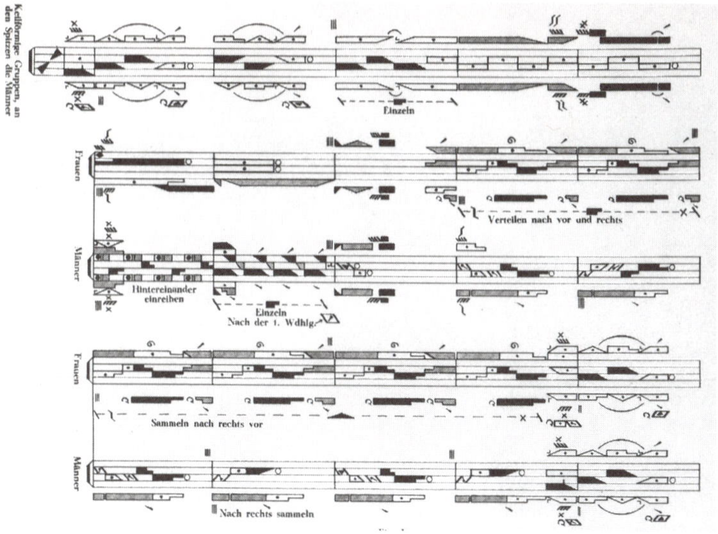

Tanznotation von Rudolf von Laban (1930)

Tanznotationen Seit dem 15. Jh. gibt es Versuche, tänzerische Bewegungsabläufe mit verschiedenen Notierungsmethoden festzuhalten: vom Benennen der standardisierten Bewegungen durch Wortkürzel über das Erfassen der Raumaufteilung und der auf dem Boden stattfindenden Bewegungen bis zu Strichfiguren, die Positionen und Stellungen des Tänzers in der Abfolge von Phasen und Elementen des Tanzes abbilden. Daneben gibt es verschiedene Liniensysteme – in Anlehnung an die Notenschrift der Musik –, die sich für die Wiedergabe der zeitlich-räumlichen Abfolge besonders eignen (siehe Abb. S. 299). Als eines der umfassendsten Notationssysteme, das heute noch benutzt wird, gilt die **Kinetographie** des Tänzers, Tanzpädagogen und -theoretikers **Rudolf von Laban** (1870–1958).

Teatro Olimpico Der bekannteste Theaterbau der Renaissance wurde 1584 nach den Plänen von Andrea Palladio (1508–80) in Vicenza errichtet. Es ist ein geschlossenes Theater mit einem halbkreisförmig ansteigenden Zuschauerraum und einer architektonisch gegliederten Bühne mit Prunkfassade, der **Scaenae frons**. Deren drei Öffnungen geben den Blick frei auf perspektivisch gestaltete, nicht bespielbare Gassen (▶ Perspektivbühne). Das Teatro Olimpico wird häufig als Usprung des gesamten modernen Theaterbaus genannt, ist aber tatsächlich streng nach den Regeln des antiken römischen Architekten Vitruv konzipiert und somit ein, wenn auch später, End- und Höhepunkt antiken Theaterbaus. Von zeitgenössischen Berufsschauspielern wurde es nicht bespielt. Wahrscheinlich errich-

Teatro Olimpico in Vicenza/Italien

tete man es, um den Mitgliedern der ▶ Akademie von Vicenza die Rekonstruktion von Aufführungen antiker Stücke zu ermöglichen.

Teatro stabile (ital. = festes Theater) Ein solches stehendes Theater in Italien entspricht dem Stadttheater im deutschsprachigen Gebiet. Bis zur Gründung des ▶ Piccolo teatro in Mailand 1947 durch Paolo Grassi und Giorgio Strehler gab es in Italien zwar in den meisten Mittel- und Großstädten feste Theaterbauten, aber sie wurden durch ein System von jeweils für eine Inszenierung zusammengestellten oder nur eine Zeitlang zusammenbleibenden Truppen bespielt. Erst die Subventionen der Stadt Mailand ermöglichten die Gründung des Piccolo teatro mit festem Ensemble, Abonnementsystem, Repertoire und einer zeit- und kostenintensiveren Theaterarbeit als im System der reisenden Truppen. Dem Beispiel Mailands folgten andere Städte Italiens.

Teichoskopie (griech. = Mauerschau) Dramentechnik der sprachlichen Information über Geschehnisse jenseits der Szene. Typisches Mittel des klassischen Dramas. In Homers Epos *Ilias* zeigt Helena dem König Priamos von der Stadtmauer des belagerten Troja die griechischen Feldherren. Dieser ‚Blick von der Mauer' ist Vorbild z. B. für Aischylos' Tragödie *Sieben gegen Theben* oder Euripides' *Phönizierinnen*. Beide Stücke spielen in der belagerten Stadt Theben, dem Zuschauer werden Berichte über das Geschehen jenseits der Mauer gegeben. Im weiteren Sinn heißt Teichoskopie jeder Bericht, jede Beschreibung zeitgleichen Geschehens außerhalb der Szene, das von einer Bühnenfigur als sichtbar beschrieben wird, vom Zuschauer aber nicht gesehen werden kann. Im Gegensatz zum ▶ Botenbericht ist der Augen- und Ohrenzeuge auf der Bühne nicht von jenseits der Szene gekommen, berichtet nicht schon Geschehenes, sondern zeitgleiche Ereignisse.

Telari (ital.: telaio = Rahmen) Die drehbaren Dreiecksprismen nach dem antiken Vorbild der ▶ Periakten verwendete man in der Renaissance zeitweilig als Dekorations- und Verwandlungstechnik vor Einführung der ▶ Kulissenbühne. Die auf den drei Seiten je mit einer eigenen Dekoration bemalten, in der Senkrechten um sich drehbaren Prismen standen auf beiden Seiten der Bühne in einer Anzahl von drei oder fünf. Zusammen mit dem auswechselbaren **Hintergrundprospekt** war erstmals ein schneller Schauplatzwechsel möglich. Der Ulmer Architekt Joseph Furttenbach übernahm diese Ende des 16. Jh.s in Italien verwendete Bühnentechnik und baute 1641 zum ersten Mal in Deutschland ein Telari-System, das er 1663 in seinem Werk *Mannhaffter Kunstspiegel* beschrieb. Zu dieser Zeit hatte sich jedoch schon die handlichere, mehr Dekorationswechsel ermöglichende und für den Schauspieler durch ausreichend breite Auftrittsgassen leichter bespielbare Kulissenbühne durchgesetzt (siehe Abb. S. 302).

Terenzbühne Zur Zeit der Renaissance versuchten die Humanisten, die römisch-antike Komödienbühne aus den Komödien des Terenz (ca. 190–159 v. Chr.) zu rekonstruieren. Dessen Stükke beschränkten die Handlung auf einen öffentlichen Platz, an den die Häuser der auftretenden Personen angrenzten; weitere Abgänge führten in die Stadt bzw. in die Ferne. Dieses **Einortdrama** stellten sich die Humanisten auf der Bühne so vor: Im Hintergrund sind ne-

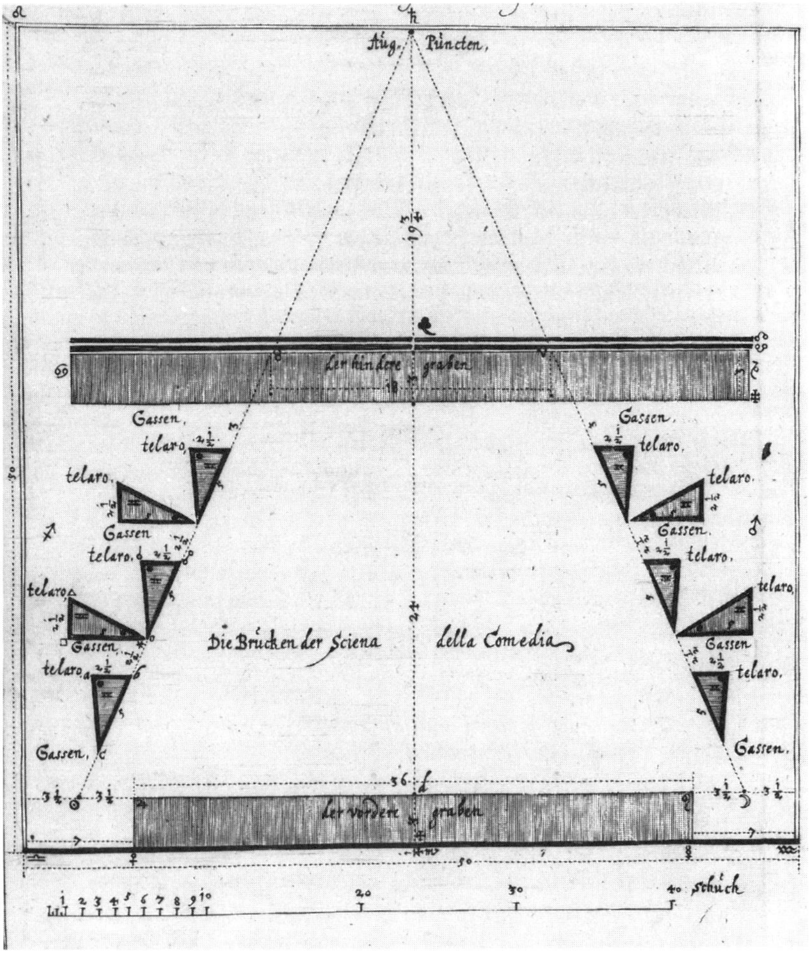

Entwurf für eine Telarienbühne von Joseph Furttenbach (1663)

beneinander Vorhänge als Eingänge zu Häusern angebracht, oft mit Inschrift des Namens der auftretenden Figur versehen. Durch die Vorhänge treten die Darsteller auf und ab; durch Öffnung des Vorhangs kann auch ein Innenraum angedeutet werden. Eine gewisse Ähnlichkeit zu aneinandergreihten Badekabinen führte auch zu der Bezeichnung **Badezellenbühne**. Unsere Kenntnis der Terenzbühne beruht in der Hauptsache auf Illustrationen von Terenzausgaben

Rekonstruktion der Terenzbühne (Holzschnitt von 1493)

des 15. Jh.s. Sie können nicht als gesicherte theatergeschichtliche Quellen gelten. Umgekehrt ist später der Nachbau der rekonstruierten Terenzbühne nach den Buchillustrationen belegt.

Text Der schriftlich fixierte Dramentext gilt als erste Arbeitsgrundlage des literarischen Theaters für alle an einer Aufführung Beteiligten. Bei einer Theateraufführung ist er jedoch neben Bühnenbild, Kostüm, Maske, Spielweise, Besetzung usw. nur ein Element von vielen. Eine Vielzahl dieser Aufführungselemente können aus den Bedeutungen von Text, ▶ Nebentext und ▶ Untertext erschlossen oder assoziativ entwickelt werden. Der schriftlich fixierte Text ist zugleich eine verläßliche literatur- und theatergeschichtliche Quelle, oft die einzige, die Schlüsse auf Aufführungsbedingungen zur Zeit der Entstehung oder Uraufführung des Textes zuläßt.
Im Stegreiftheater ist der gesprochene Text nicht schriftlich fixiert, dafür jedoch andere Elemente wie z. B. in der Commedia dell'arte Handlungsverlauf und Rollentypen, aus denen sich ein bestimmtes soziales Gefüge und Verhalten der Figuren zueinander ergibt.

Thalia gehört nach der griechischen Mythologie zu den neun Musen, den Schutzgöttinnen der Künste und Wissenschaften. Sie ist die Schutzgöttin der Komödie.

Theater (griech.: theatron = Ort des Zuschauens) 1. Zuschauerraum im antiken Theater Griechenlands, dann der gesamte Theaterbau. 2. Veralteter Ausdruck für das Werk eines Dramatikers seit dem 17. Jh., von Frankreich ausgehend. 3. Seit dem 19. Jh. Bezeichnung für das gesamte Theaterwesen: als bauliche Anlage, technischer und künstlerischer Betrieb aller Sparten, als gesellschaftliche und kulturelle Einrichtung und als künstlerischer Vorgang von Rollenspiel und Zuschauen. In Abgrenzung gegen andere Medien, die mit Mitteln des darstellenden Spiels arbeiten (Film, Hörspiel, Fernsehen, Video), ist für Theater und theatrale Vorgänge wie Zirkus und Varieté usw. die Gegenwärtigkeit und Unwiederholbarkeit, also die räumlich-zeitliche Einheit und damit Einmaligkeit der Kommunikation zwischen Rollenspielern und Zuschauern entscheidend; zu dieser besonderen Form ästhetischer Kommunikation gehört auch die unausgesprochene Verabredung zwischen Rollenspielern und Zuschauern, daß die fiktionale Darstellung von Figuren, Situationen, Handlungen vom Zuschauer als Als-ob-Situation erkannt und akzeptiert wird. 4. Im sprichwörtlichen Sinn: ‚Theater' als negativ besetzter Ausdruck für übertriebenes, unangemessenes, unwahrhaftiges, Effekt heischendes Verhalten.

Theaterarchitektur Die Außenarchitektur der Theaterbauten unterliegt keiner festen Konvention. Es gibt jedoch einige wichtige Faktoren, die notwendigerweise auf die Theaterarchitektur wirken. In vielen Ländern und Epochen war in der jeweiligen Theaterkonzeption ein fester, gar steinerner Bühnenbau nicht vorgesehen. Zwischen dem Ende der römischen Antike und dem Beginn der Renaissance, also etwa 1000 Jahre lang ist in Europa wohl kein fester Theaterbau errichet worden. Zu diesem kulturhistorischen kommt ein kultursoziologischer Aspekt: Seit im deutschsprachigen Raum Ende des 18. Jh.s das Bürgertum in Opposition zu den höfischen Theatern seine eigene Theaterkultur anstrebt (Nationaltheater, Stadttheater), werden feste Theater-

bauten als kultureller Mittelpunkt der Stadt konzipiert: an zentralem Platz gelegen, mit repräsentativer Fassade des Publikumseingangs, dem **Portikus**, der in wilhelminischer Zeit (um 1900) durch antikisierenden Säulenschmuck die Assoziation eines ‚Musentempels' nahelegt.
Hinsichtlich seiner diversen Funktionen ist ein Theaterbau alles andere als ein architektonisch überschaubarer Tempel: Die zentralen Räume ▶ Bühne und ▶ Zuschauerraum machen den geringeren Teil der Baumasse aus. Für das Publikum steht meist zwischen Portikus und Zuschauerraum-Aufgängen ein großes ▶ Foyer mit Restaurationsbetrieb und Garderoben zur Verfügung. Für die darstellenden Künstler sind Garderoben, Schminkräume, Aufenthaltsräume, Probenräume nötig. Einen noch größeren Anteil an der Baumasse haben die Werkstätten, die Magazine, die Verwaltung. Architektonisches Erkennungszeichen ist seit Ende des 19. Jh.s, seit eine leistungsfähige Obermaschinerie die Regel ist, der alles überragende **Bühnenturm**.

Theaterarzt Bei größeren staatlichen und städtischen Bühnen ist es üblich, daß während der Vorstellung im Zuschauerraum ein Arzt anwesend ist, der bei Unfällen, Erkrankungen des Bühnenpersonals oder von Zuschauern erste Hilfe leistet.

Theaterausstellungen Parallel zu den Versuchen, eine ▶ Theaterwissenschaft an den Universitäten zu etablieren, werden seit 1892 („Internationale Ausstellung für Musik und Theaterwesen" in Wien) große nationale und internationale Ausstellungen organisiert, in denen je nach nationalem Blickwinkel und gerade geltender Wissenschaftsmethode versucht wird, Entwicklungen im Theater mit Bild- und Textquellen zu dokumentieren. In den letzten Jahren fanden folgende Theaterausstellungen mit sehr unterschiedlicher Themenstellung statt: „Theater im Exil 1933–45" in der Akademie der Künste, Berlin (West), 1973; „Theater in der Weimarer Republik", Kunstamt Kreuzberg / Institut für Theaterwissenschaft der Universität Köln, Berlin (West) 1977; „Der Hang zum Gesamtkunstwerk. Europäische Utopien seit 1800", Kunsthaus Zürich 1983.

Theatercoup (franz.: coup = Schlag, Streich) Szenischer Einfall, der dramatische Verwicklungen überraschend und effektvoll löst, oft aber Grenzen des Plausiblen überschreitet. Derartige ‚Streiche' gegen die Zuschauerwahrnehmung, die zugleich vom Zuschauer als komische Form genossen werden, finden sich häufig in Komödie und Schwank.

Theater der Bilder Seit der Jahrhundertwende arbeiten Regisseure mit bildenden Künstlern zusammen, um neue und stückspezifische Bühnenräume zu entwickeln. Andererseits entstanden auch seit der Jahrhundertwende Tendenzen, bildende Kunst und Literatur zu theatralisieren, z. B. in der Aktionskunst der Futuristen oder der Dadaisten. Späte Entwicklungen aus diesen historischen Wurzeln sind in den 60er Jahren das Happening, in den 70er Jahren Performance Art. Das Prinzip der Durchdringung oder Überwindung der Grenzen zwischen den Einzelkünsten wird auch immer wieder von einzelnen Künstlern am Theater versucht. Josephs Beuys' Präsentation von Goethes *Iphigenie* 1968 im Frankfurter Theater am Turm konzentrierte sich auf einen während der ganzen Aufführung auf der

Bühne anwesenden Schimmel und auf die Aktionen von Beuys selbst, Goethes Dramentext kam währenddessen über Lautsprecher.
Zurückdrängen des Literaturtheaters, Aufkündigung der geschlossenen Fabel, Minimalisierung der Handlungselemente, Vertrauen in große statuarische Arrangements sind die wichtigsten Kennzeichen des Theaters der Bilder, das gegenwärtig besonders von Robert Wilson, Pina Bausch und Achim Freyer vertreten wird.

Theaterdichter Ende des 18. und Anfang des 19. Jh.s gab es Dramatiker, die vertraglich an eine Bühne gebunden waren. Sie hatten die Auflage, Stücke oder für besondere Anlässe Prologe, Epiloge, Vor-, Zwischen- und Nachspiele zu schreiben, auch Proben zu leiten, Bearbeitungen und Übersetzungen zu verfertigen. Diese Stellung, die ungefähr der heutigen Funktion des ▶ Dramaturgen entspricht, hatten u. a. Lessing in Hamburg, Schiller in Mannheim und Grillparzer in Wien inne.

Theaterfotografie unterliegt drei Prinzipien, die sich im Widerspruch befinden können: 1. Sie dient dem aktuellen Zweck der ▶ Werbung, der Öffentlichkeitsarbeit als Pressefoto, als erste Bildinformation im Foyer oder in Schaukästen. Auswahlkriterien für Motive und Bildausschnitte sind in diesem Zusammenhang oft theaterfremd, weil auf Stars bezogen oder Nahaufnahmen bevorzugend. Sie lassen den Zusammenhang des Bühnengeschehens, der Arrangements und des Bühnenbilds nicht erkennen. 2. Sie hat dann einen großen Wert als historische Bildquelle für die Theatergeschichtsschreibung, wenn alle visuellen Elemente des Theaters dokumentiert werden. 3. Theaterfotografen fotografieren einen künstlerischen Prozeß mit eigenen künstlerischen Bildvorstellungen. Die Fotografie als Medium erfordert ihre eigenen medialen Gesetze, ist also nie unmittelbares Dokument szenischen Geschehens.

Theatergeschichte ist ein zentrales Forschungs- und Lehrgebiet der ▶ Theaterwissenschaft. Gegenstand der Theatergeschichte sind die sehr vielfältigen Theaterformen aller Völker und Länder und ihre historische Entwicklung. Die Forschungsmethoden entsprechen denen in den historischen Wissenschaften allgemein. Neben schriftlichen **Quellen** wie Theaterzetteln, -kritiken, Beschreibungen von Aufführungen, Rollenheften, Szenarien, Regiebüchern und im literarischen Theater Dramentexten nutzen die Theaterhistoriker auch Bildquellen. Dazu zählen Vasenmalerei, Reliefs, Mosaiken, Fresken der Antike, später kommen Buchillustrationen, Holzschnitte, Stiche, Ölbilder, schließlich Fotografien, Film- und Videodokumente hinzu. Seit der Erfindung der Schallplatte und des Tonbandes gibt es auch Tondokumente von theaterhistorischem Gewicht.
Für die ältere Theatergeschichte sind archäologische Funde von großer Bedeutung: in Stein gehauene Theatermasken, vor allem Reste der Holz- oder Steinbauten der Antike. All die genannten Quellen haben sehr unterschiedlichen und genau zu prüfenden Aussagewert, z. T. sind es selbst Kunstwerke mit eigenen ästhetischen Gesetzen, die ihren Dokumentationscharakter problematisch erscheinen lassen. Unmittelbare Dokumente der Aufführungspraxis sind für die ältere Zeit selten, da Masken, Kostüme, Dekorationen, Requisiten aus vergänglichem Material (Leinen und anderen Geweben, Leder, Holz, Pa-

pier, Schminke usw.) gearbeitet sind. Hier sind die Theaterhistoriker ebenso auf spärliche Hinweise in den genannten **indirekten Quellen** (Regieanweisungen in den Dramentexten, Aufführungsbeschreibungen, Vasenmalerei und anderen Bilddarstellungen) angewiesen wie bei Fragen der Spielweise, Choreographie und der gesamten Aufführungsform.

Theater im 19. Jahrhundert ist vorwiegend ein Theater der bürgerlichen Mittel- und Oberschicht, die als Ausdruck ihrer wirtschaftlichen Macht und ihres Reichtums eine Vielzahl von repräsentativen Theaterbauten errichten ließ. In dieser Zeit entstanden so viele Theaterneubauten wie kaum in einer anderen Epoche; wie nie zuvor war Theater aber im Hinblick auf seine gesellschaftliche Funktion und seinen Spielplan auch eine so konforme wie uniforme Institution. Das bürgerliche Theater des 19. Jh.s unterschied sich grundlegend von der des vorherigen, das unter dem Zugriff des aufstrebenden Bürgertums entscheidend von dem Gedanken der Aufklärung geprägt war und tendenziell als Forum bürgerlicher Öffentlichkeit verstanden wurde. Es sollte der Selbstverständigung des sich emanzipierenden Bürgers dienen und Einsichten in gesellschaftliche Zusammenhänge vermitteln. Insbesondere im deutschsprachigen Raum galt es als eine Institution politischer, ethischer und ästhetischer Erziehung, als „moralische Anstalt", wie Friedrich Schiller (1759–1805) es in seiner Mannheimer Rede *(Was kann eine gute stehende Schaubühne eigentlich wirken?)* von 1786 (1802 unter dem Titel *Die Schaubühne als eine moralische Anstalt betrachtet* veröffentlicht) als allgemeines Ziel der ▶ Nationaltheater-Idee formulierte.
Stand das Theaterverständnis des Bürgertums im 18. Jh. in deutlicher Opposition zur politischen Macht der feudalen Gesellschaft und zum bloßen Schauwert und Repräsentationscharakter des höfischen Theaters, so ist für das bürgerliche Theater des 19. Jh.s kennzeichnend, daß politische und aktuelle soziale Themen niemals so gründlich verdrängt, verabscheut und gar verteufelt wurden. Je weiter das Jahrhundert fortschritt, desto mehr galt Politik als ein ‚schmutziges Geschäft', dem sich Theater als ein ‚Tempel der Kunst' zu verschließen hatte. Das Publikum des 19. Jh.s verlangte vom Theater nicht Auseinandersetzung mit der Wirklichkeit, sondern deren Verklärung und Verschönerung. Und das Votum des Publikums war bestimmend für das Theater, denn es war in allen europäischen Ländern hauptsächlich ein Geschäftstheater, nach kapitalistischen Prinzipien in ihren schärfsten Formen geführt. Das Theaterwesen in England und Italien beschränkte sich ausschließlich auf Privattheater; von den wenigen Staatsbühnen abgesehen, war das Geschäftsprinzip ebenfalls vorherrschend in Frankreich, und auch in Deutschland spielte die Orientierung an Gewinn und Verlust sowohl in der Hoftheaterpraxis als auch in den städtischen Theatern, die meist an Privatunternehmer verpachtet wurden, eine gewichtige Rolle. Ausgerichtet nach Wirtschaftlichkeit und Ge-

Grand Opéra (Große Oper) in Paris um 1885

winnmaximierung, war das Theater des 19. Jh.s darauf angewiesen, mit seinen Aufführungen bei den Zuschauern Erfolg zu haben, und das bedeutete, den herrschenden Publikumsgeschmack zu bedienen.

Für eine wesentliche Grundlage seiner gesellschaftlichen Legitimation hielt das Bürgertum eine umfassende Bildung, worunter man hauptsächlich die Kenntnisnahme überlieferter Kulturgüter verstand. Die entsprechende theatrale Form war das **Bildungstheater**, ein Theater, das insbesondere die Klassiker in einer idealisierenden Weise vermittelte, ohne Bezüge zur aktuellen historischen Situation herzustellen. Im Bildungstheater suchte und fand der Bürger Bestätigung für die geistigen und künstlerischen Leistungen seiner Klasse in der Vergangenheit und damit zugleich Rechtfertigung für das eigene Verhalten. Auf deutschen Bühnen wurden vor allem die Dramen Schillers ‚gepflegt'; es bestand bis Mitte des Jh.s geradezu eine Schiller-Mode, denn in den Stücken dieses Klassikers schienen die Ideale des Bürgertums unverbrüchlich und ein für alle Mal niedergelegt zu sein.

Im übrigen war das Theater des 19. Jh.s jedoch ein reines **Unterhaltungstheater** und **Erbauungstheater**, d.h. ein Theater, in das man aus der harten Wirklichkeit flüchten und in dem man Ablenkung und Geselligkeit finden konnte. Neben Klassiker-Aufführungen bestritten hauptsächlich banale Unterhaltungsstücke das Repertoire. Insbesondere das **Salonstück**, das im Milieu des Bürgertums spielte und nicht selten Pariser Lebensform- und art zur Schau stellte, hatte Hochkonjunktur. Den Hauptanteil machten Dreiecks- und Verwechslungsgeschichten aus, es fanden sich in diesen Stücken aber auch Ansätze zur Kritik an der bestehenden gesellschaftlichen Moral. Gelenkt wurde sie allerdings meist auf die Dirne, an deren Schicksal der Bürger die Tragik des Lasters gruselnd erleben konnte. Eine Dramatik, die sich grundsätzlicher mit der bürgerlichen Welt auseinandersetzte, z.B. *Dantons Tod* und *Woyzeck* von Georg Büchner (1813–37), *Scherz, Satire, Ironie und tiefere Bedeutung* von Christian Dietrich Grabbe (1801–36) oder *Maria Magdalena* und *Agnes Bernauer* von Friedrich Hebbel (1813–63), griff das zeitgenössische Theater gar nicht oder nur unter großen Widerständen auf. Gefragt hingegen waren Melodramen, wie *Dorf und Stadt* von Charlotte Birch-Pfeiffer (1800–68) oder *Der Müller und sein Kind* von Ernst Raupach (1784–1852), Possen und Schwänke von Franz von Schönthan (1849–1913; *Der Raub der Sabinerinnen*), Stücke mit nationalistischem Pathos von Ernst von Wildenbruch (1845–1909) und Paul Heyse (1830–1914) und eine konfektionierte Dramatik, die den bürgerlichen und spießbürgerlichen Ansprüchen auf Rührung, Spannung und Unterhaltung Rechnung trug. Die größten Erfolge feierte indessen die **Operette**, die entscheidend von dem Kölner Jacques Offenbach (1819–80) in Paris geprägt wurde und die wohl als Glanzpunkt der Vergnügungsindustrie des 19. Jh.s gelten kann.

Ein weiteres Symptom für die Verdrängung von Wirklichkeit im Theater und für dessen Oberflächlichkeit war die Bewunderung des Stars. Einziger Anlaß für den Theaterbesuch war häufig allein das Interesse an einem großen Schauspieler, der den Zuschauer in seinen Bann zu ziehen und mit seinem Spiel von der Außenwelt abzulenken vermochte, von dessen darstellerischer Brillianz man sich faszinieren ließ, dem man sich zu Füßen legte und dem man Ovationen darbringen konnte. So war denn das 19. Jh. weit mehr als je zuvor auch eine Epoche der Schauspieler, deren Namen auf Plakaten und Ankündigungen meist in weit größeren Buchstaben standen als die der Dramatiker. Ruhmvolle Namen dieser Zeit waren u.a. Rachel (d.i. Elisabeth Felix; 1821–58), Sarah Bernhardt (1844–1923), Eleonore Duse (1858–1924).

Nichts kennzeichnete jedoch die unterhaltende und gesellige Funktion von Theater so sehr wie die Theaterbauten. Beispielgebend war der Neubau der Pariser Grand Opéra, eröffnet 1875, in dem Foyers, Wandelgänge, Treppenhäuser und Salons den weitaus größten Raum einnahmen, wohingegen dem eigentlichen Theatervorgang, Bühne und Zuschauerraum, nur ein winziger Platz in der Mitte des Gebäudes vorbehalten blieb. Diese architektonische

Plakat zur Aufführung von Jaques Offenbachs Orpheus in der Unterwelt *in Paris*

Anlage ist Spiegelbild des Theaterverständnisses der Zeit: Das Theaterereignis selbst war zweitrangig und nur Anlaß für die Selbstdarstellung des Publikums, das ins Theater ging, um zu sehen und gesehen zu werden, um Garderobe vorzuführen, den erlangten Reichtum zu demonstrieren, gesellschaftliche Kontakte zu pflegen u. ä. mehr, kurz: um zur Schau zu stellen, daß man zur „besseren Gesellschaft" gehörte.
Nach dem Muster der Grand Opéra wurden im letzten Drittel des Jh.s unzählige Theaterbauten in ganz Europa neu errichtet. Beflügelt durch den Erlaß der Gewerbefreiheit von 1869, der jedem Unternehmer ermöglichte, ein Theater auf eigenes Risiko zu erbauen und zu betreiben, gab es insbesondere im Deutschen Reich seit 1871 eine Flut von Neugründungen. In diesem Zusammenhang bildete sich der Beruf des **Theaterarchitekten** heraus, der sich ganz auf den Bau von Theatern spezialisierte. Allein die Architektengemeinschaft Ferdinand Fellner (1847–1916) und Herrmann Hellmer (1849–1919) errichtete 47 Theater; weitere bekannte Theaterarchitekten der Zeit: Heinrich Seelig (1852–1932), Bernhard Sehring (1855–1941), Max Littmann (1862–1911).
Bei aller Konformität des bürgerlichen Theaters im 19. Jh. gab es auch Gegenströmungen, die aufs Gesamte gesehen allerdings die Ausnahmen blieben. Gegen die Mittelmäßigkeit opponierte u. a. der Dramatiker Ludwig Tieck (1773–1853), der als Dramaturg an den Hoftheatern in Dresden und Berlin sich für ein Repertoire im Sinne eines Welttheaters (Shakespeare, Calderón, Lope des Vega, Goethe, Kleist, Grillparzer) einsetzte und szenische Reformvorschläge machte. Gegen die Uniformität der Guckkastenbühne, auf der selbst für offene Bühnenpodien geschriebene Stücke gespielt wurden, führte er das Konzept der publikumsnahen und antiillusionistischen Shakespeare-Bühne des elisabethanischen Theaters ins Feld. Mit seinen Düsseldorfer „Mustervorstellungen" wandte sich Karl Immermann (1796–1840) gegen hohle Rhetorik und bloße Handwerkelei in der Schauspielkunst. Er förderte insbesondere den Ensemble-Gedanken und strebte die Einheitlichkeit von Werk- und Aufführungsstil an. Seine Vorstellungen von Theater als einem ▶ Gesamtkunstwerk verwirklichte ▶ Wagner (1813–83) in dem 1876 in Bayreuth errichteten Festspielhaus, mit dem er die Nationaltheater-Idee des 18. Jh.s in einer dem wilhelminischen Nationalismus angepaßten Form wiederzubeleben versuchte.
Dies alles waren punktuelle Reformen, eine generelle Veränderung des Theaterverständnisses trat jedoch erst Ende des Jh.s ein, nämlich als um 1890 Dramatiker und Theaterleute dem ‚korrupten' Theater des Bürgers, dem „Theater im Theater" den offenen Kampf erklärten und die Forderung nach Wahrheit auf der Bühne erhoben. Gesellschafts- und Sozialkritik, die so lange verpönt waren, rückten zunehmend in den Mittelpunkt des Interesses. Führender Dramatiker wurde auf deutschen Bühnen Henrik Ibsen (1828–1906), der mit seinen Stücken *(Stützen der Gesellschaft, Nora, Gespenster)* dem Drama des

Anton Tschechows Onkel Wanja *in der Inszenierung von Konstantin S. Stanislawski am Moskauer Künstlertheater (um 1900)*

Naturalismus (der frühe August Strindberg, Gerhart Hauptmann, Arno Holz, Johannes Schlaf u. a.) zum Durchbruch verhalf. Wahrhaftigkeit auch in der Schauspielkunst und im gesamten theatralen Kunstwerk: Dafür trat vor allem der Moskauer Regisseur und Theaterpädagoge ▶ Stanislawski ein. In deutlicher Opposition zur bürgerlichen Gesellschaft und zum bürgerlichen Theater kam in dieser Zeit auch das deutsche ▶ Arbeitertheater zu seiner ersten Blüte. Außerdem gründeten Literaten und Theaterleute, die der Sozialdemokratie nahestanden, die ▶ Volksbühne, deren Ziel es war, die neue kritische Dramatik zu fördern und neuen Publikumsschichten den Zugang zum Theater zu ermöglichen. In der Endphase der Epoche traten aber auch bereits die ersten Theoretiker des Antiillusionismus, ▶ Appia und ▶ Craig auf den Plan, die in ihren programmatischen Schriften wichtige theoretische Grundlagen für die ▶ Theaterkonzepte der Moderne schufen.

Theaterkonzepte der Moderne Unter Theaterkonzepten versteht man im allgemeinen theoretische Entwürfe von Theaterpraktikern, in denen diese die ästhetischen Grundlagen ihrer Theaterarbeit formulieren. Zu den Theaterkonzepten der Moderne zählen vor allem die Publikationen von ▶ Craig, ▶ Meyerhold, ▶ Tairow, ▶ Wachtangow, ▶ Piscator, ▶ Brecht, ▶ Artaud, Peter Behrens (1868–1940), Georg Fuchs (1868–1949), Fernand Léger (1881–1955) sowie jene der italienischen Futuristen um Filippo Tommasso Marinetti (1876–1944), der Dadaisten und der Bauhausbühne in Dessau, deren wichtigste Repräsentanten Oskar Schlemmer (1888–1943), Laszlo Moholy-Nagy (1895–1946) und Walter Gropius (1883–1969) waren. Sie entstanden ausnahmslos in der ersten Hälfte des 20. Jh.s und enthalten alle wesentlichen Grundpositionen, auf die sich das Gegenwartstheater in der einen oder anderen Weise bezieht. Grundlegend Neues ist seither nicht hinzugetreten. Theaterkonzepte jüngeren Datums, wie „Der leere Raum" von ▶ Brook oder „Das arme Theater" von ▶ Grotowski, sind meist nur Reprisen oder Varianten von schon einmal Formuliertem.
Die Theaterkonzepte der Moderne werden häufig auch als ▶ Theatertheorien bezeichnet. Die Grenzen zwischen Theaterkonzept und Theatertheorie, die den Charakter von Grundlagenforschung hat, können in Einzelfällen fließend sein, so beispielsweise in den Entwürfen Brechts für ein ▶ episches Theater, doch in der Regel erheben die Theaterkonzepte der Moderne nicht den Anspruch auf strenge Wissenschaftlichkeit. Teils enthalten sie praktische Anleitungen, teils tragen sie utopische Züge, und nicht selten sind sie in Form knapper Programmatiken, polemischer Streitschriften oder visionärer Zukunftsprojektionen abgefaßt. Um eine Begriffsverwirrung zu vermeiden, empfiehlt es sich, mit Theaterkonzept die Entwürfe theoretisierender Praktiker zu bezeichnen und Theatertheorie auf die akademische Beschäftigung mit Theater anzuwenden. Von ▶ Dramentheorie, die bis ins 19. Jh. zugleich auch immer Ausdruck des Theaterverständnisses in der jeweiligen Zeit war (z. B. Aristoteles, Corneille, Lessing), grenzen sich die Theaterkonzepte der Moderne dadurch ab, daß nicht das Drama, sondern das Theater Grundlage der Betrachtung ist. Im Mittelpunkt stehen meist Überlegungen zu Schauspielkunst, Bühnenraum und Kommunikation zwischen Spielenden und Zuschauenden und zur Regie.
Daß um die Jahrhundertwende fast gleichzeitig in ganz Europa intensive Bemühungen stattfanden, die Stellung des Theaters innerhalb der Gesellschaft, seine Funktion und Wirkungsmöglichkeiten, seine ästhetischen Besonderheiten und nicht zuletzt seine Rolle im Ensemble der Künste neu zu überdenken, ist auf mehrere Ursachen zurückzuführen. Soziale Umwälzungen hatten deutlich werden lassen, daß das Theater, das sich bis dahin fast ausnahmslos als Kommunikationsform des Bürgers verstand, mit den herkömmlichen Mitteln weder die komplizierter gewordene gesellschaftliche Totalität noch einen Diskussionszusammenhang zwischen allen gesellschaftlichen Gruppen herzustellen vermochte. Auch war durch neue technische Kommunikationsmöglichkeiten wie die Erfindung des Films, der sich u. a. der Darstellungsweisen des Theaters bediente, eine Krisen-

und Konkurrenzsituation entstanden, die ein Nachdenken über die Medienspezifik von Theater herausforderte. Und schließlich war mit der Herausbildung von ▶ Regie seit Ende des 19. Jh.s den Theaterproduzenten bewußt geworden, daß Theater nicht auf der bloßen Wiedergabe dramatischer Literatur beruht, sondern eine selbständige, von ihr auch unabhängige Kunst ist und eigene Gesetze hat, die es allerdings erst einmal zu formulieren galt.
Bei allen Unterschieden in der Auffassung von Theater und bei aller Verschiedenartigkeit der angestrebten künstlerischen und ideologischen Ziele gibt es eine Reihe von Gemeinsamkeiten, die die Theaterkonzepte der Moderne miteinander verbindet. In allen ist zentraler Gegenstand der Auseinandersetzung das ▶ Illusionstheater, wie es sich seit dem 16. Jh. in ganz Europa durchgesetzt und das in den Inszenierungen der ▶ Meininger sowie im naturalistischen Theater ▶ Stanislawskis seinen Höhepunkt gefunden hatte. Dem Scheincharakter des Illusionstheaters, d. h. der Vorspiegelung wirklichen Geschehens und wirklicher Dinge auf der Bühne, stellte erstmals E.G. Craig ein neues Konzept gegenüber. Vor allem seine Schriften *Die Kunst des Theaters* und *Der Schauspieler und die Über-Marionette* waren wegbereitend für das Theater und die Theaterkonzepte der folgenden Jahrzehnte. Craig wandte sich darin u. a. gegen eine Spielweise, die lediglich Natur nachahmt und auf der Bühne Rollen „verkörpert", statt den Kunstcharakter des Spiels zu zeigen und „szenisch vorzuführen". Ausgangspunkt seiner Überlegung ist, daß z. B. ein Maler über ganz bestimmte Produktionsmittel (Pinsel, Farbe, Leinwand usw.) verfügt, die er kontrolliert einsetzt und mit deren Hilfe er ein Kunstwerk herstellt, wohingegen der Schauspieler Produzent, Produktionsmittel und künstlerisches Produkt in einem ist. Eine wirklich künstlerische Tätigkeit ist für Craig Schauspielen jedoch erst dann, wenn zwischen diesen drei Bereichen deutlich unterschieden werden kann, d. h. wenn der Schaupieler seine Werkzeuge (Gestik, Mimik, Sprache, Bewegung) ähnlich wie der Maler bewußt und stets kontrolliert zu handhaben vermag, seinen Körper also als Instrument beherrscht, und wenn das Produkt, nämlich die dargestellte Rolle, ein von der Person des Schauspielers unterscheidbares Kunstwerk ist. Craig forderte deshalb für das Theater eine symbolische Gebärdensprache, die sich auffällig von Alltagsgesten unterscheidet und dem Schauspieler hilft, Rollen so zu gestalten, daß diese vom Zuschauer als künstlich und künstlerisch hergestellt erkannt werden. Als Vorbild dienten ihm stilisierte Gesten, Masken, Bewegungen und Sprachgestaltungen des antiken und des ostasiatischen Theaters. Die Entdeckung frühzeitlicher oder außereuropäischer Spieltraditionen als Mittel eines antiillusionistischen Spiels ist charakteristisch für fast alle Theaterkonzepte der Moderne. So griff W. Meyerhold in seiner **Biomechanik**, mit deren Hilfe der Schauspieler zu einem kontrollierten und ökonomischen Einsatz seiner Ausdrucksmittel gelangen sollte, Elemente des japanischen und chinesischen Theaters auf. In den Konzepten von Tairow und Wachtangow findet sich das Maskenspiel der Commedia dell'arte und des indischen Theaters wieder, das

Distanz zwischen Schauspieler und dargestellter Rolle schafft. Brecht stellte intensive Studien zum chinesischen Theater an, dessen Technik er für den ▶ Verfremdungs-Effekt seines epischen Theaters nutzte. Und für Artaud waren das balinesische und orientalische Theater beispielgebend für eine Schauspielkunst, die auf der Bühne „echte Hieroglyphen" herzustellen vermag und nicht psychologisiert wie die abendländische.
Als höchste Stufe einer antiillusionistischen und betont artifiziellen Spielweise entwarf Craig das Modell der „Über-Marionette". Ob damit ein Schauspieler gemeint ist, der seinen Körper wie eine Maschine absolut beherrscht, oder ob Craig tatsächlich vorschwebte, den Schauspieler durch eine mechanische Puppe zu ersetzen, ist heute umstritten. Sie als Maschine deutend, wurde die „Über-Marionette" in den Konzepten der italienischen Futuristen aufgegriffen, insbesondere von Enrico Prampolini (1894–1956), der in seiner Schrift *Futuristische Bühnenbildnerei* ein mechanisches Theater anstrebte. Ähnliche Vorschläge finden sich in den Konzepten der Bauhausbühne, in F. Légers „Conférence über die Schau-Bühne" und in Artauds „Theater der Grausamkeit", das neben Schauspielern überdimensionale Puppen vorsieht.
Im engen Zusammenhang mit den Forderungen nach neuen Spielweisen stehen die Entwürfe neuer Bühnenräume. Gegenstand der Auseinandersetzung in allen Theaterkonzepten ist vor allem die ▶ Guckkastenbühne, die wie keine andere Bühnenform den Illusionscharakter von Theater gefördert hatte. Durch sie waren wesentliche Vorausssetzungen dafür entstanden, daß Bühnenvorgänge so eingerichtet werden konnten, als ob auf der Bühne eine abgeschlossene Welt vorhanden sei, die sich dem Zuschauer nur durch eine imaginäre vierte Wand öffnet. Bestreben war es, diese zu durchbrechen, um eine Kommunikation zwischen Spielenden und Zuschauenden wiederherzustellen, die Bühnenvorgänge als Kunstereignisse deutlich zu machen und auf die Beziehung zwischen Theater und Außenwelt zu verweisen. Die Vorschläge hierfür sind vielfältig. Craig schlug symbolische Dekorationen und eine besondere Lichtregie vor, Brecht die stärkere Nutzung der Vorderbühne und die Sichtbarmachung der Bühnentechnik, die Futuristen bezogen den Zuschauerraum als Spielfläche mit ein, Piscator forderte eine Technisierung der Bühne durch Projektionswände, laufende Bänder u.ä. und entwarf in seinem Buch *Das politische Theater* gemeinsam mit Gropius Pläne für ein ▶ Totaltheater, das über sämtliche Bühnenformen verfügt. Gänzlich verworfen wurden die traditionellen Theaterräume u.a. von Meyerhold, der die Nutzung von Fabrikhallen, von Straßen und Plätzen vorsah, oder von Artaud, in dessen „Theater der Grausamkeit" der Zuschauer vom Spielgeschehen rundherum eingeschlossen sein soll. Alle Entwürfe fordern die Überwindung der Rampe, die nicht nur ein äußerliches Merkmal der Guckkastenbühne für die Trennung zwischen Bühne und Zuschauer ist.
Eine weitere Gemeinsamkeit der Theaterkonzepte ist die Absage an das ▶ Literaturtheater. Für Craig zeigt sich die wahre Kunst des Schauspielens erst dann, wenn der Schauspieler auch „schöpferisch produziert", d.h., wenn er

sich nicht mehr vom Drama und vom Dramatiker abhängig macht, nicht etwas Vorgegebenes nur reproduziert, sondern wenn er etwas Eigenes schafft. Ähnlich behauptet auch Tairow die Autonomie des Theaters gegenüber Autor und Stück in seiner Schrift *Das entfesselte Theater.* Schon der Titel ist programmatisch und verweist auf die Unabhängigkeit des Theaters von der literarischen Vorlage. Auch für Meyerhold, Piscator, Brecht, die Futuristen u. a. ist das Drama für das Theater weitgehend nur Material. Völligen Verzicht auf Aufführungen von Stücken aus der Vergangenheit fordert Artaud in seinem Aufsatz *Schluß mit den Meisterwerken*, in dem er darüber hinaus die Bedeutung literarischer Kunstwerke für das Theater generell in Frage stellt; die eigentlichen Elemente des Theaters sind für ihn Körpersprache, Licht, Ton und Bild. Die Vorherrschaft von Schauspieler, Bühnenbildner und Regisseur über Stück und Autor, wie sie in den Theaterkonzepten immer wieder formuliert wird, hat entscheidend zur Herausbildung des Regietheaters beigetragen und die dominierende Rolle des Regisseurs im Theater gefestigt.
Eine Besonderheit, die sich allerdings nicht in allen Theaterkonzepten der Moderne festmachen läßt, ist das Bestreben, letztlich Theater in Lebenspraxis aufzuheben, d. h., die Trennung zwischen Kunst und Leben zu überwinden und Theater in Alltagshandlungen aufgehen zu lassen. Wesentliche Impulse hierfür gab das Theater der ▶ Russischen Revolution. Neben Meyerhold, Sergej Tretjakow (1892–1939) und Boris Arvatov (1896–1940) vertrat vor allem Platon M. Kerschenzew (1881–1940) eine solche Position; in *Das schöpferische Theater* nennt er als anzustrebendes Ziel die Überführung von Theater in Volksfeste. Damit vergleichbar sind Brechts Anmerkungen zur *Kleinen und großen Pädagogik*, in denen er die Funktion von Theater in einer zukünftigen kommunistischen Gesellschaft entwirft. Seine Theorie des Lehrstücks kennt nicht mehr die Trennung zwischen Spielenden und Zuschauenden, jeder spielt und schaut zugleich, so daß nach herkömmlicher Definition dies nicht mehr als Theater zu bezeichnen ist. Als Fundamentalkritik an der bürgerlichen Kultur kennen die Dadaisten, z. B. Johannes Baader (1875–1956), Theater nur noch als Aktion im Alltagszusammenhang, in der die Grenze zwischen realer und gespielter politischer Handlung verwischt ist. Während die Dadaisten vorwiegend von einer anarchistischen Grundhaltung ausgingen, sahen die italienischen Futuristen, die später fast alle mit dem Faschismus sympathisierten, die höchste Form von Theater in den Materialschlachten des Krieges. Von gänzlich anderen Grundlagen ausgehend, nämlich von der Kritik an dem repräsentativen Charakter der gesamten abendländischen Kultur, strebte Artaud ein Theater an, das nicht mehr Kunstwerk oder ästhetische Unternehmung ist, sondern eine echte Existenzerfahrung, wie sie nur im ekstatischen Fest möglich scheint.
Gegenüber den anderen charakteristischen Merkmalen der Theaterkonzepte sind gerade diese kunstüberschreitenden Positionen Utopie geblieben. Sie sind weder von den Autoren selbst realisiert worden noch hat das Gegenwartstheater darauf reagiert. Lediglich die bildende Kunst hat in Form von Happening, Fluxus u. ä. seit den 60er Jahren daran anzuknüpfen versucht.

Theaterkritik In den Feuilletons der Massenmedien Presse, Rundfunk, Fernsehen erscheint meist kurz nach der Premiere eine Besprechung einer Theateraufführung, in der der **Theaterkritiker** die jeweilige Vorstellung beschreibt, interpretiert und wertet. In der Regel handelt es sich um eine knappe Erläuterung und Beurteilung der literarischen bzw. musikalischen Vorlage, um eine Beschreibung der theatralen Realisierung und deren Absicht sowie um eine Bewertung der künstlerischen Leistungen von Regisseur, Bühnenbildner, Schauspielern usw. In der Theaterkritik mischen sich beschreibende Darstellung und Widergabe von subjektiven Eindrücken des Kritikers, die abhängig sind von dessen Erwartungen an das Theater, seinen ästhetischen Vorlieben und weltanschaulichen Überzeugungen. Das Urteil eines Kritikers kann oft über Erfolg oder Mißerfolg einer Inszenierung entscheiden; insbesondere der **Verriß**, kann dazu führen, daß eine Inszenierung nur wenig Publikum findet, oder umgekehrt gerade großen Zulauf erzielt.

Die Theaterkritik entstand im 18. Jh. mit der Herausbildung der bürgerlichen Öffentlichkeit und der damit verbundenen Entwicklung des Zeitungswesens. Als erster Theaterkritiker in Deutschland gilt Lessing, der als Dramaturg des Hamburger Nationaltheaters in seiner ▶ Hamburgischen Dramaturgie grundsätzliche ästhetische Fragen erörterte und Aufführungen kritisch besprach. Seine Kritik galt vor allem der Förderung der Schauspielkunst, richtete sich an das Theater selbst und war weniger als Information für das Publikum gedacht. In der Folgezeit erlangten vor allem Literaten als Theaterkritiker Bedeutung, die neuen literarischen Strömungen zum Durchbruch verhalfen, so die Romantiker A.W. Schlegel, L. Tieck, C. Brentano oder Autoren des Jungen Deutschlands (L. Börne, K. Gutzkow, H. Heine). Ende des 19. Jh.s, als eine Spezialisierung in Schauspiel-, Opern und Ballett-Kritik einsetzte, traten als Theaterkritiker Th. Fontane und der spätere Theaterleiter O. Brahm hervor, der sich für den Naturalismus einsetzte. In der ersten Hälfte des 20. Jh.s waren neben Siegfried Jacobsen (1881–1926) und Julius Bab (1880–1955) in der Theatermetropole Berlin zwei Antipoden, Alfred Kerr (1867–1948) und Herbert Ihering (1888–1956), tonangebend. Kerr, der die Theaterkritik als eine eigenständige Kunst verstanden wissen wollte, schrieb aphoristisch pointierte, zum Teil gereimte Kritiken von ungewöhnlicher Subjektivität und Schärfe. Demgegenüber wandten sich die Kritiken Iherings, der die Nachwuchsautoren Ernst Barlach, Bertolt Brecht und die Regisseure Erwin Piscator und Leopold Jeßner entscheidend förderte, weniger an den Zeitungsleser als vielmehr an die Theaterleute selbst. Namhafte Theaterkritiker nach 1945 sind Benjamin Henrichs, Georg Hensel, Peter Iden, Joachim Kaiser, Helmuth Karasek, Friedrich Luft, Siegfried Melchinger, Rolf Michaelis, Henning Rischbieter, Günther Rühle, Ulrich Schreiber.

Eine spezielle Ausbildung für Theaterkritiker gibt es in der Bundesrepublik nicht, Voraussetzungen sind jedoch Kenntnisse des Theaterbetriebs, der Geschichte des Dramas und des Theaters sowie journalistische Fertigkeiten.

Theatermetapher auch **Schauspiel-** oder **Rollenmetapher**. Seit der antiken Philosophie werden Theaterformen und -situationen immer wieder metaphorisch, d. h. im übertragenen Sinn, für die Erkenntnismöglichkeit und die Existenzgrundlagen des Menschen verwendet. Platon beschrieb in *Gesetze* den Menschen als eine „Marionette göttlichen Ursprungs, sei es, daß sie von den Göttern bloß zu ihrem Spielzeug angefertigt worden ist oder in irgendwelcher ernsthafter Absicht". Auch in seinem sogenannten Höhlengleichnis im VII. Buch des *Staates* griff Platon bei der Beschreibung der Bedingtheit menschlicher Erkenntnis zur Metapher des Schattenspiels. In der Spätantike war der Begriff des „mimus vitae", des Theaters des Lebens, geradezu sprichwörtlich. Im Mittelalter machte Johannes von Salesbury in seinem 1159 veröffentlichten Hauptwerk *Policraticus* die Theatermetapher zur zentralen Kategorie der Beschreibung seiner Zeit: Vom Schauspieler sollte man lernen, daß äußerer Prunk – das irdische Leben – nur leerer Schein sei und daß nach Schluß der Vorstellung, wenn die Masken fallen – nach dem Tod – die Personen ihr wahres Gesicht zeigten. Schauplatz dieser Komödie oder Tragödie sei der ganze Erdkreis, und im Himmel schaue Gott diesem irdischen Bühnenspiel zu. Aus dem Theater des Lebens der Spätantike wird hier das christliche „theatrum mundi" das Welttheater, das entfernt an Platons Marionettenmetapher erinnert. Der *Policraticus* war in Mittelalter und Renaissance weit verbreitet. Bei Shakespeare und Calderón wird die Theatermetapher zum Thema des Theaters selbst: In Shakespeares *Wie es euch gefällt* philosophiert der Melancholiker Jacques in seinem berühmten Monolog, die „ganze Welt" sei „Bühne", auf der jeder ein Leben lang viele Rollen spiele. Im Barock wird die Metapher vom Welttheater geradezu eine Allerweltsformel für das Verhältnis des irdischen Lebens zu Gott und Ewigkeit. Calderón formt die Metapher am konsequentesten in seinem geistlichen Spiel *Das große Welttheater* aus, und in *Das Leben ein Traum* spricht der gefangene Sigismund vom Theater der Welt, er spricht im Traum und meint mit Theater die Wirklichkeit.

Noch heute ist in unserem alltäglichen Sprachgebrauch die Theatermetapher gegenwärtig, wenn z.B. jemand sagt, daß der oder die oder das für ihn keine ‚Rolle spiele'. Auch in der Soziologie dient die Rollenmetapher der Beschreibung sozialer Wirklichkeit des Individuums. Der soziologische Rollenbegriff ist jedoch wegen der Behauptung einer festen, tendenziell unabänderlichen Struktur sozialen Verhaltens umstritten.

Theateroktober Der Regisseur ▶ Meyerhold proklamierte 1920 in seiner Eigenschaft als Leiter der Theaterabteilung des Kommissariats für Volksbildung die Umgestaltung des Theaters im Sinne der Oktoberrevolution (Theater der ▶ Russischen Revolution). Unter Einbeziehung der schon in zaristischer Zeit geleisteten exemplarischen Vorarbeiten Meyerholds, Tairows, Wachtangows, Stanislawskis u.a. sollte in der ganzen UdSSR die revolutionäre Theaterkultur systematisch ausgebaut werden: Errichtung von Studios und Theatern, Politisierung der Spielpläne im Dienste der sozialistischen Oktoberrevolution, Kampf gegen das professionelle bürgerliche Theater, insbesondere gegen die naturalistische Ästhetik. Stattdessen Agitprop und Proletkult, Ausbau des Amateurtheaters, Aufführung revolutionärer Massenspektakel z.B. *Die Erstürmung des Winterpalais*, Petersburg 1920.

Theaterpädagogik im engeren Sinn: Ausbildung für künftige professionelle Theatermacher (Schauspieler, Regisseure, Bühnenbildner); im weiteren Sinn: Erziehung eines breiteren Publikums für das Theater, seine Sprache, seine besonderen Bedingungen. Dies geschieht an den Theatern meist durch Dramaturgen oder innerhalb der Dramaturgien durch speziell dafür vorgesehene **Theaterpädagogen**, die durch Einführungen, Vorträge, Diskussionen und andere Formen sprachlicher Vermittlung Theaterereignisse vor- oder nachbereiten. Seltener bieten die Theater kreative Formen der Theaterpädagogik an, die interessierte Laien an eigene Spielversuche und Aufführungsprojekte heranführen. Soweit Theaterpädagogik an den allgemeinbildenden Schulen (▶ Schultheater) betrieben wird, ist sie meist der kreativen Form zuzurechnen. In Verbindung mit den Fächern Deutsch, Kunst, Musik werden von interessierten und oft zusätzlich qualifizierten Lehrern Formen des darstellenden Spiels vermittelt. Alle genannten Arten der Theaterpädagogik sind als Teil der umfassenderen ▶ Spielpädagogik zu verstehen.

Theaterroman Die Romanform handelt von der – zumeist idealisierten – Arbeitswelt des Theaters. Ende des 18. Jh.s entstanden in Deutschland zwei Theaterromane, die zugleich die Gattung des Bildungsromans repräsentieren: *Anton Reiser* von Karl Philipp Moritz und *Wilhelm Meister* von Johann Wolfgang von Goethe. In beiden Romanen wird für die Titelfiguren die Welt des Theaters zur Instanz persönlicher moralischer und ästhetischer Entwicklung. Dies ist nicht nur Ausdruck der damals unter bürgerlichen Intellektuellen vorherrschenden ▶ Theatromanie, der Leidenschaft fürs Theater, sondern Theater wird hier auch zur Metapher für das Leben, für Sozialisation (▶ Theatermetapher). Weitere Theaterromane: *Titan* von Jean Paul, *Die kleine Stadt* von Heinrich Mann, *Mephisto* von Klaus Mann, der sich mit der Karriere Gustav Gründgens' im Nationalsozialismus auseinandersetzt.

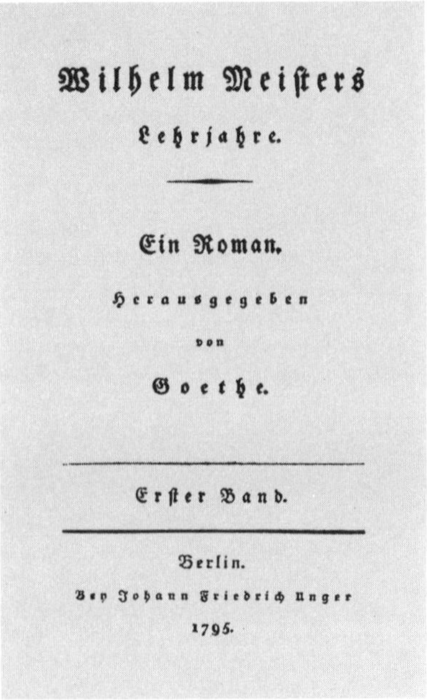
Wilhelm Meisters
Lehrjahre.
Ein Roman.
Herausgegeben
von
Goethe.
Erster Band.
Berlin.
Bey Johann Friedrich Unger
1795.

Wilhelm Meisters Lehrjahre *von Goethe: Titelblatt der Erstausgabe*

Theatersystem Damit wird die rechtliche, organisatorische und wirtschaftliche Verfassung des gesamten Theaterwesens in einem Land umschrieben. Spezifische politische, soziale und kulturelle Entwicklungen in der Geschichte der einzelnen Länder haben allein in Europa zu heute ganz unterschiedlichen Theatersystemen geführt. Charakteristisch für das bundesdeutsche ist, daß es wesentlich durch staatliche Beteiligung ökonomisch abgesichert wird, eine flächendeckende Theaterversorgung der Bevölkerung gewährleistet und ein vielfältiges, fast täglich wechselndes Aufführungsangebot garantiert. Es ist das Ergebnis einer Entwicklung, die mit der Errichtung von Hoftheatern im 18. Jh. begann, sich im 19. Jh. durch Gründung von Stadttheatern und durch die Volksbühnenbewegung fortsetzte und heute weitgehend abgesichert ist vor allem durch die föderative Struktur der Bundesrepublik. Im Grundgesetz ist sowohl die staatliche Förderung von Kultur als auch der Verzicht auf eine zentral gelenkte Kulturpolitik verankert. Ausdrücklich wird die Kulturhoheit im Inneren allein den Bundesländern für deren jeweiliges Staatsgebiet zugewiesen. Dadurch gibt es in der Bundesrepublik im Unterschied z. B. zu England oder Frankreich ein staatlich hoch subventioniertes Theaterwesen, aber weder eine Theatermetropole noch ein ▶ Nationaltheater; es besteht vielmehr eine dichte **Theaterlandschaft**, deren Vielfalt und Leistungsfähigkeit einzigartig in der Welt ist.

Das bundesdeutsche Theatersystem läßt sich unterteilen in Theater der öffentlichen Hand (kurz: öffentliche Theater), Privattheater und Freie Gruppen. **Öffentliche Theater** sind Organisationen des öffentlichen Rechts, d. h. sie werden staatlich oder kommunal betrieben. Rechtsträger ist eine Gemeinde oder ein Bundesland, in Einzelfällen können es auch mehrere Körperschaften gemeinsam sein. Dementsprechend sind die öffentlichen Theater ökonomisch und juristisch unselbständig. Aus dem Kulturhaushalt des jeweiligen Rechtsträgers erhalten sie **Subventionen**, finanzielle Zuschüsse, und sind dadurch eng gekoppelt an die Richtlinien des öffentlichen Finanzwesens. Sie müssen nicht kostendeckend arbeiten, sind jedoch dazu verpflichtet, den zu Beginn eines Kalenderjahres aufgestellten Etatplan einzuhalten und das vom Rechtsträger vorgegebene **Einnahmesoll**, den Finanzierungsanteil durch Eigeneinnahmen (z. B. Verkauf von Eintrittskarten), möglichst zu erreichen. Verantwortlich für die Haushaltsdisziplin ist der ▶ Intendant, der für eine vertraglich festgelegte Zeit vom Rechtsträger gewählt wird und das Theater nach außen vertritt.

Aufgrund der staatlichen oder kommunalen Bindung der öffentlichen Theater kommt es nicht selten zu erheblichen Konflikten zwischen Theaterleitung und Rechtsträger. Andererseits gibt das öffentlich-rechtliche System mit seinem Subventionsprinzip den öffentlichen Theatern die Möglichkeit, feste Ensembles zu engagieren, die groß genug sind, ein **Repertoire-Theater** aufrecht zu erhalten, d. h. einen Theaterbetrieb, der seinem Publikum eine Vielfalt von Aufführungen im fast täglichen Wechsel anbieten kann.

In ihrer wirtschaftlichen und juristischen Struktur sind sich alle öffentlichen Theater sehr ähnlich; Unterschiede, die in der Benennung zum Ausdruck kommen, bestehen lediglich hinsichtlich der Rechtsträgerschaft oder einer besonderen Aufgabenstellung. Als **Staatstheater** werden jene Theater bezeichnet, die einer Landesregierung unterstehen. Eine Verpflichtung, Staatstheater zu errichten, gibt es für die Bundesländer allerdings nicht, so verzichten auch Bremen, Nordrhein-Westfalen, und Schleswig-Holstein darauf. Zur Zeit gibt es 18 Staatstheater, das bedeutet, daß einzelne Bundesländer mehr als nur eines unterhalten und auch nicht nur am Regierungssitz. Staatstheater sind **Standortbühnen**, sie spielen an einem festen Ort in einem eigenen Haus und geben nur gelegentlich Gastspiele. Die 40 **Stadttheater** oder **Städtischen Bühnen** in der Bundesrepublik unterscheiden sich von den Staatstheatern nur darin, daß ihr Rechtsträger die jeweilige Kommune ist. Auch sie sind Standortbühnen und gehen nur gelegentlich Gastspielverpflichtungen ein. Von jeweils mehreren Kommunen werden die drei Städtebundtheater und die 15 Landestheater getragen. Das **Städtebundtheater** ist eine Organisationsform von benachbarten Städten, die zwar alle über ein eigenes Theatergebäude verfügen und entsprechendes bühnentechnisches Personal beschäftigen, aus Kostengründen aber nur ein gemeinsames Ensemble unterhalten. Dieses hat einen festen Standort und bespielt abwechselnd die dem Verbund angeschlossenen Bühnen. Die **Landestheater** oder **Landesbühnen** sind sogenannte **Abstechertheater**, d.h. sie bereisen von einem Standort aus, an dem sie proben, ihre Premieren herausbringen und gelegentlich auftreten, all jene Gemeinden, die sich als Rechtsträger einer Landesbühne zusammengeschlossen haben. Gegenüber Staats-, Stadt- und Städtebundtheatern haben sie ungleich schwierigere Arbeits- und Aufführungsbedingungen; lange Wegezeiten und Spielstätten, die häufig nicht theatergemäß ausgestattet sind (z. B. Schulaulen, Gemeindezentren, Kulturhäuser), beeinträchtigen erheblich ihre künstlerische Qualität. Dennoch kommt ihnen ein besonderer kulturpolitischer Auftrag zu, nämlich die Bevölkerung vor allem dünnbesiedelter Regionen mit Theateraufführungen zu versorgen.

Zum Teil erhalten Stadt-, Städtebund- und Landestheater neben den Zuschüssen ihrer Rechtsträger Subventionen auch von Landesregierungen; zusätzliche Gelder aus Bundesmitteln hingegen werden nur in Ausnahmefällen bewilligt. So bekommen wegen der Finanzschwäche ihrer Rechtsträger einige grenznahe Bühnen solche Subventionen, außerdem das Städtische Theater Bonn zur Erfüllung besonderer Repräsentationspflichten am Ort des Regierungssitzes. Besondere Zuwendungen gehen auch an Festspiele von kulturpolitischer Bedeutung, z. B. die Richard-Wagner-Festspiele in Bayreuth oder die vom Deutschen Gewerkschafts-Bund und der Stadt Recklinghausen getragenen Ruhr-Festspiele.

Ein Großteil der öffentlichen Theater, besonders der Stadttheater, wird als **gemischter Betrieb** oder **Mehrspartenbetrieb** geführt. Sie bieten mit jeweils ei-

genen Ensembles unter der Gesamtleitung eines Intendanten sowohl Schauspiel (Sprechtheater) als auch Musiktheater (Oper, Operette, Musical) und Ballett (Tanztheater), in einigen Fällen zusätzlich auch Kinder- und Jugendtheater an. Werden an einem Theater die drei künstlerischen Grundgattungen Schauspiel, Musiktheater und Ballett gepflegt, so spricht man von einem **Dreispartenbetrieb**. Gemischter Betrieb und Repertoire gewährleisten ein vielfältiges Aufführungsangebot in einer Stadt. Das ist ein wesentliches Merkmal des bundesdeutschen Theatersystems und findet sich am ausgeprägtesten im Stadttheater, das als die typische Organisationsform gilt.
Im Gegensatz zu den Theatern der öffentlichen Hand befinden sich die **Privattheater** in privatem Besitz. Sie sind wirtschaftlich und juristisch selbständig und müssen weitgehend kostendeckend arbeiten, woraus sich besondere Strukturen ergeben. In den meisten Fällen spielen sie en suite, d. h. sie geben über einen längeren Zeitraum hinweg in Folge ein und dasselbe Stück bis die Aufführungen nicht mehr genügend Zuschauer finden. Aus kommerziellen Erwägungen unterhalten die Privattheater in der Regel kein festes Ensemble, sondern engagieren für die Dauer einer Produktion jeweils neue Schauspieler, für Hauptrollen meist ▶ Stars, die vielfach aus Film oder Fernsehen bekannt sind. Fast alle ▶ Boulevardtheater und **Mundart-Theater** (z. B. Ohnsorg-Theater, Milowitsch-Theater) werden als Privattheater geführt; meist unterhalten sie ein eigenes Haus. Zu den Privattheatern zählen aber auch die ▶ Tournee-Theater, auch sie verfügen über kein festes Ensemble, zudem über keine feste Spielstätte. Sie bereisen vor allem die Provinz und Städte ohne Ensemble und befinden sich in starker Konkurrenz zu den Landesbühnen.
Ähnlich wie die Privattheater sind auch die ▶ Freien Gruppen Gründungen, die auf Privatinitiativen zurückgehen. Sie verfolgen jedoch nicht vorrangig kommerzielle Ziele, sondern versuchen in organisatorischer und ästhetischer Hinsicht eine gegenüber den öffentlichen und den Privattheatern alternative Theaterkultur zu praktizieren. Häufig handelt es sich um Zusammenschlüsse von Schauspielern, die sich bewußt vom Apparat der öffentlichen Theater abgewandt haben, um Truppen von arbeitslosen Darstellern oder von Amateuren, die in der Freien Gruppe den Weg zur Professionalität suchen.
Obwohl Privattheater und Freie Gruppen privatrechtliche Organisationen sind, können auch sie öffentliche Zuschüsse erhalten. Die Vergabe folgt allerdings ganz unterschiedlichen Kriterien und wird vom Kulturausschuß einer Stadt beschlossen. So werden z. B. im Rahmen der Brauchtumspflege Mundart-Theater subventioniert oder Freie Gruppen bezuschußt, die spezielle kulturelle Aufträge erfüllen (Stadtteilarbeit, Kinder- und Jugendtheater, Theater für Minderheiten).

Theatertheorie war bis zu Beginn des 20. Jh.s weitgehend ein Teil der ▶ Dramentheorie, so haben Aristoteles, Corneille, Diderot, Lessing u. a. in ihren Reflexionen über Drama stets auch die Bedingungen der theatralen Umsetzung einbezogen. Erst die Emanzipation des Theaters vom Drama und die Besinnung darauf, daß Theater eine gleichwertige, eigenständige Kunst sei und auch ohne die literarische Vorlage auskommen kann, hat Theatertheorie als eine von Dramentheorie gesonderte Form hervorgebracht. Man versteht darunter meist das Nachdenken sowohl von Theaterpraktikern als auch von Wissenschaftlern über Grundphänomene des Theaters, ohne allerdings die unterschiedlichen Erkenntnisinteressen dabei zu bedenken. Während Theatertheorien von Theaterleuten auf Praxis ausgerichtet sind, haben wissenschaftlich orientierte Theatertheorien den Charakter von Grundlagenforschung. Um eine Begriffsverwirrung zu vermeiden, scheint es daher sinnvoller, die theoretischen Modelle von Theaterpraktikern wie z. B. von Appia, Craig, Piscator, Brecht u. a. als ▶ Theaterkonzepte zu bezeichnen, zumal es sich in der Regel um Manifeste und Programmatiken und nur in seltenen Fällen tatsächlich um Theorien im strengen Sinn handelt. Theatertheorie sollte man auf jene Aussagen einschränken, die wissenschaftlich präzise den Gegenstand auf den Begriff zu bringen versuchen.
So verstanden, ist Theatertheorie heute neben Theatergeschichte und Produktanalyse (der Untersuchung von einzelnen Theateraufführungen unter verschiedenen Aspekten) eine der Hauptgebiete und eine der grundlegenden Erkenntnis- und Darstellungsweisen der ▶ Theaterwissenschaft. Eine solche Einteilung bedeutet allerdings keine grundsätzliche Autonomie der einzelnen Gebiete, sie stehen vielmehr in einer Wechselbeziehung und durchdringen sich auch in der wissenschaftlichen Praxis. Theatertheorie läßt sich nicht ohne Bezug auf konkrete theaterhistorische Phänomene formulieren, und umgekehrt kommt Theatergeschichtsschreibung, will sie kein bloßes Sammeln von Fakten betreiben, nicht ohne theatertheoretische Grundmodelle aus. Entsprechendes gilt für das Verhältnis von Produktanalyse zu Theatertheorie bzw. Theatergeschichtsschreibung.
Theatertheorie versucht, die allgemeinen Gesetzmäßigkeiten und Funktionen von Theater im Ganzen, die innere Struktur und Organisation des theatralen Werks, d. h. die Bedingungen von Produktion und Rezeption zu bestimmen. Einvernehmen besteht heute darüber, daß Drama und Theater ganz unterschiedliche Kunstgattungen sind, daß Theater stets ein Prozeß ist und erst in der Kommunikation zwischen Spielenden und Zuschauenden entsteht. Eine verbindliche Beschreibung für Theater, die die historische, strukturelle und funktionale Vielfalt des Mediums in seiner Gesamtheit umfaßt und zugleich dessen Besonderheit gegenüber anderen Formen, in denen darstellende Kunst verwendet wird, (z. B. Film, Fernsehen) zu benennen vermag, hat die Theatertheorie bislang allerdings noch nicht gefunden. Als Minimaldefinition wird häufig angegeben: „S spielt R für Z.“ Diese Formel ist jedoch unzurei-

chend, denn die Übernahme einer Rolle (R) durch einen Spieler (S) vor Zuschauern (Z) findet nicht nur im Medium Theater statt. Die zusätzliche Bestimmung, es müsse außerdem eine raumzeitliche Einheit von Spielen und Zuschauen gegeben sein, grenzt Theater zwar von den technischen Medien (Film, Fernsehen), nicht hingegen von anderen öffentlichen Veranstaltungen (z. B. Rockkonzert, Gerichtsverhandlung, politische Kundgebung) und Alltagssituationen (z. B. Späße eines Straßenverkäufers zur Förderung seines Umsatzes) ab, in denen Akteure bewußt in Rollen schlüpfen. Einige Theatertheoretiker haben sich deshalb besonders mit dem Rollenverhalten befaßt und geben als weitere Definition für Theater die **Als-ob-Situation** des Spiels an, das aufgrund gesellschaftlicher Verabredung von Spielenden und Zuschauenden gleichermaßen als **Fiktion** (lat.: fictio = Bildung, Gestaltung), als nichtwirkliche Handlung akzeptiert werden müsse. Theater findet demzufolge nur statt, wenn ein Spieler eine Rolle vorsätzlich mit dem Ziel übernimmt, eine nichtwirkliche Handlung darzustellen, und dieses vom Zuschauer von vornherein so verstanden wird. Die erweiterte Minimaldefinition vermag zwar die Besonderheit des Mediums Theater zu erfassen und ist anwendbar auf den größten Teil theatraler Formen, schließt aber Grenzbereiche des Theaters aus, in denen kein darstellendes Spiel stattfindet und sich keine fiktive, sondern eine reale Handlung vollzieht, wie z. B. im ▶ Happening.
Ähnliche Schwierigkeiten hat die Theatertheorie mit der Erklärung der Ursprünge von Theater. Auf Modellen vor allem von Historikern und Kulturanthropologen fußend, gehen **Ursprungstheorien** den Gründen nach, wie sich in der Antike, im Mittelalter und in der Renaissance Theater in Europa als Kunst- und Kommunikationsform herausbildete, und welche Vorstufen zu ihm führten. Je nach Deutung und Gewichtung der vorhandenen Quellen und je nach Erkenntnisinteresse der einzelnen Forscher wird die Entstehung von Theater u. a. auf religiöse Handlungen wie Ritual oder Liturgie, auf den natürlichen Spieltrieb des Menschen oder auf Urbanisierungsprozesse zurückgeführt. Das methodische Problem der Ursprungstheorien besteht darin, daß das Hervorgehen von Theater aus nichttheatralen Formen nicht eindeutig belegbar ist, da in dem Moment, in dem Theater zum ersten Mal als Besonderheit auffällig in Erscheinung tritt, es sich bereits verselbständigt hat und seine tatsächlichen Wurzeln nicht mehr erkennen läßt.
Bei der Bestimmung allgemeiner Funktionen von Theater im gesellschaftlichen Zusammenhang folgt die Theatertheorie heute weitgehend soziologischen Annäherungsweisen. Nach der **Abbildtheorie** ist Theater nichts anderes als Reflex auf ökonomische, politische, soziale, ethische und andere Aspekte der Umwelt in einer Zeit. Die **Theorie der sozialen Kontrolle** definiert Theater als eine Instanz, durch die jeweils herrschende kulturelle Normen, Haltungen und Ideologien bestätigt werden und die dem Zuschauer die Möglichkeit gibt, sich von antisozialen Impulsen, Ängsten und Frustrationen zu befreien. Grundgedanke der **Beeinflussungstheorie** ist, daß Theater direkt und unmit-

telbar politisch-soziale Wirkung hat, die auf der Bühne dargestellten Probleme aufklärerischen, erzieherischen oder propagandistischen Zwecken dienen und beim Publikum eine Veränderung des Verhaltens bewirken.
Aus dem Charakter der Begriffsbildung, mit der die Theatertheorie ein systematisierendes und orientierendes Instrumentarium bereitstellt, erklärt sich die enge Beziehung zur Reflexion über Methoden, wenngleich Theatertheorie und Methodologie nicht identisch sind. Theater als Kommunikationsprozeß zwischen Spielenden und Zuschauenden verstanden, wirft ein besonderes methodisches Problem auf. Eine Aufführungsanalyse kann sich nämlich nicht auf einen fixierten Gegenstand stützen, denn im Unterschied beispielsweise zum literarischen Text, zum Bild oder zum Film ist Theater **transitorisch** (vorübergehend), d.h. mit Ende einer Aufführung verflüchtigt sich der Gegenstand, so daß dieser für die Analyse erst wieder rekonstruiert werden muß. Dabei taucht die Schwierigkeit auf, daß Aufführungen ein und derselben Inszenierung Schwankungen unterworfen sind, die von der jeweiligen Tagesform der Darsteller und der Zusammensetzung des Publikums abhängig sind und folglich jeden Abend anders ausfallen. Eine für die Aufführungsanalyse notwendige Rekonstruktion bleibt deshalb immer nur idealtypisch. Diesem Problem entziehen kann sich auch nicht eine **Semiotik des Theaters** (Zeichenlehre), die den Aufführungsprozeß zu objektivieren versucht, indem sie alles, was auf der Bühne und zwischen Bühne und Zuschauerraum passiert, in eine Vielzahl von Zeichen zerlegt, diese miteinander verknüpft und so einen Inszenierungs- und Aufführungstext erstellt. Aber auch dieser ist immer nur idealtypisch. Hinzu kommt, daß Theater nicht auf einer eindeutigen Zeichensprache beruht. Ein und dieselbe Geste eines Darstellers kann von Inszenierung zu Inszenierung ganz unterschiedliche Bedeutungen annehmen, so daß die Notation theatraler Zeichen von den jeweiligen Wahrnehmungsmustern des Beschreibenden abhängt. Die Übertragung von Theater in eine Inszenierungs- und Aufführungstextur beinhaltet deshalb bereits Auslegung und Interpretation, was die Verfahrensweise der Theater-Semiotik, die eine Objektivierung des Gegenstandes anstrebt, fragwürdig macht.

Theaterwissenschaft Die geisteswissenschaftliche Disziplin vor allem an deutschsprachigen Universitäten untersucht das Phänomen Theater unter historischen, ästhetischen, theoriegeschichtlichen und aufführungsanalytischen Gesichtspunkten. Die ersten bedeutenden theaterwissenschaftlichen Arbeiten entstanden Ende des 19. Jh.s innerhalb der Germanistik, und es dauerte im Gegensatz zu anderen Kunstwissenschaften wie Kunstgeschichte und Musikwissenschaft lange, bis die Theaterwissenschaft sich zum eigenständigen Fach entwikkeln konnte. Die starre Facheinteilung von geisteswissenschaftlichen Fakultäten widersprach dem komplexen Gegenstand Theater, der fächerübergreifende Fragestellungen erforderte.
Das erste theaterwissenschaftliche Institut wurde 1923 in Berlin von **Max Herrmann** (1865–1942) gegründet. Danach folgten Gründungen in Köln, München und Wien. Ende der 60er Jahre entstand

im Zusammenhang mit den Diskussionen um die Hochschulreform in den Instituten eine Debatte um die alte Frage der Interdisziplinarität des Faches und die Ausweitung zu einer medienwissenschaftlichen Disziplin, die auch die neueren Medien Film, Hörfunk, Fernsehen, Video unter dem gemeinsamen Aspekt der darstellenden Künste berücksichtigt. Entsprechend wurde das Institut und Fach an der Kölner Universität Ende der 70er Jahre umbenannt in „Theater-, Film- und Fernsehwissenschaft". Ebenso nennen sich neuerdings wissenschaftliche Einheiten in Bochum und Frankfurt am Main. Lehrstühle für Theaterwissenschaft gibt es auch in Mainz und Bern sowie einen Lehrstuhl für „Angewandte Theaterwissenschaft" in Gießen. Außerdem sind innerhalb der Germanistik theaterwissenschaftliche bzw. dramaturgische Abteilungen an den Universitäten Erlangen-Nürnberg und Göttingen eingerichtet.

Theaterzeitschriften Der Begriff „Zeitschrift" wird in der Wissenschaft von der Publizistik nicht einheitlich verwendet. Im folgenden ist von periodischen Veröffentlichungen (mit jährlichem, vierteljährlichem, monatlichem oder wöchentlichem Erscheinen) die Rede, die sich mit theaterästhetischen und -politischen Fragen oder der Analyse von Aufführungen, mit ▶ Theaterkritik beschäftigen. Sie lassen sich bis in die erste Hälfte des 18. Jh.s in Deutschland zurückverfolgen. In den damals weit verbreiteten **Moralischen Wochenschriften** erschienen neben erbaulichen Traktaten auch theaterreformerische Artikel – parallel zur beginnenden Literarisierung des Theaters, zu den Reformbemühungen seit Johann Christoph Gottsched und Friederike Caroline Neuber. Gotthold Ephraim Lessing und sein Vetter Christlob Mylius gaben seit 1750 die Vierteljahresschrift **Beiträge zur Historie und Aufnahme des Theaters** heraus. 1775 erscheint in Gotha der erste **Theater-Kalender**. Zahl und Auflagen der Theateralmanache und -journale wachsen gegen Ende des Jh.s. Mit der Entwicklung des Zeitungswesens im 19. Jh. erschienen Theaterkritiken regelmäßig in den Tageszeitungen.

Deutschsprachige Theaterzeitschriften der Gegenwart:

- ○ **Bühne**, Wien: Geyer (monatlich, seit 1982. Vorher: **Die Bühne**, seit 1958);
- ○ ▶ Deutsches Bühnenjahrbuch;
- ○ **Die Deutsche Bühne**, Zürich: Orell Füssli + Friedrich (monatlich, seit 1956);
- ○ **Maske und Kothurn**, Wien: Böhlau (vierteljährlich, seit 1955);
- ○ **Theater der Zeit**, Berlin (Ost) (monatlich, seit 1946);
- ○ **Theater heute**, Zürich: Orell Füssli + Friedrich (monatlich, seit 1960, mit Jahrbuch);
- ○ **Theater-Statistik**, Köln: Deutscher Bühnenverein (jährlich, seit 1967);
- ○ **TheaterZeitSchrift**, Berlin (West): Verein (vierteljährlich, seit 1982).

Englischsprachige Theaterzeitschriften:

- ○ **New Theatre Quarterly**, Cambridge University Press (vierteljährlich, seit 1985. Vorher: **Theatre Quarterly**, 1971–80);
- ○ **Play & Players**, South Croydon/Sussex: Brevet (monatlich, seit 1953);
- ○ **The Drama Review**, Cambridge/Mass.: MITPress (vierteljährlich, seit 1967. Vorher: **Tulane Drama Review**, seit 1957. Vorher: **Carleton Drama Review**, seit 1955);

Französische Theaterzeitschriften:

- ○ **L'avant-scène. Journal du théâtre**, Paris (monatlich, seit 1950);
- ○ **Revue d'histoire du théâtre**, Paris: Société (vierteljährlich, seit 1948).

Theatral/theatralisch Theatralisch heißt ursprünglich: Was zum Theater gehört, was das Theater betrifft oder ihm gemäß ist. Im 19. Jh. entsteht eine negative Bedeutung im Sinne von falschem Pathos, Effekthascherei. Die in den letzten Jahren vorgeschlagene Wortbildung theatral entspricht der ursprünglichen Bedeutung von theatralisch. Diese Wortbildung will nicht nur die negative Bedeutungsentwicklung von theatralisch vermeiden, sondern auch die philologisch unsinnige Doppelung der lateinischen Silbe ‚al' und der deutschen Silbe ‚isch': beide geben die Zugehörigkeit zu einer Sache an.

Théâtre libre (franz. = freies Theater) Der von dem Pariser Theaterliebhaber und Gaswerkangestellten André Antoine (1858–1943) gegründete Privatbühnenverein finanzierte sich durch Jahresbeiträge der Mitglieder. Seit 1887 führte Antoine Stücke Ibsens, Tolstois und der naturalistischen Moderne auf. Beeinflußt von den ▶ Meiningern, strebte Antoine nach möglichst milieugetreuer Abbildung auf der Bühne. Er benutzte möglichst echte Requisiten, arbeitete mit Amateurschauspielern, da ihm die traditionelle Schauspielkunst zu unwahrhaftig erschien, benutzte konsequent die Spielweise der ▶ Vierten Wand. Der Spielplan mußte wegen seiner progressiven Stücke die Zensur herausfordern; deshalb die Gründung des Théâtre libre als privater Verein, in dem nur nichtöffentliche Aufführungen stattfanden. Nachfolgegründungen mit ähnlichem ästhetischem Programm: die **Freie Bühne** in Berlin (▶Volksbühne), das **Indepentent Theatre** in London, das **Künstlertheater** in Moskau (▶ Stanislawski).

Theatromanie (griech. = Theaterwahn, Theaterleidenschaft) Theaterbegeisterung zur Zeit der deutschen Klassik und Romantik um 1800. Viele bürgerliche Intellektuelle sprachen dem Theater höchste moralische Kraft und erzieherische Wirkung zu. Ein literarischer Ausdruck dafür ist der ▶Theaterroman jener Zeit.

KARL PHILIPP MORITZ, ANTON REISER

– Auch fand er in Leydings Handbibliothek, die ihm jemand geliehen hatte, ein rührendes Drama in Versen: ‚Der Einsiedler', welches er gern mit Iffland aufführen wollte. – Er wünschte sich denn eine recht affektvolle Rolle, wo er mit dem größten Pathos reden und sich in eine Reihe von Empfindungen versetzen konnte, die er so gern hatte und sie doch in seiner wirklichen Welt, wo alles so kahl, so armselig zuging, nicht haben konnte. – Dieser Wunsch war bei Reisern sehr natürlich; er hatte Gefühle für Freundschaft, für Dankbarkeit, für Großmut und edle Entschlossenheit, welche alle ungenutzt in ihm schlummerten; denn durch seine äußere Lage schrumpfte sein Herz zusammen. – Was Wunder, daß es sich in einer idealischen Welt wieder zu erweitern und seinen natürlichen Empfindungen nachzuhängen suchte!

In dem Schauspiel schien er sich gleichsam wiederzufinden, nachdem er sich in seiner wirklichen Welt beinahe verloren hatte.

In Anton Reiser *beschreibt Moritz Theater als Ort der „natürlichen Empfindung" als Ausdruck für die Theatromanie des ausgehenden 18. Jh.s.*

Thespis stellte angeblich 534 v. Chr. in Athen auf einem Fest zu Ehren des Gottes Dionysos dem Festchor zum ersten Mal einen Sprecher als Dialogpartner gegenüber und gilt deshalb als Schöpfer der Tragödie. Mehr ist über Thespis nicht bekannt. Der sogenannte **Thespiskarren**, mit dem Thespis (nach Horaz) durch die Lande gezogen sein soll, ist vermutlich Legende. Das Bild vom Thespiskarren wird heute sprichwörtlich und sinnbildlich gebraucht für die Enge und Mühe des Theaterberufs besonders an kleinen Theatern.

Thingspiel (altfriesisch, altsächsisch thing = Gericht, Volksversammlung) Kultisches Weihespiel mit theatralen Elementen, bereits in der völkischen Bewegung um 1900 konzipiert, dann 1933 von der nationalsozialistischen Kulturpolitik zum „nationalen Bekenntnistheater“ erhoben und propagandistisch und finanziell gefördert. Thingspiele sollten eine Keimzelle der neuen faschistischen Theaterkultur werden. Seit 1934 entsprechende ▶ Freilichttheater in der Nähe größerer Städte errichtet.
Aufgrund eines Architektenwettbewerbes 1934 sahen die ca. 40 entstandenen Aufführungsstätten fast gleich aus: Segmentbühne mit drei Spielebenen, arenaförmiger Zuschauerraum. Die dramaturgischen Elemente: Chor, Massenszenen, völkisch-nationalistische Weihe- und Erlösungsspiele, sportliche Spiele (die Berliner Thingspielstätte, heute „Waldbühne“, entstand im Zusammenhang mit dem Olympiastadion für die Olympischen Spiele 1936). Die staatlich geförderte Thingspiel-Bewegung setzte sich nicht durch. Die Gründe sind sehr unterschiedlich, besonders das Desinteresse des Publikums dürfte den Ausschlag gegeben haben. 1937 erklärte Joseph Goebbels die Thingspiele für nicht mehr „reichswichtig“.

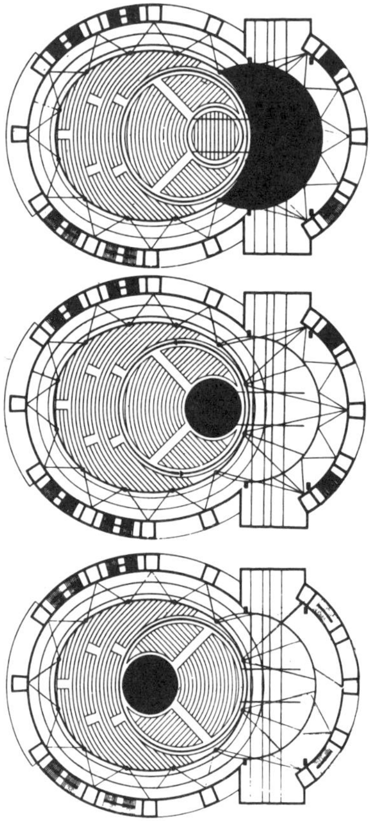

Walter Gropius' Entwürfe für das Totaltheater (1927). Die veränderbaren Spielflächen sind gekennzeichnet durch Schwärzung.

Totaltheater Der Architekt Walter Gropius (1883–1969) entwarf 1927 für ▶ Piscator einen extrem beweglichen Theaterraum, in dem Zuschauerraum

und Bühne in verschiedene Verhältnisse zueinander gerückt werden konnten. An einen ovalen Zuschauerraum schließt sich ein halbmondförmiges Bühnensegment an. Im ansteigenden Zuschauerraum ohne Rangaufteilung ist in eine drehbare Parkett-Scheibe, eine kreisförmige Vorbühne eingearbeitet, die, dreht man die Parkett-Scheibe um 180 Grad, in die Mitte des Zuschauerraums rückt und als Rundbühne von allen Seiten von Zuschauerreihen umgeben ist. Die Bewegung der Spielfläche in die Mitte der Zuschauer sollte auch während der Vorstellung möglich sein.
Von der „Mobilisierung aller räumlichen Mittel" versprach sich Gropius eine aktivere Haltung des Publikums. Es sollte aus seiner „intellektbetonten Apathie" aufgerüttelt, bestürmt, überrumpelt und zum Miterleben des Spiels genötigt werden. Statt der zweidimensionalen Bildwirkung der Guckkastenbühne sollten „räumliche Visionen" erzeugt werden. Dazu waren besonders starke, in allen Richtungen des Hauses bewegliche Beleuchtungsanlagen vorgesehen, und durch Filmprojektionen auf Wand- und Deckenflächen sollte sich der gesamte Raum in „filmartig bewegte Szenen" verwandeln können. Aus finanziellen Gründen konnte dieses Projekt nicht verwirklicht werden.

Tourneetheater privatwirtschaftlich organisiertes Theaterunternehmen ohne festes Ensemble und Spielstätte. Es ist jedoch fraglich, ob man es als nichtsubventioniert bezeichnen kann, da das Tourneetheater fast ausschließlich an subventionierten Theatern nicht nur der sogenannten ensemblelosen Städte, in geringerem Maße auch der Städte mit festem Ensemble gastiert und insofern indirekt an deren Subventionen teilhat. Die Tourneetheater stehen in Konkurrenz zu Landesbühnen und Stadttheatern, die Abstecher veranstalten. Aus Gründen, die sich aus der privatwirtschaftlichen Organisation ergeben, wird der Spielplan meist ohne Risiko gestaltet: Klassiker des Schauspiels und der Oper, Boulevard, publikumswirksamer Einsatz von Stars.

Tragödie (griech. = Bocksgesang) Im 6./5. Jh. v. Chr. entstand die Tragödie in Griechenland. Die genauere Ursprungsgeschichte ist unbekannt. Nur soviel steht fest, daß die Tragödie aus kultischen, chorischen Darbietungen, in denen ▶ Mythen reflektiert wurden, sich zu einer strengen Form entwickelte. Als höchstentwickelte literarische ▶ Gattung schon in römischer Zeit und wieder seit der Renaissance bewundert und nachgeahmt. Im Athen der klassischen Zeit, zur Zeit des Aischylos, Sophokles, Euripides war sie jedoch auch in einen nach wie vor kultischen und politischen Zusammenhang eingebunden, wie das Theater der griechischen Antike überhaupt. Die Tragödie galt zunächst auch nicht als selbständige Gattung, sondern wurde mit zwei weiteren Tragödien zusammen als **Trilogie** aufgeführt, vervollständigt zur **Tetralogie** durch ein viertes Stück, das **Satyrspiel**. In der Regel hatte die gesamte Tetralogie eine mythische Erzählung zum Thema.
Dieser Ursprung erklärt den sehr hohen Anteil des Chors in vielen Tragödien. Chor heißt in jedem Fall: gesungener lyrischer Text mit Instrumentalbegleitung und Tanz. Zwischen den Chorteilen, in denen die tragische Handlung unter Gesichtspunkten der Religion und der Polis reflektiert und kommentiert wird, sind die **Epeisodia** eingefügt, die Szenen, in denen die Schauspieler zum Chor ‚hinzutreten' und im Dialog Konflikt und Handlung weitertreiben. Der tragische

Konflikt ist für den Helden in der Regel ausweglos, muß aber nicht zum Tod führen, sondern die Ausweglosigkeit kann auch durch Versöhnung oder Rettung, z. B. durch ▶ Deus ex machina, beendet werden. Die Ausweglosigkeit entsteht aus dem Zusammenprall sich ausschließender Wertsysteme. In Sophokles' *Antigone* hat der neue Herrscher Kreon aus seiner Perspektive recht, wenn er die Polis, gerade der Katastrophe entgangen, durch neue abschreckende Gesetze schützen will. Er will ein guter Herrscher sein, aber sein Verbot, Polyneikes zu begraben, widerspricht uralten, ungeschriebenen und höher als allen von Menschen geschriebenen Gesetzen zu achtenden Geboten der Totengötter. Indem er meint, das Richtige für die Polis zu tun, gerät er in **Verblendung** (**Ate**). Verblendung, Überheblichkeit gegen die Götter (**Hybris**) oder Geschlechterfluch (von Vorfahren verursachter Fluch der Götter, der auf den folgenden Generationen lastet), überhaupt Konflikte mit den Göttern sind die Grundthemen der griechischen Tragödie, entsprechend den Themen der Mythologie. Der tragische Held gerät bei diesen Konflikten aber nicht in neuzeitlich-moralisierendem Sinne in ‚tragische Schuld', sondern Aristoteles spricht in seiner *Poetik* von **Hamartia** (Fehler). Gemäß kultischem Denken, das in der griechischen Tragödie noch vorherrscht, muß ein solcher Fehler, der die Götter beleidigt, rituell ausgeglichen werden: durch den Untergang des Helden (Sühne, Opfertod) oder durch Versöhnung.

Die Römer entwickelten kein eigenständiges Konzept einer Tragödie, sondern spielten die griechischen Vorlagen oder ahmten diese in lateinischer Sprache nach. Von besonderer Bedeutung sind Senecas Tragödien wegen ihrer Nachwirkung in der Renaissance, im elisabethanischen Theater (Shakespeare) und in der französischen Klassik (Racine). In diesen Epochen bis zu Lessings *Hamburgischer Dramaturgie* entfaltete sich eine rege tragödientheoretische Diskussion, ausgelöst durch die *Poetik* des Aristoteles, insbesondere das 6. Kapitel. In den Tragödien, die seit der Renaissance entstehen, greift man meist die mythischen Stoffe der griechischen Antike wieder auf, aber das tragische Thema, der Konflikt wird neu akzentuiert.

Während die französische Klassik das Individuum in seinem Konflikt mit der absolutistischen Staatsräson zeigte, formuliert Shakespeare zwar auch – wie das elisabethanische Theater überhaupt – den tragischen Konflikt als Störung der „ordo", der gottgewollten kosmischen Harmonie, aber Shakespeare macht eine andere Bedeutungsebene wichtiger: den Konflikt zwischen persönlichem Wollen – ob Machtstreben wie bei Macbeth oder Lady Macbeth oder Machtverzicht wie bei König Lear – und der gesellschaftlich bedingten Unmöglichkeit, die eigenen Ziele zu verwirklichen.

Im ▶ Bürgerlichen Trauerspiel verlagert sich der tragische Konflikt zumindest tendenziell in die bürgerliche Seele, auch da, wo noch soziale Konflikte zwischen Bürgertum und Adel Thema sind. In Lessings *Emilia Galotti* ersticht Odoardo nicht den Fürsten, der seine Tochter Emilia Galotti verführen will, sondern er ersticht – mit ihrem Einverständnis – Emilia selbst, um sie vor der drohenden Entehrung zu bewahren.

Travestie (ital.: travestire = verkleiden) Komische Technik, sich über ein ernsthaftes Drama oder eine ernsthafte Gattung lustig zu machen. Während die ▶ Parodie die Form eines Werkes durch Überbetonung verspottet, dabei den

Festlicher Einzug von König Henri II. in Rouen (1550), Ruhmeswagen

Stoff beläßt, allenfalls kritisch zuspitzt, geht die Travestie den umgekehrten Weg: Die gesamte Fabel, die Konflikte und Figuren des ursprünglichen Werkes werden in ein anderes, meist niedriges Milieu verlegt. Kennt der Zuschauer die Vorlage, genießt er den komischen Widerspruch zwischen Form und Inhalt, der sich in falschem Pathos und Banalität kundtut.
Vor allem im 19. Jh. waren Travestien auf dem Theater als Unterhaltungsform sehr beliebt. Jacques Offenbach läßt in *Orpheus in der Unterwelt* griechische Götter und Heroen als Herren und Damen der Pariser Salons agieren. Johann Nestroy travestiert Hebbels, Meyerbeers und Wagners Werke mit den komischen Volksgestalten des Wiener Vorstadttheaters.

Trionfi (ital.: trionfo = Festzug) In Anlehnung an antike römische Festzüge veranstalteten in der Zeit der Renaissance die Fürsten der italienischen Städte und Kleinstaaten allegorische Huldigungsumzüge. Die Trionfi sind ein wichtiges Element des höfischen Theaters. Anläßlich von Geburstagen, Hochzeiten, Staatsbesuchen ließen die Fürsten von bildenden Künstlern reich ausgestattete Umzüge veranstalten, in denen sie feudale Repräsentation und Selbstdarstellung mit Unterhaltungsangeboten für die Untertanen verbanden. Die Umzüge fanden zumeist auf Wagen statt.

Truppe Organisationsform der professionellen Schauspieler, seit es diese gibt. Vor der Errichtung stehender Theater ist die Arbeitsorganisation in Truppen vorherrschend (▶ Commedia dell'arte, englische und deutsche ▶ Wandertruppen). Bei stehenden Hof- und Stadttheatern spricht man vom ▶ Ensemble. Hierarchie und Leitungsstruktur einer Truppe können sehr unterschiedlich sein: in der Regel ein fester Kern von Schauspielern, die von einem Protagonisten, im 17. und 18. Jh. hieß er ▶ Prinzipal, angeleitet werden.

Turnier (franz.: tournoi = Bewegung im Kreis) Turniere fanden zwischen dem 10. und 15. Jh. an den Höfen als festliche Kampf- und Geschicklichkeitsspiele der Ritter statt. Seit Ende des 12. Jh.s wurden die eigentlichen Kampfspiele durch allegorische Darstellungen (ähnlich den ▶ Trionfi) ergänzt. In den spätmittelalterlichen Städten nutzten auch die vornehmen Patrizier die Tradition des Turniers zur theatralen Selbstdarstellung. Auch zum ▶ höfischen Theater des Barock gehörten prunkvolle Turniere.

U

Umbesetzung Für das Auswechseln eines Schauspielers gegen einen anderen während der Phase der Proben oder der laufenden Vorstellungen gibt es verschiedene Gründe: Eine ▶ Besetzung erweist sich während der Proben als ▶ Fehlbesetzung, ein Schauspieler erkrankt oder plötzlich notwendige Spielplanänderungen führen zu unvorhersehbaren Überschneidungen bei parallel produzierten oder laufenden Inszenierungen.

Underground Theatre Der Begriff Underground wurde in den sechziger Jahren in den USA, dann auch in Westeuropa durch die Studentenrevolte und die Protestbewegung unter Künstlern und Intellektuellen zu einem populären Sammelbegriff. Er umfaßte alle Theater-, Film- und Presseerzeugnisse, die ihrem Selbstverständnis nach in radikaler Opposition zu jeglicher etablierten Ästhetik und Politik standen. Verletzung sexueller Sprach- und Bild-Tabus gehörten ebenso zu den breit und in sich widersprüchlich gefächerten Themen wie lebensreformerische Ansichten oder antikapitalistische Affekte. Zum Teil blieben die anarchischen Versuche des Underground Theatre ohne künstlerische Wirkung, zum Teil sind sie dem ▶ Experimentaltheater zuzurechnen.

Understatement (engl. = Untertreibung) Bezeichnung für eine Sprech- und ▶ Spielweise, die Emotionen nicht ausspielt, sondern eher versteckt. Für den Zuschauer entsteht ein Widerspruch zwischen affektgeladener Situation und klein gehaltenem Sprech- und Körperausdruck des Schauspielers bis zur scheinbaren Gleichgültigkeit. Im Gegensatz dazu stehen **Pathos** (großer, leidenschaftlicher Ausdruck des Sprechens und Spielens) und ▶ Outrieren: handwerklich fehlerhaftes, unkontrolliertes Übertreiben der schauspielerischen Mittel.

Untertext Der versteckte Sinn, die Andeutung zwischen den Zeilen eines im übrigen klar formulierten ▶ Textes läßt für den Regisseur, vor allem für den Schauspieler, einen großen Bereich von nicht im Text gesagten Vorstellungen, Empfindungen und Gedanken zu, die sich beim ersten Lesen oft nicht erschließen, sondern erst während der Proben oder sogar erst während der Aufführungen vom Darsteller aktiviert werden können. Der Schauspielpädagoge ▶ Stanislawski war wohl der erste, der dieser ungeschriebenen Partitur, diesem unsichtbaren Protokoll „innerer Vorstellungsbilder" größte Aufmerksamkeit zollte. ▶ Brecht interessierte daran die Möglichkeit, ‚gegen den Text zu sprechen', dem notierten Text konträre Gefühle und Haltungen zu unterlegen, die offensichtliche Notation zu unterlaufen.

Uraufführung abgekürzt U oder UA, ist die erstmalige Aufführung eines dramatischen Werkes. Dieses Etikett erweckt Aufmerksamkeit und wird wegen der Werbewirksamkeit ungerechtfertigterweise auch für Erstaufführungen von Übersetzungen und Bearbeitungen verwendet. Dem besonderen Interesse, das die Theaterkritik bei einer Uraufführung dem Autor und der Präsentation seines Stückes entgegenbringt, steht die besondere Pflicht des Theaters gegenüber, das Werk gemäß den Absichten des Autors vorzustellen. Strichfassung und Regiekonzeption sind bei Uraufführungen häufiger als bei anderen Inszenierungen Anlaß für urheberrechtliche Konflikte mit Autoren und Verlagen.

V

Varieté Form des Unterhaltungstheaters für Massenpublikum. Sie entstand aus der Wirtshausunterhaltung des 18. und 19. Jh.s in Europa und England mit verschiedenen nationalen Ausprägungen. Im letzten Drittel des 19. Jh.s etablierten sich die Varietés zuerst in den Großstädten der industriellen Zentren, deren Mittelschichten hier Unterhaltung mit Musik, Gesang, Tanz, Akrobatik und Sensationen fanden. Die einzelnen „Nummern" werden locker durch einen Conférencier verbunden, durch diese Form der **Nummerndramaturgie** ist das Varieté mit ▶ Zirkus, ▶ Revue und ▶ Music hall verwandt. Entsprechend seiner Entstehung sitzt das Publikum an Tischen und kann während der Vorstellung essen und trinken. Seine stärkste Verbreitung hatte das Varieté vor dem 1. Weltkrieg, danach setzten sich andere Massenunterhaltungsformen durch: Kino, später Fernsehen, das wie der Musik- und Revuefilm in bestimmten Sendeformen die Varietédramaturgie aufgriff, z. B. in der Fernsehshow.

Vaudeville Ursprünglich waren dies komisch-satirische Volkslieder in Frankreich, vermutlich abgeleitet von „Val-(Vau-)de-Vire", einer Gegend in der Normandie, wo Anfang des 15. Jh.s der populäre Dichter Olivier Basselin satirische Spott- und Trinklieder vortrug, die sich besonders gegen die englische Besatzungsmacht richteten. Ende des 17. Jh.s bezeichnete Vaudeville eine leichte Komödie mit Spottliedern zum Mitsingen für das Publikum in den Vorstadttheatern von Paris, ein Vorläufer der komischen Oper. 1792 entstand in Paris das erste feststehende Vaudeville-Theater in der Rue de Chartres. Inzwischen waren die Liedeinlagen zugunsten von Dialog und Handlung reduziert worden. *Ein Glas Wasser,* das Stück des damals wie heute bekannten Vaudeville-Autors Eugène Scribe (1791–1861), steht auch heute noch auf unseren Spielplänen.
In der zweiten Hälfte des 19. Jh.s erfährt das Vaudeville seine eigentliche Glanzzeit als komödiantische Unterhaltungsform, in der vor allem das Schwankmotiv des versuchten Ehebruchs, der mißlingenden Dreiecksgeschichte vor dem bürgerlichen Publikum variiert wird. Auch heute noch werden von Eugène-Marin Labiche *Das Sparschwein* und von Georges Feydeau *Der Floh im Ohr* gespielt. In England und USA ist Vaudeville etwa gleichbedeutend mit ▶ Kabarett.

Verband Deutscher Freilichtbühnen e.V. (VDF) In diesem Verband sind die ▶ Amateurtheater zusammengeschlossen, die Freilichtaufführungen veranstalten. Der VDF ist Mitglied des Dachverbandes der Amateurtheater: **Bund Deutscher Amateurtheater** (**BDAT**).

Verfremdung macht einen vertrauten Tatbestand auffällig, so daß er als unbekannt oder fremd wahrgenommen wird. In allen Theaterkulturen wird Verfremdung als Mittel der Darstellung eingesetzt, besonders um Komik zu erzielen. Erst ▶ Brecht stellte den Begriff der Verfremdung und ihrer Wirkung – **Verfremdungseffekt**, **V-Effekt** – ins Zentrum seiner Theatertheorie. In *Der Messingkauf* setzt er ihn ab von alten Formen der Verfremdung, etwa im chinesischen Theater, ebenso von Wahrnehmungsirritationen in der zeitgenössischen Kunst, etwa im Surrealismus. Bei Brecht wird Verfremdung zum umfassenden künstlerischen Verfahren in Dramenbau, Sprachform, Dialogtechnik, Inszenierungsmitteln (Bühne, Kostüm, Maske, Beleuchtung, Arrangements und Führung der Figuren), Technik der Schauspielkunst. Verfremdung heißt, Vertrautes fragwürdig machen, um es neu sehen zu können. Sie soll das vermeintlich Altbekannte als unverständlich oder nicht selbstverständlich erscheinen lassen, so daß am Ende des dialektischen Wahrnehmungs- und Erkenntnisprozesses das unumstößlich Erscheinende als veränderbar gesehen wird. Verfremdung dient also nach Brecht dem Offenlegen gesellschaftlicher Widersprüche. Neu an Brechts Begriff ist vor allem, daß er nicht nur die Theorie und Praxis der Theaterproduktion beschreibt, sondern auch der -rezeption. Das Publikum soll durch die V-Effekte zur aktiven, politischen Wahrnehmung, zum Weiterdenken der gesellschaftlichen Widersprüche, des historischen Prozesses veranlaßt werden.

Verkleidung hat am Theater zwei Bedeutungen: Das Anlegen von Kleidern, die die wahre Herkunft und Identität der verkleideten Person unkenntlich machen, und in der Bühnentechnik: Verdecken einer Fläche oder eines offenen Gerüsts mit einem ▶ Versatzstück oder einer Blende.

Versatzstück Das Ausstattungsteil für die Bühne hat meist ein kleineres Format, ist auf einem Lattenrahmen angebracht und leicht aufstellbar, also ‚versetzbar'. Der **Versatz** oder die **Stellwand**, wie dieses Teil auch genannt wird, wird mit einer rückwärtigen Stütze, z. B. einer schräg angelegten Holzlatte oder Eisenstange, und Bühnenbohrern am Bühnenboden befestigt. Das Versatzstück ist besonders geeignet für alleinstehende Bildteile wie Busch und Mauer oder seitliche und rückwärtige Abdekkungen, z. B. Zimmerwände.

Vers im Drama Im antiken Theater der Griechen unterschied man zwischen gesprochenem Vers für die Dialoge und lyrischem Vers für Gesang und Tanz mit Instrumentalbegleitung. Als Sprechvers diente der sechshebige **jambische Trimeter**. Nach antikem Vorbild erhielt diese Versform in der Renaissance für das Drama Verbindlichkeit. In Frankreich setzte sich der zwölfsilbige jambische Reimvers, der **Alexandriner**, als klassisches Versmaß der Tragödie seit dem 16. Jh. durch. Corneille und Racine gaben ihm als Form der dramatischen Dialogsprache und des gehobenen Stils unübertroffenen Reichtum des Ausdrucks. Im deutschen Barockdrama übernahm man die französische Versform. Martin Opitz und noch Johann C. Gottsched setzten sich für sie ein. Aber in der zweiten Hälfte des 18. Jh.s verdrängte das erwachende Interesse für Shakespeare den Alexandriner. An seine Stelle trat der elisabethanische **Blankvers**, ein fünffüßiger Jambus. Zum ersten Mal verwendete Christoph M. Wieland diesen Sprechvers in seiner Tragödie *Johanna Gray*. Mit Gotthold Ephraim Lessings *Nathan der Weise* wird der Blankvers zum gebräuchlichen deutschen Dramenvers. Als Gegenbewegung zu diesem hohen Stil bevorzugte man im Sturm und Drang, im Realismus des 19. Jh.s und im Naturalismus die Prosa als Ausdruck der Nähe zum Alltag, zur Sprache der Unter- und Mittelschichten.
Über Brechts Einfluß, der den Blankvers zum Teil parodistisch als Sprache der Schlachthof-Bosse in *Die heilige Johanna der Schlachthöfe* und der Gangster in *Arturo Ui* benutzte, findet der Jambus starke Beachtung und Verwendung in der DDR-Dramatik, z. B. bei Peter Hacks und Heiner Müller. Peter Weiss verwendete in den meisten seiner Dramen den zur Zeit des Hans Sachs üblichen, vom jungen Goethe wiederbelebten **Knittelvers**, untermischt ihn aber mit dem Prinzip der **Freien Rhythmen**.

Verwandlung Im bühnentechnischen Jargon: **Umbau**, Wechsel der Dekoration, Veränderung des szenischen Raums. Wird der Vorhang dabei nicht geschlossen, spricht man von **offener Verwandlung**. Verwandlungen finden statt, um Orts- und Zeitsprünge darzustellen. Je nach historischer Dramen- und Bühnenform sind Ausmaß und Anzahl der Verwandlungen sehr unterschiedlich oder – wie auf der Simultanbühne – ungebräuchlich. Zum technischen Vollzug der Verwandlung ▶ Bühnentechnik.

Vierte Wand im Naturalismus, besonders von ▶ Stanislawski perfektionierte Inszenierungs- und Spielweise, aber schon vorher, z. B. von Heinrich Laube in Wien und bei den ▶ Meiningern, verwendet. Die Schauspieler spielen wie in einem geschlossenen Raum, ohne ihre Rhetorik, Gestik und Choreographie nach dem Publikum hin auszurichten. Die durch die Rampe vorgegebene Linie wird als unsichtbare vierte Wand betrachtet, das Publikum gleichsam ignoriert. Selbstverständlich weiß auch der naturalistische Schauspieler, daß er vor Zuschauern spielt, aber für den Zuschauer bedeutet diese Spielweise eine bisher nie dagewesene Vervollständigung der Illusion, der Zuschauer befindet sich in der Rolle des zufällig, heimlich Zuschauenden. Zur Spielweise der Vierten Wand gehört, daß der Schauspieler dem Publikum den Rücken zukehren kann, wenn es die Situation verlangt. Bis dahin war es jahrhundertelang Übereinkunft, die szenische Bildwirkung möglichst frontal zum Zuschauer auszurichten.

Virtuose Ganz allgemein ist der Virtuose ein handwerklich perfekter Könner, ein Meister seines Fachs. Speziell im Theater hat die Bezeichnung heute aber eine leicht abwertende Bedeutung im Sinne von Effekthascherei. Der Begriff entstammt der musikalischen Fachsprache und wurde im 18. Jh. aus dem Italienischen ins Deutsche übernommen. Im 19. Jh. wird Virtuose gleichgesetzt mit italienischer Instrumental- und Gesangstechnik. So gilt z. B. Paganini als der Geigenvirtuose schlechthin.

Volksbühne Theaterbesucherorganisation, deren Geschichte besonders in den Anfängen eng verknüpft ist mit der Arbeiterbewegung. Nach Aufhebung von Bismarcks Sozialistengesetzen 1890 gründeten der SPD nahestehende Literaten und Intellektuelle in Berlin die **Freie Volksbühne**. Der Name knüpft an den der **Freien Bühne**, eines Privattheaters zur Förderung naturalistischer Dramatik, an. Der Zusatz „Volk" steht für das bildungs- und kulturpolitische Programm der damaligen Sozialdemokratie: Das Bildungsdefizit des deutschen Proletariats sollte durch Aneignung der in der Hauptsache vom Bürgertum besetzten Kulturtraditionen abgebaut werden. Die Gründer des Vereins Freie Volksbühne, zu denen Franz Mehring und Bruno Wille gehörten, hatten folgendes Ziel: Den Mitgliedern einmal im Monat zur günstigsten, weil einzig möglichen Zeit, am Sonntagnachmittag – von Montag bis Samstag wurde gearbeitet –, für ein geringes Entgelt in gemieteten Theatern sozialkritische Stücke zu zeigen und sie durch begleitende Vorträge und Diskussionen aufzuarbeiten. Die Mitglieder sollten im Idealfall Arbeiter sein, sie wurden über die sozialdemokratische Presse geworben, aber das Industrieproletariat von Berlin war kaum vertreten, es überwogen die Handwerker und Handlungsgehilfen. Immerhin waren die Hälfte der Vereinsmitglieder Frauen.
Der Verein hatte anfangs noch kein eigenes Theater, es wurden Häuser angemietet und Auftragsproduktionen mit eigens engagierten Regisseuren und Schauspielern vergeben. Doch bald kaufte man einfach Vorstellungen, die in Berlin zu sehen waren. Die erste Inszenierung 1890: *Stützen der Gesellschaft* von Henrik Ibsen. Weiter standen im Spielplan zeitgenössische Autoren (Gerhart Hauptmann, Hermann Sudermann) und Klassiker. Es gab Streit um den kulturpolitischen Kurs. Bruno Wille, der erste Präsident der Freien Volksbühne, gründete die **Neue Freie Volksbühne**, Franz Mehring wurde ihr Präsident; Bruno Wille anstelle von Mehring Präsident der Freien Volksbühne. Mehring sah in Theater und Literatur, besonders im klassischen Erbe, ein kritisch anzueignendes Lehrmaterial für den Klassenkampf, während Wille in der

Volksbühnenbewegung ein Mittel zur kulturellen Erziehung des Volkes jenseits politischer Auseinandersetzungen sah. In diesem Konflikt spiegelten sich auch die Flügelkämpfe innerhalb der SPD um 1900.
Volksbühne als ein Versuch, proletarische Gegenöffentlichkeit und politische Arbeiterbildung zu organisieren, war in den Augen der wilhelminischen Polizei – sie war Zensur-Behörde – ein Ärgernis. Als beide Vereine *Die Weber* von Gerhart Hauptmann nachspielten (uraufgeführt 1892 von der Freien Bühne), erkannte die Polizei den Vereinsstatus beider Vereine nicht mehr an: *Die Weber* wurden verboten, d. h., sie durften nicht mehr öffentlich aufgeführt werden. Es kam zum Prozeß, zum finanziellen Ruin und zur kurzfristigen Auflösung der Vereine.
1897 Wiederbeginn beider Volksbühnen mit neuen Statuten und vermindertem politischem Ehrgeiz. Die Mitgliedszahlen wuchsen schnell, die Volksbühnenbewegung entwickelte sich zur Massenbesucherorganisation. Seit 1904 beschickten beide Vereine Max Reinhardts Privatbühnen, 1913 schlossen sich die Volksbühnen zu einem Verein zusammen (700.000 Mitglieder). 1914 eröffnete der Verein sein eigenes Haus am Bülowplatz unter der Direktion von Reinhardt. Damit war die Volksbühnenbewegung in den bürgerlichen Theaterbetrieb integriert. Auch außerhalb Berlins bildeten sich Volksbühnenvereine, die sich 1920 in der ganzen Republik zu einem Verband zusammenschlossen. Vorübergehend gab es neue Konflikte in Berlin durch ▶ Piscator, der 1924 bis 1927 Oberregisseur am Bülowplatz war. Er schreckte den Bühnenvorstand durch politisch-agitatorische Inszenierungen. Unter Piscators Einfluß bildeten sich in der Volksbühnen-Jugend kommunistische ‚Sonderabteilungen', die die Umwandlung der Volksbühne vom Konsumverein in ein Kampftheater forderten.
1933 folgte die ‚Gleichschaltung' im Sinne der Kulturpolitik des Nationalsozialismus. Neugründung getrennter Volksbühnenverbände 1947 in der Ost-, 1948 in den Westzonen. 1954 Wiederaufbau eines eigenen Theaters in Berlin (Ost), genannt „Volksbühne", 1962 Eröffnung eines eigenen Hauses in Berlin (West), genannt „Freie Volksbühne". Ihr erster Intendant war Erwin Piscator. Der **Volksbühnenverband** ist heute die stärkste Besucherorganisation.

Volksschauspieler Die Popularität eines Schauspielers in Theater, Film und Fernsehen entsteht durch häufiges Auftreten in Rollen, die für breite Schichten repräsentativ sind. Die persönliche Wirkung des Darstellers, ihm ‚auf den Leib geschriebene Rollen' bieten ein hohes Maß an Identifikation an, nicht immer frei von sozialen Klischees. ‚Kleiner Mann setzt sich ohne großes Heldentum durch': Heinz Rühmann; ‚tapfere kleine Frau mit Herz und Berliner Schnauze': Inge Meisel.

Volksstück Als eigene dramatische Gattung der Moderne entwickelte sich das Volksstück vor allem in der Auseinandersetzung mit dem Alt-Wiener ▶ Volkstheater. Es behandelte vor seinem Vorstadtpublikum die Alltagsprobleme der unteren und mittleren Schichten. Komödiantische Elemente mischten sich mit moralisierenden Appellen. Vorherrschende Sprache war der Dialekt, Dialogszenen wechselten in lockerer Dramaturgie mit ▶ Couplets oder Tanzszenen, beliebt waren auch Märchenstoffe für großen Bühnenzauber. Durch die soziale Umschichtung während der zweiten industriellen Revolution verschwand das Alt-Wiener Volksstück. Am Ende des 19. Jh.s interessierten sich

Szene aus Mensch Meier *von Franz Xaver Kroetz in einer Inszenierung der Vaganten-Bühne, Berlin 1988*

einige Literaten wie Ludwig Anzengruber *(Der Meineidbauer)*, Karl Schönherr *(Der Weibsteufel)*, Ludwig Thoma *(Magdalena)* u. a. für das Volksstück und ließen es als Literatur-Drama neu erstehen. Elementare Beziehungskonflikte, z. T. mit tragischem Ausgang, aus bäuerlichem oder kleinbürgerlichem Milieu sind die Themen. Das komödiantische Element, besonders aber die sentimentale, ,volkstümelnde' Sicht der literarischen Intelligenz auf das Volk schrieb in den 20er Jahren dieses Jh.s Carl Zuckmayer in *Der fröhliche Weinberg, Der Hauptmann von Köpenick* ungebrochen fort, während gleichzeitig drei große deutschsprachige Dramatiker die Gattung Volksstück gleichsam vom Kopf auf die Füße stellten: Ödön von Horvath *(Geschichten aus dem Wienerwald)*, Marieluise Fleißer *(Fegefeuer in Ingolstadt, Der starke Stamm)*, und Bertolt Brecht *(Herr Puntila und sein Knecht Matti)*. Statt der naturalistischen Verwendung des Dialekt etwa bei Anzengruber, wird dieser jetzt zum sprachlichen Ausdruck sozialer Widersprüche, psychischer Defizite. Das ,Volk', die Unter- und Mittelschicht, erscheint nicht in verklärter Sicht, sondern im Kontext seiner sozialen Verhältnisse. Zwänge der patriarchal organisierten Kleinfamilie, Finanzmisere der Kleingewerbetreibenden, Inflation, Ausbeutung durch Lohnarbeit, heraufziehender Faschismus sind nun die Themen. Mit dem wachsenden politischen Interesse der Literaten und Theaterleute in der zweiten Hälfte der sechziger Jahre knüpften einige junge Dramatiker ganz bewußt an das politische Volksstück Brechts, Horvaths und Fleißers an: Martin Sperr *(Jagdszenen aus Niederbayern)*, Rainer Werner Faßbinder *(Katzelmacher)*, Franz Xaver Kroetz *(Heimarbeit)*.

Volkstheater Begriff mit sehr unterschiedlichen und weit auseinanderliegenden Bedeutungen.
1. Professionelles Theater, das für das ‚Volk' spielt, d. h. die Lebensumstände der mittleren und unteren Schichten zum Thema macht, deren Interessen und Bedürfnissen Ausdruck verleiht, z. B. das **Wiener Volkstheater** des 18./19. Jh.s, das Vorbild für eine eigene Form des literarischen und politischen ▶ Volksstücks wird.
2. Seit Naturalismus und ▶ Volksbühnen-Bewegung versuchen bedeutende Regisseure, die alten Volkstheatertraditionen aufzugreifen für ein politisch-aufklärerisches Theater, das sich den Zielen der Arbeiterbewegung verbunden weiß. Hierzu gehören Wsewolod Meyerhold und Jewgeni Wachtangow, Bertolt Brecht, Jean Vilar (Théâtre National Populaire), Ariane Mnouchkine (Théâtre du Soleil), Eduardo de Filippo, Giorgio Strehler, Dario Fo.
3. Amateurtheater, in dem Angehörige des ‚Volkes' für das ‚Volk' spielen. Hierzu gehören das mittelalterliche Theater, Meistersinger, Arbeitertheater, die Volksschauspiele in Oberammergau und anderswo.

Voraufführung öffentliche ▶ Aufführung einer Inszenierung vor der offiziellen ▶ Premiere, um die Wirkung auf das Publikum zu erkunden.

Vorhang Meist besteht der Vorhang aus einem Stück Stoff oder ähnlichem Material, das man vor einen Teil oder vor den gesamten Bühnenausschnitt hängt, um Bühnenvorgänge zu verdekken. Kleinere Vorhänge zum teilweisen Abdecken der Szene kannte man in hellenistischer und römischer Zeit (**Siparium**); auch das elisabethanische Theater und die Terenzbühne ver- oder enthüllten durch kleinere Vorhänge Spielorte und Auftritte. Die heutigen Verwendungsformen entwickelten sich mit der Perfektionierung der Guckkastenbühne im 19. Jh. Die Vorhänge mit ihren verschiedenen Funktionen haben vom Zuschauerraum aus gesehen, folgende Anordnung:

- Der ▶ Eiserne Vorhang dient dem Schutz vor Feuer.
- Der **Hauptvorhang** war im 19. Jh. meist prunkvoll gestaltet; auch heute ist er häufig aus einem kostbaren Stoff, z. B. Samt, gefertigt. Er schließt die gesamte Bühnenöffnung gegen den Zuschauerraum ab. Vor Einlaß des Publikums wird der Eiserne Vorhang weggefahren, so daß die Zuschauer in der Regel den Haupt- oder **Schmuckvorhang** sehen, wenn sie sich auf die Sitzplätze begeben. Er kann auch als **Aktvorhang** dienen, d. h. er wird auch zwischen den Akten herabgelassen, um die Umbauten abzudecken oder einen dramaturgischen Einschnitt optisch deutlich zu machen.
- Der **Spielvorhang** wird vom Bühnenbildner eigens für eine Inszenierung entworfen und stimmt in Farbe und Form (Bemalung usw.) auf die jeweilige Inszenierung ein. Der Spielvorhang tritt dann an die Stelle des Hauptvorhangs: Mit ihm beginnt und endet die Aufführung, er setzt die Akzente zwischen den Akten oder

Bildern. Der Spielvorhang des Bayreuther Festspielhauses hat eine besondere Form, die auf einen Entwurf Richard Wagners zurückgeht; deshalb bezeichnet man einen Vorhang dieser Form als **Wagner-Vorhang.** Er wird gleichzeit nach zwei Seiten gerafft und nach oben weggezogen.

○ Der **Schleiervorhang** aus feinem Schleierstoff dient der Erzeugung optischer Effekte wie Dunst oder Nebel.

○ Der **Schallvorhang** aus dichtem schallschluckendem Gewebe soll Umbaugeräusche vom Publikum fernhalten.

○ Der **Zwischenvorhang** hat eine ähnliche Funktion wie die bemalten Prospekte in der Kulissenbühne: Er dient dem rückwärtigen Abschluß oder der Verkürzung des Bühnenraumes. Brecht verwendete in seinen Modell-Inszenierungen einen leichten, gardinenartig über gespannte Drähte seitlich gezogenen Zwischenvorhang, etwas mehr als mannshoch, der hinten stattfindende Umbauten nicht völlig verdeckte (als Element der Verfremdung) und im Vordergrund gleichzeitig Spielszenen ermöglichte. Diese spezielle Form eines Zwischenvorhangs wird **Brecht-Gardine** genannt.

Vorspiel Dies kann zum einen ein kurzes, einaktiges Gelegenheitsstück sein, das besonders an Hoftheatern bei festlichen Anlässen vor einem größeren dramatischen Werk gespielt wurde, ohne mit diesem in einem thematischen Zusammenhang zu stehen. Das Vorspiel kann auch eine Szene, Szenenfolge oder ein Einakter sein, die größeren dramatischen Werken vorangestellt und thematisch eng verbunden sind: Das Vorspiel dient dann als Ergänzung der ▶ Exposition, als Erweiterung der historischen Hintergründe des dramatischen Geschehens (Schillers *Wallensteins Lager*) oder läßt einen alten, traditionsreichen Stoff in einem neuen Zusammenhang erscheinen (Brechts Vorspiel zu seiner *Antigone*-Bearbeitung).

Vorsprechen Dem Engagement jüngerer, unbekannter Darsteller geht in der Regel ein Vorspechen voraus. Aufgrund von Bewerbungsunterlagen oder Hinweisen der Vermittlungs-Agenturen treffen die Vorstände eine Vorauswahl der in Frage kommenden Kandidaten, die dann zu einem bestimmten Termin auf der Bühne oder Probebühne Auszüge aus ihrem Rollenrepertoire vorspielen, so daß Intendant, Regisseur und Dramaturg die ‚Persönlichkeit', die körperlichen und stimmlichen Qualitäten und Besonderheiten der Bewerber beurteilen können.

W

Wachtangow, Jewgeni Bogrationowitsch (1883–1922) Der Schauspieler, Regisseur, Theaterleiter und Theatertheoretiker begann mit naturwissenschaftlichen und juristischen Studien an der Moskauer Universität. 1906 gründete er dort eine Studentenbühne, nachdem er schon im Gymnasium an Schüleraufführungen und später bei Laientheatergruppen mitgewirkt hatte. 1909 entschied er sich für eine professionelle Theaterlaufbahn, nahm Schauspielunterricht an der Moskauer Dramatischen Schule, auf der konsequent nach dem **Stanislawski-System** unterrichtet wurde. 1911 lernte er ▶ Stanislawski kennen, der ihn für das Moskauer Künstlertheater engagierte. Er trat dort zunächst als Schauspieler auf, erhielt jedoch im gleichen Jahr noch von Stanislawski den Auftrag zur Bildung einer Arbeitsgruppe, die die schauspielpädagogische Methode Stanislawskis überprüfen sollte.

Wachtangow stellte die Grundlage des Stanislawski-Systems nie in Frage, entwickelte jedoch einen eigenen theatertheoretischen Ansatz, den er in seiner Arbeit als Schauspiellehrer und Regisseur in die Praxis umzusetzen suchte. Stanislawskis psychologischer Illusionismus, sein naturalistisches Prinzip der lebensnahen Darstellung schien Wachtangow nicht hinreichend für ein Theater, das seine Theaterhaftigkeit, seinen besonderen Charakter und seine theatereigenen Mittel gerade vorzeigen und nicht hinter illusionistischen Wirklichkeitsbildern verstecken sollte. In dieser Ablehnung des Naturalismus traf sich Wachtangow mit dem anderen großen Schüler Stanislawskis, ▶ Meyerhold, der sich allerdings schon 1902 von seinem Lehrer gelöst hatte. Wachtangow blieb im Umkreis Stanislawskis und des Künstlertheaters, zumal er, anders als Meyerhold, die von Stanislawski entwickelte intime Zusammenarbeit des Regisseurs mit dem Schauspieler für eine produktive Theaterarbeit als unerläßlich erachtete.

Wachtangow faßte sein Theaterkonzept unter dem Stichwort „phantastischer Realismus“ zusammen: statt detailgetreuer Wiedergabe des Lebens strukturierende Auswahl aus der Wirklichkeit für die Bühne. Nur Dinge, die in der Szene ‚mitspielen‘, sollten auf der Bühne erscheinen. Im Mittelpunkt der Theaterarbeit stand der Schauspieler, seine Arbeit an der Figur, ihrer Emotionalität. Dies sollte durchaus mit theaterhaften Mitteln, in poetisch verfremdendem körperlichem Ausdruck geschehen, der Schauspieler sollte seine Haltung zu seiner gespielten Figur zeigen, sollte zeigen, daß er spielt.

Wachtangow verfügte seit 1914 über ein eigenes Studentisches Dramatisches Studio, das 1920 dem Künstlertheater als 3. Studio angegliedert und 1926 in das selbständige Wachtangow-Theater umgewandelt wurde. Neben seiner Lehr- und Regietätigkeit am Studio unterrichtete er auch an anderen Moskauer Theaterschulen und spielte kleine Rollen am

Künstlertheater. 1919 übernahm er trotz schwerer Krankheit die Leitung der Sektion Regie an der Theaterabteilung des Volkskommissariats für Bildung. In seinen beiden letzten Lebensjahren widmete er sich hauptsächlich der Regie. Unter anderem inszenierte er im hebräischen Studio des Künstlertheaters, dem späteren ▶ Habima-Theater, Scholem An Skis *Der Dybbuk*. Diese Aufführung ging auf Tournee durch viele Städte Europas und war auch in den USA zu sehen. Wachtangows spektakulärste und theatergeschichtlich wohl bedeutendste Inszenierung war Carlo Gozzis *Prinzessin Turandot* (1922), in der er alle bis dahin in der frühen sowjetischen Theaterkunst entwickelten Mittel zu einem Furioso des körperbetonten Theaters komponierte.

Wagner, Richard (1813–83) deutscher Komponist, Librettist, Dirigent, Schriftsteller und Opernregisseur. Zunächst war er in der Provinz als Chor- und Musikdirektor engagiert und schuf erste Opern-Kompositionen, die wie in allen späteren musikdramatischen Werken auf eigenen Textdichtungen beruhten. 1839/40 komponierte er in Paris die Oper *Der fliegende Holländer.* Seit 1842 lebte er in Dresden, dort wurde 1843 *Der fliegende Holländer* mit großem Erfolg aufgeführt. Wagner erhielt daraufhin die Ernennung zum Königlich Sächsischen Hofkapellmeister. Hauptwerke seiner Dresdner Zeit sind die beiden romantischen Opern *Tannhäuser* und *Lohengrin*. In ihnen behandelt Wagner zum ersten Mal Stoffe der deutschen Literatur des Mittelalters. Die Musik dieser Werke ist geprägt von der im *Fliegenden Holländer* schon ansatzweise entwickelten Leitmotivtechnik und vom Willen zu musikalischer, dramatischer und szenischer Einheit. Damit überwand Wagner die traditionelle Nummern-Dramaturgie der Oper von Arie, Rezitativ, Duett, Terzett. 1848/49 beteiligte er sich aktiv an der Revolution, wurde steckbrieflich verfolgt und floh in die Schweiz. Dort schrieb er einige seiner wichtigsten ästhetischen Schriften wie *Das Kunstwerk der Zukunft*, *Die*

Richard Wagner-Festspielhaus in Bayreuth

Kunst und die Revolution, 1849; *Oper und Drama*, 1850/51; *Eine Mitteilung an meine Freunde*, 1851. In ihnen fordert er das ▶ Gesamtkunstwerk als erneute Zusammenführung der seit der griechischen Tragödie auseinandergefallenen Einzelkünste Dichtung, Musik, Mimik. 1864 rief König Ludwig II. Wagner nach München und setzte ihm – eine große Seltenheit – ein Gehalt aus. 1865 Uraufführung von *Tristan und Isolde*, 1867 *Die Meistersinger von Nürnberg* in München. 1872 übersiedelte Wagner nach Bayreuth. Nach der Fertigstellung des Festspielhauses inszenierte und dirigierte Wagner 1876 die vier Teile des *Ring des Nibelungen* und 1882 *Parsifal*.
Wagner setze in Bayreuth die Idee des ▶ Festspiels, die das Außerordentliche, Nicht-Alltägliche, den Kultcharakter des Theaters betont, in eigene Praxis um, indem er 1876 die ausschließlich seinen Werken vorbehaltenen und bis heute jährlich stattfindenden **Bayreuther Festspiele** gründete. Das Festspielhaus in Bayreuth, nach Wagners Entwürfen vom Architekten Gottfried Semper (1803–79) zwischen 1872 und 76 erbaut, enthält bauliche Neuerungen gegenüber dem traditionellen Aufführungsbetrieb: Der Zuschauerraum gibt von allen Plätzen fast gleiche Sicht auf die Bühne, er wird rückwärts von einer Logenreihe abgeschlossen. Das Parterre ist also nicht mehr halbkreis- oder hufeisenförmig von Logenreihen umschlossen, sondern stark ansteigend und keilförmig, entsprechend einem Segment des Zuschauerraums im antiken Amphitheater. Neu sind auch der versenkte Orchestergraben – das Orchester saß vorher auf gleicher Höhe wie die Zuschauer im Parterre – und die breite Proszeniumszone. Dadurch entsteht räumliche Distanz zur Bühne, die zusammen mit der Unsichtbarkeit des Orchesters und – ebenfalls eine Neuerung – durch die Abdunklung des Zuschauerraums eine äußerste Konzentration der Zuschauerwahrnehmung auf Musik und Szene bewirkt.

Wandertruppe Theatertruppe ohne festen Standort, ohne ‚stehendes' Theater. In den frühen Wandertruppen vollzog sich der Übergang zum modernen Berufsschauspielertum. Entscheidend dafür waren die berufsbezogene Gruppenbildung und gruppeninterne Arbeitsteilung, z. B. in den Truppen der ▶ Commedia dell'arte und der **englischen Komödianten**. Besonders die englischen Komödianten(s. Abb. S. 344), die vom Ende des 16. bis Mitte des 17. Jh.s den europäischen Kontinent bereisten, hatten entscheidenden Einfluß auf die Entstehung einheimischer deutscher Wandertruppen im 17. Jh. Ihr Repertoire bestand vor allem aus stark veränderten Vorlagen Shakespeares und anderer Autoren des elisabethanischen Theaters. Sie lockerten die Stücke mit Akrobatik und Musik auf, wozu sie auch durch sprachliche Verständigungsschwierigkeiten gezwungen waren. Aus dieser Form entwickelte sich die ▶ Haupt- und Staatsaktion mit der ▶ komischen Figur des **Pickelhering**, einer Variante des englischen **Clowns**. Um die Sprachschwierigkeiten zu überwinden, nahmen die Truppen bald deutsche Mitglieder auf, die später eigene deutsche Truppen gründeten. Sie spielten zunächst im gleichen Stil, strebten aber im 18. Jh. zunehmend nach mehr Professionalität, größerer öffentlicher Anerkennung und festen Spielorten. Ein Beispiel dafür ist die Entwicklung des Schauspielers und späteren Theaterleiters ▶ Ekhof. Wandertruppen gab es im deutschsprachigen Raum bis zum Anfang des 20. Jh.s , sie waren aber nach Gründung stehender Theater zweitrangig geworden.

Englische Wandertruppe in einer Scheune (Kupferstich nach einem Gemälde von William Hogarth, 1738)

Theater in der **Weimarer Republik** Die Jahre 1910 bis 1933 gelten als die goldene Zeit des deutschen Theaters und sind zu Eckdaten für künstlerische Vielfalt, experimentelle Erneuerung und vor allem für eine deutliche Politisierung des Theaters geworden. In keiner Periode des deutschen Theaters wurden Politik und Gesellschaft der Gegenwart so intensiv auf dem Theater verhandelt wie in dieser Zeit. Welchen Stellenwert das Politische auf den Bühnen der Weimarer Republik hatte, bezeugen die vehementen Auseinandersetzungen über Theaterereignisse in der Öffentlichkeit, die von Theaterkritikern wie Herbert Jhering, Alfred Kerr, Siegfried Jacobsohn, Bernhard Diebold, Alfred Polger, Monty Jacobs, Paul Fechter, Emil Faktor, Julius Bab, Fritz Engel u. v. a. ausgefochten und vom Publikum mit gespannter Aufmerksamkeit verfolgt wurden. Der Grund für die Politisierung des Theaters auf breiter Ebene lag zum einen in den Erfahrungen des Ersten Weltkriegs und der Novemberrevolution, die eine tiefgreifende Erschütterung des gesellschaftlichen Bewußtseins und die direkte Begegnung zwischen verschiedenen sozialen Schichten

gebracht hatten. Zum anderen sorgte die Verbreitung der neuen technischen Medien Film und Rundfunk, die in einer vom Theater bis dahin nicht gekannten Weise Massen zu erreichen vermochten und daher zu einer ernsthaften Konkurrenz wurden, dafür, daß Drama und Theater nach einer neuen Verankerung in der politischen Wirklichkeit der Zeit suchten.
Äußerlich blieb die Form des **stehenden Theaters**, eines Theaters mit festem Ensemble und eigenem Haus, wie es sich im 19. Jh. herausgebildet hatte, vorherrschend. Während jedoch vor dem Ersten Weltkrieg, von den Hoftheatern und einigen städtischen Bühnen abgesehen, die privat geführten **Geschäftstheater** dominiert hatten, bildete sich durch Überführung der Theaterapparate in öffentliche Hand in der Weimarer Republik das **Kulturtheater** heraus, das kommunal oder staatlich, nicht kommerziell betriebene Theater. Die vom Staat übernommene Verpflichtung, das Theaterwesen durch öffentliche Gelder zu finanzieren, sowie die großen Besucherorganisationen für das Publikum, die in dieser Zeit entstanden und für eine regelmäßige Auslastung der Theater sorgten, ermöglichten eine breitgefächerte, kontinuierliche und vielfach auch experimentierfreudige Theaterarbeit. Es gab in dieser Zeit etwa 150 Theater, die staatliche oder kommunale Subventionen erhielten. Der Großteil dieser Bühnen lag in der Provinz, mit Zentren in Frankfurt, Düsseldorf, München, Hamburg, Dresden und Darmstadt. Von ihnen gingen wichtige Anregungen aus, sie entdeckten zahlreiche neue Stücke, Schauspieler und Regisseure, die zu nationaler Anerkennung allerdings nur in Berlin kamen, der unumstrittenen Theatermetropole der Weimarer Republik. Zwar war die Hauptstadt weitgehend von privaten Geschäftstheatern geprägt und daher nicht der Ort für eine kontinuierliche künstlerische Arbeit, aber Berlin verfügte über ein Publikum und eine Presse, durch die Theaterereignisse gemacht oder verhindert wurden und Erfolge überregional Bekanntheit erlangten.
Als Beginn der Geschichte des Theaters in der Weimarer Republik gelten im allgemeinen die Aufführungen von Walter Hasenclevers (1890–1940) *Der Sohn*, Reinhard Goerings (1887–1936) *Seeschlacht* und Fritz von Unruhs (1885–1970) *Ein Geschlecht* aus den Jahren 1916 bzw. 1918. Wie in diesen Stücken spielte in fast allen Dramen des **Expressionismus**, die bis etwa 1923 die Bühne beherrschten, der Generationskonflikt die entscheidende Rolle. Dies gilt für *Vatermord* von Arnolt Bronnen (1895–1959), *Die Wandlung* und *Masse Mensch* von Ernst Toller (1893–1939), *Von morgens bis mitternachts* von Georg Kaiser (1878–1945) und für die Stücke von Ernst Barlach (1870–1938), Reinhard Johannes Sorge (1892–1916), Paul Kornfeld (1889–1942). Neben dem Protest gegen Krieg und falsche Autoritäten sind für diese Dramatik Ekstase und Pathos, subjektiver Idealismus und Offenbarung innerer Erlebnisse sowie eine antipsychologische abstrahierende Menschendarstellung charakteristisch. Dem Theater brachte sie eine Erweiterung der Ausdrucksmittel, so die Stilisierung von Symbolräumen durch Licht und Dunkel, bildhafte szenische Zeichen oder rhythmisierte Massenarrangements, die sowohl den Subjektivismus der Heldenfiguren zum Ausdruck brachten als auch die Szene zum Tribunal werden ließen.

Die Wandlung *von Ernst Toller in der Inszenierung von Karlheinz Martin, Berlin 1919*

Abgelöst wurde das Drama des Expressionismus auf den Bühnen allmählich von Stücken der **Neuen Sachlichkeit**, die im Gegensatz zu Pathos und utopisch-idealistischem Expressionismus eine stärkere Hinwendung zur Realität und die Darstellung der zeitgenössischen Umwelt mit ihren sozialen und wirtschaftlichen Problemen anstrebten, wie in *Mann ist Mann* und der *Dreigroschenoper* von Bertolt Brecht (1898–1956), *Die Petroleum-Inseln* von Lion Feuchtwanger (1884–1958) oder *Konjunktur* von Leo Lania (1896–1961). Gegen Ende der 20er Jahre gewann das **Zeitstück** an Bedeutung, das, ähnlich wie die literarische Reportage, konkrete gesellschaftliche Mißstände aufdeckte und öffentlich machte. Abtreibung, Probleme der Jugenderziehung, Willkür der Justiz u. ä. waren die bevorzugten Themen in *Revolte im Erziehungshaus* und *Giftgas über Berlin* von Peter Martin Lampel (1894–1965), *Krankheit der Jugend* von Ferdinand Bruckner (1891–1958) oder *Cyankali* von Friedrich Wolf (1888–1953). Während sich das Zeitstück am Enthüllungsjournalismus und der Tagesaktualität orientierte, kreiste das zeitgleiche ▶ Volksstück um Sprachlosigkeit, Zerstörung der Kommunikation und sozialen Abstieg einer gesellschaftlichen Gruppe, der unteren Mittelklasse, die bis dahin als bühnenunwürdig galt. Stücke wie *Der fröhliche Weinberg*, *Der Hauptmann von Köpenick* von Carl Zuckmayer (1896–1977), *Fegefeuer in Ingolstadt* von Marieluise Fleißer (1901–74) oder *Kasimir und Karoline*, *Italienische Nacht*,

Sladek, der schwarze Reichswehrmann von Ödön von Horvath (1901–38), die z. T. heute noch auf den Spielplänen zu finden sind, prangerten die Klischees kleinbürgerlichen Denkens an oder demonstrierten die politische Verführbarkeit des Kleinbürgertums.

Von der dramatischen Literatur der Weimarer Republik hat nur weniges die Zeit überdauert, viele Stücke sind vermutlich zu zeitspezifisch. Weitaus prägender für das Theater dieser Zeit waren die Regisseure, die das Regietheater endgültig durchsetzten. Den Weg dorthin hatte bereits ▶ Reinhardt, die führende Theaterpersönlichkeit der wilhelminischen Zeit, gewiesen. Sein Theater galt in der Nachkriegszeit jedoch als Inbegriff eines verfeinerten bürgerlichen Theaters und des unverbindlich Kulinarischen, das die Regisseure der neuen Epoche unter dem Motto „Los von Reinhardt!" zugunsten des politisch Demonstrativen zurückzudrängen suchten. Das Theater als „Tribüne für ein neues Pathos" definierend, förderte Karl Heinz Martin (1888–1948) die expressionistische Dramatik. Wegweisend für einen expressiven Bühnenstil, der sparsam mit szenischen Mitteln umging, das Wort heraushob und durch ausgeprägte Gestik und Mimik den inneren Zustand einer Bühnenfigur zum Ausdruck brachte, war seine Inszenierung von Tollers *Die Wandlung* 1919 in Berlin. Dort zeigte er 1921/22 auch einen Zyklus deutscher Revolutionsstücke, darunter *Florian Geyer* und *Die Weber* von Hauptmann, Schillers *Räuber* und Tollers *Maschinenstürmer*. Deutlicher noch als Martin standen ▶ Piscator und ▶ Jeßner in Opposition zu Reinhardt. Unter Einsatz zahlreichen Materials (Film, politische Reden u. ä.) sowie durch Massenszenen steigerte Piscator die emotionale Wirkung des Theaters. Mit seinen Inszenierungen strebte er die direkte politische Aktion des Publikums für Ziele der Kommunistischen Partei an. Demgegenüber verfolgte der Sozialdemokrat Jeßner einen Stil der szenischen Vereinfachung, der Abstraktion und der Konzentration auf die Idee eines Stücks. So ließ er beispielsweise den „Tell" als revolutionären und antinationalistischen „Freiheitsschrei" auf einer kahlen, treppenartigen Bühne spielen, die als **Jeßner-Treppe** in die Geschichte einging, oder er führte Shakespeares *Hamlet* in wilhelminischen Kostümen als eine Abrechnung mit dem Kaiserreich auf. Zu den namhaften Regisseuren der Weimarer Republik zählen außerdem Jürgen Fehling (1885–1968) und Heinz Hilpert (1890–1967). Fehling förderte vor allem ein antiillusionistisches Theater und inszenierte bevorzugt schwierige zeitgenössische Außenseiterstücke wie Ernst Barlachs *Der arme Vetter*, Hans Henny Jahnns *Medea* oder Else Lasker-Schülers *Die Wupper*. Hilpert hingegen entwickelte einen ausgeprägten Bühnenrealismus, der insbesondere den bedeutenden Stücken der letzten Jahre der Weimarer Republik, den Volksstücken von Zuckmayer und Horvath, zugute kam.

Das Gewicht der Regie in der Theaterarbeit und deren starke politische Ausrichtung beeinflußten und veränderten die Spielweise von Schauspielern, zu denen so große Namen wie Fritz Kortner, Werner Krauss, Agnes Straub, Gerda Müller, Heinrich George, Alexander Granach zählen. Neben den schon

Shakespeares Hamlet *in der Inszenierung von Leopold Jeßner, Berlin 1926*

genannten Regisseuren verlangten auch andere, wie Ludwig Berger, Richard Weichert oder Berthold Viertel, eine klare Abkehr von naturalistischer Verkörperung und Illusionierung. Es bahnte sich tendenziell – zumindest unter der Regie der namhaften Regisseure – in Deutschland eine distanzierende Spielweise an, die schließlich in Brechts Theorie und Praxis des ▶ epischen Theaters mündete.

Neben dem institutionalisierten Theater erlangte in der Weimarer Republik das Laientheater und besonder das ▶ Arbeitertheater seine Blütezeit. Von ihm erhielt die Theaterarbeit Piscators wichtige Anregungen, aber auch die der **Schauspielerkollektive**, die nach der Weltwirtschaftskrise entstanden und als Freie Gruppen ganz Deutschland bereisten. Es waren Zusammenschlüsse arbeitsloser Schauspieler, die häufig eng mit einem Dramatiker zusammenarbeiteten und meist Zeitstücke mit proletarisch-revolutionären Inhalten aufführten. Zu den bekanntesten Kollektiven zählen der von dem Dramatiker Friedrich Wolf gegründete „Spieltrupp Süd-West", die vom Schauspieler, Regisseur und Dramatiker Gustav von Wangenheim geleitete „Truppe 1931" sowie die „Gruppe Junger Schauspieler" und das „Piscator-Kollektiv", die auf Anregung Piscators entstanden waren. An die Praxis des Arbeitertheaters knüpfte auch Brecht mit seinen Lehrstücken an *(Der Jasager, Badener Lehrstück vom Einverständnis, Die Maßnahme)*, die für Schulen und politische Or-

Alexy Tolstois Rasputin *in Erwin Piscators Inszenierung, Berlin 1927*

ganisationen bestimmt waren und die Einübung des einzelnen in den Geist des Kollektivs zum zentralen Inhalt hatten. Die Lehrstücke bildeten den Endpunkt des dramatischen Schaffens Brechts in der Weimarer Republik; wie in keinem Stück zuvor, ist in ihnen die Methode des epischen Theaters konsequent eingelöst.

Ähnlich wie im Schauspieltheater fanden auch im Tanztheater in der Weimarer Republik radikale Veränderungen statt. Der Zerschlagung der geschlossenen dramatischen Form durch den Expressionismus und die ihm folgenden Stilrichtungen entsprach die Überwindung der strengen Formgesetze des klassischen Balletts. Rudolf von Laban (1879–1958) und Mary Wigman (1886–1973) entwickelten in Deutschland den **Ausdruckstanz**, eine freie Bewegungskunst, mit der das Verhältnis von Körper und Raum auf neue Weise dynamisiert werden sollte. Seine Blütezeit erreichte der Ausdruckstanz Ende der 20er Jahre durch die Tänzer Harald Kreutzberg, Gret Palucca und Valesca Gert. Einen wichtigen, ganz anders gearteten Beitrag lieferten bildende Künstler, vor allem die Künstler der **Bauhausbühne** in Dessau. Oskar Schlemmer (1888–1943), Farkas Molnár (1897–1945), Laszlo Moholy-Nagy (1895–1946) u.a. experimentierten mit Ton, Licht, Raum, Form und Bewegung und strebten ein **mechanisches Ballett** an, das alle Elemente synthetisierte. Durch Maske und Kostüm nicht mehr als Individuum erkennbar, sollte

der Tänzer nur noch als Träger mechanischer Körperfunktionen in Erscheinung treten und in letzter Konsequenz durch mechanisch bewegte Figuren ersetzt werden. Mit dem 1922 in Stuttgart uraufgeführten *Triadischen Ballett* demonstrierte Schlemmer das Zusammenspiel der drei geometrischen Grundformen Kugel, Kegel, Kubus, wobei die Handlung nicht durch eine Fabel, sondern aus der Abfolge von Bewegungen im Raum bestimmt wurde.
Seinen publikumswirksamsten Ausdruck fand das Theater der Weimarer Republik in der ▶ Revue, in der es ausschließlich um unterhaltenden Schauwert ging. Attraktion waren vor allem die exakten Tanznummern von leichtbekleideten Girl-Truppen und die Auftritte von Gesangs-Stars wie Fritzi Massary oder Josef Giampietro. In den Revuen wurde die Welt auf Schaueffekte reduziert und die Wirklichkeit durch Ausstattungspomp und Glamour überdeckt, so daß ein Massenpublikum Ablenkung finden konnte von den drängenden Problemen des Alltags. Die Revuen bildeten den Gegenpol zum politisierten Theater der Weimarer Republik.

Werbung bestand im Bereich des Theaters jahrhundertelang aus relativ einfachen Formen der Ankündigung. Die frühen Wandertruppen zogen vor Vorstellungsbeginn spektakulär mit Musik und Ausrufer durch den Ort, in dem sie spielten und kündigten sich an. Die ersten gedruckten **Theaterzettel** sind bereits aus dem 16. Jh. bekannt, größere Verbreitung hatten sie erst im Verlauf des 18. Jh.s, mit der stärkeren Literarisierung des Theaters und Lesefähigkeit des Publikums während des 18. Jh.s. Im 17. Jh. dienten als Werbeargumente auf den Theaterzetteln die Gattungsbezeichnungen wie Haupt- und Staatsaktion oder Harlekinade und die Schilderung der Handlung. Sobald die Truppen seit Ende des 17. Jh.s fürstliche Privilegien erhielten – so durfte sich die Neubersche Truppe z.B. „Königl. Polnische Churfürstl. Sächsische Hof-Komödianten" nennen –, wurde die „Hohe Obrigkeitliche Bewilligung" als Ausweis des gesellschaftlichen Ansehens an erster Stelle genannt. Seit Mitte des 18. Jh.s. gerieten auch die Namen der Prinzipale, nach denen sich die Truppen nannten, die Autoren der Stücke und ganz zuletzt die Schauspieler, deren soziales Ansehen noch sehr gering war, ins Blickfeld der Öffentlichkeit und damit auf den Theaterzettel.
Der Theaterzettel, der die Darsteller nennt, hat sich bis heute als wichtige Information zur Aufführung erhalten: auf Plakaten, die seit der Mitte des 19. Jh.s großformatig den Wochenspielplan ankündigten, in den ▶ Programmheften, die sich mit Beginn des 20. Jh.s als Werbeträger und informierende Beihefte zur Inszenierung durchsetzten. Werbewirksam können auch zustimmende, eine Aufführung empfehlende Theaterkritiken oder eine Kontroverse zwischen konkurrierenden Tageszeitungen und ihren Theaterkritikern sein. Doch gilt unter Theaterleuten immer noch der Satz: Eine gute Aufführung ist die beste Werbung.
Seit der Publikumskrise der 60er Jahre ist die **Öffentlichkeitsarbeit** in den bundesrepublikanischen Stadttheatern verstärkt worden. Zu den Spielplan-Plakaten an Litfaßsäulen und den Programm-

heften kamen monatlich erscheinende Hauszeitungen, die kostenlos an die Abonnenten verschickt werden und im Foyer ausliegen. Diese bieten Spielplan-Vorschau, Kommentare zu Spielplan und Stücken, Personalnachrichten und vor allem Fotos der laufenden Aufführungen. Auch die Außenkontakte zu anderen kulturellen und kommunalen Einrichtungen und zur Presse erhielten größeres Gewicht. In den Dramaturgien entstanden eigene Abteilungen für Öffentlichkeitsarbeit, an großen Theatern auch für Kontakte zu den Schulen (▶ Theaterpädagogik).

Werkstätten zur handwerklichen Herstellung von Bühnenbildern, Kostümen und Requisiten sind auch im Zeitalter der industriellen Massenfertigung für das Theater unentbehrlich. Dabei kann es sich auch um selbständige Handwerksbetriebe handeln, die von Theatern Aufträge erhalten. Im deutschen Stadttheatersystem gehören jedoch Werkstätten mit den klassischen Handwerksberufen zum technischen Betrieb des Theaters: Malersaal, Tischlerei, Schlosserei, Dekorationswerkstatt, Schneiderei, Schuhmacherei, Maskenbildnerei u.a.

Blick in den Malersaal eines Theaters

Werktreue Der Begriff enthält die Forderung nach authentischer Aufführung eines Bühnenwerks, d.h. es soll den vermutlich ursprünglichen Absichten eines Autors oder Komponisten exakt entsprechen. Selbst wenn diese Forderung nur im Sinn einer Annäherung zu verstehen wäre, beruht der Begriff auf falschen Voraussetzungen: Eine exakte Notation, wie Autoren oder Komponisten sich die Realisierung ihrer Werke gedacht haben, ist für dramatische und musikalische Aufführungen nicht überliefert und nicht überlieferbar. Werktreue ist im Bereich des Theaters denn auch eher ein polemischer Begriff, seit das Regietheater im Umgang mit Klassikern den Sinn der alten Texte neu zu deuten und zu vergegenwärtigen sucht. Werktreue beruht auf einer konservativen Auffassung von einem Werk, beharrt auf herkömmlichen Interpretationsmustern, sperrt sich gegen die Zeitbedingtheit jeder Deutung, also auch jeder Inszenierung. Auch ein Regisseur, der sich in seinen Inszenierungen auf Werktreue beruft, erreicht nicht im entferntesten die vermutete ursprüngliche Intention des Werks, sondern ist wie jeder andere auch Strömungen des Zeitgeistes verpflichtet.

Wiederaufnahme Es ist nicht ungewöhnlich, daß eine länger nicht gespielte Inszenierung wieder auf den Spielplan des Theaters gesetzt wird. Durch den zeitlichen Abstand ist ein Memorieren des gesamten technischen und künstlerischen Ablaufs wie auf Endproben nötig. In der Regel leitet diese **Wiederaufnahmeprobe** der Regisseur oder Regieassistent. Oft erhalten Wiederaufnahmen durch Umbesetzungen und konzeptionelle Änderungen der Regie einen eigenen ästhetischen Wert gegenüber der Premiere.

Wilson, Robert (geb. 1942) Der amerikanische Autor ist geprägt vom experimentellen Theater der 60er Jahre. Seine Vorliebe, ästhetische Wahrnehmung auf kleinstmögliche Einheiten zu reduzieren, erinnert an die Kunstrichtungen des Minimalismus und der Performance Art. Weitere Kennzeichen seiner Inszenierungen sind – wie im experimentellen Theater – Interdisziplinarität, also die Mischung der herkömmlichen Sparten des Musik-, Tanz- und Sprechtheaters, und Intermedialität, d.h. das Überlagern und Durchdringen von Bühnenvorgängen mit Film oder Video. Außerdem verzichtet Wilson auf große Handlungszusammenhänge, auf die dramatische Fabel. Stattdessen bevorzugt er statuarische Bilder (▶ Theater der Bilder) mit minimalen, rhythmisierten, ritusartigen Bewegungselementen, Zeitdehnung und ausgeklügeltem Light-Design.

Er arbeitete häufig mit dem amerikanischen Komponisten Phil Glass zusammen, seit *The Civil Wars* (1984) auch mit dem Dramatiker Heiner Müller. Wilson wurde in Europa bekannt durch seine Stücke und Inszenierungen *Einstein on the Beach*, Venedig 1976. Es folgten *Death, Destruction & Detroit* an der Berliner Schaubühne, 1979, weitere Inszenierungen an verschiedenen bundesrepublikanischen Theatern und in anderen Ländern.

Winkelrahmenbühne Der Architekt Sebastiano Serlio (1475–1554) beschrieb 1545 ausführlich diese Dekorationstechnik der Renaissance. Zwei im stumpfen Winkel miteinander verbundene Holzrahmen waren mit Leinwand bespannt und perspektivisch bemalt. In der Regel standen drei Winkelrahmen an jeder Seite der Bühne hintereinander,

Platz einer Stadt. Entwurf für eine Winkelrahmenbühne, Baldassare Peruzzi (1481–1536) zugeschrieben

durch Gassen getrennt, auf schräg ansteigender Bühne und nach hinten perspektivisch kleiner werdend. Die Rückseite schloß ein Prospekt ab. Die Rahmen waren auswechselbar: Für Tragödien verwendete man Palastarchitektur, für Komödien Straßenansicht mit einfacheren Fassaden, für Schäferspiele Waldlandschaft. Die Winkelrahmenbühne löste die fest gebaute Bühnendekoration der Frührenaissance ab, wie sie heute noch im ▶ Teatro Olimpico zu sehen ist.

Workshop (engl. Werkstatt) hat im Theater zwei Bedeutungen. Zunächst im anglo-amerikanischen Raum: Schule für Schauspieler. Seit den 70er Jahren, d. h. seit bei jüngeren Berufsschauspielern ein stärkeres Bedürfnis nach Weiterbildung entstand und sich in Schule und Freizeitbereichen größere theaterpädagogische Interessen entwickelten, bezeichnet der Ausdruck workshop im deutschsprachigen Raum kompakte Aus- und Weiterbildungskurse für professionelle Schauspieler oder Amateure.

Z

Zadek, Peter (geb. 1926) Theater- und Filmregisseur, Theaterleiter. Wegen seiner jüdischen Herkunft 1933 nach England emigriert, studierte er Deutsch und Französisch in Oxford. Seit 1946 besuchte er die Old-Vic-School für Regie in London, wo seine ersten Inszenierungen entstanden. Nach zahlreichen Theaterinszenierungen in der englischen Provinz und beim Fernsehen der BBC folgte 1958 als erste Inszenierung in der Bundesrepublik *Kapitän Bada* von Jean Vauthier im Theater am Dom in Köln. Indendant Kurt Hübner engagierte ihn 1960 fest an das Ulmer Theater. Mit *Maß für Maß* von Shakespeare begann 1960 eine jahrelange Zusammenarbeit mit dem Bühnenbildner **Wilfried Minks** (geb. 1931), die in den 60er Jahren zu entscheidenden Neuerungen im Verhältnis von Bühnenraum und Licht zu Inszenierungsstil und Spielweise führte. 1962 ging Zadek mit Hübner nach Bremen, wo er die Zusammenarbeit mit Minks fortsetzte. Ab Ende 1967 arbeitete er als Gastregisseur in Wuppertal, Stuttgart, Berlin und München. Daneben drehte er Kino- bzw. Fernsehfilme wie z. B. *Ich bin ein Elefant, Madame*, 1968. Von 1972–75 war er Generalintendant und von 1975–77 Mitglied des Leitenden Direktoriums am Schauspielhaus Bochum. Seit 1978 wieder freier Regisseur, bis er 1985 für 4 Jahre die Intendanz des Deutschen Schauspielhauses Hamburg übernahm.

Zadeks Wirkung auf Schauspieler und jüngere Regisseure ist von großer Bedeutung für die Theatergeschichte der Bundesrepublik und für den deutschsprachigen Raum. Mit Minks griff er neuere Entwicklungen der bildenden Kunst auf und löste das traditionell naturalistische Verständnis von Bühnenraum zugunsten bildnerischer Effekte auf. In Frank Wedekinds *Frühlings Erwachen*, 1965, beherrschte ein Großfoto der englischen Schauspielerin Rita Tushingham die Bühne, in Schillers *Die Räuber*, 1966, verwendete Minks einen Pop-Art-Prospekt, in dem Roy Lichtensteins Comic-Technik zitiert wurde. Dieser stärkere Austausch mit bildenden Künsten und Künstlern knüpfte zugleich an eine Entwicklung des Regietheaters der 20er Jahre an. Auch der englischen ▶ Music-Hall-Tradition ist seine Theaterauffassung verpflichtet, wie seine Lust an Mitteln des Tingel-Tangel, an Boulevardstücken und ▶ Revuen zeigt. Volkstümliche Unterhaltungselemente, Leichtigkeit der Spielweise, aber auch drastische und verblüffende Mittel zerstörten alte Sehgewohnheiten des Einfühlungs- und Erlebnis-Theaters und bereicherten die schauspielerischen und inszenatorischen Mittel des deutschen Stadttheaters seit den 60er Jahren. Auch mit seinen grellen Shakespeare-Inszenierungen (z. B. *Othello*, 1966 und *Hamlet*, 1977 mit Ulrich Wildgruber in der Titelrolle) kämpfte er gegen die lieb gewor-

Schillers Die Räuber *in der Inszenierung von Peter Zadek, Bremen 1966*

dene Vorstellung vom hehren, unangreifbaren klassischen Dichterwort, indem Zadek auf seine Art an die elisabethanische Theatertradition anknüpfte: Theater als Entertainment.

Zeit als dritte der berühmten ▶ drei Einheiten, neben Ort und Handlung, meint die Geschlossenheit und damit Verständlichkeit des zeitlichen Ablaufs theatraler Vorgänge. Die Antike konnte sich die Geschlossenheit von Zeit und Handlung nur innerhalb eines Sonnentags vorstellen, wie es Aristoteles ausdrückte. In der Neuzeit, seit der Renaissance, entwickelte sich der dramaturgische Umgang mit Zeit zu einem komplizierten und kontrastierenden Spiel zwischen ‚Realzeit', dem in der Darstellung gemeinten wirklichen Zeitablauf, und ‚Aufführungszeit', die während der Aufführung vergeht. Tendenziell zielt die aristotelische Forderung nach der dramaturgischen Zeiteinheit des Sonnentags auf die Übereinstimmung von Realzeit und Aufführungszeit als höchstem Grad von Wahrscheinlichkeit und Plausibilität des Dargestellten.

In der Moderne entwickeln sich die dramaturgischen Mittel des Zeit- und Ortssprungs: Zeit kann ausgelassen, Orte können gewechselt, Parallelhandlungen hintereinander vorgeführt werden; Aufführungszeit und Realzeit müssen nicht identisch sein. Es entsteht eine bühnentechnische Vielfalt der ▶ Verwandlung. Eine noch komplexere Zeitstruktur in Drama und Aufführung ergibt sich durch die Dramaturgie der Rahmenhandlung, des Spiels im Spiel: Das Zeitkontinuum der Rahmenhandlung ist von einem zweiten Zeitkontinuum durchsetzt. In Peter Weiss' *Die Verfolgung und Ermordung Jean Paul Marat* durchkreuzen sich in verschiedenen Figuren und Handlungsteilen mehrere Epochen.

Zensur Da dem Theater seit je von allen Künsten die unmittelbarste Wirkung auf Verstand und Gefühl zugetraut wird und da Theater sich auch an ein Publikum wandte, das des Lesens nicht mächtig war, erreichte die Theaterzensur oft größere Bedeutung als Buch- und Pressezensur. So konnte man Ende des 18. Jh.s in Wien den vollständigen Text von Schillers *Don Carlos* im Buchhandel kaufen, auf der Bühne des Burgtheaters aber nur eine ‚gereinigte' Fassung sehen.

Fand Theater unter der Aufsicht einer Normen setzenden Institution statt, so war die Gefahr der Normabweichung des Theaters mit folgender Zensur nicht allzu groß: Die mittelalterlichen geistlichen Spiele waren an den kirchlichen Jahresrhythmus und die liturgischen Inhalte gebunden, das Schultheater der Humanisten und Protestanten hatte ein präzises, vom sozialen Umfeld und der Regierungsmacht akzeptiertes Bildungsziel. Gefahr für die öffentliche Ordnung mußte die jeweilige Obrigkeit erst wittern, wenn die Aufführungsbedingungen sich freier gestalteten: Die Räte der Stadt Nürnberg kontrollierten die Fastnachtsspiele, die Wandertruppen mußten ihre fürstlichen Mäzene ebenso fürchten wie die Obrigkeit der Stadt, in der sie auftreten wollten. Als Gefahrenquelle galt den Zensurbehörden besonders die in die Haupt- und Staatsaktionen eingestreuten Szenen der komischen Figuren (Pickelhering, Harlekin, Hanswurst), die durch ihre Extempores – Stegreifspiel – als schwer kontrollierbar gelten mußten. Gerade in den Extempores aber servierte die komische Figur die beim Publikum beliebten Zoten . Um Ehrverletzung höhergestellter Personen („Majestätsbeleidigung") und um moralische Gefahren vom Volke abzuwenden, traten die Zensurbehörden auf den Plan.

Der Aufstieg der Arbeiterbewegung in der zweiten Hälfte des 19. Jh.s brachte auch politische Aspekte ins Spiel: Die Naturalisten konnten ihre sozialen Dramen im wilhelminischen Deutschland nicht öffentlich aufführen; Kritiker und Literaten im Umkreis der Sozialdemokratie gründeten daher zur Umgehung der Theaterzensur die Freie Bühne als Verein, der für Mitglieder geschlossene Theaterveranstaltungen durchführte.

Theaterzensur ist in der Regel **Vorzensur**, der Zensor läßt sich vor der öffentlichen Aufführung den Text zeigen oder ist während der Generalprobe anwesend, um dann die Aufführung freizugeben oder Einschränkungen zu machen oder ein gänzliches Verbot auszusprechen. Am königlichen Hof in London gab es seit dem 16. Jh. einen Zensor, der das gesamte Repertoire vorzensierte, er wurde erst 1968 abgeschafft. In Preußen galt eine staatlich geregelte Theaterzensur für alle öffentlichen Theater mit Ausnahme des Hoftheaters von 1820 bis 1848. Nach der Revolution von 1848 herrschte zunächst Zensurfreiheit, aber schon 1851 führte der Berliner Polizeipräsident von Hinckeldey für Berlin die Zensur wieder ein, andere preußische und im Laufe der Jahre auch nicht-preußische Städte folgten diesem Beispiel: Vorlage des Bühnenmanuskripts, polizeilicher Besuch der Generalprobe. Dies galt bis zum 1. Weltkrieg; während des Krieges gab es eine reichseinheitliche Militärzensur für das ge-

samte Deutsche Reich. Die Weimarer Verfassung garantierte Zensurfreiheit, doch gab es mit zunehmender politischer Polarisierung auch Ausnahmen. Das nationalsozialistische Theatergesetz von 1934 bestimmt in § 5: Der Reichsminister für Volksaufklärung und Propaganda „kann die Aufführung bestimmter Stücke im allgemeinen oder im einzelnen Falle untersagen oder verlangen, wenn er es zur Erfüllung der Kulturaufgabe des Theaters für notwendig hält", d. h. wenn er es im Sinne nationalsozialistischer Kulturpolitik und Propaganda für angebracht hielt. Zusätzlich herrschte Vorzensur durch die Institution des Reichsdramaturgen, der ihm ‚bedenklich' erscheinende Stücke aus dem Verkehr ziehen konnte und dem alle Theater im Reich ihre Spielpläne zur Genehmigung vorlegen mußten.
Das Grundgesetz der Bundesrepublik Deutschland sieht in Artikel 5 vor: „Eine Zensur findet nicht statt." Damit ist zunächst die Vorzensur, das staatliche Verbot eines Stückes oder einer Inszenierung vor der Veröffentlichung bzw. Premiere, gemeint. Denn nach Veröffentlichung bzw. Aufführung ist es in bestimmten Fällen möglich, daß private oder juristische Personen bei Gericht ein Urteil erwirken, das nach Güterabwägung – hier Freiheit der Kunst, dort Rassismus, Verletzung religiöser Gefühle usw. – nachträglich zur Streichung einzelner Passagen oder Szenen oder zum gänzlichen Verbot führt. Die **Nachzensur** kommt sehr selten vor, da der Theaterapparat in sich Elemente der **Selbstzensur** enthält, d. h. schon im Vorfeld von Entscheidungen zensurartige Maßnahmen ergreift. Die finanzielle Abhängigkeit der deutschsprachigen Stadttheater von ihren Rechtsträgern führt innerhalb der Betriebe zwangsläufig zur Frage, inwieweit man sich in Widerspruch zu Auffassungen der Mehrheit im Stadtparlament setzen kann. Die Intendantenverträge sind zeitlich begrenzt; wenn die Spielplangestaltung politisch nicht behagt, kann dies zu einer Nichtverlängerung führen. Auch zwischen mitgliederstarken und damit mächtigen Publikumsorganisationen und Theater sind die Grenzen zwischen Kooperation und zensurähnlichen Situationen fließend, wenn z. B. eine Besucherorganisation nach Veröffentlichung des Spielplans droht, ein nicht genehmes Stück vom Mitgliederbesuch auszuschließen.

Zimmertheater Durch Zerstörung der Städte im 2. Weltkrieg entstand in Deutschland seit 1945 auch für die Theater großer Raummangel. Diese Not führte zu Theatern auf engstem Raum mit weniger als 100 Zuschauerplätzen und sehr kleinen Spielflächen, auf denen man vorwiegend Stücke mit wenigen Personen spielte. Man knüpfte an die Dramaturgie des ▶ Kammerspiels an oder spielte Stücke mit experimentellem oder zumindest für die Spielpläne der großen Theater untypischem Charakter. Inzwischen ist diese Funktion auf die den Staats- und Stadttheatern angeschlossenen Kleinbühnen mit Bezeichnungen wie Kammerspiele, Studio, Werkstatt übergegangen.

Zirkus (lat.: circus = Kreis) Sowohl der runde Hallenbau und besonders das vorherrschende Rundzelt für den Wanderzirkus werden als Zirkus bezeichnet, als auch das darin stattfindende Programm volkstümlicher theatraler Unterhaltung. In der Antike waren die Programme vom Element des Wettkampfes bestimmt: Wagenrennen, Tierhetzen, Darstellung von Seeschlachten usw. Aus römischer Zeit sind die „Arena" in Verona und das „Colosseum" in Rom gut erhalten.

Die Geschichte des Zirkus der Neuzeit beginnt Ende des 18. Jh.s in London mit der Gründung von „riding schools", in denen Pferdedressur und -akrobatik vorgeführt wurden. Dafür war die runde Manege unabdingbarer Bestandteil. Die Pferde-Show dominierte zunächst, solange das Programm einer kavallerie- und reitsportinteressierten Oberschicht galt. Im 19. Jh. entwickelte sich dann der Zirkus in ganz Europa zu einer Unterhaltungsform für die breiten Mittel- und Unterschichten. Die Vorführungen des ▶ Fahrenden Volkes auf den Jahrmärkten, die seit dem 18. Jh. zunehmend an Bedeutung verloren hatten, kehrten nun als Zirkusnummern wieder. In der zweiten Hälfte des 19. Jh.s bildete sich die bis heute gültige klassische Form heraus: Parterre- und Luftakrobatik, Jonglieren, Messerwerfen, Kunstschießen, Raubtierdressur, nach wie vor Pferdedarbietungen und nicht zuletzt Clownerien. Extreme Wechsel in der **Nummerndramaturgie**, Spannung zwischen Nervenkitzel der Luftakrobatik, Schönheit der Pferdedressur und Komik der Clownerie sind seitdem die bestimmenden Elemente der darstellenden Kunst im Zirkus.

Im Verlauf des 20. Jh.s wird der Zirkus durch die Konkurrenz zu anderen Massenunterhaltungsformen wie Film, Fernsehen, Video, Tourismus, Automobil, und durch seine vorindustrielle Produktionsform zurückgedrängt. In der UdSSR und anderen osteuropäischen Ländern fördert man durch staatliche Zirkus-Unternehmungen und gezielte Ausbildung des Nachwuchses die Zirkuskultur. In den westlichen Ländern gibt es Versuche, als Alternative zum großen Attraktionszirkus, in dem der Nervenkitzel vorherrscht, die alte Tradition des dramaturgisch durchgeformten, poetischen Zirkus wiederauferstehen zu lassen, z.B. im „Zirkus Roncalli", wo etwa das Spiel

Gladiatorenkämpfe in einem römischen Zirkus (Mosaik aus dem 4. Jh. n. Chr.)

mit einer übergroßen Seifenblase statt lebensgefährlicher Luftakrobatik für Spaß und Unterhaltung sorgt. Zunehmend gewinnen auch die ▶ Freien Gruppen das **Zirzensische** als traditionsreiche Form unliterarischen Theaters und greller Volksbelustigung für ihre Spielweisen und Programme zurück.

Zug Das wichtigste Element der **Obermaschinerie** dient der szenischen Verwandlung. Es wird auch **Prospektzug** genannt. Die Züge bestehen aus Stahlrohrstangen, die parallel zur Rampe hintereinander, in die Tiefe der Bühne gestaffelt, in der **Oberbühne** an Drahtseilen über Laufrollen aufgehängt sind. An den Stangen werden Dekorationsteile, Beleuchtungskörper oder z.B. Schwebevorrichtungen für Personen befestigt, sie können schnell und geräuschlos in die Oberbühne weggezogen oder auf die **Hauptbühne** herabgelassen werden. Die Zugseile werden an den Seiten der Hauptbühne per Hand oder mit Elektromotoren gezogen. Bei offener Verwandlung können durch Rhythmus und Geschwindigkeit optische Überraschungseffekte erzielt werden.

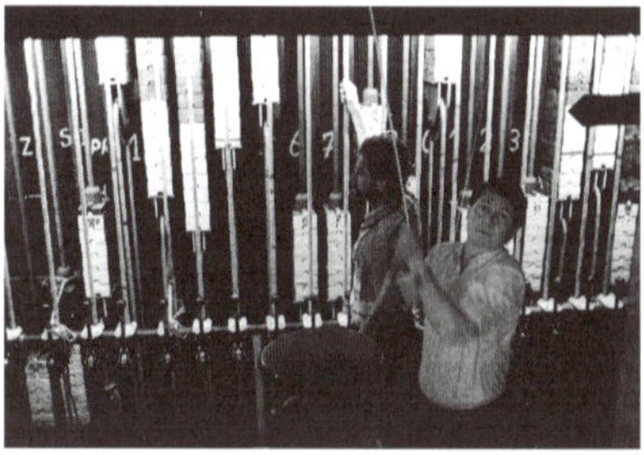

Anlage der Zugseile auf der Hauptbühne

Zuschauerraum In der Regel ist der Zuschauerraum ein architektonisch klar gegenüber der Spielfläche abgegrenzter Bezirk, in dem sich das Publikum niederläßt, um eine Aufführung zu sehen. Diese Abgrenzung ist von jeher Ausdruck des Bewußtseins, daß Theater nur stattfindet, wenn Darsteller und Spieler zueinander in eine spezifische Beziehung treten. Zuschauerräume und ▶ Bühnenformen bedingen also einander und bestimmen Spielweise der Darsteller und Rezeptionshaltung des Publikums mit. Die architektonische Form dieser Beziehung spiegelt in den verschiedenen Epochen die jeweiligen sozialen Verhältnisse, unter denen Theater stattfindet. Im antiken Theater Athens scheint es – außer einigen Vorzugsplätzen für Priester und Beamte in der vordersten Sitzreihe – keine soziale Hierarchie im Zuschauerraum gegeben zu haben. Allerdings war auch die soziale Schichtung der athenischen Zuschauer gering: Nur die männlichen Vollbürger Athens besuchten in klassischer Zeit die Aufführungen.
Die zunächst in der Renaissance, z.B. im Teatro Olimpico, aus dem antiken Amphitheater übernommene Anordnung der Sitzreihen drückte die Gleichheit der gebildeten Zuschauer untereinander aus. Wenig später, Mitte des 17. Jh.s, entstanden die ersten höfischen Theater des Absolutismus, deren Zuschauerraumarchitektur die Gliederung der ständischen Gesellschaft abbildete. Das **Rang-Theater** hatte zugleich eine Raumgliederung, die mehr Zuschauern Platz bot als die amphitheatrale Lösung: an drei Seiten in der Regel U-förmig umlaufende **Ränge**, in **Logen** unterteilt; das **Parterre** nahm

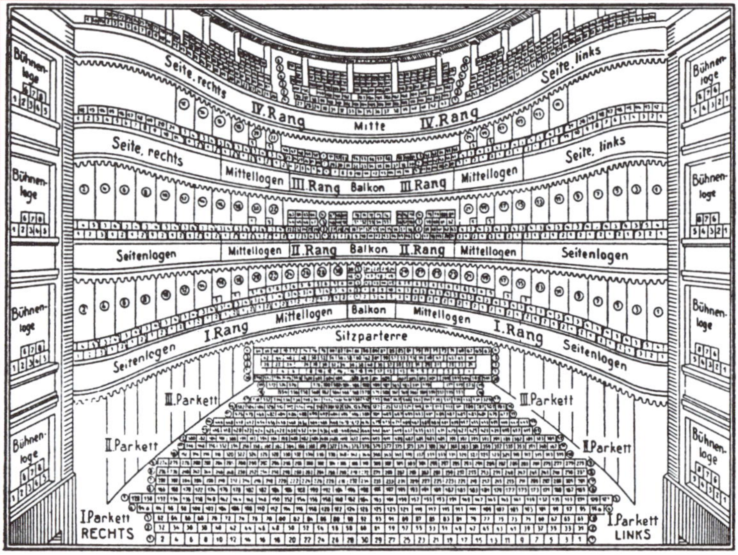

Schematische Darstellung des Zuschauerraums in einem Rangtheater

die Zuschauer niederen Ranges auf, konnte aber auch als Tanzfläche bei höfischen Festen benutzt werden. Die repräsentativen Hoflogen befanden sich in der Mitte des ersten Ranges gegenüber der Bühne. Im Barock erhielt der Zuschauerraum einen glockenförmigen Grundriß, die umlaufende Logenwand lockerte man durch offene **Balkone** auf. Die Kombination von offenen Rängen mit zwei bis drei Sitzreihen und dahinterliegenden Logen war auch im 19. Jh. noch vorherrschend. Das nach ▶ Wagners Entwürfen von Gottfried Semper 1872–76 erbaute Bayreuther Festspielhaus zeigt einen neuen Grundriß: ansteigende Sitzreihen wie im antiken Amphitheater, aber statt des Halbrunds nur ein relativ schmales Kreissegment, eine Keilform mit einer Logenreihe an der Rückwand. Hier wurde fast gleich gute Sicht von allen Plätzen erreicht, zugleich das Rang-System als soziale Staffelung in Frage gestellt. Dennoch baute man in wilheminischer Zeit weiterhin Rang-Theater.
In der Weimarer Republik entstanden zahlreiche Entwürfe der Architektur-Avantgarde mit dem Ziel, das Verhältnis von Spielfläche zu Zuschauerraum beweglich zu halten, den Zuschauer zu aktivieren, das Guckkastenprinzip zu durchbrechen. Das bekannteste Beispiel ist Walter Gropius' Entwurf eines ▶ Totaltheaters für Erwin Piscator 1927. Max Reinhardts in Anlehnung an die Antike entwickelte Idee eines ranglosen Volkstheaters mit tief in den Zuschau-

Deutsche Oper Berlin, Blick von der Bühne in den Zuschauerraum

erraum ragender Spielfläche wurde als einziges Projekt dieser Jahre verwirklicht: Hans Poelzig baute in Berlin den Zirkus Schumann, einen Kuppel-Rundbau, nach Reinhardts Plänen zum Großen Schauspielhaus um.
Nach dem 2. Weltkrieg waren viele Theater zerstört. In der DDR hat man sie zumeist in traditioneller Weise wiederaufgebaut, in der Bundesrepublik entstanden in den 50er bis 70er Jahren zahlreiche Neubauten. Hier herrscht der keilförmige, ansteigende Zuschauerraum vor, der manchmal, um den Raum zu nutzen und die Entfernung zur Bühne zu verkürzen, mit einem Rang überbaut ist. Diese Ränge sind mehrere Sitzreihen tief und ohne stärkeren Ausdruck sozialer Gliederung. Das Guckkastenprinzip mit ▶ Rampe und **Bühnenportal** als trennenden Elementen zwischen Zuschauern und Spielern ist beibehalten, allenfalls gemildert durch verstellbare Portalbreite und variable **Vorbühne**. Nur in den kleinen Studios, etwa in Münster oder Gelsenkirchen, wagte man, das Prinzip der ▶ Raumbühne, des variablen Verhältnisses zwischen Spiel- und Zuschauerzone, zu verwirklichen. In Mannheim baute man zwar die technischen Möglichkeiten ein, sie sind jedoch so aufwendig, daß sie im Repertoire-Betrieb kaum genutzt werden können. Seit 1981 hat die Schaubühne am Lehniner Platz in Berlin durch den Umbau des Mendelsohn-Kinos Hubpodien und nach Größe und Verhältnis von Zuschauerraum zu Spielfläche beliebig aufteilbare Räume.

Zwischenspiel Kurzes, dramatisches Spiel heiteren oder derbkomischen Charakters. Es wurde zwischen die Akte eines Schauspiels eingeschoben und stand meist in keinem engeren Zusammenhang mit diesem. Es kommentierte oder kontrastierte die Haupthandlung oder unterhielt das Publikum während der längeren Umbaupausen.
Schon in der Alten Komödie Athens war die **Parabase**, eine Chorpartie etwa in der Mitte der Aufführung, klar als Einlage gekennzeichnet: Der Chor nahm die Maske ab, der Chorführer trug, oft ohne Bezug zur Komödienhandlung, politische Ermahnungen des Autors, kabarettistische Schmähreden usw. vor. Das Zwischenspiel kennt viele Formen und entwickelte sich je nach Theaterkonvention in den europäischen Ländern unterschiedlich. Hauptelemente sind Dialog, Pantomime, Tanz und Gesang. Ähnlich wie beim ▶ Nachspiel nutzten die Wanderbühnen im Deutschland des 17. und 18. Jh.s meist **Hanstwurstiaden** als Zwischenspiele.

Die Autoren

SCHWAB, LOTHAR, Dr.: Jahrgang 1939, studierte Germanistik, Altphilologie und Philosophie, war dann Dramaturg an den Stadttheatern in Frankfurt/Main, Köln und Wuppertal; Assistent am Institut für Theater-, Film- und Fernsehwissenschaft der Universität zu Köln, Assistenzprofessor am Institut für Theaterwissenschaft der Freien Universität Berlin. Er hat einen Lehrauftrag an der Hochschule der Künste Berlin im Fachbereich 9, Studiengang „Szenisches Schreiben".

WEBER, RICHARD, Dr.: Jahrgang 1944, war nach Beendigung des Studiums der Theaterwissenschaft, Germanistik und Philosophie bis 1984 als Wissenschaftlicher Assistent am Institut für Theater-, Film- und Fernsehwissenschaft der Universität zu Köln tätig; heute dort Lehrbeauftragter und in Essen Dozent an der Folkwang Hochschule im Studienbereich „Schauspiel, Theatergeschichte und -ästhetik".

Bildnachweis

Archiv für Kunst und Geschichte, Berlin: 310, 358 – **Bildarchiv Preußischer Kulturbesitz, Berlin:** 26, 38, 66, 82, 119, 221, 303, 308, 344 – **Deutsches Institut für Filmkunde, Frankfurt/Main:** 171 – **dpa, Frankfurt/Main:** 131, 166, 298 – **Nationale Forschungs- und Gedenkstätten der klassischen deutschen Literatur in Weimar / Goethe-Nationalmuseum:** 202 – **Puth, Klaus, Mühlheim:** 6 – **Norddeutscher Rundfunk, Hamburg:** 172 – **Staatstheater Wiesbaden:** 72 – **Story press/Jochen Clauss, Berlin:** 40, 183, 185 links, 252, 338, 351, 361 – **Süddeutscher Verlag, München:** 14 – **Theatermuseum der Universität zu Köln:** 17, 19, 22, 24, 37, 44, 58, 62, 64, 67, 69, 70, 79, 81, 85, 91, 100, 105, 109, 121, 123, 124, 126, 127, 128, 129, 134, 146, 147, 149, 151, 154, 157, 165, 169 rechts, 177, 180, 186, 189, 193, 201, 206, 208, 211, 214, 217, 219, 223, 228, 235, 240, 242, 243, 248, 249, 250, 253, 258, 260, 272, 273, 275, 277, 279, 290, 295, 299, 300, 302, 312, 331, 342, 346, 348, 349, 353, 355 – **Tüllmann, Abisag, Frankfurt/Main:** 132, 158, 215, 220, 285, 288, 359 – **Verlag der Nation, Berlin:** 115 – **Verlag DuMont, Köln:** 41, 42 – **Verlag Klaus Wagenbach, Berlin:** 144

Stichwortverzeichnis

In diesem Verzeichnis sind verschiedene Arten von Stichwörtern aufgelistet:
- „Nestwörter“ (vgl. S. 8), die in den Artikeln durch **fettere Schrift** hervorgehoben sind, z.B. „Abbildtheorie“ unter dem Stichwort „Theatertheorie“;
- Theaterstücke, in den Artikeln durch *kursive Schrift* markiert, sind hier ebenfalls in Schrägschrift aufgeführt. Sie sind unter ihrem vollständigen Namen eingeordnet, also z.B. auch unter „der, die, das“ zu finden;
- zahlreiche Personen, die z. B. als Dramenschreiber oder Regisseure für die Geschichte des Theaters wichtig sind. Sie sind in den Artikeln nicht gesondert hervorgehoben.

Mit einem * wurden Stichwörter versehen, zu denen es einen Artikel im Lexikonteil gibt, für die aber zur Vertiefung weitere Artikel herangezogen werden können.

Abbildtheorie ▶ Theatertheorie 324
Abendgage ▶ Gage 133
Abendregisseur ▶ Abenddienst 10, ▶ Berufe 47
Abhandlung ▶ Akt 12
Abschiedsvorstellung ▶ Debut 87
Abschminke ▶ Schminke 257
Abstechertheater ▶ Theatersystem 321
Achternbusch, Herbert ▶ Peymann, C. 221
Ackermann, Konrad Ernst ▶ Nationaltheater 211, ▶ Prinzipal 225
Ackermannsche Truppe ▶ Ekhof, K. 102
Actor's Studio ▶ Strasberg, L. 287
Adam, Adolphe Charles ▶ Tanz 296
Adaptor ▶ Adaptation/Adaption 11
Agitprop-Truppe ▶ Arbeitertheater 24
Agnes Bernauer ▶ Theater im 19. Jh. 309
Aischylos ▶ Antikes Theater 17, ▶ Dialog 88, ▶ Mythos 201, ▶ Tragödie 329
Akt ohne Worte ▶ Drama 92
Aktvorhang ▶ Akt 13, ▶ Vorhang 339
Aleotti, Giovanni Battista ▶ Ausstattung 33, ▶ Bühnenbild 60, ▶ Kulissenbühne 176
Alexandriner ▶ Vers im Drama 335
Als-ob-Situation ▶ Theatertheorie 324
Alte Komödie ▶ Antikes Theater 18
Ambesser, Axel von ▶ Boulevardtheater 54
Amoibaion ▶ Chor 77
Amorosie ▶ Commedia dell'arte 81
Anagnorisis ▶ Dramentheorie 95
Ancienne Troupe de la Comédie Italienne ▶ Comédie Italienne 78
Angiolini, Gasparo ▶ Tanz 296
Ankleideprobe ▶ Ausstattung 35
Anspielen ▶ Jargon 161
Antichristspiel ▶ Mittelalterliches Theater 194
Antigone ▶ Antikes Theater 15, ▶ Chor 77, ▶ Mythos 201, 203, ▶ Tragödie 330, ▶ Vorspiel 340
Antiheld ▶ Held 152
Antiillusionist. Theater ▶ Illusionstheater 158
Antikenprojekt ▶ Stein, P. 286
Antoine, André ▶ Bühnenbild 61, ▶ Théâtre libre 327
Antrittsrolle ▶ Debut 87
Anzengruber, Ludwig ▶ Volksstück 338
Appia, Adolphe* ▶ Bühnenbild 61, ▶ Copeau 84, ▶ Craig 86, ▶ Regie 238, ▶ Theater im 19. Jh. 312, ▶ Theatertheorie 323
Architekturtheater ▶ Freilichttheater 130
Arenabühne* ▶ Bühnenformen 66
Aristophanes ▶ Antikes Th. 17, ▶ Groteske 145
Aristoteles* ▶ Dramentheorie 95, ▶ Drei Einheiten 99, ▶ Furcht und Mitleid 132, ▶ Hamburgische Dramaturgie 150, ▶ Katharsis 166, ▶ Mimesis 190, ▶ Peripetie 219, ▶ Theaterkonzepte der Moderne 313, ▶ Theatertheorie 323, ▶ Tragödie 330
Arlecchino ▶ Commedia dell'arte 82, ▶ Komische Figur 168
Arlequin ▶ Comédie Italienne 78
Armes Theater ▶ Grotowski, J. 146
Arrabal, Fernando ▶ Grand Guignol 145
Artaud, Antonin* ▶ Avantgarde 37, ▶ Brook 55, ▶ Fest 125, ▶ Freie Gruppen 130, ▶ Grand Guignol 145, ▶ Literaturth. 182, ▶ Living Theatre 183, ▶ Rituelles Th. 245, ▶ Theaterkonzepte der Moderne 313, 315 f.
Arthur Aronymus . . . ▶ Exiltheater 118

Artikulation ▶ Sprechen 281
Arvatov, Boris ▶ Avantgarde 36, ▶ Theaterkonzepte der Moderne 316
Association Internationale du Théâtre pour l'Efance et la Jeunesse ▶ Assitej 28
ATBD ▶ Arbeitertheater 25
Atemtechnik ▶ Sprechen 281
Atem ▶ Sprechen 281, ▶ Szenarium 291
Ate ▶ Tragödie 330
Aufführungsrecht ▶ Autor 35, ▶ Bühnenvertrieb 73
Auftragen ▶ Jargon 161
Aufzug ▶ Akt 12
Augenspiel ▶ Mimik 191
Augier, Guillaume ▶ Boulevardtheater 53
Ausbruch ▶ Jargon 161
Ausdruckstanz ▶ Weimarer Republik 349
Ausstattungsoper ▶ Ausstattungsstück 35
Ausstattungsrevue ▶ Requisit 244
Avancini, Nikolaus ▶ Jesuitentheater 163
Ayckborne, Alan ▶ Boulevardtheater 54
Aznavour, Charles ▶ Chanson 76

Baader, Johannes ▶ Avantgarde 36, ▶ Theaterkonzepte der Moderne 316
Bab, Julius ▶ Weimarer Republik 344
Badener Lehrstück vom Einverständnis ▶ Weimarer Republik 348
Badezellenbühne ▶ Terenzbühne 302
Bakchen ▶ Stein, P. 286
Balanchine, George ▶ Tanz 297
Balkon ▶ Zuschauerraum 360
Ballet comique de la Reine ▶ Tanz 293
Ballets Russes ▶ Tanz 296
Ballett ▶ Höfisches Theater 155, ▶ Tanz 293
Ballet de la nuit ▶ Tanz 294
Bandoneon ▶ Bausch, P. 39
Barba, Eugenio ▶ Experimentaltheater 118, ▶ Literaturtheater 182
Barlach, Ernst ▶ Jeßner, L. 162, ▶ Theaterkritik 317, ▶ Weimarer Republik 345
Barrault, J.-L. ▶ Copeau 85, ▶ Pantomime 217
Basselin, Olivier ▶ Vaudeville 334
Bassermann, Albert ▶ Iffland, A.W. 157, ▶ Nationalsozialismus 206
Baty, Gaston ▶ Copeau, J. 84
Bau ▶ Jargon 161
Baudissin, Wolf Heinrich von ▶ Shakespeare-Rezeption 264
Bauhausbühne ▶ Weimarer Republik 349
Baumann, Helmut ▶ Tanz 299
Bauprobe ▶ Probe 225
Bausch, Pina* ▶ Literaturtheater 182, ▶ Performance 218, ▶ Tanz 299, ▶ Theater der Bilder 306
Bayreuther Festspiele ▶ Festspiel 125, ▶ Wagner, R. 343
BDAT ▶ Amateurtheater 14
Bearbeiter ▶ Autor 35
Beaujoyeux, Balthasar ▶ Tanz 293
Beaumarchais, Pierre-Augustin de ▶ Comédie larmoyante 79
Becher, Johannes R. ▶ Exiltheater 116
Beck, Julian ▶ Exiltheater 117, ▶ Living Theatre 182, ▶ Piscator, E. 222
Becker, Maria ▶ Exiltheater 118
Beckett, S. ▶ Einakter 101, ▶ Klassiker 167
Beeinflussungstheorie ▶ Theatertheorie 324
Behan, Brenda ▶ Music hall 200
Behrens, Peter ▶ Theaterkonzepte der Moderne 313
Beil, Hermann ▶ Peymann, C. 221
Beiseitesprechen ▶ A parte 20
Beiträge zur Historie und Aufnahme des Theaters ▶ Theaterzeitschriften 326
Belafonte, Harry ▶ Piscator, E. 222
Beleuchter ▶ Berufe im Theater 47
Beleuchtungsbrücke ▶ Beleuchtungstechnik 42
Beleuchtungsinspektor ▶ Berufe im Theater 47
Beleuchtungsmeister ▶ Ausbildung 31, ▶ Berufe 47, ▶ Bühne 59
Beleuchtungsprobe ▶ Bühnenbild 63, ▶ Probe 226
Bellvis, G. ▶ Goldenes Zeitalter 143
Benjamin, W. ▶ Kinder- und Jugendtheater 167
Beolco, Angelo ▶ Comedia dell'arte 83
Berend-Groa, Ilse ▶ Exiltheater 116
Berger, Ludwig ▶ Weimarer Republik 347
Berghaus, Ruth ▶ Berliner Ensemble 45
Bergner, Elisabeth ▶ Nationalsozialismus 206
Berieselungsanlage ▶ Regenanlage 235
Bernhard, Th. ▶ Dialog 89, ▶ Peymann 221
Bernhardt, Sarah ▶ Theater im 19. Jh. 309
Beschäftigungs-Anspruch ▶ Recht 233
Besetzungszettel ▶ Programmheft 227
Besson, Benno* ▶ Berliner Ensemble 45
Besucherorganisation ▶ Publikum 229
Beuys, Joseph ▶ Theater der Bilder 305
Bezahlt wird nicht ▶ Fo, D. 128
Bidermann, Jakob ▶ Jesuitentheater 163
Biedermann und die Brandstifter ▶ Groteske 145
Bildbeschreibung ▶ Drama 92, ▶ Szenarium 291
Bildbühne ▶ Perspektivbühne 220
Bilder aus der Französischen Revolution ▶ Arbeitertheater 24

Bildungstheater ▶ Theater im 19. Jh. 308
Bill-Belozerkowski, Wladimir N. ▶ Russische Revolution 251
Biomechanik ▶ Meyerhold, W.E. 190, ▶ Theaterkonzepte der Moderne 313
Birch-Pfeiffer, Ch. ▶ Theater im 19. Jh. 309
Blackfriars-Theater ▶ Elisabeth. Theater 110
Blankvers ▶ Vers im Drama 335
Blasis, Carlo ▶ Tanz 296
Blaubart ▶ Bausch, P. 39
Blaue Blusen ▶ Russische Revolution 249
Blickkontakt ▶ Mimik 191
Bobo ▶ Goldenes Zeitalter 140
Bohner, Gerhard ▶ Tanz 299
Boileau-Despréaux, N. ▶ Dramentheorie 97
Bois, Curt ▶ Nationalsozialismus 206, ▶ Spielweise 278
Bolschoi-Theater ▶ Russische Revolution 251
Borck, C.W. v. ▶ Shakespeare-Rezeption 263
Börne, Ludwig ▶ Theaterkritik 317
Bosse, Friedrich ▶ Arbeitertheater 23
Boulevardkomödie ▶ Boulevardtheater 53, ▶ Komödie 174
Bournonville, August ▶ Tanz 296
Brahm, Otto* ▶ Bühnenbild 61, ▶ Nationalsozialismus 208, ▶ Reinhardt, M. 241, ▶ Theaterkritik 317
Brandauer, Klaus Maria ▶ Gründgens, G. 148
Brando, Marlon ▶ Exiltheater 117, ▶ Piscator, E. 222, ▶ Strasberg, L. 287
Brasch, Thomas ▶ Peymann, C. 221, ▶ Shakespeare-Rezeption 265
Braunschweig, A.U. v. ▶ Schultheater 260
Bread and Puppet ▶ Broadway 55, ▶ Straßentheater 289
Brecht, Bertolt* ▶ Arbeitertheater 25, ▶ Aristotelisch/nichtaristotelisch 27, ▶ Avantgarde 37, ▶ Berliner Ensemble 43, ▶ Besson, B. 51, ▶ Brook, P. 55, ▶ Bühnenmusik 71, ▶ Diderot, D. 89, ▶ Didaktisches Theater 89, ▶ Dramentheorie 98, ▶ Drehbühne 99, ▶ Einfühlung 102, ▶ Episches Theater 112 f., ▶ Exiltheater 115 ff., ▶ Gestus 139, ▶ Identifikation 157, ▶ Jeßner, L. 162, ▶ Klassiker 167, ▶ Living Theatre 182, ▶ Meyerhold, W.E. 189, ▶ Modellaufführung 197, ▶ Nationalsozialismus 206, ▶ No 214, ▶ Piccolo teatro 221, ▶ Piscator, E. 223, ▶ Russische Revolution 246, ▶ Schultheater 261, ▶ Shakespeare-Rezeption 265, ▶ Spielweise 278, ▶ Straßenszene 288, ▶ Theaterkonzepte der Moderne 313, 315, 316, ▶ Theaterkritik 317, ▶ Theatertheorie 323, ▶ Verfremdung 334, ▶ Vers im Drama 335, ▶ Volksstück 338, 339
Brentano, Clemens ▶ Theaterkritik 317
Brighella ▶ Commedia dell'arte 81, ▶ Komische Figur 168
Brockmann, Franz ▶ Burgtheater 75
Broelman, Stephan ▶ Schultheater 259
Bronnen, Arnolt ▶ Jeßner, L. 162
Brook, Peter* ▶ Experimentaltheater 118, ▶ Freie Gruppen 130, ▶ Rituelles Theater 245, ▶ Theaterkonzepte der Moderne 313
Bruant, Aristide ▶ Cabaret 76
Bruckner, Ferdinand ▶ Exiltheater 117
Brüder-Grimm-Preis ▶ Preise 224
Bruderschaft ▶ Mittelalterliches Theater 193
Brülle China ▶ Russische Revolution 251
Bucco ▶ Atellane 29, ▶ Komische Figur 168
Büchner, Georg ▶ Dramentheorie 98, ▶ Theater im 19. Jahrhundert 309
Bühne ▶ Theaterzeitschriften 326
Bühnen-Schiedsgericht ▶ Deutscher Bühnenverein 87
Bühnenarbeiter ▶ Berufe 47, ▶ Bühne 57, 59
Bühnenarchitekt ▶ Ausstattung 33, ▶ Bühnenbildner 63
Bühnenausstatter ▶ Bühnenbildner 63
Bühnenbauer ▶ Bühnenbildner 63
Bühnenbildassistent ▶ Ausbildung 32
Bühnenhimmel ▶ Horizont 155
Bühnenmaler ▶ Ausstattung 33
Bühnenmanuskript* ▶ Szenische Lesung 291
Bühnenmaschinerie ▶ Bühne 57
Bühnenmeister ▶ Ausbildung für Theaterberufe 31, ▶ Berufe im Theater 47, ▶ Bühne 59
Bühnenmodell ▶ Ausstattung 34, ▶ Bühnenbild 63
Bühnenobmann ▶ Genossenschaft 137
Bühnenportal ▶ Bühne 57, ▶ Zuschauerraum 361
Bühnenreife ▶ Ausbildung für Theaterberufe 31
Bühnenreifeprüfung ▶ Deutscher Bühnenverein 87, ▶ Genossenschaft 137
Bühnenschiedsgericht ▶ Genossenschaft 137
Bühnenschräge ▶ Bühnenfall 65
Bühnentechnische Rundschau ▶ Deutsche Theatertechnische Gesellschaft 88
Bühnenturm ▶ Theaterarchitektur 305
Bühnenvolksbund ▶ Publikum 230
Bühnenwagen ▶ Bühne 57, ▶ Ekkyklema 103
Bunbury ▶ Konversationsstück 174

Bundesverband der deutschen Volksbühnen-Vereine e.V. ▶ Publikum 229
Bund der Theatergemeinden ▶ Publikum 230
Bund Deutscher Amateurtheater ▶ Amateurtheater 14, ▶ Verband Deutscher Freilichtbühnen 334
Bund Deutscher Volksbühnen ▶ Publikum 229
Bündnis mit dem Publikum ▶ Komische Figur 170
Buontalenti, Bernardo ▶ Bühnenbild 60
Burbage, James ▶ Elisabeth. Theater 108

Cabaret* ▶ Musical 200
Cage, John ▶ Darstellende Künste 86, ▶ Performance 218
Calandria ▶ Höfisches Theater 153
Calderón de la Barca, P. ▶ Auto sacramental 36, Comedia 77, ▶ Goldenes Zeitalter 140, ▶ Klassiker 167, ▶ Mantel- u. Degenstück 184, ▶ Theater im 19. Jh. 311, ▶ Theatermetapher 318
Camargo, Marie Ann de Cupis de ▶ Tanz 294
Canevaccio ▶ Szenarium 291
Canevas ▶ Commedia dell'arte 80, ▶ Szenarium 291
Capitano ▶ Commedia dell'arte 83, ▶ Komische Figur 169
Cardenio u. Celinde ▶ Bürgerl. Trauerspiel 74
Carleton Drama Review ▶ Theaterzeitschr. 326
Carmen ▶ Felsenstein, W. 121
Carro ▶ Goldenes Zeitalter 143
Cartel ▶ Copeau, J. 85
Casina ▶ Elisabethanisches Theater 104
Caspar, Horst ▶ Burgtheater 75
Cassaria ▶ Perspektivbühne 220
Castelvetro, Lodovico ▶ Dramentheorie 96, ▶ Drei Einheiten 99
Cats ▶ Musical 200
Cavea ▶ Antikes Theater 20
Cenodoxus, . . . ▶ Jesuitentheater 163
Cervantes, Miguel de ▶ Schultheater 261
Chaplin, Charly ▶ Komische Figur 172, ▶ Music hall 200
Charakter ▶ Figur 126
Charakterheld ▶ Held 152
Charleys Tante ▶ Fronttheater 131
Chassiron, Pierre-Mathieu-Martin de ▶ Dramentheorie 97
Chaussée, P. de la ▶ Comédie larmoyante 79
Chénier, Marie-Joseph de ▶ Dramentheorie 97
Chevalier, M. ▶ Chanson 76, ▶ Revue 244
Chor der Arbeit ▶ Arbeitertheater 24
Chorege ▶ Antikes Theater 16
Choreograph ▶ Berufe im Theater 46
Choreographie ▶ Chor 77
Choreute ▶ Chor 77
Chorführer ▶ Chor 77
Chorodidaskolos ▶ Antikes Th. 17, ▶ Chor 77
Chronegk, Ludwig ▶ Meininger 187
Claqueur ▶ Applaus 21
Claudel, Paul ▶ Nationalsozialismus 206
Clever, Edith ▶ Stein, P. 285
Clown ▶ Komische Figur 170, ▶ Wandertruppe 343
Colombina ▶ Commedia dell'arte 83
Colombine ▶ Comédie Italienne 78
Commedia improvisa/all'improviso ▶ Commedia dell'arte 80
Copeau, Jacques* ▶ Comedia dell'arte 83
Coriolan ▶ Shakespeare-Rezeption 265
Corneille, Pierre ▶ Drei Einheiten 99, ▶ Gattung 136, ▶ Hamburgische Dramaturgie 150, ▶ Schultheater 261, ▶ Theaterkonzepte der Moderne 313, ▶ Theatertheorie 323, ▶ Vers im Drama 335
Courteline, Georges ▶ Farce 120
Coviello ▶ Commedia dell'arte 83
Coward, Noel ▶ Boulevardtheater 54
Craig, Edward Gordon* ▶ Appia 21, ▶ Bühnenbild 61, ▶ Copeau 84, ▶ Identifikation 157, ▶ Meyerhold 190, ▶ Regie 238, ▶ Stanislawski 283, ▶ Theater im 19. Jh. 312, ▶ Theaterkonzepte der Moderne 313 ff. ▶ Theatertheorie 323
Curtis, T. ▶ Exiltheater 117, ▶ Piscator 222
Cyankali ▶ Arbeitertheater 25, ▶ Weimarer Republik 346
Cyclorama ▶ Horizont 155
Cymbeline ▶ Elisabethanisches Theater 104

Da capo ▶ Applaus 21
D'Alembert, J. Le Rond ▶ Diderot, D. 89
D'Aubignac, Abbé Hédelin ▶ Dramentheorie 97
Dadaismus ▶ Avantgarde 36
Dalberg, Wolfg. H. v. ▶ Nationaltheater 212
Dame Kobold ▶ Goldenes Zeitalter 143
Dansen, Was kostet das Eisen ▶ Exiltheater 116
Danton ▶ Massenregie 186
Dantons Tod ▶ Shakespeare-Rezeption 264, ▶ Theater im 19. Jahrhundert 309
Darstellen ▶ Agieren 11
Das Abgründige in Herrn Gerstenberg ▶ Boulevardtheater 54
Das brennende Dorf ▶ Goldenes Zeitalter 141

Das Erwachen ▶ Arbeitertheater 24
Das goldene Vließ ▶ Mythos 201
Das große Welttheater ▶ Auto sacramental 36, ▶ Gold. Zeitalter 143, ▶ Theatermetapher 318
Das Haus in Montevideo ▶ Boulevardtheater 54, ▶ Komödie 174
Das Kelberbrüten ▶ Mittelalterl. Theater 197
Das Leben ein Traum ▶ Goldenes Zeitalter 143, ▶ Theatermetapher 318
Das letzte Band ▶ Monodramen 198
Das Mädchen aus der Feenwelt ▶ Féerie 120
Das Mandat ▶ Russische Revolution 251
Das Mündel will Vormund sein ▶ Peymann 221
Das Salzburger große Welttheater ▶ Auto sacramental 36, ▶ Comedia 78, ▶ Goldenes Zeitalter 143
Das Schwitzbad ▶ Russische Revolution 251
Das Sparschwein ▶ Vaudeville 334
Das trojanische Pferd ▶ Exiltheater 117
Das Verhör des Lukullus ▶ Exiltheater 116
David, Jacques-Louis ▶ Fest 123
Dean, James ▶ Strasberg, L. 287
Death, Destruction & Detroit ▶ Wilson 352
Decroux, Etienne ▶ Pantomime 216
Dekorationsmaler ▶ Bühnenbildner 63
Dekorationsprobe ▶ Ausstattung 35, ▶ Bühnenbild 63, ▶ Dekoration 87, ▶ Probe 226
Depèro, F. ▶ Avantgarde 36
Dermatograph ▶ Schminke 257
Der Abenteurer ▶ Boulevardtheater 53
Der Alpenkönig . . . ▶ Féerie 120
Der arme Vetter ▶ Weimarer Republik 347
Der Arzt wider Willen ▶ Besson, B. 51
Der aufhaltsame Aufstieg des Arturo Ui ▶ Vers im Drama 335
Der Balkon ▶ Absurdes Theater 10
Der Bau ▶ Didaktisches Theater 89
Der Bauer als Millionär ▶ Féerie 120
Der Besuch der alten Dame ▶ Groteske 145, ▶ Komödie 174
Der Biberpelz ▶ Berliner Ensemble 45, ▶ Brahm, O. 54
Der blaue Vogel ▶ Stanislawski, K.S. 283
Der Cid ▶ Goldenes Zeitalter 143
Der Diener zweier Herren ▶ Komische Figur 172, ▶ Strehler, G. 289
Der Dybbuk ▶ Habima 149, ▶ Jiddisches Theater 163, ▶ Wachtangow, J.B. 342
Der farende Schüler im Paradeiß ▶ Mittelalterliches Theater 197
Der fliegende Holländer ▶ Wagner, R. 342
Der Floh im Ohr ▶ Vaudeville 334
Der Florentinerhut ▶ Boulevardtheater 53
Der Frieden ▶ Antikes Th. 15, ▶ Besson 51
Der fröhliche Weinberg ▶ Volksstück 338, ▶ Weimarer Republik 346
Der gefesselte Prometheus ▶ Mythos 202
Der Geizige ▶ Komödie 173
Der gespaltene Mensch ▶ Arbeitertheater 24
Der gestiefelte Kater ▶ Spiel im Spiel 275
Der grüne Tisch ▶ Tanz 298
Der gute Mensch von Sezuan ▶ Epilog 112, ▶ Exiltheater 118
Der Hauptmann von Köpenick ▶ Volksstück 338, ▶ Weimarer Republik 346
Der Hausmeister ▶ Absurdes Theater 10
Der Hofmeister ▶ Berliner Ensemble 45, ▶ Bürgerliches Trauerspiel 74, ▶ Shakespeare-Rezeption 264
Der Hufschmied ▶ Comedia erudita 84
Der Hundeprozeß/Herakles ▶ Mythos 201
Der Jasager ▶ Weimarer Republik 348
Der jüdische Lear ▶ Jiddisches Theater 163
Der Junge Gelehrte ▶ Neuber, F.C. 214
Der Kampf um die Schafsquelle ▶ Exilth. 117
Der Kaufmann von London oder Begebenheiten George Barnwells ▶ Bürgerliches Trauerspiel 74
Der Kaufmann von Venedig ▶ Elisabethanisches Theater 104, ▶ Körpersprache 174, ▶ Shakespeare-Rezeption 264
Der Kyklop ▶ Mythos 202
Der Lohndrücker ▶ Didaktisches Theater 89
Der Meineidbauer ▶ Volksstück 338
Der Müll, die Stadt und der Tod ▶ Skandal 271
Der Müller u. s. Kind ▶ Theater im 19. Jh. 309
Der rasende Roland ▶ Comedia erudita 84, ▶ Höfisches Theater 153
Der Raub der Sabinerinnen ▶ Jargon 161, ▶ Theater im 19. Jahrhundert 309
Der Richter von Zalamea ▶ Gold. Zeitalter 143
Der Ring des Nibelungen ▶ Gesamtkunstwerk 138, ▶ Mythos 203. ▶ Wagner, R. 343
Der Ritter vom Mirakel ▶ Gold. Zeitalter 141
Der Schlingel ▶ Arbeitertheater 23
Der Schwierige ▶ Konversationsstück 174
Der Sohn ▶ Weimarer Republik 345
Der Soldat Tanaka ▶ Exiltheater 118
Der starke Stamm ▶ Volksstück 338
Der Stellvertreter ▶ Dokumentarisches Theater 91, ▶ Piscator, E. 222
Der Sturm ▶ Russische Revolution 251, ▶ Shakespeare-Rezeption 265

Der Tag des Proletariats ▶ Arbeitertheater 24
Der tolle Tag oder Figaros Hochzeit ▶ Hosenrolle 156, ▶ Intrige 160
Der Tragödie dritter Theil ▶ Parodie 217
Der Traum ein Leben ▶ Comedia 78, ▶ Goldenes Zeitalter 143
Der verkaufte Großvater ▶ Fronttheater 131
Der Volksfeind ▶ Brahm, O. 54
Der Weibsteufel ▶ Volksstück 338
Der zerbrochne Krug ▶ Komödie 173
Des Kaisers Kuli ▶ Arbeitertheater 25
Dessau, Paul ▶ Bühnenmusik 71
Destouches, P. N. ▶ Comédie larmoyante 79
Deuteragonist ▶ Protagonist 227
Deutsch, Ernst ▶ Burgtheater 75
Deutscher Arbeiter-Theater-Bund ▶ Arbeitertheater 25
Deutscher Ausdruckstanz ▶ Tanz 297
Deutsche Bühnentechnische Gesellschaft ▶ Deutsche Theatertechnische Gesell. 88
Deutscher Kleinkunstpreis ▶ Preise 224
Deutschsprachige Erstaufführung (DE, DEA, dEA) ▶ Aufführung 29
Devrient, E. ▶ Nationaltheater 212, ▶ Regie 238
De Witt, Johannes ▶ Elisabeth. Theater 108
Dezenz ▶ Dramentheorie 96
Diaghilew, Serge Pawlowitsch ▶ Tanz 296
Dialektisches Theater ▶ Brecht, B. 55, ▶ Episches Theater 113
Dialogischer Monolog ▶ Monolog 199
Didaskalie ▶ Hypothesis 156
Diderot, Denis* ▶ Comédie larmoyante 79, ▶ Dramentheorie 97, ▶ Einfühlung 102, ▶ Komödie 174
Die Abenteuer des braven Soldaten Schwejk ▶ Piscator, E. 222
Die Alten und die Neuen ▶ Arbeitertheater 23
Diebold, Bernhard ▶ Weimarer Republik 344
Die Bettleroper ▶ Ballad-opera 37, ▶ Burleske 75
Die Braut v. Messina ▶ Chor 77, ▶ Schiller 255
Die Bühne ▶ Theaterzeitschriften 326
Die Chinesische Mauer ▶ Farce 120
Die Deutsche Bühne ▶ Deutscher Bühnenverein 87, ▶ Theaterzeitschriften 326
Die Dreigroschenoper ▶ Ballad-opera 38, ▶ Bänkelsänger 38, ▶ Deus ex machina 87, ▶ Moritat 200, ▶ Weimarer Republik 346
Die Ermittlung ▶ Dokumentarisches Theater 91, ▶ Piscator, E. 222
Die Erstürmung des Winterpalais ▶ Theateroktober 318
Die Familie Schroffenstein ▶ Shakespeare-Rezeption 264
Die Fliegen ▶ Chor 77, ▶ Mythos 201, 202
Die Frösche ▶ Komische Figur 169, ▶ Spiel im Spiel 274
Die Gewehre der Frau Carrar ▶ Exiltheater 116
Die heilige Johanna . . . ▶ Vers im Drama 335
Die Hermannsschlacht ▶ Peymann, C. 221
Die Hexe ▶ Jiddisches Theater 163
Die Hochzeit ▶ Simultanbühne 269
Die Hose ▶ Komödie 174
Die Jungfrau von Orléans ▶ Goethe, J.W. 140, ▶ Schiller, F. 255
Die Kameliendame ▶ Boulevardtheater 53
Die Kindermörderin ▶ Bürgerl. Trauerspiel 74
Die Kleinbürgerhochzeit ▶ Groteske 145
Die Korrektur ▶ Didaktisches Theater 89
Die lustigen Weiber von Windsor ▶ Komödie 174
Die Maschinenstürmer ▶ Weimarer Republik 347
Die Maßnahme ▶ Weimarer Republik 348
Die Matrosen von Cattaro ▶ Arbeitertheater 25
Die Mausefalle ▶ Arbeitertheater 25, ▶ Exiltheater 117
Die Meistersinger von Nürnberg ▶ Meistersang 188, ▶ Wagner, R. 343
Die Möbel ▶ Absurdes Theater 10
Die Morgenröte ▶ Russische Revolution 251
Die Möwe ▶ Moskauer Künstlertheater 200, ▶ Stanislawski, K.S. 282
Die Mutter ▶ Adaptation/Adaption 11, ▶ Exiltheater 116, ▶ Modellaufführung 198
Die Nibelungen ▶ Mythos 203
Die optimistische Tragödie ▶ Russische Revolution 251
Die Petroleuminsel ▶ Weimarer Republik 346
Die Phönizierinnen ▶ Mythos 203
Die Physiker ▶ Groteske 145
Die Polizei ▶ Absurdes Theater 10
Die Rassen ▶ Exiltheater 117
Die Räuber ▶ Antagonist 15, ▶ Iffland 157, ▶ Meininger 187, ▶ Nationalth. 212, ▶ Piscator 222, ▶ Schiller 255, ▶ Shakespeare-Rezeption 264, ▶ Weimarer Republik 347, ▶ Zadek 354
Die Rundköpfe . . . ▶ Exiltheater 116
Die sieben Todsünden . . . ▶ Bänkelsänger 38
Die Sklavin ihres Glücks ▶ Gold. Zeitalter 141
Die Soldaten ▶ Bürgerliches Trauerspiel 74, ▶ Shakespeare-Rezeption 264
Die spanische Fliege ▶ Fronttheater 131

Die Stühle ▶ Absurdes Theater 10
Dietrich, Marlene ▶ Chanson 76
Die unglückhaftige . . . Jocasta ▶ Mythos 202
Die Verbrecher ▶ Simultanbühne 269
Die Verfolgung und Ermordung Jean Paul Marats ▶ Brook, P. 55, ▶ Grand Guignol 145, ▶ Montage 199, ▶ Spiel im Spiel 275, ▶ Zeit 355
Die Verschwörung des Fiesco zu Genua ▶ Nationaltheater 212
Die Verspätung ▶ Absurdes Theater 10
Die Vögel ▶ Agon 12, ▶ Antikes Theater 15
Die Wandlung ▶ Körpersprache 174, ▶ Weimarer Republik 345, 347
Die Wanze ▶ Russische Revolution 251
Die Weber ▶ Brahm, O. 54, ▶ Volksbühne 337, ▶ Weimarer Republik 347
Die Wildente ▶ Brahm, O. 54
Die Winterreise ▶ Environment 112
Die Wupper ▶ Weimarer Republik 347
Die Zauberflöte ▶ Felsenstein, W. 121
Dilettantentheater ▶ Liebhabertheater 181
Dingelstedt, F. v. ▶ Burgth. 75, ▶ Regie 238
Dionysos ▶ Antikes Theater 16
Direktor* ▶ Berufe im Theater 45
Dirigent ▶ Berufe im Theater 46
Disponent ▶ Ausbildung für Theaterberufe 31
Distanz ▶ Brecht, B. 54
Dittersdorf, Karl Ditters von ▶ Singspiel 269
Docteur Balourard ▶ Comédie Italienne 78
Doctrine classique ▶ Dramentheorie 96
Don Carlos ▶ Körpersprache 174, ▶ Schiller 255
Don Gil . . . ▶ Gold. Zeitalter 142
Don Giovanni ▶ Bühnenmusik 71
Don Juan ▶ Goldenes Zeitalter 142
Dorf und Stadt ▶ Theater im 19. Jahrhundert 309
Döring, Theodor ▶ Iffland, A.W. 157
Dossenus ▶ Atellane 29
Dottore ▶ Commedia dell'arte 81
Drama Department ▶ Studententheater 290
Drama der Humanisten ▶ Schultheater 257
Dramatic Workshop ▶ Exiltheater 117
Dramatiker ▶ Autor 35
Dramma per musica ▶ Höfisches Theater 153
Drehscheibe ▶ Drehbühne 99
Dreikönigsspiel ▶ Mittelalterliches Theater 194
Dreispartenbetrieb ▶ Theatersystem 322
Duchamp, Marcel ▶ Avantgarde 36
Dudow, Slatan ▶ Exiltheater 116
Duett im Zwielicht ▶ Boulevardtheater 54
Dullin, Charles ▶ Copeau, J. 84
Dumas d.J., Alexandre ▶ Boulevardtheater 53
Duncan, Isadora ▶ Tanz 297
Durchlauf ▶ Probe 226
Dürrenmatt, Friedrich ▶ Klassiker 167
Duse, Eleonore ▶ Theater im 19. Jh. 309

Effektscheinwerfer ▶ Effekte 101
Eichendorff, Joseph von ▶ Comedia 78, ▶ Goldenes Zeitalter 143
Eine Dummheit . . . ▶ Russ. Revolution 248
Eine Gans ▶ Arbeitertheater 23
Einläuten ▶ Aufführung 30
Einnahmesoll ▶ Etat 113, ▶ Theatersystem 320
Einortbühne ▶ Bühne 56, ▶ Stilbühne 287
Einortdrama ▶ Bühne 56, ▶ Terenzbühne 301
Ein Geschlecht ▶ Weimarer Republik 345
Ein Glas Wasser ▶ Boulevardtheater 53, ▶ Vaudeville 334
Ein Sommernachtstraum ▶ Drehbühne 99, ▶ Elisabeth. Theater 106, ▶ Reinhardt 241, ▶ Shakespeare-Rezeption 264
Einstein on the Beach ▶ Wilson, R. 352
Eisenstein, Sergej ▶ Russische Revolution 248
Eisler, Hanns ▶ Bühnenmusik 71
Ekhof, Konrad* ▶ Akademie 12, ▶ Goethe 139, ▶ Iffland 157, ▶ Nationaltheater 210, ▶ Riccoboni 244, ▶ Roscius 246, ▶ Spielweise 277, ▶ Wandertruppe 343
Ekloge ▶ Goldenes Zeitalter 140
Ela-Anlage ▶ Akustik 13
Elektra ▶ Mythos 201
Eliot, T.S. ▶ Nationalsozialismus 206
Ellos ▶ Dramentheorie 95
Elßner, Fanny ▶ Tanz 296
Emilia Galotti ▶ Bürgerliches Trauerspiel 74, ▶ Spielmacher 275, ▶ Tragödie 330
Endspiel ▶ Absurdes Theater 10f.
En-suite-Theater ▶ Repertoire 243
Engel, Erich ▶ Berliner Ensemble 45, ▶ Shakespeare-Rezeption 265
Engel, Fritz ▶ Weimarer Republik 344
Englische Komödianten ▶ Wandertruppe 343
Entertainer ▶ Conférencier 84
Environment* ▶ Happening 151
Epeisodia ▶ Tragödie 329
Erbauungstheater ▶ Theater im 19. Jh. 309
Erlösung ▶ Arbeitertheater 24
Erpenbeck, Fritz ▶ Exiltheater 115
Eschenburg, J.J. ▶ Shakespeare-Rezeption 264
Euripides ▶ Antikes Theater 17, ▶ Gattung 136, ▶ Mythos 201, ▶ Tragödie 329

Everding, August ▶ Internat. Theaterinstitut 160
Everyman ▶ Mittelalterliches Theater 196, ▶ Moralität 199
Exodium ▶ Atellane 29
Exodos ▶ Chor 77
Expressionismus ▶ Weimarer Republik 345
Exter, Alexandra A. ▶ Tairow 292

Faktor, Emil ▶ Weimarer Republik 344
Fantesca ▶ Commedia dell'arte 83
Faßbinder, Rainer Werner ▶ Freie Gruppen 130, ▶ Volksstück 339
Fastnachtsspiel ▶ Mittelalterliches Theater 196
Faust ▶ Exposition 118, ▶ Gründgens, G. 146, ▶ Parodie 217, ▶ Prolog 227, ▶ Puppentheater 231, ▶ Sachs, H. 253
FDKB ▶ Exiltheater 115
Fechter, Paul ▶ Nationalsozialismus 208, ▶ Weimarer Republik 344
Fegefeuer in Ingolstadt ▶ Volksstück 338, ▶ Weimarer Republik 346
Fehling, Jürgen ▶ Nationalsozialismus 207, ▶ Shakespeare-Rezeption 265, ▶ Weimarer Republik 344
Felix, Elisabeth ▶ Theater im 19. Jh. 309
Fellner, Ferdinand ▶ Theater im 19. Jh. 311
Fenneker, Josef ▶ Bühnenbildner 65
Fettschminke ▶ Schminke 256
Feuerwehrmann ▶ Sicherheitsvorschriften 268
Feuillet, Raoul-Auger ▶ Tanz 294
Feydeau, Georges ▶ Boulevardtheater 53, ▶ Farce 120, ▶ Vaudeville 334
Fidelio ▶ Felsenstein, W. 121
Figaros Hochzeit s. Der tolle Tag
Figurant ▶ Figur 127
Figurieren ▶ Figur 127
Fiktion ▶ Theatertheorie 324
Filippo, Eduardo de ▶ Volkstheater 339
Flachgruppe ▶ Puppentheater 230
Fleißer, Marieluise ▶ Volksstück 338, 339
Flimm, Jürgen ▶ Körpersprache 174
Floh im Ohr ▶ Boulevardtheater 53
Florian Geyer ▶ Weimarer Republik 347
Flutlichtstrahler ▶ Scheinwerfer 254
Fo, Dario* ▶ Farce 120, ▶ Meyerhold, W.E. 190, ▶ Volkstheater 339
Folz, Hans ▶ Mittelalterliches Theater 197
Fontane, Theodor ▶ Theaterkritik 317
Forumtheater ▶ Boal, A. 52
Frankenstein ▶ Living Theatre 182
Freie Bühne ▶ Brahm, O. 54, ▶ Théâtre libre 327, ▶ Volksbühne 336
Freier Deutscher Kulturbund ▶ Exiltheater 115
Freie Rhythmen ▶ Vers im Drama 335
Freier Tanz ▶ Tanz 297
Freie Volksbühne ▶ Publikum 229, ▶ Volksbühne 336
Freyer, Achim ▶ Theater der Bilder 306
Freytag, Gustav ▶ Dramentheorie 96
Fried, Erich ▶ Shakespeare-Rezeption 265
Frisch, Max ▶ Farce 120, ▶ Klassiker 167
Fronleichnamsspiel ▶ Mittelalterl. Theater 194
Frühlings Erwachen ▶ Zadek, P. 354
Fuchs, Georg ▶ Bühnenformen 70, ▶ Theaterkonzepte der Moderne 313
Furcht und Elend . . . ▶ Exiltheater 116
Fürnberg, Louis ▶ Exiltheater 115
Furttenbach, Josef ▶ Ausstattung 33, ▶ Bühnenbild 60, ▶ Teichoskopie 301
Fußlicht ▶ Rampe 232
Fußrampe ▶ Beleuchtungstechnik 42
Futurismus ▶ Avantgarde 36

Galerie ▶ Beleuchtungstechnik 42
Galli-Bibiena, Ferdinando ▶ Bühnenbild 61, ▶ Kulissenbühne 178
Galli-Bibiena, Giuseppe ▶ Bühnenbild 61
Ganz, Bruno ▶ Stein, P. 285
Ganzmaske ▶ Maske 185
Garcia Lorca, F. ▶ Nationalsozialismus 206
Garderobiere ▶ Berufe 46, ▶ Garderobe 133
Gay, John ▶ Ballad-opera 38
Gebärde ▶ Geste 139
Gegenbesetzung ▶ Fehlbesetzung 120
Geistliches Spiel ▶ Mittelalterl. Theater 193
Gellert, Johann Fürchtegott ▶ Neuber, F.C. 214
GEMA ▶ Autor 35
Gemischter Betrieb ▶ Theatersystem 321
Generalintendant ▶ Berufe im Theater 45
Generalprobe ▶ Probe 226
George, Heinrich ▶ Weimarer Republik 347
Georges Dandin ▶ Auftragsstück 30
Georg II., Herzog von Sachsen-Meiningen ▶ Kostüm 176, ▶ Meininger 187, ▶ Regie 238, ▶ Regisseur 241
Gerettet ▶ Stein, P. 284
Gerhart-Hauptmann-Preis ▶ Preise 224
Gerichtsspiel ▶ Russische Revolution 247
German Dance ▶ Tanz 297
Germania Tod in Berlin ▶ Mythos 203
Gert, Valesca ▶ Weimarer Republik 349
Geschäftstheater ▶ Weimarer Republik 345

Geschichten a. d. Wienerwald ▶ Volksstück 338
Geschlossene Form ▶ Dramentheorie 98
Gesellschaftskomödie ▶ Boulevardtheater 53
Gesellschaft für musikalische Aufführungs- u. mechan. Vervielfältigungsrechte ▶ Autor 35
Gesichtslarve ▶ Maske 185
Gespenster ▶ Theater im 19. Jahrhundert 311
Gestikulieren ▶ Geste 138
Gestische Musik ▶ Bühnenmusik 71
Gewandmeister ▶ Ausbildung für Theaterberufe 31, ▶ Berufe im Theater 46, ▶ Kostüm 175
Gewitter über Gotland ▶ Film im Theater 127
Giampietro, Josef ▶ Weimarer Republik 350
Giehse, Therese ▶ Exiltheater 118, ▶ Nationalsozialismus 206
Giftgas über Berlin ▶ Weimarer Republik 346
Gijsbreght van Aemstel ▶ Rederijkers 234
Gilbert-Sullivan-Operette ▶ Ballad-opera 38
Ginsberg, Ernst ▶ Exiltheater 118
Giraudoux, Jean ▶ Nationalsozialismus 206
Giselle ▶ Tanz 296
Glass, Phil ▶ Wilson, R. 352
Gliese, Rochus ▶ Bühnenbildner 65
Gluck, Christoph Willibald ▶ Singspiel 269
Goebbels, Joseph ▶ Thingspiel 328
Goethe, Johann Wolfgang* ▶ 97 Commedia dell'arte 83, ▶ Dramentheorie 98, ▶ Gattung 135, ▶ Hanswurst 151, ▶ Hoftheater 155, ▶ Iffland 157, ▶ Komische Figur 171, ▶ Liebhabertheater 181, ▶ Nationaltheater 213, ▶ Regie 237, ▶ Schiller 255, ▶ Theater im 19. Jh. 311, ▶ Theaterroman 319, ▶ Vers im Drama 335
Goetz, Curt ▶ Boulevardtheater 54
Goldfaden, Abraham ▶ Jiddisches Theater 163
Goldoni, Carlo ▶ Commedia dell'arte 83, ▶ Komische Figur 172, ▶ Piccolo teatro 221, ▶ Schultheater 261
Gott, Mensch u. Teufel ▶ Jiddisches Th. 163
Götter, Helden und Wieland ▶ Burleske 75
Gottsched, Johann Christoph ▶ Bühnensprache 73, ▶ Dramentheorie 97, ▶ Drei Einheiten 99, ▶ Hanswurst 150, ▶ Haupt- und Staatsaktion 152, ▶ Kostüm 176, ▶ Lessing, G.E. 180, ▶ Neuber, F.C. 213, ▶ Shakespeare-Rezeption 263, ▶ Spielweise 277, ▶ Theaterzeitschriften 326, ▶ Vers im Drama 335
Grabbe, Christian Dietrich ▶ Dramentheorie 98, ▶ Theater im 19. Jahrhundert 309
Gracioso ▶ Goldenes Zeitalter 140
Granach, Alexander ▶ Weimarer Republik 347
Grandguignolesque ▶ Grand Guignol 145
Grand Opéra ▶ Comédie Italienne 79
Grassi, Paolo ▶ Piccolo teatro 221, ▶ Strehler, G. 289, ▶ Teatro stabile 301
Gréco, Juliette ▶ Chanson 76
Greid, Hermann ▶ Exiltheater 116
Grillparzer, Franz ▶ Gold. Zeitalter 143, ▶ Theaterdichter 306, ▶ Theater im 19. Jh. 311
Gropius, W. ▶ Theaterkonzepte d. Moderne 313, ▶ Totaltheater 328, ▶ Zuschauerraum 360
Große Pantomime mit Fahnen . . . ▶ Fo 128
Großstadt ▶ Arbeitertheater 24
Grotesk-Komödie ▶ Komödie 174
Groteske* ▶ Komödie 173
Grotowski, Jerzy* ▶ Experimentaltheater 118, ▶ Literaturtheater 182, ▶ Rituelles Theater 245, ▶ Theaterkonzepte der Moderne 313
Grüber, Kl. M. ▶ Regie 238, ▶ Stein 286
Gründgens, Gustav* ▶ Nationalsozialismus 207, ▶ Theaterroman 319
Grundrißzeichnung ▶ Bühnenmusik 71
Gryphius, Andreas ▶ Komödie 174, ▶ Schultheater 261
Guilbert, Yvette ▶ Chanson 76
Guitry, Sacha ▶ Konversationsstück 174
Guter Abgang ▶ Auftritt und Abgang 30
Gutzkow, Karl ▶ Dramaturg 94, ▶ Theaterkritik 317

Haase, Friedrich ▶ Iffland, A.W. 157
Hacks, Peter ▶ Besson 52, ▶ Didakt. Theater 89
Hair ▶ Broadway 55
Halbmaske ▶ Maske 185
Haltung ▶ Brecht, B. 55, ▶ Gestus 139
Hamartia ▶ Dramentheorie 95, ▶ Tragödie 330
Hamburger Entreprise ▶ Nationaltheater 211
Hamlet ▶ Elisabethanisches Theater 106, ▶ Happening 152, ▶ Jeßner, L. 162, ▶ Komische Figur 170, ▶ Spiel im Spiel 274, ▶ Weimarer Republik 347, ▶ Zadek, P. 354
Handlungs-Ballett ▶ Tanz 296
Handpuppe ▶ Puppentheater 230
Hängedekoration ▶ Dekoration 87
Hängeteil ▶ Bühnenbild 63
Hans Huckebein ▶ Fronttheater 131
Hanswurstiade ▶ Hanswurst 150, ▶ Nachspiel 204, ▶ Zwischenspiel 362
Harlequin ▶ Komische Figur 169
Hartung, Gustav ▶ Exiltheater 118
Hasenauer, Karl von ▶ Burgtheater 75

Hauptbühne ▶ Bühne 57, ▶ Zug 359
Hauptmann, Gerhart ▶ Theater im 19. Jahrhundert 311, ▶ Volksbühne 336
Hauptrolle ▶ Rolle 245
Hausmann, Raoul ▶ Avantgarde 36
Haydn, Joseph ▶ Singspiel 269
Hebbel, Friedrich ▶ Theater im 19. Jahrhundert 309, ▶ Travestie 331
Hecuba ▶ Schultheater 259
Hedda Gabler ▶ Brahm, O. 54
Hegel, Georg W.F. ▶ Dramentheorie 98
Heimarbeit ▶ Volksstück 339
Heine, H. ▶ Tanz 296, ▶ Theaterkritik 317
Heinrich, Benjamin ▶ Theaterkritik 317
Heinrich, Gottfried ▶ Prinzipal 225
Heinrich IV. ▶ Elisabethanisches Theater 104, ▶ Mnouchkine, A. 197
Heinrich VIII. ▶ Elisabethanisches Theater 108
Heldenplatz ▶ Auftragsstück 30, ▶ Burgth. 75
Held* ▶ Figur 126
Heller, André ▶ Feuerwerkstheater 126
Hellmer, Arthur ▶ Exiltheater 116
Hellmer, H. ▶ Theater im 19. Jh. 311
Henno ▶ Schultheater 258
Hensel, Georg ▶ Theaterkritik 317
Henslowe, Philip ▶ Elisabeth. Theater 108
Herakles ▶ Mythos 201
Herakles und der Stall des Augias ▶ Mythos 201
Hercules furens ▶ Mythos 201
Hercules Oetaeus ▶ Mythos 201
Herder, Johann Gottfried ▶ Dramentheorie 97, ▶ Hanswurst 151
Heribert, Wolfgang ▶ Nationaltheater 212
Herrmann, K.E. ▶ Bühnenbildner 65, ▶ Stein 286
Herrmann, Max ▶ Theaterwissenschaft 325
Herr Puntila . . . ▶ Berliner Ensemble 43, ▶ Modellaufführung 198, ▶ Volksstück 338
Hervorrufen ▶ Applaus 21
Herzog Theodor von Gothland ▶ Shakespeare-Rezeption 264
Hesterberg, Trude ▶ Revue 244
Heyme, H. ▶ Happening 152, ▶ Piscator 223
Heyse, Paul ▶ Theater im 19. Jahrhundert 309
Hilpert, Heinz ▶ Nationalsozialismus 207, 208, ▶ Weimarer Republik 347
Hinterbühne ▶ Bühne 57
Hintergrundprospekt ▶ Telari 301
Hippolytos ▶ Mythos 202
Hirschfeld, Kurt ▶ Nationalsozialismus 206
Hirtenspiel ▶ Mittelalterliches Theater 194
Hochhuth, Rolf ▶ Dokumentarisches Theater 91, ▶ Skandal 271
Hofbühne ▶ Hoftheater 155
Hoffmann, Reinhild ▶ Tanz 299
Hofmannsthal, Hugo von ▶ Comedia 78, ▶ Einakter 101, ▶ Goldenes Zeitalter 143, ▶ Konversationsstück 174, ▶ Reinhardt, M. 241
Hohlformmaske ▶ Maske 185
Hohn der Angst ▶ Fo, D. 130
Holberg, Ludwig ▶ Nationaltheater 209
Holländer, Viktor ▶ Revue 244
Holm, Hanya ▶ Tanz 297
Holz, Arno ▶ Theater im 19. Jahrhundert 311
Hope, Bob ▶ Fronttheater 131
Hoppla, wir leben noch ▶ Film im Theater 127, ▶ Piscator, E. 222
Höre Moskau ▶ Russische Revolution 251
Horvath, Ödön von ▶ Volksstück 338, 339
Hübner, Kurt ▶ Zadek, P. 354
Huelsenbeck, Richard ▶ Avantgarde 36
Hugo, Victor ▶ Dramentheorie 98
Hybris ▶ Dramentheorie 95, ▶ Tragödie 330

Ibsen, Henrik ▶ Kammerspiele 166, ▶ Theater im 19. Jahrhundert 311, ▶ Théâtre libre 327, ▶ Volksbühne 336
Ich bin ein Elefant, Madame ▶ Zadek, P. 354
Ich will ein Kind haben ▶ Russ. Revolution 251
Iden, Peter ▶ Theaterkritik 317
Iffland, August Wilhelm* ▶ Goethe, J.W. 139
Iffland-Ring ▶ Iffland, A.W. 157
IG Medien ▶ Deutscher Bühnenverein 87, ▶ Genossenschaft 137
Ihering, Herbert ▶ Theaterkritik 317
Illusionsbühne ▶ Bühnenformen 69
Immermann, K. ▶ Dramaturg 94, ▶ Shakespeare-Rezeption 264, ▶ Theater im 19. Jh. 311
Improvisation ▶ Stegreifspiel 284
In der Sache J. Robert Oppenheimer ▶ Dokumentarisches Theater 91, ▶ Piscator 222
Indepentent Theatre ▶ Théâtre libre 327
Indirekte Quellen ▶ Theatergeschichte 307
Innamorati ▶ Commedia dell'arte 81
Intensität ▶ Jargon 161
Internationale Artistenloge ▶ Artist 28
Intern. Sommerakademie . . . ▶ Tanz 299
Intrigenkomödie ▶ Intrige 160, ▶ Komödie 174
Inzidenzmusik ▶ Bühnenmusik 71
Ionesco, Eugène ▶ Einakter 101, ▶ Farce 120
Iphigenie auf Tauris ▶ Drei Einheiten 99, ▶ Mythos 201, ▶ Theater der Bilder 305

Iphigenie in Aulis ▶ Mythos 201, 202
Italienische Nacht ▶ Weimarer Republik 346

Jacobs, Monty ▶ Weimarer Republik 344
Jacobsen, Siegfried ▶ Theaterkritik 317, ▶ Weimarer Republik 344
Jagdszenen aus Niederbayern ▶ Volksstück 339
Jahnn, Hans Henny ▶ Jeßner, L. 162
Jahrmarktsfest zu Plundersweilern ▶ Commedia dell'arte 83
Jambische Trimeter ▶ Vers im Drama 335
Jaques-Dalcroze, Emile ▶ Tanz 297
Jedermann ▶ Festspiel 125, ▶ Mittelalterliches Theater 196, ▶ Reinhardt, M. 241
Jedermann-Dramen ▶ Mittelalterl. Theater 196
Jeßner, Leopold* ▶ Exiltheater 11, ▶ Shakespeare-Rezeption 265, ▶ Theaterkritik 317, ▶ Weimarer Republik 347
Jeßner-Treppe ▶ Jeßner, L. 162, ▶ Weimarer Republik 347
Jesus Christ Superstar ▶ Broadway 55
Jewreinow, Nikolai Nikolajewitsch ▶ Massenspiel 186, ▶ Russische Revolution 247
Jhering, Herbert ▶ Weimarer Republik 344
Johanna Gray ▶ Vers im Drama 335
Jones, Ingo ▶ Ausstattung 33
Jongleur ▶ Commedia dell'arte 83, ▶ Jokulator 164
Jooss, Kurt ▶ Tanz 298, 299
Jornado ▶ Goldenes Zeitalter 140
Jouvet, Louis ▶ Copeau, J. 84
Jüd. Kulturbund ▶ Nationalsozialismus 207
Jugend-Abonnement ▶ Abonnement 10
Jugendlicher Held ▶ Held 152
Julius Caesar ▶ Massenregie 186, ▶ Meininger 187, ▶ Shakespeare-Rezeption 263
Jürgens, Curd ▶ Burgtheater 75

Kabale und Liebe ▶ Bürgerliches Trauerspiel 74, ▶ Nationaltheater 212, ▶ Schiller, F. 255
Kagel, Mauricio ▶ Performance 218
Kainz, Joseph ▶ Burgtheater 75
Kaiser, Georg ▶ Exiltheater 117
Kaiser, Joachim ▶ Theaterkritik 317
Kalldewey ▶ Farce 120
Kant, Immanuel ▶ Schiller, F. 256
Kantinengerücht ▶ Jargon 161
Kantor, Tadeusz ▶ Experimentaltheater 118
Kapitän Bada ▶ Zadek, P. 354
Kaprow, Allan ▶ Environment 111, ▶ Happening 151
Karagöz in Alamania ▶ Karagöz 166
Karasek, Helmuth ▶ Theaterkritik 317
Karge, M. ▶ Meyerhold 190, ▶ Peymann 221
Kascheur ▶ Berufe im Theater 46
Kaschierung ▶ Attrappe 29
Kasimir und Karoline ▶ Weimarer Republik 346
Kaspar/Kasperl/Kasperle ▶ Kasper 166, ▶ Peymann, C. 221
Kasperl Larifari ▶ Komische Figur 172
Katastrophe ▶ Dramentheorie 95
Katzelmacher ▶ Volksstück 339
Kerr, Alfred ▶ Exiltheater 116, ▶ Theaterkritik 317, ▶ Weimarer Republik 344
Kerschenzew, Platon M. ▶ Avantgarde 36, ▶ Fest 124, ▶ Russische Revolution 247, ▶ Theaterkonzepte der Moderne 316
Kindertruppe ▶ Elisabethanisches Theater 106
Kinetographie ▶ Tanznotationen 300
Kipphardt, Heiner ▶ Didaktisches Theater 89, ▶ Dokumentarisches Theater 91
Kirby, Michael ▶ Happening 152
Klassisches System ▶ Kulissenbühne 178
Klein, César ▶ Bühnenbildner 64
Kleist, Heinrich von ▶ Klassiker 167, ▶ Theater im 19. Jahrhundert 311
Klingemann, Ernst August ▶ Regie 238
Klotz, Volker ▶ Dramentheorie 98
Kluchten ▶ Rederijkers 234
Knittelvers ▶ Sachs 253, ▶ Vers im Drama 335
Koch, G.H. ▶ Ekhof, K. 102
Kokoschka, Oskar ▶ Exiltheater 116
Kolportagestück ▶ Boulevardtheater 53
Kombinierte Atmung ▶ Sprechen 281
Kommentierendes Spiel ▶ Geste 139
Kommos ▶ Chor 77
Komödie der Irrungen ▶ Elisabeth. Theater 104
Komparse ▶ Kleindarsteller 167
König Hirsch ▶ Besson, B. 52
König Lear ▶ Shakespeare-Rezeption 264
König Ödipus ▶ Antikes Theater 15, ▶ Botenbericht 53, ▶ Dialog 88, ▶ Massenregie 186, ▶ Mythos 202f.
König Ottokars Glück und Ende ▶ Shakespeare-Rezeption 264
König Ubu ▶ Grand Guignol 145
Konjunktur ▶ Weimarer Republik 346
Kontakthof ▶ Bausch, P. 39
Kornfeld, Paul ▶ Jeßner, L. 162, ▶ Weimarer Republik 345
Kortner, Fritz* ▶ Exiltheater 117, ▶ Shakespeare-Rezeption 265, ▶ Spielweise 278, ▶ Stein 284, ▶ Weimarer Republik 347
Kortner-Preis ▶ Preise 224

Koryphaios ▶ Chor 77
Kostümbildassistent ▶ Ausbildung 32
Kostümgestalter ▶ Ausstattung 33
Kostümprobe ▶ Probe 226
Kotzebue, August von ▶ Goethe, J.W. 139
Krankheit der Jugend ▶ Weimarer Republik 346
Krauss, Werner ▶ Burgtheater 75, ▶ Iffland, A.W. 157, ▶ Nationalsozialismus 208, ▶ Weimarer Republik 347
Kresnik, Hans ▶ Tanz 299
Kreutzberg, Harald ▶ Weimarer Republik 349
Krieg und Frieden ▶ Arbeitertheater 24
Kriminalstück ▶ Boulevardtheater 53
Krippenspiel ▶ Mittelalterliches Theater 194
Kroetz, F.X. ▶ Dialog 88, ▶ Volksstück 339
Kulturelle Front ▶ Russische Revolution 246
Kulturtheater ▶ Weimarer Republik 345
Kunstfach ▶ Rollenfach 246
Künstlertheater ▶ Théâtre libre 327
Kunstlicht ▶ Beleuchtungstechnik 39
Kurz-Bernardon, J. v. ▶ Maschinenkomödie 185

Laban, Rudolf von ▶ Tanz 297, ▶ Tanznotationen 300, ▶ Weimarer Republik 349
Lacis, Asja ▶ Kinder- und Jugendtheater 167
Labiche, Eugène ▶ Boulevardtheater 53, ▶ Farce 120, ▶ Vaudeville 334
L'Age d'or ▶ Mnouchkine, A. 197
Lagermeister ▶ Berufe im Theater 49
La Mama ▶ Broadway 55
Lampe, Jutta ▶ Stein, P. 285
Lampel, Peter Martin ▶ Arbeitertheater 25
Landesbühne ▶ Theatersystem 321
Landestheater ▶ Theatersystem 321
Lang, Alexander ▶ Meyerhold, W.E. 190
Langhoff, Wolfgang ▶ Exiltheater 118
La Roche, Johann ▶ Kasper 166, ▶ Komische Figur 171
Lask, Berta ▶ Arbeitertheater 24
Lasker-Schüler, Else ▶ Jeßner, L. 162
Lassen wir uns scheiden ▶ Boulevardtheater 53
Latex ▶ Schminke 257
Laube, Heinrich ▶ Burgtheater 75, ▶ Dramaturg 94, ▶ Nationaltheater 212, ▶ Regie 238, ▶ Vierte Wand 335
Laurentiusspiel ▶ Schultheater 259
Lautenschläger, Karl ▶ Drehbühne 99
L'avant scène ▶ Theaterzeitschriften 326
Lazzi ▶ Commedia dell'arte 80
Lebel, Jean-Jacques ▶ Happening 151
Leben des Galilei ▶ Bänkelsänger 38, ▶ Berliner Ensemble 43, ▶ Exiltheater 118
Lebende Zeitung ▶ Russische Revolution 247
Léger, Fernand ▶ Literaturtheater 182, ▶ Mechanisches Theater 187, ▶ Theaterkonzepte der Moderne 313, 315
Lehrlingstheater ▶ Amateurtheater 14
Leiter des künstlerischen Betriebsbüros ▶ Ausbildung für Theaterberufe 31
Lenäen ▶ Antikes Theater 16, ▶ Dionysien 90
Lenz, J.M.R. ▶ Dramentheorie 97
Leonce und Lena ▶ Held 152
Lesbos, Arion von ▶ Dithyrambos 90
Lesedrama ▶ Drama 92
Leseprobe ▶ Probe 225
Lessing, Gotthold Ephraim* ▶ Bürgerliches Trauerspiel 74, ▶ Comédie larmoyante 79, ▶ Dramaturg 93, ▶ Dramentheorie 96, ▶ Drei Einheiten 99, ▶ Fallhöhe 120, ▶ Furcht und Mitleid 132, ▶ Goldenes Zeitalter 143, ▶ Hamburgische Dramaturgie 150, ▶ Hanswurst 151, ▶ Katharsis 166, ▶ Klassiker 167, ▶ Komische Figur 171, 172, ▶ Nationaltheater 210, ▶ Riccoboni, L. 244, ▶ Shakespeare-Rezeption 263, ▶ Spielweise 277, ▶ Tanz 296, ▶ Theaterdichter 306, ▶ Theaterkonzepte der Moderne 313, ▶ Theaterkritik 317, ▶ Theatertheorie 323, ▶ Theaterzeitschriften 326, ▶ Tragödie 330, ▶ Vers im Drama 335
Ley-Piscator, Maria ▶ Piscator, E. 222
Lichteffekt ▶ Effekte 101
Lichtenstein, Roy ▶ Zadek, P. 354
Lichtregelanlage ▶ Beleuchtungstechnik 43
Liebe macht blind ▶ Fronttheater 131
Lifar, Serge ▶ Tanz 297
Lighting Designer ▶ Lichtregie 181
Lindtberg, Leopold ▶ Exiltheater 118
Linke, Paul ▶ Revue 244
Linke, Susanne ▶ Tanz 299
Linsenscheinwerfer ▶ Scheinwerfer 254
Littmann, Max ▶ Theater im 19. Jh. 311
Locatelli, Domenico ▶ Comédie Italienne 78
Locus ▶ Bühnenformen 67
Logenschließer ▶ Berufe im Theater 48
Loge ▶ Zuschauerraum 360
Lohengrin ▶ Wagner, R. 342
Lohenstein, Daniel C. v. ▶ Schultheater 261
Löwen, Johann Friedrich ▶ Nationaltheater 212
Ludus de Antichristo ▶ Mittelalterl. Theater 192
Luft, Friedrich ▶ Theaterkritik 317
Luise Millerin ▶ Schiller, F. 255
Lukian ▶ Sachs, H. 253

Luserke, Martin ▶ Laienspiel 179, ▶ Schultheater 261
Lustspiel ▶ Boulevardth. 53, ▶ Komödie 174
Lüttge, Martin ▶ Freie Gruppen 130
Lysistrate ▶ Antikes Theater 18

Macbeth ▶ Shakespeare-Rezeption 264
Maccus ▶ Atellane 29, ▶ Komische Figur 168
Magazinmeister ▶ Berufe im Theater 49
Magdalena ▶ Volksstück 338
Majakowski, Wladimir ▶ Russ. Revolution 251
Malden, Karl ▶ Strasberg, L. 287
Malersaal ▶ Berufe im Theater 46
Malina, J. ▶ LivingTheatre 182, ▶ Piscator 222
Mama hat den besten Shit ▶ Fo, D. 128
Mandragola ▶ Comedia erudita 84
Mankind ▶ Mittelalterl. Th. 196, ▶ Moralität 199
Mann, Heinrich ▶ Theaterroman 319
Mann ist Mann ▶ Weimarer Republik 346
Mann, Klaus ▶ Gründgens, G. 148, ▶ Theaterroman 319
Mannheimer Nationaltheater ▶ Nationalth. 212
Mansio ▶ Bühnenformen 68, ▶ Simultanbühne 269
Marat/Sade s. Die Ermordung . . .
Marceau, Marcel ▶ Pantomime 217
Mardschanow, K.A. ▶ Tairow 292
Maria Magdalena ▶ Bürgerliches Trauerspiel 74, ▶ Theater im 19. Jahrhundert 309
Maria Stuart ▶ Doppelrolle 92, ▶ Schiller, F. 255, 256
Marinetti, E.F.T. ▶ Avantgarde 36, ▶ Literaturth. 182, ▶ Theaterkonzepte der Moderne 313
Marionette ▶ Puppentheater 230
Marius und Sulla ▶ Shakespeare-Rezeption 264
Marivaux, P.C. de ▶ Comédie Française 78
Marktsänger ▶ Bänkelsänger 38
Martin, Karl Heinz ▶ Weimarer Republik 347
Maschinenmeister ▶ Bühne 59
Maschinist ▶ Berufe im Theater 47
Maskenbildner ▶ Ausbildung 31, ▶ Berufe 47
Maske* ▶ Commedia dell'arte 81
Maske und Kothurn ▶ Theaterzeitschriften 326
Massary, Fritzi ▶ Revue 244, ▶ Weimarer Republik 350
Massenfest ▶ Russische Revolution 247
Massenszene ▶ Meininger 187
Massentheater ▶ Russische Revolution 247
Masse Mensch ▶ Weimarer Republik 345
Mastix ▶ Schminke 257
Maß für Maß ▶ Shakespeare-Rezeption 264, 265, ▶ Zadek, P. 354
Matthau, Walter ▶ Exiltheater 117
May, Gisela ▶ Chanson 76
Mechanisches Ballett ▶ Weimarer Republik 349
Medea ▶ Mythos 201
Medea ▶ Weimarer Republik 347
Medeamaterial . . . ▶ Mythos 201
Mehring, Franz ▶ Volksbühne 336
Mehrspartenbetrieb ▶ Theatersystem 321
Meinrad, Josef ▶ Iffland, A.W. 157
Meisel, Inge ▶ Volksschauspieler 337
Meisterschüler ▶ Berliner Ensemble 45
Meistersinger ▶ Sachs, H. 253
Melanchthon, Philipp ▶ Schultheater 259
Melchinger, Siegfried ▶ Theaterkritik 317
Menander ▶ Antikes Theater 18
Mendelsohn, Erich ▶ Stein, P. 286
Mendoza, Joan ▶ Gold. Zeitalter 143
Mephisto ▶ Mnouchkine, A. 197
Mercier, Louis-Sébastian ▶ Dramentheorie 97
Merker ▶ Meistersang 188
Mertz, Franz ▶ Bühnenbildner 65
Meyerbeer, Giacomo ▶ Travestie 331
Meyerhold, Wsewolod* ▶ Avantgarde 36, ▶ Commedia dell'arte 83, ▶ Montage 199, ▶ No 214, ▶ Regie 238, ▶ Russische Revolution 249, ▶ Spielweise 278, ▶ Stanislawski 283, ▶ Theaterkonzepte der Moderne 313ff., ▶ Theateroktober 318, ▶ Volkstheater 339, ▶ Wachtangow 341
Michaelis, Rolf ▶ Theaterkritik 317
Miete ▶ Abonnement 10
*Miles gloriosus** ▶ Schultheater 259
Miller, A. ▶ Exiltheater 117, ▶ Piscator 222
Mimesis ▶ Dramentheorie 95
Minetti, Bernhard ▶ Monodramen 198
Minks, W. ▶ Bühnenbildner 65, ▶ Zadek 354
Minna von Barnhelm ▶ Charge 76, ▶ Komische Figur 172, ▶ Nationaltheater 212, ▶ Requisit 243, ▶ Spielmacher 275
Minutage ▶ Libretto 181
Mirakel-Aufführung ▶ Mittelalterl. Theater 194
Mirbt, Rudolf ▶ Schultheater 261
Mistero buffo ▶ Fo, D. 128
Mistinguette ▶ Revue 244
Miß Sara Sampson ▶ Bürgerliches Trauerspiel 74, ▶ Lessing, G.E. 180
Mitbestimmung ▶ Regie 239
Mitteilungspflicht ▶ Recht 233
Mittel ▶ Spielweise 278
Mittlere Komödie ▶ Antikes Theater 18

Mnouchkine, Ariane* ▶ Meyerhold, W.E. 190, ▶ No 214, ▶ Volkstheater 339
Modellbuch ▶ Berliner Ensemble 43
Modellinszenierung ▶ Berliner Ensemble 43
Modern Dance ▶ Tanz 297
Moderner Tanz ▶ Tanz 297
Moholy-Nagy, Laszlo ▶ Literaturtheater 182, ▶ Mechanisches Theater 187, ▶ Theaterkonzepte der Moderne 313, ▶ Weimarer Republik 349
Molcho, Samy ▶ Pantomime 217
Molière, Jean-Baptiste ▶ Comédie Française 78, ▶ Comédie Italienne 78, ▶ Commedia dell'arte 83, ▶ Komische Figur 171, ▶ Mnouchkine, A. 197, ▶ Schultheater 261
Molina, Tirso de ▶ Auto sacramental 36, ▶ Comedia 77, ▶ Goldenes Zeitalter 142, ▶ Mantel- und Degenstück 184
Molnár, Farkas ▶ Literaturtheater 182, ▶ Weimarer Republik 349
Mond von links ▶ Russische Revolution 251
Monk, Egon ▶ Berliner Ensemble 45
Monk, Meredith ▶ Performance 218
Monologischer Dialog ▶ Monolog 199
Monroe, Marilyn ▶ Fronttheater 131, ▶ Strasberg, L. 287
Montand, Yves ▶ Chanson 76
Moralische Wochenschriften ▶ Theaterzeitschriften 326
Moralitiy ▶ Moralität 199
Moreno, Jacob J. ▶ Stegreifspiel 284
Moritatensänger ▶ Bänkelsänger 38
Moritator ▶ Bänkelsänger 38
Moritz, Karl Philipp ▶ Theaterroman 319
Mosqueteros ▶ Corralbühne 85, ▶ Goldenes Zeitalter 141
Motte, Antoine de la ▶ Dramentheorie 97
Mouami, Kawatake ▶ Kabuki 165
Mozart, Wolfgang Amadeus ▶ Singspiel 269
Mülheimer Dramatikerpreis ▶ Preise 224
Müller, Gerda ▶ Weimarer Republik 347
Müller, Heiner ▶ Besson 52, ▶ Didaktisches Theater 89, ▶ Peymann 221, ▶ Wilson, R. 352
Müller, Traugott ▶ Nationalsozialismus 208
Mundart-Theater ▶ Theatersystem 322
Muppets-Show ▶ Puppentheater 231
Musical Ballett ▶ Gattung 136
Musikalischer Leiter ▶ Bühnenmusik 71
Musikdrama ▶ Gattung 136, ▶ Gesamtkunstwerk 138
Musiktheater ▶ Bühnenmusik 71, ▶ Gattung 136, ▶ Oper 215
Mutter Courage und ihre Kinder ▶ Berliner Ensemble 43, ▶ Drehbühne 99, ▶ Exiltheater 118, ▶ Modellaufführung 198
My Fair Lady ▶ Broadway 55, ▶ Musical 200
Mylius, Christlob ▶ Theaterzeitschriften 326
Mysterienspiel ▶ Misterienspiel 191
Mysteries and Smaller Pieces ▶ Living Theatre 182
Mysterium buffo ▶ Russische Revolution 251

Nach Damaskus ▶ Doppelrolle 92
Nachhall ▶ Akustik 13
Nachtasyl ▶ Piscator, E. 222
Nachzensur ▶ Zensur 357
Naharro, B. de Torres ▶ Gold. Zeitalter 140
Narr ▶ Gaukler 137, ▶ Komische Figur 168
Nasenkitt ▶ Schminke 257
Nathan der Weise ▶ Exiltheater 116, ▶ Peymann, C. 221, ▶ Schauspiel 254, ▶ Vers im Drama 335
Naturalismus ▶ Stanislawski, K.S. 282, ▶ Theater im 19. Jahrhundert 311
Naturtheater ▶ Freilichttheater 130
Nebenrolle ▶ Rolle 245
Neher, Caspar ▶ Bühnenbildner 65
Neidhartsspiel ▶ Mittelalterliches Theater 197
Nemirowitsch-Dantschenko, W.I. ▶ Moskauer Künstlerth. 200, ▶ Stanislawski 282
Nepomuk, Johann ▶ Parodie 217
Nestroy Johann ▶ Commedia dell'arte 83, ▶ Couplet 85, ▶ Farce 120, ▶ Travestie 331
Neuber, Friederike Caroline* 97 ▶ Hanswurst 150, ▶ Komische Figur 171, ▶ Kostüm 176, ▶ Prinzipal 225, ▶ Spielweise 277, ▶ Stegreifspiel 284, ▶ Theaterzeitschriften 326
Neue Freie Volksbühne ▶ Publikum 229, ▶ Volksbühne 336
Neue Komödie ▶ Antikes Theater 18
Neue Sachlichkeit ▶ Weimarer Republik 346
Neuinszenierung ▶ Aufführung 30
Newman, P. ▶ Exiltheater 117, ▶ Strasberg 287
New Theatre Quarterly ▶ Theaterzeitschr. 326
Nichtverlängerungs-Mitteilung ▶ Ansehrolle 15
Nietzsche, Friedrich ▶ Dramentheorie 98
Nora ▶ Brahm, O. 54, ▶ Theater im 19. Jh. 311
Normalvertrag ▶ Engagement 111, ▶ Genossenschaft 137
Normalvertrag Chor/Solo/Tanz ▶ Recht 233
Noverre, Jean-Georges ▶ Tanz 296
Novius ▶ Atellane 29

NS-Spielscharen ▶ Laienspiel 179
Nudelbrett ▶ Jargon 161
Nummerndramaturgie ▶ Requisit 244, ▶ Varieté 333, ▶ Zirkus 358
Nur Kinder, Küche, Kirche ▶ Fo, D. 128
Nutzungsrecht ▶ Autor 35

O'Casey, Sean ▶ Music hall 200, ▶ Nationalsozialismus 206
O'Neill, Eugene ▶ Nationalsozialismus 206
Oberammergauer Passionsspiel ▶ Mittelalterliches Theater 194
Oberbühne ▶ Zug 359
Oberlicht ▶ Beleuchtungstechnik 41, 42
Obermaschinerie ▶ Zug 359
Oberspielleiter ▶ Berufe im Theater 45
Ochlopkow, Nikolai P. ▶ Russ. Revolution 251
Ödipus ▶ Brook 55, ▶ Chor 77, ▶ Mythos 202
Ödipus Tyrann ▶ Mythos 202
Ödipus und die Sphinx ▶ Mythos 202
Off-Broadway ▶ Broadway 55
Offenbach, Jacques ▶ Theater im 19. Jahrhundert 309, ▶ Travestie 331
Offene Form ▶ Dramentheorie 98
Öffentliches Theater ▶ Theatersystem 320
Öffentlichkeits-Dramaturg ▶ Berufe im Theater 46, ▶ Dramaturg 93
Öffentlichkeitsarbeit ▶ Werbung 350
Oklahoma ▶ Broadway 55
Olivier, Lawrence ▶ Nationaltheater 209
Omphale ▶ Mythos 201
Onkos ▶ Antikes Theater 19
Open Theatre ▶ Broadway 55
Opera buffa ▶ Comédie Italienne 79, ▶ Singspiel 269
Opera seria ▶ Singspiel 269
Opéra-Ballett ▶ Tanz 294
Opéra comique ▶ Comédie Italienne 79, ▶ Singspiel 269
Operette ▶ Gattung 136, ▶ Theater im 19. Jahrhundert 309
Operndirektor ▶ Berufe im Theater 45
Opitz, Martin ▶ Vers im Drama 335
Option ▶ Bühnenvertrieb 73
Orchester* ▶ Berufe im Theater 46
Orchestra* ▶ Bühnenformen 67
Ordenstheater ▶ Schultheater 259
Orestie, 2. und 3. Teil ▶ Mythos 201, 202
Orest ▶ Antikes Theater 15, ▶ Mythos 202
Orff, Carl ▶ Schultheater 262
Orpheus in der Unterwelt ▶ Travestie 331
Osterspiel ▶ Mittelalterliches Theater 194
Othello ▶ Antagonist 15, ▶ Intrige 160, ▶ Komische Figur 170, ▶ Shakespeare-Rezeption 264, 265, ▶ Zadek, P. 354
Otto, Hans ▶ Nationalsozialismus 206
Otto, T. ▶ Bühnenbildner 65, ▶ Exiltheater 118
Ovation ▶ Applaus 21

Palitzsch, Peter ▶ Berliner Ensemble 45
Palladio, Andrea ▶ Perspektivbühne 220, ▶ Teatro Olimpico 300
Palucca, Gret ▶ Weimarer Republik 349
Pandora ▶ Mythos 202
Panoramabühne ▶ Bürgerliches Trauerspiel 75
Pantalone ▶ Commedia dell'arte 81, ▶ Komische Figur 168
Pappus ▶ Atellane 29, ▶ Komische Figur 168
Parabase ▶ Antikes Theater 18, ▶ Zwischenspiel 362
Parabolspiegelscheinwerfer ▶ Scheinwerfer 255
Paradise Now ▶ Living Theatre 182
Paritätische Prüfungskommission ▶ Ausbildung 32, ▶ Deutscher Bühnenverein 87, ▶ Genossenschaft 137
*Parodie** ▶ Absurdes Theater 10
Parodoi ▶ Antikes Theater 19
Parodos* ▶ Chor 77
Parsifal ▶ Wagner, R. 343
Parterre ▶ Zuschauerraum 360
Partitur ▶ Libretto 181, ▶ Oper 215
Paryla, Karl ▶ Exiltheater 118
Passionsspiel ▶ Mittelalterliches Theater 194
Pathos ▶ Understatement 332
Paul, Jean ▶ Theaterroman 319
Peer Gynt ▶ Bühnenmusik 71
Pensionnaire ▶ Comédie Française 78
Peruzzi, Baldassare ▶ Bühnenbild 60, ▶ Perspektivbühne 220
Peter kehrt heim ▶ Exiltheater 117
Petipa, Marius ▶ Tanz 296
Peymann, Claus* ▶ Burgtheater 75
Pforte ▶ Bühneneingang 65
Phädra ▶ Botenbericht 53, ▶ Mythos 202
Phantom der Oper ▶ Musical 200
Philoktet ▶ Mythos 202
Philotas ▶ Einakter 101
Phobes und Eleos ▶ Dramentheorie 95, ▶ Furcht und Mitleid 132
Phönizierinnen ▶ Teichoskopie 301
Piaf, Edith ▶ Chanson 76
Picabia, Francis ▶ Avantgarde 36
Pickelhering ▶ Hanswurst 150, ▶ Haupt- und

Staatsaktion 152, ▶ Komische Figur 171, ▶ Wandertruppe 343
Pièce bien faite ▶ Boulevardtheater 53
Pierrot ▶ Comédie Italienne 78
Pirchan, Emil ▶ Bühnenbildner 64
Piscator, Erwin* ▶ Arbeitertheater 24, ▶ Bühnenformen 70, ▶ Dokumentarisches Theater 91, ▶ Episches Theater 112, ▶ Exiltheater 116, ▶ Film im Theater 127, ▶ Living Theatre 182, ▶ Meyerhold, W.E. 189, ▶ Montage 199, ▶ Nationalsozialismus 206, 208, ▶ Politisches Theater 224, ▶ Russische Revolution 246, ▶ Simultanbühne 269, ▶ Skandal 269, ▶ Theaterkonzepte der Moderne 313, 315, 316, ▶ Theatertheorie 323, ▶ Volksbühne 337, ▶ Regie 238, ▶ Weimarer Republik 347, ▶ Zuschauerraum 360
Pitoeff, Georges ▶ Copeau, J. 84
Platon ▶ Mimesis 190, ▶ Theatermetapher 318
Plattformbühne ▶ Elisabeth. Theater 108
Plautus ▶ Antikes Theater 19, ▶ Atellane 29, ▶ Elisabeth. Theater 104, ▶ Groteske 145, ▶ Höfisches Theater 153, ▶ Komische Figur 169, ▶ Sachs 253, ▶ Schultheater 257
Play & Players ▶ Theaterzeitschriften 326
Plivier, Theodor ▶ Arbeitertheater 25
Podest ▶ Bühnenbild 63
Poelzig, Hans ▶ Zuschauerraum 360
Poetik ▶ Ästhetik 28
Polger, Alfred ▶ Weimarer Republik 344
Polizeiverordnung ▶ Sicherheitsvorschrift 268
Pomponius ▶ Atellane 29
Popow, Alexej D. ▶ Russische Revolution 251
Porgy and Bess ▶ Broadway 55
Portalbrücke ▶ Beleuchtungstechnik 41
Portal-Rahmen ▶ Bühne 57
Portikus ▶ Theaterarchitektur 305
Pörtner, Paul ▶ Mitspieltheater 192
Prampolini, Enrico ▶ Avantgarde 36, ▶ Literaturtheater 182, ▶ Theaterkonzepte der Moderne 315
Prehauser, Gottfried ▶ Komische Figur 171
Premieren-Abonnement ▶ Abonnement 10
Prinzessin Turandot ▶ Wachtangow, J.B. 342
Prinz Friedrich von Homburg ▶ Schauspiel 255
Privattheater ▶ Boulevardtheater 53
Produktionsästhetik ▶ Ästhetik 28
Produktions-Dramaturg ▶ Dramaturg 93
Produktionskunst ▶ Avantgarde 36
Professor Mamlock ▶ Exiltheater 116
Projektionskabine ▶ Beleuchtungstechnik 43
Proletarisches Laienspiel ▶ Laienspiel 179
Proletarisch-revolutionäres Theater ▶ Arbeitertheater 23
Proletkult ▶ Russische Revolution 247
Prometheus ▶ Mythos 202
Prometheus-Fragment ▶ Mythos 202
Prophetenspiel ▶ Mittelalterliches Theater 194
Proserpina ▶ Monodramen 198
Proskenion ▶ Skene 271
Prospektzug ▶ Zug 359
Protestantisches Schuldrama ▶ Schultheater 259
Psychodrama ▶ Stegreifspiel 284
Pulcinella ▶ Commedia dell'arte 83
Pygmalion ▶ Melodrama 188, ▶ Monodramen 198
Pyrotechniker ▶ Effekte 101

Quellen ▶ Theatergeschichte 306

Raben, Peer ▶ Freie Gruppen 130
Rachel ▶ Theater im 19. Jh. 309
Racine, J.-B. ▶ Drei Einheiten 99, ▶ Gattung 136, ▶ Hamburgische Dramaturgie 150, ▶ Tragödie 330, ▶ Vers im Drama 335
Rame, Franca ▶ Fo, D. 118
Rampe* ▶ Beleuchtungstechnik 41
Rampenlicht ▶ Beleuchtungstechnik 41, ▶ Bühne 57, ▶ Rampe 232
Rang ▶ Zuschauerraum 360
Rang-Theater ▶ Zuschauerraum 359
Rasputin ▶ Piscator, E. 222
Rasputin, die Romanows, der Krieg und das Volk, das gegen sie aufstand ▶ Film im Theater 127
Raumbühne* ▶ Bühne 57
Regieassistent ▶ Ausbildung 32, ▶ Berufe 47
Regiebetrieb ▶ Recht 232, ▶ Regie 236
Rehfisch, H.J. ▶ Exiltheater 117, ▶ Jeßner 162
Reichsdramaturg ▶ Nationalsozialismus 207
Reichskulturkammer ▶ Nationalsozialismus 205
Reichsministerium für Volksaufklärung und Propaganda ▶ Nationalsozialismus 204
Reichstheaterkammer ▶ Nationalsozialismus 205
Reinhardt, Max* ▶ Commedia dell'arte 83, ▶ Drehbühne 99, ▶ Exiltheater 117, ▶ Festspiel 125, ▶ Jeßner, L. 161, ▶ Massenregie 186, ▶ Nationalsozialismus 206, 207, 208, ▶ Regie 238, ▶ Shakespeare-Rezeption 264, ▶ Spielweise 278, ▶ Statist 284, ▶ Volksbühne 337, ▶ Weimarer Republik 347, ▶ Zuschauerraum 360
Reinshagen, Gerlind ▶ Peymann, C. 221
Reliefbühne ▶ Bühnenformen 70

Repertoire-Theater ▶ En suite 11, ▶ Repertoire 242, ▶ Theatersystem 320
Requisitenkammer ▶ Berufe im Theater 46
Requisitenverzeichnis ▶ Berufe im Theater 46
Requisiteur ▶ Ausbildung 31, ▶ Berufe 46, ▶ Bühne 59, ▶ Requisit 243
Requisite ▶ Requisit 243
Reuchlin, Johann ▶ Schultheater 258
Revolte im Erziehungshaus ▶ Arbeitertheater 25, ▶ Weimarer Republik 346
Revue d'histoire . . . ▶ Theaterzeitschriften 326
Revuefilm ▶ Ausstattungsstück 35
Revue Roter Rummel ▶ Arbeitertheater 24, ▶ Piscator, E. 222
Rhythmische Gymnastik ▶ Tanz 297
Richard II. ▶ Mnouchkine, A. 197
Richard III. ▶ Komische Figur 170, ▶ Nationalsozialismus 208, ▶ Shakespeare-Rezeption 265
Ring-Drehbühne ▶ Drehbühne 99
Rinne ▶ Beleuchtungstechnik 43
Rischbieter, Henning ▶ Theaterkritik 317
Ritter Blaubart ▶ Felsenstein, W. 121
Robert Guiscard ▶ Shakespeare-Rezeption 264
Robortello, Francesco ▶ Dramentheorie 96
Rollenmetapher ▶ Theatermetapher 317
Romeo und Julia ▶ Elisabeth. Theater 110
Rosenplüt, Hans ▶ Mittelalterliches Theater 197
Roter Hahn ▶ Berliner Ensemble 45
Rote Revue ▶ Arbeitertheater 24
Rousseau, Jean-Jacques ▶ Fest 123, ▶ Melodrama 188
Rueda, Lope de ▶ Goldenes Zeitalter 140
Rühle, Günther ▶ Theaterkritik 317
Rühmann, Heinz ▶ Volksschauspieler 337
Ruhrfestspiele Recklinghausen ▶ Festspiel 125
Rundhorizont ▶ Bühnenbild 63, ▶ Horizont 156, ▶ Panorama 216
Rundtheater ▶ Raumbühne 232
Running gag ▶ Gag 133
Rüstmeister ▶ Berufe im Theater 46, ▶ Rüstkammer 252
Ruzzante ▶ Commedia dell'arte 83

Sabbatini, Niccólo ▶ Ausstattung 33, ▶ Bühnenbild 60
Sachs, Hans* ▶ Drastik 99, ▶ Meistersang 188, ▶ Mittelalterliches Theater 197, ▶ Vers im Drama 335
Saison ▶ Spielzeit 281
Salesbury, Johannes von ▶ Theatermetapher 318
Salonkomödie ▶ Boulevardtheater 53
Salonstück ▶ Theater im 19. Jahrhundert 309
Salzburger Festspiele ▶ Festspiel 125
Sammlung ▶ Archiv 26
Sancta Susanna ▶ Sturmbühne 291
San Francisco Mime Troupe ▶ Straßentheater 289
Sänger ▶ Ausbildung 31, ▶ Berufe 45
Sardou, Victorien ▶ Boulevardtheater 53, ▶ Konversationsstück 174
Sartre, Jean Paul ▶ Nationalsozialismus 206
Satie, Erik ▶ Avantgarde 36
Sattmann, Peter ▶ Peymann, C. 221
Satyrspiel ▶ Komische Figur 170, ▶ Mythos 201, ▶ Nachspiel 204, ▶ Tragödie 329
Saz, Natalia ▶ Kinder- und Jugendtheater 167
Scaena ▶ Antikes Theater 20
Scaenae frons ▶ Teatro Olimpico 300
Scaliger, Caesar ▶ Dramentheorie 96
Scène à italienne/Scène italienne ▶ Ausstattung 33, ▶ Comédie Italienne 78
Schäferspiel ▶ Liebhabertheater 181
Schallvorhang ▶ Vorhang 340
Schattenpuppe ▶ Puppentheater 230
Schaubild ▶ Apotheose 20
Schaubühne am Halleschen Ufer ▶ Schaubühne 254, ▶ Stein, P. 285
Schaubühne am Lehniner Platz ▶ Schaubühne 254, ▶ Stein, P. 286
Schauder und Jammer ▶ Aristoteles 27
Schauspieldirektor ▶ Berufe im Theater 45
Schauspieler ▶ Ausbildung 31, ▶ Berufe 45
Schauspieleragon ▶ Antikes Theater 18
Schauspieler-Akademie ▶ Akademie 12
Schauspielerkollektiv ▶ Weimarer Republik 348
Schauspielertheater ▶ Regie 238
Schauspielmetapher ▶ Theatermetapher 317
Schauspielmusik ▶ Bühnenmusik 71
Schechner, Richard ▶ Environment 111, ▶ Happening 152
Scherenschnitt ▶ Mitspieltheater 192
Scherz, Satire, Ironie und tiefere Bedeutung ▶ Theater im 19. Jahrhundert 309
Schikaneder, J.E. ▶ Maschinenkomödie 185
Schiller, Friedrich* ▶ Dramentheorie 98, ▶ Gattung 135, ▶ Goethe 139, ▶ Hoftheater 155, ▶ Iffland 157, ▶ Nationaltheater 212f. ▶ Spiel 274, ▶ Spielweise 278, ▶ Theaterdichter 306, ▶ Theater im 19. Jh. 307f. ▶ Vorspiel 340
Schlaf, Johannes ▶ Theater im 19. Jh. 311
Schlegel, August Wilhelm von ▶ Comedia 78,

▶ Goldenes Zeitalter 143, ▶ Shakespeare-Rezeption 264, ▶ Theaterkritik 317
Schlegel, Friedrich von ▶ Comedia 78, ▶ Goldenes Zeitalter 143, ▶ Gesamtkunstwerk 137
Schlegel, Johann Elias von ▶ Nationaltheater 210, ▶ Neuber, F.C. 214
Schlegel-Tieck ▶ Shakespeare-Rezeption 265
Schleiervorhang ▶ Vorhang 340
Schlemmer, Oskar ▶ Literaturtheater 182, ▶ Mechanisches Theater 186, ▶ Theaterkonzepte der Moderne 313
Schlenther, Paul ▶ Burgtheater 75
Schlitz ▶ Beleuchtungstechnik 43
Schlösser, Rainer ▶ Nationalsozialismus 207
Schlußapotheose ▶ Apotheose 20
Schlußapplaus ▶ Applaus 21
Schminkmaske ▶ Maske 185
Schnitzler, Arthur ▶ Einakter 101
Schnürboden ▶ Bühne 57
Schnürmeister ▶ Bühne 59
Schönemann, Johann Friedrich ▶ Ekhof, K. 102, ▶ Prinzipal 225
Schönherr, Karl ▶ Volksstück 338
Schönlank, Bruno ▶ Arbeitertheater 24
Schönthan, Franz v. ▶ Theater im 19. Jh. 309
Schrecken u. Jammer ▶ Furcht u. Mitleid 132
Schreiber, Ulrich ▶ Theaterkritik 317
Schreyer, Lothar ▶ Sturmbühne 291
Schreyvogel, J. ▶ Burgth. 75, ▶ Regie 238
Schröder, Friedrich Ludwig ▶ Goethe, J.W. 139, ▶ Schiller, F. 255
Schülertheater ▶ Amateurtheater 14
Schweitzer, Jean Baptiste ▶ Arbeitertheater 23
Schwimmen ▶ Jargon 161
Schwitters, Kurt ▶ Avantgarde 36, ▶ Mechanisches Theater 186, ▶ Merzbühne 188
Schygulla, Hanna ▶ Freie Gruppen 130
Scraramouche ▶ Comédie Italienne 78
Scribe, Eugène ▶ Boulevardtheater 53, ▶ Konversationsstück 174, ▶ Vaudeville 334
Seelig, Heinrich ▶ Theater im 19. Jh. 311
Seeschlacht ▶ Weimarer Republik 345
Sehring, Bernhard ▶ Theater im 19. Jh. 311
Seitenbühne ▶ Bühne 57
Seitenlicht ▶ Beleuchtungstechnik 41, 43
Seitenmeister ▶ Bühne 59
Selbsttätiges Theater ▶ Russ. Revolution 246
Selbstzensur ▶ Zensur 357
Seminar für Bühnentechnik ▶ Deutsche Theatertechnische Gesellschaft 88
Semiotik des Theaters ▶ Theatertheorie 325
Semper, Gottfried ▶ Burgtheater 75, ▶ Wagner, R. 343, ▶ Zuschauerraum 360
Seneca ▶ Chor 77, ▶ Elisabethanisches Theater 104, ▶ Schultheater 258
Seniorentheater ▶ Amateurtheater 14
Sentenz ▶ Dramentheorie 96
Serien-Theater ▶ En suite 11, ▶ Repertoire 243
Serlio, Sebastiano ▶ Bühnenbild 60, ▶ Perspektivbühne 220, ▶ Winkelrahmenbühne 352
Servetta ▶ Commedia dell'arte 83
Seyler, Abel ▶ Nationaltheater 212
Shakespeare's Memory I + II ▶ Stein, P. 286
Shakespeare, William ▶ Berufsschauspieler 50, ▶ Commedia dell'arte 83, ▶ Dramentheorie 97, ▶ Drastik 99, ▶ Elisabeth. Theater 103, ▶ Goethe 139, ▶ Hamburgische Dramaturgie 150, ▶ Klassiker 167, ▶ Komische Figur 170, ▶ Körpersprache 174, ▶ Misterienspiel 192, ▶ Moralität 199, ▶ Nationalsozialismus 208, ▶ Nationaltheater 210, ▶ Piccolo teatro 221, ▶ Publikum 229, ▶ Shakespeare-Rezeption 263, ▶ Spielweise 278, ▶ Theater im 19. Jh. 311, ▶ Theatermetapher 318, ▶ Tragödie 330, ▶ Vers im Drama 335, ▶ Wandertruppe 343, ▶ Zadek 354
Shakespeare-Bühne ▶ Bühnenformen 68
Shakespeare-Festival ▶ Festspiel 125
Shaw, George B. ▶ Konversationsstück 174
Sieben gegen Theben ▶ Mythos 203, ▶ Teichoskopie 301
Siebs, Theodor ▶ Bühnensprache 73
1789 ▶ Mnouchkine, A. 197
Sievert, Ludwig ▶ Bühnenbildner 65
Silhouettentheater ▶ Puppentheater 230
Simultanbühne* ▶ Bühnenformen 67
Siparium ▶ Vorhang 339
Sittenkomödie ▶ Boulevardtheater 53
Situationskomödie ▶ Komödie 173
Sladek, der schwarze Reichswehrmann ▶ Weimarer Republik 346
Sociétaire ▶ Comédie Française 78
Sophokles ▶ Antikes Theater 17, ▶ Gattung 136, ▶ Mythos 201, ▶ Nationaltheater 210, ▶ Spielweise 278, ▶ Tragödie 329
Sorge, Reinhard J. ▶ Weimarer Republik 345
Souffleuse ▶ Berufe 47, ▶ Souffleur 273
Sozialistisches Schauspielerkollektiv ▶ Arbeitertheater 25
Spaß beiseite ▶ Boulevardtheater 54
Speer, Martin ▶ Volksstück 339
Spezialeffekt ▶ Effekte 101

Spielen ▶ Agieren 11
Spielleiter ▶ Regie 237, ▶ Spielpädagogik 276
Spielmann ▶ Jokulator 164
Spielordner ▶ Regie 237
Spiel von der Blätterlaube ▶ Komische Figur 170
Spielvorhang ▶ Vorhang 339
Sprachregie ▶ Regie 238
Sprechchor ▶ Arbeitertheater 24
Sprinkleranlage ▶ Regenanlage 235
Staatsschauspieler ▶ Hofschauspieler 155
Staatstheater ▶ Theatersystem 321
Stabpuppe ▶ Puppentheater 230
Städtebundtheater ▶ Theatersystem 321
Städtische Bühnen ▶ Theatersystem 321
Städtische Dionysien ▶ Dionysien 90
Stadttheater ▶ Theatersystem 321
Staffierter Bauch ▶ Staffage 282
Stallwache ▶ Jargon 161
Stammiete ▶ Abonnement 10
Ständeklausel ▶ Bürgerliches Trauerspiel 74, ▶ Fallhöhe 120
Standortbühne ▶ Theatersystem 321
Standpunkt ▶ Geste 139
Stanislawski, Konstantin S.* ▶ Bühnenbild 61, ▶ Einfühlung 102, ▶ Experimentaltheater 118, ▶ Identifikation 156, ▶ Jiddisches Theater 163, ▶ Meininger 187, ▶ Meyerhold 188, ▶ Moskauer Künstlertheater 200, ▶ Regie 238, ▶ Russische Revolution 251, ▶ Spielweise 278, ▶ Strasberg 287, ▶ Studio 291, ▶ Theater im 19. Jh. 312, ▶ Theateroktober 318, ▶ Untertext 333, ▶ Vierte Wand 335, ▶ Wachtangow 341
Stanislawski-System ▶ Wachtangow, J. 341
Starlight-Express ▶ Musical 200
Stasimon ▶ Chor 77
Stationendrama ▶ Gattung 136
Steckel, Leonhard ▶ Exiltheater 118
Stehende Bühne ▶ Nationaltheater 210
Stehendes Theater ▶ Weimarer Republik 345
Steiger, R. ▶ Exiltheater 117, ▶ Piscator 222
Stein, Peter* ▶ Regie 238, ▶ Shakespeare-Rezeption 265
Steinbeck, John ▶ Nationalsozialismus 206
Steiner, Rudolf ▶ Eurythmie 113
Stellwand ▶ Versatzstück 335
Stellwarte/Stellwerk ▶ Beleuchtungstechnik 43 ▶ Berufe 47
Stern, Ernst ▶ Bühnenbildner 64
Stimmbildung ▶ Sprechen 281
Stimme ▶ Sprechen 281
Stockpuppe ▶ Puppentheater 230
Stranitzky, Joseph Anton ▶ Hanswurst 150, ▶ Komische Figur 171
Strasberg, Lee* ▶ Stanislawski, K.S. 283
Straub, Agnes ▶ Weimarer Republik 347
Strauß, Botho ▶ Dialog 89, ▶ Farce 120
Strauß, Richard ▶ Reinhardt, M. 241
Strehler, Giorgio* ▶ Commedia dell'arte 83, ▶ Piccolo teatro 221, ▶ Teatro stabile 301, ▶ Volkstheater 339
Strichfassung ▶ Souffleur 273, ▶ Striche 289
Striese ▶ Jargon 161
Strindberg, August ▶ Einakter 101, ▶ Intimes Theater 160, ▶ Kammerspiele 166, ▶ Simultanbühne 269, ▶ Theater im 19. Jh. 311
Stück ▶ Drama 92
Stückvertrag ▶ Engagement 111
Studio* ▶ Kammerspiele 165
Stufenlinsenscheinwerfer ▶ Scheinwerfer 255
Stuntman ▶ Double 92
Sturmflut ▶ Film im Theater 127, ▶ Piscator, E. 222
Sturm und Drang ▶ Bürgerliches Trauerspiel 74
Stützen ▶ Sprechen 281
Stützen der Gesellschaft ▶ Theater im 19. Jahrhundert 311, ▶ Volksbühne 336
Stylpho ▶ Schultheater 258
Subvention ▶ Theatersystem 320
Sudermann, Hermann ▶ Volksbühne 336
Sulamith ▶ Jiddisches Theater 163
Surrealismus ▶ Avantgarde 37
Syrakus, Rhinthon von ▶ Phlyakenposse 221
Szenario/Szenarium* ▶ Commedia dell'arte 80
Szenenanweisung ▶ Regieanweisung 239
Szenenapplaus ▶ Applaus 21
Szenischer Bühnenaufbau ▶ Bühnenbild 60
Szenischer Bühnenbauer ▶ Bühnenbildner 63
Szenograph ▶ Bühnenbildner 63

Tableau vivant ▶ Tableau 292
Tabori, George ▶ Peymann, C. 221
Tabulator ▶ Meistersang 188
Tageslicht ▶ Beleuchtungstechnik 39
Taglioni, Marie ▶ Tanz 296
Tairow, Alexander J.* ▶ Literaturtheater 182, ▶ Regie 238, ▶ Russische Revolution 251, ▶ Theaterkonzepte der Moderne 313, 314, 315, ▶ Theateroktober 318
Tannhäuser ▶ Wagner, R. 342
Tänzer ▶ Ausbildung 31, ▶ Berufe 46
Teatro popular ▶ Boal, A. 52
Technischer Direktor ▶ Ausstattung 34,

▶ Berufe 45, ▶ Bühne 59, ▶ Bühnenvorstand 73
Terenz ▶ Antikes Theater 19, ▶ Elisabeth. Theater 104, ▶ Höfisches Th. 153, ▶ Sachs 253, ▶ Schultheater 258, ▶ Terenzbühne 301
Tetralogie ▶ Antikes Theater 16, ▶ Tragödie 329
Theater am Schiffbauerdamm ▶ Berliner Ensemble 43
Theaterabteilung ▶ Bühnenvertrieb 73
Theaterarchitekt ▶ Theater im 19. Jh. 311
Theaterarchiv ▶ Archiv 26
Theaterästhetik ▶ Ästhetik 28
Theateratelier ▶ Ausstattung 34
Theaterbrand ▶ Sicherheitsvorschriften 268
Theater der Attraktionen ▶ Russische Revolution 248
Theater der Avantgarde ▶ Avantgarde 36
Theater der Grausamkeit ▶ Artaud, A. 27
Theater der Nationen ▶ Festspiel 125
Theater der Zeit ▶ Theaterzeitschriften 326
Theater des wissenschaftlichen Zeitalters ▶ Brecht, B. 54
Theaterdirektor ▶ Direktor 90
Theaterferien ▶ Spielzeit 281
Theaterfotograf ▶ Berufe im Theater 49
Theater heute ▶ Theaterzeitschriften 326
Theater-Kalender ▶ Theaterzeitschriften 326
Theaterlandschaft ▶ Theatersystem 320
Theaterleiter ▶ Regie 237
Theatermaler ▶ Berufe im Theater 46
Theaterpädagoge ▶ Berufe im Theater 46, ▶ Theaterpädagogik 319
Theaterstatistik ▶ Deutscher Bühnenverein 88
Theater-Statistik ▶ Theaterzeitschriften 326
Theaterstück ▶ Drama 92
Theatertreffen ▶ Festspiel 125
Theaterverein ▶ Amateurtheater 14
Theaterverlag ▶ Bühnenvertrieb 73
TheaterZeitSchrift ▶ Theaterzeitschriften 326
Theaterzettel ▶ Programmheft 227, ▶ Werbung 350
Théâtre de la Nation ▶ Comédie Française 78
Théâtre de la République ▶ Comédie Française 78
Théâtre Francais ▶ Comédie Française 78
Theatron ▶ Bühnenformen 67
The Brig ▶ Living Theatre 182
The Castle of Perseverance ▶ Moralität 199
The Civil Wars ▶ Wilson, R. 352
The Curtain ▶ Elisabethanisches Theater 108
The Drama Review ▶ Theaterzeitschriften 326
The Globe ▶ Elisabethanisches Theater 108
The Hope ▶ Elisabethanisches Theater 108
The method ▶ Strasberg, L. 287
Theorie der sozialen Kontrolle ▶ Theatertheorie 324
The Pride of Life ▶ Moralität 199
The Rose ▶ Elisabethanisches Theater 108
The Swan ▶ Elisabethanisches Theater 108
The Theatre ▶ Elisabethanisches Theater 108
Thoma, Ludwig ▶ Volksstück 338
Thyeste ▶ Schultheater 259
Tieck, Ludwig ▶ Comedia 78, ▶ Dramaturg 94, ▶ Goldenes Zeitalter 143, ▶ Regie 237, ▶ Shakespeare-Rezeption 264, ▶ Theater im 19. Jahrhundert 311, ▶ Theaterkritik 317
Tingeln ▶ Jargon 161
Titelrolle ▶ Rolle 245
Toller, Ernst ▶ Arbeitertheater 24, ▶ Exiltheater 117, ▶ Massenspiel 186
Tolstoi, Lew Nikolajewitsch ▶ Théâtre libre 327
Tonmeister ▶ Akustik 13, ▶ Berufe im Theater 47, ▶ Bühne 59
Torelli, Giacomo ▶ Ausstattung 33, ▶ Bühnenbild 60
Torquato Tasso ▶ Peymann 221, ▶ Stein 285
Trachinierinnen ▶ Mythos 201
Tragédie lyrique ▶ Tanz 294
Tragelehn, B.K. ▶ Berliner Ensemble 45, ▶ Didaktisches Theater 89
Tragik ▶ Komik 167
Tragikomödie ▶ Komödie 173
Tragödie* ▶ Dramentheorie 95
Tragödientrilogie ▶ Nachspiel 204
Transitorisch ▶ Theatertheorie 325
Trauer muß Elektra tragen ▶ Mythos 201
Trepte, Carl ▶ Exiltheater 116
Tréteau nu ▶ Copeau, J. 84
Tretjakow, Sergej ▶ Avantgarde 36, ▶ Russische Revolution 249, ▶ Theaterkonzepte der Moderne 316
Triadisches Ballett ▶ Mechanisches Theater 187
Trilogie ▶ Tragödie 329
Tristan und Isolde ▶ Wagner, R. 343
Tritagonist ▶ Protagonist 227
Trotz alledem ▶ Arbeitertheater 24, ▶ Dokumentarisches Theater 91, ▶ Piscator 222
Tschechow, Anton ▶ Einakter 101, ▶ Kammerspiele 166, ▶ Piccolo teatro 221, ▶ Moskauer Künstlertheater 200
Tulane Drama Review ▶ Theaterzeitschr. 326
Turandot oder der Kongreß der Weißwäscher ▶ Besson, B. 51

Turm ▶ Beleuchtungstechnik 41
Tushingham, Rita ▶ Zadek, P. 354

Überlebensgroß Herr Krott ▶ Groteske 145
Über-Marionette ▶ Craig, E.G. 86
Übersetzer ▶ Autor 35
Übungen für Schauspieler ▶ Stein, P. 286
Ulrich, Jochen ▶ Tanz 299
Ulrich von Hutten ▶ Arbeitertheater 23
Umbaupause ▶ Pause 218
Umbesetzungsprobe ▶ Probe 226
Unfallverhütungsvorschriften ▶ Sicherheitsvorschriften 268
Unglücklich Verliebte ▶ Bürgerliches Trauerspiel 74
UNIMA ▶ Puppentheater 230
Unsichtbares Theater ▶ Boal, A. 52
Unterbühne ▶ Bühne 57, ▶ Souffleurkasten 273
Unterhaltungstheater ▶ Boulevardtheater 53, ▶ Theater im 19. Jahrhundert 309
Urfassung ▶ Bühnenfassung 65
Urfaust ▶ Berliner Ensemble 45, ▶ Shakespeare-Rezeption 264
Ur-Goetz ▶ Shakespeare-Rezeption 264
Urheberrecht ▶ Autor 35, ▶ Recht 234
Ursprungstheorie ▶ Theatertheorie 324

Valetti, Rosa ▶ Revue 244
Vallentin, Maxim ▶ Exiltheater 116
Vatermord ▶ Weimarer Republik 345
Vauthier, Jean ▶ Zadek, P. 354
Vega, Felix Lope de ▶ Auto sacramental 36, ▶ Comedia 77, ▶ Commedia dell'arte 83, ▶ Goldenes Zeitalter 141, ▶ Mantel- und Degenstück 184, ▶ Schultheater 261, ▶ Theater im 19. Jahrhundert 311
Velten, Johannes ▶ Berufsschauspieler 50
Verabredung ▶ Spiel 274
Verband der deutschen Volksbühnen-Vereine ▶ Publikum 229
Verband Deutscher Bühnenverleger ▶ Bühnenvertrieb 73
Verblendung ▶ Tragödie 330
Veredon, Gray ▶ Tanz 299
Verfolger ▶ Scheinwerfer 255
Verfremdungs-/V-effekt ▶ Brecht, B. 55, ▶ Verfremdung 334
Verkörpern ▶ Agieren 11
Verriß ▶ Theaterkritik 317
Versenkung ▶ Bühne 57
Versorgungsanstalt Deutscher Bühnen ▶ Deutscher Bühnenverein 87, ▶ Genossenschaft 137
Verständigungsprobe ▶ Probe 226
Vertragsrecht ▶ Recht 233
Verwaltungsdirektor ▶ Berufe im Theater 45, ▶ Bühnenvorstand 73
Verwertungsgesellschaft WORT ▶ Autor 35
Viertel, Berthold ▶ Exiltheater 116, ▶ Weimarer Republik 348
Viet Nam Diskurs ▶ Stein, P. 284
Vilar, Jean ▶ Copeau, J. 85, ▶ Volkstheater 339
Vitruv ▶ Teatro Olimpico 300
Volksbühnenverband ▶ Volksbühne 337
Voltaire, F.M. ▶ Hamburgische Dramaturgie 150, ▶ Kostüm 176, ▶ Schultheater 261
Vondel, Joost van den ▶ Rederijkers 234
Von morgens . . . ▶ Weimarer Republik 345
Vorbühne ▶ Bühne 57, ▶ Proszenium 227, ▶ Zuschauerraum 361
Vorderlicht ▶ Beleuchtungstechnik 41
Vorhänge schinden ▶ Jargon 161
Vorhangzieher ▶ Berufe im Theater 47
Vorneille, Pierre ▶ Dramentheorie 97
Vor Sonnenaufgang ▶ Brahm, O. 54
Vorstand ▶ Bühnenvorstand 73
Vorzensur ▶ Zensur 356
Vostell, Wolf ▶ Happening 151

Wachtangow, Jewgeni B.* ▶ Habima 149, ▶ Russische Revolution 251, ▶ Stanislawski 283, ▶ Theaterkonzepte der Moderne 313 f. ▶ Theateroktober 318, ▶ Volkstheater 339
Wagenbühne ▶ Bühnenformen 68
Wagner, Richard* ▶ Appia 20, ▶ Festspiel 125, ▶ Festspielhaus 125, ▶ Gesamtkunstwerk 137, ▶ Nationalth. 212, ▶ Sachs 253, ▶ Theater im 19. Jh. 311, ▶ Travestie 331, ▶ Vorhang 339, ▶ Zuschauerraum 360
Wagner-Vorhang ▶ Vorhang 340
Wahl-Abonnement ▶ Abonnement 10
Walden, Herwarth ▶ Sturmbühne 291
Waldoff, Claire ▶ Revue 244
Wallensteins Lager ▶ Sachs 253, ▶ Vorspiel 340
Wallensteins Tod ▶ Botenbericht 52
Wallenstein-Trilogie ▶ Goethe, J.W. 140, ▶ Schiller, F. 255
Wälterlin, Oskar ▶ Nationalsozialismus 206
Wangenheim, Gustav von ▶ Arbeitertheater 24, ▶ Exiltheater 116
Was ihr wollt ▶ Elisabethanisches Theater 104,

▶ Hosenrolle 156, ▶ Mnouchkine, A. 197, ▶ Skakespeare-Rezeption 264
Wasserschminke ▶ Schminke 256
Wedekind, Frank ▶ Kabarett 164, ▶ Zadek 354
Weibertausch ▶ Fronttheater 131
Weichert, Richard ▶ Weimarer Republik 347
Weigel, Helene ▶ Berliner Ensemble 43, ▶ Exiltheater 116, ▶ Nationalsozialismus 206
Weihespiel ▶ Arbeitertheater 24
Weihnachtsmärchen ▶ Kinder- und Jugendtheater 167
Weihnachtsspiel ▶ Mittelalterliches Theater 194
Weill, Kurt ▶ Bühnenmusik 71
Weise, Christian ▶ Neuber, F.C. 214, ▶ Schultheater 261
Weiss, Peter ▶ Dokumentarisches Theater 91, ▶ Vers im Drama 335
Wekwerth, Manfred ▶ Berliner Ensemble 45
Well-made-play ▶ Boulevardtheater 53
Weltgerichtsspiel ▶ Mittelalterl. Theater 194
Werfel, Franz ▶ Exiltheater 117
Werner, Oskar ▶ Burgtheater 75
Westside Story ▶ Broadway 55
Wiederaufnahmeprobe ▶ Probe 226, ▶ Wiederaufnahme 352
Wie es euch gefällt ▶ Elisabethanisches Theater 104, ▶ Komische Figur 170, ▶ Stein 286, ▶ Theatermetapher 318
Wieland, Christoph Martin ▶ Shakespeare-Rezeption 264, ▶ Vers im Drama 335
Wiener Volkstheater ▶ Volkstheater 339
Wigman, Mary ▶ Tanz 297, 299, ▶ Weimarer Republik 349
Wilde, Oscar ▶ Konversationsstück 174
Wildenbruch, Ernst v. ▶ Theater im 19. Jh. 309
Wilder, Thornton ▶ Nationalsozialismus 206, ▶ Schultheater 262
Wildgans, Anton ▶ Burgtheater 75
Wildgruber, Ulrich ▶ Zadek, P. 354
Wilhelm Tell ▶ Exiltheater 117, ▶ Jeßner, L. 162, ▶ Körpersprache 174, ▶ Massenregie 186, ▶ Meininger 187, ▶ Schiller, F. 255
Wille, Bruno ▶ Volksbühne 336
Williams, Tennessee ▶ Exiltheater 117, ▶ Piscator, E. 222
Willich, Jodocus ▶ Schultheater 258
Wilson, Robert* ▶ Craig, E.G. 86, ▶ Literaturtheater 182, ▶ Performance 219, ▶ Theater der Bilder 306
Wintermärchen ▶ Elisabethanisches Theater 104
Winterreise ▶ Stein, P. 286
Winterschlacht ▶ Exiltheater 116
Wirkungsästhetik ▶ Ästhetik 29
Wirtshaustheater ▶ Elisabeth. Theater 108
Wittich, Manfred ▶ Arbeitertheater 23
Wolf, Friedrich ▶ Arbeitertheater 25, ▶ Exiltheater 116
Wolzogen, Ernst von ▶ Kabarett 164
Wonder, Erich ▶ Bühnenbildner 65
Wort-Tondrama ▶ Appia, A. 21
Woyzeck ▶ Theater im 19. Jahrhundert 309
Wuppertaler Tanztheater ▶ Bausch, P. 39

Zadek, Peter* ▶ Brook 56, ▶ Körpersprache 174, ▶ Regie 238, ▶ Shakespeare-Rezeption 265, ▶ Skandal 271, ▶ Spielweise 278
Zahl, Peter-Paul ▶ Peymann, C. 221
Zanni ▶ Commedia dell'arte 81
Zauberstück ▶ Maschinenkomödie 185
ZBF ▶ Agentur 11
Zech, Paul ▶ Exiltheater 117
Zeitstück ▶ Arbeitertheater 25, ▶ Weimarer Republik 346
Zentrale Bühnen-, Fernseh- und Filmvermittlung ▶ Agentur 11
Zibaldoni ▶ Commedia dell'arte 80
Zinnen, Hedda ▶ Exiltheater 115
Zirsensisch ▶ Zirkus 359
Zuckmayer, Carl ▶ Exiltheater 117, ▶ Nationalsozialismus 206, ▶ Volksstück 338
Zufälliger Tod eines Anarchisten ▶ Fo, D. 128
Zürcher Schauspielhaus ▶ Exiltheater 117, ▶ Nationalsozialismus 206
Zweig, Stefan ▶ Exiltheater 116, 117
Zwischenakt ▶ Akt 13
Zwischenaktkomposition ▶ Akt 13
Zwischenaktmusik ▶ Akt 13, ▶ Bühnenmusik 71
Zwischenvorhang ▶ Vorhang 340
Zylinderdrehbühne ▶ Drehbühne 99